부동산학박사 학위논문집 Ⅰ Ⅱ Ⅲ Ⅳ

제 Ⅰ 권

부동산 자산관리

지도교수 문영기
윤순기 · 김옥연 · 이인화 · 박용수 · 이우진

독자와 함께 하는
도서출판 범론사

머리말

나는 1975년 초 동양에서 최초로 부동산학을 창시하여 뿌리를 내리게 한 김영진 교수님의 권유로 건국대학교 행정대학원 부동산학과에 입학하여 부동산학을 수학하였다. 이후 석사과정을 마치고 전문대학에서 5년여 동안 강의하게 된 것이 학자의 길로 걷게 된 계기가 되었다. 석사과정에서 얻은 지식만으로 대학에서 강의하기에는 너무나 어려움이 많아 박사과정을 밟기로 했다. 박사과정은 학부 때 틈틈이 일본어 공부를 해놓은 것을 바탕으로 일본 책을 보던 중에 일본 고베대학(神戸大)의 하야가와 가즈오(早川和男) 교수님의 '공간가치론'이란 책을 읽고 교수님에게 편지를 보냈더니 흔쾌히 지도교수가 되어주시겠다고 하여 일본유학을 가게 되었다. 출국하기 전에는 아르바이트라도 하여 공부하려고 했는데, 다행히 출국하기 전에 일본정부 문부성으로부터 국비 장학금 수혜 결정이 되어 학위과정동안 등록금은 물론 생활비까지 받게 되어 경제적인 부담없이 유학을 마치게 되었다.

석사과정의 김영진 지도교수님은 인자함과 학문적 열정이 대단하신 분이였다. 강의는 물론 논문의 문장마다 정교하게 지적을 해주셨다. 박사과정의 하야가와 교수님은 학문의 능력을 길러주신 분으로, 논제의 결정부터 연구 방법과 결론을 찾는 것까지 모두 스스로 결정하도록 하신 분이다. '지도교수가 원생에게 논제를 주는 것은 살인행위와 같다'고 하는 분이다. 이는 논문에 대한 구상력을 빼앗아 버리기 때문이다. 돌이켜보면 내가 강원대학교에서 석·박사과정 원생들의 논문을 지도하는 방식도 두 분 지도교수님의 영향에 의한 방식이 아닌가 하는 생각이 든다.

강원대학교의 부동산학 박사과정은 2000년에 우리나라에서 처음 개설하여 우수한 학생들이 몰려왔고 이제까지 경쟁률 또한 대단하다. 대부분의 학생들이 풀타임 보다는 파트타임의 직장인으로 연구여건이 그리 좋은 편은 아닌 상황이다. 이들의 학위 취득률을 높이기 위해서는 특단의 지도방법을 택하지 않으면 안 되겠다고 생각했다. 우리는 학과 교수회의를 열어 지도방침을 일본 '제미시스템'이라 할 수 있는 연구실 시스템으로 지도하기로 의견을 모았다.

그래서 학과 교수들은 주간 9시간 이상의 강의책임시수와 관계 없이 매주 또는 격주로 그룹 논문지도 스터디를 시작했다. 이 시간에 학위논문 제목을 결정하여 전체의 틀을 잡게 하고, 2장에 들어갈 이론적 연구와 3장에 들어갈 실태분석, 4장에 들어갈 실증분석에 대한 연구와 지도를 하여 2편의 부논문을 쓰도록 하고 있다. 그래서 학위청구논문을 내기 위한 조건으로 한국연구재단 등재지 이상의 학회지에 2편 이상의 논문을 발표하게 하고, 이 준비가 되면 학위청구논문을 마무리하여 원생과 전체교수가 모인 장소에서 예비논문을 발표하게 하여 잘못된 부분에 대하여 지도를 받게 하고 있다. 예비논문발표가 통과되면 지적받은 내용에 대하여 6개월 동안 수정·보완하여 학위청구논문을 내어 심사에 들어간다.

이렇게 하여 지난 10여년 동안 160여명의 박사과정생 중에서 50여명의 박사가 탄생하였다. 이 중에서 내가 지도한 박사가 17명으로 이들의 논문을 책으로 만들기로 했다. 왜냐하면 독자 및 연구자들은 디지털 시대에도 아날로그 방식인 책이 필요하고 이는 학문연구에 유용하기 때문이다. 특히 석·박사 과정에서 학위준비를 하고 있는 분들에게 도움이 되길 기대 한다. 아울러 오늘 이후에 탄생할 박사학위논문은 다음 권에 엮어 낼 계획이다.

내가 30여년 동안 교직 생활을 하면서 대학교재로 사용하기 위해 만든 10여권의 이론서가 있지만, 이 책자는 그것과 다르다. 이것은 내 제자들의 꿈과 열정, 피와 땀이 녹아 있는 결정체다. 이들의 논문은 제목, 장, 절 등을 수정하지 않고 박사학위논문 그대로 편집했다. 독자 여러분들께서는 혹시 잘못된 부분이 있더라도 넓은 양해를 바란다. 책을 출간하기 위해 애쓴 이우진 편집위원장 및 편집위원 박연직·이인화·문희명 간사에게 고마움을 표한다. 마지막으로 부동산전문 출판사로 자리매김한 범론사 이종의 박사님 그리고 책을 보기 좋게 만들어 준 편집부 책임자의 노고에 감사드린다.

2011. 09

지도교수 문영기

학문의 연구방법

문영기(강원대 교수)

1. 들어가며

강원대학교 부동산학과는 1978년에 지적학과로 출발하여 창과 후 33여년이 흘렀고, 대학원의 석사과정도 20년째를 맞고 있으며, 2000년도부터는 박사과정이 개설되어 명실상부한 학문연구의 기반을 갖추었다. 또한 야간 특수대학원에도 부동산학과가 개설되어 강원대학교는 부동산학의 메카로서 손색이 없다.

학부 4학년생은 졸업논문을 제출해야 졸업 할 수 있다. 즉, 이때부터 저학년 때에 다진 기초를 바탕으로 논문을 작성해야 한다. 또한 대학원생(대학원, 특수대학원)은 학부에서 얻은 지식을 기초로 하여 전문지식을 함양하고 마지막에는 논문으로 그간의 연구성과를 정리해야 한다.

부동산학과 학생들은 각자 나름대로 방향을 결정하여 열심히 노력할 줄 안다. 그러나 어떤 논제를 가지고 어떤 방법으로 연구를 하는지는 궁금하다. 보다 창조적으로 연구를 진행하는 것이 무엇보다도 중요하다고 생각한다. 동시에 연구의 결과가 사회에 어떤 영향을 미치는가도 대단히 중요하다. 다시 말하자면 무엇을 위하여 어떤 연구를 하는가? 하는 것은 대단히 어려운 문제이지만 연구의 방향을 설정해야 하는 것이 우선해야 할 과제다.

학문의 길은 어렵고 험난하지만 즐겁게 연구하면서 알차게 결실을 맺으려면 학문을 어떻게 연구해야 하는가를 나름대로 정리하여 설명하고자 한다.

학문을 하는데 연구제목이나 방법을 결정하는 것은 대단히 중요하다. 장기나 바둑은 하수라도 매일 반복하면 늘지만, 정석으로 배우면 처음에는 시간과 노력이 소요되지만, 어느 단계를 넘어서면 급속히 발전한다. 그런데 학문은 옳지 않은 방법으로 연구하면 그 성과를 거둘 수 없음은 물론이고, 사회에 오히려 나쁜 영향을 미치게 되는 결과를 가져온다.

학부와 대학원의 부동산학과는 부동산문제를 해결하고자 노력하고 있다. 학문의 궁극 목적의 하나도 실사구시이기 때문이다. 부동산문제는 어느 나라이든 다양하고 복잡하다. 경제대국이든 개발도상국이든 그 차원이 다를 뿐이지 문제가 없는 나라는 한 나라도 없다. 그래서 우리는 연구의 범위가 대단히 넓다고 할 수 있다. 과연 어떻게 문제를 인식하고, 어떤 방법으로 연구할 것인가? 하는 것은 바로 연구결과에 직결된다고 할 수 있다. 따라서 학부생은 스터디그룹에서 문제를 인식할 수도 있고, 방법론을 배울 수도 있으며, 대학원생은 각자가 자신의 연구과정에서 발견하거나 교수, 동료 및 전문가로부터 도움을 받을 수도 있다.

필자도 처음 논문을 쓰게 되었을 때, 즉 석사학위논문을 쓰고 나서야 '논문이란 이런 것이구나' 하는 것을 느끼게 되었지만, 그 이후 논문을 계속 쓰면서 하나하나 더 깊이 있게 알게 되었고 박사학위논문을 쓰면서 학문의 어려움을 실감하게 되었다. 그러나 여러분들이 필자의 경험과 마찬가지로 논문을 작성해 가면서 알게 된다면 오늘날의 시대에서는 한 걸음 늦을 것이기 때문에 미리 생각하지 않으면 안 된다고 본다.

2. 독자적인 목표설정

학문을 하는데 대단히 중요한 것은 '목표'를 정하는 것이다. 왜냐하면 목표가 없으면 앞으로 밀고 나갈 정신 에너지가 만들어지기 어렵기 때문이다. 목표를 확실히 설정하고 있는지 아닌지에 따라 연구성과가 상당히 달라지기 때문이다. 그 목표에 도달하는 자체가 중요한 것이 아니라 목표가 그 사람을 끌어당기는 힘이 되어 연구의 능률을 올리게 하고 발전 진보시키기 때문이다.

대학입시를 목표로 열심히 공부하는 것은 젊은 시절의 하나의 도전이라고 할 수 있다. 또한 야구선수가 모교의 명예를 걸고 우승의 목표를 향해 열심히 뛰는 것도 정신력과 지혜를 키우기 위한 도전이라고 할 수 있을 것이다. 그러나 그런 목표는 어디까지나 일시적인 것이며, 대부분 대학에 합격하자마자 사라져 버린다. 그러므로 보다 큰 관점, 예컨대 인생의 목표라는 관점에서 바라본 '공부'가 필요할 것이다. 그렇다고 해서 대학입시가 인생의 목표가 절대로 될 수 없다는 것은 아니다. 그러나 입시공부처럼 대학에 합격하자마자 없어지는 목표가 아니고 실제로 사회에 나가서까지도 퇴색되지 않을 목표가 있어야 한다. 따라서 연구하는데도 반드시 목표가 설정되고, 그 목표를 위하여 꾸준히 노력하는 자세가 필요하다고 할 수 있다.

3. 역경을 이겨내는 자세

'사는 것은 배우는 것이며, 배움에는 기쁨이 있다. 사는 것은 또한 무엇인가를 창조해 나가는 것이며, 창조에는 배우는 단계에서 맛볼 수 없는 기쁨이 있다'라는 말이 있다. 이 말은 모든 인간에 해당되는 것으로 연구자의 입장에서는 특히 명심해야 한다.

학문의 세계에서 배우고 창조하는 기쁨은 곧 생각하는 기쁨이다. 어떤 분야의 학문이든지 무언가 새로운 것을 발견하여 창조하는 데 본래의 의의가 있다. 발견과 창조야말로 가치 있는 것이다. 단순한 지식의 주고받음은 학문이라고 할 수 없으며 평가할 가치도 없다. 여러 가지 지식은 생각하기 위한 자료이며, 독서는 생각하기 위한 계기를 제공해 주는 것이다.

이렇게 생각하면 지식을 모으는 것은 생각보다 즐거운 일이 되고 독서도 고생스럽지 않게 된다. 생각한 후에는 들은 것이나 읽은 것은 잊어버려도 된다. 인간의 두뇌에는 140억 개의 뇌세포가 있다고 한다. 이 뇌세포를 다 쓰려면 234살이라는 긴 수명이 필요하다고 한다. 사람은 방대한 수의 뇌 세포를 가지고 있지만 보통 10~20%정도 밖에 못 쓰고 일생을 마친다고 한다. 그러나 학문을 하는데 기억하지 않으면 안 된다든가 잊어버려서는 안 된다고 생각하면 학문을 하기도 전에 지쳐 버리고 배우는 것 자체에 싫증을 느끼게 된다. 학문이란 본래 그다지 어려운 것도 아니고 생각하는 것을 좋아하는 사람이라면 누구든지 할 수 있으며, 그 기쁨을 맛볼 수 있는 것이다.

4. 본질적인 연구제목 선정

연구를 진행하기 전에 중요한 것은 자신이 연구하고자 하는 것이 “인간과 사회에 본질적인 의의가 있을까?” 하고 인식하는 것이 결정적으로 중요하다. 연구제목이 좋지 않으면 좋은 결과가 나올 리 없다. 물론 연구를 해도 엉뚱한 결과가 나타난다. 본질적인 과제라는 것은 행복, 인권 및 자유 등 인간사회가 종국적으로 실현해야 할 가치이다. 자신의 연구는 종국적 가치실현이 되도록 노력해야 한다. 학문분야가 어떤 것이든 모두 여기에 귀결된다고 한다.

우리가 살아가는 현대 자본주의 사회에서는 모든 것이 상품화되고 자본에 대한 이윤추구의 대상이나 수단으로 생각하고 있다. 모든 사회현상이 그렇지만 학문연구도 예외는 아니다. 결국 연구 결과도 상품이라고 할 수 있다. 좋은 연구결과를 얻기 위해서는 연구제목을 좀 더 생각하고 연구에 임하지 않으면 아무 것도 얻을 수 없다. 따라서 연구제목도 자신이 직접 선정하지 않으면 좋은 연구결과를 얻을 수 없다. 예를 들어 어떤 연구제목에 의한 위탁연구나 지도교수가 연구제목을 정해주는 경우에는 절대로 좋은 연구결과를 얻기가 어렵다. 왜냐하면 연구자가 그 연구제목에 대하여 깊이 생각하지 않았기 때문이다.

따라서 본인의 연구는 자신의 나름대로 연구에 대한 철학을 가지고 깊이 생각하여 자신의 능력으로 연구제목을 정하지 않으면 안 된다. 결국 연구의 주체성을 확립한다는 것은 연구의 본질적인 조건이라 할 수 있다. 자신의 가치관과 어떤 문제인식에 대한 해결능력이 거기에서 발휘되기 때문이다.

5. 연구 제목은 현실문제에 적합한가?

연구 제목은 현대사회의 문제에 적합한가 하는 것이 고려되어야 한다. 오늘날 우리는 심각한 부동산문제에 봉착하고 있다. 우리들의 연구와 관련지어 보면 부동산은 인간생활의 기반이다. 그러나 부동산문제는 국토면적의 협소, 소유의 편중, 고지가, 수급의 불균형 등 여러 가지 문제로 대두되고 있다.

따라서 이러한 문제를 인식하고 그 문제를 해결하려고 하는 연구가 필요하다. 또한 우리는 현실사회에 대한 연구도 중요하지만 장래에 어떤 문제가 일어날 것인가를 연구하지 않으면 안 된다. 현재를 알고 미래를 예측한다는 것은 쉬운 일이 아니다. 학부생이나 석사과정 원생은 이제 연구를 처음 시작하는 단계이기 때문에 당장은 문제인식과 문제해결이나 장래에 대한 예측을 끌어내기가 어렵다.

이러한 연구능력을 향상시키기 위해서는 이미 발표된 연구논문을 꾸준히 읽고, 생각을 많이 하여 현실사회를 바로 볼 수 있도록 능력을 배양해야 할 것이다. 현실 문제를 바로 볼 수 있는 능력을 갖추기 위해서는 자료를 읽고, 상식을 넓히고, 여행해서 체험을 하고, 때로는 지도교수의 연구논문을 작성하는데 뒷바라지를 하면서 자신의 능력을 배양하는 자세가 필요할 것이다.

6. 연구는 과학적이고 논리적인가?

연구의 방법은 과학적이어야 하고 연구의 내용은 논리적이어야 한다. 비과학적인 방법으로 연구하면 정확한 결론을 얻을 수 없고 본질적인 연구결과를 얻을 수 없다. 데카르트, 칸트, 헤겔 등은 변증법적 사고에 의한 논리적 인식이 필요하다고 했다. 연구를 하는 데는 사상이나 방법론이 필요 불가결 하다. 연구에 대한 방법과 논리를 탐구하지 못하고 연구를 한다는 것은 연구라고 할 수 없다. 그 논리를 찾는다는 것은 현실의 모순을 해결하기 위해 가설을 설정해야 하고 이것을 실증해야 한다.

또한 관념적이 아니고 변증법적으로 조사연구를 해야 한다. 이를 테면 우리가 무엇인가를 연구할 때 그 속에 내재한 모순이 어떠한 논리구조를 가지고 있으며, 인간사회의 보편적인 과제에 관련이 있는가를 보지 않으면 안 된다.

예를 들면 부동산에 관한 연구를 할 때 부동산 때문에 생기는 고유의 논리는 무엇인가 부동산을 둘러싼 기본적인 모순은 무엇인가 하는 문제의식을 갖는 것이 필요하다. 즉 부동산이 인간의 생활과 생활공간 전체에 어느 정도 영향을 미치고 있는가를 생각하지 않으면 안 된다. 개개인의 부동산문제는 사적으로 작은 문제일 것 같이 보이지만, 국가 전체적으로 보면 크나큰 사회문제이다. 따라서 개개의 문제가 전체에 어떤 문제로 변모되는가를 생각한다는 것은 대단히 중요하다.

학문이란 여러 가지 분야로 나누어져 있지만 모두 그 분야 고유의 논리를 추구하고 있다. 경제학은 경제논리, 의학은 인체생리의 논리 등이다. 부동산학의 경우는 '부동산과 인간의 관계개선에 대한 논리'라고 할 수 있을 것이다. 즉 토지공간에 내재하고 있는 고유의 논리란 무엇인가? 그것은 모순의 현상과 모순의 구조일 것이다. 이러한 것을 해결하는 것이 과학으로서 과제일 것이다. 따라서 우리는 대학원생의 학위논문 등 개개의 논문에서 전체의 문제를 해결한다고 하는 노력이 필요한 것이다.

7. 풍부한 연구의 구상력이 있어야 한다.

학문에는 풍부한 연구의 구상력이 필요하다. 나 자신도 여러분에게 보여줄 훌륭한 성과물이 없어 여기에 대한 설득력이 없지만, 연구의 구상력이 크면 클수록 좋다고 할 수 있다. 풍부한 연구의 구상력이란 어떤 문제에 어느 정도 생각했는가에 따라 얻어지는 결과라고 생각한다. 연구제목과 연구방법을 쉽게 생각하고 연구에 임하는 경우는 훌륭한 성과를 거둘 수 없다고 생각한다. 풍부한 구상력을 가지고 연구에 임하는 경우는 그 과정에서 얻어지는 성과물은 독자적인 가치를 갖게 될 것이고, 연구자체의 발전과 구성에 기여할 것이다.

훌륭한 학문은 풍부한 구상력을 필요로 하지만, 풍부한 구상력을 갖기 위해서는 사물의 본질을 충분히 생각하고, 현실을 통찰하여 현대사회가 요구하는 과제를 깊이 생각하고, 자기 나름대로 인생관과 세계관을 가지고, 연구자로서 주체성을 확립해야 한다. 우리가 철학이나 논리학을 공부하는 것은 풍부한 구상력을 갖추기 위한 기초라고 할 수 있다. 따라서 이러한 공부를 할 때 저자가 어떤 논리를 펴고, 어떻게 전개해 나가는가를 알아야 한다.

결국 풍부한 구상력을 갖추기 위해서는 자신이 주체적으로 생각하여 연구제목을 정해야 한다. 연구제목을 지도교수로부터 얻는다면 연구에 대한 구상력도 나오질 않는다. 물론 유익한 조언은 필요할 것이다. 그런데 연구의 초심자는 이러한 논리에 대하여 이해하기 어려운 부분이 많을 것이다. 그러나 책과 논문을 읽고, 선배에게 조언을 듣고, 교수에게 지도를 받으면서 학문이 성장할 수 있을 것이다.

8. 연구는 독창적이어야 한다.

연구는 독창성이 있어야 한다는 것은 다른 사람이 연구하지 못한 것을 연구해야 한다는 것과 지금까지 연구되지 않은 것을 연구한다는 이야기다. 즉 연구는 오리지날리티가 없으면 안 된다는 것이다. 학문은 학문 그 자체를 위하여 있는 것이 아니고 사회를 위하여 있는 것이다.

일반론적으로 말하자면 다른 사람이 연구한 것이라면 다시 연구할 필요가 없다는 것이다. 우리가 흔히 어떤 연구를 하려고 하니 '자료가 없어서 못 하겠다'고 이야기한다. 자료가 없을수록 독창적인 연구를 할 수 있다는 것이다. 즉 인간사회에 본질적으로 새로운 가치를 부가한다는 것이다. 거기에 창조의 의미가 있고, 학문이나 예술은 언제나 창조적이어야 한다.

대단히 어려운 이야기가 될지 모르나 창조적인 연구방법론이란 무엇인가? 학문에는 각각 발전의 역사가 있고, 그 중에서 연구고유의 범주가 설정되고, 전문분야라고 하는 영역이 확립되고 있지만, 인간사회에 나타나고 있는 제 현상은 항상 변화하며 복잡하다. 경영학이 독립학문으로 형성될 때 논란이 많았던 것도 사실이고, 부동산학도 태동을 할 때 논란이 많았던 것도 사실이다. 또한 부동산학도 학문적으로 독립적인 학문으로 인정받는데 교수 등 연구자의 피나는 노력이 있었다.

좀 더 구체적인 연구를 진행하는 방법에 대하여 생각해 보자면, 우선 새로운 현상이나 모순을 발견하기 위하여 연구는 항상 가설을 정하지 않으면 안 된다. 설문조사를 할 때에도 '무엇을 조사하면 좋을까' 하는 것이 아니라, 실험하여 얻어야 하는 것이라면 '우선 실험을 해보자'는 것이 아니라 '재료의 혼합을 바꾸면 이러한 결과가 나오지 않을까' 하는 가설을 설정하고 연구해야 한다는 것이다.

일반적으로 우리의 경우 부동산에 대하여 문헌연구도 그렇지만 설문조사에 의한 조사연구에서도 '어떤 조사의 결과가 이렇게 나타났다'고 하는 것이 대부분이다. 이러한 것은 하나의 자료는 될 수 있지만, 정책 안의 작성에 자료로 사용하기는 곤란하다. 예를 들면 현재 한국인의 토지관에 대한 모순이 어디에 있는가? 하는 가설을 정하고, 그 것이 사실인가를 조사한다고 하여 연구가 다 되었다고 할 수 없다. 사실을 확인하고 논리적인 절차로 입증해야 비로소 자료로서 가치가 있다고 할 것이다.

새로운 연구영역을 구체적으로 어떻게 개척할까 하는 것은 자신의 능력으로 해결하지 않으면 안 된다. 사물을 정확히 볼 수 있는 능력이 없으면 불가능할지도 모른다. 즉 경계영역이라고 하는 미지의 영역을 생각하는 것에 따라 본질적인 인식이나 자신의 구상력이 발휘될 수 있을 것이다. 또한 독창적인 것을 최초로 발표할 때에는 체계적으로 정리하기가 어렵고, 연구의 평가도 좋지 않을 것이다. 그러나 그 평가에 자신을 잃을 필요는 없다.

9. 변혁과 시대에 앞선 연구

연구논제가 사회적인 과제인가 또는 시대적으로 요청되고 있는 것인가를 면밀히 검토하여 접근해야 할 것이다. 우리의 연구 분야로 말하자면 토지문제나 주택문제는 점점 심각해지고, 가진 자와 가지지 못한 자의 격차는 심화되고 있다. 구체적으로 ① 소득에 비하여 주택가격이 절대적으로 높다는 문제 ② 가구 수에 비하여 주택호수가 부족하다는 문제 ③ 부동산의 과세표준과 세율이 낮다는 문제 ④ 대도시의 빈민문제 ⑤ 부동산에 대한 법률체계가 복잡하다는 문제 ⑥ 낙후된 부동산유통의 문제 등 우리와 관련된 분야만 하더라도 선결 연구과제가 산적되어 있다.

이들 연구과제가 현재 우리나라가 직면하고 있는 중심 연구과제일 것으로 생각된다. 따라서 이러한 연구과제로 산적한 문제를 해결해야 할 것이다. 결국 시대에 뒤떨어진 연구과제로 연구에 임한다는 것은 좋은 결과를 얻을 수도 없고 비현실적일 것이다.

학문이나 연구의 본질은 사회의 변혁에 기여해야할 의무를 지고 있다. 우리의 전문분야와 관련지어 보자면, 6공 정권 시대에 주택 200만호 건설계획을 수립하여 추진했던 예가 있다. 그 결과 목표는 달성했다고 하나, 과연 서민을 위한 정책이었는가를 평가해 보면 건축자재 부족으로 자재가격 상승, 노동력 부족으로 인한 인건비 상승 등으로 주택가격이 몇 배나 뛰어서 오히려 서민들은 내 집 마련의 꿈을 송두리째 빼앗기고 말았다. 또한 대통령선거공약에 의한 신행정수도를 건설한다는 문제 등이다. 이들 예는 변혁을 할 때 충분한 연구를 하지 않고 즉흥적으로 시행했기 때문이다. 연구자의 연구결과에 따라 좋은 정책을 수립해 놓으면 정치적으로 일을 망가뜨리는 것을 우리는 흔히 볼 수 있다.

학문은 변혁에 기여해야 하고, 연구자는 시대를 비판적으로 보아야 한다. 지배 권력이란 항상 보수적이고 자기의 이익을 지키기 위하여 부단히 노력한다. 과거의 봉건사회나 군사정권 시대에도 그랬는데 현재의 정부도 잘 하고 있는지는 의문이다. 군사정권 시대에는 학문의 자유도 말살되어 왔고, 오늘날 부동산정책도 정치가 망가뜨리는 경향이 많다. 이제는 학문의 자유가 존중되어 학자 등 연구자의 비판을 들어가면서 변혁을 해야 할 것이다. 이는 사회에서도 기대하고 있기 때문이다.

10. 연구자로서의 자세

마지막으로 연구자의 마음가짐에 대해서는 ① 겸허하고 비판적인 자세로 연구에 자신을 가질 필요가 있고 ② 적극적으로 기록하는 노력이 필요하고 ③ 어떤 논제에 대하여 토론하는 자세가 필요하다.

첫째, 자신의 연구에 자신을 갖지 못해도 곤란하고 연구에 자만해서도 안 된다. 왜냐하면 자만이나 방만하는 연구자는 사물을 정확히 볼 수 없기 때문이다. 연구자는 모든 사물을 긍정적으로 보면 금물이다. 즉 모든 사물을 비판적 정신으로 보아야 한다는 것이다. 예를 들면 '이것도 좋고 저것도 좋다'는 사고방식은 곤란하다는 것이다.

둘째, 적극적으로 기록하는 노력이 필요하고, 사물에 대하여 생각하는 능력이 필요하고 그 생각을 정리하는 능력이 필요하다. 또한 문장력이 좋아야 한다는 것이 아니라 자료가 될 만한 것은 항상 정리하여 기록해 두는 자세가 필요하다. 아울러 자신의 연구결과를 논문집이나 기타 잡지에 투고하는 노력이 필요하다.

셋째, 어떤 논제에 대한 토론의 자세가 필요하다. 이것은 스터디 등을 통하여 자기의 의견을 제시하여 참석자로 하여금 비판을 받아야 한다는 것이다. 우리의 경우 토론할 기회가 없어 토론문화가 정착되어 있지 못한 현실이다. 한 예로 학부나 대학원생의 스터디를 주관해 보면 토론이 아니라 서로 싸우려고 하는 인상을 받은 적이 여러 번 있었다. 자기가 제기한 내용에 비판을 가하면 겸허히 받아들이는 자세가 아니라 우선은 부정하는 경우를 많이 보았다. 이러한 자세는 학문을 발전시킬 수 없고 연구내용이 다듬어질 수 없다.

연구자는 이상과 같은 내용을 잘 숙지하고 생활화하여 우수한 연구논문을 작성하고 훌륭한 연구자가 되어 사회에 기여하기를 기대한다.

제1편 부동산자산관리가 은행경영성과에 미치는 영향분석

··· 윤순기

01 서 론 ······ 23

1. 연구의 배경과 목적 ······ 23
2. 연구의 범위와 방법 ······ 26

02 부동산자산관리와 프라이빗뱅킹의 이론고찰 ······ 31

1. 부동산자산관리의 선행연구 ······ 31
2. 프라이빗뱅킹 경영성과의 선행연구 ······ 36
3. 프라이빗뱅킹의 고찰 ······ 40

03 프라이빗뱅킹의 자산관리서비스 제공에 대한 실태분석 ······ 54

1. 조사설계 ······ 54
2. 실태분석 ······ 55
3. 부동산자산관리와 고객니즈 ······ 61

04 프라이빗뱅킹의 자산관리수익 기여도에 대한 실증분석 ······ 70

1. 연구설계 ······ 70
2. 실증분석 ······ 79
3. 가설검증과 시사점 ······ 87
4. 부동산자산관리와 프라이빗뱅킹 서비스 방향 ······ 88

05 결 론 ······ 91

1. 연구결과의 요약 ······ 91

2. 향후의 연구과제 ······ 93
■ 부록 ······ 95
■ 참고문헌 ······ 102

제2편 가계의 부동산자산결정요인에 관한 연구

››› 김옥연

01 서 론 ······ 107
1. 연구의 배경 및 목적 ······ 107
2. 연구의 범위 및 방법 ······ 109

02 이론적 배경 ······ 113
1. 자산선택이론 ······ 114
2. 선행연구 ······ 126

03 가계자산 현황 ······ 134
1. 한국노동패널자료(KLIPS)의 개요 ······ 134
2. 가계 자산 현황 ······ 139

04 부동산자산 결정요인에 대한 실증분석 ······ 167
1. 분석설계 ······ 167
2. 분석결과 ······ 179

05 결 론 ······ 195
1. 요약 및 시사점 ······ 195

2. 한계 및 과제 ········· 196
■ 부록 ········· 198
■ 참고문헌 ········· 204

제3편 아파트의 심미적 외관디자인요인이 가격에 미치는 영향

▸▸▸ 이인화

01 서 론 ········· 211
1. 연구 배경 및 목적 ········· 211
2. 연구 범위 및 방법 ········· 213

02 디자인의 정성적 가치평가에 관한 이론적 고찰 ········· 218
1. P－BOFER와 건축가치 ········· 218
2. 정성적 주택가치 평가 ········· 224

03 심미적 외관디자인요소 도출 ········· 233
1. 디자인요소에 관한 선행연구 ········· 234
2. 디자인에 영향을 미치는 법 규정 ········· 239
3. 디자인가치에 관한 사회변화 ········· 240
4. 건설사 아파트설계 지침 ········· 243
5. 공공기관 지침 ········· 245
6. 소 결 ········· 255

04 심미적 디자인요인의 가격영향 분석설계 ········· 258
1. 모형 및 가설설정 ········· 258

2. 가격형성요인 선정 ········· 266
3. 기초자료 ········· 275

05 가격영향 분석 ········· 292

1. 기술통계량 ········· 292
2. 가설검증 ········· 301
3. 권역별, 요인별 특성비교 ········· 335

06 결 론 ········· 339

1. 연구결과 요약 ········· 339
2. 연구의 시사점 및 향후 연구과제 ········· 340
■ 부록 ········· 343
■ 참고문헌 ········· 355

제4편
수익환원법의 가격 설명력과 층별임대료격차율의 가격상관성에 관한 연구
··· 박용수

01 서 론 ········· 361

1. 연구의 배경 및 목적 ········· 361
2. 연구범위와 방법 ········· 365

02 이론적 배경 및 선행연구 고찰 ········· 369

1. 토지가격과 임대료의 관계에 대한 이론 ········· 369
2. 임대료 및 층별임대료격차율에 대한 선행연구 ········· 373

03 표본설계 및 상권분석 ······ 380
1. 표본설계 및 상권의 성격 ······ 380
2. 상권분석 ······ 383

04 매장용건부지 가격과 1층 임대료의 관계분석 ······ 395
1. 연구가설 및 분석 방법 ······ 395
2. 표본의 채택 및 변수의 설정 ······ 396
3. 분석결과 ······ 398
4. 수익환원법 적용과 관련한 실무적 검토 ······ 406
5. 4개 표본을 대상으로 한 시뮬레이션 ······ 415
6. 소 결 ······ 424

05 매장용건부지 가격과 층별임대료 격차율의 관계분석 ······ 427
1. 연구가설 및 분석방법 ······ 427
2. 표본의 채택 및 변수의 설정 ······ 429
3. 분석결과 ······ 431
4. 소결 ······ 439

06 결 론 ······ 441
1. 주요 연구결과와 시사점 ······ 441
2. 연구결과의 활용 ······ 443
3. 연구의 한계 ······ 444
■ 참고문헌 ······ 446

제5편 주택과세의 수직 공평성 실증분석을 통한 공평과세 실현 방안

▸▸▸ 이우진

01 서 론 ········· 453

1. 연구의 배경 및 목적 ········· 453
2. 연구의 방법 및 구성 ········· 456
3. 선행연구 검토 ········· 459

02 주택과세의 수직공평성에 관한 이론 ········· 463

1. 조세평등주의와 공평성 ········· 463
2. 주택과세의 수직 공평성 검증 모형 ········· 477
3. 과세평가의 방식 및 모형 ········· 480

03 주택가격 공시제도 및 과세평가 ········· 489

1. 부동산조세 체계와 과세평가 ········· 489
2. 주택가격 공시제도와 과세평가 절차 ········· 494
3. 외국의 주택과세 평가제도 ········· 508
4. 주택가격 공시현황 및 문제점 ········· 511

04 주택과세의 수직 공평성 실증분석 ········· 519

1. 분석설계 ········· 519
2. 연도별 · 지역별 수직 공평성 분석 ········· 523
3. 수직 공평성 분석 결과 종합 ········· 556

05 주택의 공평과세 실현 방안 ········· 566

1. 공평과세평가를 위한 제도 개선 ········· 566

2. 합리적인 평가율 확보를 위한 과세평가기법의 개선 ······ 572

06 요약 및 결론 ······ 577

■ 참고문헌 ······ 580

제1편
부동산자산관리가 은행경영성과에 미치는 영향분석

– 윤순기

01 서론
02 부동산자산관리와 프라이빗뱅킹의 이론고찰
03 프라이빗뱅킹의 자산관리서비스 제공에 대한 실태분석
04 프라이빗뱅킹의 자산관리수익 기여도에 대한 실증분석
05 결론

서 론 01

1 연구의 배경과 목적

1) 연구의 배경

국내 자산관리시장은 1997년 금융외환위기 이후 통화정책과 부동산정책 등에 따라 금융시장과 부동산시장의 통합추세[1)]와, 부동산경기변동과 부동산가치의 등락에 기인하여 가계 부(富)의 편중심화와 가계자산관리의 패러다임 변화를 가져왔다. 이러한 변화는 스톡경제 관점에서[2)] 자산구조의 변화를 가져왔고 금융공학 관점에서 자산운용의 변화를 가져왔다.

가계의 금융자산관리는 간접투자시장의 확대와 더불어 새로운 전환기[3)]를 맞이하게 되었으며, 기존 자산구조와 운용상 포트폴리오의 재조정이 불가피하게 되었다. 광의적인 금융권의 자산관리시장은 금융시장의 세계화로 자본시장과 외환시장이 개방을 하게 되었고, 은행산업의 대형화 · 겸업화[4)]로 2001년 종합금융그룹과 금융지주회사가 출범을 하게 되었다.

자산관리서비스의 수요측면과 공급측면에서도 기존에 제공되는 상품 · 서비스의 대체상품 · 서비스로 부동산 등 실물자산은 정보화 · 증권화로 유동화 되었으며, 이로 인해 부동산자산과 금융자산을 대상으로 하는 투자증권 등 자본 신상품과 장내 · 외 파생상품 등이 급증하게 되었다.

이에 따라 외국계 금융자본의 국내 유입에 따른 금융공간의 변화[5)]와 은행 자산관리의 중추적인 기능을 담당하는 프라이빗뱅킹을 중심으로, 금융공간의 하드웨어적인 디자인 혁명과 금융서비스의 소프트웨어적인 콘텐츠 혁명을 가져왔다.

---

1) 임재만, "부동산시장과 금융시장의 통합에 관한 연구", 한국부동산분석학회 부동산연구 제8집 제1호, 2005, pp.13－24
2) 이지평 · 송태정, "경제의 스톡화 현상 진단과 파급효과", LG경제연구원 주간경제 939호, 2007. 6. 4
3) 장근난, "전환기를 맞은 가계 금융자산", 삼성증권 Issue Report 투자전략, 2005, pp.2－10
4) 박노경 · 전영삼, "국내은행산업의 대형화와 겸업화가 은행경영에 미친 효과분석", 한국산업경제학회 산업경제연구 제17권 제5호, 2004, pp.1613－1635
5) 최재헌 · 김원경, "외국계 금융자본의 유입에 따른 국내 금융공간의 변화", 한국도시지리학회지 제5권 제1호, 2002, pp.49－63

금융기관은 금융구조조정과정을 거치면서 규모의 경제와 범위의 경제[6]를 추구하게 되었고, 기존 업무영역을 은행 예금과 대출 운영의 고유업무에서 비금융 자산의 관리·중개·매매 등 부수 업무 형태의 비은행업무[7]로 확장시켰으며, 이에 따라 상품·서비스의 수급영역도 직접투자에서 간접투자로, 금융자산에서 부동산, 귀금속 등 실물자산[8]으로 확대되어가고 있다. 이러한 자산관리시장의 변화와 자산관리 서비스의 수급현황을 배경으로 본 논문에서는 부동산자산관리가 은행경영성과에 미치는 영향을 시중은행의 프라이빗뱅킹을 중심으로 분석하기로 한다. 분석요인은 금융서비스의 수요자로서 고객니즈(needs)와 복합서비스의 공급자로서 은행성과요인으로 구분한다.

전자의 고객니즈요인은 저금리기조[9]와 자산증식의 한계, 자본 신상품의 출현과 시장변동성의 확대, 부동산의 경기변동과 자산가치의 급등락, 출산율 저하와 고령화 사회[10] 등에 따라 자산관리의 수요가 급증한 데에 있다.

후자의 은행성과요인은 종합금융서비스와 투자업무확대에 대한 리스크 관리, 고유업무의 축소에 따른 예금과 대출 마진의 감소, 영업환경의 변화에 따른 수익원 확보[11]의 한계, 자본시장의 미성숙에 대한 신상품 개발의 한계, 부동산 중심의 가계자산 구조와 금융서비스시스템의 한계에 있다.

따라서 본 연구는 가계자산관리의 패러다임변화와 부동산자산관리 서비스수요의 급부상에 따른 프라이빗뱅킹을 주된 연구배경으로 한다.

2) 연구의 목적

기존 프라이빗뱅킹에 대한 연구논의의 한계는, 그동안 프라이빗뱅킹 서비스 제공이 금융서비스를 중심으로 이루어져 부동산자산관리에 대한 고객니즈와 거리감을 좁히지 못한 데 있다.

이에 자산관리 시장수요에 따라 금융자산관리시스템의 한계를 보완하고 효율적인 가계자산관리를 위해, 자산관리 제공서비스와 자산관리 수익기여도를 상호 연계하는 프라이빗뱅킹 자산관리의 실태조사와 실증분석을 통해 프라이빗뱅킹에 대한 논의를 재조명하게 되었다.

6) 국찬표·홍광헌·정영식, "국내은행산업의 규모 및 범위의 경제에 관한 연구 : 선형 스플라인 비용함수를 이용하여", 한국재무학회 재무연구 제19권 제1호, 2006, pp.119-154

7) 배병호, "국내은행의 비은행업무 확대가 경영성과에 미친 영향", 한국은행, 2006, pp.28-50

8) 박덕배, "국내 개인금융자산 성장의 특징", 현대경제연구원, 2005, pp.10-11

9) 노진호, "저금리, 부작용도 크다", 현대경제연구원, 2005, pp.2-5

10) 강석훈, "인구구조와 자산선택 : 부동산자산을 중심으로", 한국금융학회 금융학회지 제10권 제2호, 2005, pp.69-94 ; 최공필·남재현, "고령화에 대비하기 위한 금융 부문의 대응 : 대차대조표 접근방법을 이용한 위험관리", 한국금융연구원, 2005. 12, pp.14-20

11) 정지만, "금융환경의 변화와 우리나라 은행의 수익성", 한국금융연구원, 2000. 9, pp.18-23

이러한 연구 논의는, 프라이빗뱅킹의 자산관리서비스에 대한 연구가 고객니즈에 기초하여 이루어져야 하며, 또한 프라이빗뱅킹의 자산관리서비스에 대한 연구가 프라이빗뱅킹 경영성과에 연계하여 이루어져야 한다.

그렇지 않으면 가계자산관리에 대한 패러다임의 변화와 부동산자산관리의 수요증가에도 불구하고, 은행서비스의 공급과 고객서비스의 수요는 거리감을 줄이는 데 요원하게 될 것이다.

〈그림 1-1〉 연구의 배경과 목적

[금융외환위기 이후 금융시장의 변화]
- ◦금융시장의 세계화 · 정보화 · 증권화
- ◦부동산시장과 금융시장이 자본시장으로 통합 추세

⇩

[가계 자산관리와 금융서비스 패러다임의 변화]
- ◦부동산자산이 70% 이상으로 가계 부(富)의 편중 심화
- ◦부동산 자산가치의 급등락으로 제도권 금융서비스 수요

⇩

[프라이빗뱅킹 서비스 제공의 문제 제기]
- ◦부동산자산관리의 고객니즈(needs)의 다양화
- ◦금융자산관리 중심의 서비스제공 한계

⇩

[프라이빗뱅킹 후속서비스 방안 제시]
- ◦프라이빗뱅킹 자산관리 서비스제공 방안
- ◦프라이빗뱅킹 자산관리 수익기여도 방안

⇩

[고객기반의 PB-CRM 방안]
- ◦가계자산가치의 효율적 관리
- ◦부동산자산관리 서비스 수요

⇩

[실무자기반의 PB-CDP 방안]
- ◦실무자의 종합자산관리 업무역량 강화
- ◦실무자의 종합자산관리 지원업무 통합

⇩

[조직기반의 PB-INFRA 방안]
- ◦PB서비스의 수급 양방주의 인프라 구축
- ◦부동산자산관리 서비스제공의 인프라 구축

본 논문의 연구목적은, 기존 금융서비스 제공과 부동산자산관리의 서비스 수요에 대한 해결수단으로, 프라이빗뱅킹이 제공하는 부가서비스 내용과 프라이빗뱅킹이 기여하는 경영성과 내용을 연계하여, 후속 프라이빗뱅킹 서비스제공의 도입방안을 제안하는데 있다.

이를 위해 현행 프라이빗뱅킹 고객의 자산관리 서비스제공에 대한 실태분석을 선행하고, 자산관리 수익기여도에 대한 실증분석을 후행하는 연구모형을 설정하고 적용하는 방법으로 연구를 진행하고자 한다.

이 연구결과를 바탕으로 후속 프라이빗뱅킹 서비스방안을 고객 측면, 실무자 측면, 조직 측면에서 제안하여 연구목적을 달성하고자 한다. 전술한 연구의 배경과 목적은 아래 그림과 같이 정리된다(〈그림 1-1〉 참조).

2 연구의 범위와 방법

1) 연구의 범위

본 논문의 연구범위는 분석의 효과와 연구의 편의를 위하여 A시중은행의 기존 프라이빗뱅킹제도와 서비스제공 업무를 연구의 범위로 한정하였다. 기존 프라이빗뱅킹 서비스 제공의 문제점에 대한 후속 프라이빗뱅킹 서비스 방안의 방향성을 정하기 위해서는 프라이빗뱅킹 고객의 자산관리에 대한 실태분석과 연계하여 프라이빗뱅킹 조직의 경영성과에 대한 실증분석을 연구범위로 제한하였다.

연구모형의 범위는 프라이빗뱅킹의 서비스수요에 부합되는 자산관리서비스의 수요와 프라이빗뱅킹의 경영성과제고에 기여하는 자산관리서비스의 공급에 대해, 방향성을 기준으로 한 상관관계 요인과, 대응성을 기준으로 한 인과관계 요인으로 구성하였다.

표본대상의 범위는 금융기관 거래자료의 비공개 및 자료수집의 한계성에 기인하여, 시중은행 중에서 PB사업단을 별도로 두고, PB사업을 전략적 경영의 중심축으로 삼고 있는 A시중은행을 선정하게 되었다. 따라서 시중은행들 간의 PB운용 조직, 제도, 시기, 주요 고객층, 고객 충성도, 서비스제공, 프로그램, 프로세스, 정보공유 등에 대해서 일정부문별로 편차를 전제하고 있다.

자산관리 서비스제공에 대한 실태분석 범위는, 비제도권의 실물자산서비스를 제외한 제도권의 금융자산서비스 제공을 연구대상으로 정하였다. 대상기준은 PB영업점 거래고객 기준으로 평잔 3억 원 이상을 대상으로 정하였으며, 대상고객은 조사기간 중에 거래하는 고객 200명을 대상으로 하였다.

자산관리 수익기여도에 대한 실증분석 범위는 현업 책임자(차장, 과장)급 이상 PB 실무자인, 프라이빗뱅커가 관리하는 금융자산규모기준으로 PB 1인당 금융자산이 600억 원 이상, 관리 고객수 기준으로 PB 1인당 관리고객이 100명 이상인 프라이빗뱅커 120명을 대상으로 하였다.

2) 연구의 방법

본 논문의 연구 방법은 각종 연구자료를 통한 문헌연구와 부동산자산관리 시장의 수요변화를 고려하여 프라이빗뱅킹 제공서비스가 수요자 중심의 제공서비스가 되도록 하기 위해 기존 고객의 프라이빗뱅킹 자산관리 서비스제공의 실태분석과, 기존 실무자의 프라이빗뱅킹 자산관리 수익기여도의 실증분석을 조사하는 방법으로 구분하였다.

실태분석의 조사설계는 기초적 실태, 거래별 실태, 주거별 실태, 자산별 실태, 투자별 실태관점에서 가계자산구조상 부동산자산에 대한 비중과 부동산서비스 수요를 중심으로 조사하기로 하였다.

실증분석의 연구설계는 기존 유형 자산의 재무관리지표 중심의 경영성과 외에 무형자산의 비재무관리지표 중심의 경영성과를 포함하였다. 이러한 재무적 및 비재무적 관리지표의 경영성과는 고객의 부가가치, 실무자의 부가가치, 조직의 경제적 부가가치(수익성)를 금융서비스의 3각 관계를 구도로 하는 수익모델에 따른 것이다.

서비스 수익모델의 요인은 서비스 대상고객, 서비스 제공자, 서비스 기업으로 상호인과성의 정도에 따라 수익기여도에 미치는 영향이 다르게 나타나는바 이를 바탕으로 시장자산, 인적자산, 인프라자산을 고려하여 경쟁은행우위, 서비스차별화, 실무자만족도로 구분하여 프라이빗뱅킹의 성과요인에 따른 연구모형을 설정하였다.

대상 고객으로부터 조사내용은 설문조사 및 개별상담을 병행하여 가계의 자산구조에서 부동산자산이 차지하는 비중과, 자산운용에서 부동산자산을 선호하는 비중 등, 자산설계과정에서 상담 만족도를 중심으로 부동산자산관리와 관련된 내용을 조사하였다.

대상 실무자로부터 조사내용은 프라이빗뱅킹 경영성과에 영향을 미치는 요인으로 프라이빗뱅킹의 영업특성에 관련된 요인을 고객기반, 실무자기반, 조직기반으로 구분하여 독립변수로 설정하였고 프라이빗뱅킹의 성과특성에 따른 요인을 경쟁은행 우위, 서비스차별화, 실무자 만족도로 구분하여 종속변수로 설정하였으며, 부동산이 자산관리에 미치는 영향을 중심으로 조사하였다.

이들 서비스제공 실태조사와 수익기여도 실증분석을 위한 설문조사의 통계처리방법은, 수집된 자료의 분석기법과 연구한 가설의 검증수단으로서 SPSS 12 for Window 프로그램을 사용하였다.

통계자료를 처리한 분석패키지의 하위절차로는 설문응답자의 특성에 대한 빈도분석과, 측정도구의 일관성에 대한 신뢰성분석, 측정변수의 방향성에 대한 상관분석을 실시하였다. 그리고 대응성에 대한 인관관계의 회귀분석에서는 프라이빗뱅킹의 영업특성과 관련된 독립변수 요인들이 프라이빗뱅킹의 성과특성과 관련된 종속변수에 미치는 영향력을 통계 값의 양적 차이로 측정하기 위해서 범주형 회귀분석을 실시하였다(〈그림 1-2〉 참조).

〈그림 1-2〉 연구의 흐름도

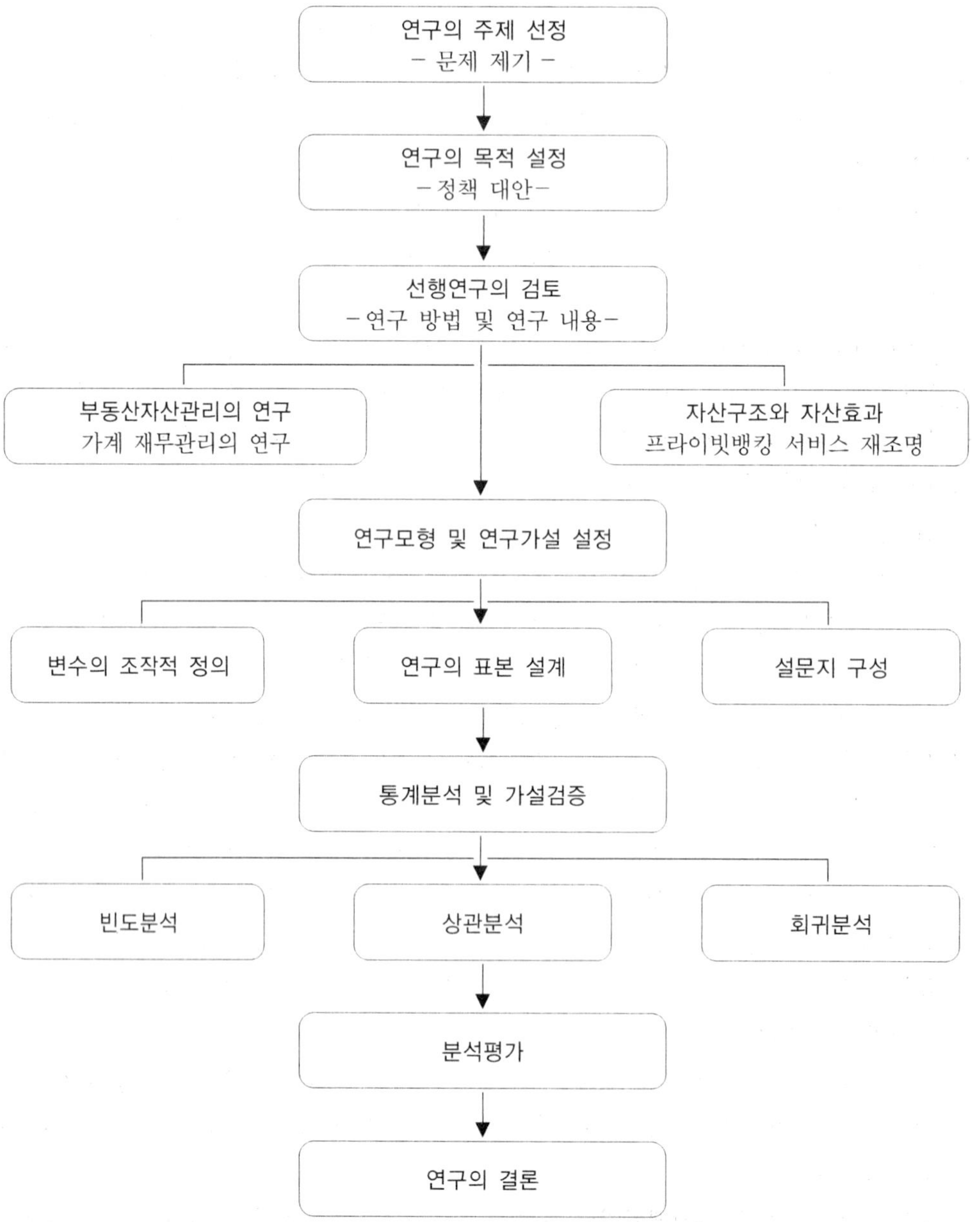

3) 연구의 구성과 체계

본 연구는 5장으로 구성되며 논문 체계도는 다음과 같이 요약된다.

제1장은 서론으로 금융외환위기 이후 금융시장과 부동산시장의 변화에 따른 가계자산관리의 패러다임변화와 프라이빗뱅킹의 후속서비스를 중심으로 연구의 배경과 목적 및 연구의 범위와 방법을 제시하였다.

제2장은 이론부문으로 부동산자산관리와 가계재무관리 및 은행의 경영성과에 대한 선행연구를 종합하고, 프라이빗뱅킹의 의의와 도입배경과, 운용 및 서비스현황의 일반고찰을 토대로 가계자산구조와 자산효과를 살펴보았다.

〈그림 1-3〉 연구의 구성과 체계

이론 고찰	연구배경 : 자산관리 패러다임의 변화 / 프라이빗뱅킹의 전략적 사업화 연구목적 : 부동산자산관리 니즈 충족 / 프라이빗뱅킹의 후속 서비스화
	선행연구 : 자산관리의 연구 / 경영성과의 연구 일반고찰 : 프라이빗뱅킹 운용과 서비스의 고찰
자산 관리의 S/V 제공 실태 분석	조사설계 : 조사대상 - 3억 이상 PB고객 200명 조사방법 - 설문조사 및 개별상담
	거래실태 : 거래유형, 거래목적, 요구덕목 주거실태 : 주거형태, 주거평형, 가족구성
	자산실태 : 자산규모, 자산구조 투자실태 : 선호자산, 투자목적, 투자정보, 상담만족
	기존 PB 서비스 한계 : 제도권 금융자산관리서비스 확대 후속 PB 서비스 방안 : 비제도권 부동산자산관리서비스 보완
자산 관리의 성과 기여 실증 분석	연구모형 : 조사대상 - PB실무자 120명 모형설정 - 스웨드뱅크의 성과모형을 원용한 서비스 수익모델
	가설설정 : 1. 고객기반(자산구조, 고객구조, 거래구조)의 성과요인 2. 실무자기반(자기계발, 업무능력, 섭외관계)의 성과요인 3. 조직기반(프로세스, 프로그램, 정보공유)의 성과요인
	가설검증 : 응답자의 빈도분석, 관찰변수의 상관분석, 범주형 회귀분석
	분석평가 : 측정영역과 관찰 변수별로 상관요인 및 인과요인 분석 연구 시사점 : 비제도권 부동산자산관리서비스의 PB서비스로 양성화
결론 구성	연구결과의 요약
	향후의 연구과제

제3장은 PB자산관리 서비스제공에 대한 실태조사를 고객기반의 자산구조와 연계하여 기초적 실태, 거래별 실태, 주거별 실태, 자산별 실태, 투자별 실태로 구분하여 부동산자산관리의 서비스수요를 재확인하고 기존 부동산자산관리의 상품 / 서비스를 재조명하였다.

제4장은 PB자산관리 수익기여도에 대한 실증분석을 고객기반의 시장자산, 실무자기반의 인적자산, 조직기반의 인프라자산과 연계하여 연구모형을 설정·적용하고 이를 토대로 부동산자산관리 서비스의 도입 방안과 향후 PB서비스의 방향성을 제안하였다.

제5장은 연구결과에 대해 고객관리의 CRM, 인력관리의 CDP, 조직관리의 인프라 면에서 개선내용을 제안하였고, 연구결과에 대한 이론적 함의는 연구모형의 적용결과를 중심으로 요약하였다. 향후 연구과제는 연구범위와 연구방법의 제한으로 본고에서 다루지 못한 부문을 표본대상, 접근방법, 업무범위의 관점에서 후속 연구방향을 정리하였다(〈그림 1-3〉 참조).

부동산자산관리와 프라이빗뱅킹의 이론고찰 02

1 부동산자산관리의 선행연구

자산관리는 부동산자산관리의 서비스수요를 프라이빗뱅킹의 서비스공급으로 제공하는 관점에서의 연구이며, 이러한 관점에서 선행연구를 종합하고 이론적 내용을 고찰하기로 한다.

선행연구에서는 부동산자산관리와 가계재무관리의 연구를 종합하고, 이를 토대로 프라이빗뱅킹의 내용을 고찰하였다.

자산관리서비스는 국내 가계의 재무관리를 자산구조와 자산효과를 중심으로 금융자산(financial asset)과 실물자산(real asset)서비스로 구분하였다. 내용구성은 우리나라 가계의 일반적인 자산선택 이론[12)]과 가계포트폴리오 구성[13)]을 중심으로 살펴보고자 한다. 이는 가계의 저축과 소비 및 투자가 금융시장과 부동산시장의 통합[14)]에 따라 금융자산과 실물자산의 유기적인 자본유입관계를 바탕으로 프라이빗뱅킹 서비스를 재조명하고자 하는 데 있다.

자산의 의미는 가계금융을 중심으로 가계재무관리를 범주로 한다. 자산(asset)이란 현금예금, 채권, 주식, 부동산, 귀금속, 골동품 등 금전적 가치를 저장하는 수단을 의미하며 경제적·통계적·시사적 용어의 분류기준에 따라 상이한 의미를 지닌다. 자산과 혼용되어 사용되고 있는 재산(property)은[15)] 자산보다 광의적 의미로서 적극적 재산으로 플러스 자산과 소극적인 재산으로 마이너스 부채와 자본을 총칭하는 의미를 갖는다.

자산관리효과는 미시적으로 가계자산구조와 자산증식 효과에 영향을 미치며, 거시적으로 국가경제의 성장 및 투자재원으로 영향을 미치게 된다.

---

12) 유경원, "우리나라 가계의 예비적 자산선택 행태에 관한 연구", 한국은행 금융경제연구소 경제분석 제10권 제3호, 2004, pp.113-143
13) 박주형·최현자, "자산 계층별 가계 포트폴리오 분석", 한국가정관리학회지 제17권 4호, 1999, pp. 193-206
14) 임재만, "부동산시장과 금융시장의 통합에 관한 연구", 한국부동산분석학회 부동산학연구, 제8집 제1호 2001, pp.13-24
15) 윤순기, "성공하는 재테크패러다임의 이해", 지방행정공제회 지방행정 제53권, 2004, pp.144-145

이러한 자산관리는 가계의 자산증식효과와 국가의 경제성장효과로서 영향을 미치게 된다. 환언하면, 가계자산관리의 서비스 수요와 공급은 가계자산 구조와 운영적인 면에서 고려해야 하고, 국가의 성장과 경쟁력의 발전 단계[16]는 자본투자와 자산축척 면에서 고려함으로서, 자산관리서비스를 금융기관의 프라이빗뱅킹 후속 서비스와 연계하고, 자산관리서비스를 통해 향후 자산주도형 경제발전의 성장엔진으로서 은행의 프라이빗뱅킹를 모색하고자 한다.

1) 부동산자산관리

부동산자산관리에 관한 선행연구는 주로 자산 포트폴리오에 관한 연구와 부동산자산의 최적배분과 위험관리 및 자산관리 서비스를 중심으로 한 연구내용을 정리하고 있다.

박점희(1999)[17]는 부동산자산의 포트폴리오 분산화 효과를 연구하여 부동산자산과 금융자산들의 수익률 자료를 이용하여 최적 포트폴리오를 구성하고 마코위츠의 평균-분산 포트폴리오 모형을 도구로 부동산자산의 효과적인 투자비중 여부와 분산화의 공헌도를 검증하였다.

이용만(2000)[18]은 부동산투자의 포트폴리오 위험에 관한 연구를 하여 부동산자산 투자의 최적 포트폴리오를 도출하기 위하여 VaR[19]모형을 이용하고 투자자산의 선택, 가격함수도출, 투자자산의 가격에 영향을 미치는 외생변수를 검토하여 위험과 자본의 크기를 파악하는 최적 포트폴리오를 도출하였다.

박원식 · 최희갑(2002)[20]은 부동산투자 관리위험에 대한 실증분석과 위험관리방안을 연구하여 부동산 투자와 관련한 위험을 확인하여 위험요인을 분류하고 경기수준 인플레이션 등 거시경제변수가 부동산수익률에 미치는 영향을 실증분석하여 이를 토대로 효과적인 위험관리 방안을 살펴보았다.

고성수 · 이형(2006)[21]은 부동산자산을 활용한 부관리서비스(Wealth Management)의 활성화 방안을 연구하여 부동산자산 및 금융자산의 효율적인 자산배분에 있어서 국내의

16) 마이클 포터(Michael E. Porter)는 국가의 성장과 경쟁력 발전의 단계를 첫째, 요소주도형(Factor-driven : 천연자원 · 노동) 둘째, 투자주도형(Investment-driven : 자본투자) 셋째, 혁신주도형(Innovation-driven : 기술혁신) 넷째, 자산주도형(Wealth-drven : 금융자산 축적과 소비)으로 구분하고 있다.

17) 박점희, "부동산자산의 포트폴리오 분산화 효과", 한양대학교 대학원 도시공학과, 1999, pp.71-92

18) 이용만, "부동산투자의 포트폴리오 위험에 관한 연구", 한국부동산분석학회 부동산학 연구, 제7집 제1호 2001, p.34

19) Value at Risk의 약자로 '정상적인 시장여건 아래에서 일정 기간 동안 발생할 수 있는 최대손실금액'을 말한다.

20) 박원식 · 최희갑, "부동산투자 · 관리위험에 대한 실증분석과 위험관리방안", 한국부동산분석학회 부동산학 연구, 제8집 제1호 2002, pp.41-56

21) 고성수 · 이형, "부동산자산을 활용한 부관리서비스(Wealth Management)의 활성화 방안 : 복합자산 포트폴리오를 중심으로", 한국금융연구원 금융연구, 제18권 2호, 2006, pp.4-30

경우 부동산자산이 다른 자산을 지배하여 금융기관의 자산관리서비스도 부동산의 자산관리서비스를 확대해야 하는 것으로 나타났다.

위 3가지 연구주제에서 내용은 부동산자산의 투자에 대한 분산화와 위험관리 방안에 대한 내용으로 결부되며, 본 연구에서 보충과제부문은 자산관리 서비스에 대한 내용이다. 나머지 1가지 연구주제에서는 부동산자산과 금융자산의 효율적인 배분과 서비스확대 필요에 대한 내용이며, 보충과제부문은 구체적인 부동산자산관리서비스의 도입방안 내용이다(〈표 2-1〉 참조).

2) 가계재무관리

가계재무관리에 대한 선행연구는 국내 패널자료에 관한 연구에서 가계자산선택과 포트폴리오에 관한 내용을 부동산자산과 금융자산을 중심으로 연구내용을 정리하고 있다.

임경묵(2002)[22]은 대우패널자료를 이용하여 한국 가계의 자산구성을 분석하여 자산구성의 패턴을 주요국에 대한 실증연구와 비교하고, 이러한 자산구성 결정 중 주식의 보유결정요인을 자산구성이론에 따라 분석하였다. 분석결과 총자산 중에서 금융자산보다 부동산자산 비중이 높고, 금융자산 중에서는 보험비중과 주식비중이 낮으며, 그 이유로는 부동산선호도를 지적하였다.

김진영(2002)[23]은 대우패널조사를 이용하여 우리나라 가계는 주택을 소유하기 이전까지는 예금자산 위주로 금융자산을 운용하다가 주택 마련 이후에는 주식 등 다소 리스크가 있는 금융자산에 대한 투자를 확대하는 것으로 나타났다.

유경원(2004)[24]은 가계패널자료를 이용하여 우리나라 가계 자산구성의 특징을 분석하였다. 가계금융자산선택에 미치는 주요 요인을 예비적 자산선택이론에 입각하여 실증적으로 분석한 결과 소득의 변동성 위험이 높을수록 안전한 자산보유비중을 늘리고 위험한 자산보유비중을 줄인다는 가계의 예비적 자산선택이론의 예측과 일치하는 것으로 나타났다.

강석훈(2005)[25]은 한국보건사회연구원에서 조사한 "2002년 자활사업실태조사" 자료를 표본선택모형으로 이용하여 인구구조의 변화가 가계자산 중에서 부동산시장의 비중에 미치는 영향을 분석하였다. 분석결과 총자산대비 부동산자산보유비중은 가구주의 고령화

---

22) 임경묵, "한국 가계금융자산 구성의 결정요인 분석 : 주식보유를 중심으로", 한국개발연구원 정책연구시리즈, 2002. 12, pp.3-31

23) 김진영, "대우패널 자료를 통해 본 1990년대 가계의 자산구성 변화", 한국재정공공경제학회, 재정논집 제17집 제1호, 2002, pp.47-74

24) 유경원, "우리나라 가계의 예비적 자산선택행태에 관한 연구", 한국은행 금융경제연구소, 경제분석 제10권 제3호, 2004, pp.113-143

25) 강석훈, "인구구조와 자산선택 : 부동산 자산을 중심으로", 금융학회지 제10권 제2호, 2005, pp.69-94

자체의 연령변화보다 순자산의 변화에 따라 간접적으로 영향을 받는 것으로 나타났다.

위 2가지 연구주제에서 내용은 대우패널자료에서 한국가계의 금융자산구성을 결정하는 요인과 변화시키는 요인에 대한 내용으로 결부되며, 본 연구에서 보충과제부문은 부동산선호도와 부동산비중에 상응하는 자산관리 서비스의 제공이다. 나머지 1가지 연구주제에서는 한국보건연구원자료에서 인구구조와 부동산자산보유비중에 대한 내용이며, 보충과제부문은 구체적인 부동산자산의 변화에 따른 서비스의 공급방안에 대한 내용이다(〈표 2-2〉 참조).

이외 가계재무의 포트폴리오에 관한 연구를 살펴보기로 한다.

이은실 · 최현자(1998)[26]는 가정생활주기에 따른 소비자의 포트폴리오를 분석하였다. 가정 형성기에서 자녀가 취학을 하기까지의 가계재무포트폴리오는 다양하게 나타난다. 그러나 노년기로 갈수록 보유자산은 줄어들게 되며 형성기에는 금융자산의 비중이 높고 노년기에는 부동산자산의 비중이 높게 나타났다.

박주형 · 최현자(1999)[27]는 자산계층별 가계의 포트폴리오를 분석하였다. 가계의 특성이나 가계의 포트폴리오 관점에서 자산 계층별로 차이가 있는 것으로 나타났다. 금융자산과 실물자산에 있어서 실물자산의 비중은 대부분의 계층에서 높은 비중을 차지하는 것으로 나타났고 안전자산을 시작으로 위험자산으로 비중이 증가되며 자산규모가 증가함에 따라 실물자산의 비중이 높은 것으로 나타났다.

최지은 · 정순희 · 여윤경(2005)[28]은 소비자의 자산계층별 금융자산 포트폴리오를 분석하였다. 소비자의 자산규모가 안전자산과 위험자산 투자에 영향력을 미치는 내용을 조사하여 자산규모가 적을수록 저축성 자산에 투자하고 자산규모가 클수록 위험자산에 투자하는 비중이 높은 것으로 나타났다.

가계재무의 포트폴리오 및 가계패널자료와 부동산자산의 포트폴리오에 대한 선행연구에서 공통점은 금융자산보다 부동산자산의 보유비중이 높게 나타났으며, 소득규모가 크고 안정적일수록 위험자산의 비중이 높은 것으로 나타났다.

위 1가지 연구주제에서 내용은 가정생활주기에서 가계의 포트폴리오가 가정 형성기에는 금융자산이 노년기에는 부동산자산비중에 대한 내용으로 결부되며, 본 연구에서 보충과제부문은 생애재무관리에 상응하는 종합자산관리 서비스의 제공이다. 나머지 2가지 연구주제에서는 자산계층별 포트폴리오에서 안전자산에서 시작하여 위험자산으로 증가하며, 규모가 적을수록 저축자산에 규모가 클수록 위험자산비중에 대한 내용이며,

26) 이은실 · 최현자, "가정생활주기에 따른 소비자 포트폴리오 분석, 한국가정관리학회지 제16권 3호, 1998, pp.111-123

27) 박주형 · 최현자, "자산 계층별 가계 포트폴리오 분석, 한국가정관리학회지 제17권 4호, 1999, pp.193-206

28) 최지은 · 정순희 · 여윤경, "소비자의 자산 계층별 금융자산 포트폴리오 분석, 한국소비자학회지 제16권 1호, 2005, pp.55-72

보충과제부문은 자산구조에 상응하는 자산운용에 따른 서비스의 공급방안 내용이다(〈표 2-3〉 참조).

〈표 2-1〉 부동산자산관리의 선행연구

연구자	연도	연구 분야	연구 내용
박점희	1999	부동산자산의 포트폴리오 분산화 효과	부동산자산의 효과적인 투자비중 여부 및 분산화의 공헌도 검증
이용만	2000	부동산투자의 포트폴리오 위험 연구	부동산투자의 최적 포트폴리오를 도출하기 위한 위험과 자본의 크기 파악
박원식 최희갑	2002	부동산투자/관리위험에 대한 실증분석과 위험관리방안	부동산투자수익률에 영향을 미치는 실증분석을 토대로 효과적인 위험관리 방안 검토
고성수 이 형	2006	부동산자산을 활용한 부관리서비스(Wealth Management)의 활성화 방안	부동산자산과 금융자산의 효율적인 자산배분과 부동산자산관리 서비스의 확대 필요

〈표 2-2〉 가계자산구조의 선행연구

연구자	연도	연구 분야	연구 내용
임경묵	2002	대우패널자료이용, 한국가계의 금융자산구성을 하는 결정요인분석	한국가계는 부동산 선호도 및 부동산비중이 높고 금융자산 중에 주식과 보험비중이 낮다.
김진영	2002	대우패널자료이용, 한국가계의 자산을 구성하는 변화 요인분석	주택부동산구입을 하는 전후로 가계자산구조에서 금융자산의 변화 추이를 검토
강석훈	2005	한국보건사회연구원자료이용, 인구구조의 변화가 부동산시장에 미치는 영향	부동산자산보유비중은 가구주의 고령화보다 순자산의 변화에 영향을 받음

〈표 2-3〉 가계재무관리의 선행연구

연구자	연도	연구 분야	연구 내용
이은실 최현자	1998	가정생활주기에 따른 가정 형성기에서 노년기까지 가계의 포트폴리오 분석	가정 형성기에 금융자산비중이 높고, 노년기에 부동산자산비중이 높음
박주형 최현자	1999	자산계층별 가계의 포트폴리오 분석	안전자산을 시작으로 위험자산의 비중 증가 자산규모 증가에 따라 실물자산 비중 증가함
최지은 정순희 여윤경	2005	자산계층별 금융자산의 포트폴리오 분석	자산규모가 적을수록 저축성자산에, 자산 규모가 클수록 위험자산에 투자하는 비중이 높게 나타남

2 프라이빗뱅킹 경영성과의 선행연구

1) 은행업무와 경영성과

프라이빗뱅킹의 경영성과에 대한 연구는 미시적 내부 자료수집의 한계 등으로 전문적 체계적인 연구가 이루어지지 못하였다. 반면, 은행경영성과에 대한 연구는 광범위한 시각에서 다양한 논의가 있었다.

이에 PB경영성과에 관련된 연구는 국내 은행의 업무 종류[29]에 따라 연구목적과 방법에 대해 제한적인 검토를 하고, 프라이빗뱅킹 업무내용과 경영성과내용을 정리하기로 하였다.

정지만(2000)[30]은 은행 고유업무를 대상으로 '금융환경변화와 우리나라 은행의 수익성' 연구에서 자금조달과 운용의 예대마진 추이를 이용하여, 금융구조조정과 수익성 제고를 통한 경쟁력 강화방안을 연구목적으로 삼고, 실증분석으로 회귀분석방법을 이용하였다. 회귀분석에서 수익성(ROA)을 종속변수로, 독립변수는 예대금리차, 자기자본비율, 1인당 경비, 1인당 자산, 총수신증가율, 회사채수익률 등을 설정하였다.

박노경・전영삼(2004)[31]은 은행 부수업무를 대상으로 '국내 은행산업의 대형화・겸업화가 은행 경영성과에 미친 효과분석' 연구에서 보험업무의 겸업효과를 이용하여, 은행의 대형화가 경영성과에 미친 효과분석으로 2003년부터 시행된 보험업무의 효과측정을 연구목적으로 삼고, 선형계획법에 근거한 비모수적 측정방법인 DEA(Data Envelopment Analysis)와 System Dynamics 방법을 이용하였다.

---

29) 배병호, "국내은행의 비은행업무 확대가 경영성과에 미친 영향", 한국은행, 2006. 7. 17, p.31

업무종류		업무내용	관련법률
은행고유업무		지급결제, 예금수신, 대출 및 지급보증 내외국환	은행법(제27조) 및 시행령(제18조의2)
은행 부수업무	증 권	유가증권 매매, 국공채 인수, 환매조건부채권 매도	은행법 및 시행령
	보 험	보험계약 중개・대리	재경부 고시
	파생금융	금융파생상품 거래, 일반파생상품 거래	재경부 고시
	신용정보	채권추심	재경부 고시
	자산관리	자산보관, 자산관리, 자산대여 및 대리	재경부 고시
	자산매매	*비금융자산 매매	재경부 고시
	중 개	*비금융자산 중개	재경부 고시
	기 타	기업금융 상담 및 자문, 골드뱅킹 등	재경부 고시
은행 겸영업무	신탁업무	신탁재산 인수・관리・운용・처분	은행법, 신탁업법
	신용카드	할부매출, 부대업무(카드론, 현금서비스)	은행법, 여신전문업법
	자산운용	간접투자자산 설정・운용 및 상품판매	간접투자자산운용업법

30) 정지만, "금융환경변화와 우리나라 은행의 수익성", 한국금융연구원, 2000, pp.9-18

31) 박노경・전영삼, "국내 은행산업의 대형화 겸업화가 은행 경영성과에 미친 효과분석", 산업경제연구 제17권 제5호, 2004. 10, pp.1613-1635

〈표 2-4〉 은행경영성과의 선행연구

연구자	대상업무	연구목적과 연구방법 내용	비고
정지만 (2000)	고유업무	자금조달과 운용의 예대마진을 중심으로 은행수익성 실증분석과 회귀분석방법을 이용하고, 경영성과 재무지표로 ROA 이용	금융자산 관리시스템 중심임
박노경 외 (2004)	부수업무	보험계약 중개·대리 등 방카슈랑스 부수업무의 효율성을 중심으로 DEA(Data Envelopment Analysis) 및 System Dynamic 방법을 이용하고, 경영성과 재무지표로 ROA, ROE 이용	
정지만 (2000)	겸영업무	비은행업무의 수익성을 중심으로 수수료 업무(비이자수익 분류업무), 신용카드·외환 및 파생업무, 신탁업무의 실증분석과 상관관계분석방법을 이용하고, 경영성과 재무지표로 ROA 이용	

〈표 2-5〉 국내외 은행업무의 비재무적인 측면 비교

구 분	비재무적 측면 : 국내은행	비재무적 측면 : 주요 선진국은행
업무범위	○ 국내은행의 업무는 예대마진 중심임 ○ 외환위기 이후 지주회사의 자회사를 통해 증권업을 겸업하나 낮은 수준임	○ 영미지역은 전업주의로 예대업무 중심임. 유럽대륙은 겸업·겸영주의에 의하여 예대 업무 및 투자은행업무 활성화 ○ 투자은행과 상업은행간 겸업 및 겸영 진전
고객범위	○ 주로 가계 및 중소기업을 대상 ○ 개인고객중심의 소매금융에 치중함	가계와 기업 모두를 대상으로 소매금융과 도매금융이 균형적 발전
네트워크	○ 주로 국내 네트워크에 국한 ○ 해외 진출 네트워크진출 초보단계임	오랜 해외진출 역사로 정보, 전문 인력 등의 체계적인 해외 인프라 구축
리스크관리	사후적 관리 및 정태적 관리시스템	사전적 관리 및 동태적 관리시스템
금융상품	○ 이자수익관련 수신 상품에 치중 ○ 비이자수익 원천의 PB상품은 초보단계 ○ 열거주의규제로 상품개발 한계	○ PB제도 발전으로 은행 전체수익원의 주요 부분을 형성 ○ 포괄주의규제로 자유, 창의적 상품개발
전문인력	○ 상품개발, 자산 및 리스크관리 부족 ○ 국제금융, 파생상품, 리스크, 컴플라이언스 분야의 전문 인력 부족 ○ 인력채용, 경력관리, 평가 및 보상체계 등 인사관리체계 정립을 통한 핵심인력의 내부 육성방안 미비	○ 상품개발, 자산 및 리스크관리를 위한 풍부한 전문 인력 ○ 인력채용, 경력관리, 평가 및 보상체계 등 인사관리체계 확립

자료 : 김자봉 외, "FTA와 금융산업의 경쟁력", 한국금융연구원, 정책조사보고서 2007-01, p.14

배병호(2006)[32]는 은행 겸영업무를 대상으로 '국내은행의 비은행업무 확대가 경영성과에 미친 영향' 연구에서 전통적인 은행 고유업무의 예대마진 이외 수수료(비이자 수익), 외환 및 파생상품 신용카드 등의 확대와 업무다각화추진 과정에서 수익성 효과측정을 연구목적으로 삼고, 일반은행의 총량자료를 이용하여 실증분석으로 상관분석방법을 이용하였다.

이외 박형근(2006)은[33] '부동산가격과 은행 경영성과' 연구에서, 1994년부터 2004년까지 일반은행의 자료를 바탕으로 부동산경기 더미변수를 사용하고 패널회귀추정방법으로 부동산가격 변동과 은행 경영성과 관계를 연구하였다. 위 3가지 연구주제에서 내용은 은행의 고유업무, 부수업무, 겸영업무에서 금융자산관리시스템중심의 재무적인 성과지표(〈표 2-4〉 참조)에 대한 내용으로 결부되며, 본 연구에서 보충과제부문은 비재무적인 성과지표(〈표 2-5〉 참조)와 종합자산관리시스템의 제공이다.

2) 프라이빗뱅킹 업무와 경영성과

프라이빗뱅킹 경영성과는 선행연구에서 살펴본 바와 같이 은행경영성과의 구조와는 부분적인 차이점을 가지고 있다. 이를 프라이빗뱅킹 영업구조와 프라이빗뱅킹 손익구조상 특성[34]을 바탕으로 살펴보면 다음과 같다.

첫째, 프라이빗뱅킹 영업구조는 은행사업의 한 부문으로서 가계금융고객을 주요대상으로 하며, 자금조달부문의 수신업무가 주류를 이루고 있다. 수신업무구조는 상품판매를 기준으로 은행계정의 고유업무로서 예금상품과, 신탁계정의 겸영업무로서 투자상품, 기타계정의 부수업무로서 보험상품 등이 있다.

예금상품은 수시입출금의 경우 MMDA상품과, 거치식의 경우 정기예금, 적립식의 경우 정기적금 등이 주류를 이루고, 이외 후순위채, 양도성예금증서, 외화예금 등의 기타 상품군이 있다. 투자상품은 신탁상품과 수익증권으로 구분되며, 신탁상품의 경우 특정금전신탁, 부동산신탁, 연금신탁, 기타 신탁이 있고, 수익증권의 경우 MMF, 주식형, 채권형, 혼합형 간접투자기구, 해외뮤추얼펀드, 파상상품, 기타 수익증권이 있다. 보험상품은 생명보험, 손해보험, 제3보험 상품이 있고, 해외자산은 국내자산과 대비되는 보험, 증권, 채권 등 기타 자산이 있다. 신용카드는 본인 주거래와 가족 부거래가 있고, 외환관련 거래는 환전, 송금, 수입, 수출거래 등이 있다.

반면에, 자금운용 부문의 여신업무구조는 가계여신이 주류를 이루며, 신용대출과 담보대출로 대별된다. 신용대출의 경우, 전문직대출과 우량직업군 대출, VIP무보증대출과

---

32) 배병호, "국내은행의 비은행업무 확대가 경영성과에 미친 영향", 한국은행, 2006. 7, pp.28-48
33) 박형근, "부동산가격 변동과 은행 경영성과간 관계분석", 한국은행, 2006. 3, pp.8-10
34) 은행영업구조를 고유업무와 부수업무와 겸영업무로 구분하여 살펴본 바와 같이 프라이빗뱅킹 영업구조도 동일한 방식으로 접근하였다.

일반 신용대출로 구분되고, 담보대출의 경우 예금담보대출과 부동산담보대출 기타 담보대출이 있고, 부동산담보대출은 주택 / 아파트 대출과 상가 및 기타 부동산 담보대출이 있다.

둘째, 프라이빗뱅킹 손익구조는 프라이빗뱅킹 영업구조를 바탕으로 은행의 자금중개업무 수익의 한 부문으로 가계금융고객을 대상으로 하며, 자금운용보다 자금조달부문의 수신 손익이 주류를 이루고 있다. 수신 손익구조는 예금상품의 마진과 투자상품, 보험상품, 해외자산(보험 · 증권 · 채권 등)의 판매수수료, 운용수수료 및 서비스수수료로 구성되어 있다. 기타손익계정은 신용카드 수수료 및 외환관련 환전 송금 수출입 거래 수수료가 있다.

이들 손익계정 중 예금상품의 마진율은 감소추세를 보이며, 기준금리 이하의 역마진까지 감수하고 고객유치를 위한 과당경쟁을 하는 경우, 투자상품 판매수수료의 1/5 - 1/10에도 못 미치는 손익구조를 가진다. 투자상품의 경우 고수익 고위험의 위성포트폴리오 상품구성이 많을수록 수수료비중이 높고, 상품구성에 위험헷지 기능이 추가될수록 추가비용지불이 늘어난다.

셋째, 프라이빗뱅킹 성과구조는 프라이빗뱅킹 영업구조를 기준으로 볼 때 은행업무에서 비은행업무으로 확대되어가는 추세이며, 고유업무에서 부수업무와 겸영업무의 영역이 점증하는 추세를 보이고 있다. 프라이빗뱅킹 손익구조에서도 마찬가지로 영업구조에 비례하여 은행계정 이익은 감소하고 비은행계정 이익은 증가하는 추세이다.

프라이빗뱅킹 영업과 손익은 결국 프라이빗뱅킹 고객기반의 서비스수요에 따라 결정된다. 은행 고유업무에 대한 서비스수요는 감소하고, 부수업무로서 증권, 보험, 자산관리, 자산매매 서비스수요 증가와 겸영업무로서 신탁업무, 자산운용(간접투자자산)관련 서비스 비중이 증가하고 있다.

이에 따라 프라이빗뱅킹 경영성과구조도 프라이빗뱅킹 영업 특성상 고부가가치의 금융서비스산업에 따라 은행업무외 비은행업무, 재무지표 외 비재무지표를 포함하여, 서비스 제공내용과 수익원 발생내용을 연계하여 실증연구가 이루어져야 한다.

이러한 관점에서 프라이빗뱅킹의 후속 서비스방안의 논거가 되는 프라이빗뱅킹 고객의 자산관리 실태를 분석하고, 실태분석 결과를 바탕으로 기존 신탁형 상품형태의 부동산 상품 · 서비스가 고객의 자산관리니즈를 충족하여 경영성과로 연계가능한 지에 대한 문제를 재논의 하기로 한다.

3 프라이빗뱅킹의 고찰

1) 프라이빗뱅킹의 의의와 도입배경

프라이빗뱅킹에 대한 정의는[35], 프라이빗뱅킹 업무범위의 영역확장과 부대서비스의 제휴확대 등에 기인하여 체계적으로 정립되지 못한 미완성 상태이다[36]. 이에 따라 시중은행 간의 프라이빗뱅킹 사업상의 전략차이, 은행 부서간의 이기주의, 개인별 실적주의와 과당경쟁, 경영진의 조직구조에 대한 진단과 운영에 대한 처방의 괴리감, 이로 인한 의견차이 등으로 본부정책과 경영지원 부족, 본점과 지점간의 내부갈등 등을 야기하여 프라이빗뱅킹 사업전략과 경영성과 제고에 걸림돌로 산견되고 있다.

프라이빗뱅킹이란, 부유층 고객을 대상으로 다양한 니즈를 만족시킴으로써 고객 만족도를 향상시키는 한편 수수료 수입을 확대할 수 있는 종합금융서비스 업무[37]로서 개념을 가진다. 이처럼 프라이빗뱅킹은 은행에서는 종합금융서비스를 칭하나, 유사하게 사용하는 개념으로 증권사는 랩어카운트(Wrap Account), 보험사는 재무설계(Financial Planning)라는 광의적 개념으로 사용되고 있다.[38]

국내은행의 프라이빗뱅킹 도입은 1991년 씨티은행이 '시티골드'란 브랜드로 서울지점을 개설하고, 금융자산 1억 원 이상 개인고객을 대상으로 금융서비스를 제공한 것이 자산관리(Wealth Management)서비스의 효시이다.

이후 1995년 보람은행(1999년 하나은행과 합병)이 맥킨지 컨설팅을 통해 거액예금고객을 대상으로 자산관리서비스를 제공하여 본격적인 프라이빗뱅킹제도가 도입되었다.[39]

금융외환위기 이후에는, 모든 은행들이 프라이빗뱅킹 영업을 전개하여 대형(투자)은행의 전유물이기보다 프라이빗뱅킹 전통이나 프라이빗뱅킹 업무의 전문성에 바탕을 둔 브랜드 이미지와 상품개발능력을 구비한 금융회사에 더 유리한 사업구조[40]가 되었다. 이는 은행설립[41]의 단순역사보다 서비스제공의 영업내용에 더 비중을 둔 것이다.

---

35) 김병연, "프라이빗뱅킹의 개념정립", 한국금융연구원 은행경영브리프, 2004. 12, pp.42-50

36) 윤순기, "금융외환위기 이후 금융산업의 변화와 수익성 제고방안에 관한 연구", 고려대학교 대학원, 2002, pp.102-103

37) 이재연, "프라이빗뱅킹의 활성화", 한국금융연구원 은행경영브리프, 2002. 3, pp.11-14

38) 김창호, "국내은행의 프라이빗뱅킹 현황 및 과제", 한국은행, 2004. 11, p.2

39) 박진수, "국내 프라이빗뱅킹의 현황과 시사점", 삼성경제연구소, 2003. 12. 23, p.1

40) 김우진, "프라이빗뱅킹 사업에 대한 이해", 한국금융연구원 은행경영브리프, 2002. 5, pp.7-10

41) 한국에서 근대적 의미의 금융기관으로 은행업의 등장은, 조선시대 고종 13년 개항 이후 강화도조약(1876)을 계기로, 1878년 일본 제일국립은행 부산지점이 효시이다. 이후 1897년 한성은행[구(舊)조흥은행, 현 신한은행으로 통합]이 설립되었고, 1899년 대한천일은행[구(舊)한국상업은행, 현 우리은행으로 통합]이 설립되었으며, 1918년 조선식산은행[현 한국산업은행, 1954]이 설립되었고, 1929년 조선저축은행[구(舊)제일은행, 현 SC제일은행으로 통합]이 설립되었으며, 「한국은행법」 및 「은행법」은 1950년에 제정(조선은행 폐쇄 : 1909년 구 한국은행이→1911년 조선은행으로 개칭→1950년 한국은행)

기존 은행의 프라이빗뱅킹 운용현황은 금융자산과 실물자산, 자산관리와 자산운용, 개인뱅킹과 프라이빗뱅킹, 프라이빗뱅킹과 신탁업무, 수익모델과 사업모델의 영역 등이 금융기관 상호간, 금융기관 내부간, 본지점 영업간에 명확한 구분이 없이 혼재된 상태로 운용되고 있다. 이에 따라 금융서비스와 비금융서비스의 제공기준이나, 고객의 수익기여도와 은행의 부가서비스 제공기준도 명확하게 구분되지 못하고 있으며, 이는 기존의 프라이빗뱅킹 금융서비스에 대한 후속 방안을 정하기 어려운 문제점으로 보인다.

2) 프라이빗뱅킹의 운용 현황

프라이빗뱅킹 운용현황은, 프라이빗뱅킹 개념의 미정립 상태와 마찬가지로 은행별 운용기준과 현황에서 차이를 보이고 있다. 일반적으로 시중은행은 전용 프라이빗뱅킹 센터와 프라이빗뱅킹 영업점을 구분하여 가계금융 사업부와 별개의 프라이빗뱅킹 사업단 소속으로 두고 독립된 브랜드를 가지고 있다. 대상기준은 일정금액 기준 이상의 수신규모, 자산규모 또는 이익규모 등을 기준으로 정하여 운용하고 있다.

그러나 실제 운용의 경우는 금액기준 이외 신규고객 창출과 협력고객 확보를 위해 전문 직업군 및 고소득층 등 잠재고객을 주요대상으로 하고 있다. 프라이빗뱅킹 영업점의 VIP코너 역시 전문 상담창구업무 역할이 미흡하며 은행별로 제공하는 서비스 종류도 다르게 나타나고 있다. 일부 시중은행에서는 기존 프라이빗뱅킹 영업을 재정비하여 프라이빗뱅킹 센터와 프라이빗뱅킹 영업점, 전문 프라이빗뱅킹 인력과 일반 프라이빗뱅킹 인력을 구분하고 고객서비스의 차별화·전문화를 부각시키는 방향으로 가고 있다.

프라이빗뱅킹 인력현황은 외부영입과 자체선발로 대별된다. 외부 금융기관이나 증권사 등에서 영입한 프라이빗뱅킹 인력은 전용 프라이빗뱅킹 센터를 중심으로 배치하고

되었다. 법제상으로 「특수은행법」에 의한 특수은행은 50년대 전시복구사업, 60년대 경제개발계획, 70년대 중화학공업육성 등 정부의 정책추진을 목적으로 한국산업은행(1954, 조선식산은행폐지)설과, 한국수출입은행(1976), 중소기업은행[1961, 구(舊)농업은행에서 분리], 농업협동조합(1961), 수산업협동조합(1962) 등이 설립·운영되었다. 특수은행에서 일반은행으로 전환된 은행은 1980년대 금융자율화추진으로 통합 전 구(舊)한국주택은행(1967년 한국산업은행의 주택금융업무인수로 발족하여 1997년에 전환)과, 통합 전 구(舊)국민은행(1962년 한국무진주식회사를 모체로 한국국민은행을 창립, 1995년에 전환), 그리고 한국외환은행(1967년 창립하여 1989년에 전환)으로 3개가 전환된 은행이다. 「은행법」에 의한 일반은행의 연대별 변천추이를 살펴보면 ① 1960년대에는 조흥, 상업, 제일, 한일은행 등 4개의 시중은행이 있었고, 지방은행으로는 서울은행 1개 은행이 있었으며, ② 1970년대는 조흥, 상업, 제일, 한일, 서울, 신탁은행 등 6개 시중은행과 대구, 부산, 충청, 광주, 경기, 경남, 전북, 강원, 제주은행 등 9개 지방은행이 있었다. ③ 1980년대는 서울은행과 한국신탁은행이 서울신탁은행으로 합병하여 시중은행이 5개로 감소하였고, 지방은행은 충북은행이 창립하여 10개로 증가하였다. ④ 1990년대는 지방은행은 10개로 변동이 없었으나, 시중은행은 하나은행[구(舊)한국투자금융, 1971년 설립], 보람은행[구(舊) 한양투자금융, 1973년 설립], 평화은행[구 노동금융(주), 1991년 설립]의 창립과 주택은행과 국민은행의 일반은행 전환으로 1997년에는 시중은행이 16개로 늘어났다. ⑤ 금융외환위기 이후 금융구조조정과정을 거치면서 2007년 6월말 현재 시중은행은 3개의 금융지주회사계열과 일반시중은행으로 재편되었고, 지방은행은 3개 은행만이 처음 설립된 법인등기의 상호로 은행 영업을 하고 있다.

은행내부에서 자체기준으로 선발하여 양성된 프라이빗뱅킹 인력[42]의 경우는 프라이빗뱅킹 영업점에 주로 배치하고 있다. 예비 프라이빗뱅킹 인력은 프라이빗뱅킹 사업전략에 따라 예비 프라이빗뱅커 선발과정을 거쳐 전문교육을 이수하고 있다.

금융기관 구조조정 이후에는 인수 및 합병을 통한 시중은행들이 프라이빗뱅킹 영업을 전략적 사업수단으로 삼고 새로운 VIP고객의 자산관리 시장을 선점하게 되었다. 합병이후 대부분의 시중은행은(〈표 2-6〉 및 〈표 2-7〉 참조) 금융시장의 영업환경 변화로 사업성의 다각화와 수익성의 다변화를 위해 시중은행을 중심으로 프라이빗뱅킹 센터를 설립하고 종합자산관리서비스를 주창하게 되었다.

〈표 2-6〉 금융외환위기 이후 프라이빗뱅킹의 변천추이

<table>
<tr><td>국민은행</td><td rowspan="2">국민은행
1998. 6. 29</td><td rowspan="3">국민은행
1999. 1. 5</td><td rowspan="5">국민은행
2001. 11. 1</td><td rowspan="5">(현)국민은행</td><td rowspan="5">Gold & Wise
18개 PB센터</td></tr>
<tr><td>대동은행</td></tr>
<tr><td>장기신용</td><td></td></tr>
<tr><td>주택은행</td><td colspan="2" rowspan="2">주택은행
1998. 6. 29</td></tr>
<tr><td>동남은행</td></tr>
<tr><td>외환은행</td><td colspan="3"></td><td colspan="2">(현)외환은행 N/A</td></tr>
<tr><td>상업은행</td><td colspan="3" rowspan="2">한빛은행
1999. 1. 6</td><td rowspan="5">(현)우리금융
지주회사
2001. 4</td><td rowspan="5">Two Chairs
5개 PB센터</td></tr>
<tr><td>한일은행</td></tr>
<tr><td>평화은행</td><td colspan="3" rowspan="3"></td></tr>
<tr><td>광주은행</td></tr>
<tr><td>경남은행</td></tr>
<tr><td>조흥은행</td><td rowspan="2">조흥은행
1999. 5. 3</td><td colspan="2" rowspan="3">조흥은행
1999. 9. 14</td><td rowspan="6">(현)신한금융
지주회사
2003. 9</td><td rowspan="6">Private Banking
Center
12개 PB센터</td></tr>
<tr><td>충북은행</td></tr>
<tr><td>강원은행</td><td></td></tr>
<tr><td>신한은행</td><td rowspan="2">신한은행
1998. 6. 29</td><td colspan="2" rowspan="3">신한금융지주회사
2001. 9. 1</td></tr>
<tr><td>동화은행</td></tr>
<tr><td>제주은행</td><td></td></tr>
<tr><td>하나은행</td><td rowspan="2">하나은행
1998. 6. 29</td><td colspan="2" rowspan="3">하나은행
1999. 1. 6</td><td rowspan="4">(현)하나금융
지주회사
2002. 9</td><td rowspan="4">Wealth
Management &
Gold Culb
14개 PB센터</td></tr>
<tr><td>충청은행</td></tr>
<tr><td>보람은행</td><td></td></tr>
<tr><td>서울은행</td><td colspan="3"></td></tr>
<tr><td>한미은행</td><td colspan="3" rowspan="2">한미은행
1998. 6. 29</td><td colspan="2" rowspan="2">2004. 1 (현)한국CITI은행 N/A</td></tr>
<tr><td>경기은행</td></tr>
<tr><td>제일은행</td><td colspan="3"></td><td colspan="2">2005. 1 (현)SC제일은행 N/A</td></tr>
<tr><td>전북은행</td><td colspan="3"></td><td colspan="2">(현)전북은행 N/A</td></tr>
<tr><td>대구은행</td><td colspan="3"></td><td colspan="2">(현)대구은행 N/A</td></tr>
<tr><td>부산은행</td><td colspan="3"></td><td colspan="2">(현)부산은행 N/A</td></tr>
</table>

자료 : 각 은행의 실무 자료(2007. 6월말 기준), N/A는 응답거부임

42) PB인력은 PB(Private Banker / Personal Banker)와 VM(Vip Manager)으로 구분하는 경우도 있다.

〈표 2-7〉 금융산업의 업종 및 권역분류 변화추이

IMF 이전	1997 - 2000		금융지주회사 도입 이후	
은 행	은행권(은행, 종금, 금고)		은행지주회사	은행계 대기업계 전업기업계 외국계
증 권				
보 험	증권권(증권, 투신 운용)	⇨	비은행지주회사 (증권, 보험주력)	
투 신				
종금사	보험권(손해 / 생명보험 등)		모자회사 또는 형제회사	
금 고				
여신전문 등	기 타		개별 금융회사	

자료 : 현경일, "금융지주회사제도의 도입과 영향", 삼성경제연구소, 2000. 10, p.2

이들 시중은행의 프라이빗뱅킹 영업현황을 금융감독원전자공시시스템[43]자료를 토대로 살펴보겠다. 금융지주회사 계열의 시중은행으로 하나, 우리, 신한은행과 일반 시중은행으로 국민, SC제일, 한국시티 및 특수은행 법인으로 나누어 살펴보면 프라이빗뱅킹영업이 활성화된 은행일수록 시장 점유비(M/S)가 높은 것으로 나타나 양자 간에 상관관계를 보이고 있다(〈표 2-8〉 참조).

〈표 2-8〉 주요은행의 프라이빗뱅킹 운용 현황

구 분		금융지주회사 시중은행			일반 시중은행		
		하나	신한	우리	국민	SC제일	한국시티
PB 센터	PB브랜드	Gold Club	PB센터	Two Chairs	Gold & Wise	N/A	N/A
	도입시기	1995	2002	2001	2002	N/A	N/A
	PB전용센터(개)	14	12	5	18	N/A	N/A
	PB전문인력(명)	40	20	15	60	N/A	N/A
영업 지점	지점수(개)	588	982	812	1,113	403	251
	PB배치점포함	140	658	459	900	N/A	N/A
	직원수(명)	7,173	11,355	13,278	24,336	5,686	4,164
시장점유비(%)		11.6	13.5	14.3	21.7	6.6	3.4

센터현황 : 시중은행 PB사업부자료 2007. 상반기 기준(외환, 기업, 농협 제외), N/A는 응답거부임
PB/VM 인원(명)은 PB영업점 인력 포함이며, 기준에 따라 상이할 수 있음
지점현황 : 금융감독원전자공시시스템, 반기보고서자료, 2006년 6월 30일 기준
M/S현황 : 금융감독원전자공시시스템, 반기보고서자료, 2006년 6월 30일 기준
8개 시중은행은 국민, 우리, 신한, 하나, 제일, 시티 외, 외환(5%), 기업(6.9%) 및 농협(17%)
시장점유비기준 : 원화예수금(원화예금 + 양도성예금증서 + 환매조건부채권 + 표지어음)

43) www.dart.fss.or.kr(금융감독원전자공시시스템)

최근에는 전자금융의 발달과 인터넷뱅킹의 보편화로 인해 금융자산관리서비스는 초기 프라이빗뱅킹 제도의 도입단계와 다르게 일반적인 대중 고객을 대상으로 금융자산관리의 프로그램은 표준화된 온라인서비스로 제공되고 있다. 반면에 프라이빗뱅킹 고객을 대상으로는 상담중심의 오프라인서비스가 늘어나고 있다. 이러한 내용은 프라이빗뱅킹 제공서비스에서 금융자산관리와 부동산자산관리의 상품 · 서비스의 검토과정에서 재론하기로 한다.

3) 프라이빗뱅킹의 부동산서비스 현황

프라이빗뱅킹의 부동산서비스는 신탁상품 형태의 초보적 단계 수준이다. 대부분의 금융서비스 제공도 금융기관별로 서비스공급의 특성에 따라 차이가 있다. 금융자산관리를 중심으로 살펴보면 증권사는 증권거래나 펀드상품판매에 주력하며, 보험사는 저축성과 보장성을 기본으로 하는 장기성 보험상품 판매에 우위를 보이고 있다. 반면, 은행은 은행을 중심으로 금융지주회사가 출범하면서 동업종 및 이업종의 금융기관간 상품군으로 혼합된 퓨전형 상품이 급부상하였다. 예금과 수익증권을 연계한 주가, 환율 등에 따른 지수형 상품이나, 선물 옵션 스왑거래 등을 연계하는 파생상품, 부동산, 금 등 실물과 관련된 간접투자 상품군이 출시되어 판매되고 있다.

최근 추세는 외국 금융기관과 업무제휴를 통한 외화표시 글로벌상품 서비스도 일반화되고 있다. 이러한 프라이빗뱅킹 서비스는 금융서비스 이외의 비금융서비스까지 금융소득종합과세 대행서비스, 유언신탁의 관리, 상속 · 증여세 절감 및 법률상담, 부동산관리대행, 타 업체와의 제휴업무를 통해 의료서비스, 장례서비스, 유학 · 이민 상담, 건강관리, 여가 · 문화 활동 등 생활전반에 걸친 라이프캐어 제공서비스 추세로 바뀌어가고 있다.

금융서비스제공 면에서 은행 고유업무에 대한 서비스수요는 감소하는 추세이고, 부수업무에 대한 증권, 보험, 자산관리, 자산매매 서비스수요 증가와 겸영업무에 대한 신탁 및 자산운용(간접투자)관련 서비스수요는 증가하는 추세에 있다. 이러한 프라이빗뱅킹 서비스의 흐름은, 고객의 재무상황과 가족사항 등 데이터를 파악하여, 고객의 목표 및 위험선호도에 따라 현 재무상태의 평가와 차이에 대한 고객진단을 내리고, 재무목표달성을 위한 포트폴리오를 구성하며, 필요시 비금융서비스도 고려한다. 다음 최적 상품의 구성 및 운영단계를 거치고 이에 대한 주기적 실적평가와 환경변화에 따른 수정사항을 분석하고 필요시 포트폴리오 재조정을 하는 환류과정을 거치게 된다. 이러한 프라이빗뱅킹 서비스는 제도권의 금융자산관리와 비제도권의 부동산자산관리 서비스로 구분되어 제공되고 있다(〈표 2-9〉 참조).

〈표 2-9〉 프라이빗뱅킹의 서비스 흐름과 수익의 발생

<table>
<tr><th colspan="2">서비스 흐름</th><th>서비스 내용</th><th colspan="2">수익 발생</th></tr>
<tr><td rowspan="3"></td><td>1) 고객데이터</td><td>고객의 재무상황, 가족상황 등 파악</td><td rowspan="9">예대마진
판매수수료
운용수수료
서비스수수료</td><td rowspan="9">자문
수수료</td></tr>
<tr><td rowspan="2">2) 고객진단</td><td>○ 고객의 목표 및 위험선호도 진단</td></tr>
<tr><td>○ 현 재무상태의 평가 및 차이분석</td></tr>
<tr><td rowspan="6">(5)와
(3)
환류</td><td rowspan="2">3) 포트폴리오 구성</td><td>○ 목표달성을 위한 포트폴리오 구성</td></tr>
<tr><td>○ 필요시 *비금융서비스 고려</td></tr>
<tr><td rowspan="2">4) 상품운영</td><td>○ 적정 상품의 구성, 판매, 운영 등</td></tr>
<tr><td>○ *비금융서비스의 제공 및 아웃소싱</td></tr>
<tr><td rowspan="2">5) 평가분석</td><td>○ 주기적 실적평가, 차이분석</td></tr>
<tr><td>○ 환경변화에 따른 수정사항 분석</td></tr>
</table>

자료 : 박진수, "국내 프라이빗뱅킹의 현황과 시사점", 삼성경제연구소, 2003. 12. 23, p.29

은행의 프라이빗뱅킹이 제공하는 대부분의 서비스는 금융자산관리 중심의 상품/서비스로 이루어져 있다. 〈표 2-10〉에서 금융외환위기 이후 도입된 신상품은 지주회사계열의 시중은행이나 일반 시중은행들이 고유업무를 제외한 부수업무나 겸영업무에 대해서는 업무제휴를 통해 이루어지고 있다.

〈표 2-10〉 금융외환위기 이후 도입된 금융 신상품

은 행	증권/투신	보 험	기 타
주가연동예금	주가연계증권	변액보험	금리선물/옵션
부동산투자신탁	랩어카운트	변액유니버셜보험	코스닥선물/옵션
시가평가금전신탁	뮤추얼펀드	종신보험	미달러선물/옵션
방카슈랑스	리츠	방카슈랑스	금선물

자료 : 박진수, "국내 프라이빗뱅킹의 현황과 시사점", 삼성경제연구소, 2003. 12. 23, p.15

은행의 금융 신상품과 관련한 〈표 2-11〉에서 프라이빗뱅킹 금융서비스도 종합금융그룹과 지주회사출범으로 은행, 증권, 보험 등의 금융기관과 세무, 법률, 기타분야에 이르기까지 후선업무지원 및 상담전문가를 구성하여, 생애재무관리를 표준화·체계화·전문화 형태로 서비스를 제공하고 있다.

〈표 2-11〉 국내은행의 프라이빗뱅킹 금융서비스 현황

PB고객 대상 : 은행별 자체기준				
은 행	증권/펀드	보 험	세무/법률	신탁/기타
이체/결제 여/수신 신용카드 모기지	중개/매매 자산운용 뮤추얼펀드 헷지펀드	연금/종신 보장성 생명/손해 라이프케어	유언/상속 세금상담 법률서비스	생전/유언신탁 아트/경매 의료/미용 여가/문화

자료 : 김기서, 「프라이빗뱅킹」, 한국금융연수원, 2006. 4, p.224, 수정

이러한 금융자문서비스의 발전단계는 첫째 거래중심 비즈니스의 경우는 금융지식의 일정수준에 따른 자문중심의 비즈니스이고, 둘째 금융기관-커미션중심의 경우는 서비스의 상품화에 따른 고객의 피이(fee)중심으로 이루어지고 있다. 프라이빗뱅킹 제공서비스는 횡단적인 재무설계 과정에서 종단적인 라이프 캐어(Life-Care) 단계까지 왔다(〈그림 2-1〉 참조).

〈그림 2-1〉 금융자문서비스의 발전단계

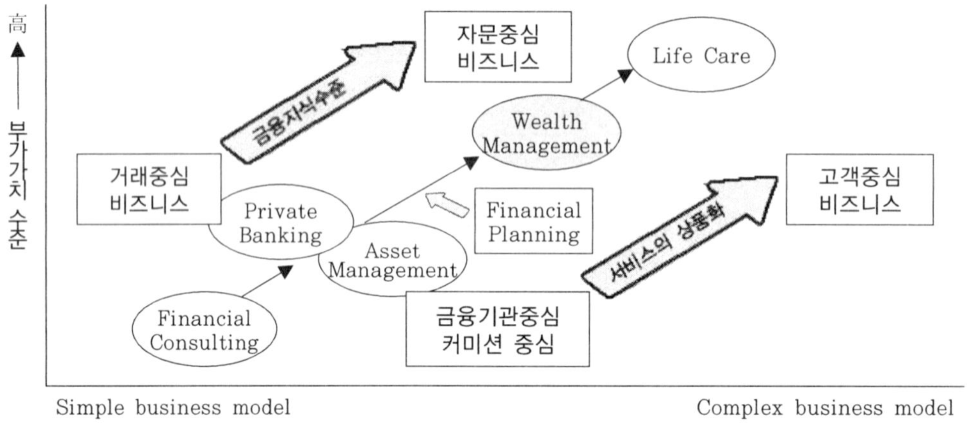

자료 : "국내 부유층 현황과 WM 방향", 삼성금융연구소, 2001. 12

프라이빗뱅킹 서비스는 종단적으로 서비스의 발전단계를 거치면서 고유업무에서 부수업수로, 은행계정의 고유상품에서 신탁계정의 자본상품으로, 금융자산에서 실물자산으로, 개인 중심에서 세대 중심으로 새로운 서비스수요를 창출하고 있다. 현대적 의미의 프라이빗뱅킹 트랜드(trend)는 금융서비스의 제공을 토탈 라이프-캐어(Total Life-Care)의 맞춤서비스로 제공하고 있다(〈표 2-12〉 참조).

〈표 2-12〉 현대적 의미의 프라이빗뱅킹 트랜드

Private Banking	1970	◦ 자산운용/관리 ◦ 상속 서비스	◦ 세금서비스 ◦ 유언 및 신탁	
	1980	◦ 자산운용/관리 ◦ 유언 및 신탁	◦ 세금서비스 ◦ 부동산 서비스	◦ 상속 서비스 ◦ 파생금융상품
Wealth Management	1990	◦ 자산운용/관리 ◦ 유언 및 신탁 ◦ 헤지펀드	◦ 세금서비스 ◦ 부동산 서비스 ◦ Family Office	◦ 상속 서비스 ◦ 파생금융상품
Life Care	2000 - 현재	Total Life Care One-Stop 금융서비스 (은행 + 증권 + 보험 + 세무 + 부동산)	Life Needs맞춤서비스 (아트 + 의료 + 여가 + 경매 + 자선 + 기타)	

자료 : 박진수, "국내 프라이빗뱅킹의 현황과 시사점", 삼성경제연구소, 2003. 12. 23, p.41
Merrill Lynch/Gemini Consulting, World Wealth 1999, 자료 재인용

앞에서 살펴본 프라이빗뱅킹 제공서비스의 제공내용을 살펴보면, 자산관리순환과정으로 서비스 흐름과 수익발생, 금융신상품 도입 등에서 부동산자산의 서비스수요를 충족하기에는 현재 금융자산관리시스템으로 어렵게 구성되어 있다. 이러한 금융자산관리서비스의 한계를 다음의 가계자산구조와 자산효과를 중심으로 재조명하기로 한다.

4) 가계자산구조와 자산효과

자산관리에 관한 선행연구와 프라이빗뱅킹 일반고찰을 연계하여 일반적인 가계패널자료를 통한 자산구조와 자산효과분석을 선행하기로 한다. 여기서 자산구조의 기준시점은 금융외환위기 이후 1998년부터 2005년까지로 정하고, 한국노동연구원의 가계패널자료를[44] 이용하였다. 내용구성은 가계소득과 자산구조, 가계자산구조의 변동추이, 금융자산구조의 변동추이, 연령별 예금변동추이로 정리하였다.

〈표 2-13〉 가계 총소득 대비 소득 원천별 비중

(단위 : 가구, %, 만 원)

	1998	1999	2000	2001	2002	2003	2004	2005
전 체	5,000	4,359	4,147	4,094	4,298	4,592	4,762	4,850
근로소득	85.8	83.4	85.8	87.4	84.2	84.7	85.6	84.8
금융소득	2.5	2.2	3.3	2.0	1.7	1.3	1.1	1.2
부동산소득	2.1	4.2	2.7	3.0	6.7	5.4	5.1	5.8
사회보험소득	2.7	1.2	1.4	1.5	2.0	1.9	2.0	1.9
이전소득	2.1	2.7	2.4	2.7	3.3	3.4	3.2	4.6
기타소득	4.9	6.2	4.3	3.4	2.3	3.3	2.9	1.7
연평균총소득	1,803	1,928	2,039	2,205	2,616	2,730	2,907	2,967

자료 : 한국노동패널조사자료(KLIPS), 각 년도, 한국노동연구원

첫째, 가계소득[45]과 자산구조에서는 근로소득이 절대우위로 나타났다. 가계소득구조는 2005년도를 기준으로 근로소득이 84.8%를 차지하여 가장 높은 비중을 차지하였고, 부동산소득은 5.8%를 보여 차 순위로 나타났다. 연평균 총소득 추이는 1998년 1,803만 원에서 2005년 2,967만 원으로 꾸준한 증가세를 보여 8차년도 동안 1,000만 원 이상

44) 우리나라의 가계에 대한 패널자료는 통계청 자료로서 '가구소비 실태조사'와 대우경제연구원자료로서 '대우가계패널조사(한국가구경제활동조사)' 및 한국노동연구원자료로서 '한국노동패널자료'가 있다. 본 자료는 한국노동패널자료로 1998년 5천 가구를 1차 조사 표본가구대상으로 개인 13,321명을 조사한 내용을 중심으로 살펴보았다. 모든 소득은 세금공제 후 소득을 의미하며, 금융소득은 금융자산을 통하여 벌어들인 수입으로 예금이자소득, 주식배당소득, 채권이자 및 주식매매차익 등이 포함되었다. 부동산소득은 부동산자산에서 벌어들인 수입으로 주택임대료, 토지임대료, 부동산매매차익 등이 포함되었으며, 사회보험소득은 연금(국민연금, 특수직연금, 산재보험, 보훈연금) 및 실업급여 등을 의미한다. 이전소득은 생활비 교육비 등 친척 친지로부터 받는 지원금과 정부 및 사회단체로부터 대가없이 받는 보조금(경로우대교통비, 생활보호대상지원금)을 포함하였다.

45) 가계소득은 가구의 총 소득개념으로 근로소득, 금융소득, 부동산소득, 사회보험소득, 이전소득, 기타소득으로 구성되어있다.

이 증가한 것으로 나타났다(〈표 2-13〉 참조).

둘째, 가계자산구조의 변동추이 면에서는 부동산자산이 절대우위로 나타났다. 〈표 2-14〉에서 금융자산과 비금융자산(주택 등 부동산자산)을 중심으로 우리나라 가계의 자산구성변동추이를 2005년 기준으로 살펴보면 금융자산은 12.7%, 비금융자산은 87.3%를 보여 금융자산에 비해 비금융자산의 비중에 편중되게 나타났다. 특히 2002년도 이후로는 비금융자산의 비중이 지속적으로 증가하는 변동추세를 보이고 있다.

〈표 2-14〉 금융자산과 비금융자산의 구성비 추이

(단위 : %)

자산종류	1999	2000	2001	2002	2003	2004	2005
금융자산	14.9	15.3	15.3	17.4	13.4	12.6	12.7
비금융자산	85.1	84.7	84.7	82.6	86.6	87.4	87.3

자료 : 한국노동패널조사자료(KLIPS), 각 년도, 한국노동연구원

셋째, 금융자산구조의 변동추이 면에서는 은행예금이 절대우위로 나타났다. 〈표 2-15〉에서 금융자산을 중심으로 우리나라 가계의 금융자산구성 변동추이를 살펴보면 금융자산의 내용은 은행예금, 주식, 채권, 신탁, 저축성보험, 미수령 계금, 기타 순서로 나타났다.

이중에서 은행예금의 비중은 1999년 63%대에서 2005년 83%대로 증가하여 안전금융자산 위주로 운용비중이 높아지는 것으로 나타났다. 반면에 주식 및 보험은 상대로 비중이 감소하는 것으로 나타났다.

〈표 2-15〉 금융자산의 구성비 추이

(단위 : %)

자산종류	1999	2000	2001	2002	2003	2004	2005
은행예금	63.20	67.51	70.22	78.72	79.84	85.32	82.56
주식/채권/신탁	10.61	11.29	12.31	9.51	9.25	8.35	7.33
저축성 보험	24.31	19.27	14.47	10.21	6.73	5.07	5.44
아직 타지 않은 계	1.21	0.94	1.50	0.97	1.26	0.96	1.08
기타	0.66	0.98	1.49	0.60	2.91	0.29	3.58

자료 : 한국노동패널조사자료(KLIPS), 각 년도, 한국노동연구원

넷째, 연령별 예금구조의 변동추이 면에서는 다음과 같이 나타났다. 〈그림 2-2〉에서 가구주의 연령대를 금융자산의 비중을 고려하면 20대에는 주택마련 이전기간으로 주택마련을 최우선 가계재무목표로 달성하기 위해 은행예금 등으로 금융자산을 축척하고, 30-40대에는 주택구입을 위해 금융자산을 주택자산으로 전환하게 된다.

50-60대에는 은퇴설계 및 노후준비를 위해 현금예금 등 안전자산을 선호하게 되며, 가계의 안전금융자산 비중은 30대 중반에 가장 낮은 비중을 보였다가 60대 중반에 가

장 높은 비중으로 나타났다.

〈그림 2-2〉 예금의 구성비 추이

(단위 : %, 세)

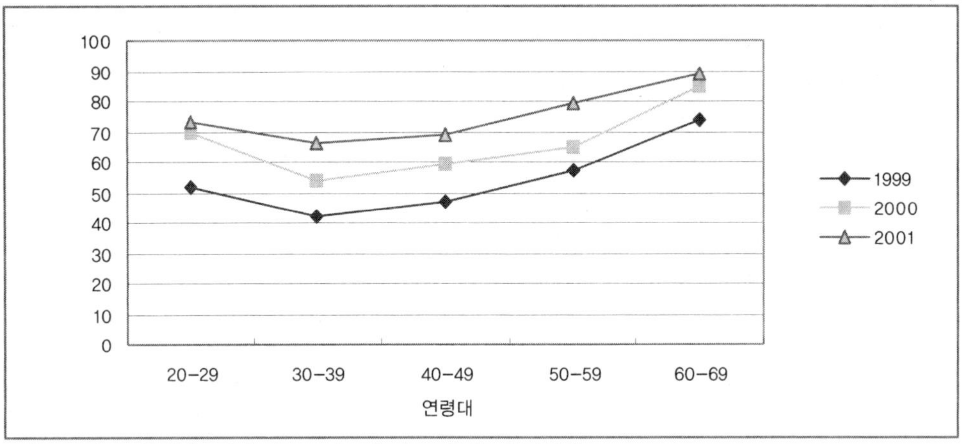

자료 : 한국노동패널조사자료(KLIPS), 각 년도, 한국노동연구원

이상에서 패널자료를 통한 자산구조를 살펴보면 선행연구에서 자산구조와 금융자산 구조의 내용과 일치하는 것으로 나타났다.

증권시장과 부동산시장의 추이자료를 통해 자산효과를 살펴보면, 금융외환위기 이후 대체투자의 상품/서비스 공급이 부족한 상태에서 한국 가계의 금융자산은 금리성 상품 비중과다로 인해 가계자산증식의 자산효과에도 구조적인 한계가 있는 것으로 나타났다. 이를 국내증시의 장·단기적 이동추세(〈그림 2-3〉, 〈표 2-16〉 참조), 주택부동산가격 지수의 추세(〈표 2-18〉 참조), 가계대출 평균금리와 대출규모추세(〈그림 2-4〉 참조)를 살펴보기로 한다.

〈그림 2-3〉 국내증시의 장기상승세

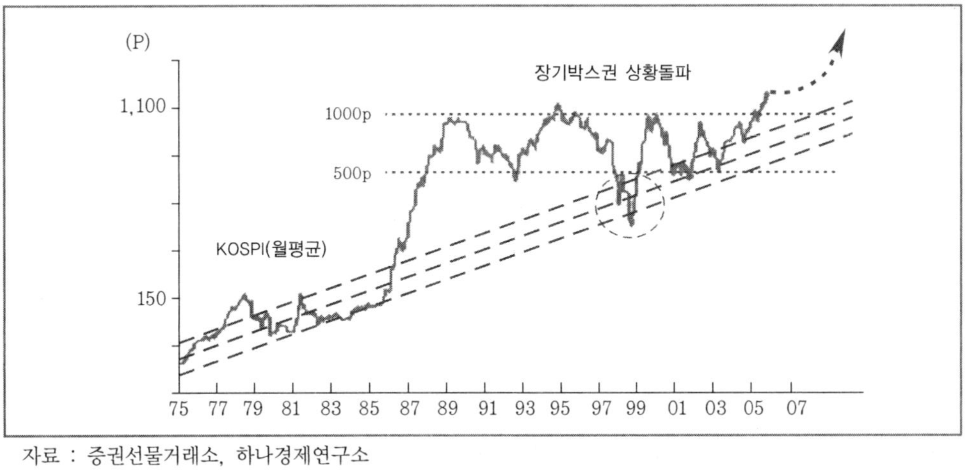

자료 : 증권선물거래소, 하나경제연구소

〈표 2-16〉 주가상승 및 하락기에 따른 주가수익률 추이

(단위 : 포인트, %)

연 도	'80. 1 - '89. 3	'89. 4 - '92. 9	'92. 10 - '94. 11	'94.12 - '98. 6	'98. 7 - '99. 12	'00. 1 - '01. 9	'01. 10 - '02. 3	'02. 4 - '03. 3	'03. 4 - '05. 12
지수(초)	100	1,003	514	1,074	298	1,028	480	896	536
지수(말)	1,003	514	1,074	298	1,028	480	896	538	1,379
상승률	904	-49	109	-72	245	-53	87	-40	157

자료 : 지동현, 「은행 투자상품의 효과적 판매」, 한국금융연구원, 금융조사보고서 2007-01호, p.22

국내 증시의 장기 성장세와 관련하여(〈그림 2-3〉 참조) 한국주식시장의 특성[46]을 1980년부터 2005년까지 지난 26년(312개월)의 기간을 대상으로 연구한 자료에서 5번의 상승기(불마켓)와 4번의 하락기(베어마켓)로 나타났다(〈표 2-16〉 참조).

첫째, 주가상승기에는 평균 39.76%, 주가하락기에는 평균 -27.45%의 연수익률을 보였다. 둘째, 불마켓의 지속기간은 194개월로 베어마켓의 지속기간 118개월에 비해 1.64배 정도 오래 지속 되었다. 셋째, 베어마켓 전체기간 118개월의 31%에 달하는 37개월에는 주가가 상승했다.

금융외환위기 이후 국내증시의 장기상승세와 더불어 부동산가격도 장기상승세를 보였다. 저금리시대의 도래로 콜금리, CD금리, 국고채 금리 등 시중금리의 하락세와 은행예금의 가중평균금리가 한자리수로 정착됨에 따라, 부동산 국면도 크게 변동되었다(〈그림 2-4〉, 〈그림 2-5〉 및 〈그림 2-6〉 참조). 이는 이자율이 하락하는 상태에서 부동산경기가 상승하는 국면으로 금융시장과 부동산시장의 통합에 따른 유동성 확대로 과거의 인플레이션과는 질적인 차이를 보이고 있다.

〈그림 2-4〉 시중금리의 장기하락세

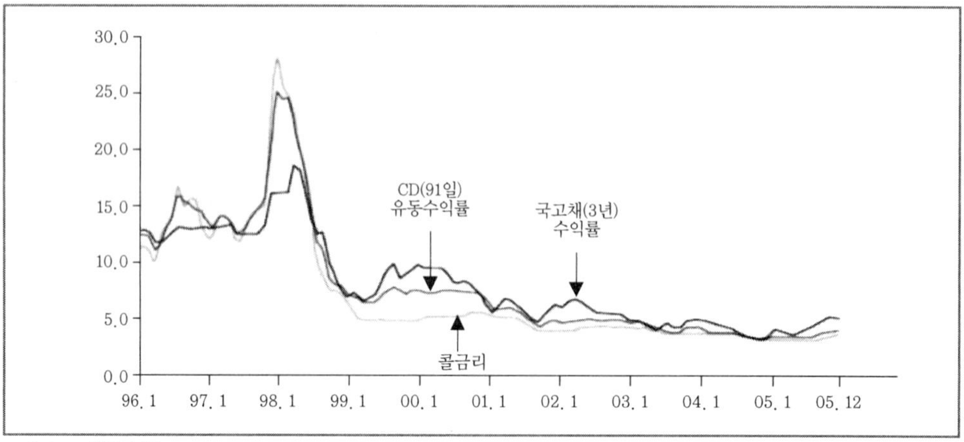

자료 : 한국은행

46) 지동현, 「은행 투자상품의 효과적 판매」, 한국금융연구원, 금융조사보고서 2007-01, pp.21-58

〈그림 2-5〉 은행예금 가중평균 금리의 장기하락세

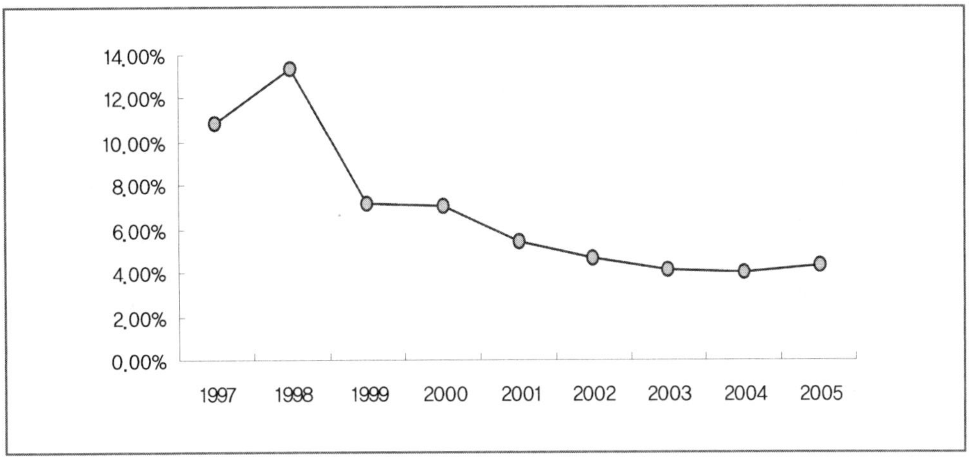

자료 : 한국은행

〈그림 2-6〉 국내지가의 장기상승세

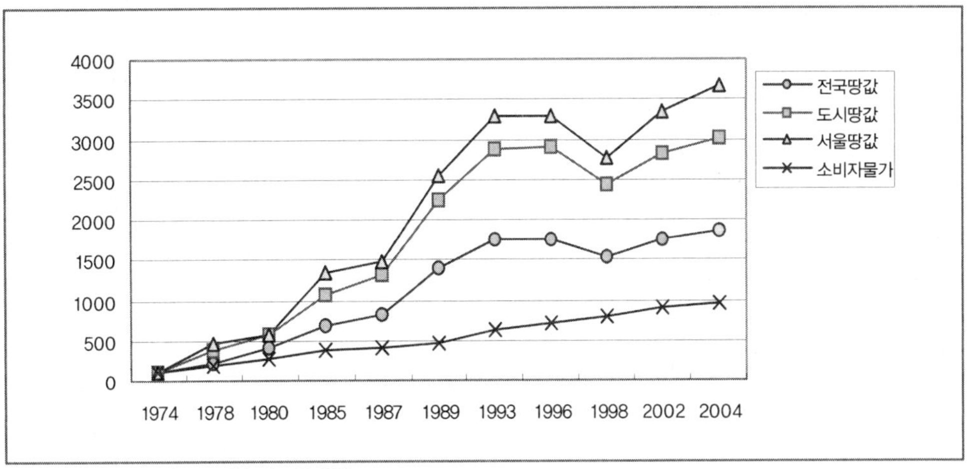

자료 : 건설교통부, 국민은행, 통계청

부동산시장의 변화 국면은 다음과 같이 구분이 가능하다.

① 1986-1991년에는 3低 호황, 88올림픽 등에 따른 인플레이션 기대심리 등으로 상승세를 보였고, ② 1992-1997년에는 토지공개념 도입 등 가격안정화 대책 및 신도시 건설 등으로 하향 안정세를 보였으며, ③ 1998년에는 외환위기로 급락하였다. ④ 1999년 이후에는 아파트분양가 자율화, 건설경기 부양, 주택수요 증가 등으로 큰 폭 상승하였다. 그러나 우리나라 가계의 금융자산 구성비는 금리성 자산인 현금예금에 집중되어 국내 증시의 장기 상승세에도 불구하고 자산증식효과 면에서 금리성자산과 주식투자의 대체자산 효과가 뚜렷하지 않은 것으로 나타났다. 미국의 금융자산구성비가 주식·출자

금에 43.7%에 비하여 국내의 자산구조는 한 자리수에도 미치지 못하고 있다(〈표 2-15〉 및 〈표 2-17〉 참조).

〈표 2-17〉 미국 가계의 금융자산구조

(단위 : %)

구 분	1990	1995	1999	2002	2004. 6
현금 예금	22.0	15.3	11.5	16.7	15.5
채권투자신탁	14.2	12.7	10.6	11.0	8.6
주식 출자금	36.5	41.2	47.8	40.2	43.7
보험 연기금	25.4	28.9	28.2	29.5	29.3
기 타	1.9	1.9	1.9	2.6	2.9

자료 : 노진호, "한국 가계소비의 금융적 특성", 연세대학교 대학원 박사학위논문, 2007. 7, p.50

이러한 관점에서 국내 가계자산구조는 금리성 자산의 편중과 저금리기조, 주식시장의 높은 변동성으로 인한 주식투자 및 주식보유 회피성향으로, 금리성 자산구조의 낮은 수익률에 대한 대체투자 안으로 시중의 부동자금은 주택시장으로 유입되어 부동산자산의 가격을 급등시키게 되었다.

여기에는 금융기관의 BIS규제와 상대적으로 기업대출에 비해 위험도 낮은 가계대출 선호적 자금운용정책도 일조를 하였다. 자금공급자인 시중은행, 보험사 및 제2금융권까지 금융구조조정 이후 조달한 예수금의 자금운용 방향을 기업대출 보다는 가계대출 중심의 주택담보대출취급에 경쟁적으로 주력하였다. 반면에, 자금수요자인 거래고객은 가계대출의 낮은 금리와 금융비용의 낮은 부담을 이용하여 부동산투자는 급물살을 타게 되었고 부동산자산 증감의 가계자산효과로 이어지게 되었다.

〈그림 2-7〉 가계대출 평균금리

(단위 : %)

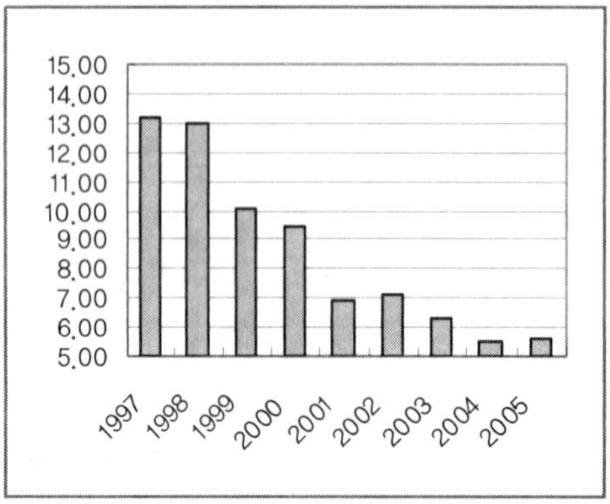

〈그림 2-8〉 가계대출 취급규모

(단위 : 10억 원)

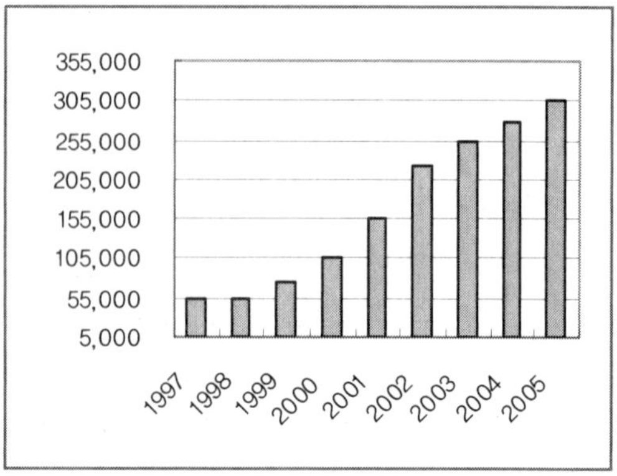

자료 : 한국은행

주택담보대출금리의 경우, 〈그림 2-7〉에서 예금은행의 신규 취급된 주택담보대출 평균금리는 1997년 말에 13.22%에서 1999년 말 10.08%로 두 자리수를 유지하였고, 2000년 말에 9.48%에서 2005년 5.6%를 유지하였다.

가계대출규모의 경우도, 〈그림 2-8〉에서 저금리기조로 인한 가계대출 규모는 비례관계로 증가한 것으로 나타났다. 1977년 말에 55조 원, 1998년 53조 원, 1999년 76조 원, 2000년 107조 원, 2001년 157조 원, 2002년 222조 원, 2003년 254조 원, 2004년 276조 원, 2005년 말 305조 원을 나타내고 있다.

이상으로 선행연구주제 내용의 결부관계와 본고에서 보충하여야 할 연구과제를 정리하고 가계패널자료에서 보여준 내용을 바탕으로 일반가계의 자산구조와 자산효과를 검토하였다.

선행연구에서는 부동산자산관리의 구체적 방안에 대한 내용의 보충이 요구되었고, 프라이빗뱅킹 일반 고찰에서는 금융자산관리시스템의 한계를 극복하는 방안이 요구되었으며, 자산구조와 자산효과에서는 상호간 대체 상품·서비스의 공급이 요구되었다.

다음 3장에서는 선행연구의 결부내용과 본 연구에서 보충과제를 바탕으로 프라이빗뱅킹[47] 고객을 대상으로 자산관리의 서비스제공에 대한 실태분석을 하기로 한다.

---

47) 이하 3장 및 4장의 실태분석과 실증분석 도표와 문장에서 프라이빗뱅킹을 PB라고도 표기한다.

프라이빗뱅킹의 자산관리서비스 제공에 대한 실태분석 03

1 조사설계

1) 조사개요

한국의 프라이빗뱅킹시장은, 1997년 금융외환위기 이후 금융시장의 변화와 더불어 상품/서비스의 정보화 증권화에 따라 금융자산 뿐만 아니라 부동산 등 실물자산부문까지 업무영역이 대폭 확대되었다. 이러한 프라이빗뱅킹시장의 수요변화는 부동산자산관리 서비스에 대한 패러다임의 변화를 가져왔다.

금융외환위기 이전에는 접근방식이 법률적 제도적 담보가치를 중심으로 보유기간관리 위주의 매매차익을 실현하는 것이 주목적이 되었으나, 금융외환위기 이후에는 경제적 상업적 이용가치를 중심으로 시장변동성관리 위주의 운용수익을 실현하는 것이 주목적으로 서비스수요의 변화를 가져왔다. 부동산자산관리는 금융자산관리에 비해 상대적으로 자산가격이 고가이고 투자의 회전기간이 장기이며 투자자금이 고정화되는 특성을 가진다.

이에 따라서 기존 프라이빗뱅킹 고객의 자산관리 서비스제공에 대한 실태분석을 하는 목적은 부동산자산이 가계자산구조에 미치는 영향을 고려하여 프라이빗뱅킹 후속서비스도 실제 고객니즈를 충족시키기 위해 수요자 중심의 서비스가 제공되도록 하는데 있다. 이에 따라 조사설계도 자산구조, 고객구조, 거래구조 관점에서 가계재무재표상 부동산자산에 대한 비중과 수요를 중심으로 설계하였다.

2) 조사내용

조사대상은 A시중은행 프라이빗뱅킹 센터를 거래하는 평균잔액개념의 금액 3억 원 이상 고객을 대상으로, 조사기간 중 고객 200명을 대상으로 임의 추출하였다. 조사방법은 설문조사 및 개별상담 방식으로 진행하였으며, 조사기간은 2004년 11월 5일부터 2005년 4월 4일까지 5개월간 수행하였다.

조사내용은 프라이빗뱅킹 고객들의 자산구조와 거래구조를 바탕으로 투자선호도와 부동산자산관리의 상담만족도 등을 고려해 ① 인구통계학적 자료와 PB거래의 특성, ② 주거형태 기초자료, ③ 금융자산의 거래규모, ④ 가계자산구조, ⑤ 여유자금 운용의 투자선호대상, ⑥ 부동산투자시 거래분석, ⑦ 부동산투자시 정보취득 경로, ⑧ 투자 자산별 PB상담 만족도 등의 순으로 구성하였다.

〈표 3-1〉 프라이빗뱅킹 고객의 설문조사 개요

구 분		내 용
조사기간		2004. 11. 5 – 2005. 4. 4 (5개월)
조사대상		조사기간 중 거래고객
대상기준	거래지점	PB센터 / 영업점
	거래금액	평균잔액 3억 원 이상
응답자수		200명
조사방법		설문조사 및 개별면담 방식
조사내용		거래별, 주거별, 주거별, 투자별 내용 등

2 실태분석

1) 기초적 실태

프라이빗뱅킹 고객의 연령은 40대가 35%, 50대가 27%, 60대 이상은 16%로 나타나, 40 ~ 50대가 62%를 차지하는 것으로 나타났다. 반면 퇴직한 실버계층인 60대 이상은 증가추세로 나타났다.

일반적으로 프라이빗뱅킹 고객의 주된 분류에 대한 인식은, 이미 부가 형성된 상류자산가이거나 50대 후반의 은퇴기에 해당되는 연령층이 대부분이라는 인식을 가지고 있다. 그러나 연령에서 자산설계수요의 연령층이 40대를 중심으로 내려가는 추세로 나타난 이유는, 금융외환위기 이후 자산관리 시장수요의 변화가 상류자산가, 가족 성숙기, 자산 보전기 중심에서 일반 자산가, 가족 성장기, 자산 증식기 중심으로 일반화되고 있는 현상에 기인한 것으로 보인다.

프라이빗뱅킹 고객의 성별에서는 남성이 64%, 여성이 36%를 보여 거래고객 응답자 2/3가 남성으로 나타났다. 이는 가계 경제활동의 주체가 대부분 남성임에 따라, 가계재무관리와 자산운용부문이 남성 중심으로 이루어지고 있음에 기인한 것으로 보인다.

직업군에 따라 금융거래실태는 시간적 제약과 정보의 제약으로 전문직 종사자의 경우는 배우자인 여성고객이, 비전문직 종사자일수록 당사자인 남성고객이 주로 거래하는 것으로 나타나고 있다.

그러나 최근 맞벌이 부부가 늘어나면서, 여성경제활동 인구가 증가하는 추세에 따라 단순 거래상 성별실태의 남성의미보다는 실질 거래상 가계경제의 주체와 가족의미에 비중을 두고 있는 것으로 보인다.

프라이빗뱅킹 고객의 학력에서는 대졸 이상이 76%로 가장 많았고, 대학원(석사 이상)이 13%, 고졸 이하가 8%, 외국유학(석사 이상)이 3%를 보였다. 이는 학력이 높을수록 소득구조가 안정적이고 소득금액이 높게 나타나 고소득 고학력의 관계가 설문조사내용과도 일치하고 있는 것으로 보인다.

〈표 3-2〉 기초적 실태분석

구 분		응답자수(명)	비율(%)
연 령	40세 미만	44	22
	40세 - 49세	70	35
	50세 - 59세	54	27
	60세 이상	32	16
	계	200	100
성 별	남	128	64
	여	72	36
	계	200	100
학 력	고졸 이하	16	8
	대 졸	152	76
	대학원(석사 이상)	26	13
	외국유학(석사 이상)	6	3
	계	200	100

2) 거래별 실태

프라이빗뱅킹 고객의 거래유형에서는 전용센터중심의 팀형 PB거래가 93%이며, 지점중심의 개인형 PB거래가 7%로 나타났다. 프라이빗뱅킹 고객이 거래초기에는 지점단위별 개인형 PB거래를 시작하여 자산이 일정규모 이상으로 커지고 요구하는 서비스가 복잡다기해지면, 보다 높은 수준의 백업전문가 상담서비스를 원하며 전용센터중심의 팀형 PB거래를 원하는 것으로 나타났다.

프라이빗뱅킹 고객의 거래목적에서는 대부분의 고객이 자산증식목적의 미국형 프라이빗뱅킹에 가까우며[48], 일부고객이 PB거래를 원하는 동기를 자산보존이라는 인식과 실제는 다르게 나타났다.

이는 국내 프라이빗뱅킹에서 순수한 의미의 자산보존목적을 위한 유럽형 프라이빗뱅킹과는 아직 거리가 멀며, 따라서 거래동기와 목적에 맞는 상품개발 및 서비스제공이 프라이빗뱅킹의 지속적인 해결과제로 남아 있다.

프라이빗뱅킹 고객의 프라이빗뱅커에 대한 요구가치로는 도덕성이 32%를 보여 가장 높게 나타났고 다음 수익성, 친밀성, 안전성 순으로 나타났다. 프라이빗뱅킹 고객의 개인정보 및 거래정보가 오랜 친밀도 유지와 세대간 거래에 기인하여 프라이빗뱅킹 영업외 자료로 이용될 가능성 관점에서 은행의 프라이빗뱅커는 타 업종에 비해 상대적으로 높은 도덕성과 직업윤리가 요구되어, 자체내부통제의 강화 및 감독당국의 상시감시시스템 재구축이 요구된다.

〈표 3-3〉 거래별 실태분석

구 분		응답자수(명)	비율(%)
거래유형	개인형PB(지점)	14	7
	팀형PB(센터형)	186	93
	계	200	100
거래목적	자산 보존형	0	0
	자산 증식형	200	100
	계	200	100
요구덕목	수익성	56	28
	친밀성	42	21
	안전성	38	19
	도덕성	64	32
	계	200	100

48) 유럽형 PB는 재산의 증식보다 보전에 관심에 두고 수익성보다 안정성을 중시한다. 따라서 은행과 고객간의 유대관계를 중시하며, 고객정보에 대한 비밀유지를 전제로 고객은 장기적인 거래관계를 유지하며, 상속에 의한 자산 획득 및 보전에 대한 서비스를 지원하며 유니버설뱅크타입의 신탁, 예금, 상속, 세금상담, 글로벌 보관업무 등의 종합금융서비스를 제공하고 있다. 스위스계 은행이 대표적이다. 미국형 PB는 재산의 보전보다 증식에 관심에 두고 안정성보다 수익성을 중시한다. 따라서 은행과 고객간의 상품 / 서비스 관계를 중시하며, 자산운용에 대한 성과유무를 전제로 고객은 장단기적 거래관계를 변경유지하며, 고객의 자산운용 중심의 투자상품/서비스에 대한 서비스를 지원하며 금융자산이외 부동산 귀금속 서화 등 다양한 투자상품에 걸친 상담 및 운용의 종합금융서비스를 개인서비스로 제공하고 있다. 대부분이 미국계 은행 및 투자은행이다.

3) 주거별 실태

프라이빗뱅킹 고객의 주거형태는 아파트 거주자가 67%를 보여 가장 많았고, 이외 단독주택, 전원주택, 상가주택 순으로 나타났다. 아파트선호는 남성보다 여성의 선호비중이 높고 쾌적성, 편리성, 안정성 등의 이유로 아파트를 선호하고 있다. 아파트 소재지역과, 입주단지규모, 시공건설사, 거주평형, 임대아파트근접여부는 선택의 중요한 기준으로 작용하며, 본인의 사회적 신분과 직업 및 경제적 지위를 인정받고 평가하는 수단으로 여기고 있다. 연령으로는 가족 형성기에서 가족성장기까지는 아파트를 선호하고 은퇴기 전후의 가족성숙기에 이를수록, 일부 교외의 전원 주택형을 선호하는 것으로 나타났다.

〈표 3-4〉 주거별 실태분석

구 분		빈도수(명)	비율(%)
주거형태	아파트(주상복합)	134	67
	단독주택	36	18
	전원주택	22	11
	상가주택	8	4
	계	200	100
주거평형	40평형 미만	16	8
	40 - 50평형 미만	46	23
	50 - 60평형 미만	110	55
	60평형 이상	28	14
	계	200	100
가족구성	2인 이하	36	18
	3인	46	23
	4인	102	51
	5인 이상	16	8
	계	200	100
이사 회차	1회	32	16
	2회	52	26
	3회	94	47
	4회	14	7
	5회 이상	8	4
	계	200	100

프라이빗뱅킹 고객의 주거평형은 50평형대가 55%로 가장 많은 것으로 나타났고, 60평형대를 합치면 50평형 이상이 전체고객의 약 70%를 차지한다. 1인당 주거면적은 4인 가족 기준으로 평균 12평으로 나타났다. 따라서 금융기관이 프라이빗뱅킹 고객의 타켓 마케팅 대상을 선정 할 때에 베드타운 중심의 대형아파트 입주민을 중심으로 하는 것은 설문조사의 분석결과와 일치하는 것으로 나타났다.

프라이빗뱅킹 센터의 입지를 선정할 때, 이를 방법으로 삼는 것이 일체 양면적인 설득력을 가지게 되는 것도 금융거래규모와 주거평형과 일정한 상관관계성을 나타내는데 기인한다고 본다.

프라이빗뱅킹 고객의 가족구성은 4인 가족이 가장 많은 것으로 나타났고, 3인 가족이 23%, 2인 이하 가족이 18%, 5인 이상 가족이 8%로 나타났다. 50대를 넘어 갈수록 가구수가 감소하고 주거목적을 위한 이사 회차도 줄어들고 있는 것으로 본다.

프라이빗뱅킹 고객의 이사 회차는 3회차가 47%를 보여 가장 많은 것으로 나타났고, 2회차가 26%, 1회차가 16%, 4회차가 7%, 5회차 이상이 4%로 나타났다. 이상의 주거별 실태에서 주거형태와 주거평형, 가족구성, 이사 회차는 연령, 소득구조, 자산규모 등에 따라서 일정한 주기와 패턴을 보이는 것으로 나타났다.

4) 자산별 실태

프라이빗뱅킹 고객의 설문응답자 중 본인명의 금융자산 규모가 3억 원 이상인 고객의 경우 전체의 가계자산규모는 금융자산규모의 평균 3배에서 5배 규모의 수준으로 보인다. 금융자산규모는 부동산자산 투자규모의 결정에도 직접적인 연관성을 가지고 있는 것으로 보인다.

이는 차입금 규모와 대출의 레버리지 효과에도 같은 영향을 미친다. 금융자산규모별 소집단을 구분할시 3억 - 5억 원 사이가 37%로 가장 많고, 5억 - 10억 원 사이가 30%로 3억 - 10억 원대가 전체의 67%를 차지하는 것으로 나타났다. 10억 - 15억 원대가 11%, 15억 원대 이상이 6%, 3억 원대 이하가 16%로 나타났다.

연령대별로 자산운용의 흐름을 보면 30대는 금융자산 중 금리성예금상품, 채권상품으로 출발하여, 40 - 50대에 부동산자산으로 이동하고, 60 - 70대는 다시 현금유동성을 중시하는 금융자산으로 회귀하는 행태를 보이고 있다.

설문응답자 중 가계자산구조는 부동산비중이 71.3%로 가장 많고, 금융자산은 28.5%이다. 이는 현재의 프라이빗뱅킹제공서비스가 71.3%의 부동산자산관리를 배제하고, 28.5%의 금융자산관리만을 서비스제공 대상으로 하여 종합자산관리 니즈에 대해서 불만요인으로 나타나고 있다.

〈표 3-5〉 자산별 실태분석

구 분		응답자수(명)	비율(%)
금융자산규모	3억 원 미만	32	16
	3억 - 5억 원 미만	74	37
	5억 - 10억 원 미만	60	30
	10억 - 15억 원 미만	22	11
	15억 원 이상	12	6
	계	200	100
가계자산구조	현금/예금	33	16.8
	채 권	1	0.6
	주식/출자금	3	1.5
	보험/연금	5	2.3
	신탁/수익증권	14	7.0
	부동산	143	71.3
	기 타	1	0.5
	계	200	100

5) 투자별 실태

설문응답자 중 여유자금 운용 시 선호하는 투자대상은 부동산자산이 54%를 보여 가장 높게 나타났고, 주식이 22%, 예금이 16%, 외화자산이 6% 순으로 나타났다.

설문응답자 중 부동산투자 시 선호하는 거래는, 매매차익을 위한 거래가 63%로 가장 많고, 임대수입을 위한 거래가 23%, 지분투자를 위한 거래가 6%, 노후대비를 위한 거래가 5%, 기타 상속·증여를 위한 거래가 3%로 나타났다.

설문응답자 중 부동산 투자정보취득은 43%가 비 제도권 금융서비스로 이루어지고 있다. 부동산의 취득, 매매, 양도 등에 관련된 자료나 정보를 대부분 주변의 지인관계를 통해 얻고 있다. 여기에 본인의 과거경험이나 언론매체를 포함하면 88%가 비 제도권 금융서비스로 나타났다.

설문응답자 중 투자자산별 프라이빗뱅커의 상담에 대한 만족도는 예금상품이 53%로 가장 높게 나타났다. 이는 현재 금융기관의 프라이빗뱅커가 제공하는 금융서비스가 보험 주식 채권상품을 포함하면 92%의 만족도를 나타내고 부동산자산은 불과 8%의 만족도를 보였다.

〈표 3-6〉 투자별 실태분석

구 분		응답자수(명)	비율(%)
선호하는 투자대상	예 금	32	16
	주 식	44	22
	채 권	4	2
	부동산	108	54
	외화자산	12	6
	계	200	100
부동산투자 목적	매매차익	126	63
	임대수입	46	23
	지분투자	12	6
	노후대비	10	5
	상속/증여	6	3
	계	200	100
부동산투자 정보망	본인과거경험	28	14
	주변지인소개	86	43
	금융기관직원	24	12
	온라인정보	42	21
	오프라인정보	20	10
	계	200	100
투자상담 만족도	예 금	106	53
	보 험	52	26
	주식/채권	26	13
	부동산	16	8
	계	200	100

3 부동산자산관리와 고객니즈

1) 부동산자산관리의 서비스 수요

본 절에서 프라이빗뱅킹의 자산관리와 관련한 연구의 실태조사로, 프라이빗뱅킹 고객대상의 최초 직접설문에 대한 응답결과를 각각의 항목별로 살펴보았다.[49] 조사결과에

49) PB고객대상의 금융거래내용에 대한 직접설문의 한계성은, 금융거래 자료의 비공개성 및 고객정보 접근의 구조적 한계에 기인함. 반면 PB실무자를 대상으로 한 연구는 강원대학교의 지역개발연구협력센터에서 "부동산자산설계 전문교육프로그램의 개발에 관한 연구" 보고서(2004. 8)가 있으며, 이를 통해 부동산전문 교육프로그램을 제안하고 있다.

서 가계의 재무제표구조상 부동산자산이 가계자산구조의 71.3%를 차지하고 있으며, 부동산투자시 취득정보망에서는 금융기관직원 의존도가 12%를 보였으며, 부동산 투자상담시 고객만족도는 8%로 나타났다.

이는 금융기관의 전업주의적 영업특성과 열거주의적 규제특성에 따라, 프라이빗뱅킹 서비스가 금융자산관리 중심으로 제공되는 것에 따른 것으로 보인다. 그러나 가계자산구조의 절대구성비를 차지하는 부동산자산은, 금융자산에 비해 상대적으로 큰 투자정보의 비대칭성, 고정화된 실물자산의 대체거래 수요, 투자위험의 자본시장 전가 등에 대한 고객니즈가 증가하고 있으며, 기존에 일방적인 서비스공급자의 금융서비스제공으로는 이제 한계성을 가지게 되었다. 이러한 금융서비스제공의 한계는 프라이빗뱅킹 자산관리 서비스제공 실태조사의 분석결과에 따라 부동산자산관리의 서비스수요 충족을 위해 대체 상품/서비스제공 도입방안을 필요로 하게 되었다.

프라이빗뱅킹 고객의 부동산자산관리서비스 수요는, 부동산시장의 수급조절과 부동산 경기의 침체 등으로, 자산가치의 등락에 따라 부동산자산관리의 서비스수요를 급증시키고 있다. 또한 프라이빗뱅킹 고객의 부동산자산 운용 면에서도 소유자 중심에서 이용자 중심으로, 매매차익(Capital gain)중심에서 운용수익(Operating income gain)중심으로, 담보가치 중심에서 수익가치 중심으로, 법률적·제도적 접근방법에서 경제적·이용적 접근방법으로 바뀌어 가고 있다[50]. 따라서 부동산자산 역시 금융자산처럼 외부시장의 충격에 대한 취약성과 거래과정의 투명성 및 투자정보의 비대칭성 완화를 위한 프라이빗뱅킹 서비스제공이 요구된다.

이러한 부동산자산관리는 미국의 기능적 발전단계처럼 단순히 부동산의 시설관리(facility management)에서 부동산관리(property management) 그리고 자산관리(asset management)[51]의 단계까지 왔다. 이외에 부동산의 효율적 이용가치의 문제, 즉 개인의 주택가격, 기업의 생산원가, 정부의 보상가격 등 소유 중심의 제로-섬 게임(zero-sum game)에서 이용중심의 플러스-섬 게임(plus-sum game)이 되도록 하기 위한 부동산증권화[52]가 자산구조에 맞게 프라이빗뱅킹서비스로 제공되어야 한다.

2) 부동산자산관리의 상품·서비스

전술한 부동산자산관리의 서비스수요를 바탕으로 기존 제도권금융에서 뱅킹 서비스로 제공되는 부동산신탁형태의 부동산 상품·서비스를 재조명하기로 한다(〈그림 3-1〉 참조).

---

50) 민규식, "부동산자산관리의 구조 및 기능", 한국부동산분석학회 부동산학연구, 제7집 제1호, 2001, p.158

51) 오병호, "부동산자산관리의 특성과 과제", 한국감정원, 부동산리서치, 2001 봄호, p.5

52) 신창호, "부동산 문제와 부동산 증권화", 국토논단, 1991. 10, p.67

〈그림 3-1〉 부동산신탁의 유형과 흐름도

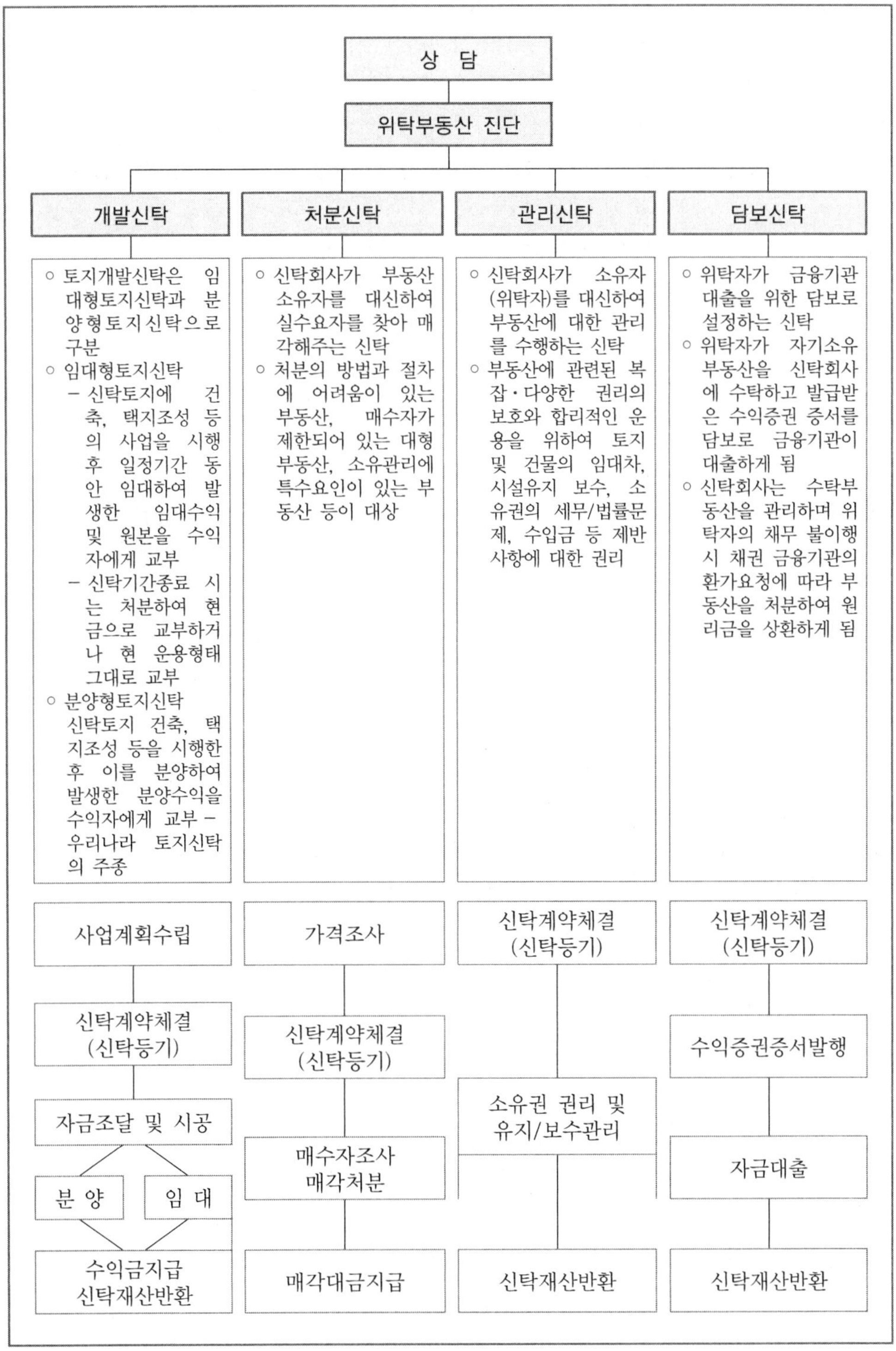

자료 : www.kbstar.com

시중은행의 대표적 상품 · 서비스로서 부동산신탁은 「신탁법」[53] 및 「신탁업법」[54]에 의해 금전을 수탁하여 운용한 후 배당수익을 돌려주는 의미에서 은행의 금전신탁과 동일하나, 신탁대상이 금전이 아닌 부동산자산이라는 점에서 차이가 있다. 이러한 부동산신탁은 신탁목적(개발 · 관리 · 담보 · 처분)에 따라서 부동산신탁회사[55]가 부동산을 합법적으로 운용하는 것을 말한다. 부동산신탁의 유형과 흐름도는 〈그림 3-1〉과 같다.

기존에 판매하였던 부동산투자신탁은 간접투자자산운용기구로 통합되어 기존에 설정된 펀드를 청산한 이후, 현재 제공되지 않는 상품 · 서비스이다. 현행 부동산 상품 · 서비스의 대상은 부동산관리신탁과 부동산처분(취득)신탁이다.

첫째, 부동산신탁상품으로 PB고객에게 주로 판매되었던 부동산펀드상품을 살펴보고 부동산펀드상품의 내용을 분석하기로 한다(〈표 3-7〉 참조).

A은행에서 설정된 12개의 부동산투자신탁을 표본대상으로 펀드명, 설정일, 펀드운용기간, 펀드설정금액, 예상수익률, 투자대상부동산사업명, 대출비율 등으로 분석하여 정리하였다(〈표 3-8〉 참조).

부동산투자대상 사업별로는 설정된 펀드 12개 중에서 아파트개발이 4건, 주상복합아파트가 3건, 오피스텔이 3건, 주택조합재개발아파트가 2건, 기타 실버캐어가 1건으로 나타나 아파트개발 사업이 전체 사업의 50% 이상을 보였다. 펀드운용기간은 최단 9개월에서 최장 36개월이며, 아파트개발이 9 - 24개월, 주상복합아파트가 10 - 33개월, 주택조합재개발아파트가 12 - 17개월, 오피스텔이 27개월, 기타 실버캐어가 12 - 36개월로 나타났다.

펀드설정규모는 최소 15억 원에서 최대 400억 원이며, 아파트개발이 350 - 400억 원, 주상복합아파트가 250 - 280억 원, 주택조합재개발아파트가 70 - 140억 원, 오피스텔이 100 - 320억 원, 기타 실버캐어가 15억 원으로 나타났다.

총매출액대비 대출비율은 최저 16%에서 최고 75%까지이며, 아파트개발이 20 - 30%, 주상복합아파트가 22 - 24%, 주택조합재개발아파트가 16%, 오피스텔이 18%, 기타 실버캐어가 75%로 나타났다. 아파트사업의 경우 대출금규모가 총사업비 중 토지매입대금

53) 「신탁법」은 신탁에 관한 일반적인 사법적 법률관계를 규율하기 위하여 1961년 12월 30일 법률 제900호로 제정되었으며, 2002년 1월 26일 법률 제6627호로 2차 개정되었다. 구성은 전문 8장 72조와 부칙으로 되어 있고, 총칙, 신탁관계인, 신탁재산, 수탁자의 권리의무, 수익자의 권리의무, 신탁의 종료, 신탁의 감독, 공익신탁 등에 대하여 규정하고 있다.

54) 「신탁업법」은 신탁업을 보호, 감독하고 신탁회사의 조직과 경영의 합리화를 기하여 수익자를 보호하기 위해 1961년 12월 31일 법률 제945호로 제정되었으며, 2002년 1월 21일 법률 제6180호로 5차 개정되었다. 구성은 전문 7장 44조와 부칙으로 되어 있고, 신탁업의 인가, 인가의 실효, 상호, 인가사항 등을 비롯하여 업무, 회계, 금지사항, 감독 및 벌칙 등을 명시하였다.

55) 부동산신탁 회사는 「신탁업법」에 의해 금융감독원으로부터 정식 인가를 받아야만 영업을 할 수 있다. 금융감독원의 인가를 받아 영업 중인 부동산신탁 회사는 한국토지신탁(www.koreit.co.kr), KB부동산신탁(www.kbret.co.kr), 대한토지신탁(www.reitpia.com), 생보부동산신탁(www.sbnet.co.kr), KAIT 한국자산신탁(www.kait.com), 다올부동산신탁(www.daoltrust.com) 등 6개 회사이다.

의 비율로 결정되는 것으로 나타났다.

〈표 3-7〉 부동산펀드의 판매 현황

(단위 : 개월, 억 원, %)

펀드명 / 설정일	펀드 기간	펀드 설정액	예상 수익률	투자대상 / 대출비율
부동산투자신탁 1호 / 2000. 9	12	90	12.30	○○○주택조합
부동산투자신탁 2호 / 2000. 10	12	70	9.20	○○○주택조합
부동산투자신탁 3호 / 2001. 4.	12	100	7.50	○○○주상복합아파트(756세대 : 아파트 504세대, 오피스텔 252세대), 대지면적 : 3,303평(연면적 27,011평), 대출액 / 총사업비 = 22.07% 250억 / 1,133억
	18	50	7.70	
	31	100	9.00	
부동산투자신탁 4호 / 2001. 5	12	150	7.70	○○○아파트개발사업(199세대), 대지면적 : 14,314㎡(연면적59,235㎡), 대출액 / 총사업비 = 25.31% 350억 / 1,383억
	18	100	8.00	
	24	100	8.70	
부동산투자신탁 5호 / 2001. 8	18	100	7.50	○○○오피스텔(624세대), 대지면적 : 840.40평(연면적 3,775.90㎡) - 지하2층, 지상27층 1개동, 대출액 / 총사업비 = 18.8% 100억 / 532억
부동산투자신탁 6호 / 2001. 11	11	95	6.50	○○○아파트개발사업, 대지면적 : 1,425평(연면적 4,714.10㎡) - 지하2층, 지상13층 2개동, 대출액 / 총사업비 = 32.20% 95억 / 295억
부동산투자신탁 7호 / 2002. 2	17	140	7.50	○○○아파트재개발, 대지면적 : 7,033.43평(연면적 24,921.73평) - 지하2층, 지상25층 7개동 594세대, 대출액 / 총사업비 = 16.54% 140억 / 846억
부동산투자신탁 8호 / 2002. 2	09	100	6.50	○○○아파트개발, 대지면적 : 4,838.76평(연면적 19,279.51평) - 지하3층, 지상12층 5개동 298세대, 대출액 / 총사업비 = 20.70% 140억/1,926억
	14	100	6.70	
	19	100	7.00	
	24	100	7.20	
부동산투자신탁 9호 / 2002. 4	10	80	7.60	○○○주상복합아파트, 면적 : 2,870.27평(연면적 16,124.62평) - 지하2층, 지상 18-20층 3개동 212세대, 대출액 / 총사업비 = 24.09% 250억 / 1,037억
	20	120	9.10	
	31	50	10.20	
부동산투자신탁 10호 / 2002. 11	12	5	6.00	○○○실버케어 2호점 대출액 / 총사업비 = 75% 15억 / 20억
	24	5	7.50	
	36	5	8.50	
부동산투자신탁 11호 / 2003. 1	27	208	5.60-7.90	○○○오피스텔 대출액 / 총사업비 = 00% 000억 / 000억
부동산투자신탁 11-1호 / 2003. 1		112	5.60-7.90	
부동산투자신탁 12호 / 2003. 10	29	140	7.10	○○○주상복합아파트 대출액 / 총사업비 = 00% 000억 / 000억
	33	140	7.10	

자료 : 윤순기, "부동산투자신탁과 부동산간접투자의 시장변화에 관한 연구", 한국주거환경학회 주거환경, 통권 제2호, 2004. 6, pp.43-53

〈표 3-8〉 부동산펀드의 판매 현황 분석

① 사업구분	아파트	주택조합 재개발아파트	주상복합 아파트	오피스텔	기타 (실버캐어)
건수/12	4/12	2/12	3/12	3/12	1/12
② 기간구분	아파트	주택조합 재개발아파트	주상복합 아파트	오피스텔	기타 (실버캐어)
기간(개월)	9 - 24	12 - 17	10 - 33	27	12 - 36
③ 규모구분	아파트	주택조합 재개발아파트	주상복합 아파트	오피스텔	기타 (실버캐어)
금액(억원)	350 - 400	70 - 140	250 - 280	100 - 320	15
④ 대출액구분	아파트	주택조합 재개발아파트	주상복합 아파트	오피스텔	기타 (실버캐어)
대출액 / 총매출액	20 - 32%	16%	22 - 24%	18%	75%
⑤ 배당구분	아파트	주택조합 재개발아파트	주상복합 아파트	오피스텔	기타 (실버캐어)
배당률(%)	6.5 - 8.7	7.5 - 12.3	7.1 - 10.2	5.6 - 7.9	6.0 - 8.5

배당율은 최저 5.6%에서 최고 12.3%까지이며, 아파트개발이 6.5 - 8.7%, 주상복합아파트가 7.1 - 10.2%, 주택조합재개발아파트가 7.5 - 12.3%, 오피스텔이 5.6 - 7.9%, 기타 실버캐어가 6.0 - 8.5%로 나타났다. 아파트사업의 경우 배당률은 6.5 - 12.3%까지로 전체 배당률 중 가장 높은 것으로 나타났다.

둘째, 부동산관리신탁상품으로 PB고객에게 주로 판매되었던 부동산상품・서비스를 살펴보고 내용을 분석하기로 한다(〈그림 3-2〉 및 〈그림 3-3〉 참조).

〈그림 3-2〉 부동산관리신탁 구조

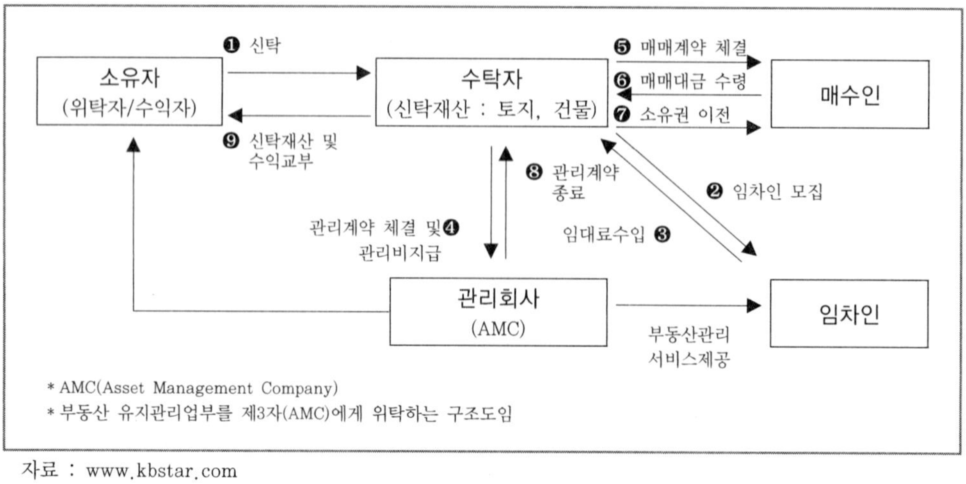

자료 : www.kbstar.com

〈그림 3-3〉 부동산관리신탁의 서비스 흐름도

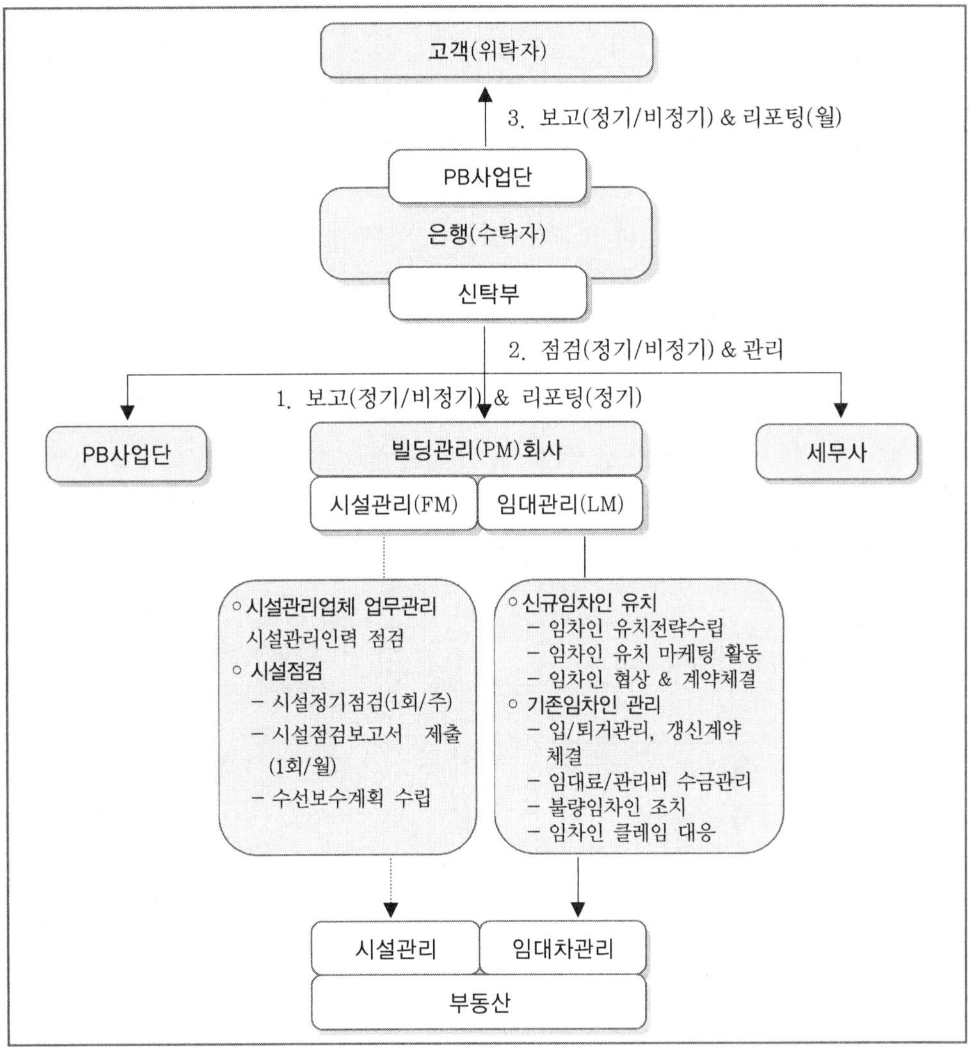

자료 : www.hanabank.com

부동산관리신탁은 부동산 소유권의 보전 및 건물의 유지관리까지 제반사항을 위탁자를 대신하여 신탁목적에 따라 안전하고 효율적으로 관리해 주는 신탁상품으로, 을종관리신탁과 갑종관리신탁으로 나뉜다.

을종부동산관리신탁은 해당 부동산에 대해 발생할 수 있는 예기치 못한 소유권분쟁을 예방해 소유권을 안전하게 보존할 목적으로 이용하는 신탁제도로 해당 부동산의 소유권 외 유지·보수·임대차 등은 위탁자가 수행하는 특징을 갖는다.

갑종부동산관리신탁은 해당 부동산의 소유권은 물론 임대차, 세금, 시설물, 수익금 운용 등 부동산과 관련 모든 업무를 신탁회사가 대신해 주는 신탁제도로, 장기 해외출장 등으로 해당 부동산을 직접 관리하지 못할 때 주로 이용하는 특징을 갖는다. 부동산관리신탁 수수료구조[56]는 기본체계와 선택체계로 위탁물건별로 상이하게 적용되고 있다.

셋째, 부동산처분신탁은 부동산 소유주가 자신의 해당 부동산을 처분할 때 이용할 수 있는 신탁제도이며, 주로 처분절차가 복잡하거나 대형건물 등 고가의 부동산을 처분할 때 보다 안전하고 효율적으로 처분하고자 할 때 이용하는 특징을 갖는다(〈그림 3-4〉 참조).

을종처분신탁은 해당 부동산의 소유권처분만 도와주는 것이다. 반면에 갑종처분신탁은 해당 부동산의 소유권처분 및 처분대금 수령 등 처분행위 전반을 신탁회사가 대신해주는 것이다. 부동산처분(취득)신탁 수수료구조[57]도 기본체계와 선택체계로 위탁물건별로 상이하게 적용된다.

이상에서 PB고객들을 대상으로 프라이빗뱅커가 제공하는 상품·서비스로, 신탁상품 형태의 부동산관련 상품 내용을 살펴보았다. 프라이빗뱅커가 제공하는 부동산 상품·서비스는 위에서 살펴본 바와 같이 고객의 상담 초기단계부터 서비스제공 업무의 수행주체로서 상품의 선택과 업무의 범위, 수수료율의 결정, 상품소개서 및 제안서 작성 등에 직·간접적으로 연관되어 있다.

〈그림 3-4〉 부동산처분신탁의 구조

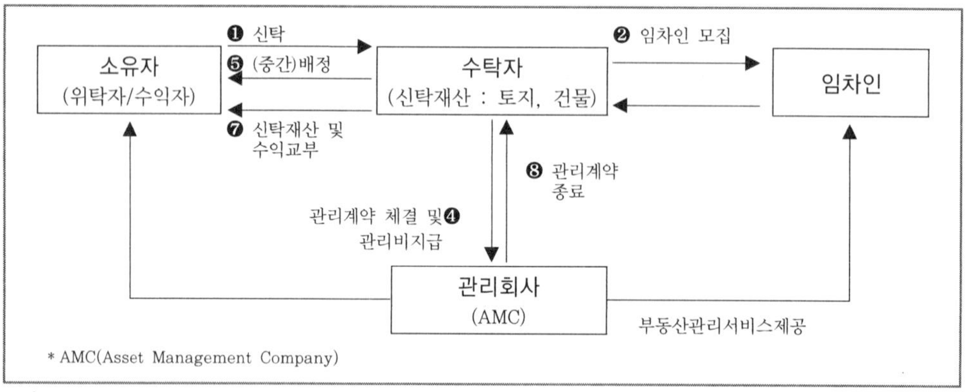

자료 : www.kbstar.com

56) 부동산관리신탁의 대상물건은 월임대료 기준으로 1천만 원 이상, 자산가액 기중으로 20억 원 이상, 신탁보수기준으로 5 - 10% 등으로 수수료 구조는 항목과 요율면에서 은행별로 대동소이하다. 소유권관리는 소유권 보존신탁을 필수 사항으로 하고, 해당은행 명의로 형식적인 소유권변경을 하여 제3자로부터 권리침해를 방지하며 수수료는 1% 내외가 일반적이다. 임대수입금 관리는 임대수입금을 해당은행 법인명의의 통장에서 수납하고, 대개 월단위로 위탁고객의 계좌에 입금하며 수수료는 2% 내외가 일반적이다. 임대관리는 계약체결, 민원처리, 명도관리 공실관리 등으로 수수료는 1%가 내외가 일반적이다. 시설관리 자문은 시설관리사의 업무수행 자문보고, 공사견적 자문 등으로 수수료는 1% 내외가 일반적이다. 시설관리는 설비, 보안, 미화, 주차 등으로 실비정산을 원칙으로 하고 있다.

57) 부동산처분(취득)신탁의 대상물건은 일정규모(자산가액 20억 원) 이상의 비거주용(상가빌딩, 오피스텔, 임야 등)을 대상으로 은행이 제공하는 서비스는 은행의 공신력을 이용한 에스크로우 어카운트(escrow-account)방식을 통하여 매매거래의 안전성을 보장하는 상품/서비스로 신탁보수는 1.5 - 3% 내외로 수수료 구조는 항목과 요율면에서 은행별로 대동소이하다.

비제도권에서 제공되는 부대 서비스도, 외부 유관기관과의 업무제휴를 통해 이루어지며 부동산관련 중개법인, 감정평가법인 등을 물색하고 수탁결정단계에서 계약체결단계 및 관리운용단계를 거쳐 최종해지단계까지, 제도권 금융서비스와 동일하게 프라이빗뱅킹 서비스 제공을 하는 역할을 하게 된다.

이러한 부동산자산관리를 위해 제공되는 프라이빗뱅킹 서비스는, 일반고객을 대상으로 하는 서비스와 다르게, 소유부동산의 관리 및 처분위주나, 부동산경기의 상승기에 따른 자본차익 극대화를 중심으로 자금 및 정보 지원 등이 편중되어, 복합자산관리나 부동산경기의 하락기에 따른 자본차손 최소화에 대한 서비스 수요에 대해서는 기존 서비스 이상의 대체 상품 • 서비스 인프라가 요구된다.

따라서 고객에게 제공되는 실제 부가서비스의 종류와 차별화의 수준은 거래고객의 수익기여도에 상응하는 기대수준에 크게 미달되어 부동산상담의 고객만족도가 8%로 나타나게 되었다고 본다.

전술한 실태조사에서 프라이빗뱅킹 서비스에 대한 수요 상으로, 부동산자산 관리서비스의 시장수요가 존재하는 것과 마찬가지로 프라이빗뱅킹 서비스에 대한 공급자입장에서도 부가서비스 제공에 상응하는 수익기여도에 대한 논리적 토대가 필요하다.

이에 기존의 금융자산관리서비스 중심의 프라이빗뱅킹 제공서비스와 향후의 부동산자산관리서비스 보완의 프라이빗뱅킹 제공서비스가, 프라이빗뱅킹 경영성과 제고에 어떠한 영향력을 미치는가를, 프라이빗뱅킹 실무자를 대상으로 고객기반의 시장자산 토대위에 실증분석 결과를 통해서 논리적으로 도출되어야 한다.

이를 위하여 다음 4장에서는 선행연구의 결부내용과 본 연구에서 보충과제를 바탕으로 프라이빗뱅킹 실무자를 대상으로 자산관리의 수익기여도에 대한 실증분석을 하기로 한다.

프라이빗뱅킹의 자산관리수익 기여도에 대한 실증분석 04

1 연구설계

1) 연구모형

자산관리 수익기여도에 대한 실증분석은 고객기반의 시장자산을 기초로 자산관리 서비스제공에 대한 실태분석에 연계하여, 서비스공급자로서 프라이빗뱅킹 실무자를 대상으로 프라이빗뱅킹의 경영성과에 대한 인과요인을 분석하는 연구모형이다. 금융외환위기 이후 프라이빗뱅킹 사업은 금융기관의 전략적 경영성과 목표를 달성하기 위해 새로운 은행서비스의 수익모델이라는 전제에서 출발하였다. 여기서 전략적 경영성과는 기존 유형 자산의 재무관리지표상 경영성과 외에 무형자산의 비재무관리지표상 경영성과를 포함하는 의미이다.

이러한 재무적·비재무적 관리지표와 경영성과 관계는 스웨드뱅크[58]의 성과 보고서에서 사용되었던 지점보고서[59]를 이용하였다. 그 내용은 프라이빗뱅킹 영업의 잠재력으로서 고객 부가가치(CVA), PB실무자의 개별성과로서 인적자원에 대한 부가가치(PVA), PB조직기반의 경제적 부가가치로서 수익성(EVA)의 서비스수익모델을 원용한 것이다.

이에 따라 프라이빗뱅킹의 거래고객의 고객 부가가치와 실무자의 인적자원에 대한 부가가치 및 조직기반의 수익성을 위한 인프라의 수준이 경영성과에 어떤 영향력을 미치는지를 동시에 고려해야 한다. 은행 서비스수익모델의 3각대 요인은 서비스 대상자로서 고객, 서비스 제공자로서 실무자, 서비스 기업으로 조직기반이 상호간 조직 외부와의 상관성 및 인과성의 정도가 수익성을 제고시키는 관건이 된다[60]. 이를 바탕으로 서비스관계 3각대와 성과요인의 모형설정은 다음과 같은 형태로 구성된다. 설정된 모형은 경영성과를 제고하기 위한 실증분석 결과에 따라 고객기반의 PB-CRM 개선방안과, 실

---

58) www.swedbank.com

59) James L. Heskett 외 지음·서비스경영연구회 옮김, 서비스수익모델(The Service Profit Chain), 삼성경제연구소, 2004. 3, p.171

60) 전게서, p.323

무자기반의 PB-CDP개선방안, 조직기반의 PB-INFRA 개선방안을 설정된 연구모형의 적용을 통하여 논리적 결과물로 도출하고자 한다(〈그림 4-1〉 참조).

이에 프라이빗뱅킹 경영성과의 모형은 James L. Heskett의 서비스관계 3각대와 스웨드뱅크의 성과측정 3대 요인인 고객·실무자·조직의 기본적인 요소에, Annie Brooking[61]의 시장자산·인적자산·인프라자산의 지식자본을 추가요소로 설정하였다. 연구의 개념적인 틀은 이러한 PB경영성과 모형을 적용하여 종합자산관리시스템을 강조하는 접근방법으로 독립변수와 종속변수를 선정하게 되었다. 독립변수로 ① 시장자산 영역은 고객기반의 PB-CRM[62]과 관련하여 자산구조, 고객구조, 거래구조로 구성하였고, ② 인적자산 영역은 인력기반의 PB-CDP[63]와 관련하여 자기계발, 업무능력, 대인관계로 구성하였으며, ③ 인프라자산 영역은 조직 기반의 PB-인프라[64]와 관련하여 프로세스, 프로그램, 정보기술로 구성하였다. 종속변수로 경영성과는 경쟁은행의 우위, 서비스의 차별화, 실무자의 만족도로 구성하였다(〈그림 4-2〉 참조).

〈그림 4-1〉 금융서비스 3각 관계와 성과요인 모형

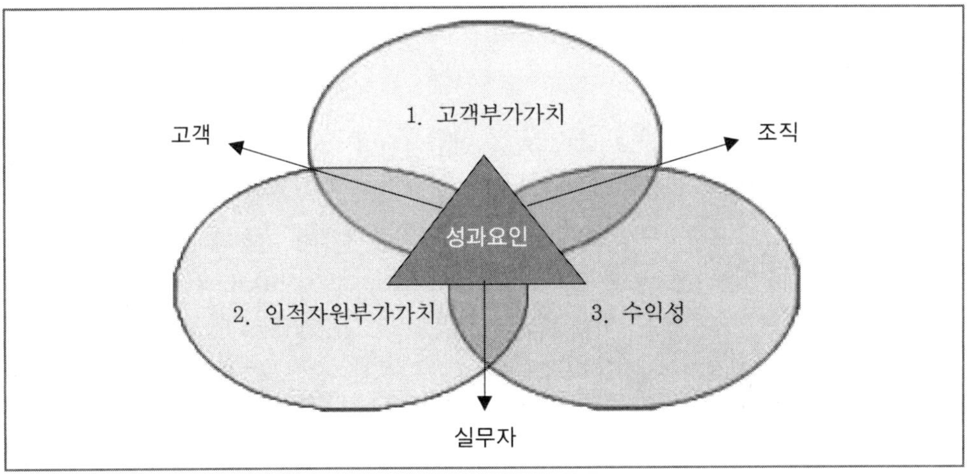

61) Annie Brooking 지음·김광영 옮김, 지식자본, 사람과 책, pp.22-28

62) CRM은 Customer Relationship Management의 약칭이며, 사전적 의미로 고객관계관리를 말한다. 본고의 PB-CRM은 고객들의 성향에 맞는 욕구(Needs)충족으로 경영성과제고의 목표를 달성하는 다중판매채널로 거래심화는 물론, Off-line상 대인관계 및 On-line상 정보기술의 공유의미이다.

63) CDP는 Career Development Program의 약칭이며, 사전적 의미로는 경력개발계획을 말한다. 본고의 PB-CDP는 프라이빗뱅커의 인력육성을 위한 교육 및 연수를 축으로 하는 인력정책(manpower policy)에, 능력계발, 인사이동, 목표관리 등 종합인재육성계획으로 실무자 측에서 연구개발, 금융기관 측에서 조직개발의 의미이다.

64) INFRA는 Infrastructure의 약칭이며, 사전적 의미로는 조직기반을 말한다. 본고의 PB-INFRA는 조직기반의 하부적인 구조를 형성하는 조직의 보충적 요소로서 하드웨어적 업무 프로그램이나 소프트웨어적 정보기술을 포함하는 프라이빗뱅킹의 영업 툴과 스킬의 의미이다.

〈그림 4-2〉 연구의 개념적 틀

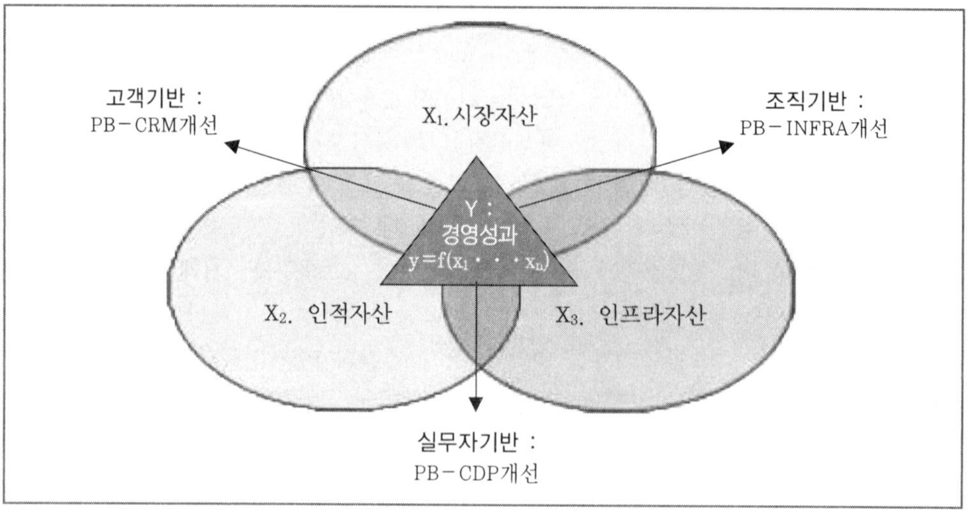

2) 연구가설

연구가설은 프라이빗뱅킹의 시장변화에서 체득경험과, 거래과정에서 확인 관찰된 논리적 근거 위에서 이루어져야 한다. 따라서 경영성과의 연구모형에 의하여 금융서비스관계의 3대 요인으로 고객·종업원·조직과, 지식자본관계의 3대 요인으로 시장자산·인적자산·인프라자산을 바탕으로 연구의 개념적 틀을 구성하였고, 독립변수와 종속변수관계에 대한 정의를 내렸다. 이에 연구가설은 스웨드뱅크(swedbank)의 성과모형과 Annie Brooking의 지식자본을 논리적 근거로, 다음과 같이 설정하였다(〈그림 4-1〉 및 그림 4-2〉 참조).

[연구가설 1] 시장자산의 수준을 높이면, PB경영성과를 향상시킬 수 있을 것이다.

가설 1-1 : 자산구조의 수준을 높이면, PB경영성과를 향상시킬 수 있을 것이다.
가설 1-2 : 고객구조의 수준을 높이면, PB경영성과를 향상시킬 수 있을 것이다.
가설 1-3 : 거래구조의 수준을 높이면, PB경영성과를 향상시킬 수 있을 것이다.

[연구가설 2] 인적자산의 수준을 높이면, PB경영성과를 향상시킬 수 있을 것이다.

가설 2-1 : 자기계발의 수준을 높이면, PB경영성과를 향상시킬 수 있을 것이다.
가설 2-2 : 업무능력의 수준을 높이면, PB경영성과를 향상시킬 수 있을 것이다.
가설 2-3 : 대인관계의 수준을 높이면, PB경영성과를 향상시킬 수 있을 것이다.

[연구가설 3] 인프라자산의 수준을 높이면, PB경영성과를 향상시킬 수 있을 것이다.

가설 3-1 : 프로세스의 수준을 높이면, PB경영성과를 향상시킬 수 있을 것이다.
가설 3-2 : 프로그램의 수준을 높이면, PB경영성과를 향상시킬 수 있을 것이다.
가설 3-3 : 정보공유의 수준을 높이면, PB경영성과를 향상시킬 수 있을 것이다.

3) 변수의 조작적 정의와 측정

전술한 3가지 측정영역의 연구가설은 독립변수로서 시장자산 · 인적자산 · 인프라자산을 설정하고, 종속변수로서 프라이빗뱅킹 경영성과를 설정하여 상관 및 인과관계를 구성하였다. 연구과제는 설문응답자의 인구통계적인 개인특성과, 영업적인 관리특성이 프라이빗뱅킹 경영성과에 미치는 관련성으로 구성하였다.

이에 따라 대분류로서 3가지의 측정영역을 구성하고 있는 개념들은 중분류로 9개의 영업변수요인과, 소분류로 27개의 관찰변수요인으로 측정도구를 구성하였다. 또한 인구통계적 변수는 개인적 특성으로 성별 · 연령 · 근무연수, 관리적 특성으로 직원수 · 점포입지 · 관리고객 · 금융자산 · 부동산자산으로 각각 구성하였다.

본 연구의 개념적 틀에 사용된 이러한 주요 개념들은 용어의 비계수적인 추상개념과 연구의 대상이 되는 인과요인별 개체의 속성을 측정하기 위해, 독립변수와 종속변수를 각각 관찰이 가능한 형태로 표현을 한 주요 개념들의 조작적 정의는 다음과 같다.

(1) 독립변수의 조작적 정의와 측정

[연구가설 1]의 시장자산은, 프라이빗뱅킹 시장에 대한 영업기반의 잠재력으로 정의한다. 이러한 영업기반의 잠재력으로서 시장자산의 수준을 측정하기 위하여 자산구조, 고객구조, 거래구조 형태의 기존 프라이빗뱅킹의 영업구도를 사용하였다.

은행에서 프라이빗뱅킹 영업은 정적인 자산구조와 고객구조의 요인들을 동적인 거래구조로 심화시키는 정도에 따라서 프라이빗뱅킹의 경영성과가 다르게 나타난다는 인식을 공유하고 있다. 이러한 고객기반의 시장자산에 기초하여 각각의 하위관찰변수에 대한 주요 개념정의를 다음과 같이 정의하였다.

첫째, 시장자산의 자산구조는 ① 금리성자산, ② 투자성자산, ③ 부동산자산으로 정의한다.

① 금리성자산은 확정금리형 금융자산으로 시간보상관련 운용자산으로 정의한다.
② 투자성자산은 실적배당형 금융자산으로 위험보상관련 운용자산으로 정의한다.
③ 부동산자산은 금융자산과 구분하여 부동산관련 운용자산으로 정의한다.

둘째, 시장자산의 고객구조는 ① 기존고객, ② 잠재고객, ③ 협력고객으로 정의한다.

① 기존고객은 현재 거래고객으로 이탈방지 대상의 고객으로 정의한다.
② 잠재고객은 미래 유치고객으로 신규창출 대상의 고객으로 정의한다.
③ 협력고객은 기존 거래고객으로 지인소개 대상의 고객으로 정의한다.

셋째, 시장자산의 거래구조는 ① 세트형 거래, ② 가족형 거래, ③ 심화형 거래로 정의한다.

① 세트형 거래는 금융거래행태가 상품/서비스의 복합거래구조로 정의한다.
② 가족형 거래는 금융거래행태가 상품/서비스의 세대거래구조로 정의한다.
③ 심화형 거래는 금융거래행태가 상품/서비스의 주거래구조로 정의한다.

[연구가설 2]의 인적자산은 프라이빗뱅킹 인력에 대한 실무자기반의 부가가치로 정의한다. 이러한 실무자기반의 부가가치로서 인적자산을 측정하기 위하여 자기계발, 업무능력, 대인관계 형태의 기존 프라이빗뱅킹 인력구도를 사용하였다.

은행에서 프라이빗뱅킹 영업은 내적인 자기계발 및 업무능력 요인들을 외적인 대인관계로 심화시키는 정도에 따라 프라이빗뱅킹의 경영성과가 다르게 나타난다는 인식을 공유하고 있다. 이러한 실무자기반의 인적자산에 기초하여 각각의 하위관찰변수에 대한 주요 개념정의를 다음과 같이 정의하였다.

첫째, 인적자산의 자기계발은 ① 경쟁의식, ② 전문가 자부심, ③ 업무능력개발로 정의한다.

① 경쟁의식은 성과경쟁에서 시장우위를 선점하는 것으로 정의한다.
② 전문가 자부심은 영업과정에서 자신의 가치와 능력을 신뢰하는 것으로,
③ 업무능력개발은 조직의 업무연수 및 개인의 업무능력개발로 정의한다.

둘째, 인적자산의 업무능력은 ① 금융자산, ② 부동산자산, ③ 복합자산의 관리능력으로 정의한다.

① 금융자산관리 업무능력은 금융자산관련 상품/서비스제공 능력으로 정의한다.
② 부동산자산관리 업무능력은 부동산자산관련 상품/서비스제공 능력으로 정의한다.
③ 복합자산관리 업무능력은 복합자산관련 상품/서비스제공 능력으로 정의한다.

셋째, 인적자산의 대인관계는 ① 동료직원배려, ② 관리고객신뢰, ③ 네트워크관계로 정의한다.

① 동료직원배려는 은행내 구성원간 상호 업무지원과 도움으로 정의한다.
② 관리고객신뢰는 관리고객이 PB실무자를 믿고 의지하는 것으로 정의한다.
③ 네트워크관계는 기존 고객 유지와 신규 고객 창출간의 영업망으로 정의한다.

[연구가설 3]의 인프라자산은 프라이빗뱅킹 영업에 대한 조직기반의 보충요소로 정의하고자 한다. 이러한 조직기반의 보충요소로서 인프라자산을 측정하기 위하여 프로세스, 프로그램, 정보공유형태의 기존 프라이빗뱅킹 조직구도를 사용하였다.

은행에서 프라이빗뱅킹 영업은 기본적 프로세스, 프로그램 요인을 보충적 정보공유로 심화시키는 정도에 따라 프라이빗뱅킹의 경영성과가 다르게 나타난다는 인식을 공유하고 있다. 이러한 조직기반의 인프라자산에 기초하여 이에 따른 각각의 하위관찰변수에 대한 주요 개념정의를 다음과 같이 정의하였다.

> 프로세스는 사후업무의 처리방법에 대한 과정의 표준화로 정의한다.
> 프로그램은 사전업무의 계획수립에 대한 계획의 체계화로 정의한다.
> 정보공유는 의사결정의 판단기준에 대한 지식의 공유화로 정의한다.

(2) 종속변수의 조작적 정의와 측정

경영성과는 경쟁은행우위, 서비스차별화, 실무자만족도로 정의한다.

① 경쟁은행우위는 생산성, 이익률, 시장 점유비로 정의한다.
② 서비스차별화는 서비스종류, 서비스만족도, 서비스수준으로 정의한다.
③ 실무자만족도는 직무발전, 상사인정, 고객인정으로 정의한다.

4) 표본대상 및 설문조사

본 연구의 방법은 프라이빗뱅킹 실무자를 표본 대상으로 경영성과의 실증분석을 위하여 설문조사를 실시하였다. 표본 대상으로는 A은행의 책임자급 이상 프라이빗뱅킹 실무자 모집단 150중, PB 1인당 금융자산관리규모 기준으로 600억 원 이상, 관리고객수 기준으로 100명 이상인 프라이빗뱅커 120명을 대상으로 설문하였다. 설문기간은 2006년 3월 20일부터 4월 20일까지 1개월간 본부일괄 집중방식으로 실시하였다. 설문자료의 분석과 관련한 통계 Package는 사회과학에서 주로 사용하는 SPSS 12 for Window 프로그램을 사용하였다.

조사대상을 측정하기 위하여 비계수적인 객관적 사실을 계량화시키기 위해 숫자를 부여한 척도(Scale)는, 명목척도와 서열척도중심의 범주형 분석의 자산관리 서비스제공에 대한 실태분석과 연계하여 관찰변수를 범주형 회귀분석 하기위해 리커트 5점 척도를 적용하였다.

통계자료를 처리한 패키지의 하위절차로는 빈도분석을 통하여 설문응답자의 특성을 알아보고, 신뢰성분석을 통하여 측정도구의 일관성을 검토하기로 한다. 신뢰성분석에서는 특이한 변수를 제거하고 독립변수와 종속변수간의 방향성에 대한 상관관계분석을 하기로 한다. 이를 바탕으로 프라이빗뱅킹 영업특성과 관련된 독립변수요인들이 프라이빗뱅킹 성과특성과 관련된 종속변수에 미치는 영향력에 대해서는 범주형 회귀분석방법을 이용하여 연구의 시사점을 도출하고자 한다.

분석결과로 도출된 연구의 시사점을 기초로 하여 고객기반의 PB-CRM 개선, 실무자기반의 PB-CDP 개선, 조직기반의 PB-INFRA 개선 방안을 찾고자 한다.

설문내용구성은 독립변수로서 고객기반의 자산구조·고객구조·거래구조 내용의 시장자산 관찰변수와, 실무자기반의 자기계발·업무능력·대인관계 내용의 인적자산 관찰변수 및 조직기반의 표준화된 업무프로세스·프로그램·정보기술공유 내용의 인프라자산 관찰변수를 중심으로 구성하였다. 결과변수로서 은행간 경쟁우위·서비스의 차별화·실무자의 만족도에 대한 내용으로 관찰변수를 구성하였다(〈표 4-1〉, 〈표 4-2〉 및 〈표 4-3〉 참조).

〈표 4-1〉 프라이빗뱅킹 실무자의 설문조사 개요

구 분		내 용
조사기간		2006. 3. 20 ~ 2006. 4. 20 (31일간)
조사대상		PB 실무자
모집단수		150명
대상 기준	실무자 고객수	100명 이상
	실무자 예수금	600억 원 이상
	실무자 근무지	PB센터/영업점
	실무자 직급	책임자급 이상
표 본 수		120명
응답자수		96명(표본수의 80%)
조사방법		인트라넷이용 본부일괄집중 방식
조사내용		시장자산 인적자산 인프라자산의 성과 특성 등

〈표 4-2〉 설문조사의 기초적 특성

구 분 : 설문 응답자의 기초조사자료			척 도
개인적 특성	성 별	여	명목척도
		남	
	연 령	30세 미만	
		30세 - 40세 미만	
		40세 - 50세 미만	
		50세 이상	
	근무연수	5년 미만	
		5년 - 10년 미만	
		10년 - 15년 미만	
		15년 이상	
관리적 특성	직원수	10명 미만	
		10명 - 15명 미만	
		15명 - 20명 미만	
		20명 이상	
	점포입지	주택지	
		상 가	
		호텔/백화점	
		기 타	
	관리고객	100명 미만	
		100명 - 150명 미만	
		150명 - 200명 미만	
		200명 이상	
	금융자산	3억 원 미만	
		3억 원 - 5억 원 미만	
		5억 원 - 10억 원 미만	
		10억 원 이상	
	부동산자산	5억 원 미만	
		5억 원 - 10억 원 미만	
		10억 원 - 20억 원 미만	
		20억 원 이상	

〈표 4-3〉 설문조사의 구성

구 분 : 성과요인변수의 조사자료			
측정영역	성과변수	관찰변수	척도
독립변수 X_1 : 시장자산	(1) 자산구조	① 금리성자산 ② 투자성자산 ③ 부동산자산	리커트 5점 척도
	(2) 고객구조	④ 기존고객 ⑤ 잠재고객 ⑥ 협력고객	
	(3) 거래구조	⑦ 세트형 거래 ⑧ 가족형 거래 ⑨ 심화형 거래	
독립변수 X_2 : 인적자산	(1) 자기계발	① 경쟁의식 ② 전문가 자부심 ③ 업무능력 개발	
	(2) 업무능력	④ 금융자산 ⑤ 부동산자산 ⑥ 복합자산	
	(3) 대인관계	⑦ 동료직원배려 ⑧ 관리고객신뢰 ⑨ 네트워크관계	
독립변수 X_3 : 인프라자산	(1) 프로세스	① 금융자산관리 ② 부동산자산관리 ③ 복합자산관리	
	(2) 프로그램	④ 금융자산관리 ⑤ 부동산자산관리 ⑥ 복합자산관리	
	(3) 정보기술	⑦ 금융자산관리 ⑧ 부동산자산관리 ⑨ 복합자산관리	
종속변수 Y : 경영성과	(1) 경쟁은행우위	① 생산성 ② 이익률 ③ 시장점유비	
	(2) 서비스차별화	④ 서비스종류 ⑤ 서비스만족도 ⑥ 서비스수준	
	(3) 실무자만족도	⑦ 직무발전 ⑧ 상사인정 ⑨ 고객인정	

2 실증분석

1) 기초통계

표본대상의 실무자 120명에게 배포한 설문지는 100부를 회수하여 96부를 유효하게 통계처리 하였다. 자료수집 대상별로는 기초 통계량 분석으로 개인적 특성과 관리적 특성을 구분하여 설문응답자별로 빈도분석을 실시하였다.

〈표 4-4〉 설문응답자의 빈도분석

구 분 : 설문 응답자의 기초조사자료			빈 도	퍼센트
개인적 특성	성 별	여	51	53.1
		남	45	46.9
	연 령	30세 미만	-	-
		30세 - 40세 미만	49	51.0
		40세 - 50세 미만	46	47.9
		50세 이상	1	1.0
	근무연수	5년 미만	-	-
		5년 - 10년 미만	13	13.5
		10년 - 15년 미만	50	52.1
		15년 이상	33	34.4
관리적 특성	직원수	10명 미만	11	11.5
		10명 - 15명 미만	62	64.6
		15명 - 20명 미만	18	18.8
		20명 이상	2	2.1
	점포입지	주택지	21	21.9
		상 가	63	65.6
		호텔/백화점	1	1.0
		기 타	9	9.4
	관리고객	100명 미만	11	11.5
		100명 - 150명 미만	45	46.9
		150명 - 200명 미만	28	29.2
		200명 이상	12	12.5
	금융자산	3억 원 미만	20	20.8
		3억 원 - 5억 원 미만	54	56.2
		5억 원 - 10억 원 미만	12	12.5
		10억 원 이상	10	10.4
	부동산자산	5억 원 미만	12	12.5
		5억 원 - 10억 원 미만	51	53.1
		10억 원 - 20억 원 미만	28	29.2
		20억 원 이상	5	5.2

(1) 개인적 특성

개인적 특성을 〈표 4-4〉에서 보면, 성별로는 여성 PB가 53.1%, 남성 PB가 46.9%로 나타났다. 연령으로는 30대 이상 40대 미만 PB가 51%, 40대 이상 50대 미만 PB가 47.9%로 나타났다. 30대와 40대의 구성비가 높게 나타난 것은 예비PB 선발과정상 일정연령층과, 육성과정상 일정경력과 자격조건, 승진과정상 PB 직렬의 관리자 보다 종합 직렬의 영업점 관리자의 선택이 많은 것에 기인한다.

(2) 관리적 특성

관리적 특성을 〈표 4-4〉에서 보면, 점포입지는 주택지가 21.9%, 상가입지가 65.6%이며 호텔 및 백화점 입지가 1.1%, 기타지역이 9.4%를 보였다. 이는 점포입지가 목적적 입지선정보다는 적응적 입지선정에 비중을 둔 것에 기인한 것으로 보인다. PB 1인당 관리 고객수는 100명 이하가 11.5%, 100명 이상 150명 이하가 46.9%이며, 150명 이상 200명 이하가 29.2%, 200명 이상이 12개 점포로 12.5%를 보였다. 이는 PB 1인당 관리 고객수가 150명 내외의 수준이며, 시간보상중심의 저축상품에서 위험보상중심의 투자상품 판매가 늘어날수록 관리고객 수는 줄어들고, 거래규모는 증가하는 것에 기인한 것으로 보인다. 금융자산규모는 1인당 월평균잔액 기준으로 3억 원 이하가 20.8%, 3억 원 이상 5억 원 미만이 66.7%이며, 5억 원 이상 10억 원 미만이 12.5%를 보였다. 이는 프라이빗뱅킹 거래고객의 1인당 객단가 기준이 3억 원 이상에서 5억 원 내외의 고객이 주류를 이루는데 기인한 것으로 보며, 실제는 금융소득종합과세에 대응하여 금융자산포트폴리오를 사전에 조정한 것에 따른 것으로 보인다. 부동산자산규모는 주거용부동산 외에 1인당 소유부동산의 재산세과표의 기준으로 5억 이하가 12.5%, 5억 원 이상 10억 원 미만이 53.1%이며, 10억 원 이상 20억 원 미만이 29.2%, 20억 원 이상이 5명으로 5.2%를 보여 소득별 연령별 등에 따라 부동산포트폴리오가 다르게 나타났다.

2) 신뢰성 분석

측정도구의 신뢰성(reliability)을 확인하기 위한 신뢰성 분석은, 신뢰도를 저해하는 항목을 제외시켜 객관적 신뢰도를 높이기 위한 방법으로, 크론바하 알파[65]를 사용하였다.

분석과정으로 시장자산, 인적자산, 인프라자산을 3가지 독립변수로 하고 각각 9개의 항목을 이용하였다.

---

65) 이학식 · 임지훈, "SPSS 12.0 통계분석방법 및 해설", 법문사, 2006, pp.122-123
크론바하 알파(Cronbach's α)란 내적 일관성(internal consistency reliability)을 측정하기 위한 방법으로 사용된 알파(Alpha)계수이며, 0.7 이상이면 채택이 가능하다.

〈표 4-5〉 측정도구의 신뢰성 분석

측정영역	영업변수	관찰변수	평균	표준편차	항목	N	α계수
독립변수 X_1 : 시장자산	(1) 자산구조	① 금리성자산	3.32	1.061	9	96	.754
		② 투자성자산	2.82	1.066			
		③ 부동산자산	4.09	.834			
	(2) 고객구조	④ 기존고객	3.58	.991			
		⑤ 잠재고객	3.30	.985			
		⑥ 협력고객	3.21	.994			
	(3) 거래구조	⑦ 세트형 거래	3.30	1.037			
		⑧ 가족형 거래	3.50	.973			
		⑨ 심화형 거래	3.47	.940			
독립변수 X_2 : 인적자산	(1) 자기계발	① 경쟁의식	3.36	.975	9	96	.936
		② 전문가 자부심	3.46	.905			
		③ 업무능력 개발	3.40	.900			
	(2) 업무능력	④ 금융자산	3.67	.643			
		⑤ 부동산자산	2.89	1.014			
		⑥ 복합자산	3.14	1.042			
	(3) 대인관계	⑦ 동료직원배려	3.57	.915			
		⑧ 관리고객신뢰	3.54	.893			
		⑨ 네트워크관계	3.33	.902			
독립변수 X_3 : 인프라자산	(1) 프로세스	① 금융자산관리	3.63	.528	9	96	.918
		② 부동산자산관리	2.63	.976			
		③ 복합자산관리	2.82	.973			
	(2) 프로그램	④ 금융자산관리	3.61	.569			
		⑤ 부동산자산관리	2.59	.924			
		⑥ 복합자산관리	2.73	.946			
	(3) 정보기술	⑦ 금융자산관리	3.66	.577			
		⑧ 부동산자산관리	2.71	.951			
		⑨ 복합자산관리	2.83	.914			
종속변수 Y : 경영성과	(1) 경쟁은행 우위	① 생산성	3.51	.754	9	96	.945
		② 이익률	3.44	.779			
		③ 시장점유비	3.38	.798			
	(2) 서비스 차별화	④ 서비스종류	3.31	.754			
		⑤ 서비스만족도	3.38	.779			
		⑥ 서비스수준	3.38	.798			
	(3) 실무자 만족도	⑦ 직무발전	3.48	.823			
		⑧ 상사인정	3.32	.827			
		⑨ 고객인정	3.51	.846			

신뢰성 분석결과는 〈표 4-5〉에서 시장자산은 0.754, 인적자산은 0.936, 인프라자산은 0.918을 보였으며, 각각 측정항목의 알파 값이 0.7 이상으로 나타났다.

따라서 상관관계 요인과 인과관계 요인의 후속 분석에서도 측정영역별로의 하위관찰변수에 대한 조정과 제거과정이 없이, 동일한 개념을 동일한 측정방법으로 비슷한 결과가 나타난다는 전제하에, 하나의 범주형 척도를 그대로 이용하기로 하였다.

3) 상관분석

상관분석은 연구하고자 하는 변수들 간의 상호 관련성을 분석하기 위해 사용하는 분석방법으로, 하나의 변수가 다른 변수와 어떤 관련성이 있는지? 있다면 어느 정도 관련성이 있는지?를 알아보기 위한 것이다. 여기서는 둘 이상의 변수들이 어느 한 변수와 갖는 상호 관계성의 정도를 알아보기 위한 다중상관관계분석(Multiple Correlation)을 실시하였다. 상관분석에서 보편적으로 사용되는 척도로 피어슨 상관계수(Pearson Correlation Coefficient) r은 -1에서 +1까지이다.

실제분석에서 3개의 측정영역을 구성하고 있는 9개의 영업변수요인과 27개 관찰변수요인을 변수간 및 경영성과간의 상관관계행렬을 바탕으로 각각 양자의 관계를 기술해야 하지만 본 연구에서는 데이터에 의해서 경영성과와 변수의 상관관계가 있는지를 통계적으로만 기술하였다. 원인과 결과에 대한 인과관계의 입증은 데이터의 배후에 있는 이론적 지식이나 기술직 지식에 의해서 설명력이 필요한 바 데이터에 의한 회귀분석결과에서 다루기로 하였다.

상관분석결과 〈표 4-6〉에서 PB경영성과의 3가지 측정영역은, 인프라자산(.698**), 인적자산(.690**), 시장자산(.518**)순으로 유의확률 0.01 범위 내에서 각각 경영성과에 정(+)의 상관관계를 보였다.

PB영업 9개 변수의 경우, 시장자산에서 자산구조(.053)는 유의하지 않은 것으로 나타났으며, 나머지 거래구조(.593**), 고객구조(.419**)순으로, 인적자산에서 업무능력(.673**), 대인관계(.649**), 자기계발(.562**)순으로, 인프라자산에서 프로그램(.681**), 프로세스(.657**), 정보공유(.649**)순으로 유의확률 0.01 범위 내에서 각각 정(+)의 상관관계를 보였다

이를 바탕으로 27개의 예측자, 즉 시장자산의 자산구조로서 금리성자산, 투자성자산, 부동산자산, 거래구조로서 기존고객, 잠재고객, 협력고객, 고객구조로서 세트형 거래, 가족형 거래, 심화형 거래를 구성하였다.

인적자산의 자기계발로서 경쟁의식, 전문가 자부심, 업무능력개발, 업무능력으로서 금융자산관리, 부동산자산관리, 복합자산관리, 대인관계로서 동료직원배려, 관리고객신뢰, 네트워크관계를 구성하였다.

〈표 4-6〉 관찰변수의 상관분석

3개의 측정영역 요인과 경영성과와 상관관계		9개의 영업변수요인과 경영성과와 상관관계		27개의 관찰변수요인과 경영성과와 상관관계	
1. 경영성과	1.000	1. 경영성과	1.000	1. 경영성과	1.000
2. 시장자산	.518**	2. 자산구조	.053	2. 금리성자산	-.458**
				3. 투자성자산	.529**
				4. 부동산자산	-.019
		3. 고객구조	.419**	5. 기존고객	.159
				6. 잠재고객	.471**
				7. 협력고객	.421
		4. 거래구조	.593**	8. 세트거래	.473**
				9. 가족거래	.552**
				10. 심화거래	.581**
3. 인적자산	.690**	5. 자기계발	.562**	11. 경쟁의식	.323**
				12. 전문가자부심	.610**
				13. 업무능력개발	.599**
		6. 업무능력	.673**	14. 금융자산업무	.428**
				15. 부동산자산업무	.625**
				16. 복합자산업무	.645**
		7. 대인관계	.649**	17. 동료직원배려	.595**
				18. 관리고객신뢰	.641**
				19. 네트워크관계	.576**
3. 인프라자산	.698**	8. 프로세스	.657**	20. 금융자산프로세스	.435**
				21. 부동산자산프로세스	.600**
				22. 복합자산프로세스	.632**
		9. 프로그램	.681**	23. 금융자산프로그램	.311**
				24. 부동산자산프로그램	.636**
				25. 복합자산프로그램	.647**
		10. 정보공유	.649**	26. 금융자산정보	.319**
				27. 부동산자산정보	.534**
				28. 복합자산정보	.654**

유의수준 ** $P < 0.01$, * $P < 0.05$

인프라자산의 금융자산프로세스, 부동산자산프로세스, 복합자산프로세스와 금융자산프로그램, 부동산자산프로그램, 복합자산프로그램과 금융자산정보, 부동산자산정보, 복합자산정보를 하위관찰변수로 구성하였고 경영성과와의 관계를 PB영업현황을 기준으로 살펴보기로 한다.

첫째, 시장자산의 상관행렬에서 자산구조는 유의하지 않은 것으로 나타났으며, 하위관찰변수에서도 부동산자산(-.019)이 무관하고, 금리성 자산(-.458**)도 약한 부(-)의 상관관계로 나타났다. 반면에 투자성 자산(.529**)은 정(+)의 상관관계를 가지며 통계적으로 유의한 것으로 나타났다.

이는 프라이빗뱅킹 영업이 제도권금융 범위 내에서 서비스를 제공시 금리성자산은 저금리 정착으로 회피하고, 부동산자산은 상품·서비스의 제약으로 인해, 상품 판매시 제보수가 높은 투자성 상품 판매에 주력하는 것과도 일치하는 것으로 보인다.

거래구조는 시장자산에서 정(+)의 방향으로 가장 상관관계가 높은 영업변수로 나타났으며, 이중에서 심화거래(.581**)가 정(+)의 방향으로 강한 상관성을 보인 것은 금융거래행태가 주거래 구조로 이루어져 상품·서비스의 집중화 거래에 기인한 높은 수익기여도에 따른 것으로 본다.

둘째, 인적자산의 상관행렬에서 전문가 자부심, 업무능력 개발, 부동산자산업무, 복합자산업무, 동료직원 배려, 관리고객 신뢰, 네트워크관계가 0.5 이상을 보여 정(+)의 상관관계를 가지며 통계적으로 유의한 것으로 나타났다.

자기계발에서 전문가 자부심, 업무능력 개발, 업무능력에서 복합자산, 부동산자산, 대인관계에서 관리고객신뢰, 동료직원배려, 네트워크관계가 정(+)의 방향으로 나타난 것은 고객기반의 시장자산이 금융기관에 동일한 조건으로 주어지는 반면에, 실무자기반의 인적자산은 상이한 가변조건으로 경제적 부가가치와 직결되어 경영성과에 영향을 미치는 것에 기인한다고 본다.

인적자산에서 유의할 점은, 부동산자산관리 서비스수요에 대한 고객의 니즈충족을 위해 현행 제도권금융의 서비스한계를 프라이빗뱅킹 실무자의 네트워크서비스로 제공한다는 점이다. 이에 실무자의 금융자산서비스는 평준화되어가는 반면, 부동산자산 및 복합자산서비스는 차별화되어 가고 있는 프라이빗뱅킹 영업과도 일치하는 것으로 보인다.

셋째, 인프라자산의 상관행렬에서 부동산자산과 복합자산의 프로세스, 부동산자산과 복합자산의 프로그램, 부동산자산과 복합자산의 정보공유가 0.5 이상을 보여 정(+)의 상관관계를 가지며 통계적으로 유의한 것으로 나타났다.

프로세스에서 복합자산, 부동산자산, 프로그램에서 복합자산, 부동산자산, 정보공유에서 복합자산, 부동산자산이 정(+)의 방향으로 나타난 것은 인적자산에서와 같이 고객기반의 시장자산이 금융기관에 동일한 조건으로 주어지는 반면에, 조직기반의 인프라자산은 상이한 보충조건으로 주어지는 것에 기인한다고 본다.

인프라자산에서 유의할 점은, 부동산자산관리 서비스수요에 대한 고객의 니즈충족을 위해 현행 제도권금융의 서비스한계를, PB사업 조직의 비제도권 제휴서비스로 제공한다는 점이다. 이에 PB사업 조직의 금융자산인프라는 평준화되는 반면, 부동산자산 및 복합자산인프라는 차별화되고 있는 PB사업 조직과도 일치하는 것으로 보인다.

4) 회귀분석

범주형 회귀분석은 독립변수와 종속변수를 설문한 질문의 범주에 대한 수량화와 수량화로부터의 영향력을 구하여 측정된 자료에 대한 통계적 추론에 이용되는 회귀분석 방법이다.

범주형 회귀분석을 한 목적은 프라이빗뱅킹 자산관리 서비스제공에 대한 실태분석에서 명목척도와 서열척도 중심의 범주형 척도를 사용하여 조사결과를 분석하였기 때문에, 프라이빗뱅킹 자산관리 수익기여도에 대한 실증분석도 이와 연계하여 비계수적 관찰변수가 지닌 속성차이를 모집단의 통계값에 대한 양적차이로 추정하기 위해서이다.

범주형 회귀분석 결과는 〈표 4-7〉의 회귀모형 요약에서 나타난 바와 같이 회귀식의 유효성 지표로서 R^2이 0.982로 나타나 기여율(결정계수)이 1에 근접하여 아주 높게 나타났다.

또한 회귀식이 단계적으로 전개될 때 자유도를 고려한 조정 R^2이 0.917로 나타나 독립변수로서 예측자 변수가 종속변수로서 경영성과에 미치는 영향력을 91.7%로 보여 설명력이 아주 높게 나타났다.

회귀식의 분산분석에서는 F통계량에 대한 유의확률이 0.000으로 0.05보다 작게 나타나 회귀식은 1% 수준 이하에서, 즉 유의학률 = 0.000 〈 0.01이므로 통계적으로도 매우 유의하다고 볼 수 있다.

회귀분석 계수에서는 표준화된 계수 베타(Beta)는 독립변수들의 상대적인 중요도를 알아보는 지표이다. 프라이빗뱅킹 경영성과 제고와 관련하여 마이너스 베타 값의 해석상 유의를 요한다. 이는 현행 금융제도 하에서 기존 은행업무로서 제공하는 프라이빗뱅킹 서비스가 금융자산 중심으로 이루어져, 실물자산으로서 부동산자산관리에 대한 제도권서비스 부재에 따른 것이다. 유의할 점은 고객구조의 기존고객(−.236), 협력고객(−.207), 자기계발의 전문가자부심(−.870), 업무능력의 부동산자산관리(−.254), 프로세스의 부동산프로세스(−.203), 정보공유의 부동산정보공유(−.137)가 보여주는 값이다.

〈표 4-7〉 범주형 회귀분석

▌회귀식의 분산분석

	모형	제곱합	자유도	평균제곱	F	유의확률
분산분석 (b종속변수 : 경영성과)	선형회귀분석	94.236	75	1.273	15.160	.000(a)
	잔 차	1.764	21	.084		
	합 계	96.000	96			

▌회귀모형의 요약

R	R^2	조정R^2
.991 (a : 예측자)	.982	.917

예측자 : 금리성자산, 투자성자산, 부동산자산, 기존고객, 잠재고객, 협력고객, 세트형 거래, 가족형 거래, 심화형 거래, 경쟁의식, 전문가자부심, 업무능력개발, 금융자산관리, 부동산자산관리, 복합자산관리, 동료직원 배려, 관리고객 신뢰, 네트워크관계, 금융자산프로세스, 부동산자산프로세스, 복합자산프로세스, 금융자산프로그램, 부동산자산프로그램, 복합자산프로그램, 금융자산정보, 부동산자산정보, 복합자산정보

▌회귀분석 계수

투입변수 구분		변수명	표준화 계수		자유도	t	유의확률
			베 타	표준오차			
시장자산	자산구조	금리성자산	.063	.039	2	2.649	.094
		투자성자산	.142	.053	4	7.333	.001
		부동산자산	.016	.038	2	.175	.841
	고객구조	기존고객	−.236	.057	3	17.142	.000
		잠재고객	.042	.082	2	.265	.770
		협력고객	−.207	.079	2	6.851	.005
	거래구조	세트형거래	.151	.063	3	5.660	.005
		가족형거래	−.062	.054	2	1.310	.291
		심화형거래	.442	.074	2	35.337	.000
인적자산	자기계발	경쟁의식	−.113	.047	2	5.714	.010
		전문가자부심	−.870	.297	4	8.592	.000
		업무능력개발	.277	.099	4	7.856	.000
	업무능력	금융자산관리	.078	.041	4	3.638	.021
		부동산자산관리	−.254	.127	4	4.004	.014
		복합자산관리	.192	.138	2	1.956	.166
	대인관계	동료직원배려	.084	.227	2	.137	.873
		관리고객신뢰	.135	.065	2	4.314	.027
		네트워크관계	.895	.091	1	95.736	.000
인프라자산	프로세스	금융자산프로세스	.102	.064	2	2.588	.099
		부동산프로세스	−.203	.097	3	4.406	.015
		복합자산프로세스	.185	.138	4	1.798	.167
	프로그램	금융자산프로그램	.010	.042	1	.056	.815
		부동산프로그램	.496	.198	4	6.287	.002
		복합자산프로그램	−.412	.208	4	3.928	.016
	정보공유	금융자산정보공유	.065	.038	3	2.930	.057
		부동산정보공유	−.137	.055	4	6.114	.002
		복합자산정보공유	.106	.079	2	1.793	.191

베타(Beta)값을 살펴보면 시장자산에서는 자산구조에서 투자성자산(.142)이 가장 중요한 것으로 나타나 금리성자산을 줄이고 부동산자산은 신규 서비스제공이 요구된다. 고객구조에서 잠재고객 발굴(.042)이 가장 중요한 것으로 나타나, 기존고객의 거래심화와 협력고객의 유대 강화가 요구된다. 거래구조에서 심화형 거래(.442)와 세트형 거래(.151)가 가장 중요한 것으로 나타나, 크로스 셀링의 강화로 고객 충성도를 제고하는 부대서비스가 요구된다.

인적자산에서는 자기계발에서 업무능력(.277)이, 업무능력에서 복합자산관리능력(.192)이, 대인관계에서 네트워크관계(.895)가 가장 중요한 것으로 나타났다. 부동산자산관리(−.254)의 마이너스 베타 값은 비제도권금융 서비스에 기인한 것으로 프라이빗뱅킹 서비스로 양성화가 요구된다.

인프라자산에서는 프로세스에서 복합자산(.185)이, 프로그램에서 부동산(.496)이, 정보공유에서 복합자산(.106)이 가장 중요한 것으로 나타났다. 따라서 통계적으로 유의한 변수는 투자성자산, 기존고객, 협력고객, 세트형 거래, 심화형 거래, 경쟁의식, 전문가자부심, 업무능력 개발, 금융자산관리, 부동산자산관리, 관리고객 신뢰, 네트워크관계, 부동산자산프로세스, 부동산자산프로그램, 복합자산프로그램, 부동산자산정보이다.

3 가설검증과 시사점

1) 시장자산과 PB경영성과

이 검증은 PB영업이 은행의 금융제도 하에서 상품/서비스를 전제로 정적인 자산구조 및 고객구조의 요인들을 동적인 거래구조로 심화시키는 정도에 따라 PB경영성과가 다르게 나타난다는 가설을 검증한 것이다.

검증결과는 시장자산의 9개 하위관찰변수 중 자산구조에서는 투자성자산($t = 7.333$, $p = .001$)이, 거래구조에서는 심화형 거래($t = 35.337$, $p = .000$)가 공헌도와 유의도 면에서 가장 큰 변수요인으로 나타났다.

따라서 시장자산과 PB경영성과에서는 고객기반의 거래구조 심화가 경영성과를 향상시키는데 가장 유의미한 인과관계로 나타났다. 거래구조를 심화시켜 경영성과를 향상시키기 위해서는 금융자산 부문에서 투자성 자산관리 서비스수요를 충족하고, 실물자산 부문에서 부동산자산 서비스수요를 충족시켜야 한다는 시사점이 추론된다.

2) 인적자산과 PB경영성과

이 검증은 PB영업이 은행의 인력제도 하에서 연수/교육을 전제로 내적인 자기계발과 업무능력의 요인들을 외적인 대인관계로 심화시키는 정도에 따라 PB경영성과가 다르게 나타난다는 가설검증을 한 것이다.

검증결과는 인적자산의 9개 하위관찰변수 중 자기계발에서는 업무능력개발(t = 7.856, p = .000)이, 대인관계에서는 네트워크관계(t = 95.736, p = .000)가 공헌도와 유의도면에서 가장 큰 변수요인으로 나타났다.

따라서 인적자산 중 대인관계의 네트워크 관계가 경영성과를 향상시키는데 가장 유의미한 인과관계로 나타났다. 대인관계를 심화시켜 경영성과를 향상시키기 위해서는 연수/교육 부문에서 전문가의 자부심을 길러주고, 네트워크관계 부문에서 부동산자산관리 능력을 길러야 한다는 시사점이 추론된다.

3) 인프라자산과 PB경영성과

이 검증은 PB영업이 은행의 PB조직 하에서 서비스 수급을 전제로 외적인업무의 프로그램 인프라 요인들을 내적인 정보공유로 심화시키는 정도에 따라 PB경영성과가 다르게 나타난다는 가설검증을 한 것이다.

검증결과는 인프라자산의 9개 하위관찰변수 중 업무처리의 프로그램에서 부동산자산(t = 6.827, p = .002)이 경영성과의 공헌도와 유의도면에서 가장 큰 변수요인으로 나타났다.

따라서 인프라자산 중 프로그램의 부동산자산부문이 경영성과를 향상시키는데 가장 유의미한 인과관계로 나타났다. 프로그램을 강화시켜 경영성과를 향상시키기 위해서는 서비스의 수요・공급 부문에서 부동산자산관리 인프라를 보충해야 한다는 시사점이 추론된다.

4 부동산자산관리와 프라이빗뱅킹 서비스 방향

1) PB-CRM의 개선방안

고객기반의 시장자산과 경영성과의 데이터에 의한 통계적 검토에서 상관분석 및 회귀분석 결과는 현행 금융자산관리시스템 중심의 서비스 제공만으로 종합자산관리시스템 중심의 부동산서비스 수요를 충족시킬 수 없다는 의미로 해석할 수 있다.

이러한 관점에서 기존 CRM제도가 금융자산구조의 고객평등주의로 이루어져 종합자산관리의 서비스수요와 괴리에 따른 한계점이 있는 것으로 보인다.

이에 금융자산구조의 고객 CRM제도 개선방안으로 부동산자산 CRM제도를 도입하고 기존 고객관리 패러다임은 금융자산구조의 고객평등주의에서 부동산자산을 보완하는 고객형평주의로 전환이 필요하다고 본다.

2) PB-CDP의 개선방안

실무자기반의 인적자산과 경영성과의 데이터에 의한 통계적 검토에서 상관분석 및 회귀분석 결과는 현행 금융자산관리시스템 중심의 실무자 운용만으로 종합자산관리시스템 중심의 부동산실무자 수요를 충족시킬 수 없다는 의미로 해석할 수 있다.

이러한 관점에서 기존 CDP제도가 금융자산관리의 전문직렬주의로 이루어져 종합자산관리의 실무자수요와 괴리에 따른 한계점이 있는 것으로 보인다.

이에 비용생산성 중심의 인력 CDP제도 개선방안으로 수익생산성 중심의 인력 CDP제도를 보완하고 기존 인력관리 패러다임은 금융자산 전문직렬주의에서 종합자산관리를 보완하는 종합소양주의로 전환이 필요하다고 본다.

3) PB-INFRA의 개선방안

조직기반의 인프라자산과 경영성과의 데이터에 의한 통계적 검토에서 상관분석 및 회귀분석 결과는 현행 금융자산관리시스템 중심의 인프라 구축만으로 종합자산관리시스템 중심의 부동산자산 인프라 수요를 충족시킬 수 없다는 의미로 해석할 수 있다.

이러한 관점에서 기존 인프라가, 금융서비스의 공급일방주의로 이루어져, 종합자산관리의 인프라 수요와 괴리에 따른 한계점이 있는 것으로 보인다.

이에 금융자산관리 시스템의 인프라 개선방안으로 부동산자산관리 시스템의 인프라를 보완하고 기존 PB의 인프라 패러다임은 금융자산 중심의 공급일방주의에서 종합자산 중심의 수급양방주의로 전환이 필요하다고 본다.

부동산자산관리 서비스는 금융자산과 실물자산을 종합하는 자산관리서비스로 일정시점의 가계자산 구조를 바탕으로 대차 대조표상의 대차균형을 관리하는 종합자산관리와 일정기간의 가계자산 효과를 바탕으로 현금수지표상의 수지균형을 관리하는 생애재무관리 면에서 제공하는 서비스이다.

따라서 PB서비스로서 부동산자산관리의 방향은, 스톡경제 관점에서 보면 자산구조의 분산화에 따른 전문적 체계적 종합자산관리시스템의 도입이고, 금융공학 관점에서 보면 부동산자산의 증권화에 따른 PB서비스의 방향으로 부동산자산과 구조화증권의 상품/서비스 도입이며 자본시장통합 관점에서 보면 부동산자산의 유동화에 따른 PB서비스의 방향으로 부동산증권화와 자본시장의 활성화 방향이다.

결 론 05

1 연구결과의 요약

본 연구는 금융외환위기 이후 부동산 자산관리 패러다임의 변화와 프라이빗뱅킹 사업이 은행비즈니스 설계의 신조류로 일반화되면서 프라이빗뱅킹 서비스의 후속방안에 대한 논의의 급부상과 재조명을 연구배경으로, 기존 프라이빗뱅킹 자산관리와 경영성과의 인과요인을 실증분석하고, 향후 고객기반의 종합자산관리를 위한 부동산자산관리 서비스의 방향을 고객기반, 실무자기반, 조직기반에서 제안하고자 하는 목적으로 출발하였다.

연구방법으로는 문헌연구와 아울러 프라이빗뱅킹이 제공하는 금융자산관리 서비스에 대한 실태분석을 프라이빗뱅킹 고객을 대상으로 직접 설문조사하여 기존 자산관리 서비스에 대한 문제점과 새로운 고객니즈를 확인하고, 이와 연계하여 프라이빗뱅킹 실무자를 대상으로 자산관리 수익기여도에 인과관계와 후속 프라이빗뱅킹 서비스방안을 추론하였다.

금융외환위기 이후 시중은행들은 경쟁적으로 전용 PB센터를 개설하고 금융자산관리 서비스를 온라인－오프라인으로 전문화・체계화 하고 있다. 이에 반해 고객의 부동산자산관리 서비스수요에 대한 니즈충족은 여전히 요원하며 비제도권 금융서비스를 중심으로 이루어지고 있다.

이에 대한 선행연구의 검토로 부동산자산선택의 행태를 부동산자산의 포트폴리오와 가계패널자료 및 가계재무관리를 바탕으로 가계자산구조와 자산증식효과를 살펴보았다. 선행연구에서 일반적인 국내가계자산구조는 부동산자산이 절대구성비를 차지하였고 금융자산은 안전자산에 대한 선호도가 높은 것으로 나타났다. 이러한 가계자산구조의 특성상 금리성 자산 편중과 투자성 자산의 낮은 비중으로 자산증식효과는 부동산자산에 비해 미약하게 나타났다.

프라이빗뱅킹 고객의 자산관리 서비스제공에 대한 실태조사에서 거래별, 자산별, 투자별 실태분석에서 부동산자산의 비중이 높게 나타났고 부동산자산관리의 서비스 수요가 급증하고 있는 반면에, 부동산상담의 만족도가 가장 낮은 것으로 나타났다. 부동산상품/서비스는 신탁상품형태의 부동산관리신탁과 처분신탁을 중심으로 이루어 왔다.

기존의 부동산펀드상품은 경기 상승기에 아파트건설사업 중심의 대규모 펀드로 조성되어 서비스 공급자 중심의 제한적인 범위 내에서 이루어져 왔다.

프라이빗뱅킹 실무자의 자산관리 수익기여도에 대한 실증분석에서 금리성 상품보다 투자성 상품이, 기존 고객보다 잠재고객이, 금융자산관리보다 부동산자산관리에 대한 업무능력과 프로그램이 필요한 것으로 나타났다. 이러한 맥락에서 아래와 같이 연구내용을 요약한다.

1) 연구목적에 대한 연구결과

연구목적에 대한 연구결과의 요약은 고객측면, 실무자측면, 조직측면의 3가지 관점에서 요약하기로 한다.

첫째, 고객측면에서 국내 VIP고객의 가계자산구조상 70% 이상이 부동산자산비중을 차지하고 있다. 이에 부동산자산에 대해서도 고객기반의 프라이빗뱅킹 금융서비스를 제공하여 효율적인 가계재무관리와 가계자산증식 효과에 기여를 하기 위해 부동산자산관리를 위한 PB-CRM의 개선이 필요하다.

둘째, 실무자측면에서 국내 제도권금융서비스는 대부분 금융자산시스템으로 구성되어 있다. 이에 부동산자산관리의 서비스수요를 충족하기 위해 기존 경상계열 위주의 금융인력 관리에서 부동산자산 등 실물자산관리를 위한 종합소양위주의 금융인력관리로 프라이빗뱅커의 업무역량 강화와 지원업무의 전문화를 위해 종합자산관리를 위한 PB-CDP의 개선이 필요하다.

셋째, 조직측면에서 자본시장의 통합을 맞이하여 금융자산과 부동산자산의 관리를 자본 신상품/서비스를 통해 자산운용의 리스크관리를 제고하기 위해서는 금융서비스의 공급자 일방주의에서 부동산자산관리의 수요자 쌍방주의로 프라이빗뱅킹의 경영성과제고와 자본시장의 활성화를 위해 PB-INFRA개선이 필요하다.

2) 연구결과에 대한 이론적 함의

연구결과에 대한 이론적 함의는 프라이빗뱅킹 경영성과 모형, 연구의 개념적 틀, 프라이빗뱅킹 서비스의 제공방향에 대한 3가지 관점에서 요약하기로 한다.

첫째, 프라이빗뱅킹 경영성과 모형에서 부동산자산과 금융자산, 은행업무와 비은행업무, 재무지표와 비재무지표를 대상으로 금융서비스관계의 3대 요인인 고객·실무자·조직기반을 바탕으로 구성하였다. 이 바탕위에 지식자본의 구성요소인 시장자산·인적자산·인프라자산을 원용하여 인과요인을 분석하였다.

둘째, 연구의 개념적 틀에서 하드웨어적 종합금융공간과 소프트웨어적 종합자산관리 서비스를 바탕으로 하였다. 이 바탕위에 은행의 고유업무를 대상으로 금융자산관리시스템 중심에서 은행의 겸영업무 및 부수업무를 보완하는 종합자산관리시스템을 중심으로 PB-CRM, CDP, 인프라의 개선점을 제안하였다.

셋째, 프라이빗뱅킹 서비스 제공방향에서 실증분석 결과에 의해 도출된 시사점의 내용을 바탕으로 하였다. 이 바탕위에 고객기반의 자산구조에 따라 종합자산관리의 서비스수요를 충족시킬 수 있는 프라이빗뱅킹 서비스제공에 대한 방향성을 비제도권 및 비금융부문에 대한 프라이빗뱅킹 서비스의 수급양방주의를 제안하였다.

이러한 논거에서, 부동산이 자산관리에 미치는 영향의 실증분석을 토대로 고객의 니즈충족과 은행의 성과제고를 연계하여 후속 프라이빗뱅킹 서비스의 정책적 방향성을 결정하여야 할 것으로 사료된다. 이는 고객측면에서는 서비스수요자로서, 은행측면에서는 서비스공급자로서, 고객니즈를 충족시키는 부동산자산관리 서비스제공의 여건을 마련하고, 종합자산관리를 완성시키는 프라이빗뱅킹의 정책적 제반논거의 토대를 마련하기 위해서이다.

마지막으로 이에 대한 연구결론으로 후속 프라이빗뱅킹 서비스의 방향을 비제도권의 부동산자산관리서비스를 제도권의 금융서비스로 양성화시키고, 종합자산관리시스템의 구축과 종합자산관리 서비스의 완성을 위해 프라이빗뱅킹의 기본서비스로 부동산자산관리방안을 제안하고자 한다.

2 향후의 연구과제

표본선정으로 A시중은행을 실증 연구의 대상으로 한 표본대표의 한계성에 대한 후속 연구이다. 기존 프라이빗뱅킹을 도입하여 영업하는 금융기관은 외국계와 국내계, 은행계와 증권계, 기존은행과 후발은행, 일반시중은행과 지주회사 계열은행은 물론 국책은행까지 일반화 되어 있다. 따라서 향후 연구에서는 업종별 규모별 등 표본선정의 대표성을 고려한 후속 연구가 필요하다.

접근방법으로 종합자산관리 서비스 시스템을 강조한 위험관리와 성과요인의 한계성에 대한 후속연구이다. 기존 금융기관별 규제제도 하에서는 금융자산 위주의 핵심포트폴리오와 금융소득 위주의 시장평균수익률을 추구하여 재무적 성과추이의 종단적 비교분석이 가능하였다. 그러나 부동산 등 실물자산서비스를 제공하는 경우는 금융기능별 규제제도에 따른 비재무적 위험관리와 성과요인의 후속 연구가 필요하다.

프라이빗뱅킹 서비스로 부동산자산관리업무를 취급하는 경우 업무범위의 한계성에 대한 후속연구이다. 기존 신탁겸영은행에서는 부동산관리신탁, 부동산처분신탁 등의 업무를 위주로 취급하고 있다. 따라서 종합신탁제도를 고려한 부동산자산의 유언신탁, 시설관리(FM), 재산관리(PM), 자산관리(AM)와 간접투자자산운용 제도를 고려한 부동산자산의 유동화, 증권화, 자본화 등 대안적 상품/서비스를 고려한 후속 연구가 필요하다.

부 록

부록1

프라이빗뱅킹 고객용 설문지

안녕하십니까?

바쁘신 와중에도 설문조사에 귀중한 시간을 흔쾌히 할애하여 주신데 대하여 진심으로 감사를 드립니다.

본 설문조사의 목적은 "한국 프라이빗뱅킹 고객의 종합자산관리에 부동산이 미치는 영향에 관한 연구" 논문을 작성하는데 기초자료로 사용하며, 시중은행 프라이빗뱅킹센터 거래고객을 설문대상자로 실태조사를 하여 프라이빗뱅킹의 경영성과를 제고하기 위한 효율적인 서비스 방안을 제시하는데 있습니다.

본 설문지는 익명으로 조사·처리되며 본 조사 내용은 「통계법」 제8조에 의거 비밀이 보장됩니다. 수집 자료는 연구 목적상 통계처리 이외에는 사용하지 않을 것이며 보내 주신 설문자료는 소중하게 다루겠습니다. 혹시라도 본 연구에 관심이 있으신 분은 설문지하단에 주소와 연락처를 적어주시면 연구결과를 보내 드리겠습니다.

설문에 응해주셔서 대단히 감사합니다.

2004. 11

〒 200-701 강원도 춘천시 효자2동 192-1
강원대학교 대학원 부동산학과
박사과정 : 윤 순 기(skycfo@yahoo.co.kr)
지도교수 : 문 영 기(youngki@kangwon.ac.kr)

* 제출방법은 설문지를 On-Off line 중 선택적으로 작성하시고 E-mail 전송, 팩스 및 우편송부로 택일하시면 감사하겠습니다.
* 설문응답자주소(본 연구결과를 송부 희망하는 응답자분만 기재합니다)
우편번호 :
주 소 :
연 락 처 :

설문지 작성 방법

설문사항은 총 16 문항이며 읽으신 후 평소에 귀하께서 느끼시고 생각하시는 바와 일치 하는 곳에, '✓'표를 하여 주십시오.

1. 귀하의 연령은?

① 40세 미만 ② 40 - 50세 미만 ③ 50 - 60세 미만 ④ 60세 이상

2. 귀하의 성별은?

① 남 ② 여

3. 귀하의 학력은?

① 고졸 이하 ② 대졸 ③ 대학원(석사 이상) ④ 외국유학(석사 이상)

4. 귀하의 PB 거래 유형은?

① 개인형 PB (PB지점) ② 팀형 PB (PB센터)

5. 귀하의 PB 거래 목적은?

① 자산 보존형 ② 자산 증식형

6. 프라이빗뱅커에게 요구하는 가치는?

① 수익성 ② 친밀성 ③ 안전성 ④ 도덕성

7. 귀하 소유의 주거 형태는?

① 아파트 ② 단독주택 ③ 전원주택 ④상가주택

8. 귀하 소유의 주거 평형은?

① 40평 미만 ② 40 - 50평 미만 ③ 50 - 60평 미만 ④ 60평 이상

9. 귀하의 가족 구성원 수는?

① 2인 이하 ② 3인 ③ 4인 ④ 5인 이상

10. 귀하의 현 주거지 이사 회차는?

① 1회　② 2회　③ 3회　④ 4회　⑤ 5회 이상

11. 귀하의 금융자산 규모는?

① 3억 원 미만　② 3억 원 – 5억 원 미만　③ 5억 원 – 10억 원 미만
④ 10억 원 – 15억 원 미만　⑤ 15억 원 이상

12. 귀하의 가계자산 구성비는?

구 분	① 현금/예금	② 채권	③ 주식 / 출자금	④ 보험 / 연금	⑤ 신탁 / 수익증권	⑥ 부동산	⑦ 기타
비율(%)							

13. 귀하의 여유자금 운용 시 가장 선호하는 투자대상은?

① 예금　② 주식　③ 채권　④ 부동산　⑤ 외화자산

14. 귀하의 부동산 투자 시 선호하는 목적은?

① 매매차익　② 임대수입　③ 지분투자　④ 노후대비　⑤ 상속/증여

15. 귀하의 부동산 투자 시 취득 정보망은?

① 본인 과거경험　② 주변지인 소개　③ 금융기관 직원
④ 온라인정보　⑤ 오프라인정보

16. 귀하의 투자자산별 PB상담 만족도는?

구 분	① 예금	② 보험	③ 주식/채권	④ 부동산
비율(%)				

수고 하셨습니다.

▌부록2

프라이빗뱅킹 실무자용 설문지

안녕하십니까?

저는 강원대학교 대학원 부동산학 박사과정에 있는 윤순기입니다. 바쁘신 와중에도 설문조사에 귀중한 시간을 할애하여 주신데 대해 진심으로 감사를 드립니다.

본 설문조사의 목적은 “부동산자산이 은행(프라이빗뱅킹)의 경영성과에 미치는 영향에 관한 실증분석” 논문을 작성하는데 기초자료로 사용하고자 하는 목적이며, 시중은행 프라이빗뱅킹센터 및 프라이빗뱅킹 영업점에 근무하는 현업 실무자를 설문대상자로 하여 현행 프라이빗뱅킹 서비스의 개선과 후속 서비스의 방안에 대해 프라이빗 뱅킹의 경영성과를 제고하기 위한 효율적인 방향을 정책 제안하는데 있습니다.

본 설문지는 익명으로 조사・처리되며 본 조사 내용은 「통계법」 제8조에 의거 비밀이 보장됩니다. 수집 자료는 연구 목적상 통계처리 이외에는 사용하지 않을 것이며 보내 주신 설문자료는 소중하게 다루겠습니다. 혹시라도 본 연구에 관심이 있으신 분은 설문지 하단에 주소와 연락처를 적어주시면 연구결과를 보내 드리겠습니다.

설문에 응해주셔서 대단히 감사합니다.

2006. 3.

연 구 자 : 윤 순 기 拜上

042)286-1111, 010)8825-8626, E-mail : skycfo@yahoo.co.kr

지도교수 : 문 영 기

* 제출방법은 설문지를 On-Off line 중 선택적으로 작성하시고 E-mail 전송, 팩스 및 우편송부로 택일하시면 감사하겠습니다.

* 설문응답자주소(본 연구결과를 송부 희망하는 응답자분만 기재합니다)

우편번호 :

주　　소 :

연 락 처 :

설문지 작성 방법

설문사항은 총 44문항이며 읽으신 후 평소에 귀하께서 느끼시고 생각하시는 바와 일치하는 곳에, 다음 예제와 같이 해당되는 네모 칸에 'O'표를 하여 주십시오.

〈예제〉 ① 자기계발에 대한 투자를 하고 있다.

전혀 아니다	아니다	보통이다	그렇다	매우 그렇다
1	2	3	④	5

1. 시장자산 설문사항 : 9문항

하위요소로 자산구조, 고객구조, 거래구조로 구성됨

구 분		다음은 시장자산에 대한 문항이며 자산구조, 고객구조, 거래구조에 대한 질문으로 모두 9문항입니다.	1	2	3	4	5
자산구조	1	귀하의 관리고객 자산구조는 금리성자산비중이 많다.					
	2	귀하의 관리고객 자산구조는 투자성자산비중이 많다.					
	3	귀하의 관리고객 자산구조는 부동산자산비중이 많다.					
고객구조	4	귀하의 서비스대상 고객은 반복거래형의 기존고객이 많다.					
	5	귀하의 서비스대상 고객은 신규거래형의 잠재고객이 많다.					
	6	귀하의 서비스대상 고객은 소개거래형의 협력고객이 많다.					
거래구조	7	귀하의 관리고객 거래구조는 세트형 거래고객이 많다.					
	8	귀하의 관리고객 거래구조는 가족형 거래고객이 많다.					
	9	귀하의 관리고객 거래구조는 심화형 거래고객이 많다.					

2. 인적자산 설문사항 : 9문항

하위요소로 자기계발, 업무능력, 대인관계로 구성됨

구 분		다음은 인적자산에 대한 문항이며 자기계발, 업무능력, 대인관계에 대한 질문으로 모두 9문항입니다.	1	2	3	4	5
자기계발	1	귀하는 경쟁의식을 가지고 자기계발을 하고 있다.					
	2	귀하는 전문가로서 자부심을 가지고 현업에 종사한다.					
	3	귀하는 업무능력개발을 위해 노력을 하고 있다.					
업무능력	4	귀하는 금융자산업무에 필요한 지식과 문제해결 능력이 있다.					
	5	귀하는 부동산자산업무에 필요한 지식과 문제해결 능력이 있다.					
	6	귀하는 복합자산업무에 필요한 지식과 문제해결 능력이 있다.					

대인관계	7	귀하는 동료직원배려로 직원과의 관계가 상호 원만한 관계이다.					
	8	귀하는 관리고객신뢰로 고객과의 관계가 상호 원만한 관계이다.					
	9	귀하는 네트워크관계가 업무와의 관계상 상호 원만한 관계이다.					

3. 인프라자산 설문사항 : 9문항

하위요소로 업무 프로세스, 프로그램, 정보기술로 구성됨

구 분		다음은 인프라자산에 대한 문항이며 업무상 프로세스, 프로그램, 정보기술 공유에 대한 질문으로 모두 9문항입니다.	1	2	3	4	5
프로세스	1	귀하의 금융자산관리 프로세스는 표준화 되어 있다.					
	2	귀하의 부동산자산관리 프로세스는 표준화 되어 있다.					
	3	귀하의 복합자산관리 프로세스는 표준화 되어 있다.					
프로그램	4	귀하의 금융자산관리 프로그램은 체계화 되어 있다.					
	5	귀하의 부동산자산관리 프로그램은 체계화 되어 있다.					
	6	귀하의 복합자산관리 프로그램은 체계화 되어 있다.					
정보기술	7	귀하의 금융자산관리 정보기술은 공유화 되어 있다.					
	8	귀하의 부동산자산관리 정보기술은 공유화 되어 있다.					
	9	귀하의 복합자산관리 정보기술은 공유화 되어 있다.					

4. 경영성과 설문사항 : 9문항

하위요소로 경쟁은행우위, 서비스차별화, 실무자만족도로 구성됨

구 분		다음은 경영성과에 대한 문항이며 경쟁은행우위, 서비스 차별화, 실무자만족도에 대한 질문으로 모두 9문항입니다.	1	2	3	4	5
경쟁우위	1	귀사의 생산성은 경쟁금융기관에 비해서 높다.					
	2	귀사의 이익률은 경쟁금융기관에 비해서 높다.					
	3	귀사의 시장 점유비는 경쟁금융기관에 비해서 높다.					
차별화	4	귀사의 프라이빗뱅킹 서비스종류는 경쟁은행에 비해 다양하다.					
	5	귀사의 프라이빗뱅킹 서비스만족도는 경쟁은행에 비해 높다.					
	6	귀사의 프라이빗뱅킹 서비스수준은 경쟁은행에 비해 높다.					
만족도	7	귀하는 귀사의 직무를 통해 발전하고 있다.					
	8	귀하는 귀사의 상사에게 인정받고 있다.					
	9	귀하는 귀사의 고객에게 인정받고 있다.					

5. 인구통계학적 설문사항 : 8문항

하위요소로서 일반적 특성, 개인적 특성, 관리고객 특성으로 구성됨

구 분		다음은 인구통계에 대한 문항이며 개인적 특성, 관리적 특성에 대한 질문으로 모두 8문항입니다	
인구통계	1	귀하의 성별은? ① 남	② 여
	2	귀하의 연령대는? ① 30세 미만 ③ 40세 - 50세 미만	② 30세 - 40세 미만 ④ 50세 이상
	3	귀하가 소속 금융기관에 근무한 연수는? ① 5년 미만 ③ 10년 - 15년 미만	② 5년 - 10년 미만 ④ 15년 이상
	4	귀하의 소속 PB영업점의 직원 수는? ① 10명 미만 ③ 15명 - 20명 미만	② 10명 - 15명 미만 ④ 20명 이상
	5	귀하의 소속 PB영업점의 점포 입지는? ① 주택지 입지 ③호텔/백화점 입지	② 상가 입지 ④ 기타 입지
	6	귀하의 관리고객 수는? ① 100명 미만 ③ 150 - 200명 미만	② 100명 - 150명 미만 ④ 200명 이상
	7	귀하가 관리하는 고객의 1인당 금융자산규모는? ① 3억 원 미만 ③ 5억 원 - 10억 원 미만	② 3억 원- 5억 원 미만 ④ 10억 원 이상
	8	귀하가 관리하는 고객의 1인당 부동산자산규모는? ① 5억 원 미만 ③ 10억 원 - 20억 원 미만	② 5억 원 - 10억 원 미만 ④ 20억 원 이상

수고 하셨습니다.

참 고 문 헌

1. 단행본 및 간행물

강병호, 『금융기관론』, 박영사, 2000
김기서, 『프라이빗뱅킹』, 한국금융연수원, 2006. 4. 6
김범석, 『부동산금융의 이해』, 청목출판사, 2004. 2. 15
김영곤, 『부동산금융론』, 형설출판사, 2002. 8. 20
노형진, 『다량분석 이론과 실제』, 형설출판사, 2005
문영기, 『부동산학 개론』, 범론사, 1996
문영기 · 이우진, 『부동산세법』, 부연사, 2006
문영기 · 장희순 공역, 『부동산사업의 기획과 경영전략』, 부연사, 2002
문영기 · 장희순 공역, 『부동산개발사업과 위험관리』, 부연사, 2004
박덕배, 『국내 프라이빗뱅킹시장의 현황과 대응』, 하나경제연구소, 2001. 9
박영철, 『금융 · 기업구조조정의 미완의 개혁』, 삼성경제연구소, 2000
박정일, 『PB들의 부자노트』, 청년정신, 2005. 6
유선종, 『부동산의 이해』, 부연사, 2006
이성근, 『부동산금융론』, 부동산경제연구원, 2005. 8. 30
이충열, 『금융위기론』, 고려대학교, 2000
이학식, 『SPSS 12.0 매뉴얼 통계분석방법 및 해설』, 법문사, 2006
전철환, 『한국은행산업의 진로』, 지식산업사, 2000
한상복, 『한국의 부자들』, 위즈덤하우스, 2003. 8
현충효, 『부동산금융의 이해』, 부연사, 2005. 10. 10
Annie Brooking 지음, 김광영 역, 『지식자본』, 사람과 책, pp.22-28
Brueggeman 저, 김규진 역, 『부동산금융과 투자』, 부연사, 2004. 8. 21
Herold R.Evensky 저, 윤병철 역, 『Wealth Management』, 한국FP협회, 2003
James L. Heskett외 저, 서비스경영연구회 역, 『서비스수익모델』, 삼성경제연구소, 2004

2. 연구 논문집 및 보고서

강원대학교 지역개발연구협력센터, “부동산자산설계 전문교육프로그램 개발에 관한 연구”, (주)e-부동산금융연구소, 2004. 8
고성수, “부동산자산을 활용한 부관리서비스(Wealth Management) 활성화 방안”, 한국금융연구원, 금융연구 18권 2호
김중연, “국내은행의 프라이빗뱅킹 현황 및 시사점”, 한국은행, 2002. 10
김창호, “국내은행의 프라이빗뱅킹 현황 및 과제”, 한국은행, 2004. 11
노진호, “한국 가계소비의 금융적 특성”, 연세대학교 대학원 경제학박사 학위논문, 2005
박노경 · 전영삼,“국내 은행산업의 대형화 겸업화가 은행경영에 미친 효과 분석”, 산업경제연구 제17권 제5호, 2004. 10
박원갑 외,“부동산투자 · 관리위험에 대한 실증분석과 위험관리 방안”, 한국부동산분석학회, 부동산학연구, 제8집 제1호, 2002
박진수, “국내 프라이빗뱅킹의 현황 및 시사점”, 삼성경제연구소, 2003. 12

박진수 · 고경일, "외환위기 이후 금융산업 재편에 따른 경쟁구조의 변화", 삼성경제연구소 연구보고서, 2004. 7

박형근, "부동산가격 변동과 은행 경영성과간 관계분석", 한국은행, 2006. 3

배병호, "국내은행의 비은행업무확대가 경영성과에 미친 영향", 한국은행, 2006. 7

신창호, "부동산문제와 부동산증권화", 국토논단, 1991. 10, p.67

오병호, "부동산자산관리의 특성과 과제", 한국감정원, 부동산리서치, 2001 봄호, p.5

유경원, "우리나라 가계의 금융자산선택 결정요인", 한국은행, 2004. 6

윤순기, "금융외환위기 이후 금융 산업의 환경변화와 수익성제고방안에 관한 연구, 고려대학교 대학원 경제학석사 학위논문, 2002

윤순기, "부동산투자신탁과 부동산간접투자의 시장변화에 관한 연구", 한국주거환경학회, 주거환경 논집, 통권 2호, 2004

윤순기 · 유선종, "한국 프라이빗뱅킹 고객의 자산관리에 부동산이 미치는 영향에 관한 연구", 한국부동산학회 부동산학보 제26집, 2006. 5

윤순기 · 유선종, "부동산자산이 은행(프라이빗뱅킹)의 경영성과에 미치는 영향에 관한 실증분석", 한국부동산학회 부동산학보 제26집, 2007. 5

이병윤, "외환위기 이후 금융구조조정이 우리나라 은행산업 경쟁도에 미친 영향", 한국은행, 2003. 11

이인실, "수수료체계의 선진화 방안", 한국금융연구원, 2001. 9

정지만, "금융환경변화와 우리나라 은행의 수익성", 한국금융연구원, 2000. 9

최재헌 · 김원경, "외국계 금융자본의 유입에 따른 국내 금융공간의 변화", 한국도시지리학회 제5권, 2002

최희갑, "금융산업의 경쟁력현황과 과제", 삼성경제연구소, 2001. 5

허상도, "국내은행의 부동산관련 여수신상품", 취급현황, 2003. 5

현경일, "금융지주회사제도의 도입과 영향", 삼성경제연구소, 2000. 10,

홍승제, "자산가격변동과 통화정책", 한국은행, 2002. 10

홍훈기, "은행의 프라이빗 뱅킹 서비스 전략", 대은경제리뷰, 2002, 5-6

3. 외국문헌 및 기타 홈페이지

Craig, S., P. Davis and A. G. Pascual, "Sources of Pro-Cyclicality in East Asian Financial System", Monetary and Financial System Department, *IMF*, 2004

Guiso, L., T Jappelli and D. Terlizzese, "Income risk, Borrowing Constranints, and Portfolio Choice", *American Economic Review*, Vol. 86(1), 1996

International Herald Tribune, Private Banking, A Special Report, 2003. 10

Jaeger, A. and L. Schuknecht "Boom-Bust in Asset Price and Fiscal Policy Behavior", *IMF Working Paper*, WP/04/54, 2004

Kimball, "Precautionary Motives for Holding Assets", *the new Palgrave Dictionary of Money and Finance*, edited by P. Newman, M Milgate, and J. Eatwell, Vol. 3, 1992

Patricia Doehie, "Private Banking", *Manager Magazine*, 2003. 6

제2편
가계의 부동산자산결정 요인에 관한 연구

– 김옥연

01 서 론
02 이론적 배경
03 가계자산 현황
04 부동산자산 결정요인에 대한 실증분석
05 결 론

서 론 01

1 연구의 배경 및 목적

가계가 어떻게 자산을 구성할 것인가 하는 것은 가계 뿐 아니라 국가전체에도 매우 중요하다. 가계에 있어서 자산은 소득과 함께 경제적 재원이 되고, 질병이나 사고, 실업 등 미래의 위험에 대비할 수 있는 방어 수단이 되며, 은퇴 후 소득이 없는 노인층에게는 소득의 원천이 되기도 한다. 더욱이 우리나라와 같이 급속히 고령화되어가는 사회에 있어서 자산의 역할은 더욱 중요해지고 있다. 한편 국가에 있어서도 가계의 자산은 국가 경제의 원동력을 제공하며, 경제나 복지 정책 수립의 주요 기준이 된다.[1)]

가계의 자산은 크게 실물자산과 금융자산으로 구성되며, 가계가 합리적으로 자산을 운용하기 위해서는 이러한 실물자산과 금융자산을 적절히 배분하여 가계의 특성에 맞는 자산구성을 할 때 가능하다.[2)] 그런데 우리나라 가계의 자산은 부동산 등의 실물자산에 79%가 집중되어 있으며, 금융자산은 가계 자산의 21%만을 차지한다. 가계 자산 중 실물자산의 비율이 35%인 미국과 41%인 일본에 비해 우리나라의 가계 자산은 실물자산의 비중이 매우 높다.[3)] 각 나라마다 처한 상황에 따라 가계의 자산 구성이 각기 다를 수 있음을 감안하더라도, 실물자산 비중이 지나치게 높은 우리나라 가계의 자산구조가 바람직한 것인지에 대한 진지한 논의가 필요해 보인다.

우리나라는 1997년 심각한 외환위기를 겪고, 위기극복 이후 주식시장의 활황과 저금리, 부동산 가격의 급등, 2008년 세계금융위기 등 가계의 자산선택 행위에 영향을 미치는 다양한 상황들을 경험했다. 특히 2000년 이후 우리나라 가계는 저금리 추세의 지속으로 저축을 줄이는 대신 부동산자산을 적극적으로 늘려왔다. 이는 '부동산 불패'라는 말이 있을 정도로 부동산이 다른 자산에 비해 높은 수익률을 보장해 주었기 때문이

---

1) 본 논문의 일부 내용 및 분석방법은 김옥연·문영기(2011)의 논문("가계 자산구조와 주택소유 결정요인 분석", 「주거환경」 제9권 제1호, 주거환경학회)에서 일부 발췌 수정한 것임

2) 실물자산은 토지, 건물, 주택 등과 같은 부동산과 귀금속, 자동차, 선박, 항공기 등을 포함하는 동산으로 구분되며, 실물자산의 거의 대부분은 부동산자산이 차지한다. 또한 금융자산은 현금 및 주식, 채권 등을 포함하는 자본증권과 은행, 보험, 증권회사 등의 금융상품으로 나눌 수 있다[조용대(2004), 「자산관리론」, 법지사, 22쪽].

3) 〈표 3-7〉 나라별 가계자산 구성 비교 참조(본서 p.143)

다.[4] 그 중에서도 가계 부동산자산의 대부분을 차지하는 주택에 대한 개념은 주거 공간 이용의 측면보다는 자본이득을 얻기 위한 수단의 성격이 강했다. 따라서 부채를 적극적으로 활용하는 가계가 많아졌고, 가계의 부채는 외환위기 이후 지속적으로 증가했다.[5] 그러나 2008년 미국 발 금융위기를 계기로 주택가격은 급락했고,[6] 경기회복이 둔화되면서 이제는 주택을 가진 가난한 사람이라는 뜻의 '하우스 푸어' 신조어까지 등장했다.[7] 따라서 이제는 부동산이 더 이상 안전자산이 아니며, 시장의 상황에 따라 얼마든지 가치 하락이 있을 수 있고, 이러한 부동산자산 위주의 가계 자산 구조 하에서는 외부충격에 의한 부동산 가격 하락 시, 상대적으로 더 큰 자산 가치 하락도 경험할 수 있음을 알 수 있게 되었다.

한편 전 세계적으로 일부 신흥국을 제외한 국가에서 고령화로 대변되는 인구구조의 변화가 일어나고 있으며, 우리나라도 예외는 아니다. 더구나 우리나라는 다른 나라에 비해 급속한 고령화가 나타나고 있는데, 이미 2000년에 노인인구가 전체 인구의 7%에 이르러 고령화사회(aging society)가 되었고,[8] 2018년에 고령사회(aged society), 2026년에 초고령사회(super-aged society)가 예상되어 세계에서 유례없이 빠르게 고령화되어 가고 있다.[9] 이와 같은 급격한 인구구조의 변화는 정치, 경제, 사회 등 모든 분야에 막대한 영향을 미칠 것으로 예상되며, 특히 우리나라 가계는 부동산자산 비중이 높고, 많은 가계에서 부동산자산을 노후대비의 수단으로 생각하고 있어 인구구조의 변화에 따라 가계 자산 중 부동산자산이 가장 큰 타격을 받을 것으로 예상된다.[10][11]

---

4) 본서 142쪽 주 56) 및 57) 참조

5) 2011. 3월 말 기준 801.4조 원으로 외환위기 이후(1999년 이후) 연평균 13.0%씩 증가하여 경상GDP 증가율 7.3%를 상회했고(2011. 6. 30 금융위원회 가계부채 종합대책 발표자료), 예금취급기관 가계대출 잔액 중 주택담보대출 비중은 2010년 말 기준 60.0%이다[한국은행 경제통계시스템자료, 2010].

6) 전국 주택매매가격 전월대비 증감률

년	1월	2월	3월	4월	5월	6월	7월	8월	9월	10월	11월	12월	전년대비
2008	0.3	0.3	0.8	0.9	0.6	0.6	0.4	0.2	0.2	−0.1	−0.4	−0.7	3.1
2009	−0.6	−0.3	−0.2	0.1	0.1	0.2	0.3	0.3	0.7	0.4	0.3	0.1	1.5
2010	0.1	0.3	0.2	0.2	0.0	0.0	−0.1	0.0	0.1	0.2	0.4	0.4	1.9
2011	0.5	0.8	1.0	0.8	0.7	0.5							

출처 : 국민은행 부동산통계자료, 2011. 6

7) 하우스푸어(house poor)란 '집을 보유한 가난한 사람'을 말하는 신조어로서, 열심히 일해도 가난을 벗어나지 못하는 사람들을 뜻하는 '워킹 푸어(working poor)'에서 파생한 것으로 알려져 있다. 즉 집을 보유하고는 있지만 무리한 대출로 인한 이자 및 세금 부담 때문에 빈곤한 생활을 하는 사람들을 가리키는 말이다[김재영(2010), 「하우스푸어」, 더팩트, 13쪽].

8) 국제연합(UN)에 따르면 만 65세 이상 노인의 비율이 전체 인구의 7%를 넘으면 고령화사회, 14%를 넘으면 고령사회, 20%를 넘으면 초고령사회로 구분함

9) 통계청 발표자료(2010), "2010 고령자 통계", 통계청

10) 선진국의 경우, 인구구조의 변화에 따라 주택수요 등이 달라진 사례들이 있다. 즉, 부동산 가격의 상승에 베이비붐 세대의 신규주택에 대한 수요가 중요한 역할을 했으며, 이들 세대의 은퇴로 주택에 대한 수요가 줄어들면서 부동산 가격이 크게 하락할 것이라는 예측도 있다. 즉 시간이 흐름에 따라 베이비붐 세대의 연령대가 변할 것이고, 이들의 투자자산 수요 형태에 따라 선호하는 자산의 가격에 영향을 미치게 될 것이다. 따라서 저출산 및 고령화로 인한 인구구조의 변화로 자산시장이 영향을 받게 될 것이다[박진우(2010), 「인구구조의 변화와 자산시장」, 한국학술정보(주), 15~16쪽].

이와 같이 부동산자산 비중이 높은 우리나라 가계는 부동산 시장의 불확실성과 인구 고령화라는 두 위험에 노출되어 있어, 가계 자산구조의 변화가 필요한 시점인데, 이를 위해서는 가계 자산, 특히 부동산자산 분야에 대한 심층적 연구가 선행되어야 한다.

일반적으로 가계의 자산구조는 가계의 개별적 특성(가구주의 나이, 학력, 직업, 가구원 등과 같은 사회 인구학적 특성과 소득, 소비, 저축 등과 같은 경제적 특성)에 따라 형성되고, 거기에 거시 경제적 외부 환경의 영향을 받는다. 따라서 가계 자산에 대한 미시적 연구가 우선적으로 필요하다고 볼 수 있다. 그러나 이때까지 가계 자산에 대한 연구는 거시적 연구를 중심으로 주요 경제기관들에 의해 행해져 왔고, 개별 가계의 특성을 고려한 미시적 연구는 그 중요성에 비해 상대적으로 미흡했다. 그나마 미시적 연구도 금융자산을 중심으로 위험금융자산과 안전금융자산의 선택문제에 관한 것이 대부분이어서, 현실적으로 필요한 부동산자산 중심의 연구는 드문 실정이다. 다만 일부 연구에서 부동산자산에 관한 연구를 했으나, 횡단면자료나 단기간의 자료를 사용하여 장기적인 가계 자산 분석은 할 수 없었다.[12)]

이에 본 연구는 우리나라 가계의 장기적인 자산변화를 분석하고, 부동산자산선택에 영향을 미치는 요인이 무엇인지 찾아내어 그에 관한 시사점을 도출하고자 한다.

즉 우리나라 가계의 전체적인 자산현황을 분석하고, 세부적으로 인구구조의 변화와 관련하여 연령을 중심으로 자산현황을 분석하며, 우리나라의 독특한 지역적 특성인 서울·수도권 집중 현상을 반영하여 지역별로 자산현황을 분석할 것이다. 또한 부동산자산 선택에 영향을 미치는 요인을 찾아내어 그에 따른 시사점을 도출하고자 한다. 이에 부동산자산 결정요인은 자가소유 결정요인과 부동산자산 비중의 결정요인으로 구분하여, 가계의 개별적 특성에 거시 경제적 상황을 고려하여 어느 요인이 얼마나 부동산자산 선택에 영향을 미치는지 찾아내고, 그에 따른 시사점을 도출하고자 하는 것이다.

2 연구의 범위 및 방법

본 연구는 1999년에서 2008년까지 10년 동안 우리나라 가계의 자산현황을 살펴보고 부동산자산 결정요인을 실증 분석하고자 한 것으로, 장기간의 축적된 데이터가 필요하다. 따라서 장기간에 걸쳐 조사된 패널조사[13)]가 적합한데, 본 연구에서는 한국노동패널

11) Sterling and Waite(1998), Dent(1998) 등은 인구구조의 변화로 자산이 붕괴할 것이라고 주장했는데, '자산시장 붕괴가설'은 미국에서 제2차 세계대전 이후 1945~1964년 기간 중 태어난 베이비붐 세대들이 은퇴 이후 소비를 위해 그 동안 축적한 금융자산(특히, 주식)을 매각하기 시작함에 따라 2020년 또는 2030년을 전후하여 자산가격이 급락하고 그 결과 자산시장이 붕괴될 것이라는 주장을 말한다[이상호(2011) 논문 "인구고령화와 가계의 금융자산 선택", 한국경제연구학회, 40쪽 재인용].

12) 본서 126쪽, 선행연구 참조

자료를 연구자료로 사용한다.[14)]

한국노동패널자료(KLIPS)는 한국노동연구원에서 1998년도(제1차년도)에서 2008년(제11차년도)까지 11년 간 가구 및 개인에 관해 조사한 자료이다. 이 자료는 도시지역에 거주하는 5,000가구와 가구원을 대표하는 패널표본 구성원(5,000가구에 거주하는 모든 가구원; 13,321명)을 대상으로 1년에 1회씩 조사한 것으로, 가구를 조사 대상으로 한 가구용 자료와 가구에 속한 만15세 이상 가구원을 조사 대상으로 한 개인용 자료로 구분된다. 가구용 자료는 가구의 자산과 부채, 소득·소비·저축 등 전반적인 가계 경제 상황과, 자가 여부 등 주거관련 사항, 가구원에 관한 정보, 가구의 사교육 관련 항목 등을 포함하며, 개인용 자료는 개인의 경제활동 상태, 소득활동 및 소비, 교육 및 직업 훈련, 고용상의 특성, 근로시간, 직무만족 및 생활만족, 구직활동, 노동시장 이동 등의 내용을 담고 있다.[15)] 그러나 1차년도 자료는 소득 및 자산의 세부항목이 조사되지 않아, 본 논문에서는 2차년도부터 11차년도까지의 자료를 이용했다.

이에 본 논문의 연구대상은 패널표본 전체 5,000가구 중에서 일관성을 유지하기 위해서 2차년도(1999년)부터 11차년도(2008년)까지 10년 간 가구 및 개인 항목에 모두 응답한 원가구로 측정오류 통제를 위한 가구선택 과정을 거쳐 선택된 1,345가구이다. 또한 이들 가구의 소득, 소비, 자산 등에 관한 모든 금액은 소비자물가지수(CPI, 2005 = 100)를 이용하여 실질금액화 하였다.

따라서 연구의 시간적 범위는 1999년에서 2008년까지 10년 동안이고, 내용적 범위는 노동패널자료 중 선택된 가구의 가구주와 가구원에 대한 사회 인구학적 사항, 주거관련 사항, 자산과 부채, 소득·소비·저축 등 전반적인 가계 경제에 관한 사항 등이며, 공간적 범위는 전국이다.

다음으로 연구 방법은 자산선택에 관한 기본적 개념을 파악하고자 선행연구 및 문헌을 고찰했고, 가계의 자산특성과 부동산자산 결정요인을 도출하고자 통계적 분석방법을 활용했다.

분석도구는 SPSS 18.0과 Eviews 7.0이고, 부동산자산 결정요인을 위한 분석방법은

---

13) 패널조사란 기본적으로 동일한 응답자에 대해 서로 다른 시점에 두 차례 이상 조사를 실시하는 조사 기법을 의미한다. 서로 다른 응답자들을 조사하여 집합적으로 비교하는 추세조사(trend study)와 달리 패널조사는 동일한 응답자를 반복조사하기 때문에 다른 변인들이 통제된 조건에서 종속변수의 순수변화(net change)를 분석할 수 있는 자료를 제공한다. 패널자료는 한 번의 조사(횡단면조사, cross-sectional survey)로는 파악할 수 없는 장기적 효과나 누적 효과를 측정하는 데에 특히 유용하다[이현우(2009), "패널조사의 유용성과 문제점", 「조사연구」 제10권 제2호, 25쪽].

14) 우리나라 가계에 대한 자료로는 통계청의 '가구소비실태조사', 대우경제연구소의 '한국가구경제활동조사(KHPS)', 한국노동연구원의 '한국노동패널조사(KLIPS)'가 있다. 그러나 통계청의 '가구소비실태조사'는 연속적으로 조사되지 않아 횡단면분석만 가능하고, 대우경제연구소의 '한국가구경제활동조사'는 패널조사이긴 하나, 1993년에서 1998년까지만 자료가 존재하여 최근의 가구의 자산구성을 분석하기는 어렵다(본서 134쪽 참조).

15) 한국노동패널 11차 유저가이드 1쪽.

확률효과모형을 사용한 패널프로빗분석과 패널토빗분석이다. 즉 패널모형의 추정에는 여러 방법이 있으나, 가계조사 자료를 분석하는 경우에 확률효과모형이 적합하다고 판단되어 이를 사용했다.16) 또한 부동산자산 결정요인 분석 중 자가소유 결정요인은 종속변수가 이항변수인 선택모형이므로 패널프로빗분석을 했고, 부동산자산 비중과 같이 종속변수의 값이 음수를 가질 수 없는 경우에는 절단된 회귀모형이 적합하므로 부동산자산 비중 결정요인은 패널토빗분석을 했다.

연구의 흐름을 자세히 살펴보면 다음과 같다.

첫째, 제1장에서는 연구의 배경 및 목적과 연구범위 및 방법을 기술했다.

둘째, 제2장에서는 기존 문헌과 선행연구를 통해 자산선택과 관련된 이론을 고찰하였고, 본 논문과 선행연구와의 차별성을 기술했다.

셋째, 제3장에서는 한국노동패널자료를 이용하여 우리나라 가계의 자산현황을 분석했다. 각 연도별로 전체적인 자산현황과, 연령, 지역을 중심으로 한 세부적인 자산현황을 분석했다. 연령별 분석에서 연령은 20대, 30대, 40대, 50대, 60대, 70세 이상으로 나누어 연령별로 자산과 자산 비중, 소득·소비·저축 현황 등을 비교 분석했고, 지역별 분석은 서울·수도권 지역, 광역시 지역, 기타 도 지역으로 나누어 지역별 자산현황을 비교 분석했으며, 이외에 기타 기준에 따른 자산 현황도 함께 분석했다.17)

넷째, 제4장에서는 부동산자산 결정요인을 도출하기 위한 실증분석을 실시했다. 자가소유와 부동산자산 비중 결정요인을 찾아내기 위한 분석모형과 가설을 설정하고, 분석방법을 기술하였으며, 사회인구학특성, 경제특성, 부동산특성, 소득위험 등으로 나누어 변수들을 설정했다. 확률효과모형을 사용하여, 자가소유 결정요인은 패널프로빗분석을 했고, 부동산자산 비중 결정요인은 패널토빗분석을 실시했다. 실증분석은 전체적인 분석, 연령대별 분석, 소득위험을 고려한 분석으로 나눠지는데, 연령대별 분석은 연령대별로 구분하여 분석한 것으로 각 연령대별로 영향을 미치는 특징적인 변수들을 찾고자 한 것이며, 소득위험을 고려한 분석은 소득위험이 자산선택에 미치는 영향을 알아내고자 한 것으로, 소득 자료로부터 소득위험을 추정하여 설명변수에 포함시킨 후 분석한 것이다.

마지막으로, 제5장 결론에서 연구결과를 정리하여 그에 따른 시사점을 도출했으며, 연구한계와 향후 연구과제를 기술했다.

이상을 정리한 연구흐름도는 〈그림 1-1〉과 같다.

---

16) 자세한 설명은 본서 176쪽 참조

17) 학력, 직업, 가구형태, 순자산, 연소득, 주택종류, 자가소유 여부 등에 따른 자산현황을 분석함

〈그림 1-1〉 연구흐름도

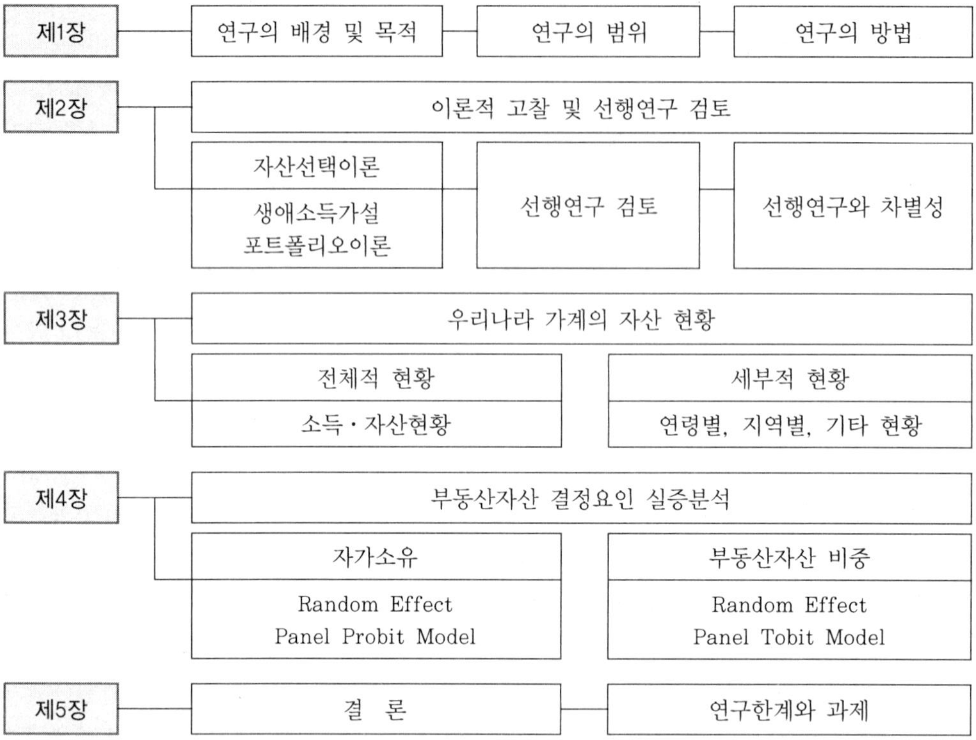
제1장
연구의 배경 및 목적
연구의 범위
연구의 방법
제2장
이론적 고찰 및 선행연구 검토
자산선택이론
생애소득가설
포트폴리오이론
선행연구 검토
선행연구와 차별성
제3장
우리나라 가계의 자산 현황
전체적 현황
소득·자산현황
세부적 현황
연령별, 지역별, 기타 현황
제4장
부동산자산 결정요인 실증분석
자가소유
Random Effect
Panel Probit Model
부동산자산 비중
Random Effect
Panel Tobit Model
제5장
결 론
연구한계와 과제

이론적 배경 02

가계의 자산선택은 가계가 예상되는 효용을 평가하여 그들의 효용이 극대화되도록 자산을 구성하는 것을 말하며, 소득과 소비, 저축과 밀접한 관련이 있다. 가계는 소득에 의해 결정된 예산제약 하에서 미래의 불확실성을 고려하여 소비량을 결정한다. 소득의 증가는 소비와 저축을 증가시키고, 저축의 증가는 투자를 통한 자산의 증가로 이어지며, 이러한 일련의 과정은 전 생애에 걸쳐 불확실성하에서 이루어지며, 위험을 수반한다. 따라서 가계는 자산을 선택할 때 현재 소비의 포기와 미래의 불확실성에 대한 보상을 기대하게 되므로, 자산선택은 시간선호(time preference)와 위험선호(risk preference)에 대한 선택의 문제로 볼 수 있다.[18)]

가계의 소비에 대한 시간 배분은 저축과 차입(마이너스 저축)을 통해 이루어진다. 즉 현재 소비하고 남은 잉여자금을 저축하여 현재의 소비를 미래로 미루고, 현재 소비에 부족한 자금을 미래의 소득을 근거로 차입하여 미래의 예상 소득을 앞당겨서 소비한다. 그러므로 개별 가계의 현재소비와 미래소비에 대한 균형점은 현재 및 미래소비에 대한 시간선호인 효용에 달려 있다.

그러나 가계의 자산선택은 이처럼 전 생애의 소비를 위한 예비적 저축동기를 포함하기도 하지만, 가계는 미래의 더 큰 수익을 얻기 위해 현재의 소비를 포기하는 투자를 선택하기도 한다. 미래의 수익은 현재소비를 절약하여 미래까지 기다리는 데 대한 보상, 즉 투자기간에 따른 대가로서 화폐의 시간적 가치(time value of money)를 말하며, 미래의 불확실성에 따르는 위험에 대한 적절한 보상, 즉 위험을 감수한 대가이다. 이것은 가계의 자산선택이 투기적 목적을 포함하고 있음을 나타내는 것이며, 위험선호와 관련하여 미래의 불확실성과 수익문제를 다루는 포트폴리오이론으로 설명되어질 수 있다.

따라서 본 장에서는 먼저 자산선택에 관한 이론적 기초를 살펴보고, 생애주기가설을 중심으로 한 소비-저축이론, 위험선호와 관련한 포트폴리오이론 등을 알아봄으로써 자산선택에 관한 이론적 토대를 마련하고자 한다.

---

18) 이창석(2011), 「부동산학개론」, 형설출판사, 721쪽.

❶ 자산선택이론

가계의 소비와 저축에 대한 의사결정을 이해하기 위해서는 현재시점을 포함한 각기 다른 시점, 즉 과거 및 미래시점에서 가계의 선택행동을 이해할 필요성이 있다. 따라서 이를 위해 먼저 저축과 소비가 갖는 의미를 살펴보고, 이러한 행동들이 어떠한 원리에 의해 결정되는지를 알아보아야 한다.

먼저 소비(consumption)란 재화나 서비스의 구매를 통해 현재시점의 만족을 추구하는 행위라고 할 수 있으며, 반대로 저축(saving)이란 현재시점에서 재화나 서비스의 이용을 통해 미래시점의 만족을 추구하는 행위로 이해될 수 있다. 이러한 저축행위에 반대되는 개념으로 비저축 행동(dissaving behavior)이란 현재의 소비를 증가시키기 위해 미래의 자원을 현재로 이전시켜 사용하는 행위라고 할 수 있다. 따라서 개별 가계의 비저축행동의 예는 대출이나 혹은 대부 등의 행위로 구체화될 수 있다.[19]

가계의 소득은 소비와 저축으로 사용된다. 즉 가계는 일정한 소득이 들어오면 소비를 통해 써버릴까 또는 저축을 통해 자산을 늘릴까를 결정하는 동시에, 저축한 자산의 구성을 결정한다. 전자의 소비와 저축의 선택은 시간선호를 반영하고, 후자의 자산구성의 결정 행동은 유동성선호를 반영하는데, 이를 그림으로 표현하면 〈그림 2-1〉과 같다.[20]

〈그림 2-1〉 자산선택과 소비 · 저축 선택

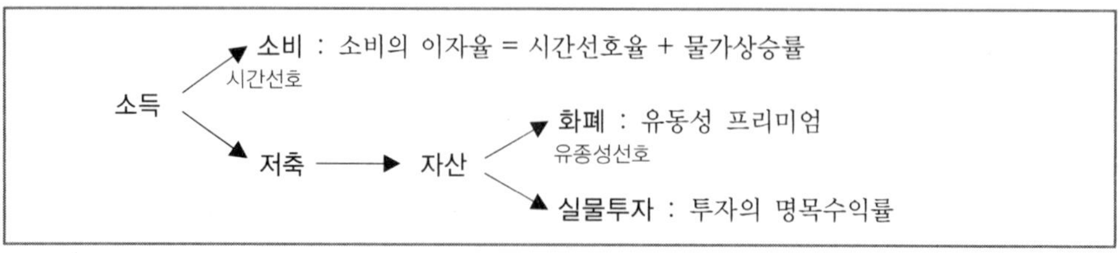

만약 저축을 통해 화폐 보유를 늘리면 유동성 프리미엄만큼 편익을 얻고, 수익자산을 늘리면 이자가 들어오게 된다. 가계는 이 두 가지 이자율을 비교하면서 이들이 같아지도록 자산구성을 결정하는데, 이것이 유동성선호에 바탕을 둔 자산의 선택 행동이다.

그러나 이때 어느 쪽 자산을 택해도 일정 기간 소비하지 않고 견뎌야 하므로, 장래 그것을 사용할 때는 어느 정도 소비량의 증가가 없으면 불만을 느끼게 된다. 이 불만의 정도를 나타내는 지표가 시간선호율인데, 이것은 소비를 일정 기간 연기하는 인내심을 적당히 보상하는 소비의 증가분으로 나타난다. 또 그동안 물가가 오르면 금융자산의 가치는 그만큼 내려가고, 물가가 내려가면 금융자산의 가치는 올라간다. 그러므로 저축으

19) 문정숙 · 이영애 · 최은희 · 송태회 · 홍미경 · 이의선 · 임수지(2010), 「소비자경제학」, 교문사, 35쪽.
20) 오노 요시야스(2009), 「불황의 메커니즘」, 교문사, 19쪽.

로 입는 손해는 시간선호율에 물가상승률을 더한 것(또는 시간선호율에서 물가하락률을 뺀 것)으로 나타나는데, 이것이 화폐단위로 계산한 소비의 이자율이다.

따라서 자산 선택에 의해 유동성 프리미엄과 수익자산의 명목이자율이 같아졌으므로, 소비와 저축을 선택할 때는 유동성 프리미엄과 소비의 이자율을 비교한다. 이때 유동성 프리미엄이 소비의 이자율을 웃돌면 저축을 늘리는 쪽이 유리하고, 그 반대라면 소비하는 쪽이 유리하다. 이렇게 가계는 유동성 프리미엄과 소비의 이자율이 일치하도록 소비량을 정하는데, 이것이 시간선호에 바탕을 둔 소비와 저축의 선택 행동이다. 즉 가계는 유동성선호와 시간선호라는 두 가지 측면을 양립시키는 수준에서 소비와 자산 구성을 결정하는 것이다.

먼저 시간선호의 측면에서 볼 때, 가계의 의사결정을 현재시점이 아닌 각기 다른 시점에서의 행동을 기준으로 시차를 두어 의사결정과정을 분석하는 것을 기간 간 분석(inter temporal analysis)이라 한다. 이러한 분석은 보다 동태적이고 포괄적인 선택과정을 이해하기 위한 것이라 할 수 있다. 따라서 각기 다른 시점에서 선택을 하는 가계의 의사결정 원리를 이해하기 위해서는 소비-저축가설의 기간 간 분석이 요구되고, 이를 통해 보다 실제적인 가계의 자산선택이론에 대한 이해가 가능하게 될 것이다[21]. 이러한 가계의 소비-저축의 의사결정을 설명하는 이론으로는 절대소득가설, 생애주기가설, 항상소득가설, 상대소득가설을 들 수 있는데, 이하에서는 생애주기가설을 중심으로 이론들을 전개할 것이다.

1) 소비-저축이론

(1) 절대소득가설

절대소득가설(absolute income hypothesis)은 케인즈에 의해 주장된 가설로 기본적으로 효용의 증가는 개별 소비자들의 소득 증가를 통해서 이루어지는 것이 아니라, 소득 증가로 인한 소비의 증가가 달성되었을 때 비로소 이루어진다고 보았다(이때의 소득은 현재 가처분소득을 말하며, 현재의 소비가 현재 가처분소득에 의해 결정된다). 따라서 개별 소비자들은 소득이 증가함에 따라 소비를 증가시키되, 소득증가분을 모두 소비하는 것이 아니라 그 중 일부만을 소비를 증가시키는데 사용하고, 나머지 부분은 저축을 하게 된다고 설명하고 있다. 케인즈의 소비함수는 다음과 같이 나타낼 수 있다.

$$C_I = \bar{C} + bY_I \qquad (\bar{C} > 0,\ 0 < b < 1) \qquad \text{〈식 2-1〉}$$

여기서 b는 현재소득(Y_I)의 변화량에 대한 현재소비(C_I)의 변화량, 즉 한계소비성향(MPC : Marginal Propensity to Consume)을 나타내고, 이때 현재소득의 증가분이 모

21) 문정숙 외(2010), 앞의 책, 35쪽.

두 현재소비의 증가분으로 반영되는 것이 아니기 때문에 그 값은 0과 1사이에 존재하게 된다. 주어진 현재소득에서 현재소비가 차지하는 비중을 평균소비성향(APC : Average Propensity to Consume)이라고 했을 때, 케인즈의 소비함수는 한계소비성향에 의해 결정되며, Y절편이 $\bar{C}$이고, 기울기가 b인 직선으로 나타낼 수 있다.

그러나 이와 같은 케인즈의 소비함수는 단기자료나 횡단면자료를 이용하는 경우 소비와 소득 간의 관계를 적절히 설명할 수 있으나(단기소비함수), 장기적인 시계열자료에서는 평균소비함수가 소득의 변화에 따라 체계적으로 변화하지 않아 설명이 어려웠다. 즉 케인즈 이후 실증자료에 기초한 시계열분석에서는 장기적인 소비/소득비율이 일정한 수준을 유지하고 있음이 밝혀져, 절대소득가설은 일정 시점에서의 가계의 총소비 유형의 차이를 설명하였으나, 시간에 따라 총소득이 변화할 때 나타나는 총소비의 변화를 예측하지 못했다는 점에서 한계점을 지니게 되었다.[22)]

따라서 단기 소비함수와 장기 소비함수를 모순 없이 설명하고자 케인즈의 절대소득가설을 보완하거나 대체하려는 여러 가지 가설이 제시되었는데, 그것이 바로 생애주기가설, 항상소득가설, 상대소득가설이다.

(2) 생애소득(주기)가설

생애주기가설(life-cycle hypothesis)은 케인즈의 절대소득가설이 현재시점을 기반으로 하여 장기적인 실증분석의 결과를 뒷받침하지 못하고 있음을 지적하며, 소득의 개념을 평생소득으로 확장하여 전 생애에 걸친 소비행위를 설명하고자 했다. 모딜리아니(F. Modigliani), 브룸버그(R. E. Brumberg) 및 안도(A. Ando) 등은 생애에 걸친 소득의 변화에 특징이 있다고 생각하고 생애소득가설을 주장했다.

이 가설은 절대소득가설처럼 현재의 소비가 현재의 가처분소득에 의해서 결정된다고 보지 않는다. 대신에 소비자들은 현재의 가처분소득뿐 아니라 미래의 근로소득, 미래의 자산소득 및 미래의 세금변화 등을 감안한 미래의 가처분소득까지 고려한다고 전제한다. 이러한 일생에 걸친 평생소득(생애소득)을 바탕으로 소비자들은 효용을 극대화시킬 수 있는 최적의 현재와 미래의 소비를 결정한다.

따라서 대부분의 사람들은 급격한 변화를 갖는 소비행태보다 일생에 걸쳐 상당히 안정적인 소비행태를 선호한다고 가정하고 있다. 이러한 가정의 가장 간단한 형태는 사람들이 매년 같은 양의 소비를 한다는 것이다.

생애주기 초반에는 소득이 낮더라도 인적자본을 토대로 한 미래 소득흐름을 예상하여 소비수준을 높게 유지할 수 있으며, 이때 자본시장이 완전하다면 현재 소득과 소비의 차이는 부(-)의 저축인 부채를 통해 해결된다. 즉 가계의 부채는 생애주기에 걸친

22) 문정숙 외(2010), 앞의 책, 36쪽.

효용극대화 과정에서 발생하게 되며, 합리적 가계를 가정할 때 인적자본, 자산소득 등 항상소득에 영향을 미치는 요인과 시간선호, 학력, 연령, 자녀수 등 선호체계에 영향을 미치는 요인에 의해 결정된다.[23] 이처럼 생애주기가설은 개인의 생애주기상 위치와 그 사람의 저축 및 자산축적은 매우 밀접한 관련을 가진다고 본다.[24]

이러한 소득의 발생시점과 원하는 소비시점의 불일치에도 불구하고, 가능한 한 평탄한 소비(smooth consumption)를 선호하는 개인은 청·장년기에 집중적으로 발생하는 소득의 일부분을 저축하여 자산을 축적하고, 은퇴 후 노년기에는 이미 축적된 자산을 유동화하여 소비재로 전환함으로써 일생동안의 효용극대화를 달성하려는 노력을 기울인다.

생애효용의 극대화는 모든 시점에서 적절히 할인된 기대한계효용(discounted expectation of marginal utility)이 동일하도록 소비와 저축을 결정함으로써 달성할 수 있는데, 이러한 최적화 원칙에 단조적(monotone)이고 오목한(concave) 기본효용함수(felicity function)를 대입하면 일반적으로 평탄한 소비의 시간경로를 도출할 수 있다. 이를 정리하면 〈그림 2-2〉와 같이 나타낼 수 있다.[25]

〈그림 2-2〉 생애주기가설

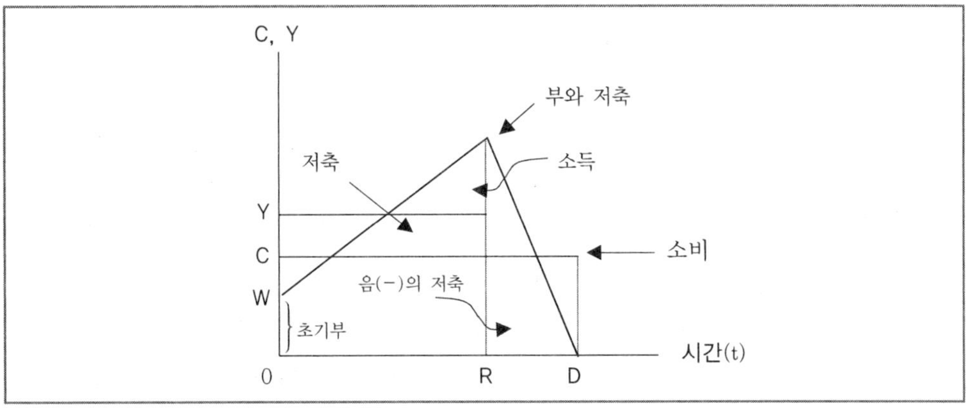

〈그림 2-2〉에서와 같이 은퇴시점(retirement : R)까지 일하고 시점 *D*에 사망(decrease)하는 소비자를 가정할 때, 이 소비자가 애초에 보유하고 있는 부를 *W*라 하고, 시점 *R*까지 벌어들이는 근로소득은 매기 *Y*로 일정하며, 시점 *D*까지의 소비는 매기 동일한 수준 *C*로 유지된다고 한다. 그리고 이 소비자는 시점 *D*까지 자신이 축적한 부를 모두 소비한다고 가정한다. 이때 시점 *R*이전까지는 소득이 소비보다 많으므로 저축을 하지만, 그 이후에는 소득이 없으므로 축적해 두었던 부를 사용하는 음(−)의 저축

---

23) 김우영·김현정(2010), "가계부채의 결정요인 분석", 「국제경제연구」 제16권 제1호, 39쪽.
24) 박창균(2003), "고령화의 진전과 자산수요의 변화–인구구조 고령화의 경제적 영향과 대응과제(1)", 한국개발연구원
25) 정운찬·김영식(2010), 「거시경제학」, 율곡출판사, 410 ~ 412쪽.

을 한다.

불확실성이 없는 상황에서의 다 기간 소비선택모형을 이용하면 생애주기가설의 소비선택과 관련된 평생효용함수를 다음과 같이 적을 수 있다.[26)]

$$U(C_1, \ldots, C_R, \ldots, C_D) = u(C_1) + \ldots + u(C_R) + \ldots + u(C_D) \quad \text{〈식 2-2〉}$$

여기서 기간별 효용함수 u는 소비의 증가함수이고 한계효용체감의 특성을 갖는다. 또한 소비자들은 양의 저축으로 시작하여 은퇴시점(R)을 기준으로 음의 저축자가 되므로, 이들의 매 기간 예산제약식은 다음과 같이 적을 수 있다.

$$C_t + S_t = a + Y + (1 + r)S_{t-1} \quad \text{〈식 2-3〉}$$

여기서 $S_t > 0$(t = 1, 2, …, R)이고, $S_t < 0$(t = R + 1, …, D)이 된다. 위의 예산제약식 〈식 2-3〉으로부터 소비자가 평생 사용할 수 있는 초기 부와 매기 근로소득의 합은 ($W + RY$)이다. 이제 소비자가 평생효용함수 〈식 2-2〉를 극대화하기 위해 평생 동안 소비를 일정하게 유지한다면, 매기의 소비수준 C는 다음과 같다.

$$C = \frac{W + RY}{D} = \left(\frac{1}{D}\right) W + \left(\frac{R}{D}\right) Y = aW + \beta Y \quad (a, \beta > 0) \quad \text{〈식 2-4〉}$$

이 소비함수는 소비가 부(W)와 소득(Y)의 함수임을 보여주고 있으며, a는 부의 한계소비성향이며, β는 소득의 한계소비성향이다. 또한 매기의 소비수준은 생애평균소득 ($\frac{W + RY}{D}$)와 같음도 알 수 있다. 이것은 평생 고른 소비를 선호하는 소비자가 사망하기 전에 자신이 축적한 부를 모두 사용한다는 가정 때문이다.

이 식을 이용하여 단기소비함수와 장기소비함수를 설명하면 다음과 같다.

생애소득 소비함수의 평균소비성향은 양변을 Y로 나누어 다음과 같이 계산된다.

$$\frac{C}{Y} = a\left(\frac{W}{Y}\right) + \beta \quad \text{〈식 2-5〉}$$

단기적으로 소득 Y가 증가할 때 부 W가 상대적으로 덜 증가한다면, W/Y는 감소한다. β는 고정되어 있으므로, 소득이 증가함에 따라 평균소비성향은 감소하게 된다. 따라서 단기적으로 평균소비성향은 감소하게 된다. 반면, 장기적으로 소득이 증가하는 경우 부도 함께 증가하게 되어, 소득이 늘어나도 W/Y는 감소하지 않는다. 결국 장기적으로 평균소비성향이 일정하게 유지되는 것이다.

26) 이병락(2010), 「거시경제학」, 시그마프레스, 552쪽.

이상에서 보았듯이 생애주기가설은 생애소비가 생애를 통해 얻을 수 있는 소득에 의해 결정된다는 것으로, 소비가 현재소득뿐만 아니라 미래소득에도 영향을 받는다는 사실을 이론화했다는데 중요한 의미를 갖는다. 현실적으로 인구의 연령분포와 예상수명, 사회보장제도 등도 소비에 영향을 미칠 수 있다는 것을 시사해 주고 있는 가설이라고 할 수 있다. 또한 소비함수에 부 또는 자산을 설명변수로 포함시켜야만 하는 명확한 근거를 제시했으며 근로소득이 급감하는 은퇴 이후의 소비를 명시적으로 고려함으로써 생애주기에 따른 사람들의 저축동기에도 주목했다.

그러나, 생애주기가설에서는 개인이 사망하기 전에 축적한 부를 모두 사용한다고 가정하고 있는데, 흥미롭게도 현실에서 관측되는 음(−)의 저축(dissaving)의 크기는 이론이 예측하는 것보다 작은 것으로 조사된다. 즉 사망시점에 상당한 부가 남이 있는 사람들이 많다는 것이다.[27]

〈그림 2-3〉은 연령별 부의 크기를 나타낸 것으로서, 생애주기가설이 맞는다면, 부의 시간경로가 *A*처럼 형성되어야 한다. 그러나 실제로 관측되는 저축의 시간경로는 *B*의 형태를 띤다.

〈그림 2-3〉 생애주기가설 부의 시간경로

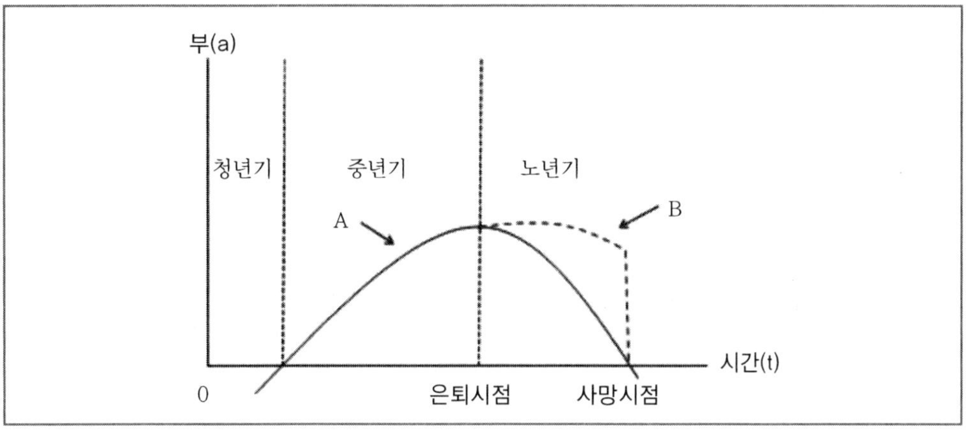

이와 같이 생애주기가설에 의한 부의 시간경로와 실제 시간경로 사이에는 괴리가 존재하며, 특히 노년층에 이 모형을 적용하는데 문제점이 있다. 즉 노년층은 모형이 예측한 것처럼 예금을 인출하여 사용하지 않는 것처럼 보이는데, 이는 노년층이 남은 생애동안에도 고른 소비를 하려 할 경우 우리가 기대하는 것만큼 신속하게 부를 인출하여 사용하지 않는다는 것이다.[28]

27) 정운찬 · 김영식(2010), 앞의 책, 413쪽.
28) 이병락(2010), 앞의 책, 554쪽.

그 이유는 첫째, 노년층은 예측할 수 없는 비용이 발생할 것을 우려한다는 점이다. 불확실성으로부터 기인한 추가적인 저축을 예비적 저축(precautionary saving)이라 하는데, 노년층이 예비적 저축을 하는 이유 중 하나는 기대보다 오래 생존할 가능성과 이로 인해 평균 은퇴기간보다 더 오랫동안 생활비를 조달해야 할지 모르기 때문이다. 또한 질병과 대규모의 병원비 지불 가능성 때문으로 노년층은 이러한 예기치 못한 일에 대비하기 위해 더 많이 저축하여 불확실성에 대응하고자 한다.

두 번째 이유는 노년층은 후손들에게 유산을 물려주길 원한다는 점이다. 경제주체가 자신의 효용뿐만 아니라 자손의 효용도 고려하여 소비행위를 결정한다면, 어느 정도의 재산을 유산으로 남겨주기를 원할 것이다. 따라서 사망시점에서 부의 가치는 0이 아니라 양(+)의 값을 갖게 되는 것이다.

이로 인해 전반적으로 생애주기 모형은 노년층에 대한 소비행태를 완전하게 설명할 수 없는 한계점을 포함하고 있다.

(3) 항상소득가설

프리드만(Friedman)에 의해 소개된 항상소득가설(permanent income hypothesis)은 생애주기가설과 마찬가지로 소비가 현재소득에만 의존하지 않는다는 전제는 동일하지만, 생애주기가설이 평생 동안의 개인 소득은 일정한 형태를 갖는다는 점을 강조한 것과 다르게, 개인의 소득은 무작위적으로 일시적으로 변할 수 있다는 점을 강조한다.[29)]

항상소득가설에 의하면 소득은 항상소득(permanent－income)과 임시소득(transitory－income)으로 구별될 수 있으며, 항상소득은 현재 및 미래를 포함한 장기적인 평균소득으로 미래에도 항구적으로 벌어들일 수 있는 소득수준을 의미하고, 임시소득은 예견하지 못했던 소득을 의미하게 된다. 따라서 실제소득(real income)은 이러한 항상소득과 임시소득으로 구분될 수 있으며, 소비자들의 소비함수는 장기적으로 예견이 가능한 항상소득에 근거하여 결정된다고 하였다. 왜냐하면 소비자들은 소득의 일시적인 변화에 대응하여 소비를 평탄하게 유지하기 위해 저축 또는 차용을 이용할 수 있기 때문이다. 이는 소비자들의 소비수준과 저축수준이 항상소득의 일정 부분으로 정해지게 되고, 예견할 수 없는 임시소득의 발생은 모두 저축으로 전환됨을 의미한다.[30)]

따라서 현재 및 미래를 포함한 시점의 소비 C에 대한 결정은 항상소득 Y^p의 일정비율에 의해서 정해지게 되며, 이를 수식으로 표현하면 다음과 같다.[31)]

$$C = bY^p \quad \langle 식\ 2-6 \rangle$$

29) 이병락(2010), 앞의 책, 554쪽.
30) 문정숙 외(2010), 앞의 책, 39쪽.
31) 조장옥(2010), 「거시경제학」, 홍문사, 787 ~ 788쪽.

즉 소비와 항상소득은 비례적인 관계가 있다. 여기서 b는 비례상수로 이자율, 자산·소득 비율, 연령이나 가족 구성 등 소비에 영향을 미치는 제 요인에 의해서 결정되며, 장기적으로 일정하다고 가정한다.

이와 같은 항상소득가설이 성립하려면 소비자가 미래의 소득을 정확히 알고 있다고 가정할 때 가능하다. 즉, 경제에 불확실성이 존재하지 않으므로 소비자가 미래의 소득을 정확히 알고, 이를 기초로 매기 동일한 항상소득을 계산할 수 있다고 가정한 것이다. 그러나, 미래의 불확실성이 존재하여 미래의 소득을 정확히 알지 못할 경우 항상소득은 계산하기 어렵다.

따라서 이러한 항상소득가설에 합리적 기대이론이 결합하여 새로운 시각을 제시해주었는데, 그것은 바로 확률보행가설과 예비적 저축가설이다.

홀(R. Hall)의 확률보행가설(random walk hypothesis)은 항상소득에 미래의 불확실성 개념을 도입하여, 합리적인 기대를 하는 소비자가 항상소득가설에 따라 행동하는 경우, 최적의 소비는 확률보행을 따라 변화한다고 했다. 즉 불확실성이 있는 경우, 소비자는 시간의 흐름에 따라 변화하게 되고, 최적소비는 예측오차가 생길 경우에만 변화한다. 예측오차가 생기는 이유는 새로운 정보가 발생함에 따라 소득이 과거에 잘못 예측되었다고 판단되기 때문이다. 결국 소비의 변화는 과거에 예상하지 못했던 소득의 변화가 있는 경우에만 생긴다고 해석할 수 있다. 따라서 현재소비는 현재의 모든 정보를 이용하여 미래에 대해 예상하고 이를 바탕으로 결정된다고 보기 때문에 소비는 확률보행을 따른다고 볼 수 있다.

다음으로 예비적 저축가설(precautionary saving hypothesis)은 항상소득가설과 확률보행가설에 소득의 불확실성을 도입한 것이다. 예비적 저축가설에 의하면 소비자는 항상소득을 기초로 전 생애에 걸쳐 고른 소비를 유지하려 할 뿐만 아니라, 예기치 못한 소득감소를 초래할 수 있는 미래의 불확실성 정도에 따라서도 소비·저축을 합리적으로 조정하게 된다는 것이다. 즉, 미래소득에 대한 불안감이 커지면서 소비자는 예기치 않게 소득이 감소하더라도 일정 수준의 소비를 유지할 수 있도록 현재 저축을 늘리게 되므로, 현재소비가 미래시점으로 연기가 되어 현재소비는 감소하고 미래소비는 증가하게 되는 것이다.

(4) 상대소득가설

듀젠베리(J. S. Duesenberry)는 개별 가계의 소비는 현재의 소득에 의해서만 결정되는 것이 아니고, 그 가계가 속한 사회계층의 소득 또는 소비수준에 의존하며, 각 시기의 소비가 그 시기의 소득만이 아니라 과거의 최고소득 수준에도 의존한다고 했다. 따라서 평균적으로 볼 때 각 가계는 높은 소득을 얻을 때의 소비행동을 소득이 다소 감소했다고 해서 즉각 변경시키지 않는다는 경험적 사실에 주목하고, 경기후퇴기에도 소비성향이 높게 된다는 것을 보여주었다. 따라서 기존의 분석과 달리 소비자들의 소비－저축 행동을 설명함에 있어 사회심리학적 분석에 초점을 두고 있다.[32]

개별 가계의 소비는 그 가계의 소득 뿐 아니라 가계가 속하고 있는 사회집단의 평균적인 소득 또는 소비수준에 의존하게 되는데, 이를 함수식으로 표현하면 아래와 같다.[33]

$$C_i = aY_i + b\overline{Y} \quad (a > 0) \qquad \langle 식\ 2-7 \rangle$$

가계 i의 소득은 Y_i이고, 사회집단의 평균소득은 $\overline{Y}$일 때, 가계 i의 소비 C_i는 가계의 소득과 가계 소속집단의 평균소득수준에 의존한다. 또한 가계의 소득수준이 하락할 경우, 가계의 소비수준을 바로 하락시키는 것이 아니라(준거집단의 소비수준은 동일) 기존의 소비수준을 유지하려고 하기 때문에, 빚을 지거나 혹은 비저축 활동을 통해 그 손실분을 충당하려고 하게 된다. 그러나 소득의 감소 규모가 매우 크거나 혹은 장기간 지속될 경우에는 비로소 그들의 준거집단을 바꾸게 되고, 개별 가계는 그들의 소비수준을 하락시키는 행동을 통해 그 손실분을 보존하게 된다.

따라서 상대소득가설은 해당 가계가 보유하고 있는 자원의 절대량에 기초하여 소비－저축 결정을 내리는 것이 아니기 때문에 다른 기간 간 소비－저축 가설에 비해 타인지향적인 행위를 설명하기에 적합한 이론이라고 할 수 있다.[34]

이상으로 가계의 소비－저축 의사결정에 대한 이론을 살펴보았는데, 절대소득가설을 제외한 모든 가설에서 '소득'의 개념을 단지 현재의 소득으로만 보지 않고, 보다 넓은 의미의 소득 개념으로 확대시켜 해석하였다. 즉 가계의 소비행동은 현재 얻어지는 소득에 의해서만 결정되는 것이 아니고 과거와 미래의 소득에 의해서도 규정된다고 본 것이다.

전술한 소비－저축이론들을 비교해보면 다음의 〈표 2－1〉과 같다.

---

32) 윤원배(2009), 「신거시경제학」, 율곡출판사, 516쪽.
33) 신태곤 · 최성철(2010), 「거시경제학」, 법문사, 103 ~ 105쪽.
34) 문정숙 외(2010), 앞의 책, 41쪽.

〈표 2-1〉 소비-저축이론의 비교[35)]

구 분	생애소득가설	항상소득가설	상대소득가설
창시자	모딜리아니 외	프리드만	듀젠베리
소득의 개념	'소득'의 개념을 현재의 소득보다 넓은 의미의 소득으로 봄		
	생애소득	항상소득	상대소득
내 용	◦ 소비는 금기의 소득이 아닌 생애에 걸쳐 소비할 수 있는 소득총액(생애소득)의 크기로 결정함 ◦ 생애초기에는 소득이 낮으므로 부(-)의 저축인 부채를 이용하고, 청·장년기에는 소득의 일부분을 저축하여 자산을 축적하며, 은퇴 후에는 축적된 자산을 유동화하여 효용을 극대화	◦ 소득은 항상소득과 일시소득의 합 ◦ 항상소득과 일시소득의 구분이 가능하다고 전제함 ◦ 소비는 장래의 소득능력을 고려한 항상소득에만 비례함 ◦ 일시소득은 전부 (+) 또는 (-)로 저축됨	◦ 소비는 가계가 속한 사회계층의 소득·소비수준에 의존함 ◦ 소비는 그 시기의 소득뿐 아니라 과거의 최고소득 수준에도 의존함
소비함수	$C = \frac{W + RY}{D} = aW + \beta Y$	$Y = Y^p + Y^T$ $C = bY^p$	$Ci = aY_i + b\overline{Y}$ $Ct = aY_t + bY_0$
의 의	◦ 소득은 생애동안 일정한 형태를 갖는다. ◦ 소비함수에 부(자산)을 포함시키는 근거 제시 ◦ 은퇴이후 소비를 고려한 저축동기를 설명함	소득은 매년 무작위로, 또 일시적으로 변할 수 있음을 강조함	◦ 장·단기 소비함수를 소득과 소비의 상대관계를 통해 설명함 ◦ 경기후퇴기에도 소비성향이 줄지 않음을 설명함
한계점	◦ 사망 전 축적한 부를 모두 사용한다고 가정했음에도, 현실적으로 노년기에는 부가 정(+)의 값을 가짐 ◦ 그 이유는 노년기의 질병 등으로 인한 불확실성 우려와 자녀에 대한 상속동기로 부를 다 쓰지 않기 때문이다.	◦ 소비자가 미래의 소득을 정확히 알고 있다고 가정할 때 적용 가능 ◦ 그러나 현실적으로는 미래의 불확실성이 존재하여 정확한 추론이 어려움	가계의 습관적 소비행위와 사회 심리적 성향은 잘 반영하고 있지만, 가계의 미래소득이 소비에 미치는 영향은 반영 못함

2) 포트폴리오이론

가계는 전 생애에 걸쳐 소득과 소비 간의 불균형을 조절하기 위해, 미래의 예상 가능한 소비 뿐 아니라 미래의 불확실성 하에서의 소비도 대비하여야 한다. 이를 위해 가계는 저축을 하기도 하고, 자산을 축적하고 재구성하여 소득의 불안정성에 대비하기도 한다.

35) 〈표 2-1〉은 앞의 책들을 참고로 필자가 요약 정리한 것이다.

지금까지 살펴본 소비－저축이론이 자산선택 행동에 시간선호의 개념을 반영했다고 본다면, 포트폴리오이론은 위험선호의 개념을 반영했다고 볼 수 있다.

생애주기가설에 따르면 가계의 자산선택행동은 전 생애에 걸쳐 최적 소비를 위한 것이고, 특히 청·중년기의 자산축적은 노년기를 대비한 예비적 저축의 동기가 강하다고 본다. 반면 포트폴리오이론은 가계의 자산선택에 대해 미래에 더 높은 수익을 얻고자 하는 투기적 동기의 시각으로 접근한다. 즉 가계는 미래를 위해 저축을 하기도 하지만, 동시에 투자를 위한 자산선택을 하기도 한다. 따라서 미래에 더 많은 소비를 하기 위해 현재소비를 줄이고 저축을 하기도 하지만, 투자를 통해 미래의 더 큰 수익을 얻기 위해 현재의 소비를 포기하기도 한다.[36)]

그러나 경제 환경의 변화를 예측한다는 것은 현실적으로 매우 어려운 일이며, 때로는 가계가 예상하지 못한 불리한 결과가 발생하기도 한다. 따라서 가계가 투자행위를 성공적으로 하기 위해서는 기대수익과 위험에 대한 적절한 조화가 필요한데, 이에 관한 효율적 자산선택이론이 바로 마코위츠(M. Markowitz)의 포트폴리오 이론이다.[37)]

포트폴리오(portfolio)란 두 개 또는 그 이상의 자산의 묶음, 또는 자산의 조합을 뜻한다. 일반적으로 포트폴리오는 둘 이상의 증권 또는 금융자산의 조합으로 이해되고 있으나, 넓게는 증권 뿐 아니라 모든 자산의 배합을 의미한다. 투자자가 여러 가지의 서로 다른 자산에 동시에 투자하고 있다면 이는 포트폴리오를 구성하고 있는 것과 같다.[38)]

따라서 포트폴리오이론은 가계가 자산을 여러 자산에 배분, 즉 포트폴리오를 구성함으로써, 수익률과 위험에 어떤 변화가 생기는지를 밝힌 이론이다. 여기서 수익률은 미래에 얻을 것으로 예상되는 사전적(ex－ante) 수익률로 수익의 평균치를 나타내며, 위험(risk)은 미래에 어떠한 상황이 발생할 것인지에 대한 예측확률이 0과 1 사이에 있는 경우를 말하는데, 미래수익의 변동가능성(variability)으로 측정가능하다.

따라서 포트폴리오를 구성하는 자산의 수가 증가할수록 개별자산의 위험이 줄어들어 포트폴리오 전체 위험이 낮아지게 되며, 자산 간 공분산 크기에 의해 위험이 결정된다.[39)][40)]

여러 자산으로 구성된 포트폴리오 기대수익률 $E(R_p)$와 기대위험 $E(\sigma_p^2)$를 다음과 같이 산출할 수 있다.

---

36) 김대호·오세경(2009), 「투자론」, 경문사, 4쪽.
37) 임병균(2010), 「투자론」, 탑북스, 107쪽.
38) 양윤수·전준규(2009), 「투자론」, 대경출판사, 167쪽.
39) 홍영복(2008), 「재무관리」, (주)블루칩, 75쪽.
40) 조혜진(2009), 가계 자산포트폴리오에 있어서의 객관적 위험과 주관적 위험에 관한 연구, 서울대학교 대학원 박사학위논문, 10쪽.

$$E(R_p) = \sum_{i=1}^{n} P_i E(R_i) \quad \text{〈식 2-8〉}$$

$E(R_p)$: 복합자산 포트폴리오의 기대수익률
P_i : 전체 복합자산 포트폴리오 중에서 i번째 자산이 차지하는 비중
$E(Ri)$: i번째 자산의 기대수익률

또한 포트폴리오의 기대위험(분산)은 다음 식을 통해 산출할 수 있다.

$$E(\sigma_p^2) = \sum_{i=1}^{n} P_i E(\sigma_p^2) + \sum_{i=1}^{n}\sum_{i=1}^{n} P_i P_j E(\sigma_{ij}) \quad \text{〈식 2-9〉}$$

$E(\sigma_p^2)$: 복합자산 포트폴리오의 기대분산
$E(\sigma_i^2)$: i번째 자산의 기대분산
$E(\sigma_{ij})$: i번째와 j번째 자산의 공분산

그러나 이러한 위험도 분산투자로 제거할 수 있는 위험과 제거할 수 없는 위험으로 나눌 수 있다. 포트폴리오를 구성함으로써 제거되는 위험을 비체계적 위험(unsystematic risk)이라 하는데, 개별적 특성에 따라 발생하는 위험이라고 볼 수 있다. 반면 포트폴리오를 구성하여도 제거되지 않는 위험을 체계적 위험(systematic risk)라고 하는데, 여기에는 전쟁, 인플레이션, 이자율의 변동, 경기변동 등이 해당된다.

이와 같이 가계가 포트폴리오를 구성하는 목적은 가장 큰 기대수익률과 가장 작은 위험을 갖는 투자 안을 구성함으로써 투자자의 기대효용을 극대화하기 위한 것이다. 포트폴리오를 구성함으로써 얻는 기대효용의 증가는 주어진 자산을 결합하여 새로운 투자기회를 창조하며, 서로 다른 자산에 분산투자를 함으로써 위험을 감소시키는 위험분산효과를 얻음으로써 가능해진다. 기존의 주어진 자산을 이용하여 포트폴리오를 구성하는 것은 새로운 투자대상을 만들어내는 것이므로, 이는 투자기회가 확대되는 것을 의미한다. 이러한 투자기회의 확대는 투자자에게 선택의 여지를 넓혀주는 것이므로 효용의 증가를 가져온다. 또한 여러 가지의 서로 다른 자산에 분산하여 투자함으로써 동일한 수준의 수익률을 달성하면서도 위험을 낮출 수도 있으며, 동일한 위험수준에서 더 높은 수익률을 얻을 수도 있는 위험분산효과를 얻음으로써 효용의 증가를 가져올 수 있는 것이다.

따라서 가계는 저축 행동이나 투자 행동을 할 때 어느 하나의 자산만을 선택하는 것이 아니라 여러 자산을 선택하여 가계 포트폴리오를 형성함으로써 한 가지 대상에 집중투자해서 발생할 수 있는 위험을 분산시켜 안정적으로 수익을 확보할 수 있다.[41]

41) 이은실 · 최현자(1998), "가정생활주기에 따른 소비자 포트폴리오 분석", 「한국가정관리학회지」 제16권 3호, 2쪽.

2 선행연구

가계의 자산분야에 관한 연구는 연령과 자산선택에 대한 연구와, 가계의 자산선택(자산규모나 자산비중 결정요인)을 분석한 연구로 나눌 수 있다.

먼저 연령과 자산선택과의 관계는 인구구조의 변화와 밀접한 관련이 있다. 경제 사회가 발전하면서 일부 국가를 제외하면 고령화가 세계적 추세가 되어, 이로 인해 자산구조에도 변화가 생기고 있다. 즉 고령화로 인해 국가 전체적으로 동력이 약화되고, 위험자산을 회피하는 쪽으로 자산선택이 이루어지는 경향이 나타난다는 것이다. 그러나 연령과 자산과는 직접적 관련이 없으며, 오히려 순자산이 자산구조의 변화에 더 많은 영향을 준다는 연구도 있다.

다음으로 많은 연구에서 가계의 자산규모 또는 자산비중 결정요인을 분석했는데, 대부분 금융자산 분야에서 연구된 것으로 금융자산 규모의 결정요인이나 위험자산 비중 결정요인을 밝히고자 했다. 즉 연령, 학력 등과 같은 사회인구학적 요인과, 자산, 소득 등 경제적 요인이 가계 자산에 미치는 영향을 분석했다.

1) 연령과 자산선택 연구

가구주의 연령변화는 가계의 자산보유에 많은 영향을 미친다. 특히 연령이 변함에 따라 가계의 자산보유도 함께 변화하는 것을 분석한 연구로는 Samuelson(1963), Porterba & Samwick(1997)의 연구가 대표적이다. Samuelson(1963)[42)]은 위험자산투자를 중심으로 연령변화에 따른 자산구성의 변화가능성을 밝혀내었고, Porterba and Samwick(1997, 2001)[43)]은 미국의 소비자금융조사(Survey of Consumer Finance : SCF) 자료를 이용하여 연령과 출생연도 효과가 가계의 자산보유 여부와 보유비중에 영향을 미치고, 이것은 자산의 종류에 따라 상이함을 밝혔다. 연령과 주식투자와의 반비례 관계는 많은 연구에서 논의 되었는데, Ameriks and Zeldes(2004)[44)]는 고령화될수록 주식투자 참여비율이 떨어져 주식보유비중이 감소한다고 했다. Yoo(1994)도 연령이 부(wealth)에 중요한 영향을 미치고, 45 ~ 54세에 총자산이 최고가 되며, 연령과 금융자산 수익과는 부(-)의 관계임을 밝혔다.

---

42) Samuelson, P. A.(1963), "Lifetime portfolio selection by dynamic stochastic programming", *The Review of economics and statistics 51*, 239 ~ 243쪽.

43) Porterba, James M. and Andrew A. Samwick(2001), "Household Portfolio Allocation over the Life-Cycle", in S. Ogura, T. Tachibanaki, and D. Wise, eds., *Aging Issues in the U.S. and Japan*, Chicago : University of Chicago Press, 65 ~ 103쪽.

44) Ameriks, J. and Stephen P. Zeldes(2004), "How do household portfolio shares vary with age?", Working paper, Graduate school of business, Columbia Univ, 1 ~ 56쪽.

〈표 2-2〉 연령과 자산선택 연구

저자명	연구제목	분석 내용	분석자료 분석모형	연구결과
Yoo (1994)	Age Distribution and Returns of Financial Assets	연령분포와 자산수익 간의 관계 분석	◦ SCF(Surveys of Consumer Finances) 1983년 횡단면 자료 ◦ OLS 회귀분석	◦ 부(wealth)의 결정요인 : 나이, 자녀, 성인, 성, 종족, 결혼, 학력, 취업여부, 총소득 ◦ 45~54세에 총자산이 최고이고, 연령과 금융자산수익과는 부(-) 관계임
Porterba and Samwick (1997)	Household Portfolio Allocation over the Life-Cycle	◦ 연령, 출생연도집단과 자산 보유와 의 관계 분석 ◦ 출생연도집단별 자산수요 예측	SCF 1983년, 1989년, 1992년 횡단면자료	◦ 연령만을 기준으로 한 경우 자산축적패턴은 단순생애주기 모형예측과 유사함 ◦ 같은 연령이라도 출생연도집단별로 다른 자산축적 패턴임 ◦ 고령화가 되어도 자산가격의 폭락은 회의적임
강석훈 (2005)	인구구조와 자산선택	인구구조의 변화가 부동산자산 비중에 미치는 영향 분석	◦ 한국보건사회연구원, 2002년 자활사업실태조사자료 ◦ 표본선택모형 (probit모형, tobit모형)	◦ 부동산자산 비중 결정요인 : 인적자본(+), 인적자본2(-), 순자산(+), 순자산2(-) ◦ 연령은 주택소유 여부에만 영향을 미침
강석훈 (2009)	고령화와 자산수요 변화	가구주의 연령변화가 소비·자산보유와 부동산비중에 비치는 영향 실증분석	◦ 노동패널, 2006년(6차)~2009년(9차) 패널자료 ◦ random effect panel OLS 회귀분석	◦ 부동산비중 결정요인 : 소득지출차이(-), 총자산(+), 총부채(+), 자가(+), 대졸 이상(-), 수도권(-) ◦ 연령은 유의하지 않음
고광수 외 (2006)	인구고령화와 우리나라의 자본시장	고령화가 가계의 주식보유에 미치는 영향분석	◦ 통계청, 가구실태조사 2000년 횡단면자료 ◦ tobit 분석	◦ 위험자산비중 결정요인 : 연령(+), 연령2(-), 자녀수(+), 남성(+), 자가(+), 교육수준(+), 총금융자산(+), 연소득(+), 비근로소득(-) ◦ 연령과 위험자산과는 양의 비선형관계임
이상호 (2010)	인구고령화와 금융자산선택	◦ 고령화가 금융자산선택에 미치는 영향 분석 ◦ 노동소득, 자산가격 불확실성 개념 도입	◦ 노동패널, 1999년(2차)~2008년(11차) 패널자료 ◦ tobit 분석	◦ 위험자산비중 결정요인 : 금융소득 간 차(+), 연령(-), 연령2(+), 총자산(+), 노동소득 불확실성(-), 위험자산가격 불확실성(-) ◦ 연령과 위험자산과는 음의 비선형관계임

Xiao (1996)	Effects of family income & life cycle stages on financial asset ownership	가계 금융자산 소유에 대한 소득과 가족생활주기 효과연구	◦ SCF(1989년) 횡단면자료 ◦ 로짓분석	◦ 금융자산소유 결정요인 : 가구주 연령(+), 결혼(+), 고용상태(+), 자녀유(+) ◦ 봉급생활자, 대학이상, 백인, 위험에 적극적일 때 자산소유에 정(+)의 영향을 미침
정운영 (1996)	도시가계의 투자행동－결혼초기와 중기의 비교	◦ 결혼초기와 중기의 투자행동 실태파악 ◦ 가계의 투자행동에 미치는 요인 분석	◦ 광주지역거주자 대상 설문지 (360표본) ◦ 다중회귀분석	◦ 결혼초기는 투자를 재산증식으로, 결혼중기는 투자를 목돈마련으로 인식함 ◦ 위험자산액 결정요인 － 결혼초기 : 부채(+), 자산(+), 변화지향형(+) － 결혼중기 : 학력(－), 소득자유(－), 소득(－), 부채(－), 자산(+)
이은실 · 최현자 (1998)	가정생활주기에 따른 소비자 포트폴리오 분석	◦ 가정생활주기별 포트폴리오 다양성 분석 ◦ 가정생활주기별 포트폴리오 구성비 분석	◦ 대우패널, 1996년 횡단면자료 ◦ 일원분산분석	◦ 가계는 다양한 자산에 부를 배분하고 있음 ◦ 포트폴리오 다양성은 가족생활주기마다 차이가 있음 ◦ 가계 전반적으로 비유동적인 포트폴리오 구성

연령과 관련된 국내연구로는 박창균(2003), 강석훈(2005, 2009), 고광수 · 김근수 · 김재칠(2006), 이상호(2010) 등이 있는데 주로 인구구조의 변화로 인한 고령화가 자산선택에 미치는 영향을 분석했다. 박창균(2003)은 고령화의 진전이 자산수요를 감소시킬 것으로 예상하며, 고령화의 진전에 따라 사회전체의 자산포트폴리오에서 위험자산비중은 꾸준히 하락할 것이라고 전망했다. 고광수 · 김근수 · 김재칠(2006)은 주식보유비중의 결정요인으로 연령이 주요 변수임을 밝혀냈고, 이상호(2010)는 연령의 증가가 위험회피성향을 증가시켜 위험자산비중을 낮춘다고 했다. 그러나 다른 연구와 달리 강석훈(2005, 2009)은 고령화자체가 자산구성의 변화에 직접적인 영향을 미치지 않고 순자산을 통해 간접적으로 영향을 미친다고 했다.

한편 가구주의 연령이 변화함에 따라 가정생활주기도 함께 달라진다. 대개의 경우 청년기에 결혼초기를 보내고 자녀가 태어나며, 중년기에 자녀성장과 함께 결혼중기를 보낸다. 그 후 자녀를 출가시키고 다시 부부만 남게 되는 결혼말기를 보내게 된다. 이와 같은 일련의 과정에 맞추어 가계의 가정상황에 맞는 자산 포트폴리오를 구성하게 되는데, 이에 대한 연구는 Xiao(1996)와 정운영(1996), 이은실 · 최현자(1998) 등이 있다.

2) 자산선택 결정요인 연구

가계의 자산선택과 관련한 많은 연구들이 자산선택 결정요인에 관한 연구이다. 그 중에서도 주택소유와 관련한 대표적 연구로는 Cocco(2005), Curcuru(2003), Guiso & Jappelli(2002) 등의 연구가 있다.

Cocco(2005)[45]는 주택에 대한 투자가 개인의 동적인 적정자산 구성에 미치는 영향을 연구하여 주택투자는 자산구성 변동과 주식보유수준에 중요한 영향을 미치고 있음을 밝혔다. Curcuru(2003)도 미국의 소비자금융조사를 이용하여 미국의 주택자산수요를 연구했는데, 주택자산수요에는 연령이나 소득, 인구학적 요인보다도 순자산이 가장 유의한 변수임을 밝혀냈다. Guiso & Jappelli(2002)도 예비적 자산선택행태의 존재여부 분석을 통해 가계의 주택소유 여부가 안전 및 위험 금융자산의 보유를 결정하는데 있어서 중요한 요인임을 밝혔다.

국내연구로 이정현(1994)과 문숙재 외(1996, 2002)는 위험자산 결정요인을 찾아냈고, 임경묵(2004)은 대우패널 자료를 이용해 가계의 주식보유 결정요인이 연령과 소득, 주택보유 등임을 밝혀냈다. 또한 연령과 주식보유가 양(+)의 관계임을 밝혔는데, 박대근(2010)의 연구에서도 그 결과는 같았다. 한편 유경원(2004)과 김경아(2008)는 소득위험을 추정하여 자산선택 결정요인을 찾아내었는데, 두 연구결과 모두에서 위험이 높은 가구일수록 위험자산을 줄이고 안전자산을 늘리는 예비적 자산선택행위를 하고 있음이 나타났다.

부동산자산과 관련해서 김현숙(2006)과 정운영(2008) 등의 연구가 있는데, 김현숙은 소득과 주택자산 가격과의 관계에서 소득이 높을수록 주택자산 가격이 높아짐을 밝혔고, 정운영은 부동산자산 비중이 성별, 소득, 가구원수, 부채 등에 따라 달라짐을 알아냈다. 부채와 관련한 연구로 전승훈 · 임병인(2008)과 김우영 · 김현정(2010)의 연구가 있는데, 전승훈 · 임병인은 2000년 이후 우리나라 가계의 자산과 부채보유 실태를 분석했으며, 김우영 · 김현정은 우리나라 가계의 부채는 45세 ~ 54세에 가장 높으며, 부동산자산 가격 상승이 가계 부채의 주요 원인임을 밝혔다.

〈표 2-3〉 자산선택 결정요인 연구

저자명	연구제목	분석 내용	분석자료 분석모형	연구결과
Weagley & Gannon (1991)	Investor portfolio allocation	저축, 주택자산 채권 · 펀드, 은퇴투자 사이의 자산배분을 연구	○ Missouri지역 가구주를 대상으로한 설문조사자료(249개 표본) ○ 다항로짓분석	○ 저축/총자산 대비 주택자산/총자산 결정요인 : 연령(−), 연령2(+), 주택크기(−) ○ 저축/총자산 대비 채권 · 펀드/총자산 결정요인 : 연령(−), 연령2(+), 총자산(−) ○ 저축/총자산 대비 은퇴투자/총자산 결정요인 : 연령(−), 연령2(+), 총자산(−), 총부채(+), 소득자산(−)

45) Cocco, J.(2005), "Portfolio Choice in Presence of Housing", *Forthcoming in Review of Financial Studies*, 1 ~ 63쪽.

J. Banks and S. Tanner (2002)	Household Portfolios in the United Kingdom	영국 가계의 부(자산)의 변화 연구	FRS(Financial Research Survey), 1978~1996년 횡단면자료	○ 부(자산)의 대부분은 주택자산과 연금자산으로 구성됨. ○ 현・예금 등 안전금융자산이 총금융자산의 1/3 차지함 ○ 50~59세에 위험자산이 최고인 낙타 등 모양임.
Cocco (2005)	Portfolio Choice in the presence of Housing	주택투자가 자산구성 변동과 주식보유수준에 미치는 영향 분석	○ PSID(Panel Study of Income Dynamics) 1989년 횡단면 자료 ○ OLS 회귀분석	○ 주택투자는 주식보유에 (−) 영향 ○ 인생초기에는 주택가격 위험이 주식보유를 어렵게 하고, 이러한 영향은 자산구성에 많은 영향을 미침 ○ 레버리지는 주식보유에 (+) 영향
이정현 (1994)	도시가계의 저축・자산 선택행동에 관한 연구	도시가계의 저축, 자산, 위험자산 비율 결정요인 분석	○ 광주은행, 전남지역 도시가계 금융실태조사 : 1991년, 1992년 횡단면자료 ○ 다중회귀분석	위험자산비율 결정요인 : 연령(+), 자산(+), 자영업자(+), 소득(+), 부채(+), 가구원수(+)
문숙재・양정선 (1996)	가계의 위험자산과 안전자산 투자분석	○ 가계의 위험자산 선택 영향요인 분석 ○ 위험자산과 안전자산에 미치는 영향요인 분석	○ 대우패널, 1996년 횡단면자료 ○ 로짓분석 ○ OLS회귀분석	○ 위험자산 여부 결정요인 : 연령(−), 도시지역(+), 교육수준(+), 봉급생활자(+), 농림수산업자(−), 자가(+), 이전・기타소득(+), 총지출(+) ○ 위험자산 결정요인 : 자산소득(+), 이전・기타소득(+), 총지출(+)
문숙재・정순희・여윤경 (2002)	가계 순자산규모의 결정요인	가계 순자산규모의 결정요인과 재무구조를 생애주기별로 분석	○ 통계청, 가구소비실태조사 1996년 횡단면 자료 ○ 일원분산분석 OLS회귀분석	○ 가계 순자산규모 결정요인 : 교육수준(+), 소득(+), 투자자산(+), 대도시(+), 자가(+) ○ 위험자산 결정요인 : 자산소득(+), 이전・기타소득(+), 총지출(+)
임경묵 (2004)	한국 가계의 주식시장 참가 결정요인 분석	가계의 주식보유 결정요인 분석	○ 대우패널, 1993년~1998년 패널자료 ○ random effect panel probit 분석	○ 주식보유 여부 결정요인 : 연령(+), 연령2(−), 금융자산(+), 임금소득자(+), 총소득(+), 중・고졸 이하(−), 주택보유(+) ○ 가계의 자산구성은 높은 부동산자산 비중과 낮은 주식비중으로 나타남

유경원 (2004)	우리나라 가계의 예비적 자산선택행태에 관한 연구	소득위험을 추정하여 금융자산 중 주식보유액에 대한 추정	○ 대우패널, 1993년~1998년 패널자료 ○ random effect OLS, Quantile 분석	○ 주식보유비중 결정요인 : 연령(−), 연령2(+), 소득위험(−), 소득위험*자가여부(+), 항상소득(+), 항상소득2(−), 가구크기(−), 유아·초·중·고비율(+), 초·중·고·초급졸비율(−), 서울(−) ○ 소득변동성이 높을수록 위험자산보유는 줄임
김현숙 (2006)	우리나라 가구의 소득과 주택 자산소유 분포분석	소득과 주택자산 소유는 연령별로 다른 특성을 보임	○ 통계청, 2003년 가계조사 자료 ○ OLS, Quantile 분석	○ 주택가격 결정요인 : 소득(+), 가구원수(+), 남자(+), 서울거주(−), 교육연수(+) ○ 소득의 증가는 주택가격과 양의 관계, 학력이 높아질수록 주택자산의 정점을 이루는 연령이 증가함
김경아 (2008)	국내 가계의 자산선택행위에 관한 연구	소득위험을 추정한 후, 총금융자산 중 안전금융자산 보유 결정요인 추정	○ 한국노동패널 1999년~2008년 패널자료 ○ GMM 동태적 패널 분석	안전금융자산비중 결정요인 : 소득위험(+), 소득위험*주택보유(−), 부동산자산비중(−), 주택보유(+), 항상소득(+), 가구원수(+), 연령(−), 연령2(+), 총부채(−), 서울(−)
정운영 (2008)	우리나라 가계의 예비적 자산 선택행태에 관한 연구	○ 가계의 총금융자산에 대한 각 금융자산비중 결정요인 추정 ○ 총자산 중 부동산자산비중 추정	○ 한국노동패널 1999년~2004년 패널자료 ○ random effect OLS 회귀분석	○ 부동산자산 비중 결정요인 : 여성(+), 연소득(−), 가구원수(+), 총부채(+) ○ 연령과 교육수준은 유의하지 않음
정운영·이희숙 (2009)	중·고령자 가구의 부동산자산 결정요인에 관한 연구	총부동산액, 총부동산/총자산, 거주주택 외 부동산/총자산을 추정함	○ 국민연금연구원, 제2차 국민노후보장 조사, 횡단면자료 ○ OLS회귀분석	○ 총부동산액 결정요인 : 자가(+), 총소득(+), 총부채(+), 노후생활비 주관적 충분성(+) ○ 총부동산/총자산 결정요인 : 가구원수(+), 자가(+), 총저축(−) ○ 주택외부동산/총자산 결정요인 : 서울(−), 취업(+), 총부채(+), 개인연금가입(+), 노후생활비 주관적충분성(+)
박대근 (2010)	우리나라 가계의 자산보유특성과 결정요인	가계의 자산보유특성과 주식보유여부와 비중의 결정요인 분석	○ 통계청, 가계자산 조사 자료(2006년), 횡단면자료 ○ 헤크만모형, 토빗분석	○ 총자산 중 주식비중 결정요인 : 연령(+), 연령2(−), 총자산(+), 고졸 미만(−), 대졸 이상(+), 자영업자(−), 소득(+) ○ 금융자산 중 주식비중 결정요인 : 35세 미만(−), 금융자산(+), 고졸 미만(−), 대졸 이상(+), 자영업자(−)

전승훈 · 임병인 (2008)	2000년 이후 가계의 자산 및 부채보유 실태의 변화분석	가계의 자산 및 부채의 변화를 분석하고, 부채의 결정요인을 추정	◦ 통계청, 가계자산조사자료 (2006년), 가구소비실태조사 (2000년) 횡단면자료 ◦ 토빗분석	가계부채 결정요인 : 연령(+), 연령2(+), 교육연수(+), 배우자유(+), 가구원수(+), 적립식저축(+), 목돈투자(+), 기타저축(+), 보증금(+), 주택평가액(+), 주택 외 부동산평가액(+), 경상소득(+)
김우영 · 김현정 (2010)	가계부채의 결정요인 분석	가계부채 결정요인을 미시적 분석을 중심으로 거시적 영향도 함께 분석	◦ 한국노동패널, 2000년~2007년 패널자료 ◦ random effect 패널프로빗분석, 패널토빗분석, 다항로짓분석	◦ 부채보유여부 결정요인 : 65세 이상(−), 결혼(+), 가구원수(+), 자영업자(+), 자가소유(+), 자가 외 부동산소유(+), 금융자산(−), 교육비(+), 연도(+) ◦ 부채보유확률과 부채규모는 45~54세에 가장 큰 것으로 추정됨 ◦ 2003년 이후 연도 계수값이 단조적 증가, 부동산가격상승이 가계부채 원인임을 확인함

3) 선행연구와 차별성

본 연구가 기존연구와 차별성을 가지는 것은 첫째, 가계의 부동산자산을 중심으로 자산구조 변화를 분석하고, 이를 위해 10년간의 장기적인 패널자료를 활용한다는 점이다. 이때까지 가계 자산에 관한 연구는 주로 금융자산 분야의 연구로, 특히 위험자산 수요에 관한 연구가 대부분이었다. 인구구조나 생애주기에 따른 금융자산의 보유변화 등을 주로 다루어 상대적으로 부동산자산과 관련된 연구는 드물었고, 한 개년도의 횡단면 자료를 주로 이용함으로써 장기간의 시계열적인 분석이 미흡했다. 그러나 본 연구는 단기적 횡단면자료가 아닌 외환위기 이후 최근 10년간의 패널자료를 이용함으로써 장기적인 가계의 자산 변화를 분석하고자 했다.

둘째, 가계 자산구조를 분석함에 있어 부동산적 요소인 지역별 특성을 반영한 점이다. 우리나라의 경우 다른 국가에 비해 서울·수도권 집중 현상이 매우 심각하여 지역에 따른 차이점을 분석하는 것이 중요함에도 불구하고, 기존의 연구는 금융자산 관련 연구가 많아 부동산적 요소인 지역을 반영한 연구가 드물었다. 이에 본 연구에서는 지역 특성을 반영하여 자산구조를 분석함으로써, 우리나라의 서울·수도권 지역 집중 현상을 반영하고자 했다.

셋째, 부동산자산 결정요인 분석에 있어 거시적 환경을 나타내는 연도를 추가하여 거시적 변화도 함께 반영한 점이다. 즉 기존 연구는 개별 가계의 특성만을 반영하는 미시

자료만을 대상으로 분석하였는데, 부동산자산에 영향을 미치는 것은 개별 가계의 특성뿐 아니라 거시적 환경도 중요하다. 특히 부동산자산은 다른 자산에 비해 외부적인 거시경제 지표의 흐름에 민감하게 반응하므로 거시적 변화를 반영하는 것이 필요하다.

넷째, 부동산자산을 결정하는 요인으로 기존 연구에서는 가구크기나 가구원수를 설명변수로 택했지만[46], 본 연구에서는 최근 급증하고 있는 1인가구[47] 형태를 반영하고자, 가구원수 대신 가구형태를 설명변수로 한 점이다. 가구원수를 설명변수로 했을 경우 1인가구는 단순히 가구원수가 1명인 가구로 취급되지만, 실제로 1인가구는 보통가구와 사회·인구학적 특성이나 경제적 특성에서 많은 차이가 있고, 사회적 변화와 함께 최근 가구의 중요한 형태로 자리매김 하고 있어 이를 반영하고자 가구형태를 설명변수로 택하였다.

다섯째, 원자료의 소득 자료를 기초로 소득위험을 추정하여, 부동산자산 결정요인의 설명변수로 포함한 점이다. 소득자체를 설명변수로 포함하여 분석한 기존연구는 많으나, 소득에 따른 위험을 추정하여 변수로 포함한 경우는 드물다. 그러나 소득과 함께 소득의 변동성을 나타내는 소득위험은 가계의 자산선택 시 중요하게 작용하는데, 소득과 소비, 저축·투자는 유기적으로 관련이 있어 소득의 변동성은 소비와 저축·투자에 영향을 주고, 결국 자산구조를 변화시키기 때문이다.

46) 김현숙(2006)은 가구형태가 중요 설명변수가 될 것으로 예상했으나 조사자료 상 가구형태 자료를 얻을 수 없어 기존연구의 변수와 동일하게 가구원수를 설명변수로 사용했다[김현숙(2006), "우리나라 가구의 소득과 주택자산소유 분포분석", 「여성경제연구」 제3집 제1호, 90쪽].

47) 본서 163쪽 주 69) 및 70) 참조

가계자산 현황 03

1 한국노동패널자료(KLIPS)의 개요

본 연구에서 사용한 가계 자산 자료는 한국노동연구원에서 조사한 한국노동패널자료이다. 가계의 자산에 대한 연구는 미국에서 처음으로 시작되었고,[48] 우리나라는 가구에 대한 자료로 통계청의 '가구소비실태조사'(1996년, 2000년)와 '가계자산조사'(2006년)가 있으며, 대우경제연구소에서 실시한 '한국가구패널조사(대우패널, KHPS)'(1993년~1998년) 등이 있다. 그러나 통계청의 조사는 횡단면(cross sectional)적 조사로서 동적인 측면에서 가구와 개인의 장기간에 걸친 변화와 상태 간 이동과정을 보여줄 수 없는 단점이 있고, 대우패널조사는 1998년까지만 자료가 존재하여 최근의 자료가 없다.

이에 본 연구에서는 한국노동연구원에서 조사한 '한국노동패널자료(KLIPS)'를 이용했는데, 노동패널자료는 1998년도에서 2008년까지 11년 간 가구 및 개인에 관하여 조사한 자료로서 패널조사는 도시지역에 거주하는 한국의 5,000가구와 가구원을 대표하는 패널표본 구성원(5,000가구에 거주하는 모든 가구원 ; 13,321명)을 대상으로 1년에 1회씩 조사를 실시하고 있다. 패널 조사는 매년 동일한 가구와 가구원에 대한 동일한 조사를 반복해서 실시하기 때문에 원표본가구 유지율이 매우 중요한 데, 〈표 3-1〉에서와 같이 노동패널의 원표본가구 유지율은 74% 이상으로 높게 나타나고 있다.[49]

또한 〈표 3-2〉은 다른 선진국의 대표적 패널조사의 원표본가구 유지율을 KLIPS와 비교한 것인데 다른 나라의 패널자료와 비교하여도 원표본가구 유지율은 높은 편이다.

KLIPS 자료는 크게 가구를 조사 대상으로 한 가구용 자료와 가구에 속한 만15세 이상 가구원을 조사 대상으로 한 개인용 자료로 구분된다. 가구용 자료는 가구의 자산과 부채, 소득·소비·저축 등 전반적인 가계 경제 상황과, 자가 여부 등 주거관련 사항, 가구원에 관한 정보, 가구의 사교육 관련 항목 등을 포함하며, 개인용 자료는 개인의 경제활동 상태, 소득활동 및 소비, 교육 및 직업훈련, 고용상의 특성, 근로시간, 직무만족 및 생활만족, 구직활동, 노동시장 이동 등의 내용을 담고 있다.

---

48) 1962년에 처음 조사를 시작한 Survey of Consumer Finance(SCF)는 2007년 SCF까지 조사되었으며, 1983년부터 3년 마다 조사를 하고 있다.

49) 한국노동패널 User's Guide(2009), 4쪽.

〈표 3-1〉 한국노동패널의 원표본가구 유지율

(단위 : 가구, %)

년도	조사성공 가구수	원표본 가구수	원표본 유지율	분가 가구수	가구원수	실사기간
1차(1998년)	5,000	5,000	100	0	13,317	6월~10월
2차(1999년)	4,509	4,379	87.6	130	11,237	7월~12월
3차(2000년)	4,267	4,045	80.9	222	11,206	5월~10월
4차(2001년)	4,248	3,865	77.3	383	11,651	6월~10월
5차(2002년)	4,598	3,798	76.0	500	10,966	4월~9월
6차(2003년)	4,592	3,862	77.2	730	11,543	4월~9월
7차(2004년)	4,762	3,863	77.3	899	11,661	4월~9월
8차(2005년)	4,850	3,823	76.5	1,027	11,580	4월~9월
9차(2006년)	5,002	3,821	76.5	1,181	11,756	4월~9월
10차(2007년)	5,069	3,775	75.5	1,294	11,855	4월~9월
11차(2008년)	5,116	3,709	74.2	1,407	11,734	4월~10월

주 1) 원표본가구는 1차년도 조사 당시 원표본이었던 5,000가구 중 해당 연도에 실사가 성공적으로 이루어진 가구를 의미함

2) 원표본유지율은 1차년도에 조사에 성공한 원표본 5,000가구 중 해당 연도에 조사 성공한 원표본가구의 표본유지율임

3) 가구원수는 만15세 이상 가구원으로 면접에 성공한 가구원수임

자료 : 한국노동패널 User's Guide(2009), 한국노동연구원

〈표 3-2〉 나라별 가구패널조사와 노동패널의 원표본가구 유지율

(단위 : %, 년)

회차	미국 PSID	독일 GSOEP	영국 BHPS	한국 KHPS	한국 KLIPS
2차년도	89.0(1969)	89.9(1985)	87.7(1992)	79(1994)	87.6(1999)
3차년도	86.3(1970)	86.0(1986)	81.5(1993)	66(1995)	80.9(2000)
4차년도	83.7(1971)	84.9(1987)	79.9(1994)	59(1996)	77.3(2001)
5차년도	81.2(1972)	81.3(1988)	76.8(1995)	56(1997)	76.0(2002)
6차년도	78.8(1973)	79.2(1989)	77.3(1996)	44(1998)	77.2(2003)
7차년도	76.4(1974)	78.4(1990)	76.0(1997)	종료	77.3(2004)
8차년도	74.1(1975)	78.9(1991)	74.1(1998)	-	76.5(2005)
9차년도	71.2(1976)	78.4(1992)	72.1(1999)		76.5(2006)
10차년도	69.0(1977)	78.8(1993)	70.4(2000)		75.5(2007)
11차년도	67.0(1978)	77.7(1994)	68.4(2001)		74.2(2008)

주 1) 괄호 안은 연도임

2) 영국의 BHPS는 원표본가구원의 표본유지율임

3) 원표본유지율 : 1차년도 표본인 5,000가구 기준 표본유지율임

자료 : 한국노동패널 User's Guide(2009), 한국노동연구원

다음으로 노동패널의 항목별 정의를 살펴보면 〈표 3-3〉과 같다. 자산과 관련된 항목은 부동산자산과 금융자산으로 구성된다. 부동산자산은 가구가 거주하고 있는 주택과 기타 부동산자산의 합에서 타인에게 임대한 부동산 시가를 차감한 것을 의미하고, 전·월세 보증금을 포함한다. 금융자산은 은행예금, 주식/채권/신탁[50], 저축성보험, 아직 타지 않은 계, 빌려준 돈, 기타의 합이다. 가구부채는 금융부채와 부동산관련 부채(전세금 받은 돈), 부어야할 계 및 개인적으로 빌린 돈과 기타 부채의 합을 의미한다.

연간 총소득은 근로소득, 금융소득, 부동산소득, 사회보험금액, 이전소득의 합으로 정의되고, 가구순자산은 가구총자산에서 가구총부채를 차감한 금액을 의미한다. 그런데, 이러한 자산과 소득에는 기준 시점의 차이가 있다. 자산부분 항목은 조사 당시를 기준으로 하나, 소득부분은 조사일 전년도에 발생한 소득을 기준으로 한다.[51]

〈표 3-3〉 노동패널 항목별 정의

항 목		정 의
부동산자산	소유주택	소유한 주택의 조사당시 시가
	거주주택 임대보증금	임대한 주거용 부동산의 전·월세 보증금
	거주주택 외 부동산	거주주택 외 부동산의 조사당시 시가
	거주주택 외 부동산 임대보증금	거주주택 외 부동산의 임대 보증금
	임차보증금	부동산 임차 시 전·월세 보증금
금융자산	은행예금	은행요구불예금, 은행저축성예금, 기타 금융기관 예금
	주식·채권·신탁	주식, 국채, 회사채, 신탁자산
	저축성 보험	저축성보험 불입 총액
	(아직 타지 않은) 계	(아직 타지 않은) 계 불입 총액
	(남에게 빌려준) 돈	남에게 빌려준 돈 총액
	기 타	현금 등 기타 금융자산
부채	금융기관 부채	담보대출, 신용대출 등 금융기관으로부터 빌린 부채
	비금융기관 부채	비금융기관으로부터 빌린 부채
	(남에게 빌린)돈	개인적으로 친척 등 지인으로부터 빌린 돈
	(받은) 보증금	부동산을 임대하고 받은 전·월세 보증금
	(미리 탄)계	미리 타고 앞으로 부어야할 계
	기 타	기타 부채

50) 노동패널의 경우 주식·채권·신탁이 분리되지 않고 한 항목으로 처리됨
51) 11차년도(2008)의 소득은 전년도 기준(2007. 1 ~ 12)의 소득이고, 자산은 조사시점(2008. 4 ~ 10) 기준의 자산이다.

연간 총소득	근로소득	근로의 대가로 벌어들인 수입을 말하며, 직장 또는 일자리에서 받은 임금이나 봉급, 자영업 소득 등을 의미
	금융소득	◦ 금융자산을 통하여 벌어들인 수입으로 예금의 이자소득, 주식의 배당금, 사채 또는 채권의 이자, 주식의 매매차익 등을 의미 ◦ 자산의 가치가 변화해도 실제로 매매를 하지 않은 경우, 즉 주식의 시세는 높아졌지만 실제로 주식을 사고팔지 않은 경우는 금융소득에 포함하지 않음
	부동산소득	◦ 부동산에서 발생하는 수입으로 집세, 토지임대료, 부동산 매매차익 등을 의미 ◦ 부동산을 임대해주고 받은 전세금은 다시 갚아야 하는 돈이므로 부동산 소득에 포함하지 않음
	사회보험소득	◦ 연금이나 실업급여와 같은 사회보험을 의미 ◦ 국민연금, 특수직역연금, 산재보험, 보훈연금, 실업급여 및 기타가 이에 해당함
	이전소득	◦ 생활비나 교육비 등의 명목으로 친척, 친지로부터 받는 지원금과 정부 및 사회단체로부터 대가없이 받는 보조금을 의미 ◦ 경로우대 교통비, 동사무소의 생활보호대상자 지원금 등이 이에 해당함

자료 : KLIPS 설문지, 각 년도, 한국노동연구원

이와 같은 KLIPS 자료 중 본 연구에 사용된 표본은 총 5,000가구 중에서 일관성을 유지하기 위해서 2차년도(1999년)부터 10차년도(2008년)까지 모두 응답한 원가구로 한정하고, 그 중 분가한 가구는 제외하였으며, 가구 설문 및 개인 설문을 모두 응답한 가구이다. 또한 항목별 응답에서 결측치와 이상치를 제외하여 측정오류 통제를 위한 가구 선택 과정을 거친 후 최종 분석에 사용된 가구는 1,345가구(1999 ~ 2008년)이다. 그리고 이들 가구의 소득, 소비, 자산 등에 관한 모든 금액은 명목금액을 기준으로 비교한다면 1999년 시점의 자산규모는 과거 물가수준 반영 분만큼 과소평가되고, 10년이 지난 2008년분은 물가상승분 만큼 과대평가되는 문제가 있을 수 있어 소비자물가지수(CPI, 2005 = 100)를 이용하여 각 년도 명목금액을 실질금액화 하였다.

가계의 일반적 특성을 살펴보면 〈표 3-4〉와 같다.

먼저 사회인구학적 특성을 보면, 평균 연령은 52.10세이고, 남자가구주가 전체의 86.6%를 차지하고 있다. 가구주 학력을 살펴보면 중졸 이하가 40.8%, 고졸 이하가 38.3%, 전문대졸 이상이 20.9%를 차지하고 있다. 직업은 무직이 25.5%, 임금근로자가 46.2% 자영업자가 28.3% 이다. 배우자가 있는 가구주가 80.1%이고, 보통가구[52]가 91.9%를 차지하며, 평균 가구원수는 3.43명이다.

지역별로는 서울·수도권 지역에 48.6%, 광역시 지역에 26.5%, 기타 도 지역에 24.9%가 거주한다. 거주주택 종류는 아파트 40.6%, 단독주택 33.3%, 다세대/다가구

52) 통상 가족단위로 이루어져서 생활을 같이하고 있는 가구[본서 403쪽 주 69) 참조].

12.1%, 연립 9.7%, 상가주택/기타 4.3%이다. 자가를 소유한 가구가 67.0%, 소유하지 못한 가구가 33.0%이다.

다음으로 가계의 경제적 상황을 살펴보면, 부동산자산은 13947.06만 원이고 금융자산은 1810.01만 원으로 부동산자산이 총자산의 88.51%를 차지한다. 총부채는 2497.98만 원으로 총자산의 15.85%에 해당한다. 순자산은 13259.09만 원이고, 연간 총소득은 2919.06만 원, 월저축은 43.59만 원이다.

〈표 3-4〉 가계의 일반적 특성(n = 13,450)

(단위 : 가구, %, 만 원)

항목	구분	가구 수	빈도(%)	비고
연 령	20-29세	90	0.7	평균 연령 : 52.10세 표준편차 : 12.243
	30-39세	2,030	15.1	
	40-49세	4,156	30.9	
	50-59세	3,478	25.9	
	60-69세	2,338	17.3	
	70세 이상	1,358	10.1	
성 별	남	11,648	86.6	남성 : 86.6%
	여	1,802	13.4	
학 력	중졸 이하	5,492	40.8	평균 학력 : 고졸(4.7)[53]
	고졸 이하	5,142	38.3	
	전문대졸 이상	2,816	20.9	
직 업	무직	3,430	25.5	임금근로자 : 46.2%
	임금근로자	6,218	46.2	
	자영업자	3,802	28.3	
배우자	유	10,776	80.1	배우자 유 : 80.1%
	무	2,674	19.9	
가구형태	1인가구	1,089	8.1	평균 가구원수 : 3.43명
	보통가구	12,361	91.9	
거주지역	서울 및 수도권	6,538	48.6	서울·수도권지역 : 48.6%
	광역시	3,558	26.5	
	기타 도 지역	3,354	24.9	
주택종류	주택	4,479	33.3	아파트 거주 : 40.6%
	아파트	5,461	40.6	
	연립	1,305	9.7	
	다세대/다가구	1,627	12.1	
	상가주택/기타	578	4.3	
자가유무	유	9,011	67.0	자가 유 : 67.0%
	무	4,439	33.0	

53) 1~4 : 중졸 이하, 5 : 고졸, 6 : 전문대졸, 7 : 대졸, 8 : 석사, 9 : 박사

자산 및 소득	평 균	표준편차
부동산자산	13,947.06	19,210.21
금융자산	1,810.01	4,111.17
총자산	15,757.07	23,321.38
총부채	2,497.98	5,576.65
순자산	13,259.09	17,744.73
연간 총소득	2,919.06	2,813.63
월저축	43.59	87.46

주 1) 각 금액은 평균값이고, 소비자물가지수를 이용하여 실질금액화함
2) 순자산은 '총자산 - 총부채'임
자료 : 한국노동패널 2차-11차년도 자료(1,345가구)

2 가계 자산 현황

1) 전체적 자산현황

다음의 〈표 3-5〉는 1999년(제2차)[54]부터 2008년(제11차)까지 노동패널 자료에 기초하여 작성된 국내 가계의 자산현황이다.

〈표 3-5〉 가계의 전체적 자산현황

(단위 : 세, 명, 만 원)

년도	1999	2000	2001	2002	2003	2004	2005	2006	2007	2008
연 령	47.83	48.70	49.75	50.68	51.64	52.59	53.56	54.49	55.45	56.34
가구원수	3.62	3.59	3.57	3.53	3.48	3.45	3.37	3.29	3.22	3.15
부동산자산	10,749.65	10,273.74	10,467.52	11,291.26	13,173.27	14,731.19	15,402.27	16,272.64	17,828.46	19,280.62
금융자산	1,774.60	1,838.28	1,756.67	1,854.66	1,752.08	1,664.94	1,902.84	1,946.43	1,848.68	1,760.88
총자산	12,524.25	12,112.02	12,224.19	13,145.92	14,925.35	16,396.13	17,305.11	18,219.07	19,677.14	21,041.50
총부채	1,818.29	1,901.68	1,871.47	2,060.80	2,370.79	2,834.31	2,958.96	3,035.04	3,233.93	2,894.56
연간총소득	2,216.12	2,294.68	2,384.27	2,966.61	2,971.38	3,101.97	3,148.22	3,287.76	3,510.08	3,309.53
연근로소득	1,976.07	2,108.39	2,190.35	2,552.02	2,629.41	2,729.70	2,735.61	2,793.80	2,876.26	2,898.64
월생활비	122.21	129.18	138.05	155.31	167.67	172.64	175.13	179.04	187.58	181.18
월저축액	33.07	36.76	40.22	48.69	42.59	46.51	49.32	45.98	51.47	41.34

주 1) 금액은 소비자물가지수를 이용하여 실질금액화함
2) 총자산은 부동산자산과 금융자산의 합
3) 소득액은 세후소득임

54) 노동패널은 1998년 1차 조사를 시작으로 2008년 11차 조사까지 이루어졌는데 1998년(1차)조사에서는 소득 및 자산의 세부항목이 조사되지 않아 분석에서 제외되었다.

4) 월생활비는 식비, 외식비, 공교육비, 사교육비, 차량유지비, 주거비, 경조사비, 보건의료비, 문화비, 내구재, 통신비, 용돈, 피복비, 헌금 및 각종기부금, 국민연금 및 의료보험료, 대중교통비 및 기타 금액의 총합임
5) 월저축액은 예금·적금, 개인연금, 보장성보험, 종신보험(2006~2008년만 조사), 적립식펀드(2007~2008년만 조사), 저축성보험, 불입한 계돈의 총합임
자료 : 한국노동패널 2차-11차년도 자료(1,345가구)

가계의 전체적 현황을 구체적으로 살펴보면 다음과 같다. 먼저 가구원수는 1999년 3.62명에서 2008년 3.15명으로 감소하였다. 가구의 자산 현황을 살펴보면, 먼저 부동산자산은 1999년에는 10749.65만 원, 2003년에는 13173.27만 원, 2008년에는 19280.62만 원으로 증가했고, 더불어 총자산도 1999년에는 12524.25만 원, 2003년에는 14925.35만 원, 2008년에는 21041.50만 원으로 증가했다. 그러나 금융자산의 경우는 1999년도에 1774.60만 원, 2003년도 1752.08만 원, 2008년도에 1760.88만 원으로 연도별로 큰 차이가 없다. 다음으로 가구부채를 살펴보면, 1999년도에 1818.29만 원, 2003년도에 2370.79만 원, 2008년도에 2894.56만 원으로 증가했다. 그런데 부동산자산과 총자산, 총부채의 연도별 흐름은 유사하게 나타난다. 이것은 부동산자산이 총자산의 대부분을 차지하고 있어, 부동산자산의 움직임에 따라 총자산도 함께 움직이기 때문이다. 또한 부동산자산은 부채와도 연도별로 같은 흐름을 나타내는데, 이는 가구의 대부분이 부채조달을 통해 부동산자산을 구입하기 때문이라고 판단된다.[55)]

한편 연간 총소득은 1999년 2216.12만 원에서 2008년 3309.53만 원으로 증가했으며, 근로소득도 함께 증가했다. 월생활비는 1999년 122.21만 원에서 2008년 181.18만 원으로 지속적으로 상승하여, 가구의 지출부담은 해가 갈수록 늘어가고 있다. 월저축은 1999년 33.07만 원에서 2008년 41.34만 원으로, 지속적인 저금리에도 불구하고 상승폭은 작지만 꾸준히 상승추세를 유지하고 있다.

(1) 연도별 소득현황

아래 〈그림 3-1〉은 우리나라 가계의 연도별 소득현황을 나타내고 있다. 2차년도의 가구별 연간 명목총소득은 1,839만 원인데, 10차년도에는 3,628만 원으로 10년간 2배가량 올랐다. 하지만 실질총소득은 2차년도 2,216만 원에서 10차년도 3,309만 원으로 명목상승률에 미치지 못했다. 가구별 연간총소득은 계속 증가하는 모습이나 명목소득이 증가하는 만큼 실질소득은 증가하지 못해 실제로 가계에서 체감하는 소득 증가는 그리 크지 못할 것으로 예상된다. 특히 2003년 이후에는 실질소득의 증가세가 둔화되는 모습이고, 2008년에는 명목소득은 증가했으나 실질소득은 감소하는 모습을 띠어 가계가 체감하는 소득수준은 더 낮을 것으로 예상된다.

55) 이소영(2011), "가계부채 현황 및 추이와 시사점", 한국경제연구원 연구보고서, 4쪽.

〈그림 3-1〉 가계의 연도별 소득현황

(단위 : 년, 만 원)

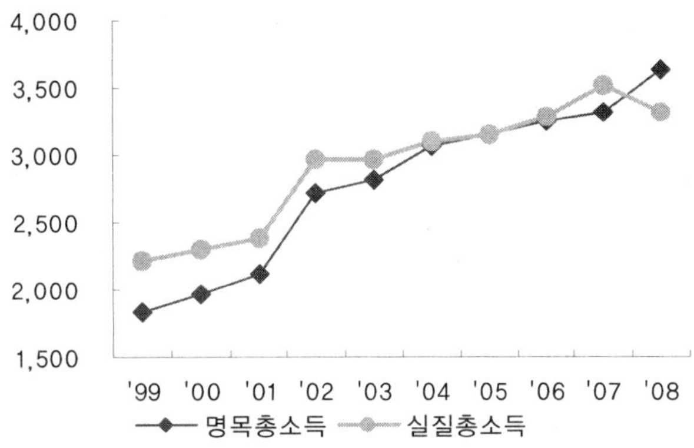

주 : 소득액은 세후소득 기준이고, 소비자물가지수를 이용하여 실질금액화함
자료 : 한국노동패널 2차-11차년도 자료(1,345가구)

〈표 3-6〉 가계의 연도별 소득구성현황

(단위 : %, 만 원)

년도	근로소득비중	금융소득비중	부동산소득 비중	사회보험 소득비중	이전소득비중	총소득
1999	88.86	2.41	4.23	1.22	3.28	2,216.12
2000	88.10	6.13	2.49	1.33	1.95	2,294.68
2001	91.08	2.02	3.39	1.45	2.06	2,384.27
2002	85.70	1.70	6.42	1.73	4.45	2,966.61
2003	88.38	0.12	7.45	1.64	2.41	2,971.38
2004	87.78	2.02	4.75	2.01	3.44	3,101.97
2005	86.52	1.10	5.75	2.07	4.56	3,148.22
2006	84.80	1.49	6.26	2.47	4.98	3,287.76
2007	81.93	1.45	7.14	5.09	4.39	3,510.08
2008	87.44	0.30	4.95	2.88	4.43	3,309.53

주 1) 소득액은 세후소득 기준이고, 소비자물가지수를 이용하여 실질금액화함
2) 소득비중은 총소득 대비 소득비중임
자료 : 한국노동패널 2차-11차년도 자료(1,345가구)

다음으로 〈표 3-6〉은 우리나라 가계의 연간 총소득을 근로소득, 금융소득, 부동산소득, 사회보험소득, 이전소득 등으로 나누고 총소득에서 차지하는 비중을 나타내고 있다. 1999년부터 2008년까지 연간 총소득의 대부분은 근로소득이 차지하며 그 비중은 약 85% 이상이다. 근로소득 다음으로 많이 차지하는 소득 비중은 부동산소득이고, 그에 반해 가장 작은 비중을 차지하는 것은 금융소득이다. 부동산소득은 부동산자산을 통해 벌어들인 집세, 토지임대료, 부동산 매매차익 등을 말하고, 금융소득은 예금이자,

주식 배당금 등 금융자산을 통해 벌어들인 소득을 말한다. 부동산소득이 높고 금융자산 소득이 낮다는 것은 가계의 대부분이 금융자산보다는 부동산자산을 이용하여 소득을 얻는다고 생각할 수 있으며, 이는 외환위기 이후 지속된 이자율 하락으로 금융자산이 부동산자산에 비해 상대적으로 낮은 수익률을 보이고 있기 때문이라고 생각한다.56)

(2) 연도별 자산현황

가계의 연도별 부동산자산과 금융자산 현황은 〈그림 3-2〉와 〈그림 3-3〉에 나타나 있다. 부동산자산과 부동산자산 비중은 해가 갈수록 증가하나, 금융자산은 연도별로 변화모습이 일정치 않다. 그러나 금융자산 비중은 해가 갈수록 감소하는 모습을 보이고 있다. 부동산자산 비중은 평균 88.08%이고, 금융자산 비중은 11.02%로 부동산자산이 자산의 대부분을 차지하고 있다. 부동산자산 비중은 지속적으로 높아지는데, 특히 2002년도에서 2004년도와 2006년에서 2008년 사이의 증가폭이 크다. 이는 거주주택이 부동산자산의 대부분을 차지하고 있는 우리나라 가계의 현실을 감안할 때 당해 연도의 주택매매가격이 큰 폭으로 상승한 데 기인한 것으로 볼 수 있다.57)

〈그림 3-2〉 연도별 부동산자산 현황

(단위 : 년, 만 원, %)

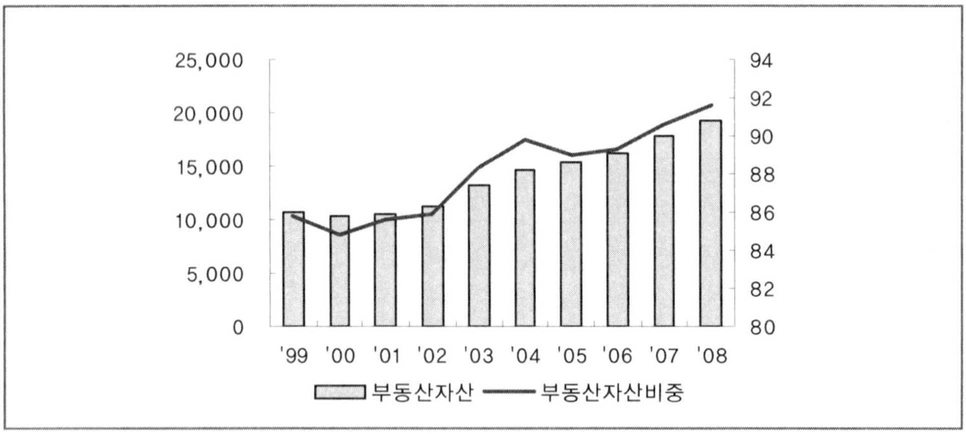

56) 한국은행, 연도별 CD금리 현황

년도	1999	2000	2001	2002	2003	2004	2005	2006	2007	2008
CD금리(%)	6.81	7.08	5.32	4.81	4.31	3.79	3.65	4.48	5.16	5.49

57) 통계청, 연도별 주택매매가격지수 및 전세가격지수

년도	1999	2000	2001	2002	2003	2004	2005	2006	2007	2008
매매가격지수	60.90	61.20	67.20	78.23	82.72	81.01	84.26	94.03	96.99	100
전세가격지수	65.50	72.80	84.80	93.30	91.99	87.41	90.06	95.90	98.35	100

〈그림 3-3〉 연도별 금융자산 현황

(단위 : 년, 만 원, %)

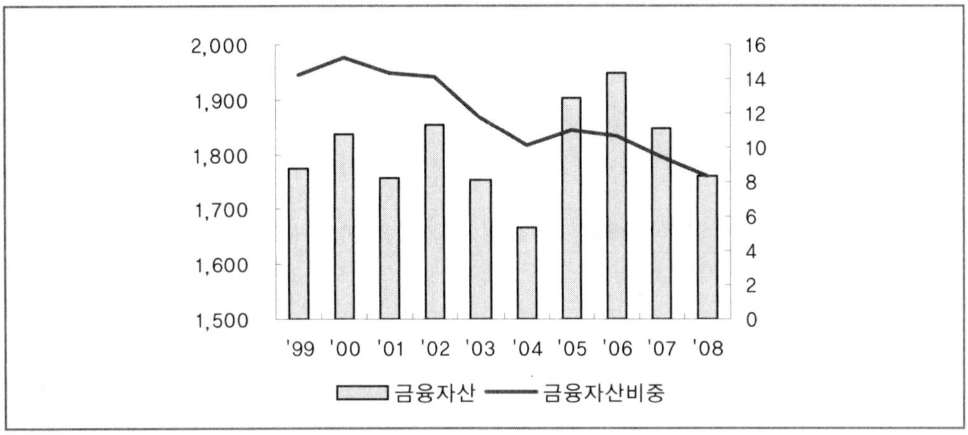

주 1) 모든 금액은 소비자물가지수를 이용하여 실질금액화함
2) 금액은 연평균 금액이고, 자산이 없는 가구는 금액을 0으로 하여 포함함
3) 자산비중은 총자산대비 각 자산의 비율임
자료 : 한국노동패널 2차-11차년도 자료(1,345가구)

이와 같은 우리나라 가계의 자산비중이 다른 선진국과 어떠한 차이가 있는지 살펴보면 〈표 3-7〉과 같다. 우리나라의 실물자산비중은 78.6%로 다른 국가에 비해 높다. 특히 미국은 실물자산 비중은 35.1%이고, 금융자산 비중은 64.9%로 다른 나라에 비해 금융자산 비중이 매우 높다.

〈표 3-7〉 나라별 가계자산 구성 비교

(단위 : %)

구 분	한 국	미 국	영 국	일 본
실물자산	78.6	35.1	54.8	41.3
금융자산	21.4	64.9	45.2	58.7

기준시점 : 한국(2010년), 미국(2010년), 영국(2009년), 일본(2008년)
주 : 한국 금융자산에 전·월세 보증금 포함
자료 : 한국 통계청, 미FRB, 영국 통계청, 일본 내각부
출처 : 금융투자협회(2010. 9)

이는 금융시장 발달로 사회전반에 적극적인 투자문화가 자리 잡고 있음을 나타낸다고 볼 수 있다.[58] 또한 가까운 일본의 경우 1990년 이후 부동산을 중심으로 총자산은 감소하는 가운데 금융자산 규모는 증가하는 추세를 나타냈고,[59] 금융자산 비중은 58.7%로 미국 다음으로 높았지만, 안전자산이라 여겨지는 현금·예금의 비중이 높았다. 이는 일본의 장기불황 및 경제 불확실성 등에 기인한 것으로 일본 가계의 여전한

58) 금융투자협회 발표자료(2010), "주요국 가계금융자산 비교 조사자료"보고서, 1쪽.
59) 한국은행(2007), "일본 가계의 자산보유 행태 변화와 시사점"(2007), 「해외경제정보」 제2007-4호, 1쪽.

현금, 예금의 선호현상을 반영한 것이라 해석할 수 있다.60)

이와 같이 우리나라 가계는 부동산자산 비중이 매우 높은데, 그 중에서도 자가(自家)가 부동산자산의 대부분을 차지한다. 아래 〈표 3-8〉은 연도별로 자가 현황을 나타내고 있다.

〈표 3-8〉 연도별 자가 현황

(단위 : %)

구 분	1999	2000	2001	2002	2003	2004	2005	2006	2007	2008
자가/총자산	45.54	45.91	49.23	48.67	54.56	54.28	53.09	53.33	54.58	55.46
자가/부동산자산	52.50	52.64	56.15	56.02	61.30	60.27	59.77	60.47	61.16	60.46
자가소유 비율	58	59	63	64	68	78	69	70	70	70

주 1) 자가는 자가시가를 말하며, 거주주택 전·월세 임대보증금은 포함하지 않음
2) 모든 금액은 소비자물가지수를 이용하여 실질금액화함
3) 자가소유 비율은 자가소유가구/전체가구 임

자료 : 한국노동패널 2차-11차년도 자료(1,345가구)

자가는 평균적으로 부동산자산의 58.07%를 차지하고 있고, 총자산의 51.46%를 차지하고 있어 부동산자산 중 자가 비중이 상당히 높다. 자가 비중은 해가 갈수록 높아지고 있고, 특히 2003년 이후로 그 비중이 많이 높아졌다. 전체가구 중 자가를 보유하고 있는 비율도 해마다 높아져 평균 67%에 달하고 있다.

다음으로 연도별 부채비중 현황을 살펴보면 〈표 3-9〉와 같다. 총자산 대비 부채비중은 평균 15.8%로 연도별로 비슷한 비중을 나타내었다. 그러나 금융자산 대비 부채비중은 해마다 증가하는 추세이고, 특히 2002년에서 2004년, 2006년에서 2008년 사이의 증가폭이 크게 나타나는데, 이것은 〈그림 3-2〉 연도별 부동산자산의 변화흐름과 그 맥락을 같이함을 알 수 있다. 그러나 이 비중이 증가할수록 가계의 유동성은 감소하므로 주의가 요망된다.

60) 금융투자협회 전게 보고서(2010), 2쪽.

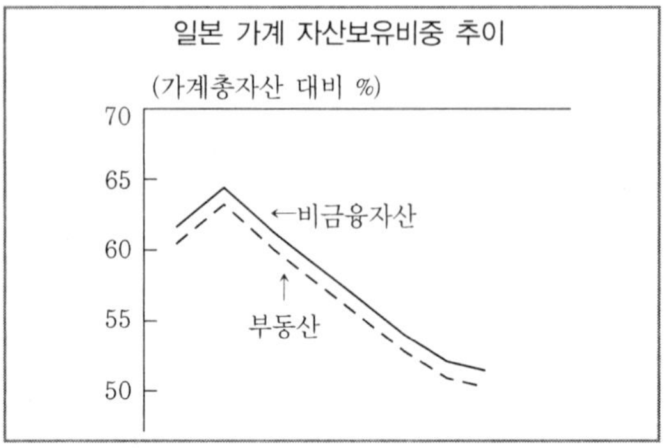

〈표 3-9〉 연도별 부채비중 현황

(단위 : %)

구 분	1999	2000	2001	2002	2003	2004	2005	2006	2007	2008	평균
총부채/총자산	14.52	15.70	15.31	15.67	15.88	17.23	16.94	16.61	16.35	13.68	15.80
총부채/금융자산	102	103	106	110	135	169	154	155	174	163	139

주 : 총부채가 0인 가구도 포함함
자료 : 한국노동패널 2차-11차년도 자료(1,345가구)

2) 세부적 자산현황

본 절에서는 한국노동패널자료에 기초해 가계의 자산 및 소득현황을 연령과 지역을 기준으로 세분화하여 분석하였다. 먼저 연령 기준은 가구주 연령에 따라 10세 단위로 20세부터 70세 이상까지 연령대별로 구분하여 분석하였고, 지역 기준은 우리나라의 서울·수도권 인구 집중의 지역적 특성을 감안하여 서울·수도권지역과 광역시지역, 기타 도 지역으로 나누어 현황을 분석했다.

(1) 연령별 현황

〈표 3-10〉은 연령별로 전체적인 자산현황을 보여주고 있다. 1999년부터 2008년까지 10년간의 평균값으로 연령에 따른 자산변화를 살펴보았다.

20대부터 70세 이상까지 연령별로 자산변화를 살펴본 결과, 20대가 자산이 가장 적었고, 50대가 자산이 가장 많았다. 20대부터 자산이 증가하기 시작하여 30대에 자산이 큰 폭으로 증가하고, 50대에 이르러 총자산, 총부채, 순자산 모두 최고를 이루었다가 그 이후 감소했다. 따라서 생애 전체적으로 자산의 변화모습은 역U자 형태를 보여, 생애주기가설과 부합하는 모습을 나타냈다.

또한 이러한 연령에 따른 증감율은 〈표 3-11〉에서 보여주고 있다. 먼저 주목해 보아야 할 연령대는 30대로 모든 자산과 부채가 급격히 늘어나는 연령대이다. 특히 부동산자산은 136.8%가 증가하고 총부채는 299.8%가 증가했다. 이는 이 시기가 본격적으로 주택을 마련하는 시기이고, 부채를 이용해 주택을 마련하는 현실을 반영한 결과로 보인다. 다음으로 70세 이상 연령을 보면 부동산자산의 감소폭은 18.8%로 70세 이상에서도 부동산자산을 급격히 줄이지 않았으나, 총부채는 44.3% 감소하여 총부채의 감소폭은 크게 나타났다.

〈표 3-10〉 연령별 전체 자산현황

(단위 : 만 원)

연 령	부동산자산	금융자산	총자산	총부채	순자산
20-29세	3,633.20	1,155.00	6,078.18	539.64	5,538.54
30-39세	8,601.90	1,551.05	10,152.97	2,157.43	7,995.54
40-49세	13,302.31	1,847.41	15,153.97	2,910.78	12,243.19
50-59세	17,585.11	2,069.97	19,655.99	3,237.81	16,413.33
60-69세	15,537.89	1,827.97	17,364.64	1,879.19	15,485.45
70세 이상	12,611.95	1,432.70	14,105.81	1,045.65	13,061.20
평 균	13,947.06	1,810.01	15,757.07	2,497.98	13,259.09

주 1) 각 값들은 평균값이고, 모든 금액은 소비자물가지수를 이용하여 실질금액화함
2) 총자산은 부동산자산과 금융자산의 합, 총부채가 0인 가구도 포함함
3) 순자산은 총자산-총부채
자료 : 한국노동패널 2차-11차년도 자료

〈표 3-11〉 연령별 자산 증감 현황

(단위 : %)

연 령	부동산자산	금융자산	총자산	총부채	순자산
20-29세	0	0	0	0	0
30-39세	**136.8**	**34.3**	**67.0**	**299.8**	44.4
40-49세	54.6	19.1	49.3	34.9	53.1
50-59세	32.2	12.0	29.7	11.2	34.1
60-69세	-11.6	-11.7	-11.7	-41.9	-5.6
70세 이상	**-18.8**	-21.6	-18.8	**-44.3**	-15.7
평 균	13,947.06	1,810.01	15,757.07	2,497.98	13,259.09

주 1) 가구수는 1,345가구임
2) 각 값들은 평균값이고, 모든 금액은 소비자물가지수를 이용하여 실질금액화함
3) 총자산은 부동산자산과 금융자산의 합
4) 순자산은 총자산-총부채
자료 : 한국노동패널 2차-11차년도 자료

① 연령별 부동산자산 현황

연령에 따른 부동산자산과 부동산자산 비중 현황을 연도별로 살펴보면 〈그림 3-4〉, 〈그림 3-5〉와 같다.

부동산자산은 지난 10년간 모두 50대에 최고치를 기록하고 있고, 모든 연도에서 연령변화에 따라 역 U자 형태를 보인다. 또한 해가 갈수록 부동산자산도 함께 증가하는 모습을 보인다. 부동산자산의 경우 20대에서 30대로 넘어가면서 부동산자산이 급격하게 증가하는데, 이는 일반적으로 30대부터 가구의 주택구입이 이루어지고 있으며, 이러한 주택구입이 가구의 자산구성에 커다란 영향을 미치고 있음을 보여주는 결과로 볼 수

있다. 또한 부동산자산은 50대를 기점으로 감소하는 형태를 보이는데, 이는 은퇴로 인한 소득의 감소나 자녀의 혼인 등으로 인한 지출로 인해 부동산자산을 처분하였기 때문이라고 생각된다. 그러나 이러한 고 연령층에서의 부동산자산 감소는 급격한 감소가 아닌 완만하게 감소하는 모습을 보였다.

〈그림 3-4〉 연령별 부동산자산 현황

(단위 : 세, 만 원)

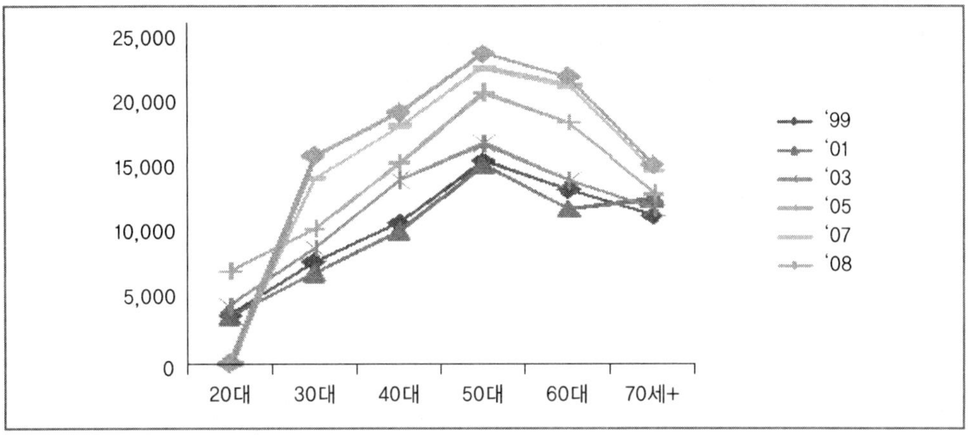

〈그림 3-5〉 연령별 부동산자산비중 현황

(단위 : 세, %)

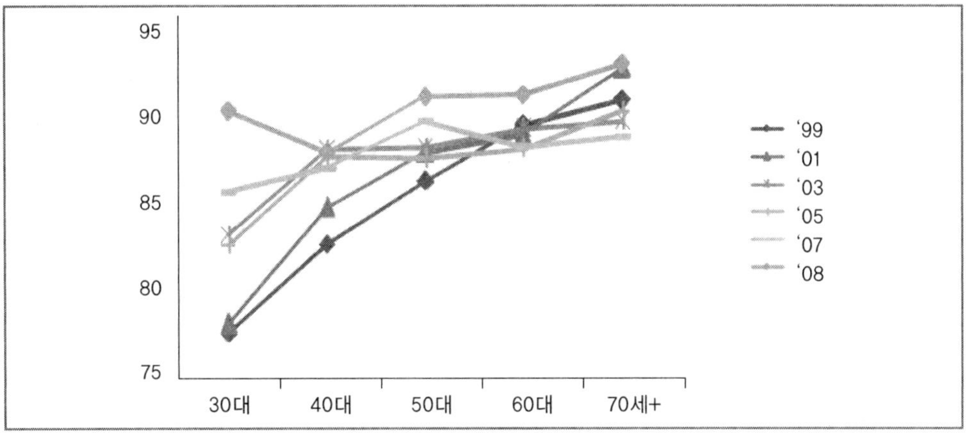

주 : 모든 금액은 소비자물가지수를 이용하여 실질금액화함
자료 : 한국노동패널 2차-11차년도 자료(1,345가구)

한편 부동산자산 비중은 거의 모든 연도에서 연령이 증가할수록 높아져 70세 이상에서 가장 높게 나타났다. 연령대로는 30대 이하에서 부동산자산 비중이 가장 낮게 나타났는데, 이는 젊은 연령층에서는 아직 부동산을 구입할 만한 자산을 축적하지 못했고, 주택구입을 위한 저축[61] 등을 주로 금융자산으로 보유하고 있기 때문이라고 볼 수 있

61) 주택분양을 받기 위한 청약저축, 예·부금을 말함

다. 그러나 고 연령층일수록 높은 부동산자산 비중을 나타내는데, 이와 같은 고 연령층에서의 높은 부동산자산 비중은 자칫 유동성문제를 유발할 수 있다. 특히 70세 이상의 소득이 없는 은퇴 노인가구의 경우, 소득이 없이 비유동자산인 부동산자산의 비중이 높다면, 갑작스럽게 유동자금이 필요할 때 가용 자금 마련에 어려움을 겪을 수 있다.

다음으로 연령대별로 연도에 따른 자산변화를 살펴보면 〈그림 3-6〉, 〈그림 3-7〉과 같다.62)

먼저 연령대별로 부동산자산 변화를 살펴보면, 부동산자산은 연령대가 달라도 해가 갈수록 지속적으로 상승하는 기조를 유지하나, 연도와 상관 없이 연령대별로 그 차이는 존재한다. 즉 부동산자산의 크기가 50대 > 60대 > 40대 > 70대 > 30대 순으로 나타나, 50대가 가장 높고, 30대가 가장 적다. 또한 부동산자산은 2002 ~ 2004년, 2006 ~ 2008년에 큰 폭으로 증가했고, 특히 부동산자산이 가장 높은 50대 연령층에서 가장 큰 폭으로 상승했다.

그러나 부동산자산 비중은 연도가 바뀌어도 같은 연령대에서는 큰 차이가 없다. 다만 젊은 연령층일수록 연도가 바뀜에 따라 부동산자산 비중도 높아지는 경향이 두드러졌다. 해가 갈수록 모든 연령대에서 부동산자산 비중은 높아지고 있으나, 연령대별로는 70대 > 60대 > 50대 > 40대 > 30대 순으로 부동산자산 비중이 높게 나타났다. 즉 고 연령층에서의 부동산자산 비중은 해가 바뀌어도 일정하게 높은 수준을 유지했고, 저 연령층에서의 부동산자산 비중은 해가 바뀜에 따라 지속적으로 상승하는 추세를 나타냈다.

〈그림 3-6〉 연도별(연령대별)부동산자산 현황

(단위 : 년, 만 원)

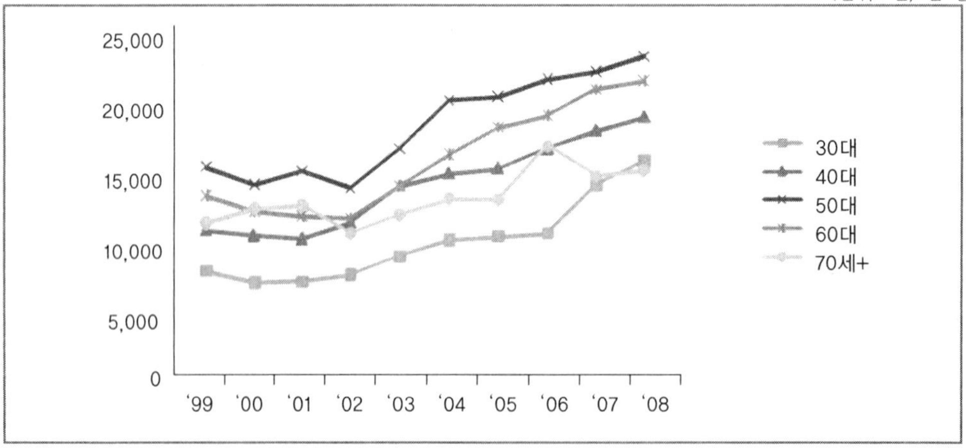

62) 20대는 표본수가 0.7%밖에 되지 않고, 그 패턴 또한 기복이 심해 삽입 시 전체적인 현황을 혼란스럽게 할 우려가 있어 제거함

〈그림 3-7〉 연도별(연령대별)부동산자산비중 현황

(단위 : 년, %)

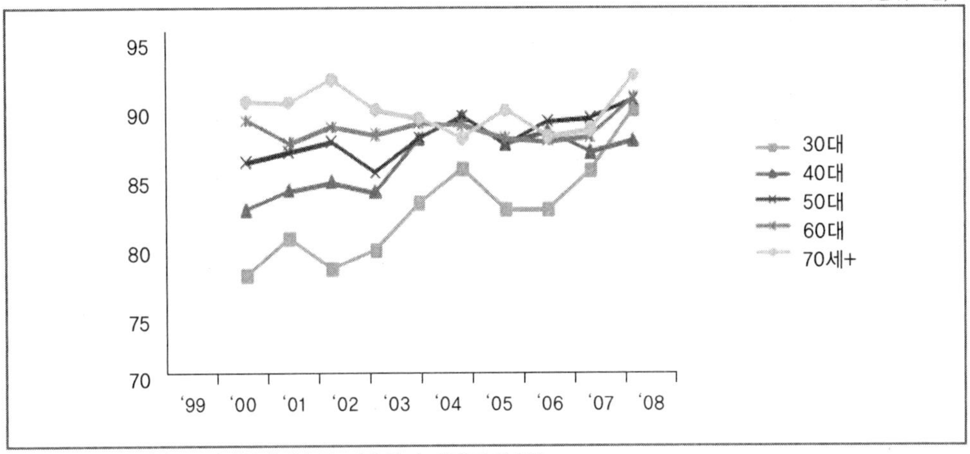

주 : 모든 금액은 소비자물가지수를 이용하여 실질금액화함
자료 : 한국노동패널 2차-11차년도 자료(1,345가구)

다음으로 부동산자산의 대부분을 차지하고 있는 자가소유 비율에 대해 알아보면 〈그림 3-8〉, 〈그림 3-9〉와 같다.

전반적으로 해가 갈수록 대부분의 연령대에서 자가소유 비율이 높아지는데, 60대 > 50대 > 70대 순으로 자가소유 비율이 높다. 고 연령층에서는 연도별로 자가소유 비율이 크게 변화가 없으나, 3·40대의 경우에는 해가 갈수록 자가소유 비율이 높아진다.

연령대별로 각 년도의 자가소유 비율을 보면, 자가소유 비율은 거의 대부분의 연도에서 60대까지 지속적으로 증가하다가 60대 이후로 감소하는 모습을 보인다. 즉 연도별로 별 차이 없이 우리나라 가계의 자가소유는 60대 까지는 지속적으로 증가하다가 70세 이후에서야 비로소 감소되는 패턴을 보인다고 할 수 있다.

〈그림 3-8〉 연도별 자가비율 현황

(단위 : 년, %)

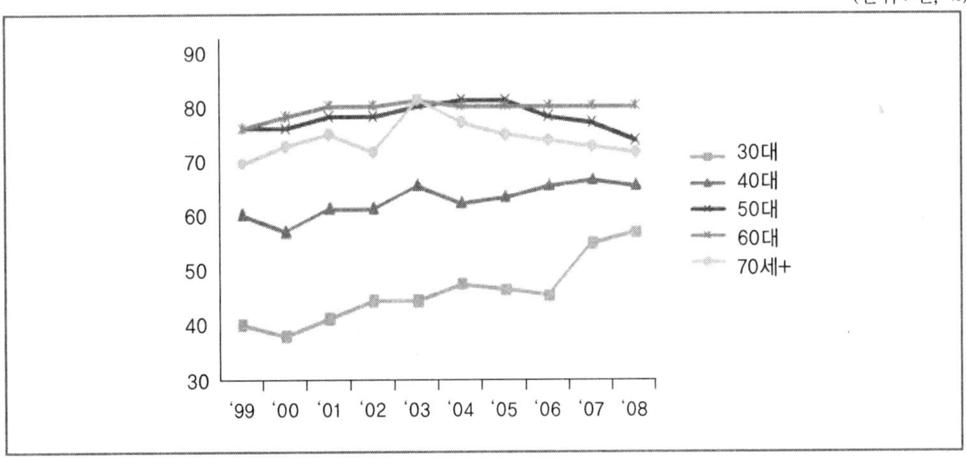

〈그림 3-9〉 연령대별 자가비율 현황

(단위 : 세, %)

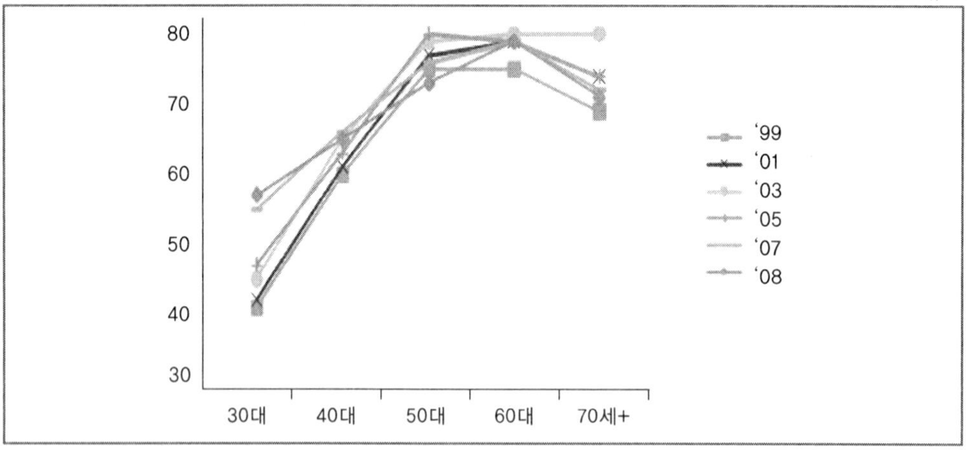

주 : 모든 금액은 소비자물가지수를 이용하여 실질금액화함
자료 : 한국노동패널 2차-11차년도 자료(1,345가구)

② 연령별 금융자산 현황

연령에 따른 금융자산 현황을 연도별로 살펴보면 〈그림 3-10〉, 〈그림 3-11〉과 같다.

금융자산은 대부분의 연도에서 부동산자산과 마찬가지로 50대에 최고가 되고, 그 후 감소하여 역U자 형태를 보인다. 그러나 부동산자산이 연도가 변함에 따라 일정하게 증가하는 것과 달리, 금융자산은 연도별로 일관된 모습을 보이지 않는다. 그러나 금융자산 비중은 연도와 상관없이 연령이 증가할수록 감소하는 모습을 보여, 연령이 증가할수록 증가하는 부동산자산 비중의 모습과는 대조를 이룬다.

〈그림 3-10〉 연령별 금융자산 현황

(단위 : 세, 만 원)

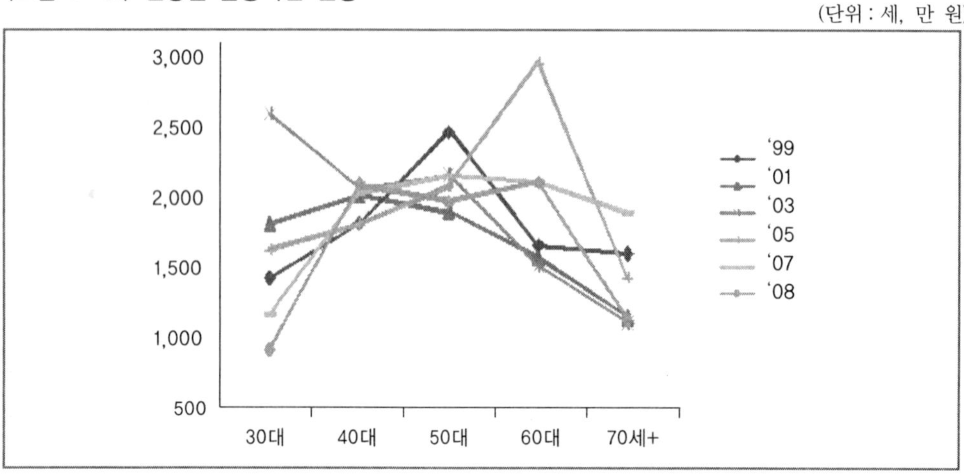

〈그림 3-11〉 연령별 금융자산비중 현황

(단위 : 세, %)

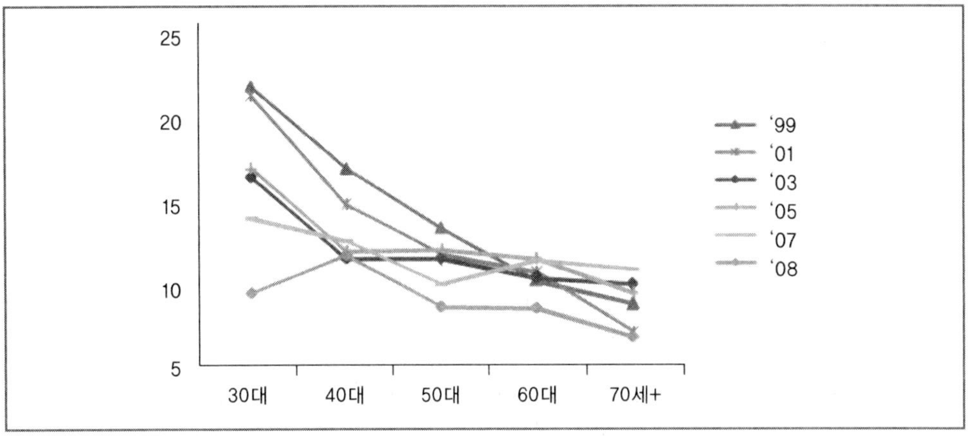

주 : 모든 금액은 소비자물가지수를 이용하여 실질금액화함
자료 : 한국노동패널 2차-11차년도 자료(1,345가구)

다음으로 연령대별로 금융자산의 변화를 살펴보면 〈그림 3-12〉, 〈그림 3-13〉과 같다. 금융자산은 부동산자산의 변화와 달리 일정한 형태를 보이지 않으나, 50대가 비교적 전 연도에서 높은 편에 속했고, 30대는 해가 갈수록 금융자산이 감소하는 모습을 보였다. 한편 금융자산 비중은 해가 갈수록 감소하는데, 부동산자산 비중이 해가 갈수록 늘어나는 모습과 대조적이다. 70세 이상에서 금융자산 비중이 가장 낮았고, 30대의 경우에는 1999년 22.26%에서 2008년 9.63%로 그 감소폭이 가장 컸다.

〈그림 3-12〉 연도별(연령대별) 금융자산 현황

(단위 : 년, 만 원)

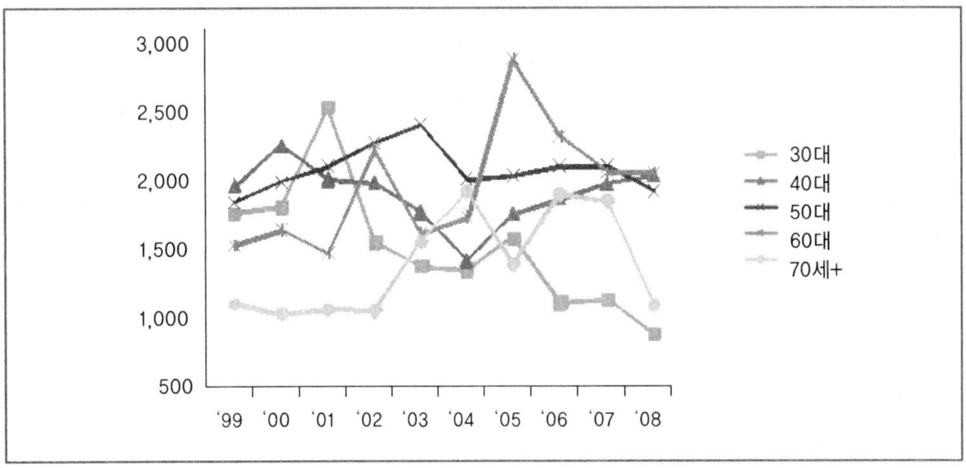

〈그림 3-13〉 연도별(연령대별) 금융자산비중 현황

(단위 : 년, %)

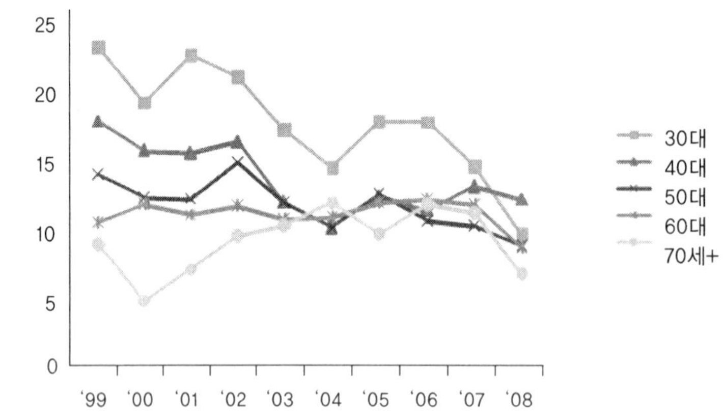

주 : 모든 금액은 소비자물가지수를 이용하여 실질금액화함
자료 : 한국노동패널 2차-11차년도 자료(1,345가구)

③ 연령별 소득 · 소비 · 저축 현황

연령에 따른 소득 · 소비 · 저축 현황은 〈그림 3-14〉에서 〈그림 3-19〉에 나타나 있다.

연간총소득은 전 연도에서 50대까지 증가하다가 그 이후 급감하는 모습을 보이고 있으며, 해가 갈수록 연간총소득도 증가하는 모습을 보였다. 연령대별로는 40대와 50대에서 그 증가폭이 두드러졌다. 소비의 패턴도 소득과 같은 모양으로 나타나 소득과 소비는 연동된 움직임을 보였다.

이처럼 거의 모든 연도에서 50대에 연간총소득과 소비가 최고가 되고 그 이후 감소하는 역U자형 패턴을 띠어 생애주기가설과 부합하는 모습을 보였다.

그러나 월저축의 경우 대부분의 연도에서 연령이 증가할수록 감소하는 추세가 나타나지만, 4 · 50대에 다시 상승하는 경우도 있었다.

이러한 모습은 청 · 장년기에 집중적으로 발생하는 소득의 일부분을 저축하여 자산을 축적하고, 은퇴 후 노년기에는 이미 축적된 자산을 사용하는 예비적 저축가설을 따르고 있다고 볼 수 있다. 하지만, 우리나라의 경우 청년기(결혼 전 또는 신혼기) 저축의 목적이 대부분 주택을 마련하고자 하는 경우가 많아 30대에 저축액이 최고가 되나, 그 이후 주택을 마련하면 저축할 여력이 없어 저축이 감소했다가, 4 · 50대에 소득이 늘어나면서 다시 저축액이 상승하는 형태로 변화한다고 볼 수 있다. 연령대별로 보면 연도가 변하여도 70세 이상에서는 저축의 변화가 그리 많지 않고, 젊은 연령층일수록 저축액도 많고 해가 갈수록 늘어나는 모습을 보이고 있다.

〈그림 3-14〉 연령별 연소득 현황

(단위 : 세, 만 원)

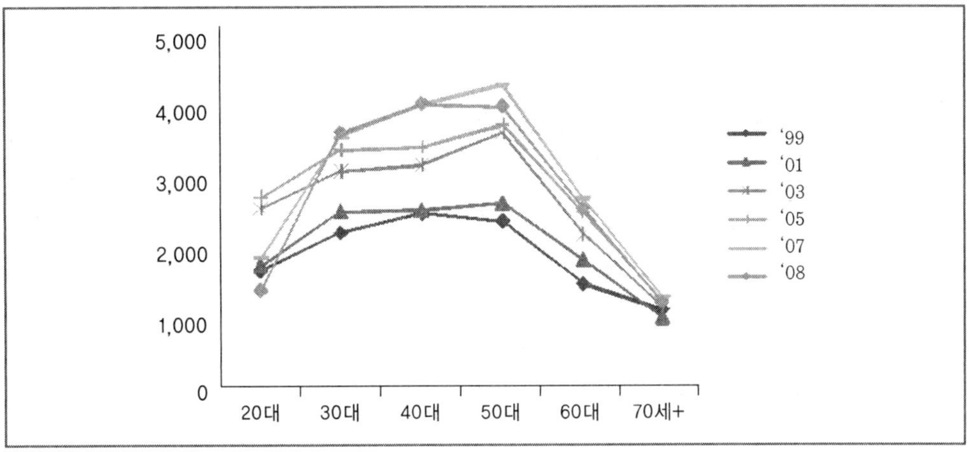

〈그림 3-15〉 연도별 연소득 현황

(단위 : 년, 만 원)

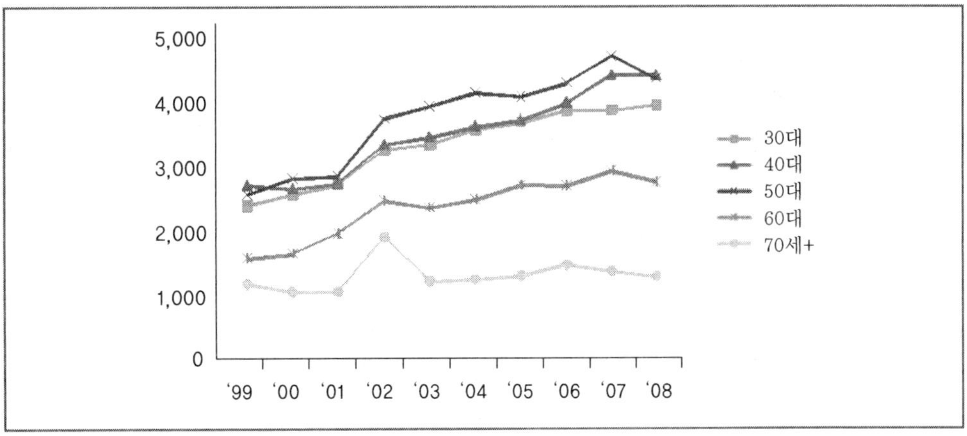

〈그림 3-16〉 연령별 월소비 현황

(단위 : 세, 만 원)

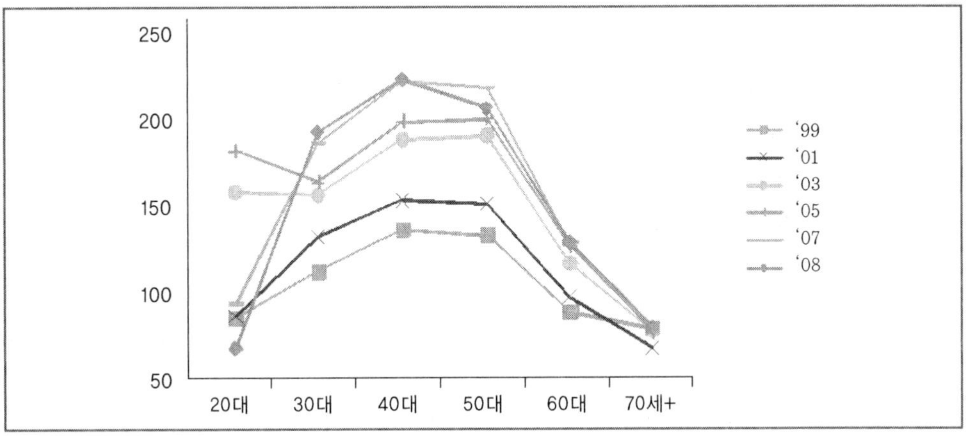

〈그림 3-17〉 연도별 월소비 현황

(단위 : 년, 만 원)

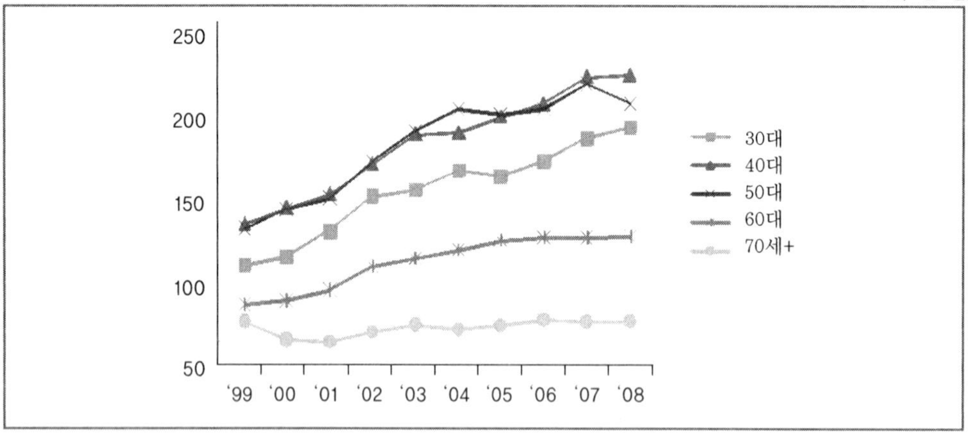

〈그림 3-18〉 연령별 월저축 현황

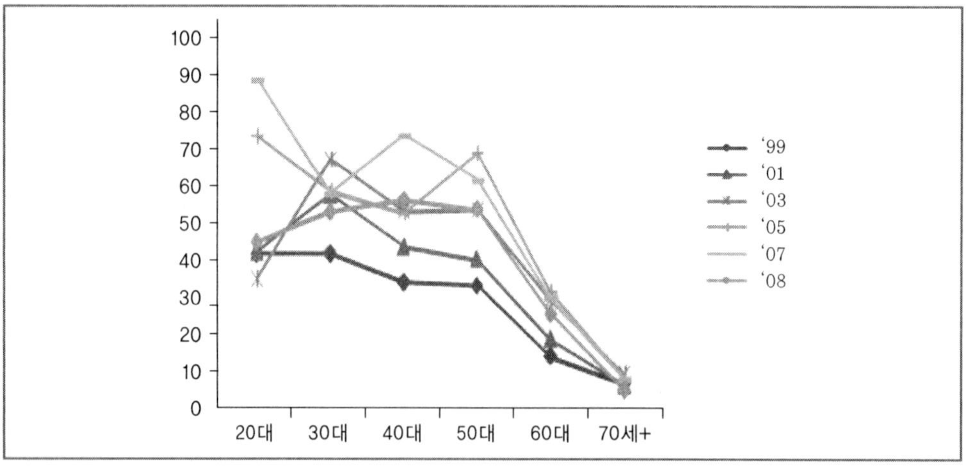

〈그림 3-19〉 연도별 월저축 현황

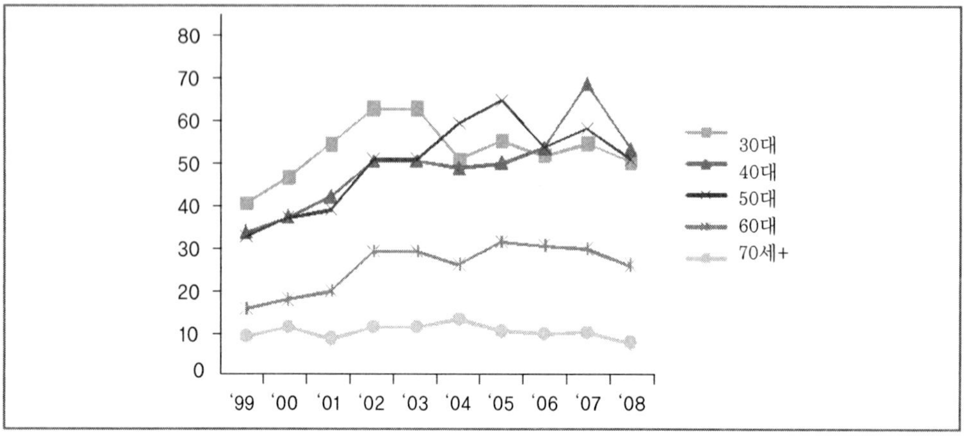

주 1) 모든 금액은 소비자물가지수를 이용하여 실질금액화함
2) 연간총소득은 작년 한해 소득으로 세후소득 기준임(근로소득, 금융소득, 부동산소득, 사회보험소득, 이전소득의 합)
3) 월소비는 작년 한해 사용한 월평균 생활비임(식비, 외식비, 공·사교육비, 차량유지비, 주거비, 경조사비, 보건의료비, 교양오락비(문화비), 내구재, 통신비, 용돈, 피복비, 헌금·기부금, 국민연금, 건강보험료, 교통비, 생필품구입비, 기타 등의 합)
4) 월저축은 예금·적금, 개인연금, 보장성보험, 종신보험(2006 ~ 2008년만 조사), 적립식펀드(2007 ~ 2008년만 조사), 저축성보험, 불입한 계돈의 총합임
자료 : 한국노동패널 2차-11차년도 자료(1,345가구)

다음으로 연령별 소득 구성 현황을 살펴보면 <표 3-12>와 같다. 연간 총소득은 50-59세에 최고를 이루고 그 이후 감소하는 형태로 다른 자산 형태와 그 모양이 같다. 소득의 대부분은 전 연령에 걸쳐 근로소득이 차지하고, 근로소득 비중은 20대가 가장 높으며 70대가 가장 낮다. 즉 연령이 증가할수록 근로소득 비중은 낮아지고 다른 소득 비중이 증가한다. 특히 대부분의 은퇴연령인 60대를 지난 70대 이후에는 근로소득은 급격히 낮아지며, 이전소득이 29%에 해당되어 공적 또는 사적 이전소득에 소득의 상당부분을 의존하고 있음을 알 수 있다.

<표 3-12> 연령별 소득 구성 현황

(단위 : %, 만 원)

연 령	근로소득 비중	금융소득 비중	부동산소득 비중	사회보험 소득비중	이전소득 비중	연간 총소득
20-29세	95.74	0.62	0.07	0.69	2.88	1,977.70
30-39세	95.44	0.78	1.55	0.22	2.01	2,891.62
40-49세	92.48	1.14	3.43	0.58	2.37	3,280.55
50-59세	88.43	1.26	7.00	1.92	1.39	**3,588.37**
60-69세	74.10	2.34	9.41	7.89	6.26	2,284.84
70세 이상	46.04	4.08	10.72	10.25	**28.91**	1,290.54
평 균	**82.04**	**1.70**	**5.36**	**3.59**	**7.31**	**2,919.06**

주 1) 각 값들은 평균값이고, 모든 금액은 소비자물가지수를 이용하여 실질금액화함
2) 연간총소득은 작년 한해 소득으로 세후소득 기준임(근로소득, 금융소득, 부동산소득, 사회보험소득, 이전소득의 합)
3) 각 비중은 연간총소득 대비 비중
자료 : 한국노동패널 2차-11차년도 자료(1,345가구)

마지막으로 연령별 소득과 주택가격과의 관계는 <표 3-13>에 나타나 있다. 연령대가 낮은 20대에는 주택소유 비율도 29%이고, 소유 주택가격도 가장 낮게 나타났다. 50대에는 소유 주택가격이 가장 높았고, 더불어 연간총소득도 가장 높았다. 그러나 이러한 결과는 김현숙(2006)[63]의 연구와는 다른 결과로, 김현숙의 연구에서는 고소득 연령대보다 고가의 주택가격 보유연령대가 5-10세 정도 더 높은 연령 군에서 발생하였다.

63) 김현숙(2006), 전게논문, 88쪽.

주택소유 비율은 20대에 29%였던 것이 30대에 44%로 크게 증가해 가계의 상당수가 30대에 주택을 마련하고 있음을 알 수 있다. 또한 70세 이상으로 가면서 주택소유 비율이 다소 낮아지는데 이는 자녀에게 부를 상속시키거나, 소비의 재원을 마련하기 위해 주택을 처분함으로써 발생하는 현상이라고 해석할 수 있다(김현숙, 2006). 연간 총소득 대비 주택가격을 살펴보면 평균적으로 연소득에 비해 주택가격은 4.57배에 달하는데, 70세 이상 연령 군에서는 연소득의 9.26배에 달하는 주택을 보유하고 있어, 소득에 비해 지나치게 높은 주택을 보유하고 있음을 알 수 있다.

〈표 3-13〉 연령별 소득과 주택가격

(단위 : %, 만 원)

연 령	주택소유 비율	연간 총소득	주택가격	연간총소득 대비 주택가격(배)
20-29세	29	1,977.70	6,668.46	3.37
30-39세	44	2,891.62	11,267.46	3.89
40-49세	63	3,280.55	13,661.95	4.16
50-59세	77	**3,588.37**	**14,732.47**	4.10
60-69세	**78**	2,284.84	12,696.17	5.56
70세 이상	73	1,290.54	11,950.36	**9.26**
평 균	**67**	**2,919.06**	**13,337.83**	**4.57**

주 1) 모든 금액은 소비자물가지수를 이용하여 실질금액화함
2) 연간총소득은 작년 한해 소득으로 세후소득 기준임(근로소득, 금융소득, 부동산소득, 사회보험소득, 이전소득의 합)
3) 주택가격은 조사 당시 자가싯가임
자료 : 한국노동패널 2차-11차년도 자료(1,345가구)

(2) 지역별 현황

지역별 자산특성을 파악하기 위해서는 먼저 지역별로 사회인구학적 특성을 알아볼 필요가 있다. 〈표 3-14〉는 지역별 사회인구학적 특성을 나타내고 있다.

지역은 서울·수도권, 광역시, 기타 도 지역으로 나누어 구분하였는데 각각 다른 특성을 가지고 있었다. 연령 면을 보면 기타 도 지역에 고령자 분포가 높았는데 60대 이상의 연령이 33.2%를 차지했다. 반면 서울·수도권 지역은 주로 30대와 40대 연령이 많았다. 학력수준도 서울·수도권 지역이 가장 높았고, 기타 도지역이 가장 낮았다. 또한 직업면에서는 기타 도지역의 자영업자 비율이 높았고, 서울·수도권 지역은 임금근로자 비율이 높았다. 평균 가구원수는 서울·수도권 지역이 가장 많았고, 기타 도 지역이 가장 적었다. 거주주택 종류를 보면, 기타 도 지역은 단독주택 거주 가구비율이 높았고, 서울·수도권 지역과 광역시 지역은 아파트 거주 가구 비율이 높았다.

〈표 3-14〉 지역별 사회인구학적 특성

(단위 : %)

구분	서울 및 수도권	광역시	기타 도지역
평균 연령(세)	50.98	52.62	53.70
20-29세	0.5	1.0	0.8
30-39세	**17.6**	12.0	13.7
40-49세	**33.5**	30.0	27.0
50-59세	23.6	30.4	25.3
60-69세	16.1	17.0	**19.9**
70세 이상	8.7	9.6	**13.3**
평균 학력[64)]	4.91	4.62	4.42
중졸	34.0	45.4	**48.5**
고졸	41.7	36.2	35.1
전문대졸	**24.3**	18.4	16.4
평균 가구원수(명)	**3.48**	3.42	3.34
직업			
무직	24.7	27.0	24.4
임금근로자	**49.2**	45.2	42.0
자영업자	26.1	27.8	**33.6**
거주주택 종류			
단독주택	24.5	34.5	**48.8**
아파트	42.1	41.4	37.0
연립	13.0	7.7	5.5
다세대/다가구	16.1	12.7	3.7
상가주택/기타	4.3	3.7	5.0

주 : 서울·수도권 지역: 서울특별시, 인천광역시, 경기지역
광역시 지역 : 부산, 대전, 인천, 광주, 울산지역
기타 도지역 : 강원, 충북, 충남, 전북, 전남, 경북, 경남, 제주도지역을 말함
자료 : 한국노동패널 2차-11차년도 자료(1,345가구)

다음으로 지역별 전체 자산현황을 살펴보면 〈표 3-15〉와 같다.

〈표 3-15〉 지역별 전체 자산현황

(단위 : 만 원)

지 역	부동산자산	금융자산	총자산	총부채	순자산
서울·수도권	**17,059.63**	1,736.64	18,811.36	**3,099.93**	1,5711.43
광역시	10,445.62	**2,078.88**	12,525.81	2,006.65	10,519.16
기타 도	11,720.76	1,662.61	13,419.33	1,868.15	11,551.18

주 1) 각 값들은 평균값이고, 모든 금액은 소비자물가지수를 이용하여 실질금액화함
2) 총자산은 부동산자산과 금융자산의 합
3) 순자산은 총자산-총부채
자료 : 한국노동패널 2차-11차년도 자료(1,345가구)

64) 1~4 : 중졸 이하, 5 : 고졸, 6 : 전문대졸, 7 : 대졸, 8 : 석사, 9 : 박사

전체 지역 중 서울·수도권지역이 자산과 부채가 가장 많았다. 특히 부동산자산에서 서울·수도권지역과 다른 지역과의 차이가 컸는데, 서울·수도권지역의 부동산자산은 다른 지역에 비해 약 1.7배 정도가 많았다. 그러나 금융자산은 지역별로 큰 차이가 없었고, 광역시 지역이 가장 많았다.

부동산자산과 마찬가지로 부채 역시 서울·수도권지역이 가장 많았다. 서울·수도권지역의 부채는 다른 지역에 비해 1.5배 정도 많았다. 따라서 서울·수도권지역은 자산 특히 부동산자산도 많을 뿐 아니라 부채도 많이 보유하고 있음을 알 수 있다.

다음으로 지역별로 구체적인 자산 현황을 살펴보면, 부동산자산 현황은 〈그림 3-20〉, 〈그림 3-21〉과 같다. 부동산자산과 부동산자산 비중 모두 서울·수도권 지역이 가장 높았다. 부동산자산은 해가 갈수록 높아졌는데 특히 서울·수도권 지역에서 그 상승률이 높았다. 서울·수도권 지역은 2002년 이후 타 지역에 비해 그 상승세가 두드러졌는데, 2002년에서 2004년도, 2006년에서 2008년도에 부동산자산이 급증했다.

〈그림 3-20〉 지역별 부동산자산 현황

(단위 : 년, 만 원)

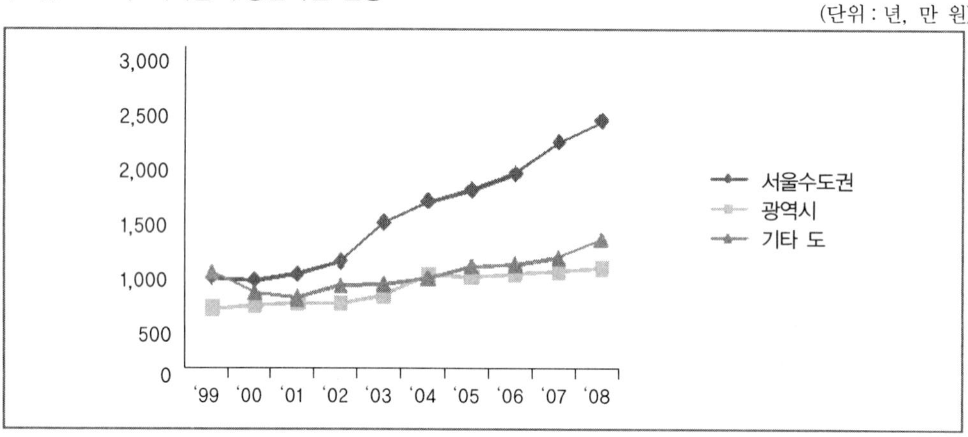

〈그림 3-21〉 지역별 부동산자산비중 현황

(단위 : 년, %)

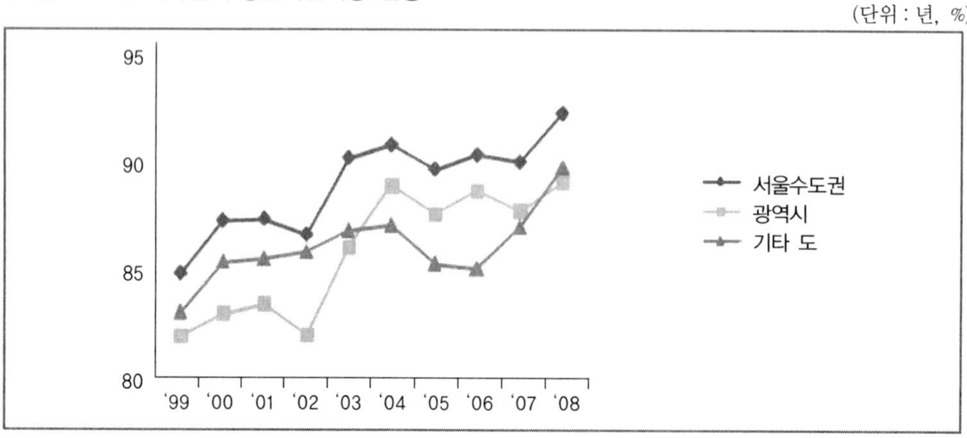

주 1) 모든 금액은 소비자물가지수를 이용하여 실질금액화함

2) 부동산자산 비중은 총자산 대비 부동산자산임
자료 : 한국노동패널 2차-11차년도 자료(1,345가구)

부동산자산 비중도 전 지역에서 해가 갈수록 증가했다. 그러나 부동산자산이 유독 서울·수도권 지역이 많게 나타난 반면, 부동산자산 비중은 서울·수도권 지역과 광역시 지역이 같은 추세를 보였다. 즉 부동산자산 비중은 서울·수도권 지역이 높았으나, 2002년에서 2004년까지 부동산자산 비중이 급증한 모습은 유사했다.

지역별 금융자산 현황은 〈그림 3-22〉와 〈그림 3-23〉과 같다. 부동산자산과 달리 금융자산은 해가 갈수록 일정하게 증가하는 패턴을 보이지 않았고, 지역 간 차이도 크지 않았다.

〈그림 3-22〉 지역별 금융자산 현황

(단위 : 년, 만 원)

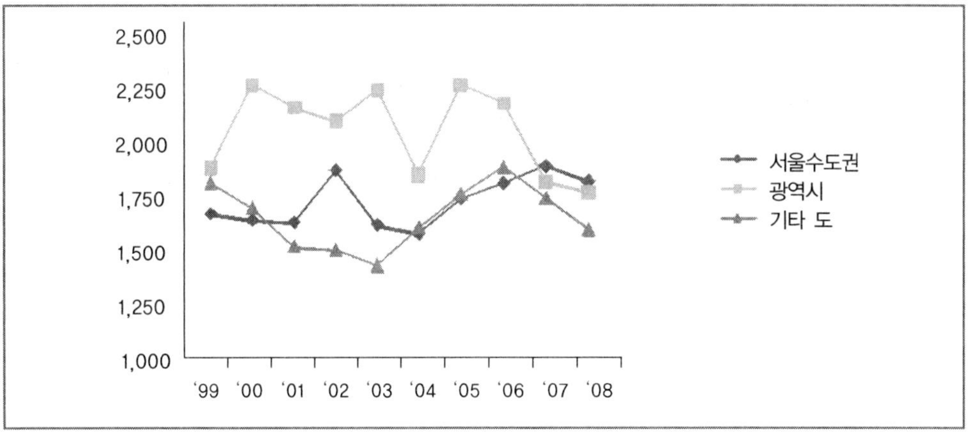

〈그림 3-23〉 지역별 금융자산비중 현황

(단위 : 년, %)

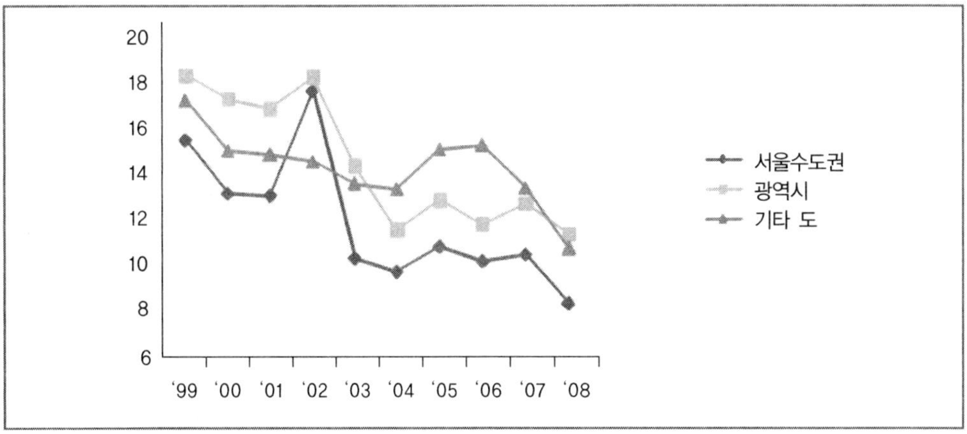

주 1) 모든 금액은 소비자물가지수를 이용하여 실질금액화함
2) 부동산자산 비중은 총자산 대비 부동산자산임
자료 : 한국노동패널 2차-11차년도 자료(1,345가구)

부동산자산이 서울·수도권지역과 그 외 지역의 차이가 크게 났던 반면, 금융자산에 있어서는 오히려 서울·수도권지역의 금융자산보유액은 광역시보다 낮게 나타났다. 금융자산비중 역시 지역 간 차이가 적었는데 광역시지역의 금융자산비중이 가장 높았다. 또한 1999년과 2008년간의 연도별 차이도 적었는데, 해가 갈수록 부동산자산과 부동산자산 비중이 지속적으로 올라간 것에 비해 금융자산은 해가 지나도 별 변화가 없었다. 오히려 광역시지역과 기타 도지역의 경우는 1999년보다 2008년의 금융자산이 더 낮게 나타났다.

다음으로 지역별 소득·소비·저축 현황을 연도별로 살펴보면 〈그림 3-24〉에서 〈그림 3-27〉과 같다.

〈그림 3-24〉 지역별 연소득 현황

(단위 : 년, 만 원)

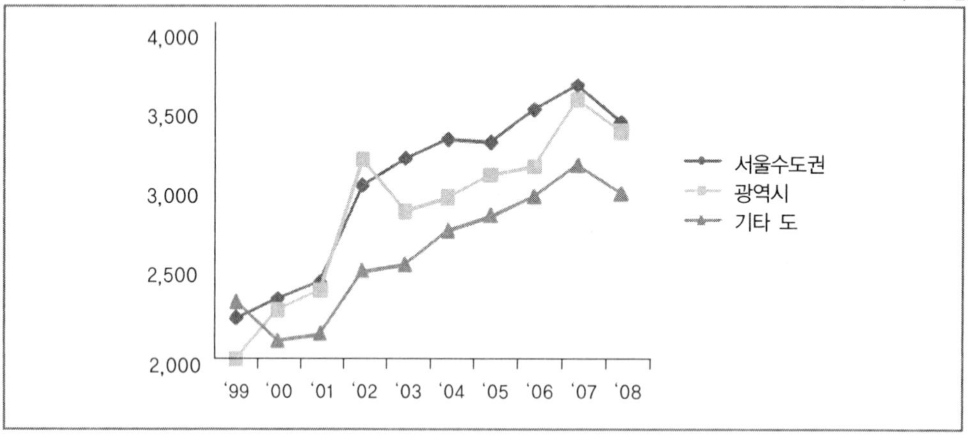

〈그림 3-25〉 지역별 월소비 현황

(단위 : 년, 만 원)

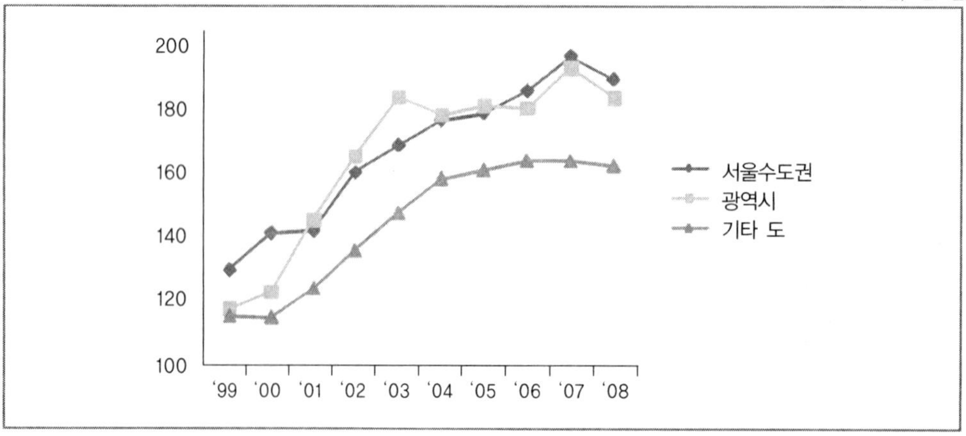

〈그림 3-26〉 지역별 월저축 현황

(단위 : 년, 만 원)

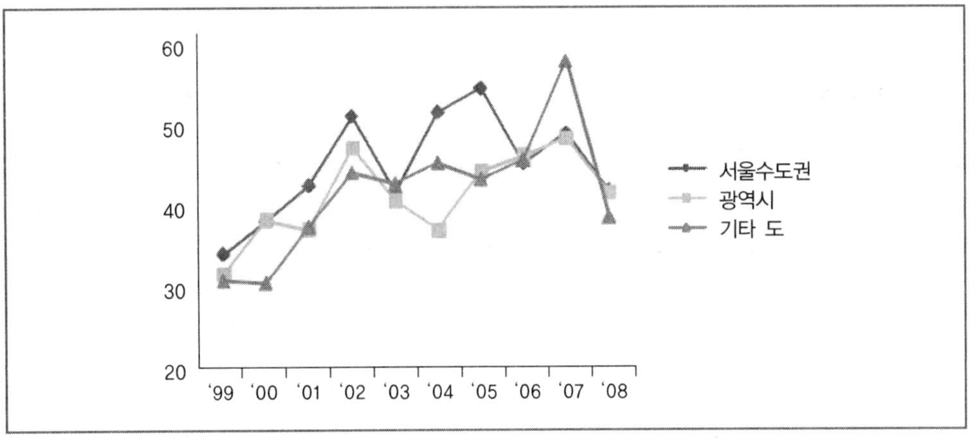

〈그림 3-27〉 지역별 소득 · 소비 · 저축 현황

(단위 : 년, 만 원)

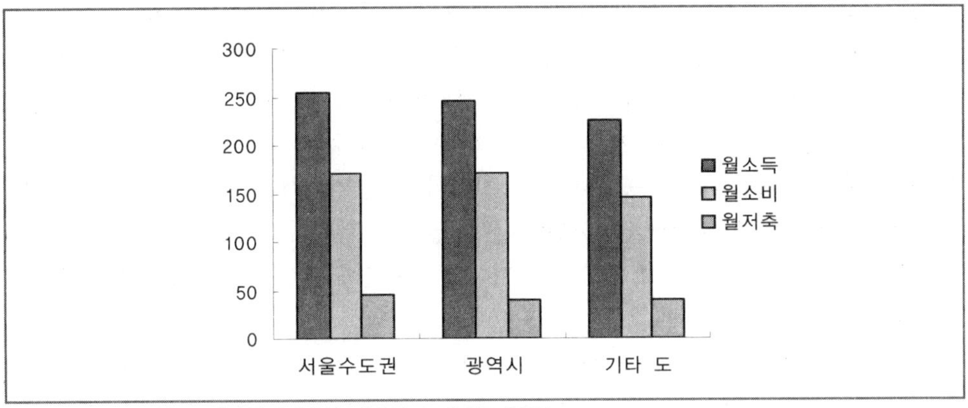

주 1) 모든 금액은 소비자물가지수를 이용하여 실질금액화함
2) 연간총소득은 작년 한해 소득으로 세후소득 기준임(근로소득, 금융소득, 부동산소득, 사회보험소득, 이전소득의 합)
3) 월소득은 연간총소득/12
4) 월소비는 작년 한해 사용한 월평균 생활비임(식비, 외식비, 공 · 사교육비, 차량유지비, 주거비, 경조사비, 보건의료비, 교양오락비(문화비), 내구재, 통신비, 용돈, 피복비, 헌금 · 기부금, 국민연금, 건강보험료, 교통비, 생필품구입비, 기타 등의 합)
5) 월저축액은 예금 · 적금, 개인연금, 보장성보험, 종신보험(2006 ~ 2008년만 조사), 적립식펀드(2007 ~ 2008년만 조사), 저축성보험, 불입한 계돈의 총합임

자료 : 한국노동패널 2차-11차년도 자료(1,345가구)

전체적으로 소득 · 소비 · 저축은 해가 갈수록 전반적으로 상승추세에 있고, 도시지역인 서울 · 수도권 지역과 광역시 지역이 소득과 소비 수준에서 기타 도 지역에 비해 약간 높았다. 월저축도 상승추세에 있으나 연도별로 기복이 심하고, 지역별로 큰 차이는 없었다. 〈그림 3-27〉은 지역별로 평균값을 비교한 것인데, 소득 · 소비 · 저축이 지역별로 큰 차이가 없다. 이것은 앞에서 본 〈그림 3-20〉의 지역별 부동산자산 현황과는

다른 모습을 보이고 있어, 이를 통해 지역별로 소득·소비·저축은 비슷하지만 부동산자산은 서울·수도권 지역이 훨씬 높다는 사실을 알 수 있다.

(3) 기타 현황

위에서 살펴본 바와 같이 가계의 자산현황은 연령과 지역에 따라 다르게 나타나고 있는데, 본 절에서는 그 외 다른 기준들에 의한 자산 현황을 추가로 분석하고자 한다. 그 기준은 학력, 직업, 가구형태, 순자산, 연소득, 주택종류, 자가소유 등이다.

먼저 가구주의 학력을 중졸 이하, 고졸, 전문대졸 이상으로 나누어 가구의 자산현황을 살펴보면 다음과 같다.[65]

부동산자산은 학력의 구분 없이 해가 갈수록 지속적으로 증가했으나, 학력 간 차이는 컸다. 전문대졸 이상, 고졸, 중졸 이하 순으로 부동산자산이 많았고, 전문대졸 이상 부동산자산은 중졸 이하의 두 배 이상이 되어, 학력이 높을수록 부동산자산은 높았다. 특히 고졸 이하와 전문대졸 이상 사이의 격차보다는 중졸 이하와 고졸 이하의 차이가 더 크게 나타났다. 반면 부동산자산 비중은 학력의 구분 없이 전체적으로 80% 이상의 높은 비중을 나타냈으며, 해가 갈수록 대체로 상승했다. 그러나 부동산자산비중은 중졸 이하, 고졸, 전문대졸 이상 순으로 나타나 학력이 낮을수록 부동산자산비중은 높았다. 이를 통해 학력이 높을수록 부동산자산 뿐 아니라 다른 자산에도 자산배분을 하고 있음을 짐작할 수 있다. 즉 자산배분과 교육수준은 밀접한 관련이 있는데, 자산배분을 위해서는 최소한의 전문지식이 필요하고 전문지식의 습득정도는 교육수준에 의해 좌우되기 때문이다.[66]

한편 금융자산은 부동산자산과 같이 지속적으로 증가하는 모습을 보이지 않았으나, 학력 간 격차는 있었다. 전문대졸 이상, 고졸, 중졸 이하 순으로 금융자산이 많았다. 금융자산비중은 학력의 구분 없이 해가 갈수록 지속적으로 하락했고, 전문대졸 이상, 고졸, 중졸 이하 순으로 금융자산비중은 높았다. 즉 학력이 높을수록 금융자산과 금융자산비중도 함께 높았다.

둘째, 가구주의 직업을 임금근로자와 자영업자로 나누어 자산현황을 살펴보면 다음과 같다.[67]

부동산자산은 직업의 구분 없이 해가 갈수록 지속적으로 증가했으나, 직업 간 차이는 있었다. 전 연도에서 자영업자가 임금근로자보다 부동산자산과 부동산자산 비중이 높게 나타났다. 이는 자영업의 특성상 자가 외에 생계를 위한 점포 등과 관련된 부동산과 임

65) 본서 198쪽, 〈부록 3-1〉 학력별 자산현황 참조
66) Haliassos, Michael and Carol C. Bertaut(1995), "Why do so few hold stocks?" *Economic Journal 110*, 1110~1129쪽.
67) 본서 199쪽, 〈부록 3-2〉 직업별 자산현황 참조

대보증금을 반영했기 때문으로 볼 수 있다.

셋째, 가구형태를 1인가구와 보통가구로 나누어 자산현황을 살펴보면 다음과 같다.[68)]

1인가구는 최근 급증하고 있는 가구형태로 혼자 생활하는 가구를 말하며, 가족단위로 생활하는 보통가구와 다른 형태를 보인다.[69)70)] 따라서 1인가구는 미혼의 청년층이거나 배우자가 없는 노인층이 대부분이다. 한국노동패널조사에 의한 분석 역시 가구주 연령은 1인가구가 60.70세로 보통가구보다 약 10년가량 많고, 학력 또한 중졸 이하가 70.4%에 달했다.[71)] 자산현황을 살펴보면, 부동산자산과 부동산자산 비중 모두 보통가구가 높았다. 평균 가구원수가 3.4명 정도[72)]이고, 보통가구 중 소득이 없는 가구원을 고려하더라도 보통가구와 1인가구의 자산차이가 매우 크다는 것을 알 수 있다.

넷째, 거주 주택종류를 단독주택, 아파트, 연립, 다세대/다가구, 상가주택 등으로 나누어 자산현황을 살펴보면 다음과 같다.[73)]

부동산자산 비중은 주택종류별로 별 차이가 없으나, 부동산자산은 상대적으로 타 주택에 비해 아파트가 높았다. 1999년에는 단독주택거주 가구의 부동산자산이 가장 높았

---

68) 본서 199쪽, 〈부록 3-3〉 가구형태별 자산현황 참조

69) 통계청, 통계설명자료 통계메타DB
가구는 일반가구와 집단가구로 구분된다.
1) 일반가구
① 통상 가족단위로 이루어져서 생활을 같이하고 있는 가구(혈연가구 또는 보통가구)
② 친구 또는 혈연관계가 없는 사람들끼리 모여 생활을 같이하고 있는 가구(비혈연 5인 이하 가구)
③ 혼자서 살림하는 가구(1인가구)
2) 집단가구
① 혈연관계가 없는 두 사람 이상이 모여 기숙사, 고아원 등 시설 내에서 생활을 같이하고 있는 가구(집단시설가구)
② 혈연관계가 없는 6인 이상의 사람들이 모여 동일한 거처 내에서 생활을 같이하고 있는 가구(비혈연 6인 이상 가구)
3) 핵가족 : 한 가구 내의 가족 중 다음과 같은 결합을 말한다.
① 자녀가 없는 부부
② 양친과 미혼자녀
③ 편친과 미혼자녀
④ 세대별 가구
(가) 1세대 가구 : 가구주와 동일세대에 속하는 친족만이 같이 사는 가구
(나) 2세대 가구 : 가구주와 그 직계 또는 방계의 친족들이 2세대에 걸쳐 같이 사는 가구
(다) 3세대 가구 : 가구주와 그 직계 또는 방계의 친족이 3세대에 걸쳐 같이 사는 가구
(라) 4세대 이상 가구 : 가구주와 직계 또는 방계의 친족이 4세대 이상에 걸쳐 사는 가구

70) 통계청, 인구주택총조사(2005)
1인가구 비율은 1975년 4.2%에서 2005년 20.0%로 증가함

연령(세)	20 미만	20-24	25-29	30-34	35-49	40-44	45-49	50-54	55-59	60-69	65 이상
%	1.5	8.45	**12.96**	**11.47**	8.38	7.44	7.51	5.96	5.58	6.15	**24.69**

71) 평균 연령 : 1인가구-60.70세, 보통가구-51.35세
학력 : 1인가구-중졸 이하(70.4%), 고졸(18.5%), 전문대졸 이상(11.1%)
보통가구-중졸 이하(38.3%), 고졸(40.0%), 전문대졸 이상(21.7%)

72) 본서 138쪽, 〈표 3-4〉 가계의 일반적 특성 참조

73) 본서 200쪽, 〈부록 3-4〉 주택종류별 자산현황 참조

으나, 2003년부터 아파트거주 가구의 부동산자산이 높게 나타나기 시작하여 2008년까지 지속되고 있다. 대부분의 부동산자산이 자가임을 고려할 때, 이는 2002년부터 타 주택보다 많이 상승한 아파트 가격 때문이라고 볼 수 있다.[74)]

다섯째, 순자산과 연소득을 평균 미만 가구와 평균 이상 가구로 나누어 자산현황을 살펴보면 다음과 같다.[75)][76)]

부동산자산과 금융자산 모두 평균 이상 가구가 높았지만, 부동산자산 비중은 평균 이상 순자산 가구가 높았고, 평균 이상 연소득 가구가 낮았다. 즉. 부동산자산 비중은 순자산이 많은 가구가 높고, 연소득이 많은 가구는 적게 나타났다. 이는 다른 연구결과에서와 같이 소득이 높은 가구일수록 부동산자산 외에 다른 자산으로의 배분을 다양화하고 있기 때문이다(Cocco, 2005).

여섯째, 자가소유 여부를 기준으로 자가소유 가구와 자가비소유 가구로 나누어 자산현황을 살펴보면 다음과 같다.[77)]

부동산자산과 금융자산 모두 자가소유 가구가 높았지만, 특히 부동산자산에서 차이가 컸다. 주택을 소유한 가구의 부동산자산은 주택을 소유하지 못한 가구에 비해 3배 이상 높다. 평균적으로 자가소유 가구의 부동산자산은 18065.89만 원으로 자가를 소유하지 않은 가구의 5593.40만 원보다 약 3배 이상 높다. 또한 부동산자산 비중도 주택을 소유한 가구가 89%로 주택비소유 가구 81%보다 높게 나타났다. 이는 우리나라 가계에서 주택이 부동산자산의 대부분을 차지하기 때문에 나타나는 현상이라고 볼 수 있다.[78)]

3) 자산현황 정리

이상과 같이 가계의 자산현황을 전체와 세부적으로 살펴보았는데, 이를 정리하면 〈표 3-16〉과 같다.

먼저 연도별로 전체적인 자산현황을 살펴보면, 해가 갈수록 부동산자산과 금융자산은 증가하여 가계의 자산 규모는 점점 커지나, 부채도 함께 증가하여 부채의 증가로 인한 가계의 자산 건전성 문제를 생각해 보아야 할 필요가 있다. 또한 소득과 소비가 함께 증가하여 소득 수준이 높아진 만큼 소비 수준도 함께 높아짐을 알 수 있고, 자가소유

74) 전국 주택매매가격 전년대비 증감률 (단위 : %)

년 도	1999	2000	2001	2002	2003	2004	2005	2006	2007	2008
전 체	3.4	0.4	9.9	16.4	5.7	−2.1	4.0	11.6	3.1	3.1
아파트	8.5	1.4	14.5	22.8	9.6	−0.6	5.9	13.8	2.1	2.3

출처 : 국민은행 부동산통계자료, 2011. 6

75) 본서 201쪽, 〈부록 3-5〉 순자산별 자산현황 참조

76) 본서 201쪽, 〈부록 3-6〉 연소득별 자산현황 참조

77) 본서 202쪽, 〈부록 3-7〉 자가소유 여부별 자산현황 참조

78) 본서 144쪽, 〈표 3-8〉 가계의 연도별 자가 현황 참조

비율도 해마다 증가하여 가계의 주거안정성은 해마다 좋아짐을 알 수 있다. 반면에 부동산자산 비중은 해가 갈수록 증가하고 있어 가계의 유동성 문제가 우려 되므로 부동산자산과 금융자산의 적절한 배분이 필요하다고 보인다.

다음으로 연령별 자산현황을 살펴보면, 연도별 자산현황과 마찬가지로 연령이 증가할수록 자산 규모와 부채, 소득, 소비, 저축 등도 함께 증가하는데, 다만 50대를 기점으로 자산, 부채, 소득, 소비, 저축 등은 감소세로 돌아서 생애주기가설과 부합하는 모습을 보인다. 그러나 자가소유 비율은 60대를 기점으로 감소하고, 부동산자산 비중은 30대 이후 큰 폭으로 상승한 후 70세 이상까지 지속적으로 증가하는 모습을 나타낸다. 그러나 이와 같은 고 연령층에서의 높은 부동산자산 비중은 은퇴 후 소득이 일정치 않은 상황에서, 유동자산 부족으로 인한 소비의 재원 마련에 어려움을 줄 수 있다.

지역별 자산현황을 살펴보면, 서울·수도권 지역에 거주할수록 부동산자산과 금융자산 모두 다른 지역에 비해 높게 나타나 서울·수도권 지역이 상대적으로 다른 지역에 비해 높은 부(富)를 소유하고 있음을 알 수 있다. 그러나 부채 또한 높게 나타나 자산도 많지만 빚도 많음을 알 수 있다. 소득·소비·저축도 모두 타 지역에 비해 높게 나타나, 많이 벌고 많이 쓰며 많이 저축하고 있으며, 이를 통해 서울·수도권 지역에 경제 인프라가 집중되어 있음을 짐작할 수 있다. 그러나 자가소유 비율은 가장 낮게 나타났는데, 이는 서울·수도권 지역의 높은 집값으로 인해 상대적으로 다른 지역에 비해 주택을 소유하기가 힘든 현실을 반영한 결과로 볼 수 있다.

〈표 3-16〉 가계의 자산 현황 정리

구 분	부동산 자산	부동산 자산비중	금융자산	금융자산 비중	자가비율	부채	소득	소비	저축
연도↑	↑	↑	↑	↓	↑	↑	↑	↑	↑
연령↑	↑	↑	↑	↓	↑	↑	↑	↑	↑
서울·수도권 거주	↑	↑	↑	↓	↓	↑	↑	↑	↑

주 1) 부동산자산 비중은 총자산 대비 부동산자산임
2) 금융자산비중은 총자산 대비 금융자산임
3) • 차이가 미미함
자료 : 한국노동패널 2차-11차년도 자료(1,345가구)

한편 기타 기준에 의한 자산현황을 정리하면 〈표 3-17〉과 같다. 학력이 높을수록 부동산자산은 높으나, 부동산자산 비중은 낮아 학력이 높을수록 자산배분을 다양화하고 있음을 알 수 있고, 자영업자일수록 부동산자산과 부동산자산 비중이 높게 나타났는데, 이는 자영업을 위한 점포나 전세금 등이 부동산자산에 반영된 결과로 보인다. 또한 보통가구일수록, 순자산이 많을수록, 자가소유 가구일수록 부동산자산과 부동산자산 비중이 높게 나타났다. 반면에 연소득이 많을수록 부동산자산 비중은 낮게 나타났는데, 이를 통해 소득이 높은 가구에서 부동산자산 외에 금융자산도 많이 보유함으로써 자산배분을 다양화하고 있음을 알 수 있다.

〈표 3-17〉 기타 기준에 의한 자산현황 정리

구 분	부동산 자산액	부동산 자산비중	금융 자산액	금융 자산비중
학력↑	↑	↓	↑	↑
자영업자	↑	↑	↑	↓
보통가구	↑	↑	↑	↓
순자산↑	↑	↑	↑	↓
연소득↑	↑	↓	↑	↑
아파트 거주	↑	•	↑	•
자가 소유	↑	↑	↑	↓

주 1) 부동산자산 비중은 총자산 대비 부동산자산임
2) 금융자산비중은 총자산 대비 금융자산임
3) • : 차이가 미미함
자료 : 한국노동패널 2차-11차년도 자료(1,345가구)

종합적으로 가계의 자산현황을 정리해보면, 자산 선택에 연령이 매우 중요한 영향을 미치고 있음을 알 수 있다. 즉 연령이 증가할수록 자산은 지속적으로 증가하나, 일정 시점에 이르러서는 감소하는 방향으로 전환하여 생애주기가설에 따름을 알 수 있다. 또한 우리나라의 경우 서울·수도권 거주 여부의 지역적 특성이 자산선택에 중요한 영향을 미치고 있으며, 이 밖에도 학력, 직업, 가구형태, 순자산, 연소득, 자가소유 여부 등에 따라 자산선택이 달라짐을 알 수 있다.

이와 같은 현황 분석을 토대로 다음 장에서는 자산선택 결정요인을 통계학적으로 더 심도 있게 밝혀보고자 한다. 따라서 자산선택에 연령을 중심으로 한 사회인구학 특성, 자산·소득 등의 경제 특성, 지역변수를 포함한 부동산 특성, 소득위험 등이 어떻게 영향을 미치는지 실증분석을 통해 자세히 알아볼 것이다.

부동산자산 결정요인에 대한 실증분석 04

1 분석설계

1) 분석모형 및 가설설정

가계의 자산선택이론을 설명하는 여러 가설 중에서 생애주기가설(Life Cycle Hypothesis)에 따르면, 합리적인 개인은 완전 자본시장의 가정 하에 미래 소득까지 고려한 생애가용자원을 적절히 배분하여 전 생애에 걸쳐 안정적인 소비(consumption smoothing)를 유지하고자 한다. 따라서 소득수준이 소비수준보다 낮은 기간에는 소비를 유지하기 위해 부(−)의 저축을 하게 되며 이전에 축적된 저축을 이용하거나 미래에 벌어들일 소득을 예상하여 차용을 한다. 이와 같이 가계의 자산선택은 생애 전체적으로 나이, 부, 소득위험, 가계의 개별적 특성에 영향을 받는다. 이를 함수식으로 표현하면 다음과 같다.[79)]

$$a_{it} = f(age_{it},\ wealth_{it},\ Z_{it},\ HC_{it}) \quad \langle 식\ 4-1 \rangle$$

〈식 4−1〉에서 a_{it}는 t기에 i가구가 보유하고 있는 자산을 나타내며, age_{it}는 가구주의 나이, Z_{it}는 소득위험[80)], $wealth_{it}$는 가구의 부를 나타내고, HC_{it}는 가구의 개별적

79) Bryant, W. K.(1986), "Assets and debts in a consumer portfolio", *Journal of consumer affairs*, 20(1), 19−35쪽.

80) 본 논문에서는 Z_{it} 소득위험의 측정을 위해 Carroll & Samwick(1998)의 VARLY를 사용했다. Carroll & Samwick(1998)은 소득불확실성 변수로 소득분산을 사용하고 있는데, 로그소득분산(VARLY)은 다음과 같다. 효용함수가 CRRA(Constant Relative Risk Aversion)형태이고 소득이 정규분포라면 EPP의 분산형태를 표시할 수 있다. EPP(Equivalent Precautionary Premium)란 예비적 저축이 0인 점에서의 예비적 저축동기의 크기로서 예비적 저축을 전혀 하지 않은 사람이 느끼는 불안감 또는 불확실성을 나타낸다. 즉 그러한 불안감을 느끼지 않기 위해 기꺼이 저축하고자 하는 양의 크기, 안정감을 느끼는 예비적 저축과 등가로 만들어주는 프리미엄을 말한다.
일반적으로 CRRA형 효용함수 $U(C) = -exp(-\theta C) / \theta$와 소득의 정규분포를 가정하면, 다음과 같은 $EPP = \theta\sigma^2 / 2$를 얻는다. 그런데 소득이 로그정규분포를 하면 $REPP = \theta\sigma^2 lnv / 2$와 같이 수정된다.
이상의 두 식은 모두 분산형태를 가지고 있으며, 본 연구에서는 소득불확실성변수로 로그소득분산(VARLY)를 이용한다[차은영 · 최은영(2007), 소득불확실성이 가계저축에 미치는 효과, 「여성경제연구」 제4집 제2호, 95~96쪽 참조].

특성을 나타낸다.

위와 같은 자산수요함수를 바탕으로 분석모형은 다음과 같은 식으로 나타낸다.[81]

$$Y_{it} = a + \beta X_{it} + \varepsilon_{it} \qquad \langle 식\ 4-2 \rangle$$

위 식에서 Y_{it}는 종속변수, X_{it}는 가구의 특성을 나타내는 벡터, ε_{it}는 오차항을 나타낸다. 그러나 본 논문에서는 패널자료를 사용하므로 일반 회귀모형과는 달리 오차항이 단일항이 아니라 〈식 4－3〉과 같이 두 개의 항으로 나타낼 수 있다.[82]

$$\varepsilon_{it} = \eta_{it} + \beta e_{it} \qquad \langle 식\ 4-3 \rangle$$

즉 개체별 이질성을 나타내는 η_{it}와 시간과 개체에 따라 변화하는 순수한 오차항인 e_{it}의 두 개의 항으로 나타내게 된다. η_{it}는 관찰되지 않지만 부동산자산 비중에 영향을 미치는 개별가구 특성(heterogeneity)을 나타내므로 노동패널과 같은 미시적 자료를 분석하는데 더욱 적합하다고 할 수 있다.

오차항 e_{it}에 관해서는 통상적인 가정, 즉 0인 평균과 일정한 분산 σ_e^2을 갖으며 $cov(e_{it}, e_{is}) = 0$, $t \neq s$이라고 가정한다. 또한 $\text{cov}(\eta_{it}, e_{is}) = 0$이 되도록 η_{it}는 회귀오차 e_{it}와 상관되지 않는다고 가정한다.

한편 분석모형에 소득위험을 포함하기 위해서는 소득위험의 대용변수가 필요한데, 소득식을 추정할 때 나머지 오차항에도 시계열 상관이 존재할 수 있다. 따라서 시계열 상관을 무시하고 추정할 경우 소득위험에 대한 추정치를 편의시키는 결과를 가져오게 되므로, 이를 위해 오차항이 $e_{it} \sim (0, \sigma_e^2)$인 확률변수라는 통상적인 가정대신 〈식 4－4〉와 같이 AR(1) 과정(process)을 따른다고 가정한다.[83]

$$e_{it} = \rho e_{it-1} + w_{it} \qquad \langle 식\ 4-4 \rangle$$

$\rho(|\rho| < 1)$는 오차항의 시계열적 상관계수이며, w_{it}는 확률(random) *i.i.d* 오차로 평균은 0이며, 분산은 σ_w^2으로 가정한다.[84]

---

81) 유경원(2008), 우리나라 가계의 금융자산선택 결정요인 분석, 한국은행 금융경제연구원 보고서, 342～343쪽.

82) 이병락(2010), 「계량경제학」, 시그마프레스, 525～527쪽.

83) 이병락(2010), 앞의 책, 323쪽.

84) 설명변수들은 η_i과 v_{it}에 대해 다음과 같이 직교(Orthogonal)하다고 가정한다.
$E(X'_{it}\eta_i) = E(X'_{it}v_{it}) = E(\eta'_i v_{it}) = 0$

따라서 〈식 4－2〉를 추정한 후 〈식 4－3〉 오차항의 표본분산을 구하여, 아래의 〈식 4－5〉와 같이 가계의 개별가구의 소득위험 대용변수를 산출한다.

$$\hat{\sigma}_i^2 = \sum_{t=1}^{T}(w_{it} - \overline{w})^2 / T \quad \text{〈식 4－5〉}$$

한편 추정식 (식 4－2)에서 X_{it}에 포함되는 가구의 특성은 가구주의 연령을 포함한 사회인구학특성과 자산, 부채, 소득과 같은 경제특성, 거주지역, 자가소유 여부의 부동산 특성, 소득위험 등으로 나눌 수 있다.

따라서 자가소유 여부에 대한 선택방정식과 부동산자산 비중 결정요인을 도출하는 분석방정식에 포함할 변수 군을 세 가지 특성으로 나누어 분석모형을 설계하였다.

먼저 사회인구학 특성은 가구주 연령, 성별, 학력, 직업, 가구원수, 배우자 유무 등이 포함되는데, 특히 연령의 경우에는 연령과 부동산자산 비중과의 비선형적 관계를 알아보기 위해 연령제곱 변수를 추가했다. 경제 특성은 가구의 총자산, 총부채, 연간 총소득, 순자산, 월저축 등을 포함했다. 또한 부동산 특성으로는 거주지역과 자가소유 여부를 포함했는데, 한국의 경우 서울·수도권에 인구의 절반 이상이 집중되어 경제·사회적 인프라가 집중되어 있고, 앞서 살펴보았듯이 서울·수도권지역과 그 외 지역의 경제적 차이가 크다. 이에 거주지역이 자산 선택에 영향을 미칠 것으로 판단되어 거주지역을 변수로 설정했으며, 부동산자산에서 자가가 차지하는 비중이 크므로 자가소유 여부도 변수로 설정했다. 마지막으로 소득위험을 포함하여 소득의 변동성이 자산선택에 미치는 영향도 함께 살펴보았다.

분석모형은 아래와 같이 다섯 가지로 설정하며, 종속변수는 자가소유 여부, 부동산자산 비중이 된다. 분석모형은 다음과 같다.

[모형 1]

$$\begin{aligned} OWN(PropPer) = {} & a + \beta_1 Age_{it} + \beta_2 (Age)^2_{it} + \beta_3 sex_{it} + \beta_4 school_{it} + \beta_5 Job_{it} + \\ & \beta_6 Honey_{it} + \beta_7 Single_{it} + \epsilon_{it} \end{aligned}$$

[모형 2]

$$\begin{aligned} OWN(PropPer) = {} & a + \beta_1 Age_{it} + \beta_2 (Age)^2_{it} + \beta_3 sex_{it} + \beta_4 school_{it} + \beta 5 Job_{it} + \\ & \beta_6 Honey_{it} + \beta_7 Single_{it} + \beta_8 totjasan_{it} + \beta_9 totdebt_{it} + \beta_{10} totinc_{it} + \\ & \beta_{11} saving + \epsilon_{it} \end{aligned}$$

[모형 3]

$$OWN = a + \beta_1 Age_{it} + \beta_2 (Age)^2_{it} + \beta_3 sex_{it} + \beta_4 school_{it} + \beta_5 Job_{it} + \beta_6 Honey_{it} + \beta_7 Single_{it} + \beta_8 totjasan_{it} + \beta_9 totdebt_{it} + \beta_{10} totinc_{it} + \beta_{11} saving + \beta_{12} Area_{it} + \epsilon_{it}$$

$$PropPer = a + \beta_1 Age_{it} + \beta_2 (Age)^2_{it} + \beta_3 sex_{it} + \beta_4 school_{it} + \beta_5 Job_{it} + \beta_6 Honey_{it} + \beta_7 Single_{it} + \beta_8 totjasan_{it} + \beta_9 totdebt_{it} + \beta_{10} totinc_{it} + \beta_{11} saving + \beta_{12} Area_{it} + \beta_{13} OWN_{it} + \epsilon_{it}$$

[모형 4]

$$PropPer = a + \beta_1 dumi30_{it} + \beta_2 dumi40_{it} + \beta_3 dumi50_{it} + \beta_4 dumi60_{it} + \beta_5 dumi70_{it} + \beta_6 sex_{it} + \beta_7 school_{it} + \beta_8 Job_{it} + \beta_9 Honey_{it} + \beta_{10} Single_{it} + \beta_{11} totjasan_{it} + \beta_{12} totdebt_{it} + \beta_{13} totinc_{it} + \beta_{14} saving_{it} + \beta_{15} Area_{it} + \beta_{16} OWN_{it} + \epsilon_{it}$$

[모형 5]

$$OWN = a + \beta_1 Age_{it} + \beta_2 (Age)^2_{it} + \beta_3 sex_{it} + \beta_4 school_{it} + \beta_5 Job_{it} + \beta_6 Honey_{it} + \beta_7 Single_{it} + \beta_8 totjasan_{it} + \beta_9 totdebt_{it} + \beta_{10} totinc_{it} + \beta_{11} saving + \beta_{12} Area_{it} + \beta_{13} risk_{it} + \epsilon_{it}$$

$$PropPer = a + \beta_1 Age_{it} + \beta_2 (Age)^2_{it} + \beta_3 sex_{it} + \beta_4 school_{it} + \beta_5 Job_{it} + \beta_6 Honey_{it} + \beta_7 Single_{it} + \beta_8 totjasan_{it} + \beta_9 totdebt_{it} + \beta_{10} totinc_{it} + \beta_{11} saving + \beta_{12} Area_{it} + \beta_{13} OWN_{it} + \beta_{14} risk_{it} + \epsilon_{it}$$

OWN : 자가소유여부, *PropPer* : 부동산자산비중(부동산자산/총자산), *i* : 가구, *t* : 년, *dumi30* : 30대, *dumi40* : 40대, *dumi50* : 40대, *dumi60* : 60대, *dumi70* : 70대 이상, *Age* : 연령, *sex* : 성별, *school* : 학력, *Job* : 직업, *Honey* : 배우자 유, *Single* : 1인가구, *totjasan* : 총자산, *totdebt* : 총부채, *totinc* : 연간총소득, *saving* : 월저축액, *Area* : 거주지역, *risk* : 소득위험

위의 내용을 그림으로 표현하면 〈그림 4-1〉과 같다.

〈그림 4-1〉 분석모형

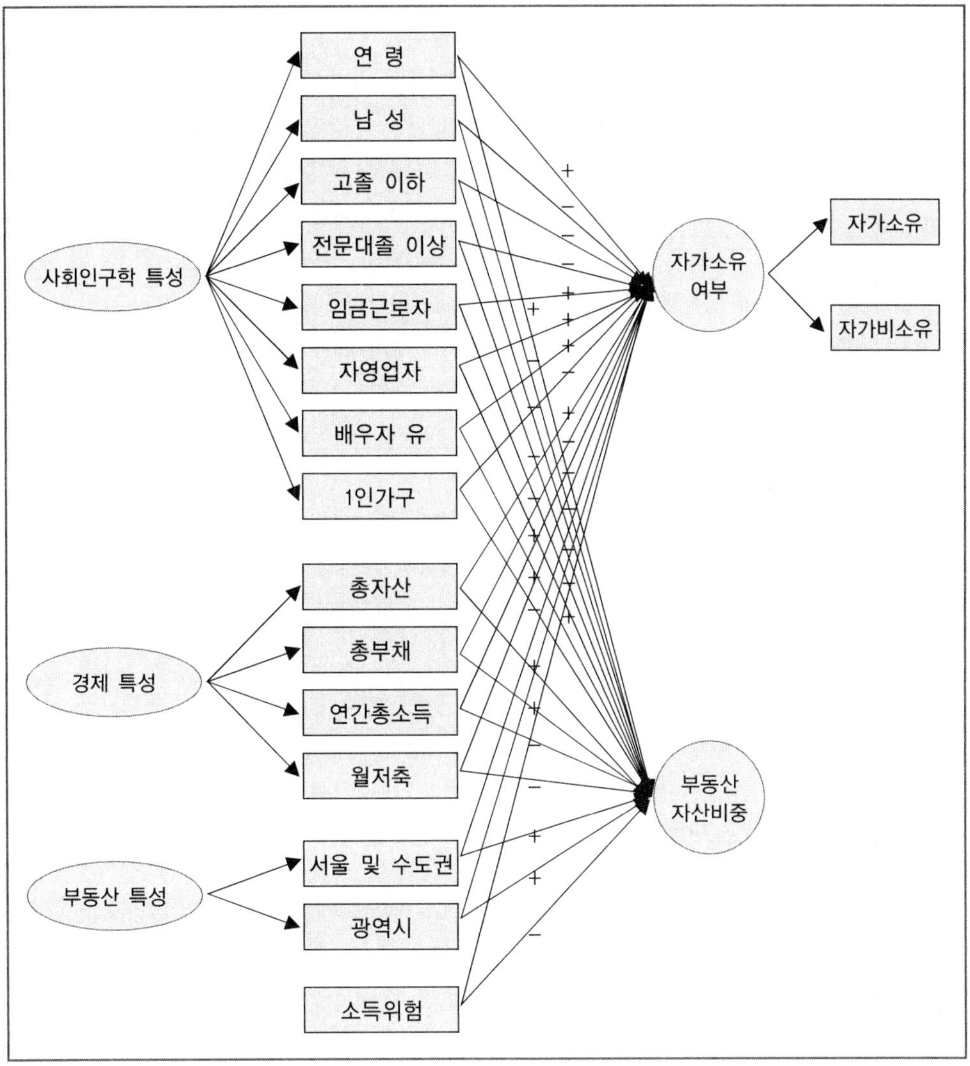

이러한 분석모형을 토대로 연구가설을 살펴보면 〈표 4-1〉과 같다.

〈표 4-1〉 연구가설

특 성	항 목	가 설	예상부호
사회 인구학 특성	연 령	연령이 증가할수록 자가소유확률(부동산자산비중)은 높아질 것이다.	(+)
	성 별	남성일수록 자가소유확률(부동산자산비중)은 낮아질 것이다.	(−)
	학 력	학력이 높을수록 자가소유확률(부동산자산비중)은 낮아질 것이다.	(−)
	직 업	자영업자일수록 자가소유확률(부동산자산비중)은 높아질 것이다.	(+)
	배우자유무	배우자가 있을수록 자가소유확률(부동산자산비중)은 높아질 것이다.	(+)
	가구형태	1인가구일수록 자가소유확률(부동산자산비중)은 낮아질 것이다.	(−)
경제 특성	총자산	총자산이 많을수록 자가소유확률(부동산자산비중)은 높아질 것이다.	(+)
	총부채	총부채가 많을수록 자가소유확률(부동산자산비중)은 낮아질 것이다.	(−)
	연간 총소득	연간총소득이 많을수록 자가소유확률은 높아질 것이다.	(+)
		연간총소득이 많을수록 부동산자산비중은 낮아질 것이다.	(−)
	월저축	월저축이 많을수록 자가소유확률(부동산자산비중)은 낮아질 것이다.	(−)
부동산 특성	서울·수도권	서울·수도권지역에 거주할수록 자가소유확률은 낮아질 것이다.	(−)
		서울·수도권지역에 거주할수록 부동산자산비중은 높아질 것이다.	(+)
	자가소유	자가소유 가구일수록 부동산자산비중은 높아질 것이다.	(+)
소득위험		소득위험이 클수록 자가소유확률(부동산자산비중)은 낮아질 것이다.	(−)

2) 분석자료 및 변수선정

분석자료의 표본은 1,345가구이고, 분석을 위한 변수 선정은 다음과 같다.[85)]

(1) 연 령

전 세계적으로 일부 국가를 제외하고 나타나는 현상인 인구고령화는 가구의 자산구성에 커다란 영향을 미칠 것으로 예상된다. 기존의 연구에서도 연령은 자산비중을 결정하는 주요 변수로 보고 있다[강석훈(2005, 2009), Porterba and Samwick(1997), 이상호(2010), 박창균(2003), 고광수·김근수·김재칠(2006)]. 본 연구에서는 연령변수로 가구주 연령과 가구주 연령의 제곱을 포함시킨 경우와, 가구주 연령을 기준으로 하여 20～29세, 30～39세, 40～49세, 50～59세, 60～69세, 70세 이상일 경우 각각 1의 값을 가지는 더미변수들을 포함시킨 경우의 두 가지를 사용했다. 후자의 경우 전자에 비해 연령효과를 보다 구체적으로 제시할 수 있을 것으로 기대된다. 실제 추정에 있어서는 20～29세 더

85) 표본선정에 관한 설명은 본서 137쪽 참조

미를 제외하였다. 따라서 이들 더미변수의 계수는 해당하는 연령이 20 ~ 29세에 비해 자가소유 여부와 부동산자산 비중에 얼마나 큰 양(+) 또는 음(−)의 영향을 미치는지를 보여준다.

(2) 성 별

가구주의 성별을 나타내는 변수는 남자가 1, 여자가 0으로 여성가구주를 기준으로 더미변수 처리했다. 우리나라의 경우 가구주 대부분이 남성이나, 고(高) 연령층에서는 상대적으로 남성보다 더 긴 여성의 수명으로 인해 여성가구주가 많다. 이처럼 연령에 따라 가구주 성별에 변화가 있으므로 성별은 자가소유 여부나 부동산자산 비중에 영향을 미칠 것이라 생각된다[Yoo(1994), 강석훈(2009), 정운영(2008)].

(3) 학 력

자산배분을 위해 교육수준은 매우 중요하다. 자산 배분을 위해서는 최소한의 전문지식이 필요하고 전문지식의 습득정도는 교육수준에 의해 좌우되기 때문이다. Haliassos and Bertaut(1995)[86]도 이 점을 지적하였는데 교육수준이 높을수록 정보를 취득하거나 해석하는데 유리하다고 하였다. 가구주의 교육정도를 나타내는 변수는 중졸 이하를 기준으로 하여 고졸 이하, 전문대졸 이상일 경우 각각 1의 값을 가지는 더미변수로 처리했다. 따라서 이들 더미변수의 계수는 고졸 이하와 전문대졸 이상의 교육정도가 각각 자가소유 여부나 부동산자산 비중에 미치는 영향이 어떻게 다른지 보여준다.

(4) 직 업

한국에서 총금융자산 중 주식비중이 낮은 이유로 한국인의 부동산 선호현상과 높은 자영업자 비율이 제시되었다(김진영 · 박창균, 2001). 자영업자는 임금근로자에 비해 전술한 바와 같이 자영업의 특성상 부동산자산을 많이 보유하는 경향이 나타나 직업적 특성이 자산선택에 영향을 미칠 것으로 판단하여 직업을 변수로 포함했다. 이에 본 연구에서는 가구주의 직업을 무직, 임금근로자, 자영업자 등으로 구분하고, 무직을 기준으로 하여 임금근로자, 자영업자 등을 더미변수로 처리했다.

(5) 가구형태

가구형태는 1인가구와 보통가구로 나눈다. 가족의 형태로 구성되어 있는 보통가구가 기준변수가 되고, 1인가구는 더미변수로 처리했다. 앞서 보았듯이 1인으로 구성되어 있

86) Haliassos, Michael and Carol C. Bertaut, "Why do so few hold stocks?", *Economic Journal 110*, 1995, p.1110~1129.

는 1인가구의 경우, 가구원수가 여러 명인 보통가구에 비해 가계의 경제상황이나 자산 구성비 등에서 차이가 났다. 이에 가구형태가 자가소유 여부와 자산비중에 미치는 영향을 보여 줄 수 있을 것이다.

(6) 배우자 유무

Xiao(1996)의 연구에서와 같이 결혼에 따른 배우자 유무가 자산비중에 영향을 미치는 변수임을 고려하여, 배우자 없음을 기준변수로 배우자 있음을 1로 더미변수 처리했다.

(7) 총자산, 총부채, 순자산

총자산은 부동산자산과 금융자산을 합한 것으로 로그를 취해 사용했다. 총부채는 금융기관 부채와 그 외 부채 등을 합한 것으로 역시 로그를 취해 사용했다. 다른 연구에서는 순자산을 사용하기도 했는데 순자산은 총자산에서 총부채를 뺀 것으로, Curcuru(2003)와 강석훈(2005) 등은 순자산 변수를 사용했다. 그러나 본 연구에서는 총부채가 자산선택에 미치는 영향을 알아보기 위해 순자산 대신 총자산과 총부채를 사용했다.

(8) 연간 총소득

연간 총소득은 근로소득, 금융소득, 부동산소득, 사회보험소득, 이전소득 등을 합한 것으로 로그를 취해 사용했다. 전통적으로 자산형성에 큰 영향을 미치는 요인으로 소득을 꼽는다. 소득의 불안정성은 가계의 안전자산비중을 높이는 요인으로 나타나기도 한다(김경아, 2007).

(9) 월저축

가계는 소득에서 소비를 제외한 나머지를 저축하고, 이는 곧 가계 자산으로 전환된다. 그러나 저축은 부채가 증가할 경우 감소하게 되는데, 이는 원리금 상환부담으로 인한 것이다. 이처럼 저축과 부채는 밀접한 관련이 있으며, 더욱이 우리나라에서 부동산자산 대부분을 차지하는 주택구입은 부채를 통해서 이루어진다. 이런 현실을 감안하여 월저축이 부동산자산 비중의 주요 변수가 될 것이라 예상하고, 로그를 취해 사용했다[Guiso et al.(1996, 2002), Brown et al.(2005)].

(10) 거주지역

우리나라의 경우 전체 인구의 1/2 가량이 서울·수도권 지역에 집중되어 있다. 따라서 경제적 인프라 또한 서울·수도권 지역에 집중되어 있어 다른 국가와는 다른 특성을 지닌다. 이러한 우리나라의 독특한 지역적 특성이 자산비중에도 영향을 미칠 수 있음을 감안하여 기타 도 지역을 기준변수로 하여, 서울·수도권 지역, 광역시 지역으로 나누어 지역을 더미변수로 처리했다.

(11) 자가소유 여부

자가소유 여부는 종속변수이지만 부동산자산 비중을 종속변수로 할 때에는 설명변수로 포함되었다. 주택이 부동산자산에서 차지하는 비중이 매우 높은 현실을 감안할 때 자가소유 여부는 부동산자산 비중을 결정하는 주요 변수가 될 것이다. 특히 우리나라의 경우 내 집을 마련하는 데 장기간이 소요되고, 주택가격 또한 지역별로 큰 차이가 있어 그 의미는 더욱 크다고 할 수 있다. 자가 여부와 자산과의 관계는 Cocco(2005), Weagley & Gannon(1991), 문숙재·양정선(1996)의 연구에서도 잘 나타나 있다. 본 연구에서는 자가를 보유하지 않은 가구를 기준변수로 하고, 자가 보유 가구를 1로 하여 더미변수 처리했다.

(12) 소득위험

소득위험은 소득의 변동성을 나타내는 것으로, 소득위험에 따라 가계의 자산배분이 달라질 수 있다. 금융자산 부문 연구에서는 소득위험이 높을수록 안전금융자산을 선호하는 결과가 나타났는데[유경원(2004), 이상호(2010), 김경아(2008)], 자가소유 여부와 부동산자산 비중이 소득위험과는 어떠한 관계가 있는지 알아보고자 했다.

가변수에 대한 정의는 〈표 4-2〉와 같다.

〈표 4-2〉 가변수의 정의

특 성	가변수	기준집단
연령 더미	30 ~ 39세 = 1, 40 ~ 49세 = 1, 50 ~ 59세 = 1, 50 ~ 69세 = 1, 70세 이상 = 1	20 ~ 29세 = 0
성별 더미	남자 = 1	여성 = 0
학력 더미	고졸 = 1, 전문대졸 이상 = 1	중졸 이하 = 0
직업 더미	임금근로자 = 1, 자영업자 = 1	무직 = 0
가구구분 더미	1인가구 = 1	보통가구 = 0
배우자유무 더미	배우자 유 = 1	배우자 무 = 0
거주지역 더미	서울·수도권 지역 = 1, 광역시 지역 = 1	기타 도 지역 = 0
자가소유 더미	자가소유 = 1	자가비소유 = 0

3) 분석방법

패널모형의 추정은 η_i의 취급방법에 따라 Pooled OLS, 고정효과모형(Fixed Effect Model)과 확률효과모형(Random Effect Model)으로 구분한다. Pooled OLS는 $(e_{it} + \eta_i)$를 하나로 묶어 오차항으로 취급하는 것이고, 고정효과모형은 η_i를 패널개체별 상수항으로서 고정된 모수(fixed parameter)로, 확률효과모형에서는 η_i를 확률변수로 간주한다.[87)]

그런데 본 연구자료인 한국노동패널조사자료는 패널 개체의 수가 연도별로 수천 개에 달하는 반면 각 패널그룹별 시계열 관측개체 수가 작기 때문에 고정효과모형으로 추정하면 추정해야 할 가구더미가 너무 많아져 추정치에 편의가 발생할 수 있다.[88)] Baltagi(2001)도 대규모 모집단으로부터 임의의 샘플을 추출한 데이터의 경우 즉 가계서베이 데이터를 분석하는 경우에는 확률효과모형을 사용할 것을 제안했다.[89)]

따라서 본 연구에서는 η_i를 평균 0, 분산 σ_η^2인 확률변수로 가정하는 확률효과모형을 사용하며, 관찰되지 않은 가구특성인 η_i를 설명변수 및 e_{it}와 독립인 확률변수로 가정하였다.

이와 같은 확률효과모형을 가정하여, 자가소유 여부의 선택모형은 패널프로빗모형으로 추정하고, 부동산자산 비중은 패널토빗모형으로 추정했다. 왜냐하면 종속변수가 이항변수인 자가소유 여부의 경우 프로빗 또는 로짓모형을 사용해야 하고, 부동산자산 비중과 같이 종속변수의 값이 음수를 가질 수 없어 0에서 절단되어 있는 경우 헤크만(Heckman)모형 또는 토빗(tobit)모형을 사용해야 하는데, 본 연구에서는 프로빗모형과 토빗모형을 사용했다.

(1) 패널프로빗모형(Panel Probit Model)

가구가 주택을 소유할 수도 있고 소유하지 못할 수도 있다. 이는 전부 아니면 아무것도 아닌 형태의 선택 확률이론으로 해석이 가능하다. 선택확률이론은 여러 개의 대안 중 하나를 선택하는 의사결정을 하는데 있어 각각의 선택대안이 가지는 효용에 기초하고 있으며, 그 선택이 확률적이라는데 근거하고 있다. 이러한 이원적 선택모형은 종속변수가 1 또는 0의 값을 갖는데, 자가소유 확률을 추론하는 데는 비선형모형인 로짓모형과 프로빗모형이 주로 사용된다.

이 중 본 연구에서는 프로빗모형을 사용하여 자가소유 확률을 추론했고, 이것을 먼저

---

87) 이병락(2010), 앞의 책, 526쪽.

88) 김우영 · 김현정(2010), "가계부채의 결정요인 분석", 「국제경제연구」 제16권 제1호, 54쪽.

89) 김재칠(2005), "가계의 주식보유 비중 결정요인에 관한 연구 : OECD 국가간 비교를 중심으로", 한국증권연구원 연구보고서, 82쪽, 재인용

선형함수식으로 표현하면 아래와 같다.[90)91)]

$$Y_i = \beta_1 + \beta_2 X_i + \epsilon_i \qquad \langle 식\ 4-6 \rangle$$

여기서 Y_i는 i가구가 주택을 소유한 경우에는 1, 주택을 소유하지 않은 경우에는 0의 값을 갖는 가변수이고, X_i는 주택소유 여부에 영향을 미치는 가구의 개별적 특성을 나타내는 변수이다.

주택을 소유할 확률 $E(Y_i)$는 다음과 같이 나타낼 수 있다.

$$E(Y_i) = 1 \cdot P(Y_i = 1) + 0 \cdot P(Y_i = 0) = P(Y_i = 1) = P_i \qquad \langle 식\ 4-7 \rangle$$

그런데 $E(Y_i) = P_i$로 종속변수 Y_i가 1의 값을 갖는 확률을 나타내어 확률의 특성 $0 \leq P_i = E(Y_i) \leq 1$의 성질을 만족해야 하는데, 선형모형에서는 그렇지 않을 수 있다. 이를 보완하기 위해 비선형 프로빗모형에서는 종속변수 Y_i가 1의 값을 갖는 확률을 아래와 같이 가정한다.

$$P_i = \int_{-\infty}^{Z_i} \frac{1}{\sqrt{2\pi}} e^{-0.5\frac{\epsilon}{2}} d\epsilon \equiv \Phi(Z_i) \qquad \langle 식\ 4-8 \rangle$$

여기서 $\Phi(\cdot)$는 표준정규분포의 누적분포함수를 나타낸다. 이 경우에 로그 odds 비율(Z_i)[92)] 즉 $Z_i = \beta_1 + \beta_2 X_i$가 $-\infty$에서 $+\infty$의 값을 가짐에 따라서 Pi는 0과 1사이의 값을 가지게 되어 선형확률모형에서 확률 P_i가 0과 1의 구간 외의 값을 가지는 경우가 발생하지 않게 되며, 또한 P_i와 Z_i간에는 비선형관계가 성립되어 β_2의 값이 일정한 율로 계속 증가하지 않게 된다.

프로빗모형에서 개별 독립변수가 $Y = 1$인 확률에 미치는 영향은 (식 4-8)로부터

$$\frac{dP}{dX} = \frac{d\Phi(Z)}{dZ} \cdot \frac{dZ}{dX} = \Phi(\beta_1 + \beta_2 X)\beta_2 \qquad \langle 식\ 4-9 \rangle$$

로 표현된다. 여기서 $\Phi(Z)$는 표준정규분포 확률밀도함수를 나타내는 것으로 $\Phi(Z)$는 항상 양수의 값을 가지며 $Z = 0$일 때 최대의 값을 가지며 $|Z|$가 커짐에 따라 $\Phi(Z)$는 작아진다. 따라서 〈식 4-9〉의 부호는 β_2의 부호와 일치한다.

또한 프로빗모형은 비선형모형에 해당하여 모수 β_1, β_2에 대해 명확한 형태를 도출할 수 없다. 따라서 선형확률모형에서 최소자승법을 적용해 구한 추정치 b_1, b_2는 반복기

90) 남준우 · 이한식(2010), 「계량경제학」, 홍문사, 325쪽.

91) 이병락(2010), 「계량경제학」, 시그마프레스, 553쪽.

92) 종속변수 Y_i가 0의 값을 갖는 확률에 대하여 종속변수 Y_i가 1의 값을 갖는 확률의 비율이다.

법을 이용한 최우추정방법을 통하여 구한다.

(2) 패널토빗모형(Panel Tobit Model)

부동산자산 비중에 변수들이 어떠한 영향을 미치는지를 밝혀내기 위해 패널토빗분석을 실시했다. 표본가계의 다수가 부동산자산 비중(종속변수)이 1에 편중된 상황에서 최소자승법을 적용하면 추정치가 비일관적이고 편향되는 경향이 있으므로 토빗분석을 사용했다. 왜냐하면 이를 고려하지 않는 경우, 종속변수의 값이 음수를 가질 수 없어 0에서 절단되어 있음에도 불구하고, 0보다 작은 값이 추정되는 경우가 발생하게 되기 때문이다.[93]

〈그림 4-2〉 부동산자산 비중 분포(Kernel density function을 이용한 추정치)

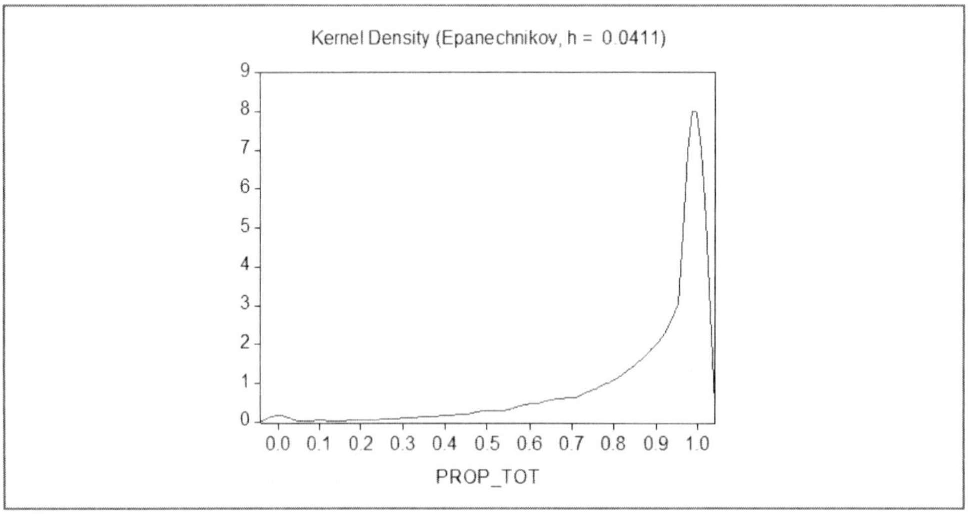

즉, 부동산자산 비중 분포는 위 〈그림 4-2〉와 같이 적지 않은 관측치가 0으로 나타나 전형적인 중도절단자료(censored data)의 형태를 보이고 있다. 통상적으로 이와 같은 자료의 특성을 무시하고 OLS 분석을 수행하게 될 경우 추정결과는 편의(bias)를 갖게 된다. 따라서 종속변수가 단절되어 있을 때는 단절된 회귀모형(censored regression model)인 토빗모형을 사용하며, 계수의 추정은 최우(Maximum Likelihood : ML)방식을 이용한다. 토빗모형은 다음과 같이 표현할 수 있다.

$$y_{it} = a + \beta X_{it} + \beta X_{it} \qquad if\ y_{it} > 0 \qquad \langle 식\ 4-10\rangle$$
$$y_{it} = 0 \qquad if\ y_{it} \leq 0$$

93) 박완규·홍성표 역(2009),「계량경제학」, 지필, Damodar N. Gujarati·Dawn C. Porter(2002),「*Basic economics*」, McGraw-Hill Press, 676쪽.

2 분석결과[94)]

1) 주요 변수간 상관관계 분석

아래의 〈표 4-3〉는 주요 변수간 상관관계를 나타낸 표이다.

〈표 4-3〉 주요 변수간 상관관계 분석(종속변수 : 부동산자산비중)

구 분	부동산자산비중	자가소유	연 령	성 별	학 력	직 업	가구형태	배우자유무	거주지역	총자산	총부채	연간총소득	월저축	소득위험
부동산비중	1													
자가소유	.188**	1												
연 령	.136**	.216**	1											
성 별	-.041**	.088**	-.229**	1										
학 력	-.090**	-.008	-.420**	.241**	1									
직 업	.011	-.015	-.347**	.234**	.126**	1								
가구형태	-.043**	-.143**	.213**	-.440**	-.152**	-.180**	1							
배우자유무	.013	.148**	-.204**	.740**	.230**	.224**	-.593**	1						
거주지역	.070**	-.131**	-.087**	.005	.118*	-.039**	-.029**	.009	1					
총자산	.071**	.514**	.039**	.247**	.252**	.107**	-.268**	.314**	.114**	1				
총부채	.126**	.141**	.002	.091**	.167**	.146**	-.120**	.136**	.125**	.435**	1			
연간총소득	-.114**	.126**	-.360**	.345**	.355**	.324**	-.396**	.368**	.067**	.423**	.305**	1		
월저축	-.186**	.064**	-.152**	.139**	.227**	.088**	-.105**	.149**	.041**	.325**	.121**	.534**	1	
소득위험	.021*	.021*	.025*	-.194**	-.152**	-.017**	.097**	-.180**	-.051**	.058**	.037**	.034**	.011	1

* : 0.05, ** : 0.01, *** : 0.001 수준(양쪽)에서 유의

부동산자산 비중을 설명하는 독립변수는 자가유무, 연령, 성별, 학력, 직업, 가구형태, 배우자유무, 거주지역, 연간총소득, 총자산, 총부채, 월저축, 소득위험 등이다. 이 중 자가소유, 연령, 직업, 배우자유무, 거주지역, 총자산, 총부채, 소득위험 등은 양(+)의 상관관계를 보였으나, 자가소유, 연령, 총부채 등이 상관성이 높았다.[95)] 또한 성별, 학력, 가구형태, 연간총소득, 월저축 등은 음(-)의 상관관계를 보였으며, 그 중 월저축

94) 기초통계량은 본서 138쪽 〈표 3-4〉를 참조

95) 상관계수(r)는 $-1 \leq r \leq 1$이다. 상관계수 값이 ±1에 접근하면 매우 밀접한 관련성이 있고, 0에 접근하면 관련성이 없다는 뜻이다[이혜용 · 이필용(2010), 「계량분석론」, 청목출판사, 143쪽].

의 상관계수 값이 가장 높았다.

2) 자가소유 결정요인 분석

〈표 4-4〉는 자가소유 결정요인에 관한 Random Effect Panel Probit Model 추정 결과이다. 자가소유 여부를 종속변수로 하고, 연령, 성별, 학력, 직업, 배우자유무, 가구형태, 총자산, 총부채, 연간총소득, 월저축, 거주지역 등을 독립변수로 하여 분석을 실시했다. 각 변수의 범주를 크게 사회인구학변수, 경제변수, 부동산변수로 나누고 연령더미를 부가하여 모형1, 모형2, 모형3을 만들었다.

먼저, 모형1은 설명변수로 사회인구학 변수만을 사용하여 연령, 성별, 학력, 직업, 배우자유무, 가구형태 등의 변수가 주택소유에 미치는 영향을 살펴보았다. 변수 중 성별과 직업을 제외한 나머지 변수들이 통계적으로 유의한 영향을 미쳤다. 연령이 많을수록 자가소유 확률은 증가하는데 연령의 제곱값이 (-)가 나와 나이가 들수록 선형적으로 증가하는 것이 아닌 비선형적으로 증가함을 나타내었다. 즉 사회인구학 변수만을 고려할 경우 자가소유 확률은 지속적으로 증가하다가 가구주 연령이 71.0세[96]를 기점으로 그 증가폭은 감소되는 것으로 나타났다. 성별은 통계적으로 유의하지 않았으나 남성일수록 자가소유 확률이 높았다. 학력이 높을수록 자가소유 확률이 높았는데 특히 전문대졸 이상에서 자가소유 확률이 높게 나타났다. 배우자가 있을수록 자가소유 확률이 높았으나, 가구형태 중 1인가구일수록 자가소유 확률이 낮았다.

모형2는 모형1에 경제적 변수를 추가했다. 먼저 연령은 경제적 변수를 추가하자 계수 값은 감소했으나 여전히 유의했다. 경제적 변수를 고려한 경우 가구주 연령이 71.67세 이후부터 자가소유 확률이 감소하는 것으로 나타나 사회인구학 변수만을 고려했을 때의 71.0세보다 약간 늦은 시점이지만, 모형1과 모형2 모두 자가소유 확률 증가폭의 둔화시점이 71세 근처로 우리나라 가계의 자가소유에 대한 집착은 거의 생애 말기[97]까지 지속됨을 알 수 있다. 그러나 학력 면에서는 계수 값이 (-)로 변화하여 경제적 변수를 추가할 경우 학력이 높을수록 주택을 소유할 확률이 낮게 나타났다. 이는 경제적 변수를 추가할 경우 자산 항목이 추가됨으로써 학력이 높을수록 주택을 소유하기 보다는 다른 자산에 다양한 포트폴리오를 구성하고 있다고 해석할 수 있고, 나이든 세대에 비해 젊은 세대가 학력이 높은 현실을 감안할 때 가구주가 젊을수록 학력이 높은 반면, 자가소유 확률은 낮아진다고 볼 수 있다(강석훈, 2002). 또한 배우자 유무나 1인가구도 그 영향력은 약화되었지만 통계적으로 유의했다. 경제 변수 중 가장 큰 영향을 미치는

96) 김태근(2006), 「u-Can 회귀분석」, 인간과 복지, 199쪽. [모형1]의 연령과 연령^{2}을 함수식으로 표현하면, $f(x) = -0.001x^2 + 0.142x$인 이차함수가 된다. 이것을 미분하여 x값을 구하면 71.0이 나오게 된다.

97) 한국인의 평균 기대수명은 남자 76세, 여자 83세이다(2011 세계보건통계보고서, 세계보건기구).

것은 총자산으로 t-값이 25.942에 달했다. 즉 변수들 중에서 총자산이 자가소유 확률에서 가장 큰 영향력을 지니고 있는 것이다. 총부채가 적을수록 자가소유 확률이 높았고, 연간총소득이 많을수록 자가소유 확률은 높았으나 통계적으로는 유의하지 않았다. 월저축은 (-)계수값을 나타냈는데 이는 주택가격이 높은 우리나라의 현실에서 주택구입은 주로 부채를 통해 이루어지는 바, 주택구입시 안게 되는 부채로 인해 저축을 할 여력이 없는 가계상황을 반영했다고 볼 수 있다.

거주지역 변수를 추가한 모형 3은 다른 변수들은 모형 2와 유사했으나 지역변수가 큰 영향을 나타냈다. 서울·수도권 지역에 거주할수록 자가소유 확률은 낮게 나타났고, 광역시 지역도 마찬가지로 기타 도지역에 비해 자가소유 확률은 낮게 나타났다. 이는 도시지역의 높은 주택가격을 반영한 것으로써 특히 서울·수도권 지역에 거주할수록 주택을 마련하기 어려운 현실을 반영한 결과로 보인다.

〈표 4-4〉 Random Effect Panel Probit Model **추정결과**(종속변수 : 자가소유)

연 령		모형 1		모형 2		모형 3	
		Coeff.	(t-val.)	Coeff.	(t-val.)	Coeff.	(t-val.)
사회 인구학 변수	연 령	**0.142**	(18.599)***	**0.086**	(4.479)***	**0.086**	(4.388)***
	연령²	**-0.001**	(-14.252)***	**-0.0006**	(-3.184)**	**-0.0006**	(-3.240)**
	성 별						
	남성	0.049	(0.966)	0.003	(0.023)	0.022	(0.182)
	학 력						
	고졸 이하	**0.125**	(4.278)***	**-0.276**	(-4.758)***	**-0.257**	(-4.310)***
	전문대졸 이상	**0.340**	(9.470)***	**-0.453**	(-6.578)***	**-0.435**	(-6.176)***
	직 업						
	임금근로자	-0.068	(-1.898)	0.064	(0.760)	0.021	(0.247)
	자영업자	0.017	(0.454)	0.040	(0.466)	-0.023	(-0.267)
	배우자						
	유	**0.379**	(8.049)***	**0.232**	(2.033)*	0.186	(1.601)
	가구형태						
	1인가구	**-0.469**	(-8.879)***	**-0.340**	(-2.206)*	-0.225	(-1.416)
경제 변수	Ln총자산			**0.696**	(25.942)***	**0.765**	(27.007)***
	Ln총부채			**-0.142**	(-6.537)***	**-0.133**	(-6.001)***
	Ln연간총소득			0.060	(1.344)	0.056	(1.239)
	Ln월저축			**-0.129**	-5.165***	**-0.137**	(-5.371)***
부동산 변수	거주지역						
	서울·수도권					**-0.719**	(-11.832)***
	광역시					**-0.335**	(-4.918)***
상 수		-4.453	(-21.142)***	-7.364	(-14.009)***	-7.424	(-13.828)***
-2LL			-7690.394		-2165.769		-2086.040

주 : 기준변수는 20~29세, 여성, 중졸 이하, 무직, 배우자 무, 보통가구, 기타도지역임

자료 : 한국노동패널 2차-11차년도 자료(1,345가구)

3) 부동산자산 비중 결정요인 분석

〈표 4-5〉는 총자산 중 부동산자산 비중을 종속변수로 하여 Random Effect Panel Tobit Model을 추정한 결과를 보여준다. 여기에는 거시경제 상황을 반영하기 위해 연도더미 변수를 포함하여 분석했다. 또한 부동산자산비중과 연령변수간의 비선형(non-linear) 관계를 알아내기 위해 [모형 1] ~ [모형 3]에는 가구주 연령 외에 연령의 제곱이 포함되었고, [모형 4]에는 연령을 좀 더 세밀히 분석하기 위해 연령더미 변수를 사용했다.

[모형 1], [모형 2], [모형 3]의 추정결과는 이론의 예측과 대체로 일치한다. 추정결과는 연령이 많을수록 부동산자산 비중이 더 높아짐을 보여준다. 그런데, 연령과 연령제곱 변수 값에 유의할 필요가 있다. 연령변수의 추정계수는 양(+)의 값을 보였고 통계적으로 유의하게 나왔는데, 이는 연령이 높아질수록 부동산자산에 대한 비중이 증가함을 의미한다. 그러나 가구주 연령의 제곱변수를 보면 추정계수가 음(-)의 값을 보였다. 이는 연령과 부동산자산 수요 간에 비선형(non-linear)의 관계가 존재할 가능성이 있음을 시사한다. 즉 부동산자산에 대한 수요함수가 연령에 대해 볼록한(convex)형태이기보다는 오목한(concave)형태일 수 있다는 것이다.

〈그림 4-3〉 연령과 부동산자산 비중의 관계

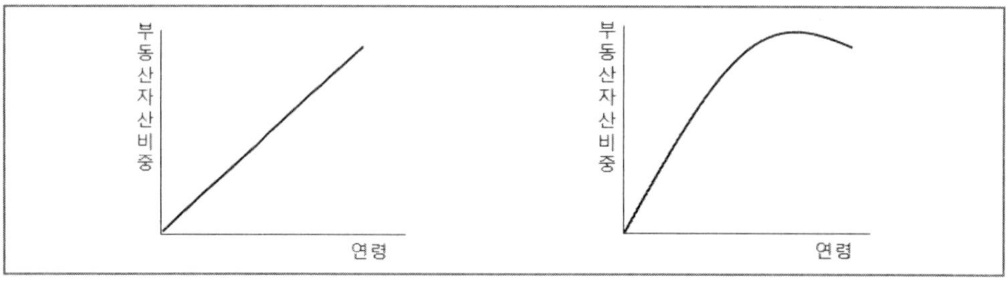

연령과 부동산자산 비중 간에 단순히 양(+)의 선형관계가 있다는 것은 연령이 증가할 때 부동산자산에 대한 수요가 동일한 크기로 증가함을 의미한다. 그러나 연령에 대해 오목한(concave) 형태의 음(-)의 비선형관계는 연령이 높아질수록 부동산자산 비중은 증가하지만 그 증가폭이 점차 축소됨을 의미한다. 즉 연령이 증가할 때 부동산자산 비중은 증가하지만 고 연령층의 경우 부동산자산에 대한 수요의 증가폭은 완만히 줄어든다는 점에서 연령과 부동산자산 비중 간에는 오목한(concave) 비선형적인 관계가 있음을 잘 설명한다고 생각한다.[98] 구체적으로 모형에서의 증가폭이 둔화되는 연령시점을 살펴보면, [모형 1]은 70.42세, [모형 2]는 49.93세, [모형 3]은 49.69세로 나타나 사회인구학 변수만을 고려했을 경우 부동산자산 비중의 증가폭은 70.42세를 기점으로 감소되나, 경제변수나 지역변수를 추가했을 경우는 49.93세, 49.69세를 기점으로 감소하는 모습을 보인

98) 이상호(2010), "인구 고령화와 금융자산선택 : 미시자료 분석을 중심으로", 「금융경제연구」 제432호, 한국은행 금융경제연구원, 31쪽.

다. 이러한 결과는 연령을 세분화해 연령더미로 분류한 [모형 4]의 결과와도 유사한데, [모형 4]에서도 연령더미 중 40대와 50대에서 연령의 계수 값이 최고에 달했다가 그 이후 감소하는 형태를 보인다. 이는 60대와 70대는 부동산자산 비중에 연령이 양(+)의 영향을 미치는 것은 동일하나 그 계수 값이 적어져 상대적으로 4·50대에 비해 그 영향력은 약화된다고 해석할 수 있으며, 이러한 점에서 볼 때 부동산자산 비중은 연령과 선형적 관계가 아닌 비선형적 관계를 보여준다고 할 수 있다(강석훈, 2005).

이 밖에 다른 변수들도 대체로 예측과 일치되는 추정치를 보여준다.

먼저 성별을 보면, 그 계수 값이 음(−)의 값이 나왔는데, 이는 남성일수록 부동산자산 비중이 낮아진다고 해석할 수 있다. 이는 여성가구주와 남성가구주를 비교할 때 가구주 대부분은 남성이지만 고 연령층에서는 여성의 평균수명이 남성보다 긴 생리학적 특성으로 인해 여성가구주가 대부분을 차지한다. 따라서 연령이 높을수록 부동산자산 비중이 대체로 높아짐을 감안한다면 고 연령층에서 여성가구주가 많음으로 인해 여성가구주일수록 부동산자산 비중이 높게 나오는 결과가 나타나는 것으로 볼 수 있다. 그러나 성별 변수는 [모형 1]에서만 통계적으로 유의했다.

학력 면에서 보면 고졸 이상과 전문대졸 이상 가구의 경우 부동산자산 비중이 음(−)의 계수를 나타내는데, 이는 학력이 높을수록 부동산자산에 치중하기 보다는 다양한 자산 배분을 하고 있다고 해석할 수 있다. 이는 자산배분을 위해서는 최소한의 전문지식이 필요하고 전문지식의 습득정도는 교육수준에 의해 좌우되기 때문이다. Haliassos and Bertaut(1995)[99]도 이 점을 지적하였는데 교육수준이 높을수록 정보를 취득하거나 해석하는데 유리하다고 하였다.

직업 변수는 [모형 1]에서만 통계적으로 유의하게 나타났는데, 자영업자가구일수록 부동산자산 비중이 더 높게 나타났다. 이는 자영업의 특성 상 임금근로자와 달리 자영업을 위한 기반마련[100]을 위해 상대적으로 부동산자산 비중이 더 높다고 볼 수 있다.

배우자 유무를 살펴보면, 그 계수값이 (+)방향으로 나타나 배우자가 있을수록 부동산자산 비중이 높아짐을 알 수 있다. 부동산자산의 대부분이 주택임을 감안할 때, 혼자 생활할 때보다 배우자가 있는 경우 결혼생활을 유지하기 위한 더 넓고 안정적인 공간이 필요하기 때문에 부동산자산 특히 주택을 늘리는 것이라 생각된다.

또한 가구형태에 있어서도 1인가구일수록 부동산자산 비중이 낮게 나타남을 알 수 있다. 1인가구의 경우 대부분은 미혼의 젊은 가구주나 사별 후 홀로 남은 노인 가구주이다. 따라서 이들의 자산규모 또한 배우자나 자녀가 있는 보통가구보다 낮고, 그로 인해 목돈이 필요한 부동산자산보다는 금융자산 비중이 높아, 총자산에서 부동산자산이 차지하는 비중은 낮게 나타난다고 볼 수 있다[101].

---

99) Haliassos, Michael and Carol C. Bertaut(1995), 전게논문, 1110쪽.
100) 자영업을 위한 점포용 부동산 소유 및 임차용 보증금 등을 말한다.
101) 본서 199쪽, 〈부록 3-3〉 가구형태별 자산현황 참조

〈표 4-5〉 Random Effect Panel Tobit Model 추정결과(종속변수 : 부동산자산비중)

		모형 1	모형 2	모형 3	모형 4
		Coeff.(t-val.)	Coeff.(t-val.)	Coeff.(t-val.)	Coeff.(t-val.)
사회인구학변수	연 령	0.845(7.903)***	0.749(4.695)***	0.636(3.514)***	
	연령^2	-0.006(-6.484)***	-0.0075(-4.743)***	-0.0064(-3.671)***	
	30~39세				11.182(3.496)***
	40~49세				11.798(3.682)***
	50~59세				11.628(3.604)***
	60~69세				9.616(2.932)**
	70세 이상				8.787(2.475)*
	성 별				
	남 성	-3.796(-5.177)***	-1.901(-1.573)	-1.740(-1.454)	-2.048(-1.713)
	학 력				
	고졸 이하	-1.345(-3.363)***	-1.919(-3.573)***	-1.753(-3.285)***	-1.888(-3.559)***
	전문대졸 이상	-1.885(-4.517)***	-2.908(-4.495)***	-2.649(-4.114)***	-2.852(-4.488)***
	직 업				
	임금근로자	-1.273(-2.623)**	0.279(0.365)	0.426(0.562)	0.344(0.458)
	자영업자	1.885(3.760)***	0.532(0.699)	0.905(1.182)	0.855(1.126)
	배우자				
	유	2.607(3.819)***	3.733(3.330)***	3.719(3.348)***	3.879(3.499)***
	가구형태				
	1인가구	-4.050(-5.306)***	-4.386(-2.866)**	-4.597(-3.027)***	-4.370(-2.873)***
경제변수	Ln총자산		3.207(13.670)***	2.181(8.355)***	2.197(8.437)***
	Ln총부채		1.516(7.614)***	1.570(7.912)***	1.588(8.014)***
	Ln연간총소득		-2.283(-5.416)***	-2.299(-5.503)***	-2.279(-5.460)***
	Ln월저축		-4.259(-18.280)***	-4.120(-17.806)***	-4.138(-17.929)***
부동산변수	거주지역				
	서울·수도권			4.097(7.745)***	4.063(7.685)***
	광역시			2.165(3.624)***	2.153(3.607)***
	자가소유			4.062(7.394)***	4.157(7.588)***
연 도	2000	1.973(2.730)**	3.584(3.280)**	3.441(3.179)***	3.287(3.036)***
	2001	1.945(2.690)**	5.153(5.183)***	4.548(4.610)***	4.393(4.448)***
	2002	1.566(2.149)*	6.095(6.254)***	5.492(5.677)***	5.426(5.606)***
	2003	4.017(5.532)***	7.695(7.797)***	7.193(7.351)***	7.061(7.208)***
	2004	4.599(6.311)***	7.981(7.994)***	7.114(7.170)***	7.059(7.112)***
	2005	3.385(4.637)***	7.634(7.681)***	7.221(7.332)***	7.177(7.287)***
	2006	3.925(5.374)***	8.418(8.549)***	8.050(8.251)***	8.023(8.220)***
	2007	3.623(4.939)***	8.776(8.818)***	8.478(8.597)***	8.475(8.605)***
	2008	5.862(7.953)**	8.384(7.954)**	8.221(7.871)***	8.212(7.858)***
상 수		60.511(20.464)***	55.937(11.121)***	61.896(12.215)***	65.654(15.118)***
2LL		-57769.49	-19849.67	-19801.02	-19795.83

주 : 기준변수는 20~29세, 여성, 중졸 이하, 무직, 배우자 무, 보통가구, 자가비소유, 기타도지역, 1999년임
자료 : 한국노동패널 2차-11차년도 자료(1,345가구)

다음으로 경제변수를 살펴보면, 총자산, 총부채, 월저축은 서로 긴밀한 상관관계가 있다. 먼저 총자산을 보면 총자산이 많을수록 부동산자산 비중이 높은 것으로 나타났고, 총부채가 많을수록 부동산자산 비중 또한 높은 것으로 나타났다. 그러나 반대로 월저축은 그 계수값이 음(−)의 방향으로 나타나서 월저축이 많을수록 부동산자산 비중이 낮은 것으로 나타났다. 이는 우리나라의 높은 부동산가격의 현실을 반영한 것으로 부동산자산을 소유할 때, 일반적으로 부채를 이용하는 경우가 많아 상대적으로 저축을 할 여유가 없기 때문이라 생각된다. 따라서 부동산자산 비중과 총부채의 계수 값은 같은 방향으로 움직이나 저축과는 다른 방향으로 움직인다. 이는 정운영 · 이희숙(2008)의 연구결과에서도 나타나는데 가계의 대부분이 가계부채를 이용하여 부동산자산 비중을 늘리고 있는 현실을 반영하였다고 볼 수 있다. 또한 연간 총소득의 경우 음(−)의 계수값을 나타내었는데, 이러한 이유는 소득의 증가가 부동산자산 외에 위험자산에 대한 수요를 증가시키는 방향으로 작용하기 때문으로 해석된다(임경묵, 2004).

지역변수를 살펴보면, 주택소유 결정요인 추정결과와는 다른 결과를 나타내었다. 주택소유 여부의 경우 서울 및 수도권에 거주할수록 자가소유 확률이 낮게 나타났는데, 부동산자산 비중의 경우에는 서울 및 수도권과 광역시 지역에 거주할수록 부동산자산 비중은 높게 나타났다. 또한 자가소유 더미를 추가한 [모형 3]의 경우 자가를 소유할수록 부동산자산 비중이 높게 나타나(t−값 : 7.394), 다른 변수에 비해 자가소유 여부가 부동산자산 비중에 상당한 영향을 미치고 있음을 알 수 있다.

또한 연도더미를 살펴보면 모든 연도가 통계적으로 유의하게 나타났다. 각 연도는 부동산자산 비중에 유의한 정(+)의 영향을 미치며, 계수의 크기도 해가 갈수록 단조적으로 높아지고 있다. 즉 다른 변수를 고려하더라도 해가 갈수록 부동산자산 비중은 지속적으로 증가하는 추세임을 알 수 있다.[102] 특히 2002년과 2003년, 2006년에는 그 계수 값이 크게 증가하였는데, 이는 당해 연도의 급등한 주택가격 상황[103]을 반영한 것이라고 볼 수 있다.

4) 연령대별 분석

이 절에서는 연령대별로 구분하여 자가소유와 부동산자산 비중 결정요인을 알아보았는데, 그 결과는 〈표 4−6〉, 〈표 4−7〉과 같다.

연령은 1999년의 나이를 기준[104]으로 30대(30 ~ 39세), 40대, 50대, 60대의 네 그룹으로 나누었고[105], 사회인구학 변수, 경제 변수, 부동산 변수 등을 모두 고려해서 각

102) 연도더미를 빼고 추정한 결과도 큰 차이가 없음(본서 203쪽, 〈부록 4−1〉 참조)
103) 본서 142쪽, 주 57) 참조
104) 30대는 1999년 기준 30 ~ 39세로, 예를 들어 1999년에 30세면 2008년에는 40세이고, 1999년에 39세이면 2008년에는 48세에 해당함

그룹별로 10년간의 변화를 분석했다.

〈표 4-6〉 연령대별 Probit Model 추정결과(종속변수 : 자가소유)

		30대	40대	50대	60대
		Coeff.(t-val.)	Coeff.(t-val.)	Coeff.(t-val.)	Coeff.(t-val.)
사회인구학변수	연 령	**0.361**(2.423)*	0.017(0.075)	0.660(1.721)	-0.248(-0.172)
	연령[2]	**-0.004**(-2.259)*	0.00037(0.154)	-0.0056(-1.727)	0.0020(0.185)
	성 별				
	남 성	**0.498**(1.999)*	-0.065(-0.312)	-0.447(-1.554)	-0.795(-1.245)
	학 력				
	고졸 이하	**-0.376**(-3.340)***	**-0.404**(-4.229)***	0.082(0.555)	-0.105(-0.256)
	전문대졸 이상	**-0.367**(-3.000)***	**-0.734**(-6.389)***	-0.186(-0.803)	-0.009(-0.013)
	직 업				
	임금근로자	-0.279(-1.539)	0.149(0.979)	0.327(1.838)	-0.665(-1.697)
	자영업자	-0.226(-1.207)	0.102(0.647)	-0.120(-0.695)	-0.465(-1.002)
	배우자				
	유	-0.057(-0.236)	0.056(0.298)	**0.776**(2.880)**	0.968(1.497)
	가구형태				
	1인가구	-0.235(-0.647)	**-0.718**(-2.511)*	-0.325(-0.946)	-0.145(-0.137)
경제변수	Ln총자산	**0.700**(14.918)***	**0.817**(16.381)***	**0.955**(12.631)***	**1.125**(4.936)***
	Ln총부채	**-0.146**(-4.222)***	**-0.114**(-2.898)***	**-0.177**(-2.853)***	**-0.491**(-2.670)**
	Ln연간총소득	0.154(1.891)	0.065(0.767)	-0.077(-0.656)	0.172(0.561)
	Ln월저축	**-0.152**(-3.591)***	**-0.136**(-3.092)***	**-0.131**(-1.973)*	-0.347(-1.848)
부동산변수	거주지역				
	서울·수도권	**-0.722**(-7.830)***	**-0.491**(-4.652)***	**-1.172**(-5.906)***	**-2.104**(-3.247)**
	광역시	**-0.427**(-4.062)***	-0.052(-0.436)	-0.305(-1.432)	-2.475(-3.664)**
상 수		-12.519(-4.224)***	-7.133(-1.280)	-24.116(-2.140)*	4.514(0.093)
-2LL		-1133.694	-665.030	-248.715	-46.609

주 : 기준변수는 20~29세, 여성, 중졸 이하, 무직, 배우자 무, 보통가구, 기타도지역임
자료 : 한국노동패널 2차-11차년도 자료(1,345가구)

먼저 자가소유 결정요인 분석결과, 전체 연령을 대상으로 한 〈표 4-4〉 결과와 유사했으나, 그 결정요인은 연령대별로 조금씩 달랐다.

사회인구학 변수는 전반적으로 자가소유에 크게 영향을 미치지 못했다. 연령변수의 경우 30대에서만 통계적으로 유의하게 나타났다. 30대는 연령의 계수 값은 양(+), 연령제곱의 계수 값은 음(-)으로 나타나, 자가소유 확률이 지속적으로 증가하다가 45.13세를 기점으로 증가폭이 감소하는 비선형적 증가 모습을 보였다. 통계적으로 유의하지 않지만 다른 연령대의 연령변수를 살펴보면, 40대의 경우 연령과 연령의 제곱변수가

105) 20대, 70대 그룹은 그 결과가 통계적으로 유의하지 않아 분석대상에서 제외함

모두 양(+)의 계수로 나타나 자가소유 확률이 지속적인 선형적 증가 모습을 보였고, 50대에는 30대와 마찬가지로 비선형적 증가 모습을 보였다. 그러나 60대는 계수의 방향이 다른 연령대와 반대로 나타나, 연령이 증가할수록 자가소유 확률은 낮아지다가 일정 시점에서 다시 높아지는 모습을 보였다.

학력변수의 경우 30·40대 그룹에서만 통계적으로 유의하게 나타나, 젊은 연령층에서 학력이 높을수록 자가소유 확률이 낮아짐을 알 수 있고, 특히 40대 그룹에서 영향력이 컸다. 또한 50대 그룹에서는 사회인구학 변수 중 배우자만이 유의한 영향을 미쳐, 배우자가 있을수록 자가소유 확률은 높게 나타났다.

한편 연령대별로 경제변수와 부동산변수는 모두 유의한 영향을 미쳤다. 경제변수 중에서는 총자산(+), 총부채(−), 월저축(−) 등이 유의한 영향을 미쳤는데, 고(高) 연령그룹일수록 계수 값이 크게 나타나 젊은 연령대보다 나이든 연령대에서 그 영향력이 커짐을 알 수 있다. 여전히 전 연령대에서 서울·수도권 지역에 거주할수록 자가소유 확률이 낮았는데, 60대 그룹에서는 서울·수도권 지역보다는 광역시지역의 계수 값이 크게 나타났다.

다음으로 연령대별 부동산자산 비중 추정결과를 살펴보면, 연령변수는 각 연령대별로 다른 모습을 보였다. 30대에서는 연령의 계수 값은 음(−), 연령제곱은 양(+)의 값을 나타내어, 연령이 증가할수록 부동산자산 비중은 감소하다가 35.40세를 기점으로 상승하는 모습을 나타냈다. 이는 30대 초반에는 본격적인 경제활동을 시작한지 얼마 되지 않고, 대부분 결혼초기에 해당되어 가계의 대표적인 부동산자산인 주택을 마련하기에 목돈이 충분하지 않다. 따라서 저축을 통한 금융자산을 늘려 목돈을 모은 다음, 일정 연령이 되면 모아놓은 목돈으로 주택 구입을 시작하여 부동산자산을 늘리기 때문이라 생각된다. 한편 40·50대는 같은 패턴을 나타냈는데, 연령의 계수값은 양(+), 연령제곱은 음(−)의 값을 나타내어, 연령이 증가할수록 부동산자산 비중은 비선형적으로 증가하는 모습을 보였다. 40대는 52.19세, 50대는 58.45세를 기점으로 부동산자산 비중의 증가추세가 감소로 전환되는 모습을 보였다. 또한 40대 그룹에서는 여성일수록, 학력이 낮을수록, 자영업자일수록, 배우자가 있을수록 부동산자산 비중이 높게 나타났다.

한편 경제변수와 부동산변수는 모든 연령대에서 유의한 영향을 미쳤다.

총자산의 계수 값은 60대에서 가장 높게 나타났는데, 이는 젊은 세대보다 나이든 세대에서 부동산자산 비중에 미치는 자산의 영향력이 큼을 의미한다고 볼 수 있다. 반대로 총부채와 월저축의 계수 값은 30대에서 상대적으로 크게 나타났는데, 이는 젊은 연령층일수록 부동산자산 비중에 부채와 저축이 영향을 미치는 정도가 크다고 해석할 수 있다. 가계의 주택마련이 30대 후반에 크게 증가하는 현실을 볼 때[106], 부채를 통한 주택마련은 상대적으로 저축을 감소시키고, 그 결과 부채가 많을수록 또한 저축이 적을수

106) 본서 146쪽 〈표 3-11〉 연령별 자산 증감 현황 참조

록 부동산자산 비중이 높게 나타난다고 볼 수 있는 것이다.

지역변수의 경우 서울·수도권에 거주할수록 부동산자산 비중이 높게 나타났는데, 특히 50·60대 그룹에서 그 계수 값이 크게 나타나 고 연령층에서 서울·수도권에 거주할수록 부동산자산 비중이 높다고 볼 수 있다. 그러나 60대 그룹에서는 자가소유 여부가 부동산자산 비중에 유의한 영향을 미치지 못했다.

〈표 4-7〉 연령대별 Tobit Model 추정결과(종속변수 : 부동산자산비중)

		30대	40대	50대	60대
		Coeff.(t-val.)	Coeff.(t-val.)	Coeff.(t-val.)	Coeff.(t-val.)
사회인구학변수	연 령	**-3.469**(-2.174)*	**5.636**(2.987)**	**8.779**(3.119)**	-6.839(-0.812)
	연령^2	**0.049**(2.420)*	**-0.054**(-2.825)**	**-0.0751**(-3.123)**	0.053(0.853)
	성 별				
	남성	-3.568(-1.288)	**-5.398**(-2.981)**	2.312(0.919)	2.156(0.420)
	학 력				
	고졸 이하	-0.709(-0.587)	**-1.754**(-2.245)*	**-2.181**(-2.180)*	-3.472(-1.467)
	전문대졸 이상	-1.731(-1.328)	-1.229(-1.268)	-1.885(-1.261)	2.036(0.538)
	직 업				
	임금근로자	1.711(0.868)	**3.269**(2.621)**	-0.077(-0.063)	-0.480(-0.158)
	자영업자	3.830(1.892)	**3.891**(3.022)**	-1.341(-1.102)	-4.247(-1.680)
	배우자				
	유	**6.201**(2.296)*	**7.292**(4.428)***	-0.408(-0.176)	2.210(0.470)
	가구형태				
	1인가구	-5.281(-1.354)	1.157(0.451)	2.632(0.884)	-15.857(-1.739)
경제변수	Ln총자산	**1.804**(3.730)***	**1.886**(4.426)***	**2.566**(4.759)***	**2.964**(2.500)*
	Ln총부채	**2.070**(5.746)***	**1.852**(5.724)***	0.790(1.910)	1.075(1.297)
	Ln연간총소득	-1.513(-1.718)	**-2.777**(-4.076)***	**-1.746**(-2.196)*	-1.807(-1.018)
	Ln월저축	**-5.209**(-11.527)***	**-4.405**(-12.155)***	**-2.892**(-6.591)***	**-2.776**(-2.599)**
부동산변수	거주지역				
	서울·수도권	**4.140**(4.335)***	**2.217**(2.582)**	**5.434**(5.033)***	**9.220**(3.568)***
	광역시	1.628(1.470)	-0.708(-0.735)	**3.865**(3.164)**	5.021(1.704)
	자가소유	**3.654**(4.274)***	**5.036**(5.501)***	**3.866**(2.698)**	0.988(0.289)
상 수		137.871(4.336)***	-57.714(-1.247)	-178.354(-2.168)*	290.028(1.017)
-2LL		-7050.343	-6838.860	-3659.12	-898.145

주 : 기준변수는 20~29세, 여성, 중졸 이하, 무직, 배우자 무, 보통가구, 기타도지역, 자가비소유임
자료 : 한국노동패널 2차-11차년도 자료(1,345가구)

5) 소득위험을 고려한 분석

소득위험을 고려한 자가소유 결정요인과 부동산자산 비중 결정요인을 실증분석하기 위해서는 먼저 가계의 소득을 추정해야 한다. 위의 소득 추정식107)에 근거하여 종속변수는 근로소득을 사용하고, 설명변수는 가구주 연령, 성별, 직업, 학력, 거주지역, 가구원수, 자녀수 등을 사용했다108).

〈표 4-8〉은 가계소득의 추정결과를 나타내고 있다. 이에 따르면 가계의 근로소득은 가구주 연령이 54.38세를 기점으로 감소하는 역U자형 패턴을 보이고 있으며, 남성가구주일수록 상대적으로 소득이 높다. 또한 가구주 직업에 따라 소득의 차이를 보이고 있는데 자영업자일수록 소득이 높게 나타났다. 가구주의 학력이 높을수록 가계소득도 높은 것으로 나타났으며, 서울·수도권지역에 거주할수록 상대적으로 높은 소득을 갖고 있는 것으로 나타났다. 가구원수가 많을수록 소득이 높으나, 자녀수가 많을수록 소득은 적게 나타났다.

〈표 4-8〉 가계소득의 추정결과

변수명	계 수	t-값
가구주 연령	0.087	(14.866)***
(가구주 연령)²(/10)	-0.008	(-15.630)***
남성가구주	0.233	(10.805)***
임금근로자	-0.462	(-1.745)
자영업자	0.245	(12.730)***
학 력	0.150	(30.316)***
연령*임금근로자	0.031	(2.858)**
(연령)²*임금근로자(/10)	-0.003	(-2.795)**
서울·수도권지역 거주	0.068	(5.713)***
가구원수	0.449	(14.251)***
자녀수	-0.283	(8.373)***
상 수	3.861	(24.116)***

주 : 1) * 〈 0.05, ** 〈 0.01, *** 〈 0.001
2) Modified Bhargava et al. Durbin-Watson=1.035, Estimated autocorrelation coefficient= 0.341
자료 : 한국노동패널 2차-11차년도 자료(1,345가구)

이러한 가계소득의 추정결과를 바탕으로 소득위험 대용변수109)를 산출해 설명변수로

107) 본서 168쪽, 〈식 4-2〉 참조
108) 소득추정 시 설명변수는 유경원(2008)과 이민원(1999)의 논문을 참고했고, 가구원의 인적자본은 고려하지 않음
109) 본서 169쪽, 〈식 4-5〉 참조

사용한 결과가 〈표 4-9〉에 나타나 있다.

〈표 4-9〉 소득위험을 고려한 추정결과

변수		자가소유		부동산자산비중	
		모형 5		모형 5	
		Coeff.	t-val.	Coeff.	t-val.
사회인구학변수	연 령	**0.048**	(6.835)***	**0.962**	(5.091)***
	연령²	**-0.0004**	(-5.993)***	**-0.009**	(-4.717)**
	성별				
	남성	-0.028	(-0.616)	-1.787	(-1.459)
	학력				
	고졸 이하	**-0.105**	(-5.332)***	**-1.308**	(-2.419)*
	전문대졸 이상	**-0.153**	(-6.425)***	**-2.133**	(-3.262)**
	직업				
	임금근로자	0.019	(0.691)	0.145	(0.318)
	자영업자	-0.016	(-0.577)	0.781	(1.002)
	배우자				
	유	0.055	(1.315)	**3.474****	(3.053)**
	가구형태				
	1인가구	**-0.201**	(-3.207)***	**-4.523**	(-2.866)**
경제변수	Ln총자산	**0.300**	(31.322)***	**1.970**	(7.391)***
	Ln총부채	**-0.049**	(-6.598)***	**1.747**	(8.687)***
	Ln연간총소득	0.008	(0.491)	**-1.484**	(-3.424)***
	Ln월저축	**-0.049**	(-5.664)***	**-4.234**	(-17.906)***
부동산변수	거주지역				
	서울·수도권	**-0.222**	(-11.583)***	**4.519**	(8.440)***
	광역시	**-0.081**	(-3.712)***	**2.379**	(3.934)***
	자가소유			**4.170**	(7.556)***
소득위험		0.003	(0.127)	**-2.023**	(-3.100)***
상 수		-2.800	(-14.538)***	53.074	(10.204)***
-2LL			-3729.881		-19216.18

주 : 기준변수는 20~29세, 여성, 중졸 이하, 무직, 배우자 무, 보통가구, 기타도지역, 자가비소유임
자료 : 한국노동패널 2차-11차년도 자료(1,345가구)

소득위험은 전술한 바와 같이 소득의 변동성을 의미한다. 소득위험은 자가소유 결정요인에 유의한 영향을 미치지 못했고, 소득위험을 고려하지 않은 [모형 3]과 비교해도 그 계수 값은 큰 차이가 없다. 그러나 소득위험을 고려하지 않은 [모형 3]에서 자가소유 확률은 71.67세를 기점으로 감소하나, 소득위험을 고려한 경우에는 그 연령이 60세로 낮아진다. 즉 은퇴가 시작되는 60대부터 소득의 감소가 시작되고 이는 소득위험을 증가시

켜 상대적으로 자가소유 확률의 감소시점을 앞당기는 간접적 영향을 준다고 볼 수 있다.

그러나 부동산자산 비중에는 소득위험 계수가 음(−)으로 유의하게 나타났다. 이는 소득의 변동성이 높아질수록 유동성 확보의 어려움에 대비하여 고정자산인 부동산자산보다는 유동자산에 자산을 배분하려고 하는 것으로 해석할 수 있다.

한편 연령대별로 소득위험을 포함하여 자가소유 결정요인과 부동산자산 비중 결정요인을 추정한 결과가 〈표 4−10〉, 〈표 4−11〉에 나타나 있다. 두 결과 모두 소득위험을 포함하지 않은 경우와 별 차이가 없으나, 자가소유 결정요인의 경우 30대에서만 소득위험이 통계적으로 유의한 양(+)의 값을 나타내었고, 부동산자산 비중 결정요인의 경우 40·50대에서 부(−)의 값을 나타내었다.

〈표 4−10〉 연령대별(소득위험 포함) Probit Model 추정결과(종속변수 : 자가소유)

연 령		30대	40대	50대	60대
		Coeff.(t−val.)	Coeff.(t−val.)	Coeff.(t−val.)	Coeff.(t−val.)
사회인구학변수	연 령	**0.351**(2.355)*	0.017(0.074)	0.664(1.728)	−0.258(−0.179)
	연령^2	**−0.004**(−2.195)*	0.00037(0.156)	−0.0057(−1.733)	0.0020(0.192)
	성 별				
	남성	**0.541**(2.164)*	−0.067(−0.321)	−0.434(−1.506)	−0.799(−1.255)
	학 력				
	고졸 이하	**−0.374**(−3.316)***	**−0.404**(−4.230)***	0.076(0.514)	−0.080(−0.192)
	전문대졸 이상	**−0.370**(−3.026)**	**−0.735**(−6.387)***	−0.183(−0.785)	0.030(0.044)
	직 업				
	임금근로자	−0.248(−1.361)	0.147(0.971)	0.338(1.888)	−0.660(−1.685)
	자영업자	−0.215(−1.151)	0.102(0.650)	−0.111(−0.637)	−0.485(−1.027)
	배우자				
	유	−0.037(−0.152)	0.054(0.283)	**0.778**(2.893)**	1.008(1.518)
	가구형태				
	1인가구	−0.297(−0.807)	**−0.721**(−2.513)*	−0.321(−0.932)	−0.084(−0.078)
경제변수	Ln총자산	**0.704**(14.960)***	**0.818**(16.370)***	**0.959**(12.576)***	**1.124**(4.914)***
	Ln총부채	**−0.151**(−4.358)***	**−0.114**(−2.895)***	**−0.180**(−2.883)**	**−0.490**(−2.671)**
	Ln연간총소득	**0.170**(2.076)*	0.063(0.738)	−0.087(−0.728)	0.147(0.458)
	Ln월저축	**−0.163**(−3.800)***	**−0.136**(−3.077)***	**−0.135**(−2.022)*	−0.344(−1.822)
부동산변수	거주지역				
	서울·수도권	**−0.727**(−7.878)***	**−0.492**(−4.644)***	**−1.178**(−5.904)***	**−2.134**(−3.235)**
	광역시	**−0.447**(−4.241)***	−0.053(−0.437)	−0.317(−1.479)	**−2.480**(−3.669)***
	자가소유	**0.279**(2.053)*	−0.176(−0.131)	0.103(0.539)	0.105(0.261)
상 수		−12.531(−4.231)***	−7.109(−1.275)	−24.216(−2.144)*	4.921(0.101)
−2LL		−920.1534	−665.022	−248.567	−46.574

주 : 기준변수는 20~29세, 여성, 중졸 이하, 무직, 배우자 무, 보통가구, 기타도지역임

자료 : 한국노동패널 2차−11차년도 자료(1,345가구)

〈표 4-11〉 연령대별(소득위험 포함) Tobit Model 추정결과(종속변수 : 부동산자산비중)

연 령		30대	40대	50대	60대
		Coeff.(t-val.)	Coeff.(t-val.)	Coeff.(t-val.)	Coeff.(t-val.)
사회인구학변수	연 령	**-3.442**(-2.156)*	**5.541**(1.880)**	**8.824**(3.143)**	-6.775(-0.804)
	연령^2	**0.049**(2.403)*	**-0.053**(-2.772)**	**-0.0755**(-3.150)**	0.052(0.846)
	성별				
	남성	-3.670(-1.321)	**-5.927**(-3.274)**	1.995(0.794)	2.187(0.425)
	학력				
	고졸 이하	-0.734(-0.607)	**-1.799**(-2.312)*	**-1.990**(-1.986)*	-3.574(-1.480)
	전문대졸 이상	-1.737(-1.333)	-1.486(-1.535)	-1.694(-1.134)	1.798(0.456)
	직업				
	임금근로자	1.641(0.830)	**2.854**(2.286)*	-0.383(-0.311)	-0.429(-0.141)
	자영업자	3.820(1.887)	**3.799**(2.961)**	-1.458(-1.199)	-4.122(-1.589)
	배우자				
	유	**6.127**(2.265)*	**6.898**(4.195)***	-0.374(-0.161)	2.086(0.433)
	가구형태				
	1인가구	-5.183(-1.327)	0.812(0.318)	2.567(0.865)	-16.163(-1.752)
경제변수	Ln총자산	**1.797**(3.716)***	**2.036**(4.772)***	**2.615**(4.860)***	**3.009**(2.499)*
	Ln총부채	**2.084**(5.766)***	**1.891**(5.863)***	0.795(1.929)	1.081(1.303)
	Ln연간총소득	-1.538(-1.744)	**-3.019**(-4.426)***	**-1.629**(-2.049)*	-1.744(-0.969)
	Ln월저축	**-5.181**(-11.367)***	**-4.336**(-11.992)***	**-2.786**(-6.327)***	**-2.799**(-2.608)**
부동산변수	거주지역				
	서울·수도권	**4.156**(4.349)***	**1.911**(2.222)*	**5.342**(4.958)***	**9.264**(3.574)***
	광역시	1.691(1.516)	-0.671(-0.699)	**4.154**(3.390)**	4.998(1.695)
	자가소유	**3.669**(4.289)***	**4.925**(5.397)***	**3.795**(2.655)**	0.983(0.287)
	소득위험	-0.698(-0.475)	**-3.772**(-3.573)***	**-2.317**(-2.196)*	-0.520(-0.214)
상 수		137.757(4.333)***	-53.316(-1.156)	-179.857(-2.192)*	287.188(1.006)
-2LL		-7050.230	-6832.499	-3656.72	-898.122

주 : 기준변수는 20~29세, 여성, 중졸 이하, 무직, 배우자 무, 보통가구, 기타도지역, 자가비소유임
자료 : 한국노동패널 2차-11차년도 자료(1,345가구)

6) 분석결과 요약

이상과 같이 분석결과를 요약하면 〈표 4-12〉와 같다.

연령, 배우자 있음, 총자산 등은 자가소유 확률과 부동산자산 비중 모두에 정(+)의 영향을 미쳤다. 즉, 연령이 많을수록, 배우자가 있을수록, 총자산이 많을수록 자가소유 확률과 부동산자산 비중 모두 증가했다. 그러나 총부채, 연간총소득, 거주지역, 소득위험 등은 자가소유확률과 부동산자산 비중이 서로 다른 결과를 나타냈다.

〈표 4-12〉 연구가설 및 분석결과

특 성	항 목	가 설	예상 부호	분석 결과
사회 인구학 특성	연 령	연령이 증가할수록 자가소유확률(부동산자산비중)은 높아질 것이다.	(+)	(+)
	성 별	남성일수록 자가소유확률(부동산자산비중)은 낮아질 것이다.	(−)	•
	학 력	학력이 높을수록 자가소유확률(부동산자산비중)은 낮아질 것이다.	(−)	(−)
	직 업	자영업자일수록 자가소유확률(부동산자산비중)은 높아질 것이다.	(+)	•
	배우자유무	배우자가 있을수록 자가소유확률(부동산자산비중)은 높아질 것이다.	(+)	(+)
	가구형태	1인가구일수록 자가소유확률(부동산자산비중)은 낮아질 것이다.	(−)	(−)
경제 특성	총자산	총자산이 많을수록 자가소유확률(부동산자산비중)은 높아질 것이다.	(+)	(+)
	총부채	총부채가 많을수록 자가소유확률은 낮아질 것이다.	(−)	(−)
		총부채가 많을수록 부동산자산비중은 낮아질 것이다.	(−)	(+)
	연간총소득	연간총소득이 많을수록 자가소유확률은 높아질 것이다.	(+)	•
		연간총소득이 많을수록 부동산자산비중은 낮아질 것이다.	(−)	(−)
	월저축	월저축이 많을수록 자가소유확률(부동산자산비중)은 낮아질 것이다.	(−)	(−)
부동산 특성	서울·수도권(광역시)	서울·수도권지역에 거주할수록 자가소유확률은 낮아질 것이다.	(−)	(−)
		서울·수도권지역에 거주할수록 부동산자산비중은 높아질 것이다.	(+)	(+)
	자가소유	자가소유 가구일수록 부동산자산비중은 높아질 것이다.	(+)	(+)
소득위험		소득위험이 클수록 자가소유확률은 낮아질 것이다.	(−)	•
		소득위험이 클수록 부동산자산비중은 낮아질 것이다.	(−)	(−)

주 : •는 유의하지 않음을 나타냄

먼저 총부채는 자가소유 확률에는 부(−)의 방향을 나타내어 총부채가 많을수록 자가소유 확률은 낮았으나, 부동산자산 비중에는 정(+)의 방향을 나타내어 총부채가 많을수록 부동산자산 비중은 높았다. 또한 연간총소득도 자가소유 확률에는 유의한 영향을 미치지 못했으나 부동산자산 비중에는 부(−)의 영향을 미쳐, 연간총소득이 많을수록 부동산자산 비중은 낮게 나타났다. 지역변수도 두 결과가 서로 다른데, 서울·수도권지역에 거주할수록 자가소유 확률은 낮았으나, 부동산자산 비중은 높게 나타났다. 이는 타지역에 비해 상대적으로 높은 주택가격으로 인해 서울·수도권지역에서 자가를 마련하기 어려운 현실을 반영한 결과로 볼 수 있으며, 높은 전세가격이나 매매가격으로 인해 전체 자산에서 부동산자산이 차지하는 비중이 높게 나타났다고 볼 수 있다.

월저축은 자가소유 확률과 부동산자산 비중 모두에서 부(−)의 방향을 나타냈는데, 이는 가계의 부동산자산 중 대부분을 차지하는 주택을 소유하기 위해 부채를 이용하는 현실을 반영했다고 볼 수 있다. 즉 부채를 통해 주택을 마련하고, 그로 인해 상당기간 부채를 상환해야 하므로 저축할 여력이 없기 때문으로 판단된다. 따라서 부채가 많을수록 부동산자산 비중은 높고, 상대적으로 저축이 많을수록 부동산자산 비중은 낮게 나타나는 것이다.

한편 성별, 직업은 통계적으로 유의하지 못했고, 소득위험은 부동산자산 비중에만 부의 영향을 미쳤다. 소득위험은 금융자산 관련 연구에서는 소득위험이 높을수록 안전금융자산 비중이 높게 나타났으나[유경원(2004), 김경아(2007)], 자가소유 확률에는 유의하지 않았다. 부동산자산 비중에는 소득위험의 계수가 부(−)의 값으로 나타났는데, 이는 소득의 변동성이 높아질수록 유동성 확보의 어려움에 대비하여 고정자산인 부동산자산보다는 금융자산에 자산을 배분하려고 하는 것으로 해석할 수 있다.

결 론 05

1 요약 및 시사점

가계의 자산은 가계 뿐 아니라 국가전체에도 경제력의 근간이 된다. 더구나 우리나라와 같이 급속히 고령화 되어가는 사회에서 자산은 주요한 노후소비의 재원이 되므로 가계의 자산구성은 매우 중요하며, 이에 대한 지속적인 연구가 필요하다. 따라서 본 연구는 한국노동연구원의 노동패널자료(1999 ~ 2008년)를 이용하여 우리나라 가계의 자산현황과 부동산자산 결정요인을 실증분석하고, 그에 따른 시사점을 알아내고자 했다.

먼저 가계의 자산 현황을 살펴보면, 가계는 일생동안 각기 다른 경제생활을 하고 있었으나 자산배분에 있어서 부동산자산 편중현상은 공통적으로 나타났고, 소득의 대부분은 근로소득에 의존했다. 연령별 자산의 변화모습을 보면, 자산·부채, 소득·소비 모두 50대에 최고를 이루고 그 이후 감소하는 역 U자 형태를 보여 생애주기가설과 부합하는 모습을 보였다. 그러나 자산비중의 경우 부동산자산 비중은 연령이 증가할수록 지속적으로 상승하는 모습을 보였으나, 금융자산 비중은 그 반대 모습을 보였다. 또한 지역별로 타 지역에 비해 서울·수도권 지역이 자산·부채, 소득·소비가 가장 많았고, 부동산자산 비중도 가장 높았다. 한편 이러한 연령과 지역 간 차이 외에도 학력, 직업, 가구형태, 연소득, 순자산, 주택종류, 자가소유 여부 등에 따라 가계의 자산과 자산비중에는 차이가 있었다.

다음으로 가계의 부동산자산 결정요인을 살펴보면, 자가소유 여부에는 연령, 총자산 등이 정(+)의 영향을 주었고, 연령의 제곱, 학력, 총부채, 월저축, 서울·수도권지역 거주 등은 부(−)의 영향을 주었다. 부동산자산 비중에는 연령, 배우자 유, 총자산, 총부채, 서울·수도권지역 거주, 자가소유 등이 정의 영향을 주었고, 연령의 제곱, 학력, 1인가구, 연간총소득, 월저축, 소득위험 등은 부의 영향을 주었다. 그런데 이 중 연령에 주목할 필요가 있는데, 먼저 연령은 정(+)의 계수 값, 연령의 제곱은 부(−)의 계수 값을 나타냄으로써 연령은 자가소유와 부동산자산 비중 모두에 대해 비선형적인 관계가 있음을 보여주었다. 즉 자가소유 확률이나 부동산자산 비중은 연령이 높아질수록 지속적으로 증가하기는 하나, 동일한 크기로 증가하는 것이 아니라 그 증가폭은 점차 축소됨을 의미하는 것이다. 또한 경제변수 중 총부채와 월저축은 부동산자산 비중에 대해 서로 상반된 계수 값을 나타냈는데, 총부채가 많을수록 반면 월저축이 적을수록 부동산자산 비중이 높았다. 이는 가계의 대부분이 가계부채를 이용하여 부동산자산 비중을 늘리고 있는 현실을 반영하였다고 볼 수 있다. 한편 연령대별로 부동산자산의 결정요인은 조금씩 달랐으나, 사회인구학 변수보다 경제변수와 부동산변수의 영향력이 컸고, 특히 고 연령그룹에서 그 영향력이 컸다. 또한 소득위험은 자가소유 확률에는 유의하지 못했고, 부동산자산 비중에는 부의 영향을 미쳤다.

이상과 같은 연구를 통하여 다음과 같은 시사점을 도출할 수 있다.

첫째, 가계의 자산변화는 연령변화에 따라 전 생애에 걸쳐 생애주기가설을 따르고 있으므로, 가계는 생애주기 변화에 알맞은 적절한 포트폴리오를 구성하여 합리적인 자산배분을 도모해야 할 것이다.

둘째, 우리나라 가계의 부동산자산 비중은 연령이 증가할수록 지속적으로 늘고 있어, 고 연령층에서의 유동성 문제가 우려된다. 노년층으로 갈수록 은퇴로 인한 소득 감소 등으로 유동자금의 확보가 필요함에도, 이러한 비유동적 자산의 증가는 노년층의 소비재원 마련에 어려움을 줄 수 있다. 따라서 연령변화에 따라 부동산자산 비중을 적절하게 조정함으로써 노년층에서의 유동성을 확보해야 할 것이다.

셋째, 서울·수도권 지역의 자가소유 확률은 타 지역에 비해 낮아 주택가격의 안정화를 통한 주거안정성 확보가 필요하며, 부동산자산 비중과 부채는 상대적으로 높아 금리변화, 실업 등 경제적 충격에 취약한 구조이므로 이에 대한 대비가 필요하다.

넷째, 저축은 자가소유 확률이나 부동산자산 비중 모두에 음(−)의 영향을 미치고 있는데, 이는 자산증식에 부채를 이용함으로써 부채증가로 인해 상대적으로 저축할 여력이 없기 때문으로 볼 수 있다. 부채는 증가하고 저축이 감소하는 자산구조는 가계나 국가경제 모두를 취약하게 하므로 이에 대한 대책이 필요하다. 따라서 가계는 과도한 부채 조달을 통한 자산 증식은 피하고 저축을 늘려 가계의 재무안정성을 높여야 할 것이며, 국가 또한 가계가 저축을 늘릴 수 있도록 세제 혜택이나 규제 완화 등의 지원을 해야 할 것이다.

2 한계 및 과제

본 연구는 한국노동연구원의 노동패널자료를 이용하여 우리나라 가계의 자산 현황과 부동산자산 결정요인을 실증분석 한 것으로, 부분적으로 서베이 자료 자체가 가지는 자산관련 변수의 측정오차를 가질 수 있다.

또한 본 자료를 이용하여 자산선택에 영향을 미치는 요인들을 최대한 반영하려고 했으나, 자료자체의 한계로 인해 반영하지 못한 새로운 변수-위험태도, 상속동기, 연금 등은 추가로 연구해야 할 과제라고 생각한다. 즉 위험태도[110]는 가계 내적인 심리 특성으로 위험을 선호하는지 또는 회피하는지에 따라 자산배분은 달라질 수 있으며, 고령층에서 자식에게 유산을 물려주고자 하는 상속동기에 따라 자산선택이 달라질 수 있다. 또한 가계의 연금자산 비중이 점차 늘어나는 추세를 볼 때, 노후의 안정적 재원을 제공하는 연금자산은 자산구조의 변화를 가져올 것으로 예상한다.

본 연구의 의의는 금융자산이 가계 자산연구의 대부분을 차지하는 상황 속에서 부동산자산을 연구함으로써, 자산관련 분야에 현실적이고 균형적인 연구시각을 마련했다는 데 있다. 또한 본 연구결과를 토대로 가계는 현재의 자산상황을 점검하여 최적 자산배분을 위해 노력하고, 금융기관은 가계의 특성에 맞는 금융상품 설계 및 금융교육을 위한 참고자료로 활용하며, 국가는 금리조절이나 주택공급 등 경제정책수립의 참고자료로 활용할 수 있을 것이다.

---

110) 위험회피성향 조사는 7차(2004), 10차(2007)년도에만 조사되어 횡단면분석은 가능하나, 본 연구와 같은 장기간의 패널분석은 할 수 없음

부 록

<부록 3-1> 학력별 자산 현황

(단위 : 만 원, %)

연 도	중졸 이하		고 졸		전문대졸 이상	
	부동산자산	부동산자산비중	부동산자산	부동산자산비중	부동산자산	부동산자산비중
1999	8,654.19	**87.33**	11,013.47	80.48	**14,274.29**	80.50
2000	8,147.17	**88.90**	10,508.38	83.39	**13,873.43**	81.99
2001	8,746.57	**88.05**	10,525.01	84.35	**13,794.69**	82.31
2002	8,722.16	**86.87**	11,856.54	84.38	**15,296.20**	81.52
2003	9,027.63	**89.58**	14,873.87	87.81	**18,158.42**	84.37
2004	10,498.48	**89.99**	15,785.37	89.07	**21,216.09**	86.67
2005	10,937.01	**88.60**	16,323.23	88.13	**22,640.03**	84.58
2006	10,850.79	**89.14**	17,303.50	88.50	**25,139.38**	85.53
2007	11,596.33	**89.03**	18,823.25	88.43	**28,398.76**	86.30
2008	12,321.31	**91.46**	21,022.87	89.87	**29,482.23**	89.40
평 균	**9,965.40**	**88.88**	**14,741.26**	**86.38**	**20,300.48**	**84.34**
연 도	금융자산	금융자산비중	금융자산	금융자산비중	금융자산	금융자산비중
1999	1,001.71	12.67	2,021.07	19.52	**2,790.78**	**19.50**
2000	1,069.92	11.10	1,980.73	16.61	**3,027.21**	**18.01**
2001	1,083.84	11.95	1,844.01	15.65	**2,935.36**	**17.69**
2002	1,227.99	13.13	1,983.08	15.62	**2,849.57**	**18.48**
2003	1,150.34	10.42	1,630.68	12.19	**3,174.63**	**15.63**
2004	1,123.27	10.01	1,709.15	11.47	**2,666.59**	**13.33**
2005	1,329.75	11.40	1,781.61	11.87	**3,260.11**	**15.42**
2006	1,226.70	10.86	1,812.75	11.50	**2,609.85**	**14.47**
2007	1,070.96	10.97	1,794.89	11.57	**3,477.17**	**13.70**
2008	978.88	8.54	1,810.79	10.13	**3,152.03**	**10.60**
평 균	**1,126.81**	**11.12**	**1,838.04**	**13.62**	**3,096.57**	**15.66**

주 : 1) 모든 금액은 소비자물가지수를 이용하여 실질금액화함
2) 부동산자산비중은 총자산 대비 부동산자산임
3) 금융자산비중은 총자산 대비 금융자산임

자료 : 한국노동패널 2차-11차년도 자료(1,345가구)

<부록 3-2> 직업별 자산 현황

(단위 : 만 원, %)

연 도	부동산자산				금융자산			
	임금근로자		자영업자		임금근로자		자영업자	
	부동산자산액	부동산비중	부동산자산액	부동산비중	금융자산액	금융비중	금융자산액	금융비중
1999	9,071.16	79.57	**13,924.65**	**85.57**	**1,913.51**	**20.43**	1,746.16	14.43
2000	8,549.13	82.52	**12,605.68**	**87.13**	**1,901.33**	**17.48**	1,761.71	12.87
2001	9,288.27	83.75	**13,373.14**	**86.93**	**1,872.89**	**16.25**	1,492.21	13.07
2002	9,508.32	82.29	**15,042.86**	**86.70**	**1,914.43**	**17.71**	1,748.95	13.30
2003	11,589.51	86.43	**17,041.19**	**90.10**	**1,766.61**	**13.57**	1,414.40	9.90
2004	12,889.63	86.46	**18,354.68**	**91.01**	**1,753.15**	**13.54**	1,248.79	8.99
2005	13,091.85	86.71	**20,348.58**	**88.22**	**1,755.40**	**13.29**	1,909.07	11.78
2006	14,739.28	86.99	**20,059.46**	**89.95**	**1,978.09**	**13.01**	1,887.77	10.05
2007	16,401.91	86.27	**22,160.12**	**91.18**	**1,927.47**	**13.73**	1,789.06	8.82
2008	17,890.57	87.85	**24,128.59**	**92.85**	**2,054.37**	**12.15**	1,517.06	7.15
평 균	**12,148.91**	**84.77**	17,678.80	88.94	1,882.83	15.23	**1,651.86**	**11.06**

주 : 1) 모든 금액은 소비자물가지수를 이용하여 실질금액화함
2) 부동산자산 비중은 총자산 대비 부동산자산임
3) 금융자산비중은 총자산 대비 금융자산임

자료 : 한국노동패널 2차-11차년도 자료(1,345가구)

<부록 3-3> 가구형태별 자산 현황

(단위 : 만 원, %)

연 도	부동산자산				금융자산			
	1인가구		보통가구		1인가구		보통가구	
	부동산자산액	부동산비중	부동산자산액	부동산비중	금융자산액	금융비중	금융자산액	금융비중
1999	3,513.66	78.72	11,239.61	83.51	718.41	21.28	1,846.12	16.49
2000	3,273.79	82.28	10,735.40	85.47	579.34	17.72	1,921.31	14.53
2001	3,120.83	81.22	10,977.96	85.73	750.87	18.78	1,826.56	14.27
2002	3,241.45	84.80	11,864.82	84.79	567.64	15.20	1,746.36	15.21
2003	3,938.46	83.00	13,905.58	88.19	598.22	17.00	1,843.58	11.81
2004	4,855.29	82.21	15,586.00	89.16	839.25	17.79	1,736.41	10.84
2005	4,713.65	85.14	16,400.90	87.82	699.55	14.86	2,012.51	12.18
2006	5,458.02	83.26	17,407.29	88.66	774.99	16.74	2,068.48	11.34
2007	6,305.68	85.48	19,208.91	88.56	784.26	14.52	1,974.83	11.44

2008	7,002.55	89.85	20,847.30	90.49	649.98	10.15	1,901.20	9.51
평 균	**4,817.07**	**84.07**	**14,753.52**	**87.20**	**702.70**	**15.93**	**1,907.06**	**12.80**

주 : 1) 모든 금액은 소비자물가지수를 이용하여 실질금액화함
2) 부동산자산 비중은 총자산 대비 부동산자산임
3) 금융자산비중은 총자산 대비 금융자산임
자료 : 한국노동패널 2차-11차년도 자료(1,345가구)

<부록 3-4> 주택종류별 자산 현황

[단위 : 만 원, %]

연 도	단독주택		아파트		연 립		다세대/다가구		상가주택 등	
	부동산 자산액	부동산 비중	부동산 자산액	부동산 비중	부동산 자산액	부동산 비중	부동산 자산액	부동산 비중	부동산 자산액	부동산 비중
1999	14,047.66	86.15	10,212.94	81.28	7,277.73	85.35	6,164.86	80.76	10,622.92	78.89
2000	10,649.40	86.16	10,134.76	87.01	9,871.06	84.78	9,841.99	81.02	10,542.78	83.31
2001	11,759.69	86.46	11,909.32	83.73	7,888.53	87.49	6,271.71	87.89	7,369.23	80.52
2002	12,895.63	85.40	12,490.09	83.66	7,263.62	86.32	7,974.82	85.29	7,611.82	85.27
2003	12,762.95	88.07	15,790.93	86.85	8,913.06	88.91	8,159.53	91.90	12,536.89	83.91
2004	14,180.73	88.08	17,907.64	88.25	9,450.87	89.55	5,048.42	90.66	13,742.27	89.52
2005	14,051.98	87.80	18,692.92	86.88	9,694.53	90.29	7,746.75	87.57	19,375.78	87.12
2006	14,651.37	86.75	20,521.22	88.59	9,403.77	87.37	7,718.36	89.84	21,311.56	90.85
2007	14,524.98	86.03	22,947.22	89.74	10,727.27	88.34	10,161.83	88.86	16,712.10	85.33
2008	16,260.65	88.85	24,457.32	90.71	11,757.36	92.58	11,342.55	91.42	20,768.53	90.14
평 균	**13,487.58**	**86.95**	**17,050.65**	**86.90**	**9,243.06**	**88.18**	**8,051.98**	**86.84**	**12,951.65**	**85.05**
연 도	금융 자산액	금융 비중	금융 자산액	금융 비중	금융 자산액	금융 비중	금융 자산액	금융 비중	금융 자산액	금융 비중
1999	1,546.58	13.85	2,436.69	18.72	1,187.30	14.65	1,203.45	19.24	1,578.75	21.11
2000	1,818.26	13.84	1,610.52	12.99	1,890.39	15.15	2,269.97	18.98	1,883.23	16.69
2001	1,397.82	13.54	2,501.78	16.27	1,285.32	12.51	1,049.27	12.11	1,551.20	19.48
2002	1,662.27	14.60	2,391.46	16.34	1,690.96	13.68	1,276.77	14.71	793.10	14.73
2003	1,631.32	11.93	2,363.03	13.15	981.11	11.09	577.35	8.10	1,343.95	16.09
2004	1,381.74	11.92	2,297.94	11.75	1,106.43	10.45	541.54	9.34	1,526.48	10.48
2005	1,492.00	12.20	2,563.67	13.12	1,061.33	9.71	922.57	12.43	2,632.05	12.88
2006	1,514.22	13.25	2,637.65	11.41	1,677.65	12.63	802.08	10.16	1,562.09	9.15
2007	1,544.99	13.97	2,452.09	10.26	1,187.34	11.66	707.05	11.14	1,833.55	14.67
2008	1,474.36	11.15	2,412.04	9.29	911.11	7.42	793.91	8.58	997.81	9.86
평 균	**1,550.12**	**13.05**	**2,386.28**	**13.10**	**1,290.18**	**11.82**	**1,099.92**	**13.16**	**1,540.99**	**14.95**

주 : 1) 모든 금액은 소비자물가지수를 이용하여 실질금액화함
2) 부동산자산 비중은 총자산 대비 부동산자산임
3) 금융자산비중은 총자산 대비 금융자산임
자료 : 한국노동패널 2차-11차년도 자료(1,345가구)

<부록 3-5> 순자산별 자산 현황

[단위 : 만 원, %]

연 도	부동산자산				금융자산			
	평균 미만 순자산		평균 이상 순자산		평균 미만 순자산		평균 이상 순자산	
	부동산자산액	부동산비중	부동산자산액	부동산비중	금융자산액	금융비중	금융자산액	금융비중
1999	5,904.07	83.04	31,066.03	83.92	1,089.34	16.96	4,647.76	16.08
2000	5,678.42	85.80	27,443.08	83.36	974.17	14.20	5,066.81	16.64
2001	5,811.71	85.90	27,008.80	83.86	896.21	14.10	4,813.76	16.14
2002	5,755.91	84.88	28,335.85	84.54	997.10	15.12	4,494.96	15.46
2003	6,144.87	87.97	29,749.35	87.47	786.40	12.03	4,029.58	12.53
2004	5,878.81	88.44	31,951.99	88.93	666.65	11.56	3,606.95	11.07
2005	5,931.66	87.58	31,936.97	87.63	704.29	12.42	3,987.60	12.37
2006	5,737.37	88.01	33,275.56	88.37	688.14	11.99	3,974.95	11.63
2007	5,667.04	87.18	35,036.23	89.72	653.48	12.82	3,536.68	10.28
2008	5,366.20	89.60	35,736.47	91.36	562.36	10.40	3,175.66	8.64
평 균	**5,798.61**	**86.64**	**31,876.56**	**87.64**	**822.26**	**13.36**	**3,981.19**	**12.36**

주 : 1) 모든 금액은 소비자물가지수를 이용하여 실질금액화함
2) 부동산자산 비중은 총자산 대비 부동산자산임
3) 금융자산비중은 총자산 대비 금융자산임
자료 : 한국노동패널 2차-11차년도 자료(1,345가구)

<부록 3-6> 연소득별 자산 현황

[단위 : 만 원, %]

연 도	부동산자산				금융자산			
	평균 미만 연소득		평균 이상 연소득		평균 미만 연소득		평균 이상 연소득	
	부동산자산액	부동산비중	부동산자산액	부동산비중	금융자산액	금융비중	금융자산액	금융비중
1999	8,955.30	84.06	19,847.73	78.96	1,299.11	15.94	4,185.54	21.04
2000	8,584.81	86.69	18,079.55	78.82	1,273.74	13.31	4,447.42	21.18
2001	8,189.35	86.92	17,943.24	80.68	1,228.99	13.08	3,488.25	19.32
2002	8,024.04	87.29	17,370.31	80.20	1,155.78	12.71	3,155.02	19.80

2003	9,177.00	89.02	19,809.05	85.82	1,189.00	10.98	2,687.07	14.18
2004	9,733.80	90.58	21,210.93	86.07	968.85	9.42	2,567.51	13.93
2005	10,026.43	89.73	21,640.35	85.17	1,161.82	10.27	2,756.06	14.83
2006	10,073.01	89.09	22,534.84	87.20	1,129.43	10.91	2,769.77	12.80
2007	11,481.18	90.21	23,341.57	86.56	1,069.09	9.79	2,519.47	13.44
2008	12,499.32	91.81	25,015.62	89.26	1,069.72	8.19	2,342.75	10.74
평 균	**9,438.11**	**88.10**	**21,380.51**	**85.07**	**1,171.63**	**11.90**	**2,860.30**	**14.93**

주 : 1) 모든 금액은 소비자물가지수를 이용하여 실질금액화함
2) 부동산자산 비중은 총자산 대비 부동산자산임
3) 금융자산비중은 총자산 대비 금융자산임
자료 : 한국노동패널 2차-11차년도 자료(1,345가구)

<부록 3-7> 자가소유 여부별 자산 현황

[단위 : 만 원, %]

연 도	부동산자산				금융자산			
	자가소유		자가비소유		자가소유		자가비소유	
	부동산자산액	부동산비중	부동산자산액	부동산비중	금융자산액	금융비중	금융자산액	금융비중
1999	15473.89	87.89	4098.75	76.52	2088.76	12.11	1332.32	23.48
2000	14411.19	88.07	4317.38	81.15	2196.65	11.93	1322.35	18.85
2001	13890.80	88.45	4611.35	80.13	2037.98	11.55	1275.44	19.87
2002	14764.83	87.64	5058.27	79.51	2197.05	12.36	1242.93	20.49
2003	17055.42	89.76	4871.88	83.48	2081.25	10.24	1048.18	16.52
2004	16910.88	89.65	6952.10	84.83	1792.03	10.35	1211.36	15.17
2005	19862.31	89.95	5445.67	82.10	2226.84	10.05	1174.26	17.90
2006	20407.13	89.69	6758.53	84.57	2345.28	10.31	1026.33	15.43
2007	22130.93	90.48	7650.71	82.79	2174.83	9.52	1073.77	17.21
2008	24182.59	92.30	7935.74	85.91	2005.27	7.70	1192.95	14.09
평 균	**18065.89**	**89.46**	**5593.40**	**81.72**	**2109.78**	**10.54**	**1200.76**	**18.28**

주 : 1) 모든 금액은 소비자물가지수를 이용하여 실질금액화함
2) 부동산자산 비중은 총자산 대비 부동산자산임
3) 금융자산비중은 총자산 대비 금융자산임
자료 : 한국노동패널 2차-11차년도 자료(1,345가구)

<부록 4-1> Random Effect Panel Tobit Model 추정결과

종속변수 : 부동산자산 비중-연도제외

연 령		모형 1		모형 2		모형 3		모형 4	
		Coeff.	t-val.	Coeff.	t-val.	Coeff.	t-val.	Coeff.	t-val.
사회인구학변수	연 령	**0.969**	(9.121)***	**1.046**	(5.736)***	**0.922**	(5.085)***		
	연령^2	**-0.007**	(-7.326)***	**-0.009**	(-5.547)***	**-0.009**	(-4.906)***		
	30~39세							13.115	(4.168)***
	40~49세							14.926	(4.750)***
	50~59세							14.949	(4.727)***
	60~69세							13.351	(4.157)**
	70세 이상							13.157	(3.773)*
	성 별								
	남성	**-4.069**	(-5.585)***	-2.036	-1.678	-1.892	-1.575	-2.274	-1.896
	학 력								
	고졸 이하	**-1.016**	(-2.543)***	**-1.791**	(-3.313)***	**-1.753**	(-3.039)***	**-1.809**	(-3.388)***
	전문대졸 이상	**-1.709**	(-3.530)***	**-2.558**	(-3.934)***	**-2.649**	(-3.574)***	**-2.624**	(-4.105)***
	직 업								
	임금근로자	**-1.005**	(-2.068)**	0.681	0.905	0.780	1.049	0.689	0.938
	자영업자	**2.099**	(4.179)***	0.877	1.153	1.203	1.595	1.143	1.532
	배우자								
	유	**2.649**	(3.881)***	**3.280**	(2.894)***	**3.310**	(2.949)***	**3.522**	(3.144)***
	가구형태								
	1인가구	**-3.909**	(-5.105)***	**-3.810**	(-2.467)**	**-4.048**	(-2.643)***	**-3.740**	(-2.438)***
경제변수	Ln총자산			**3.096**	(13.105)***	**2.052**	(7.835)***	**2.067**	(7.902)***
	Ln총부채			**1.684**	(8.393)***	**1.729**	(8.657)***	**1.763**	(8.846)***
	Ln연간총소득			**-1.636**	(-3.898)***	**-1.645**	(-3.957)***	**-1.580**	(-3.809)***
	Ln월저축			**-4.416**	(-18.849)***	**-4.264**	(-18.339)***	**-4.293**	(-18.509)***
부동산변수	거주지역								
	서울·수도권					**4.351**	(8.178)***	**4.298**	(8.080)***
	광역시					**2.256**	(3.746)***	**2.239**	(3.713)***
	자가소유					**4.147**	(7.513)***	**4.305**	(7.823)***
상 수		59.239	(20.182)***	49.045	(9.898)***	54.829	(98.129)***	63.479	(14.926)***
-2LL		-57816.49		-19903.36		-19850.78		-19846.71	

주 : 기준변수는 20~29세, 여성, 중졸 이하, 무직, 배우자 무, 보통가구, 기타도지역, 자가비소유임
자료 : 한국노동패널 2차-11차년도 자료(1,345가구)

참 고 문 헌

I. 국내문헌

1. 단행본

강기춘, 「계량경제학」, 온누리출판사, 2010
김대호 · 오세경, 「투자론」, 경문사, 2009
김성민 · 길재욱 · 김헌수, 「생활재무관리」, 경문사, 1999
김재영,「하우스푸어」, 더팩트, 2010
김태근, 「u－Can 회귀분석」, 인간과 복지, 2006
남준우 · 이한식, 「계량경제학」, 홍문사, 2010
문영기 · 방경식 · 이용호, 「부동산학개론」, 범론사, 2002
문정숙 · 이영애 · 최은희 · 송태회 · 홍미경 · 이의선 · 임수지, 「소비자경제학」, 교문사, 2010
박완규 · 홍성표 역, 「계량경제학」, 지필, Damodar N, Gujarati · Dawn C, Porter 2002, 「Basic economics」, McGraw－Hill Press, 2009
박정식 · 박종원 · 조재호, 「현대재무관리」, 다산출판사, 2009
박정식 · 박종원, 「현대투자론」 제3판, 다산출판사, 2010
박진우, 「인구구조의 변화와 자산시장」, 한국학술정보 주), 2010
신태곤 · 최성철, 「거시경제학」, 법문사, 2010
양윤수 · 전준규, 「투자론」, 대경출판사, 2009
오노 요시야스, 「불황의 메커니즘」, 교문사, 2009
윤원배, 「신거시경제학」, 율곡출판사, 2009
이병락, 「거시경제학」, 시그마프레스, 2010
이병락, 「계량경제학」, 시그마프레스, 2010
이종화 · 신관호, 「거시경제학」, 박영사, 2009
이창석, 「부동산학개론」, 형설출판사, 2011
이혜용 · 이필용, 「계량분석론」, 청목출판사, 2010
임병균, 「투자론」, 탑북스, 2010
전용수 · 이창석, 「부동산자산관리론」, 형설출판사, 2004
정운찬 · 김영식, 「거시경제학」, 율곡출판사, 2010
조용대, 「자산관리론」, 법지사, 2004
조장옥, 「거시경제학」, 홍문사, 2010
홍영복, 「재무관리」, 주)블루칩, 2008

2. 학술지논문

강석훈, "인구구조와 자산선택－부동산자산을 중심으로",「금융학회지」 제10권 제2호, 2005
강석훈, "고령화와 자산수요 변화", 「재정학연구」 제2권 제3호, 2009
고광수 · 김근수 · 김재칠, "인구고령화와 우리나라의 자본시장 : 가계의 주식보유와 3층 사회보장 제도를 중심으로", 「금융연구」 제19권 제2호, 2006

권지현, "소득위험이 가계 포트폴리오 구성에 미치는 영향", 「제8회 한국노동패널학술대회 논문집」, 한국노동연구원, 2007
김경아, "국내 가계의 자산선택행위에 관한 연구", 「제8회 한국노동패널학술대회 논문집」, 한국노동연구원, 2007
김시원, "노동소득 불확실성 하의 위험자산 수요: 패널분석", 「경제분석」, 한국은행 금융경제연구원, 2010
김옥연 · 문영기, "가계 자산구조와 주택소유 결정요인 분석", 「주거환경」 제9권 제1호, 주거환경학회, 2011
김우영 · 김현정, "가계부채의 결정요인 분석", 「국제경제연구」 제16권 제1호, 2010
김현숙, "우리나라 가구의 소득과 주택자산소유 분포분석", 「여성경제연구」 제3집 제1호, 2006
문숙재 · 양정선, "가계의 위험자산과 안전자산 투자분석－금융자산을 중심으로", 「한국가정관리학회지」 제14권 3호, 1996
문숙재 · 정순희 · 여윤경, "가계 순자산규모의 결정요인", 「소비자학 연구」 제16권 제3호, 한국소비자학회, 2002
박대근, "우리나라 가계의 자산보유 특성과 결정요인: 주식 직접투자 결정을 중심으로", 「한국경제연구」 제28권 2호, 2010
성영애, "가계신용관련정책 기초자료를 위한 가계부채의 지역 간 비교분석", 「소비자정책 · 교육연구」 제2권 1호, 2006
성영애, "패널자료를 이용한 가계부채변동 관련요인 분석", 「소비자학연구」 제17권 제4호, 한국소비자학회, 2006
유경원, "우리나라 가계의 예비적 자산선택행태에 관한 연구", 「경제분석」 제10권 제3호, 2004
이민원, "한국의 예비적 저축에 관한 패널분석", 「국제경제연구」 제15권1호, 한국국제경제학회, 1999
이상호, "인구 고령화와 금융자산선택: 미시자료 분석을 중심으로", 「금융경제연구」 제432호, 한국은행 금융경제연구원, 2010
이은실 · 최현자, "가정생활주기에 따른 소비자 포트폴리오 분석", 「한국가정관리학회지」 제16권 3호, 1998
이현우, "패널조사의 유용성과 문제점", 「조사연구」 제10권 제2호, 2009
전승훈 · 임병인, "2000년 이후 가계의 자산 및 부채보유 실태의 변화 분석", 「재정학연구」 제1권 2호, 2008
정운영, "우리나라 가계의 자산선택 결정요인에 관한 연구", 「Financial Planning Review」 제1권 제1호, 2008
정운영 · 이희숙, "중 · 고령자 가구의 부동산자산 결정요인에 관한 연구", 국민연금 제2회 학술대회 논문집, 2009
정은주 · 문숙재, "가계투자행동의 인과적 모형 분석", 「대한가정학회지」 제30권 1호, 1992
차은영 · 최은영, 소득불확실성이 가계저축에 미치는 효과, 「여성경제연구」 제4집 제2호, 2007

3. 학위논문

권지현, "소득위험이 가계 포트폴리오 구성에 미치는 영향", 이화여자대학교 석사학위논문, 2007
김성기, "한국의 대 중국 해외직접투자 현황과 투자결정요인에 관 한 실증적 연구－패널토빗모형에 의한 분석", 동아대학교 박사학위논문, 2008
김연정, "노후준비의 관점에서 본 가계 재정상태의 구조적 분석 ", 이화여자대학교 박사학위논문, 1998

김은영, "한국 가구의 자산선택 결정요인에 관한 연구", 성신여자대학교 석사학위논문, 2007

박진영, "가계 재무전략 유형별 재무성과 분석 ", 이화여자대학교 박사학위논문, 2003

박주영, "패널조사자료를 이용한 가계 포트폴리오 변화 연구 : 1996년과 1999년 자료를 중심으로", 서울대학교 박사학위논문, 2001

이정현, "도시 가계의 저축, 자산 선택 행동에 관한 실증적 연구 : 광주, 전남지역을 중심으로", 전남대학교 박사학위논문, 1994

이진형, "위험회피성향을 고려한 가계의 자산 선택 결정요인", 서울대학교 석사학위논문, 2008

정운영, "도시가계의 투자행동-결혼초기와 중기의 비교", 전남대학교 석사학위논문, 1996

조혜진, "가계 자산포트폴리오에 있어서의 객관적 위험과 주관적 위험에 관한 연구", 서울대학교 대학원 박사학위논문, 2009

주성운, "우리나라 가계의 자산특성에 관한 연구", 서울대학교 석사학위논문, 2008

최은영, "외환위기 이후 소득불확실성과 부의 관계분석", 이화여자대학교 석사학위논문, 2005

한수진, "가계 재무구조 분석 : 소득계층별 비교를 중심으로", 성신여자대학교 박사학위논문, 2004

4. 연구보고서

김재칠, "가계의 주식보유 비중 결정요인에 관한 연구: OECD 국가간 비교를 중심으로", 한국증권연구원, 2005

김진영 · 박창균, "가계의 금융자산 구성변화와 조세정책에 대한 함의", 한국조세연구원, 2001

박창균, "고령화의 진전과 자산수요의 변화-인구구조 고령화의 경제적 영향과 대응과제(1)", 한국개발연구원, 2003

유경원, "우리나라 가계의 금융자산선택 결정요인 분석", 한국은행 금융경제연구원, 2008

유경원 · 이혜은, "우리나라 가계 금융자산 축적 부진의 원인과 시사점", 보험연구원, 2010

이소영, "가계부채 현황 및 추이와 시사점", 한국경제연구원, 2011

임경묵, "한국 가계의 주식시장 참가 결정요인 분석", 한국개발연구원, 2004

한국은행, "일본 가계의 자산보유 행태 변화와 시사점", 해외경제정보 제2007-4호, 2007

5. 인터넷사이트

국민은행 : http://www.kbstar.com

미국 SCF : http://www.federalreserve.gov

온나라 부동산정보 : http://www.onnara.go.kr

통계청 : http://ecos.bok.or.kr

한국은행 : http://www.bok.or.kr

한국노동연구원 : http://www.kli.re.kr

II. 외국문헌

Ameriks, J. and Stephen P. Zeldes(2004), "How do household portfolio shares vary with age?", Working paper, Graduate school of business, Columbia Univ.

Baltagi, Badi H.(2001), "Econometric Analysis of Panel Data", John wiley & Sons, Ltd.

Banks, James and Tanner Sarah(2002), "Household Portfolios in the Uniter Kingdom", in L. Guiso, M. Haliassos, and T. Jappelli, eds., *Household Portfolios*, Cambridge : MIT Press.

Bertaut and Starr-McCluer(2002), "Stock Market Wealth and Consumer Spending", *Economic Inquiry*, Oxford University Press vol. *40(1)*.

Brown E. and H. Lankford(1992), "Gifts of Money and Gifts of Times : Estimationg the Effects of Tax Prices and Available Time", *Journal of Public Economics, Vol. 47*.

Bryant, K.(1986), "Assets and debts in a consumer portfolio", *Journal of consumer affairs*, 20(1).

Bryant, K.(1990), "The economic organization of the household", Cambridge University Press.

Cocco, J.(2005), "Portfolio Choice in Presence of Housing", Forthcoming in Review of Financial Studies.

Cox, D. and Japelli, T.(1993), "The Effect of Borrowing Constraints on Consumer Liabilities", *Journal of Money, Credit and Banking, 25(2)*.

Crook, Jonathan and Hochguertel, S.(2007), "US and European Household Debt and Credit Constraints", *Tinbergen Institute Discussion Paper TI 2007-08 7/3*.

Curcuru, S.(2003), "Determinants of Real Estate Household Asset Portfolio", *Working paper*.

Garman, E. T. & Forgue, R. E.(1994), "Personal Finance", Boston, Mifflin.

Guiso, L., M. Haliassos and T. Jappelli(2002), "Household Portfolios", MIT Press.

Haliassos, Michael and Carol C. Bertaut(1995), "Why do so few hold stocks?", *Economic Journal 110*.

Porterba, James M. and Andrew A. Samwick(2001), "Household Portfolio Allocation over the Life-Cycle", in S. Ogura, T. Tachibanaki, and D. Wise, eds., Aging Issues in the U.S. and Japan, Chicago : University of Chicago Press.

Ramaswami, S. N., Srivastava, R. K. & McInoxh, T. H.(1992), "An Exploratory study of portfolio objectives and asset holdings", *Journal of Economic Behavior and Organization 19*.

Samuelson, P. A.(1963), "Lifetime portfolio selection by dynamic stochastic programming", *The Review of economics and statistics 51*.

Warner, N. & Cramer, S.(1995), "Saving beha viors : first wave baby boomers", *Journal of Consumer Studies and Home Economics vol. 19*.

Weagley, R. O. & Gannon, C. F.(1991), "Investor portfolio allocation", *Financial Counseling and Planning 2*.

Xiao, J, J.(1996), "Effects of family income and life cycle stages on financial asset ownership", *Financial Counseling and Planning 7*.

Yoo, P.(1994), "Age Distribution and Returns of Financial Assets", Federal Reserve bank of St. Louis, *Working Paper 94-002B*.

Zhong & Xiao(1995), "Determinants of Family Bond and Stock Holding", *Financial Counseling and Planning 6*.

제3편
아파트의 심미적 외관디자인요인이 가격에 미치는 영향

– 이인화

01 서 론
02 디자인의 정성적 가치평가에 관한 이론적 고찰
03 심미적 외관디자인요소 도출
04 심미적 디자인요인의 가격영향 분석설계
05 가격영향 분석
06 결 론

서 론 01

1 연구 배경 및 목적

로마시대의 건축가 비트루비우스(Vitruvius)는 건축의 세 가지 기본원칙으로 '아름다운 외관(venustas)', '구조적 안정성(firmitas)', 그리고 '공간의 유용성(utilitas)'을 들고 있다.[1] 또한 아게마츠 유우지는 건축공간의 아름다움을 '기능·형태·도상학(Iconology)으로 지지되어왔던 공간의 아름다움'[2]이라고 표현하였다. 공간의 아름다움은 우리의 모든 지각(perception)[3]이 모양을 가진 형태로 인지하고 환경특성을 시각으로 이해[4]함으로써 구체화된다.

일반적으로 건축물은 도시공간의 구성물로서 주변의 건축물과 나란히 서 있다. 하지만, 똑같은 건축물이 연속해 있어도 어색하고 제각기 다른 모습의 건축물이 아무렇게나 서 있어도 어색하다.[5] 건축물이 구성하는 공간은 일상생활에서 경험하는 환경시각의 질로서 삶의 질적 측면과 직접 결부되며 인간의 복지와 행태에 영향을 미친다.[6] 또한 도시 환경 측면에서 건축물의 형태는 기능과 더불어 인간생활의 행태에 무의식적으로 영향을 미친다.[7] 건축물에 의한 공간미학은 건축물 내부에서는 물론이고 건축물의 배치와 형태가 주변의 시설들과 함께 연결성을 띤 도시공간에서도 나타난다. 이러한 도시

1) 김인·박수진 편(2006), 「도시해석」, 서울, 푸른길, 339쪽.
2) 아게마츠 유우지, 「건축공간의 미학」, 이두열 역(2000), 서울, 현대건축사, 193쪽.
3) 인간이나 동물 등의 생활체는 외부의 정보를 자극으로 인해 수용기(受容器)인 눈(目), 귀(耳), 코(鼻), 혀(舌), 피부(皮膚) 등의 감각기관을 통해서 알게 된다[日本建築學會(2006), 「空間學事典」, 東京, 井上書院, 2쪽].
4) 정무웅(2006), 「사람·삶·삶터 건축·인간·행태」, 서울, 기문당, 74쪽.
5) 김인·박수진 편, 앞의 책, 345쪽.
6) 안나연(1999), 시각적 선호특성에 의한 환경디자인 모형사례연구, 석사학위논문, 이화여자대학교 대학원, 9쪽.
7) 건축물의 형태와 기능에 대한 논의는 1850년대에 하버드대학교 출신인 호레이쇼 그레노(Horatio Greenough)가 제기하였다. 그는 건물에서 무의미한 장식은 결코 바람직하지 않다는 인식을 가지고 "사물의 형태는 곧 내부에 있는 기능을 나타내는 외적인 표현"이며 "아름다움은 곧 기능의 약속, 행동은 기능의 표현, 개성은 기능의 기록"이라고 주장하였다. 이 같은 생각은 루이스 설리번(Louis Sullivan)으로 이어져서 "형태는 기능을 따른다."라는 말로 구체화되었다. 이 같은 기능주의에 대한 반발로 "기능은 형태를 따른다."는 말도 생겨났으나, 이는 "형태와 기능은 하나다"라는 프랭크 로이드 라이트(Frank Lloyd Wright)의 주장에 의해서 종결되었다. 본 연구에서는 기능을 대변하는 평면의 수준은 연구범위에 있는 공동주택이 비슷한 수준이므로 형태의 디자인측면만을 한정하여 연구하였다.

의 공간은 지형, 지질, 기상, 식생 등의 자연요소와 건축물이나 오픈스페이스 등의 조합 형태에 따라 형성되고, 이 형상에 의해 도시경관이 창조된다. 따라서 이러한 요소들의 결합양부(結合良否) 구성에 의해 심미적 공간의 연출이 결정된다. 특히, 건축물의 시각적 인지는 도시의 환경(Context)을 좌우하며 도시의 경관을 결정짓고 경제가치에 영향을 미친다고 판단한다.

이와 같이 건축물의 구조적 안정성이나 공간의 유용성이 건축물의 가격을 결정짓는데 결정적인 기여를 하고 있다는 점에는 재론의 여지가 없다.[8] 하지만, 비트루비우스나 아게마츠 유우지가 강조한 '아름다운 외관이나 아름다운 공간'이 건축물의 경제적 가치에 어느 정도의 영향을 주고 있는가에 대한 가격형성요인의 분석을 통한 연구는 희소하며, 특히 디자인 서베이(Design survey)를 통해 건축물의 심미성[9]을 가치로 환산하고자 한 시도는 아주 드물다.

우리나라는 1970년대 이후 도시지역에 대량의 공동주택을 공급하였다.[10] 그러나 현재는 양적인 공급위주에서 벗어나 삶의 질적인 면을 중시하는 형태로 전환되면서[11] 점차 대형화·고급화·고층화되고 있다.

또한, 최근 정부는 디자인의 품질을 중요시하는 정책을 제시하고 있다. 국토해양부는 주거환경보호를 위한 공동주택 친환경인증제도 등을 도입하였으며, 서울특별시는 '한강르네상스계획', '열린 남산 프로젝트', '도심 부활 프로젝트' 등의 계획을 수립하고 이를 위해 디자인서울총괄센터를 운영하고 있으며, 공동주택 미관개선을 위하여 "디자인이 살아있는 공동주택", "주변 환경과의 조화 속에 매력과 개성이 넘치는 공동주택"을 모토로 한 건축심의 개선대책을 발표하였다.[12] 정부와 지방자치단체의 이러한 움직임은 주

8) 건축물의 공간 유용성 판단의 일례로 평면 기능에 따른 가치판단을 살펴볼 수 있다. 김운정에 의하면 보조주방의 유무, 안방크기, 욕실 수가 많을수록 주택가격이 높아지는 것으로 나타났다. 건축물의 구조적 안전성은 사용자의 안전을 위한 자재적용과 극한강도설계 등의 적용으로 공사비 등이 증가되어 건축물의 원가가 높으며 그에 의한 경제적 가치 또한 높다[김운정(2004), 아파트 평면특성이 가격에 미치는 영향, 석사학위논문, 건국대학교 부동산대학원].

9) 인간은 디자인의 방향에 따라 심리적 안정감을 느끼기도 하고 불안감을 느끼기도 한다. 특히 주거건축물의 경우 생활 속의 일부로서 자아형성에 무의식적으로 영향을 미치며 삶의 색깔을 좌우한다. 따라서 본 연구에서 논하는 심미성이란 시각적 즐거움과 공간의 안락함을 느끼게 하는 요인으로서 '삶의 정신적 질을 형성하도록 하는 건물 외관과 그러한 건물의 형태에 의해서 형성되는 외부 공간에 대해 느끼는 미적 감성'으로 정의하였다.

10) 「주택건설촉진법」(1972)의 제정은 대량의 공동주택 건설을 촉진하였다.

11) 2005년 11월 현재, 전국의 주택수는 빈 집 포함하여 13,222,600이며, 아파트수는 6,962,700호로서 전국아파트보급률은 52.66%로 추정된다(삼성경제연구소, 「2006 민간건설백서」, 2007, 314). 또한, 2007년도 1/4분기 기준 서울특별시 통계자료에 의하면 서울시 내 총주택수는 2,439,483호이며 아파트 세대수는 1,212,961호이다. 따라서 아파트비율을 49.72%로 추정된다.

12) 서울특별시는 2007년 8월 디자인 향상을 위한 건축심의 개선방안을 발표하였다. 여기에는 주거동별 디자인 차별화, 주거동의 높이 다양화, 탑상형 공동주택 디자인 차별화, 상층부, 저층부 디자인 차별화, 하천변 아파트 디자인 차별화의 5가지 핵심대책을 담고 있다. 즉 동일한 아파트 단지 내에서라도 똑같은 모습의 아파트가 들어서지 못하도록 기준을 책정하였으며, 도시미관을 위해 동별 층수를 다양화하도록 하여 매력적인 스카이라인을 조성하도록 유도하였다. 또한 주상복합은 기존 건물과 유사한 경우 심의 규칙 완화를 제한하며, 아파트의 저층부와 상층부의 디자인 차별화를 유도하며, 하천변 아파트는 자연 조망을 최대한 확보할 수 있도록 기준을 제시하였다.

택디자인의 품질을 중요시하여 주거의 질적 향상을 도모하기 위한 시도인 것으로 볼 수 있다. 따라서 공동주택의 공간미학이 도시 환경 측면에서 요구되고 있으며 특히 외부디자인의 중요성이 부각되고 있음을 파악할 수 있다.[13)]

그러나 공동주택의 미관향상이 가격형성에 어느 정도 영향을 주는지, 시장가치를 판단할 수 있는 디자인요인이 무엇인지에 대한 객관화[14)]된 검증연구는 찾아보기 힘든 실정이다.[15)] 이는 우리나라 공동주택에 심미요인[16)]이 채택된 지가 일천한 실정이고, 심미요인의 가치를 연구대상으로 삼는 이가 없었기 때문이며, 또한 정성적인 영역인 디자인의 영역을 정량화시켜 계량화시키는 데에 어려움이 있기 때문인 것으로 판단한다. 따라서 공동주택의 외부디자인의 심미성이 수요자의 사용가치와 교환가치에 지대한 영향을 미치고 있을 것이라는 점을 추론할 수 있고, 이러한 심미적 디자인요인[17)]이 공동주택의 경제가치에 미치는 영향을 분석하고자 하는 것은 의의가 있다고 본다.

그러므로 본 연구는 건축물의 아름다움을 결정짓는 심미적 외관디자인 요인이 아파트가격형성에 어느 정도 기여했는가를 계량화하여 분석함으로써 어떤 요인이 어떻게 영향을 주는지 분석하여 평가이론의 발전에 기여하고, 나아가 실무자들이 평가활동을 하는 데 적용하게 함으로써 부동산활동의 과학화에 기여하고자 하는 데 연구의 목적을 두고자 한다.

2 연구 범위 및 방법

1) 연구 범위

본 연구는 아파트의 심미요인이 아파트 가격에 어느 정도 영향을 미치는가를 규명하

13) 황연숙에 의하면 공동주택 외관디자인에 대한 거주자 의견조사결과 거주자들이 아파트 외부디자인이 생활환경에 중요하다고 인지하고 있으며, 외부디자인이 필요하다고 인식하고 있는 것으로 나타났다. 또한 거주하고 있는 아파트를 구매하거나 선택하였을 때 외부디자인이 영향을 주었다는 응답이 64.4%가 나와 외부디자인이 아파트 구매 시에 영향을 주는 중요한 요소임이 증명되었다[황연숙(1999), "공동주택 외부디자인 선호경향에 관한 연구", 「한국실내디자인학회」 제21호, 123쪽].

14) 디자인에 대한 평가는 디자이너 즉 전문가에 대한 신뢰가 기본이다. 디자인 요인의 객관화는 전문가들에 의해 꾸준히 수정·제시되어 온 공공기관의 현상설계 지침과 평가기준에 의해서 객관화될 수 있다.

15) 이에 대한 국내연구는 이인화(2007), "공동주택의 심미적 외관디자인 요인에 관한 연구", 「한국주거환경학회」, 제5권 제1호 ; "공동주택단지의 심미적 외관디자인 요인이 아파트가격형성에 미치는 영향", 「한국주택학회」, 제15권 제3호와 이인화(2008), "심미적 디자인 요인이 아파트 가격형성에 미치는 영향분석", 「대한건축학회논문집 계획계」, 제24권 제2호 정도이다.

16) 본 연구에서는 요소와 요인을 구별하였는데, 외관디자인의 구성재를 의미할 경우에 '심미요소'라 정의하였으며, 가격형성에 영향을 미친다는 의미일 경우는 '심미요인'이라 구별하였다.

17) 본 연구에서 심미적 디자인요인이란, '건축물을 보거나 건축 공간 속에 존재함으로 인해 사람으로 하여금 심미성을 느끼게 하는 건축물의 외관 디자인요인'을 의미한다. 즉, 심미적 디자인요인이라 함은 인간에게 미적 만족감과 즐거움을 주는 건축물의 외관디자인요인을 의미한다. 본 연구에서는 건축물 안의 내부디자인요인은 제외하였다.

는 것이므로 가격형성요인에 대한 연구가 필요하다. 일반적으로 부동산의 가격형성요인은 일반요인・지역요인・개별요인 등으로 구분한다. 이 중 개별요인이 건축물의 가격형성에 가장 밀접한 관련이 있으므로 '물리특성요인'과 '단지특성요인'을 연구대상으로 하였다.

또한 지금까지 선행적으로 가격형성요인에 포함되어 있지는 않으나 새로운 요인으로 가격에 영향을 준다고 판단되는 '심미특성요인'[18] 항목을 '주택가격에 영향을 주는 가격형성의 개별요인'에 포함하여 분석을 시도하였다. 심미특성요인은 건축물의 외관디자인과 단지디자인에 대한 요인이며 공간성, 조형성, 경관성으로 분류된다. 또한 이는 배치디자인, 옥외생활환경디자인, 시각적개방성, 주동디자인, 옥탑디자인, 자재디자인, 정문디자인, 경관조명디자인, 브랜드디자인의 심미변수[19]로 구성된다. 이러한 요인은 논자에 따라 다르겠으나, 디자인요인에 대한 선행연구 및 건설사・공공기관의 설계지침을 검토하여 타당하다고 판단되는 내용을 선정하였다. 그러나 디자인에 관련된 요인들 중 주변경관에 대한 디자인의 기준은 지역적 기준의 범위가 광범위하고, 실내 환경디자인은 매우 주관적이므로 보편적인 기준을 찾는 데에 한계가 있다. 따라서 이러한 요인들을 연구대상에서 제외하였다.

심미요인은 건축물을 둘러싼 주변 환경과 관계되므로 건축물에 의한 도시환경을 포함한다. 따라서 '지역특성요인'도 연구대상에 포함하였다.

본 연구의 범위는 다음과 같다.

첫째, 공간범위는 서울특별시를 대상으로 한강 이남의 강남권과 한강 이북의 강북권으로 분류하여 분석하였다. 이는 서울이 우리나라의 지역, 경제, 문화의 중심지로서 아파트 건축에 있어서도 디자인의 시도가 먼저 활용되기 시작한 지역이며, 디자인의 수준 또한 타 지역에 비해 월등하고, 또 연구 대상으로 삼을 수 있는 모집단의 양이 가장 많다고 판단하였기 때문이다.

둘째, 시간범위는 이를 통제하기 위해 준공연도의 차이를 5년 정도의 범위로 축소하였다. 또한 친환경인증제도[20] 실시로 평면이나 구조 등의 시설 수준이 비슷한 시기인

---

18) 심미특성요인은 공동주택의 가격형성에 영향을 미치는 심미적 외관디자인요인으로서, 심미변수의 특성을 나타내는 영역을 의미한다.

19) 심미변수란 심미특성요인을 구성하는 설명변수를 의미한다. 이는 심미요인으로서 요인변수이다. 본 연구에서는 공간성의 배치디자인, 옥외생활환경디자인, 시각적개방성과 조형성의 주동디자인, 옥탑디자인, 자재디자인, 경관성의 정문디자인, 경관조명디자인, 브랜드디자인으로 심미변수를 정의하였다.

20) 전 세계적으로 환경에 대한 관심이 고조되고, 1992년 기후변화협약 등 구체적인 움직임이 국제사회에서 일기 시작함에 따라 1999년부터 건교부와 환경부는 친환경건축물 인증과 관련한 제도를 마련하였다. 그러나 유사한 제도가 중복되어 시행될 경우 혼란이 발생할 수 있고 관련업계의 부담도 가중될 수 있기 때문에 2000년 5월부터 두 제도를 통합하기로 하고, 양부처가 공동으로 실무팀을 구성하였으며 실무, 학계 및 업계의 의견 수렴 과정을 거쳐 통합제도의 명칭을 『친환경건축물 인증제도』로 결정하였고 2001년 12월에는 친환경건축물 인증 평가 기준을 마련하였다. 2002년 대한주택공사 주택도시연구원 등 3개 기관이 인증업무를 수행해 나갈 인증기관으로 지정되었다.

2001년-2006년 상반기로 한정하여 설정하였다. 이는 건축물의 준공시점의 차이가 많을수록 내구재인 하드웨어시설부분에서 차이가 많이 나기 때문이다.

셋째, 단지규모는 단지 내 부대시설의 설치기준이 되는 300세대 이상 단지의 주택형[21](기존의 일반적 명칭은 '평형'이다)을 분석대상으로 하였다.

2) 연구 방법

본 연구는 아파트가치를 평가할 때 고려되지 않고 있는 외관디자인요인의 가격영향을 분석하는 것이다. 따라서 객관적인 아파트디자인요소의 도출이 필요하다.

연구검증을 위해서는 문헌분석 후 통계적 접근법을 이용하여 디자인요인의 가격영향을 계량화하였으며 통계이론은 회귀분석을 이용한 특성함수이론을 이용하였다. 이는 건축물의 가격에 영향을 주는 요인을 분석할 때 부동산학의 사회과학분야에서 가장 많이 이용되는 분석방법으로서, 둘 이상 변량간의 상호관계의 본질을 파악하는 데 유용한 통계기법[22]이며 요인변수에 대한 가격설명력이 뛰어난 분석방법이다. 분석프로그램은 SPSS WIN 12.0을 이용하였다.

본 연구의 주요 논점은 '심미요인을 채택한 아파트단지(이하 '심미단지'[23]라 한다)가 그렇지 않은 단지(이하 '비심미단지'라 한다)와 차별성이 있는가? 또한 있다면 어느 정도 있는가?'를 밝히는 것이다. 따라서 분석도구는 평균분석방법인 t-test와 헤도닉모형의 다중회귀분석을 이용하였다.

본 연구의 흐름은 다음과 같다.

첫째, 디자인에 관한 선행연구 및 이론을 고찰하고 디자인가치평가 방법을 기술하였으며, 이와 연계하여 주택의 정성적 디자인가치평가 방법을 제시하고 주택만족도 및 가격형성요인에 관한 선행연구를 고찰하였다.

---

21) 「계량에 관한 법률」 제5조 제1항에 의거 법정계량단위(㎡) 의무 사용에 따라 기존의 '평형'을 '주택형'으로 변경하였다. 현재까지 평형을 대체하는 공식명칭이 없으므로 KB국민은행시세자료(http://est.kbstar.com)의 명칭인 '주택형'을 적용하였다.

22) 이종원(2007), 「계량경제학」, 서울, 박영사, 104쪽.

23) 아파트단지 내 공간은 인간 생활과 밀접하게 연관된 여러 종류의 아름다움을 내포하고 있다. 즉, 아파트는 공간배치에서 느끼는 공간적 아름다움, 외관조형에서 느끼는 조형적 아름다움, 아파트가치나 인지에 대한 상징성에서 느끼는 아름다움 등이 있다. 이러한 공간에서 느끼는 아름다움은 서로의 공존에 의해서 공생하게 되므로 아름다움이 편향되게 되면 그 단지는 조화로운 아름다움을 이룰 수 없게 된다. 따라서 아파트단지의 디자인여부를 논할 때는 서로 다른 영역의 아름다움이 다양하게 적용되어 있는가를 살펴보아야 한다. 이는 본 연구에서 심미단지와 비심미단지를 분류하는 기준이 된다. 즉 심미단지는 심미특성요인인 공간성, 조형성, 경관성의 각 영역 중 심미변수가 각 영역별로 1개 이상씩 포함된 단지를 심미단지로 조작적 정의하였으며, 심미변수가 편향되어 있거나 하나도 없는 단지를 비심미단지로 정의하였다.

둘째, 객관적인 아파트 외관디자인요소를 도출하기 위하여, 조형디자인요소에 관한 선행연구를 고찰하고 아파트 외관디자인과 관련된 법 규정 및 언론매체에 근거한 아파트 외관에 대한 사회현상을 분석하고 분양을 목표로 하는 건설사와 도시디자인의 밑바탕이 되는 공공기관의 설계경기지침·평가지침 등을 분석하여 아파트의 외관 가치를 향상시키는 디자인요소를 도출하였다.

셋째, 선행연구와 한계효용법칙에 의해 도출되는 연구모형을 제시하고 가설을 설정하였다. 또한 앞서 도출된 외관디자인요소 중 심미특성요인의 심미변수를 선정하고 가격형성요인의 변수정의를 기술하였다.

넷째, 분석대상 자료를 선정하고 모집단과 표본을 기술하였다.

다섯째, t-test를 이용하여 심미요인이 균형 있게 채택되어 있는 심미단지와 비심미단지의 차이가 있는지 분석하였다.[24)]

여섯째, 다중회귀분석을 이용하여 심미요인이 가격에 영향을 미치는지를 분석하였으며, 영향을 미친다면 심미변수별로 어떤 요인이 어느 정도 가격형성에 영향을 미치는지 분석하였다.

일곱째, 상기 분석을 통하여 도심 경관을 향상시키는 데 유용한 디자인요인에 대한 이론적, 사회적, 정책적 시사점을 도출하고 연구의의를 기술하였다.

---

24) 본 연구에서 심미요인의 유(有)·무(無)의 기준, 또는 심미요인의 다(多)·소(少)의 기준으로 가격영향을 분석하지 않은 이유는 다음과 같다.
첫째, 심미요인의 유(有)·무(無) 기준을 기준으로 분석하지 않은 것은, 본 연구의 총381개 표본 중 심미요인이 하나 이상 적용된 주택형은 365개 표본이며, 심미요인이 하나도 적용되지 못한 주택형은 16개 표본으로서 표본의 차이가 커서 유(有)·무(無) 분류분석의 의미가 없기 때문이다.
둘째, 심미요인의 다(多)·소(少)를 기준으로 분석을 하지 않은 것은, 연구자 분석결과 심미변수의 개수에 따른 가격영향이 규칙적으로 도출되지 않았기 때문이다. 분석결과 표본이 비교적 큰 강남권과 강북권의 권역별 분석에서는 심미요인이 많을수록 가격영향이 있는 것으로 나타났다. 그러나 강남권과 강북권의 각 권역 내의 단지규모별, 단위가격별 분석결과는 강남권에서 중규모단지(500세대 이상 – 1,000세대 미만)의 경우와 단위가격이 저가(低價)인 지역(평균가격이 3.3㎡당 2,000만 원 미만인 구)의 경우에만 가격영향이 도출되었고, 소규모단지(300세대 이상 – 500세대 미만)와 대규모단지(1,000세대 이상)와 고가(高價)인 지역(평균가격이 3.3㎡당 2,000만 원 이상인 구)에서는 가격영향이 없는 것으로 도출되었다. 또한 강북권에서는 소규모단지의 경우와 고가(高價)지역의 경우에 가격영향이 있으며, 중규모단지와 저가(低價)지역의 경우가 가격영향이 없는 것으로 분석되었다. 그러나 심미변수가 심미특성요인의 공간성, 조형성, 경관성의 각 영역에 1개 이상 적용된 경우는 모든 경우에 유의하게 도출되었다. 이는 각 심미변수별 가격영향정도가 다르고, 디자인요인이 편중된 경우(즉 공간성, 조형성, 경관성의 심미특성요인에 포함된 각 심미변수들이 세 영역 중 일부에 편중되어 설치되어 있는 경우)보다, 각 심미특성요인에 심미변수가 1개 이상 적용되어 있는 경우가 단지 내 디자인의 균형을 이루게 하며, 거주자들과 타 단지나 주택에 거주하는 일반인들에게 시각적 또는 공간 체험적으로 느낄 수 있도록 하기 때문인 것으로 판단된다. 따라서 본 연구에서는 심미단지의 기준을 심미변수가 심미특성요인의 각 영역에 1개 이상 적용된 단지를 심미단지라 하고 이러한 기준을 평균분석할 때 적용하였다.

〈그림 1-1〉 연구내용 및 흐름도

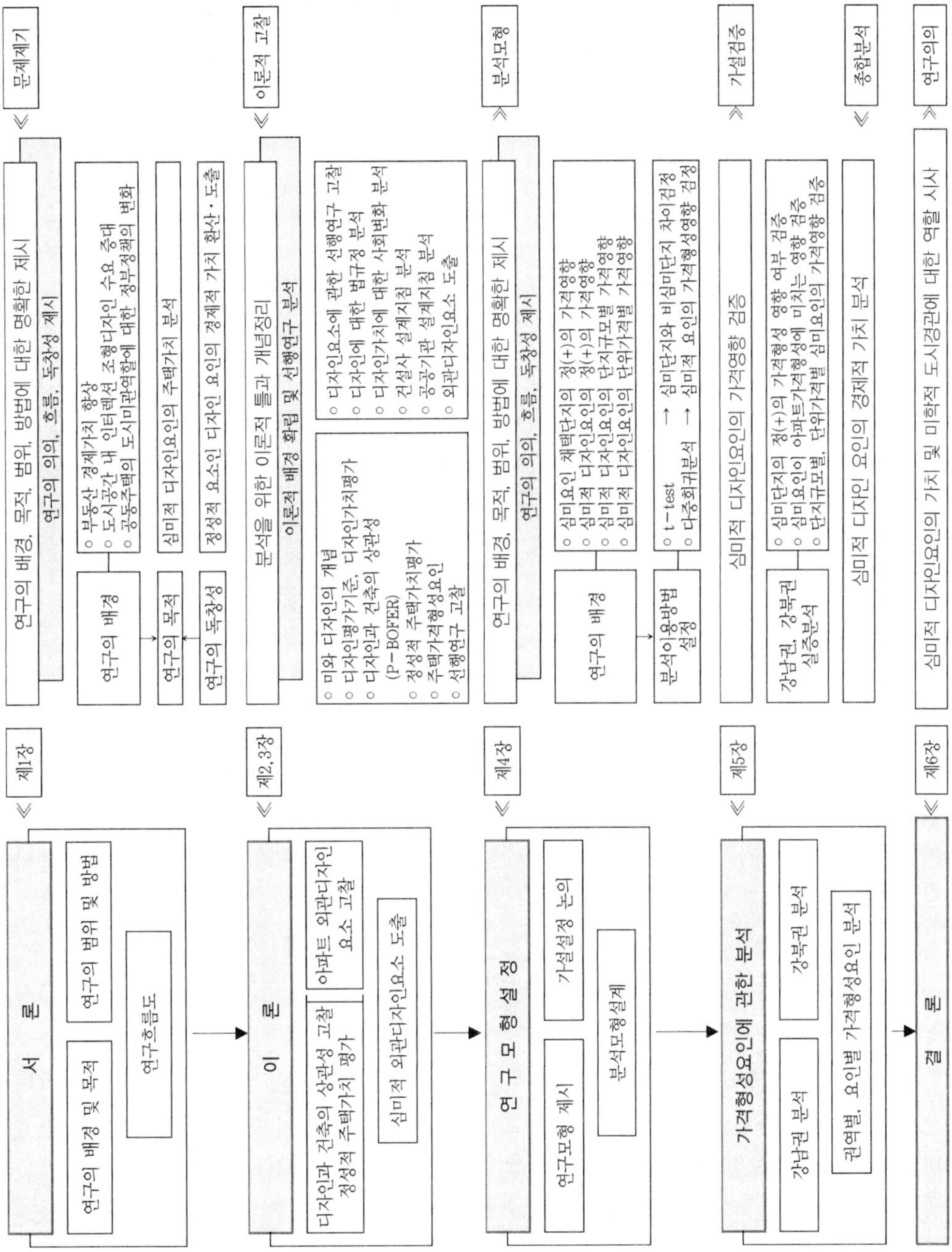

디자인의 정성적 가치평가에 관한 이론적 고찰 02

1 P-BOFER와 건축가치

건축형태의 미학적 해석은 건축미와 결부된 건축형태의 탐구이다. 따라서 본 연구의 논제인 외관디자인을 연구하는데 있어서, 먼저 미(美)란 무엇인가에 대한 규명이 있어야 하고 건축에 대한 인간의 관심 중에서 미적 관심이 어떤 위치를 차지하는가를 고찰할 필요가 있다. 따라서 본 절에서는 문헌연구를 통해 미, 디자인, 건축미의 의미를 살펴보고 디자인과 건축의 상관성과 건축물의 조형디자인요소를 고찰하였다.

1) 미(美)와 디자인

미의 의미는 아름다움이란 어의에 머무르는 것이 아니라 미를 형성하는 본질이자 실상인 존재이어야 한다. 따라서 미는 미의 특수한 존재방식과 구조로서 파악된다. 이러한 미의 존재는 체험을 통해 그 존재가 나타난다. 체험을 통해 관찰되는 미는 미・대상・자아의 3가지 요소에 의해서 파악되며, 미는 언제나 미적인 대상에 내재되어 있고 미를 인식하는 의식에 의해서 존재된다.

미의 가치는 그 자체로서 성립되는 진(眞)・선(善)・성(聖)과 같은 내재적 가치와 논리가 수반되지 않는 쾌(快)의 가치이다.[25] 즉 체험에 의해서 심리적으로 느끼는 즐거움을 수반하는 아름다움이다.

디자인[26]은 인공물이 가지고 있는 기능에 부합되는 최적의 형태를 창출하기 위해서 생산・사용・유통・환경 등 여러 가지 요소들을 고려하여 독특한 시각적 특성을 만들어 내는 이지적인 조형 활동이다. 이는 미적인 것과 기능적인 것을 제품으로 통합하는 것을 목표로 한다. 또한 미(美)와 용(用)의 두 가지 가치 개념을 통일적으로 실현하는 기

25) 이경회(1999), 건축형태의 미학적 해석에 관한 연구, 석사학위논문, 연세대학교 대학원, 4-8쪽.
26) 디자인(design)은 라틴어의 "데지그나레(Designare)"를 모태로 하는 단어로서 "계획을 기호로 명시한다"라는 어원을 갖고 있다. 단어적 뜻으로는 "어떠한 행동의 계획을 발전시켜 나가는 프로세스(process)", "플랜(plan)" 또는 "설계"라는 것으로 상용되며, 이는 "목적에 합치하는 조형(造形)의 과정을 일관하는 계획" 즉 "조형계획(造形計劃)"이라고 할 수 있다. 이는 건축을 포함하는 포괄적 디자인을 의미한다.

술적 프로세스이다.[27] 따라서 디자인의 효용성은 실천의 입장에서 성립하며 미는 상상력에 의해서 성립된다.

디자인은 기본적으로 P－BOFER를 실현하기 위한 창조 및 제작행위이다. P는 Philosophy로서 철학적 이념을 의미한다. 이는 BOFER의 Beauty, Originality, Functionality, Economy, Reliability로 구성된다. 즉 심미성, 독창성, 기능성, 경제성, 신뢰성 등을 뒷받침할 수 있는 '형태', '색채' 및 '공간'의 창조이며 제작행위인 것이다. 상품을 사는 사람은 P－BOFER의 종합적이고 직관적인 판단을 통해서 상품의 가치를 평가하여 구입의사를 결정하게 된다.[28] 이는 디자인의 가치가 상품의 가치로 표현되는 것을 의미한다.

〈그림 2-1〉 P－BOFER의 개념

P(philosophy) : 이념

B	심미성 (beauty)	≫	형태와 색채의 표현적 아름다움	▶	내용의 아름다움 (기호성, 의미성)
O	독창성 (originality)	≫	특징이 있는 독특함	▶	사람의 내면적 다양성을 만족시킴
F	기능성 (functionality)	≫	물리적 기능성	▶	심리적 기능성
E	경제성 (economy)	≫	가 격	▶	서비스(물건)에 대한 경제가치
R	신뢰성 (reliability)	≫	물건의 신뢰성	▶	기업에 대한 신뢰성

출처 : 사도야마 야스히코, 정경원·제니스 김 역(1995), 「디자인전략경영입문」, 서울, 미진사, 36쪽

2) 디자인가치

(1) 디자인 평가기준

디자인은 미(美)적 표현을 통해 상품의 가치를 높이고 평가받는다. 보통 사람들의 심미적 평가는 특별한 기준 없이 본능적인 감성에 의한다. 그럼에도 불구하고 디자인 평가의 기준은 합목적성, 형태와 기능의 조화, 미적 표현, 경제성, 기술적 혁신, 가치, 사

27) 민경우(2005), 「디자인의 이해」, 서울, 미진사, 11－14쪽.
28) 사도야마 야스히코, 정경원·제니스 김 역(1995), 「디자인전략경영입문」, 서울, 미진사, 35－36쪽.

용의 편리함과 같은 다양한 요인을 포함하고 있다. 정경원은 12개국의 굿 디자인[29]상 선정기준의 공통점을 조형성, 합목적성, 경제성, 제작성, 사용성, 적합성, 만족성, 환경친화성으로 정리하고 디자인평가의 8대 주요요소라 표현하였다.[30] 이는 디자인이 사회적, 환경적 현상에 의해 영향을 받고 있음을 의미하며 경제성을 수반한 기능성의 만족과 디자인의 조형성이 함께 어우러져야 함을 의미한다.

이러한 디자인 평가항목은 일반 상품뿐만 아니라 건축물의 경우에도 매우 중요하게 적용된다고 할 수 있다. 건축물은 사회・경제적 비용이 매우 큰 재화로서 디자인의 적용은 비용의 증가로 연계된다. 이러한 비용의 지출은 국민소득이 올라가고 생활환경이 풍요로워질수록 지불의사의 가능성이 높아진다. 따라서 건축물에 있어서의 굿 디자인의 평가는 경제성을 수반한 합목적성, 사용성, 만족성 등의 요건이 전제된 후 조형성 측면이 결합되어 평가될 수 있다. 〈표 2-1〉는 디자인의 평가기준을 나타낸 것이다.

〈표 2-1〉 굿 디자인 선정제도의 디자인 평가기준

주 요 평 가 기 준	키 워 드
예술성, 외관, 형태, 심미성, 고품질의 디자인, 독창성	조 형 성
성능, 기술, 기능	합 목 적 성
경제성, 가격, 경제적인 생산공정, 시장성	경 제 성
제조, 적절한 소재, 재료선정	제 작 성
사용의 유용성, 인간공학적 배려, 안정성, 작업경제성, 내구성	사 용 성
시장성, 소비자에게 어필, 클라이언트에게 유용성	적 합 성
사회적 동향, 감각적・지적 자극	만 족 성
환경과의 조화, 환경적성, 자원절약과 재활용	환 경 친 화 성

출처 : 정경원(2006), 「디자인경영」, 파주, 안그라픽스, 349쪽

(2) 디자인가치평가

본 연구에서 논하는 디자인요인의 가치평가는 조형디자인에서 가장 중요한 요소인 형태를 대상으로 한다. 형태는 사물의 생김새로서 눈으로 볼 수 있는 특징을 의미하며,

29) 굿 디자인을 몇 마디로 정의하기는 매우 어렵다. 왜냐하면 그것은 인간본성의 형이상학적인 측면, 제품의 물리적 측면, 기업의 문화 등과 같이 다양한 요인들과 관련을 맺고 있기 때문이다. 이에 대해서는 학자들마다 서로 정의하는 바가 다르다. 학자들의 정의는 다음과 같다[정경원(2006), 「디자인경영」, 파주, 안그라픽스, 336-337쪽].

1. 라스즐로 모홀리 나기(Laszlo Moholy-Nagy) : 제품에서 미래의 디자인 경향을 예측할 수 있는 무의식적인 단서를 제공해 주는 것
2. 브르스 아처(Bruce Archer) : 어느 한 가지 측면만 뛰어난 디자인이 아니라 총체적으로 우수한 디자인

30) 위의 책, 349쪽.

디자인은 심미적으로 가치가 있는 형태를 창출하는 조형 활동이다. 따라서 조형성 평가는 디자인 평가에서 가장 중요한 비중을 차지한다. 조형적 특성은 외관, 색채, 표면질감, 비례, 미적인 매력, 독창성 등과 같은 형태요소들에 의해 결정되며, 디자인의 미적인 가치를 좌우한다.

조형성에 관한 평가는 다소 주관적이고 직관적인 특성을 갖는다. 그러므로 조형성의 평가를 객관적인 방법으로 정량화하는 데에는 어려움이 있다.

그렇다면 어떻게 디자인가치를 평가할 수 있을 것인가?

많은 사람들이 공통적으로 느끼는 공감대를 바탕으로 좋은 형태를 구별해 내는 것은 가능한 일이다.[31] 다비도프와 라이너(Davidoff · Reiner, 1967), 밤(Bahm, 1974)은 정성적요인인 디자인의 가치평가를 위해 다음의 방법을 제시하였다.[32]

다비도프와 라이너(Davidoff · Reiner)는 정성적 요인의 가치평가를 하기 위한 방법으로서 어떤 목표가 다른 목표에 비해 더 우위에 있다는 점에 착안하여 가치의 계층구조 설정을 제안하였다. 이는 목표가 수단과 목적의 관점에서 비교될 수 있음을 의미한다. 또한 밤(Bahm)은 수단가치(means value)와 목적가치(end value)를 구분하고 수단가치는 목적가치를 실현하기 위해서 존재한다고 설명하였다. 이 개념은 가치의 계층적 관계를 근거로 특정가치는 상위 개념의 가치에 근거하여 비교 · 평가될 수 있음을 의미한다.[33] 이로써 건축물에 있어서도 가격을 목적가치로 하고 정성적 요소인 디자인가치를 수단가치로 하여 계층적으로 구분함으로써 평가할 수 있음을 추론할 수 있다.

3) 디자인과 건축의 상관성

인간은 삶의 질이 향상될수록 새로운 가치를 추구한다. 이는 매슬로(A. Maslow)의 인간기본욕구에서도 나타난다. 매슬로는 인간이 3가지 기본욕구를 가지고 있다고 주장하고 있다. 인간기본욕구는 인간의 본질적 욕구로서 1차 욕구인 신체 · 생리적 욕구와 2차 욕구인 소속감을 갈구하는 사회적 욕구, 3차 욕구인 자아실현의 욕구이다.[34] 이 중 인간의 궁극적 욕구인 자아실현의 욕구는 아름다움을 즐기며 함께함으로써 얻어지는 '쾌'에 대한 욕구라고 할 수 있다.

인간은 기본적으로 가치와 욕망을 소유하고 있기 때문에 의미 있는 사물을 창조하고 의미를 부여한다. 건축물에 있어서 이러한 의미와 가치는 특정한 문화 및 환경을 바탕으로 형태로서 표현된다. 건물의 형태는 인문학적 측면에서 자라온 환경과 배경에 따라

31) 위의 책, 350－351쪽, 발췌 정리.

32) 김인호(2003), 「건설계획과 의사결정」, 서울, 기문당, 89－117쪽.

33) Davidoff, P., and Reiner, T.A.(1967), *A Chioce Theory of Planning*, Public Administration Review, 385－392 : Bahm, A.J.(1974), *Ethics as a Behavioural Science*, Springfield, I11 : Charles C. Thomas Publisher, 81쪽, 김인호, 위의 책, 89쪽, 재인용.

34) 민경우, 앞의 책, 35쪽.

지각하는 과정에서 나타나는 추상이며, 의미를 전달하는 표현이므로 주관적 개념이다. 그러나 과학적 측면에서 건축미학의 표현은 시대에 따른 사회문화적 변화와 함께 건축기술 및 재료의 발전을 바탕으로 형성되는 객관적 개념이다.[35)]

이와 같이 건축을 이루는 요소는 매우 다양한 결합으로 판단된다. 그러나 비트루비우스 이래로 건축요소는 예술적 감흥을 목표로 하는 형태(空間形態), 진실하고도 견실한 구조(構造技術) 및 편리성과 유용성을 나타내는 기능의 3요소로 정의되어 왔다. 이는 건축의 예술성이 단순히 아름다움을 목적으로 하는 것이 아니라, 상당히 복합적인 의미로서의 조형(造形)을 통해 그 목적이 달성됨을 의미한다.

〈그림 2-2〉 매슬로이론과 건축구성의 변화

매슬로 이론의 인간본질					건축의 구성 및 변화	
1차	신체적 욕구	생리적 욕구	먹고 잠자는 생리적 욕구	≫	구 조	쉘터의 주거
		안전 욕구	안전, 질서, 보호, 가정의 안정을 바라는 욕구			
2차	사회적 욕구	귀속 및 애정 욕구	한 집단에의 소속감 및 사랑이나 우정에 대한 욕구	≫	기 능	현상의 주거
		자존 욕구	존경, 평판, 위신, 인식, 자존에 대한 욕구			
3차	자아실현 욕구	자신의 능력과 재능을 최대로 발달시키고자 하는 자유와 가능성 개발을 위한 욕구		≫	형 태	심미적 주거

〈그림 2-3〉 인간욕구와 주거가치의 합목적성

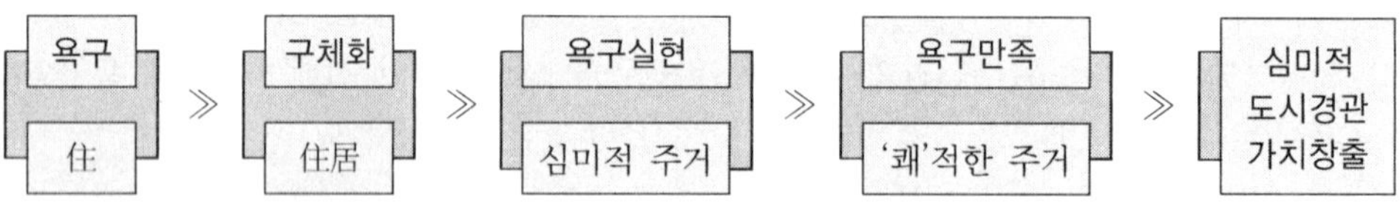

건축형태는 소재형성이라는 구조측면의 해석과 예술표현이 미적으로 되기 위한 지향적 가치의 구성측면의 해석이 필요하다. 예술체험인 건축은 건축을 통한 미적 구현임과 동시에[36)] '형상을 지닌 것'으로서 조형예술로 칭하여 진다.[37)] 건축형태의 조형미는 크게 실질적, 심미적, 상징적인 세 가지 기능을 가진다. 실질적 기능은 사물에 대한 사용

---

35) 조종수(2007), "초고층 사무소건축의 건물형태 구성 및 효율에 관한 연구", 「대한건축학회논문집 계획계」, 제23권 제6호, 35쪽.

36) 이경회, 앞의 책, 10쪽.

37) 위의 책, 60-61쪽.

자의 사용목적에 부합하는지를 판별하며 기능에 관련된다. 심미적 기능은 사용자의 미적 감각과 취향을 통해 사물과 교감하는 심리적인 양상이며, 상징적 기능은 사용자가 지닌 경험적, 관습적인 감정을 사물의 이미지에 연결시키는 기능이다.[38]

이러한 건축조형미의 추구는 매슬로의 인간욕구의 3대 요소와 부합한다. 즉 1차 욕구인 신체·생리적 욕구는 건축의 가장 기본적인 조건인 쉘터(shelter)를 상징하는 구조를 의미하며 2차 욕구인 사회적 욕구는 건물의 기능을 만족하며 공유하는 현상(現狀)의 주거를 의미한다. 그리고 3차 욕구인 자아실현의 욕구는 예술적 디자인에 대한 욕구 즉, 건물의 심미적 형태와 그에 의해서 형성되는 공간미학의 완성을 의미한다. 또한 건축물의 공간미학적 완성은 심미적 도시경관가치를 창출하는 바탕이 된다. 이와 같이 매슬로이론과 건축구성의 변화를 연계하여 정리하면 〈그림 2-2〉와 같으며, 디자인에 대한 인간의 기본욕구와 주거디자인에 대한 가치창출의 목적성은 〈그림 2-3〉과 같이 정리된다.

건축물에 의해서 형성된 공간은 기본적으로 하나의 물체와 그것을 지각하는 인간과의 사이에서 생기는 상호관계에 의해서 형성된다.[39] 따라서 디자인이 실제적 존재로서의 효용성에 의해 심미성의 가치를 평가받는다면 건축물은 도시경관요소로서의 공간을 형성하는 조형적 가치로서 인정을 받는다. 이를 디자인의 P-BOFER개념과 건축의 P-BOFER의 개념의 상관성을 정리하면 다음과 같다.

〈그림 2-4〉 디자인과 건축의 P-BOFER의 상관성

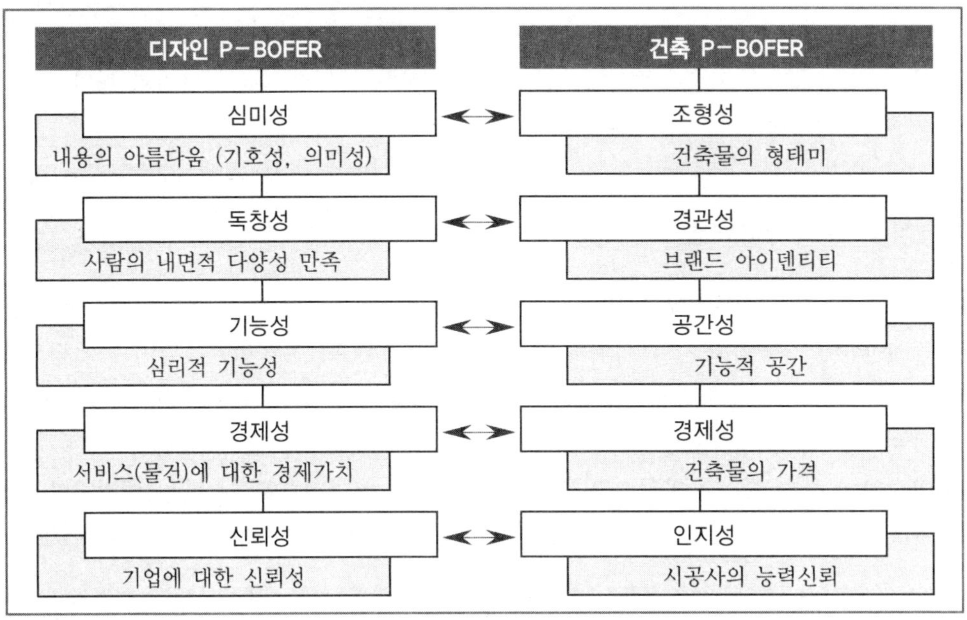

38) 박기석(2000), 상업건축물의 표현성을 고려한 외관 리노베이션 계획에 관한 연구, 석사학위논문, 연세대학교 대학원, 5쪽.

39) Yoshinobu Ashihara, 김정동 역(1987), 「건축의 외부공간」, 서울, 기문당, 12쪽.

이처럼 디자인과 건축은 P-BOFER를 실현시키기 위해 서로 같은 방향성을 추구하고 있다.

도시의 근본구조인 건축물은 그 디자인 방향에 따라 도시경관의 공간가치를 변화시킨다. 이처럼 도시경관을 구성하는 건축물의 조형은 끊임없는 시각적 반응을 유발하며[40] 건축 내적인 문제를 해결하고 도시에 질서를 부여하여 건축과 도시의 가장 기본적이고 본질적인 설명개념으로 정립된다.[41] 따라서 건축물의 조형에 대한 추구는 인간의 지각 형성에 근거하여 도시 공간의 기능과 조형을 유기적으로 변화시키며, P-BOFER를 향한 인간의 욕구와 실천행위는 지속가능한 도시디자인의 가치를 창출하도록 한다.

2 정성적 주택가치 평가

주택의 가치는 사용가치와 교환가치라는 이중적 의미를 지닌다. 사용가치는 효용에 의한 재화의 유용성이고, 교환가치는 교환이 행하여지는 한 재화에 포함된 공동척도 또는 보편적 가치라고 정의되어진다. 이러한 두 가치개념은 모두 인지적, 감성적, 사회적인 요인들에 의해서 좌우되며 시대에 따라 변해왔다.[42] 주택 또한 사회적 요인들에 의해 그 가치가 변화되며, 주택의 디자인 측면은 시각적 인지와 감성적 느낌에 의해 그 가치가 형성되어 왔다. 사회적 요인들에 의한 평가는 선행연구에서 활발히 진행되어 왔다. 그러나 인지적·감성적 요인, 즉 디자인적 측면에서의 주택의 가치추정은 찾아보기 힘들다. 따라서 본 절에서는 주택디자인가치를 추정하기 위한 디자인가치의 평가기준을 토대로 하여 주택평가방안을 고찰하고자 한다.

1) 정성적 주택가격요인

부동산의 가격은 부동산의 유용성, 상대적 희소성, 유효구매력 등 가격발생요인의 상호작용에 의하여 형성 또는 파괴된다. 부동산 가격형성요인은 모든 요인이 유기적으로 관련을 맺고 결합되어 있는데, 보통 일반요인·지역요인·개별요인으로 구분된다.[43]

일반요인은 다시 자연요인·사회요인·경제요인·행정요인으로 구분되며 일반 경제사회의 부동산상태 및 그 가격수준에 영향을 주는 요인이다. 지역요인은 택지지역·농지지역·임지지역으로 나누고 택지는 주거·상업·공업지역요인으로 구분되며, 어떤 지

40) 권준범(2007), "건축 유형학 이론의 개념적 배경", 「대한건축학회논문집 계획계」, 제23권 제8호, 145쪽.
41) 홍경구·안건혁(2001), "가로상업지역의 가로유형과 개발패턴에 관한 연구", 「대한건축학회논문집 계획계」, 제17권 제1호, 104쪽.
42) 정원일(1997), "디자인에 있어서 예술 사회학적 문제", 「평택대학교 논문집」, 제9집 제2호, 619쪽.
43) 방경식·장희순(2004), 「해설부동산감정평가기준」, 서울, 부연사; 방경식·장희순(2004), 「부동산학개론」, 서울, 부연사, 320-331쪽.

역의 가격에 영향을 미치는 요인으로 지역특성을 형성하고 지역의 가격수준을 형성하는 요인이다. 개별요인은 토지의 개별요인 · 건물의 개별요인 등으로 구분되며 건물자체에 대한 요인으로 면적, 방위, 건축내용연수 등이 이에 속한다.

최근의 새로운 견해는 일반요인에 심리요인을 포함하기도 한다. 중국의 탄산용(谭善勇) 외, 터우쿤팡(窦坤芳) 외 등은 심리적 요인이 부동산가격에 영향을 준다고 하였다.[44] 또한 씽위엔즈(邢元志)는 부동산가격의 오르내림은 소비자 심리와 가치관념의 변화(價値觀念的變化) 등과 크게 관계가 있다고 보았다.[45] 주택공급자가 심미요인을 추가한 주택을 공급할 때, 소비자가 그 가치를 인정하여 비싼 가격을 지불하는 것은 소비자 심리와 가치관념의 변화로 볼 수 있다. 이러한 행태변화는 심리요소에 기인한다고 추론할 수 있다.

심미요인은 디자인에 의한 감성적 요인으로서 디자인 형상에 의한 느낌을 판단하는 요인이다. 디자인의 느낌을 판단한다는 것은 매우 주관적인 측면이나 심리요인과 달리 시기나 상황변동에 의한 유동성이 적은 것으로 판단한다. 이는 우리나라 공동주택의 디자인 설계기법은 현재 외국으로 수출하고 있을 만큼 매우 뛰어난 수준이므로 디자인의 우수하고 조악함에 대한 대중적 판단이 보편적 기준에서 벗어나지 않을 것으로 판단하기 때문이다. 따라서 이러한 심미적 외관디자인이 주택가격형성에 긍정적인 영향을 줄 것이라고 판단할 수 있으며, 가격형성요인으로 파악되어야 하고 이론적 근거도 명확히 해야 할 것이다.

2) 정성적 주택디자인가치 평가

(1) 정성적 디자인가치 평가방법

호가트(Hogarth)는 가치판단 자체가 평가라고 하였으며[46] 맥(Mack)은 가치판단이 결과(outcomes)에 효용(utility)을 배분하고, 특정 결과가 다른 결과보다 더 낫다[47]고 말할 수 있는 근거가 된다고 하였다. 이는 효용의 극대화를 추구하는 소비자선택이론을 의미한다.[48] 가격형성요인은 다수의 수요자, 즉 의사결정자의 선택에 의해서 정해진다. 그러나 일반소비자들의 최유효가치판단이 항상 존립되는 것은 아니다. 왜냐하면 일반적으로 의사결정자들의 가치판단은 최적의 정보가 부족한 상황에서 사실보다 주로 상황에 의존하는 평가유형에 근거하여 의사가 결정되며 다변화한 상황이 언제나 발생할 수 있

44) 谭善勇 · 章鸿雁 · 厤晓芳(2007), 「房地产估价理论与方法」, 中國重庆, 重庆大学出版社, 23쪽 ; 窦坤芳 · 郑培春(2007), 「房地产评估」, 北京, 机械出版社, 18쪽.

45) 邢元志(2007), 「房地产评估」, 北京, 中国建筑工业出版社, 19쪽.

46) Hogarth, R.M.(1987), *Judgment and Choice : The Psychology of Decisions*, New York : John Wiley & Sons, 김인호, 앞의 책, 90쪽, 재인용

47) 김인호, 위의 책, 91쪽.

48) 방경식 · 장희순, 앞의 책, 57쪽.

기 때문이다. 그러므로 효용성을 극대화하는 판단을 위해서는 가치판단의 근거가 되는 가격형성요인에 대한 분석이 필요하다. 가격형성요인은 일반소비자들이 부동산의 구입을 위한 의사결정시 효용을 극대화할 수 있는 가이드라인이 된다.

그렇다면 소비자들은 어떤 기준에 의해 주택을 선택하는가? 이를 위해 다비도프・라이너(Davidoff・Reiner)와 밤(Bahm)이 주장하는 계층구조와 연계하여 살펴볼 필요가 있으며, 가격형성요인이 계층구조형식을 포함하고 있다면 그러한 계층구조의 우선순위를 정할 수 있는지에 대한 고찰이 필요하다.

계층구조를 형성하는 부동산 가격의 목표는 주택의 매매가격이 되며, 가격을 형성하기 위한 여러 요인들은 수단이 된다. 이러한 수단에는 주택시설자체의 물리특성, 지역입지요건, 단지규모 등의 제반현황과 그 밖에 거주자들이 느끼는 심리적 느낌 등이 있다. 또한 주택가격을 형성하는 요인은 정량적 수단과 정성적 수단으로 분류된다. 주택의 물리특성, 지역특성, 단지특성은 정량적 수단이며 거주자들의 감각적인 심리적 느낌 등은 정성적 수단에 포함된다. 이와 같은 정성적 수단은 정량적 수단과 마찬가지로 요인별로 그 가치의 중요도가 다르다. 따라서 정성적 수단도 매매가격에 대한 계층구조를 형성하는 수단이라고 할 수 있다. 또한 이러한 주택의 선택기준을 판단하는 소비자들의 기준은 수단가치인 주택가격형성요인을 포함하며, 다비도프・라이너(Davidoff・Reiner)의 계층구조이론에 따라 평가될 수 있다.

(2) 디자인가치 평가도구

주택가격형성요인은 특성에 따라 주택가격에 미치는 영향이 다르므로 그 속성의 다양성에 대한 분석이 필요하다. 이와 같은 개별특성에 대한 분석방법으로 사회학분야에서 많이 쓰이는 방법이 다중회귀분석을 이용한 특성가격함수모형이다. 특성가격함수모형은 차별화된 재화에 대해 분석하는 기법으로서 주택과 같이 이질성이 강한 재화의 가격을 추정할 때, 개별주택의 차별화를 가능하게 하는 주택의 다양한 특성들의 시장가치를 추계하는데 적절한 방법이다. 여기서 주택의 가격은 주택의 특성들로부터 얻는 효용이 가치화된 것으로 소비자들이 주택에 포함된 각 특성의 상대적 비중(weight)에 따라 지불하고자 하는 주택특성들의 내재가격의 합(implicit price)이다. 또한, 가치를 구성하는 여러 요인들의 각각의 가치가 반영될 수 있고, 계량화 할 수 있기 때문에 주택 등의 부동산 분석에 아주 유용한 모형이다.[49]

다중회귀분석은 독립변수 또는 설명변수(independent variable or explanatory variable)라 불리는 하나 또는 둘 이상의 변량들에 기초하여, 종속변수(dependent variable) 또는 반응변수라 불리는 한 변량의 값을 묘사하거나 추정하는 기법으로서 회

49) 윤채규(2004), 주관적 평가요인을 고려한 공동주택의 가격결정모형개발, 박사학위논문, 연세대학교 대학원, 33쪽.

귀분석은 본질적으로 인과관계가 있는 두 변량간의 함수식을 분석대상으로 삼는다. 회귀분석은 첫째로 관측된 두 변량의 값을 기초로 두 변량간의 함수 관계가 성립되는지, 된다면 구체적으로 어떤 특징을 갖는 함수관계(예컨대, 1차함수관계)인지를 이해하는데 이용되고, 둘째로 그 값이 알려진 설명변수를 기초로 반응변수의 값을 예측 또는 추정하는 데 이용된다. 따라서 회귀모형의 설정을 통한 분석에서 의도하는 것은 반응변수와 설명변수 사이의 평균적인 관계를 규명하고자 하는 것이다.[50)]

다중회귀분석은 다음의 방정식에 의해 추정된다.

$$P = \sum_{i=1}^{n} a_i B_i + \sum_{j=1}^{n} \beta_j Y_j + \varepsilon$$

(a_i, β_j : 계수, B_i : 연속형 계량변수, Y_j : 더미변수, ε : 상수)

3) 주택가치에 관한 선행연구

(1) 만족도에 관한 연구

시대의 변천에 따라 아파트 가격에 영향을 미치는 요인은 그 중요도가 변화되어 왔다. 70년대 전반에는 도시 근접정도, 70년대 후반에는 일조, 80년대 초반에는 교통·교육환경과 단지규모, 80년대 후반에는 공익·편익시설과 근접성, 그리고 90년대 이후에는 물리적 특성 및 교통의 편리성과 주변의 환경성이 중시되었다.[51)] 따라서 시대의 변천과 아파트 가격요인의 중요도 변화의 근간을 이루는 아파트거주자들의 만족도에 관한 선행연구와 가격영향요인에 대한 선행연구의 고찰이 필요하다.

정요진은 공동주택 거주자들의 만족도에 관련된다고 알려진 전체요인을 중심으로 조사하여 포괄적으로 분석하였다. 분석결과 실규모와 향, 냉난방시설과 외부소음, 개인의 사생활보호, 개성적인 건물형태와 단지경계의 명확성, 학군 및 편의시설 등이 만족도에 영향을 미치는 것으로 나타났다.[52)] 이는 입지성, 경제성, 실의 기능성과 더불어 특화된 건축물 디자인의 중요성이 부각된 결과로 판단된다.

황연숙(1999)과 임홍선(2005)은 아파트 외관에 관한 디자인만족도를 분석하여 디자인 가치의 중요성을 주장하였다.

황연숙은 아파트의 외관에 관한 거주자 만족도 조사를 통해 소비자가 아파트를 구매할 때 외부디자인이 구매의사에 영향을 주었다는 설문결과와 연령이 높아질수록 외부디

---

50) 이종원(2004), 「경제경영통계학」, 서울, 부연사, 418－419쪽.

51) 김형돈(2001), "소비자가 인식하는 아파트 구매가격 결정요인과 쾌적성 결정요인과의 순위적인 관계 분석", 「한국주거학회지」, 제12권 제2호, 45쪽.

52) 정요진(2004), 공동주택의 중요설계요소 도출 및 요소별 거주만족도에 관한 연구, 석사학위논문, 고려대학교 대학원

자인에 대한 선호가 높았다는 사실을 도출하였다.[53] 또한 임홍선은 중림동, 하월곡동, 미아동의 탑상형 아파트를 대상으로 주동의 분위기와 느낌에 대한 만족도를 분석하였다. 분석결과 주동계획의 입면요소 및 주변 옥외공간의 디자인요소가 거주 만족도에 영향을 받는다는 것을 밝혀냈으며 다양한 디자인의 시도가 요구됨을 주장하였다.[54] 이는 아파트에 있어서 디자인가치의 중요성이 증가되고 있음을 의미하는 것이다.

김주원(2005)과 윤남호(2006)는 아파트브랜드와 관련한 만족도조사를 실시하여 브랜드 특성에 따른 주거결정요인을 분석하였다.

김주원은 도급순위 100위권 안의 건설회사와 주택전문회사의 아파트브랜드 36개를 대상으로 하여 소비자와 상품개발자의 델파이조사를 하였다. 분석을 통해 브랜드아파트에 대한 주거결정요소 및 브랜드고려여부에 따른 집단 특성이 있음을 검증하였다. 분석결과 주거결정요소는 공간계획요인, 공간감성요인, 편의설비요인, 단지계획요인, 경제성요인으로 나타났으며 브랜드를 고려하는 집단은 주거결정요소에 대해 고르게 중요도를 가지고 있었고, 그렇지 않은 집단은 경제성요인에 긍정적으로 공간감성요인에 부정적으로 반응한 것으로 나타났다.[55] 또한 윤남호는 아파트 브랜드에 관한 사례연구를 통해 현대산업개발의 I-PARK, 대림건설 e-편한세상, 현대건설 홈타운, 대우건설 푸르지오 등 4개 브랜드아파트의 외관디자인에 대한 사진을 제시하고 설문·분석하여 소비자들의 선호도를 도출하였다. 또한 브랜드별로 추구하는 건축형태별 어휘와 소비자들이 느끼는 브랜드컨셉의 입면요소 중에서 2-3개의 일부 요소만이 서로 일치함을 밝히고 소비자들의 브랜드 커뮤니케이션 과정에서 정확한 브랜드 포지셔닝이 필요함을 주장하였다.[56]

이유미(1999)와 김영신·박영기(1999)는 옥외환경요인에 대한 만족도조사를 통해 기준지표 및 활용방안을 제시하였다.

이유미는 단지별 전문가의 옥외환경의 질 평가 결과와 지표간의 상관성 분석결과를 통해 활용가능성 높은 정성적 지표를 제시하였다.[57] 또한 김영신·박영기는 아파트거주자들의 수공간에 대한 만족도를 분석하고 수공간 유지의 난제와 이를 위한 관리비 절감 등의 방안을 제시하였다.[58]

53) 황연숙(1999), "공동주택 외부디자인 선호경향에 관한 연구", 한국실내디자인학회학회지, 제21호
54) 임홍선(2005), 공동주택단지 내 탑상형 주동유형이 주거만족도에 미치는 영향에 관한 연구, 석사학위논문, 연세대학교 대학원
55) 김주원(2005), 브랜드 아파트의 상품차별화 계획요소 설정에 관한 연구, 박사학위논문 연세대학교 대학원
56) 윤남호(2006), 브랜드 아파트의 주동 입면디자인에 관한 거주자의 선호도에 관한 연구, 석사학위논문, 한양대학교 대학원
57) 이유미(1999), 공동주택단지에서의 실외환경 질의 평가방법에 관한 연구, 박사학위논문, 연세대학교 대학원
58) 김영신·박영기(1999), "공동주택 단지 내 수공간의 도입방안에 관한 연구", 「대한건축학회 논문집 계획계」, 제19권 제1호

〈표 2-2〉 외관디자인 만족도에 관한 선행연구

연구자	연 구 내 용	연 구 결 과
임홍선	주동의 분위기와 느낌에 대한 만족도 조사	거주 만족도는 주동계획의 입면요소, 주변 옥외공간의 디자인요소에 영향을 받는다는 것 도출, 다양한 디자인적 시도가 요구됨을 주장
정요진	공동주택 거주자들의 만족도 조사	실규모와 향, 냉난방시설과 외부소음, 개인의 사생활보호, 개성적인 건물형태와 단지경계의 명확성, 학군 및 편의시설 등이 만족도에 영향을 미친다는 것 도출
윤남호	아파트 브랜드의 4개 브랜드 이미지에 대하여 조사·분석(현대산업개발의 I-PARK, 대림건설 e-편한세상, 현대건설 홈타운, 대우건설 푸르지오)	브랜드별로 추구하는 건축형태별 어휘와 소비자들이 느끼는 브랜드 컨셉 8개 입면요소 중에서 2-3개 요소만이 서로 일치함을 도출, 소비자가 인식하는 커뮤니케이션 과정에서 정확한 브랜드 포지셔닝이 필요함을 주장
이유미	단지별 전문가의 옥외환경의 질평가 결과와 지표간의 상관성 분석	녹지율 등 활용가능성 높은 옥외환경요소의 정성적 지표 제시
김주원	브랜드아파트 주거결정요소 및 브랜드고려여부에 따른 집단특성 도출	주거결정요소로 공간계획요인, 공간감성요인, 편의설비요인, 단지계획요인, 경제성요인 도출, 편의설비요인과 단지계획요인에서 제품력차이 인지

이와 같이 주동디자인의 형태, 브랜드가 주는 상징성, 녹지율 등의 옥외환경 등의 외관디자인요인이 거주자들에게 상당한 만족도를 느끼게 하고 있는 것으로 분석된다. 이러한 단지디자인에 대한 높은 만족도가 아파트의 디자인가치에 대한 선호를 높이는 단초가 되고 있다는 것을 알 수 있다.

(2) 가격형성요인에 관한 연구

조주현(1998), 윤정중(2001), 윤채규(2004), 이세영 외 3인(2006), 유재우(2007), 엘리 브루크홉(Eli Borukhov) 외(1978)는 특정요소가 가격에 미치는 영향을 분석하였다.

조주현은 용적률이 작을수록 주택의 매매가격이 높게 나타남을 검증하였다.[59] 윤정중은 산, 공원, 하천에 대한 조망여부와 조망정도 및 조망가치의 관점에서 도시경관 조망특성이 주택가격에 미치는 영향을 분석하였다. 분석결과, 주택규모가 클수록, 조망방향에 따라, 조망높이에 따라 조망가치가 주택가격에 미치는 영향이 크다는 것을 검증하였다.[60] 이세영 외 3인은 외부공간의 물리적인 요소를 살펴보고 5대 신도시 중 산 주변에 입지하며 녹지 및 근린공원주변 공동주택을 중심으로 높은 가격이 형성되고 있는

59) 조주현(1998), "주거밀도가 주택가격에 미치는 영향에 관한 연구", 건국대사회과학논총
60) 윤정중(2001), 도시경관의 조망특성이 주택가격에 미치는 영향, 박사학위논문, 연세대학교 대학원

신도시를 대상으로 공동주택가격 형성요인을 추정함으로써 신도시 외부공간특성이 주택가격에 미치는 영향을 분석하였다. 연구결과 아파트 외부공간요소로 근린공원과의 근접성과 보행자전용도로가 주택가격에 상당히 유의적인 변수로 도출되었다.[61] 윤채규는 주관적 평가요인과 주택가격과의 관계를 분석하였으며 이웃과의 만족도가 주택가격에 유의적인 요인이 되고 있음을 검증하였다.[62] 유재우는 서울시의 강남구, 서초구, 송파구의 강남3구와 마포구, 성동구, 성북구의 강북3구를 대상으로 외부공간요소가 아파트가격에 어느 정도 영향을 미치고 있는지 분석하였으며, 분석결과 건폐율, 산책로, 녹지율이 아파트가격에 영향을 미치는 요소로 작용하고 있음을 검증하였다.[63] 또한 엘리 브루크홉(Eli Borukhov) 외는 메트로폴리탄 지역에서 아파트, 인근의 빌딩부동산, 지역과 위치 등의 가격변수를 사용하여 유지보수의 용이성과 이웃과 이웃의 태도 등에 의한 사회적 구성척도특성이 가격에 유의한 영향을 미친다는 것을 밝혀냈다.[64]

주택산업연구원(2001), 장희순 외(2004), 최보윤(2006), 최윤아(2007), 보리스 에이 프로트노브(Boris A. Protnov, 2005) 외, 콜린 존스(Colin Jones, 2006) 외는 분당, 춘천, 버블세븐지역, 서울 등 특정지역을 대상으로 아파트가격에 영향을 미치는 요인을 분석하였다.

주택산업연구원은 분당 아파트단지를 대상으로 아파트특성에 따른 가격을 분석하였으며 세대특성, 입지특성, 단지특성이 영향을 미치고 있음을 검증하였다.[65] 또한 장희순 외는 춘천지역을 대상으로 중소규모도시에서의 아파트가격영향을 분석한 결과, 지역의 환경적 특성인 호수조망여부, 역세권여부, 서울과의 접근성개선 등이 아파트가격을 결정짓는데 중요한 요인이 됨을 밝혀냈다.[66] 또한 보리스 에이 프로트노브(Boris A. Protnov) 외는 이스라엘의 하이파도시의 4개 주거지역에서 주택의 유지보수나 지출에 근거하여 투자를 선택하는 소비자들의 의사결정요인을 분석하였다. 분석결과 거주지역, 점유주택변화, 부동산시장가치 등의 환경요인과 건물특성, 기능회복을 위한 행위 및 부동산의 자산가치의 관계가 상당히 강한 것으로 나타났다. 따라서 환경개선으로 인한 부동산투자의 활성화와 이러한 요인에 의한 부가이익이 발생한다고 주장하였다.[67] 최보윤은 버블세븐지역을 대상으로 세대수, 아파트브랜드, 지하철역 거리 등의 가격영향력을 분석하고 비버블지역과 비교하였으며,[68] 최윤아는 평당가격을 반응변수로 하여 지

---

61) 이세영 · 유학규 · 정성원 · 여홍구(2006), "신도시 외부공간특성의 아파트가격에 미치는 영향에 관한 연구", 「대한건축학회논문집 계획계」 제9월호

62) 윤채규, 앞의 책

63) 유재우(2007), 아파트 외부공간 요소가 가격에 미치는 영향, 석사학위논문, 건국대학교 부동산대학원

64) Eli Borukhov · Yona Ginsberg · Elia Werczberger(1978), "Housing Prices and Housing Preferences in Israel", *Urban Studies*, Vol.15, No.2.

65) 주택산업연구원(2001), "아파트 특성에 따른 가격결정모형 연구"

66) 장희순 · 신동훈(2004), "중 · 소규모도시의 아파트가격결정요인에 관한 연구", 「한국부동산학회」, 제23호

67) Boris A. Protnov · Yakov Odish · Larissa Fleishman(2005), "Factors Affecting Housing Modifications and Housing Pricing", *Journal of Real Estate Reserch*, Vol.27, No.4.

68) 최보윤(2006), 아파트 가격 결정요인 분석, 석사학위논문, 건국대학교 대학원

역, 개발방식 등을 포함한 물리적 변수와 용적률, 지하철역거리 등의 변수를 사용하여 각 변수의 상관관계와 가격영향력을 분석하였다.[69] 콜린 존스(Colin Jones) 외는 지역 간의 세대이주와 이에 의한 지역파급효과의 연관성을 스코틀랜드의 스트래스클라이드의 개별주택 거래자료를 이용하여 분석하였다. 분석결과 세대이주와 주택가격변화 간의 연관성이 있음을 밝혀냈다.[70]

유퀸 후앙(Youqin Huang) 외는 1996년 중국주택의 국가조사 자료를 이용하여 1988년 「주택법」 개정 이래 과도기의 도심주택시장에서의 주택보유선택요인을 분석하였다. 분석결과 주택보유선택에 관해 나이, 가족수, 가족수입과 주택가격이 비슷한 영향을 미치는 것으로 나타났으며, 근로자의 수와 결혼상황이 다소 다른 영향을 미치는 것으로 분석되었다. 또한 직급과 노동단위와 세대 사이에서 제도적으로 연관성 있는 요소들인 직업순위와 노동단위가 보유선택 결정에 있어서 여전히 중요한 요소로 나타나고 있음을 검증하였다.[71]

강충구 · 정창무는 주택형[72](기존의 일반적 명칭은 '평형'이다. 이하 같다), 층, 세대수 등의 변수를 이용하여 1994년, 1998년, 2001년 서울시 6개구 13개 동을 대상으로 하여 한강변 아파트의 가격결정에 영향을 미치는 요인을 시계열 분석하였다. 분석결과 거시적 경제사정의 변화가 아파트 지역특성과 환경특성에 영향을 주고 있음을 검증하였다.[73]

쟈올루 가오(Xiaolu Gao)는 건물연면적, 전철역까지의 거리, 경과연수, 일조량, 공공녹지공간이 가격형성에 유의함을 밝혀냈으며,[74] 씨 와이 이우(C. Y. Yiu) 외는 사회기반시설에 의한 가격효과를 알아보기 위해 터널이 완공되기 전에 기대효과가 발생되는지를 분석하였다. 분석결과 터널 완공 전에 인근부동산가격에 긍정적인 영향이 있음을 밝혀내고 사회기반시설 프로젝트의 진행을 위해 정부가 인근지역의 부동산을 팔아 재정을 확보해야 한다고 주장하였다.[75]

양성돈 · 최내영은 한강 시민공원의 입지가 주택가격을 구성하는 중요한 하나의 근린 속성으로서 아파트 가격에 영향을 미치는 가를 분석하였다. 분석에 사용된 변수는 아파

69) 최윤아 · 송병하(2007), "공동주택주거환경 계획요소 및 친환경 계획요소의 특성 및 경향 분석에 관한 연구", 「대한건축학회논문집 계획계」, 제23권 제1호

70) Colin Jones · Chris Leishman(2006), "Spatial Dynamics of the Housing Market: An Interurban Perspective", *Urban Studies*, Vol.43, No.7, pp.1041-1059.

71) Youqin Huang · William A.V.Clark(2002), "Housing Tenure Choice in Transitional Urban China: A Multilevel Analysis", *Urban Studies*, Vol.39, No.1, pp.7-32.

72) 「계량에 관한 법률」 제5조 제1항에 의거 법정계량단위(㎡) 의무 사용에 따라 기존의 '평형'을 '주택형'으로 변경하였다(평형 → 주택형). 현재까지 평형을 대체하는 공식명칭이 없으므로 KB국민은행시세자료(http://est.kbstar.com)의 명칭인 '주택형'을 적용하였다.

73) 강충구 · 정창무(2001), "주택가격 결정요인의 경제적 가치 변화에 관한 정태적 · 동태적 연구", 「국토계획」, 제36권 제6호

74) Xiaolu Gao(2006), "Determinant factors of housing price identified by Hedonic Regression Analysis", *the Journal of Real Estate Science*. no.75. Vol.19, no.4, pp.33-39.

75) C. Y. Yiu · S. K. Wong(2005), "The Effects of Expected Transport Improvements on Housing Prices", *Urban Studies*, Vol.42, No.1, pp.113-125.

트 자체의 물리적 특성, 주민의 편리성, 근린환경특성, 한강시민공원으로부터 200m이내 수직거리로 강변북로가 위치하여 교통소음으로 인한 평당 가격이 하락하는 결과를 보여 외부공간의 다양한 요인이 주택가격에 영향을 미치는 결과를 보이고 있었다.[76)]

티르바이넨 에이 미에트넨(Tyrväinen. A. Miettinen)은 핀란드의 살로우에 관한 연구에서 숲에 대한 조망이 가능한 주택이 다른 유사한 특성을 가진 주택보다 평균적으로 4.9% 정도 가격이 높다는 것을 검증하였다.[77)]

이상의 선행연구 분석결과 외관디자인에 대한 선호요인이 높아지고 있음을 알 수 있다. 또한 이러한 선호요인과 함께 다양한 주택특성요인들이 가격에 영향을 미치고 있다는 것과 아파트 가격에 영향을 미치는 요인이 점점 세분화되고 범위가 넓어지고 있음을 알 수 있다. 이러한 예로, 주택의 물리특성, 단지특성 외에 지역, 조망, 수 공간, 브랜드가치 및 외부공간요소 등이 주택가격에 미치는 유의한 영향요인으로 입증되고 있다. 또한 최근에는 아파트 거주자들의 외관디자인에 대한 관심이 높아지고 있으며, 이러한 요인이 거주만족도에 상당한 영향을 미치고 있는 것으로 분석되었다. 이로써 디자인 요인이 주택가격에 상당한 영향을 주고 있다는 것을 추정할 수 있다. 따라서 디자인가치를 포함한 가격형성요인에 대한 보다 상세하고 객관적인 연구가 필요하다.

본 연구가 선행연구와 차별화되는 점은 기존연구가 정성적 요인의 정량화의 어려움으로 인해 디자인요인을 명목화하지 못하고, 주거환경에 대한 선호도 및 만족도 조사를 이용하여 디자인방향에 대한 대안 제시 정도의 한계에 머무르고 있었다는 점에 비하여, 디자인 요인을 도출하여 정량화·계량화하였다는 점에서 차별화된다. 또한 건축분야의 기존 연구가 건축적 디자인 이론을 건축적 영역에서만 연구·분석하는 데 그친 반면에, 본 연구는 한 단계 더 나아가 경제적 가치로 환산·도출하였다는 점에서 연구의 차별성과 독창성이 있다고 할 수 있다.

---

76) 양성돈·최내영(2003), "한강시민공원이 주변 아파트가격에 미치는 영향에 관한 연구", 「국토계획」, 제38권 제3호

77) Tyrväinen L.·Miettinen A.(2000), "Property prices and Urban Forest Amenities", *Journal of Environmental Economics and Managment*, No. 39, pp.205-223.

심미적 외관디자인요소 도출 03

건축에 관한 미적 판단기준은 한 사회의 건축적 과제의 성격과 사회·문화적·실제적 상황의 배경, 그리고 대지가 갖는 자연 및 인문적 바탕 또는 건축적 상황(역사이론, 기술의 수준 등)에 따라 달라진다. 특히 건축은 사회적 공공성이 강한 예술이므로 도시의 맥락 속에서 계획방향이 어느 쪽으로 규정되는가에 따라 판단기준이 달라진다.[78]

1960년대부터 산업화로 인한 대규모화, 획일화 경향에 대한 비판의 입장에서 도시와 건축이 가지고 있던 유형에 대한 연구가 알도로시(Aldo Rossi)와 롭크리에(Rob Krier)를 중심으로 본격화되었다. 알도로시는 시가지를 구성하는 도시구성물의 기본요소를 건물·가로·지역으로 보고 시가지 공간 속에서의 가로와 가로의 위치·기능, 주위의 건축 및 가로체계 등에 의해 시가지공간의 구조가 결정된다고 하였다.[79] 이로써 단조로운 공동주택의 모습이 생활양식과 전통을 유지하는 건축형태 및 지역의 역사적 맥락과 도시조직에 순응하는 정체성(identity)을 고려한 디자인으로 변화하게 되었다.[80]

또한 건축물은 주변의 경관 및 도시환경의 맥락에 대한 판단을 비롯하여 건물의 배치와 입면, 구조와 실내 환경 등 무수한 인자들이 건축적 원리의 바탕으로 존재하는 데에 중요성이 있다.[81] 그 중에서도 시각적으로 가장 중요하게 인식되는 요소가 건축물의 외관디자인요소이다.

따라서 본 장에서는 아파트의 심미적 외관디자인요소를 탐색하여 가격형성요인을 선정할 때 활용하고자 한다. 이에 현재의 주택기준에 관한 법 적용 현황과 언론매체를 통한 아파트 디자인에 관한 사회적 변화, 분양을 목적으로 하는 건설사 설계지침 및 공공기관의 설계지침과 평가지침 등을 살펴보았다.

---

78) 김경주(1989), 한국근대건축의 미적 특성에 관한 연구, 박사학위논문, 서울대학교 대학원, 28쪽, 50쪽.

79) 송대호·윤종국·윤장우(2005), “기성시가지의 경관이미지 개선방향에 관한 연구”, 「대한건축학회논문집 계획계」, 제21권 11호, 218－219쪽.

80) 이금진(2007), “공동주택 평면계획의 다양성 연구”, 「대한건축학회논문집 계획계」, 제23권 8호, 12－13쪽.

81) 김경주, 앞의 책, 25쪽.

1 디자인요소에 관한 선행연구

1) 일반건축물의 조형디자인요소

박규현・김정재는 기초지각과 조형미를 시각형태, 색, 빛, 텍스츄어, 촉각, 햅틱[82]형태, 근육운동과 관련된 지각, 청각감지, 기타의 지각양식, 운동과 시간, 변형경향과 조형의 율동이라고 하였다. 시각형태, 색, 빛, 텍스츄어, 형태는 디자인의 기본 요소로서 건축물 외관의 조형요소이다[83]. 김지훈 외는 건축물의 외관디자인을 구성하는 요소를 매스의 형태[84], 평면형상[85], 장소성[86], 외장재료[87], 외관색채[88]의 5가지로 분류하였으며[89] 한성훈은 건축물의 변화를 가져오는 요인으로서 형태, 색채, 질감으로 분류하였다.[90] 마이클 그레이브(Maitland Graves)는 모든 시각미술을 선, 방향, 형, 크기, 표면구조 혹은 질감, 명암, 그리고 색채로 분류하였다.[91] 이것은 일반적으로 내용적 요소와 형식적 요소로 분류된다. 내용적 요소는 디자인하는 대상의 목적, 용도, 기능, 의미 등이며, 형식적 요소는 형태, 색, 질감, 명암 등인데 이 밖에 빛이나 운동, 공간, 시간

82) 물체에 닿아서 사물의 형태를 알 수 있는 것

83) 박규현・김정재(편), 「조형론」, 서울 : 기문당, 1987, 20-82쪽.

84) 매스의 형태는 건물의 기능과 중요성을 전달할 수 있는 가장 기본적인 표현요소이다. 형태의 입면은 실들의 배열을 보여줄 뿐만 아니라, 건물이 건립중인 시대의 문화적, 시대적 상황을 표현하며, 또한 당 시대의 상징성을 나타내기도 한다. 이러한 입면구성의 요소는 면의 패턴과 창의 형태로 흔히 표현되어지며 이들의 표현방식에 따라 각각의 건축물들은 다양한 조형적 특색을 띄게 된다.

85) 평면의 형상은 대지의 조건 또는 디자인 개념설정 등에서 그 형이 결정되어지며, 코어배치는 구체적인 문제와 긴밀하게 연관되어 건물의 용도에 따라서 배치를 달리할 수 있다. 평면형상은 단순기하형, 기하형의 결합, 기하형의 삭제 및 부형으로 분류할 수 있다

86) 건물은 단순히 건물 자체의 표현의미 이상으로 도시 문화적 환경 속에서 그 존재 의미가 있는 것으로 건물에 대한 디자인의 배경으로 도시 경관적 맥락, 가로 공간적 연계, 친환경성 및 문화적 표현으로 분류할 수 있다. 또한, 장소와 관련된 표현의 내용으로서 도시의 랜드마크적 기능이 돋보이기도 하고, 기업의 강한 이미지를 표현하기도 하며, 독자적 형태성을 강조하거나 경제성을 추구하는 다양한 조형적 의미를 읽어낼 수 있다. 따라서 업무용 건축물에 대한 조형적 특성은 그 장소가 지니고 있는 맥락적 표현 형식에 따라서도 다양한 의미와 해석이 가능하리라 본다.

87) 인간은 자기가 속한 장소를 직감적으로 인지하며 이것은 대상물의 형과 색의 상호작용에 크게 좌우된다. 형의 인식이 조직적 정신력에 의해 인지되는 반면, 색은 비조직적으로 정서적 경험에 따라 반응된다. 이러한 반응과정은 색채가 주는 대상인에 대한 심리효과 및 잠재의식상의 색채관념 등에 의해 좌우되게 된다. 색채의 배색처리가 단색배색인가 아니면 수평・수직적 배색인가, 액센트 배색인가, 매스 요철 배색인가에 따라 조형적 특성이 달리 인식되어지며, 또한 개념적・프로그램적・맥락적・유미적 표현유형인가에 따라 건축물의 조형적 의미의 해석도 달라질 수도 있다는 것이다.

88) 외장재료 즉, 화강석, 알루미늄시트, 유리, 타일 등의 단일재료의 선택이나 이들 재료를 복합적으로 선택함에 따라 건축물의 조형적 특성은 전혀 다르게 지각되어질 수 있으며, 또한 재료의 표현방식이 근접성을 강조하였는가 아니면 연속성이나 단순성을 강조하느냐에 따라 건축물의 조형적 이미지는 다르게 인식되어질 수 있다는 점을 이해하여야 한다.

89) 김지훈・정준현・이중우(2007), "대구지역 업무용건축물의 조형적 의미에 관한 연구", 「대한건축학회 논문집 계획계」, 제23권 제1호, 130쪽.

90) 한성훈(2004), 건축 외장재료 변화에 따른 건축색채 디자인 경향에 관한 연구, 석사학위논문, 부경대학교 대학원, 8쪽.

91) Maitland Graves, 배만실 역(1989), 「디자인과 색채」, 서울, 이대출판부, 9쪽.

등이 더해지는 경우도 있다. 일반적으로 건축물에서 적용되는 디자인요소는 형태, 색, 질감과 빛에 의한 조명 등이다.[92] 형태는 크기와 그들이 차지하는 공간에 의해 다양해지므로 디자인이나 구성은 근본적으로 형의 배치라 할 수 있다. 또한 이러한 형의 배치에 의해서 다양한 건축공간이 형성된다. 색은 광원으로부터 감각적으로 형성되는 요소로서 모든 색들이 한데로 합쳐져서 인간에게 바람직한 환경을 보장해 준다. 또한 색채는 시각적 감각을 극대화시킬 수 있는 요소이다. 이는 건축물의 형태와 더불어 감성적 도시분위기를 조성한다. 질감은 다양한 재질에 의해 달라지는 감각을 느낄 수 있는 시각적인 요인이다. 재료의 적용에 따라 외관분위기에 많은 차이가 발생한다. 최근 공동주택 외관을 시각적으로 고급화시키는 일환으로서 다양한 자재가 적용되고 있다. 조형의 대상으로 되는 빛은, 물리적 현상으로서의 빛이 아니고 인간 쪽에서 어떻게 받아들이느냐에 따라 달라지는 심리적 빛이다. 빛의 심리적인 작용은 건축공간을 연출하는 빼놓을 수 없는 요소이다. 이는 건축물의 경관조명 형태로 나타나며 브랜드 인지효과를 발휘할 수 있다. 디자인요소인 형태, 색, 질감, 빛은 건축물을 디자인하는 데 있어서 기본적 요소로서 매스디자인, 색채디자인, 자재디자인 및 경관디자인 등으로 표현되어 총체적 디자인을 결정한다.

안나연은 미적 질은 경관의 외형상의 속성인 기본적인 형태, 선, 색채, 질감과 그것들의 관련성인 이들 요소간의 다양성, 조화, 통일성, 대조 등으로 구분된다고 하였다[93].

전명화는 사업주와 거주자들이 랜드마크로서의 기능과 홍보효과, 경제성 등의 이유로 건물외관디자인을 실제로 많이 요구하고 있기 때문에, 설계과정에서 건물 상층부 디자인과 조명디자인에 주력하여 설계하는 것으로 나타난다고 하였다.[94] 김연아 · 홍원화는 디자인 구성요소인 색채 및 패턴, 마감재와 조명 등은 물리적 공간에 심미적 효과를 표현하여 공간 성격을 나타내는 요소로 활용된다고 주장하였다.[95]

〈표 3-1〉 선행연구의 일반건축물 조형디자인요소

구 분	요 소	공통요소
박규현 · 김정재	시각형태, 색, 빛, 텍스츄어, 형태	조형성 (형태, 질감), 경관성 (색채, 빛)
김지훈 · 정준현 · 이중우	매스의 형태, 평면형상, 장소성, 외장재료, 외관색채	
한성훈	형태, 색채, 질감	
Maitland Graves	형태, 색, 질감, 명암	
안나연	형태, 선, 색채, 질감	

92) 민경우, 앞의 책, 171-196쪽.
93) 안나연(1999), 앞의 책, 13쪽.
94) 전명화 · 정미렴 · 이소영 · 김혜정 · 강인호 · 박영기(2006), "초고층 주거건물의 설계자 디자인 정보에 관한 정성적 연구", 「대한건축학회논문집 계획계」, 제22권 제10호, 164쪽.
95) 김연아 · 홍원화(2006), "백화점 진입부의 공간 특성 연구", 「대한건축학회논문집 계획계」, 제22권 제6호, 132쪽.

선행연구에 의한 건축물의 외관디자인 요소를 정리하면 건축물의 형태, 색채, 질감(자재), 빛이 공통적인 요소로 선정된다. 이러한 4요소는 외형을 표현하는 가장 기본적인 조형 요소이다. 이는 건축물의 조형성(형태, 질감), 경관성(색채, 빛) 등으로 정리된다.

2) 아파트의 조형디자인요소

아파트의 질을 향상시키는 데 있어서 현상설계에 의한 계획은 여러 가지 계획적 실험과정을 거치면서 오늘날의 공동주택에 반영되고 있다. 아파트 현상설계는 최소한의 주거조건, 경제성에 따른 대량 공급으로 인한 인간 소외, 자연의 격리에 대한 반발로 공동주택 내부 환경의 질과 도시경관을 동시에 고려하여 형태적인 다양화·개성화를 시도하고 있기 때문이다.

조양희 외는 아파트의 수직적인 성격에 따라 수직적 매스를 상·중·하로 나누어서 나타나는 브랜드아파트의 특징별 디자인 차별화 요소를 다음과 같이 언급하였다.[96]

첫째, 랜드마크적 성격을 고려한 표현요소로서 브랜드로고와 옥탑지붕라인(조명경관 포함)을 설정하였다. 둘째, 매스의 단조로움에 가미된 규칙적 표현요소로서 창과 벽의 다양한 입면요소의 조화, 즉 모서리의 다채로운 색이나 장식물 마감, 창 프레임, 커튼월 마감 등이 그러한 예이다. 이는 색채디자인과 자재디자인의 중요성을 나타낸 것으로 판단된다. 셋째, 근거리의 이용자와 보행자를 위한 표현요소로서 단지입구나 1층출입구의 독창적인 조형 디자인을 설정함으로써 정문디자인과 주동디자인을 강조하였다.

곽진은 초고층아파트의 건축계획기준에 관한 연구에서 이론고찰 및 사회조사 후 검증·수정·보완한 건축계획기준을 계획원칙별로 분류하였다. 그 중 형태적 가치성을 창출하기 위한 방법으로서 다음의 기준을 설정하였다.[97]

첫째, 이형주거의 연결방식과 평면융통성에 의한 다양화로 매스(MASS)자체의 변화감과 조형감, 개별성과 측면 이형주거개발에 의한 유일성 탈피 및 주동형태의 변화감 창출, 둘째, 외부의 특정한 재료 및 형태 고려, 셋째, 주동주출입구형태 다양화를 통한 각 주동의 아이덴티티(Identity) 부여, 넷째, 주변 환경과의 스카이라인(Skyline) 조화, 다섯째, 거대한 형태의 순화를 위한 슈퍼그래픽(Super graphic) 표현 등에 관한 내용이다. 이러한 내용은 다시 공동주택의 주동디자인, 색채디자인, 자재디자인 및 그래픽을 통한 경관디자인으로 재정리되며, 이를 통해 아파트 형태에 대한 가치창출이 이루어진다.

김남경은 공동주택의 현상설계에서 나타난 주동계획의 특성을 시계열로 분석하였으며, 90년대 중반 이후부터 코너형 화단 설치, 측벽녹화수법, 테라스 하우스, 옥상녹화, 저층부 자연재료 계획 등의 친환경 개념이 도입되었다는 사실을 발견하였다. 또한 3단 입

96) 조양희·강미선(2006), "공동주택의 브랜드 차별화를 위한 외관디자인요소에 관한 연구", 「대한건축학회 학술발표대회논문집」, 제26권 제1호

97) 곽진(1992), 초고층 아파트 건축계획 기준에 관한 연구, 석사학위논문, 건국대학교 대학원

면구성에 의한 휴먼스케일, 부부전용공간계획, 전실계획, 보조주방 등 인간의 다양성과 사용자의 효율성을 고려하여 계획하는 인간중심적인 계획의 시도와 저층부 필로티 계획, 기준층 공중정원계획 등 단지 내 공동의 가치를 추구하는 계획이 시도되고 있음을 밝혀냈다.[98)]

이정수 외는 고층아파트의 외관디자인에 관한 선호도 조사를 통하여 단지의 집단적 형상을 표현하는 단지군집형상(다양한 배치, 지붕요소도입으로 상징적 의미 강조, 스카이라인), 거주동 형상(평면형식의 다양화, 주거동 높이차이 및 박공지붕 사용 등), 단위주거형상(발코니 형태의 특이성, 거주자 입주 후의 복합성, 재료 및 색채의 다양화 등)이 중요한 요소로 나타남을 검증하였다.[99)]

정한종 외는 AHP분석을 통하여 아파트 주동입면디자인요소의 우선순위를 분석하였다. 분석결과 건물형태의 색채 및 재료가 주동의 다른 세부요소들에 비해 중요하다는 것을 규명하였으며 건물 전체의 모양, 발코니 형태, 주도적 색채 순으로 중요하다는 것을 나타내고 우선순위를 제시하였다.[100)]

이보형 외는 집합주택 외관이 갖는 이미지를 심리차원에서 접근하여 단위건물의 형태, 건물의 높이, 건물의 길이, 건물의 배열형태, 색채, 지붕모양, 입면전체패턴으로 분류하여 사진을 제시한 후 만족도와 선호도 조사를 실시하였다. 조사결과 단지를 구성하는 스카이라인의 변화, 높이와 길이의 변화에 의한 시각 구조의 분절의 중요성과, 건물의 배열형태, 높이 변화, 단위건물의 형태 등의 명확한 형상적용, 주거동 형태에서의 입면전체패턴의 재료 및 색채분리를 통하여 강한 모티브를 줄 수 있는 디자인 요소 및 저층형과 고층형의 혼합, 탑상형과 판상형의 혼합배치, 입면차 등을 이용한 형태변화, 다양한 배열형태의 접근이 필요함을 주장하였다.[101)]

이상의 선행연구의 외관디자인 요소를 정리하면 〈표 3-2〉와 같다. 이와 같이 공통요소를 다시 재분류하면 주동형태, 주동출입구, 옥탑지붕, 옥상, 층수, 단지입구, 주동세부요소는 '형태'에 포함되며, 브랜드로고는 일반적으로 조명이나 색채에 의하여 표현되므로 '빛'에 포함할 수 있다. 따라서 일반 건축물의 외관디자인요소가 형태, 색채, 질감, 빛의 4요소로 구성되는 데 비하여 아파트의 외관디자인요소는 '배치'요소를 추가하여 5요소로 구성된다.

---

98) 김남경(2004), 공동주택 현상설계에 나타나는 주동계획 변화 특성에 관한 연구, 석사학위논문, 중앙대학교 대학원

99) 이정수 · 심우갑(1993), "고층아파트 외관디자인 선호특성에 관한 조사 연구", 「대한건축학회논문집」, 제9권 7호, 39-50쪽.

100) 정한종 · 조현준(2005), "AHP를 이용한 아파트 주동 입면 디자인 요소의 디자인 우선순위 분석에 관한 연구", 「대한건축학회논문집 계획계」, 제21권 제7호, 49-56쪽.

101) 이보형 · 손세관(2003), "아파트 외관의 시지각적 특성에 관한 연구", 「한국도시설계학회」, 춘계학술발표대회, 286-296쪽.

〈표 3-2〉 선행연구의 아파트 외관디자인요소

연구자	요 소	공통요소
조양희 (2006)	브랜드 로고	공간성 (배치, 단지입구, 옥상)
	옥탑 지붕	
	다양한 입면요소	
	마 감	
	단지입구 디자인	
	주동 출입구	
곽 진 (1992)	주동 형태	조형성 (주동형태, 주동출입구, 옥탑지붕, 층수, 자재, 주동 세부요소)
	주 동	
	주출입구 형태	
	스카이라인	
	슈퍼그래픽	
김남경 (2004)	옥상 녹화	
	저층부 재료 계획	
이정수 (1993)	다양한 배치	경관성 (브랜드로고, 색채, 스카이라인)
	상징적 옥상	
	층수 변화	
	주거동 형상	
	재 료	
	색 채	
	발코니, 창호	

연구자	요 소	공통요소
정한종 (2005)	건물전체 모양	공간성 (주동배치)
	지붕 모양	
	벽면 형상	
	옥탑디자인	
	주도적 색채	조형성 (주동형태, 지붕, 옥탑, 자재, 주동출입구, 코어형태, 높이, 주동 세부요소)
	지붕 색채	
	발코니 색채	
	외관 재료	
	발코니 재료	
	발코니 형태	
	창문크기	
	건물출입구 모양	
	코어 창문형태	
이보형 (2003)	단위건물 형태	
	건물의 높이	
	건물의 길이	
	건물 배열형태	
	색 채	경관성 (색채)
	지붕모양	
	입면 전체패턴	

선행연구 분석결과 아파트의 외관디자인 요소는 일반 건축물의 외관디자인요소인 형태, 색채, 질감, 빛의 4요소에 '배치'요소를 추가한 5요소의 구성으로 나타났다. 이러한 요소는 공동주택 디자인 측면에서, 주동형태, 자재디자인, 브랜드디자인, 색채디자인, 배치디자인으로 재정리할 수 있다.

이 중 주동형태는 주택시장의 공급이 늘어나면서 일자형의 판상형 형태에서 벗어남과 동시에 주동의 매스변화가 나타나며 탑상형이 적용되기 시작하였다. 또한, 이러한 탑상형의 도입은 건축물의 고층화를 가능하게 하고 건폐율을 축소시켜 단지 내 쾌적한 녹지 환경과 개방감 있는 환경을 조성할 수 있도록 하는 바탕이 되었다.

2 디자인에 영향을 미치는 법 규정

최근 정부에서는 디자인에 대한 관심이 증대되고 있다. 본 절에서는 아파트의 세대 내 디자인에 영향을 줄 수 있는 법규는 제외하고, 외관디자인에 영향을 주는 내용만을 정리하였다.

배치디자인 측면에서, 「건축법」은 주동과 주동 사이의 최소이격거리를 높은 건축물 각 부분의 높이의 0.8배 이상, 낮은 건축물 각 부분의 높이의 1배 이상을 띄우게 하고, 채광창 등이 있는 벽면에서 직각방향으로 건축물 각 부분의 높이의 1배 이상을 띄우게 하고 있다.[102] 이로써 주민건강의 기초생활환경요소인 일조권을 확보함과 동시에, 설계자로 하여금 외부공간 확보를 통한 주동 조망디자인을 계획하도록 하고 있으며 단지 내 공간 등에 관한 풍부한 디자인계획을 펼칠 수 있도록 유도하고 있다.

또한 2000. 6. 27 개정된 건축법 시행령은 설계자의 창작범위를 확보할 수 있도록 개정되었다.[103] 개정내용 중 디자인에 관한 내용은 다음과 같다.[104]

주동디자인 측면에서는 바닥면적을 산정할 때 발코니면적의 15% 이상 화단을 설치할 경우, 발코니 길이에 2m(종전 1.5m)를 곱한 면적을 바닥면적에서 제외하여 산정하도록 완화함으로써, 화단의 형태 디자인에 따라 재미있는 입면이 디자인 될 수 있도록 유도하고 있다. 이로써 다양한 입면이 등장하게 되었다. 또한 아파트 중간층에는 정원, 기계실 등을 배치할 경우 해당 층을 바닥면적에서 제외하도록 하여 중간층에 조경이나 설비시설 등을 설치하도록 유도함으로써 다양한 주동의 매스디자인이 계획될 수 있도록 하였다.

시각적 개방성 측면에서는 건축물의 1층 전체에 필로티가 설치되어 있는 경우에 가로구획별 높이제한과 공동주택의 일조기준을 적용할 때 필로티 부분은 건축물 높이산정에

---

102) 건축법 시행령 제86조(일조 등의 확보를 위한 건축물의 높이제한) ② 규정에서는 건축물의 각 부분의 높이는 그 부분으로부터 채광을 위한 창문 등이 있는 벽면에서 직각방향으로 인접대지경계선까지의 수평거리의 2배 이하로 할 것과 동일한 대지 안에서 2동 이상의 건축물이 서로 마주보고 있는 경우의 건축물 각 부분 사이의 거리를 채광을 위한 창문 등이 있는 벽면으로부터 직각방향으로 건축물 각 부분의 높이의 1배 이상 확보 및 서로 마주보는 건축물 중 남측 방향의 건축물의 높이가 낮고 주된 개구부의 방향이 남측을 향하는 경우에는 높은 건축물 각 부분의 높이의 0.8배 이상이고 낮은 건축물 각 부분의 높이의 1배 이상을 확보하도록 하고 있다.

103) 윤혁경(2001), "공동주택의 외관 디자인에 영향을 미친 법·제도의 변천과정과 개선방향", http://www.archilaw.org, 발췌정리

104) 「건축법 시행령」 제119조(면적·높이 등의 산정방법)의 규정에서 주택의 발코니 등의 바닥은 노대 등이 접한 가장 긴 외벽에 접한 길이에 1.5미터를 곱한 값을 공제하게 하고 있으며, 공동주택의 필로티 부분, 공동주택으로서 지상층에 설치한 기계실·전기실·어린이놀이터·조경시설의 경우에는 바닥면적에 산입하지 않도록 하고 있으며, 건축물의 옥상에 설치되는 승강기탑·계단탑·망루·장식탑·옥탑 등으로서 「주택법」 제16조 제1항의 규정에 의한 사업계획승인 대상인 공동주택 중 세대별 전용면적이 85제곱미터이하인 경우에는 그 수평투영면적의 합계가 당해 건축물의 건축면적의 6분의 1 이하인 경우에는 층수에 산입하지 않으며, 또한 그 부분의 높이가 12미터를 넘는 경우에는 그 넘는 부분에 한하여 당해 건축물의 높이에 산입하도록 완화하고 있다.

서 제외시키도록 함으로써, 저층부 디자인의 다각화 및 시각적 개방성이 확보되도록 하였다. 또한 1층에 주민공동시설로 사용하는 필로티를 설치하는 경우에는 조경시설을 필로티 면적의 2분의 1에 해당하는 면적을 공제하도록 함으로써 저층부의 필로티계획을 유도하고 있다.[105)]

옥탑디자인 측면에서는, 세대별 전용면적이 85㎡ 이하인 사업승인대상 공동주택 건축물의 옥상에 설치되는 옥탑 등의 수평투영면적의 합계가 건축면적의 1/6 이하인 경우 높이에 산입하지 않도록 개정하였다. 따라서 높이제한을 벗어난 다양한 디자인의 새로운 옥탑디자인이 등장할 수 있는 여지가 마련되었다.

아파트의 주동형태와 시각적 개방성 확보는 단지 내 배치디자인에 많은 영향을 주는 요인이며 옥탑디자인은 스카이라인을 위시한 경관계획을 유도하는 요인이다. 따라서 간략한 예시이기는 하나, 상기와 같은 법 개정으로 필로티에 의한 시각적개방성을 확보할 수 있으며 아파트의 주동디자인 및 옥탑디자인 등이 다양하고 아름답게 디자인될 수 있다.

3 디자인가치에 관한 사회변화

아모스 라포트(A. Rapoport)[106)]는 주거를 사회문화적 관점에서 하나의 문화적 현상으로 보고 주택의 형태나 구성이 문화적 현상에 의해 영향을 받는다고 하였다. 이는 주택이 단순히 비와 맹수를 피하는 물리적 구조물이라기보다는 복합적 목적을 위해 만들어진 하나의 제도로서 그 사회와 문화를 대변하고 있는 객관적 대상이라는 의미를 뜻한다.[107)]

소비자들은 아파트를 구매할 때 입지조건이 동일한 경우, 세대내부와 외부가 디자인되어 있는 경우를 선호한다. 또한 도시경관의 많은 영역을 차지하고 있는 아파트는, 공급위주의 시기에는 주거의 편리성 측면이 부각되어 강조되었으나, 도시디자인이 도시의 경쟁력이 되고 있는 현 시점은 내부 인테리어부터 건물외관에 이르기까지 차별화된 '미(美)'가 강조되고 있으므로[108)] 사회변화에 따라 소비자들의 문화를 대변하는 중요한 요소로 자리매김하고 있다. 그러나 이러한 아파트의 디자인측면에 대한 소비자들의 의식

105) 주택건설기준 등에 관한 규정 제29조(조경시설 등) ①의 규정에서는 공동주택을 건설하는 주택단지에는 그 단지면적의 1백분의 30에 해당하는 면적의 녹지를 확보하여 공해방지 또는 조경을 위한 식재 기타 필요한 조치를 하여야 한다고 명시하고 있다. 이는 조경면적에 관한 완화를 인정함으로써 필로티계획을 적극적으로 유도하고 있는 것으로 파악된다.

106) Amos Rapoport는 건축학과 도시계획학을 전공하였으며 『住宅의 形態와 文化』의 저자로 해외여행을 하며 다양한 주거문화를 연구하였다.

107) 건축사(고대부터 현대까지)와 사회문화, http://blog.naver.com/jskyworld/10013728845

108) 공성태, "아파트가 예뻐진다", 「이코노믹리뷰」, 2006년 10월 19일자

변화를 나타내는 객관화된 자료는 미비한 실정이다. 따라서 본 연구는 사회변화에 민감한 언론매체를 이용하여 아파트에 대한 소비자들의 인식변화를 살펴보고 그들이 원하는 심미적 외관디자인 요소를 분석하였다. 내용은 다음과 같다.

최근 신축아파트의 입면 디자인은 장식형 디자인을 배제하고 세련된 외벽문양과 선형의 반복을 통해 현대적인 감각과 심플함을 강조하고 있다. 알루미늄 바를 활용해 주출입구 및 옥탑부분에 세련된 이미지를 강조하기도 한다. 또한 일자(一)형의 단조로운 건물에서 벗어나 탑상형으로 설계하고 최상층을 조형물 형식으로 꾸미는 아파트가 늘어나고 있다.[109] 이는 공동주택의 주동형태 즉, 주출입구, 옥탑디자인 등에 대한 소비자 니즈(Needs)가 증가되고 있음을 반영한다.

또한 도심의 랜드마크로서 옥상 지붕을 활용하고 있는 사례가 늘고 있다. 예를 들면 아파트 지붕에 유선형의 미니 지붕을 얹어 아파트가 주는 딱딱하고 단조로운 콘크리트 이미지를 부드럽게 완화시키는 디자인 등이다. 이러한 옥탑디자인은 공동주택의 형태를 나타내는 디자인요소이며 주동형태의 분위기를 바꾸는 역할을 한다.

일부 건설사들은 브랜드개념화를 통한 디자인경영을 하고 있다. 일예로 단지 출입구에 개선문 형태의 조형물을 배치하고, 아파트 저층부를 화강석으로 시공해 정문에서 성의 이미지를 부각시키고 있다. 이는 단지출입구부터 차별화된 주거문화를 형성한다는 계획의 일환이다. 또한 '문밖도 또 하나의 주거 공간'이란 개념 하에 외관디자인에 힘을 쏟고 있으며, 브랜드를 상징하는 조형물을 설치하거나 조경작업을 통해 외관차별화에 나서고 있다.[110] 즉, CI계획과 브랜드디자인을 통하여 단지차별화전략을 구사하고 있는 것이다. 이러한 디자인이 적용된 아파트가 지역 내 랜드마크로 여겨지면서 거주자들의 만족도가 상당히 높은 것으로 나타났다. 이는 건설사들이 단지입구의 차별화된 디자인을 부각시켜 인지성을 확보하고자 하는 것이다.

단지의 인지성 확보 측면에서는 경관조명의 역할이 두드러진다. 이러한 예로서 용인 동백지구의 아파트단지계획을 들 수 있으며, 여기에는 옥탑과 측벽, 외벽에 브랜드 로고를 비롯한 경관조명 설치로 '호텔 같은 아파트'라는 별명을 얻었다. 이는 경관조명디자인과 브랜드디자인을 통한 홍보효과 사례이다.

준공된 지 수년이 지난 아파트에서는 외벽컬러 변경이 많이 행해지고 있다. 색채에 의한 아파트 외관이 급격히 변하고 있는 것을 나타내는 현상으로서, 단지의 주변 환경과 아파트 내부 환경에 모두 어울릴 수 있는 친환경적인 느낌의 저채도 컬러가 대세를 이루고 있다.[111] 이러한 현상은 건축물의 색채디자인이 시각적으로 주는 단지의 느낌이 중요해지고 있기 때문이다.

---

109) 차학봉, "아파트 브랜드외관 디자인으로 차별화", 「조선일보」, 2006년 8월 7일자
110) 원정호, "요즘 아파트외관은 진화 중", 「머니투데이」, 2006년 7월 29일자
111) 김경원, "아파트 외관, '확' 바뀐다", 「머니투데이」, 2006년 6월 28일자

상기와 같은 사회적 요구와 더불어 실제로, 2001년 이후 아파트의 외관디자인은 상당한 변화가 있었다. 2001년 준공된 이촌동 동부센트레빌을 기점으로 2004년에 준공된 삼성동 I'PARK나 2005년 준공된 대치동 동부센트레빌 등은 기존의 아파트 외관디자인에서 완전히 벗어나 하이라이징(Hi－Rising) 건축물에서 나타나는 외관디자인형태를 취하고 있다. 이러한 아파트들은 고가의 커튼월 자재와 다양한 매스(Mass)디자인으로 뛰어난 심미성을 표현하고 있다. 또한 방배동의 방배아트힐(2004년 준공)이나 상암동의 월드컵파크(2005년 준공), 이촌동 한강자이(2003년 준공) 등은 아름다운 옥외생활환경시설(수공간, 광장계획 등) 설치 및 유선형 배치디자인을 계획하여 공간의 심미성과 건축물의 조형성을 돋보이게 하고 있다. 아름다운 외관을 자랑하는 이러한 아파트들은 외관디자인에 상응하는 고가의 주택가격을 형성하고 있다. 이러한 고가의 아파트가격이 비단 외관디자인에 의해서만 형성되는 것은 아니나, 심미성을 주는 아파트에 대한 선호가 있음은 부인할 수 없다.

이러한 선호와 관련하여 최근 부각되고 있는 사회현상의 하나는 디자이너즈 맨션(Designer's Mansion)의 경향이다.[112)] 이는 특정 인지도가 있는 디자이너와 연계한 아파트디자인 특화시도로서,[113)] 성수동 힐스테이트의 미국 KDM사, 홍콩 LWK사 및 호주 ASPECT사와의 디자인협력, 플래닝코리아와 매스스터디가 협업설계한 모나코 부티크, 앙드레김과 연계한 트라팰리스의 인테리어디자인 등의 예가 있다. 이는 우수한 디자인을 향한 사회적 관심에서 출발한다.

〈그림 3-1〉 디자이너즈 맨션(Designer's Mansion)의 특화사례

[모나코 부티크]	[힐스테이트]	[트라팰리스 내부]

112) 최근 일본에서는 초고층아파트에서 디자이너즈 맨션(Designer's Mansion)이 지향되고 있으며, 메쯔이 준 같은 건축가나 인테리어, 조경 등의 다양한 분야의 전문가들이 외관, 인테리어, 조경 등의 디자인에 다양하게 참여하고 있다.

113) 이군호, "건설사 디자인 경영 불붙었다.", 「일간건설신문」 2007년 2월 22일자

4 건설사 아파트설계 지침

최근 소비자들의 디자인에 대한 질적 수준이 높아지면서 대형건설사들도 디자인을 경영강화의 일환으로 추진하고 있다. 이러한 예로 디자인 워크숍 개최,[114] 디자인 지침 개발을 위한 디자인개발팀 구성[115] 및 입면디자인의 저작권 획득[116] 등의 외관디자인 연구를 활발히 진행하고 있으며 전에 없던 디자인비용을 지출하고 있다. 이러한 건설사들의 디자인경영 활동은 아파트를 분양할 때 분양가에 내재되게 되며 인근 주택가격의 상승을 야기하게 된다. 따라서 본 연구자는 건설사들이 중요하게 생각하는 디자인 설계지침을 고찰할 필요가 있다고 판단한다. 이에 본 절에서는 건설사들의 디자인설계지침에 의한 디자인요소를 살펴보았다. 건설사들의 명칭은 각 사의 개발방향과 연계되므로 임의로 설정하여 기술하였다.

1) A사 아파트설계 지침

A사는 브랜드아이덴티티 및 브랜드이미지를 표현하는 가이드라인을 제시함으로써 외관디자인을 통한 감성을 표현하고 있다. 디자인 가이드라인은 세련된 외관형태와 고급화된 디자인을 유지할 수 있도록 옥탑디자인과 주동출입구 디자인을 중심으로 디자인 가이드라인을 설정하고 있다. 이러한 디자인 가이드라인은 주동유형, 입면요소, 단지배치, 형태 및 위치, 단지 주 진입로 디자인과 주동간의 층수차이에 대한 프로토타입(Prototype)을 설정하여 A사만의 디자인을 유지, 발전시키고 있다.

주동유형은 판상형, 탑상형, 판상형 + 탑상형으로 분류하고 있으며, 입면요소는 옥탑부, 몸통부, 측면부, 코어부의 4개로 크게 분류하여 가이드라인을 제시하고 있다.

입면요소는 측벽과 옥탑부를 연결하는 간결한 지붕디자인을 적용함으로써 단지 외곽부에서의 인지성 및 원경이미지를 고려하고 단지 전체의 리듬감을 부여하고 있다.

단지배치는 도로를 기준으로 도로에 4면 접하는 경우, 1면 접하는 경우와 격자형 주동배치로 나누며, 형태 및 위치는 단지외곽도로에 면하는 주동과 층수차이가 나는 주동 및 2호 조합일 경우로 분류하여 단지외곽부에 낮은 주동을 배치함으로써 높은 주동에서 낮은 주동을 조망할 수 있도록 단지배치디자인을 설정하고 있다. 또한 단지의 주진입로는 주동의 전면부와 후면부로 분류하여 경사지붕방향이 주진입도로로 향하게 하여 주진입도로에서의 경관조명효과의 극대화를 디자인 지침으로 설정하고 있다.

---

114) 2007년에 GS건설의 자이 디자인 피에스타, 삼성물산의 래미안 디자인 페어 등의 행사가 개최되었다.

115) 건설사에서는 디자인 개발을 위해 삼성물산의 21세기 위원회, 디자인 리더스 그룹, 디자인 사인마스터 그룹과 GS건설의 디자인위원회, 익스테리어팀, 대림산업의 라이프-크리에이팅팀 및 대우건설의 브랜드관리위원회 등을 신설 운영하고 있다.

116) 대림산업의 경우 아파트를 대상으로 한 미술저작권을 2007년 국내 최초로 획득하였다.

주동의 층수 차는 층수차이가 없는 경우와 있는 경우로 분류하고 디자인함과 동시에, 20층을 기준으로 상층부와 기단부에 다른 재료의 면을 사용하는 디자인 가이드라인을 설정하고 있다.

2) B사 아파트설계 지침

B사는 건축 아이덴티티, 브랜드 아이덴티티, 어메너티 스페이스를 위한 간결한 디자인, 통일성 있는 디자인, 브랜드 특성화 디자인 및 감성디자인을 기본개념으로 설정하고 있다. 또한 이러한 디자인개념의 건축물로의 적용을 위해 옥탑, 주출입구디자인에 대한 색채, 외장, 형태 및 패턴에 관한 가이드라인을 제시하고 있다. 색채는 과다한 색채를 지양하고 주조색과 부조색의 조화를 제시하고 있으며, 외장은 저층부의 자재를 고급자재로 하여 고층부와 차별성을 두며, 형태는 주출입구, 램프캐노피, 옥탑의 경관캐노피 및 측벽 패턴 등에 대한 디자인 가이드라인을 제시하고 있다.

주동출입구 디자인은 진입부의 캐노피도입과 포인트 월(Point Wall) 도입 및 환경친화적 자재사용을 가이드라인으로 정하고 있다.

옥탑디자인은 원경에서의 경관을 고려하여 지상층에서 스카이라인까지 연계된 경관캐노피를 설치하고 주출입구와 연계된 통일감 있는 디자인 가이드라인을 제시하고 있다.

또한 측벽은 문양이나 다른 재료를 사용하여 디자인 할 것을 정하고 있다.

3) C사 아파트설계 지침

C사는 도시경관창출과 브랜드의 트렌드반영 및 획일적인 형태를 지양하기 위하여 주동부와 환경시설물로 분류하여 디자인 지침을 제시하고 있다.

주동부 디자인요소로, 주동형태(판상형, 타워형 등)에 따른 주출입구, 난간, 측벽문양, 옥탑, 옥탑장식물 및 필로티디자인의 가이드라인을 제시하고 있다.

판상형은 1개 코어타입을 기준으로 대표적인 코어타입을 적용하며 기본형과 고급형으로 나누었으며, 타워형은 기본적으로 판상형과 같으나 옥탑 및 주출입구의 필로티디자인을 위주로 판상형과 차별화하도록 가이드라인을 제시하고 있다.

주동은 상층부, 중층부, 저층부로 나누어 상층부에서는 옥탑공간의 상품화를 시도하고 단지전체의 일관된 모티브를 표현하도록 하고 있다.

또한 환경시설물 디자인요소로 주진입로의 경비실, 벤치, 휴지통, 팬스, 탑 라이트(Top Light), 드라이 에어리어(Dry Area) 및 주차장 램프 등의 디자인형태를 제시하고 있다.

4) D사 아파트설계 지침

D사는 소비자의 수요를 파악하고 브랜드아이덴티티를 가진 특화된 디자인을 적용하고자 클래식(Classic), 모던(Modern), 하이테크(Hi-Tech)의 3가지 컨셉(Concept)의 외관디자인 지침을 정하고 있다. 클래식(Classic)은 유럽풍의 고전적 스타일을 추구하고 있으며, 모던(Modern)은 주동의 출입구에서부터 옥탑구조물까지 정리된 디자인을 추구하고 있다. 또한 하이테크(Hi-Tech)는 타워형 아파트 등을 대상으로 최첨단형 건축디자인을 추구하고 있다. 이들 3가지 컨셉에는 상층부, 중층부, 하층부의 디자인 지침이 제시되어 있다. 상층부는 옥탑디자인과 관련하여 추출입구와 연계한 디자인을 적용할 것과 옥탑부의 클래식(Classic)한 형태 적용이나 사선처리, 랜드마크 기능을 고려한 형태 등을 명시하고 있다. 중층부는 입면의 색채면 분할과 수평 프레임구성에 관한 디자인의 고려를 하도록 하고 있다. 하층부는 석재를 사용하여 기단부를 형성한 디자인을 적용할 것을 제시하고 있다. 또한 단지 전체에 대하여 세련되고 은은하며 자연스러운 느낌이 들도록 색채를 구성할 것을 명시하고 있다.

이상과 같이 건설사들의 디자인 지침에 적용되는 요소는 주동형태, 주출입구, 저층부, 옥탑, 옥탑장식물, 주차램프캐노피 등이며, 이러한 요소들을 자재와 색상 및 형태의 구체적 예시를 통하여 각 사별 디자인 개념을 실현하고 있다. 또한 공통적으로 옥탑디자인과 주출입구의 주동디자인을 중심으로 디자인 지침을 제시하고 있는 것으로 나타났다. 이상을 정리하면 〈표 3-3〉과 같다.

5 공공기관 지침

공동주택의 질을 향상시키는 데 있어서 공동주택 현상설계에 의한 계획은 여러 가지 계획적 실험과정을 거치면서 공동주택의 질을 향상시켜왔다.[117] 이러한 성과는 현상설계가 최소한의 주거조건에 대한 요구, 경제성에 따른 획일적 대량 공급으로 인한 인간소외, 자연과의 격리에 대한 개선책으로 공동주택 내부 환경의 질과 도시경관을 동시에 고려하여 형태적인 다양화·개성화를 시도하고 있기 때문이다. 따라서 본 연구는 공공기관의 설계지침과 평가기준을 분석하여 외관디자인요소를 도출하였다. 공공기관 선정기준은 관공서의 가이드라인을 제시하는 국토해양부지침과 우리나라 대표도시인 서울특별시지침 및 현상설계 등의 기법으로 대단위 공동주택을 발주하여 주거문화를 선도하는 대한주택공사와 SH공사를 선정하였다.

117) 유순선(2003), 설계경기 주거단지의 계획특성비교 연구, 석사학위논문, 서울산업대학교 주택대학원, 82쪽.

〈표 3-3〉 건설사 아파트설계 지침

구 분	A사	B사	C사	D사	예 시
단지배치	◦ 단지외곽부에 낮은 주동 배치 ◦ 높은 주동에서 낮은 주동 조망 가능 배치	-	-	-	
주동유형	◦ 판상형 ◦ 탑상형 ◦ 판상형 + 탑상형	-	◦ 판상형 : 기본형과 고급형 분류 ◦ 타워형 : 옥탑 및 주출입구 필로티 디자인	3가지 컨셉 디자인 제시 : 클래식, 모던, 하이테크	
옥탑 디자인	◦ 간결한 형태의 지붕 디자인 ◦ 단지 외부의 인지성 및 원경이미지 고려 ◦ 리듬감 부여하는 디자인	◦ 원경에서의 경관 고려 ◦ 지상층에서 스카이라인까지 연계된 경관 캐노피 설치 ◦ 주출입구와 연계된 디자인	◦ 옥탑공간의 상품화 시도 ◦ 단지전체의 일관된 모티브 표현	◦ 주출입구와 연계한 디자인 형태의 옥탑구조물 ◦ 3컨셉에 맞는 형태디자인 추구 및 설치 여부 명시	
주출입구 디자인	천창 설치	◦ 진입부의 캐노피 도입 ◦ 포인트 월 도입 ◦ 환경친화적 자재 사용	◦ 상부의 디테일과 통일된 디자인 구축 ◦ 주동을 위한 마감재의 고급화	석재를 사용하여 3컨셉에 의한 중후함, 안정감, 세련감을 표현한 기단부 설치	
측벽 디자인	측벽과 옥탑부 연결 디자인	문양이나 다른 재료의 사용	자연주의적, 절제된 디자인 표현	색채에 의한 면배색, 수평 프레임 적용	
색채, 자재 디자인	상층부와 기단부의 다른 재료 사용	◦ 과다한 색채 지양 ◦ 주조색·부조색의 조화 추구	무채색을 기초로 한 칼라, 명암대비	화려한 색상 배제, 우아하고 은은한 색채 배색	

1) 국토해양부 지침

국토해양부는 건축물의 미관증진을 위하여 주동의 조형성과 경관성, 주거단지의 통경성(개방성) 및 단위세대와 측벽녹화 등의 환경성을 확보하기 위한 조형부위별 설계계획안을 작성하여 제시하고 있다.

주동은 코아옥탑 등의 조형적 디자인을 통하여 외형을 디자인하고 도시 스카이라인을 개선하도록 명시하고 있다. 1층 필로티 계획을 통하여 단지 내 통경성, 개방성을 확보하도록 하고 있다. 또한 자재 및 색채계획을 통하여 경관성을 확보하도록 하고 있다.

〈표 3-4〉 국토해양부 건물미관계획 지침

구 분	내 용	적 용	예 시	연구자 정리
주 동	◦ 외형의 단순성 탈피 ◦ 도시 내 스카이라인 개선 및 최상층 입면 ◦ 변화감 제공	◦ 코아옥탑 장식물 설치 ◦ 옥상정원 및 파고라 설치		조형성 (주동디자인)
주거단지	단지 내 연계성, 통경성 확보	1층 필로티 구성		공간성 (시각적 개방성)
경관성	◦ 고층 빌딩의 위압감 해소 ◦ 시각적 안정감	◦ 주동 상하부의 색상, 재료구분 ◦ 저층부 내 지상조경과 연계된 발코니조경 구성	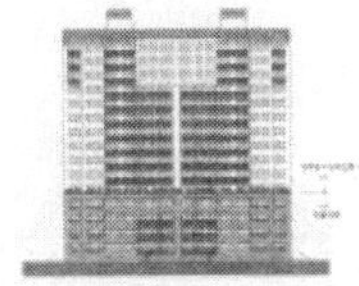	조형성 (자재디자인), 경관성 (색채디자인)
환경성	◦ 지하 주차장 출입구 측벽 ◦ 지상 주차장, 외벽 측벽 ◦ 녹화	◦ 데크식 화단 설치 ◦ 잔디블럭 패턴으로 주차구획 ◦ 주차구획별 교목식재 ◦ 저층부 벽면 녹화	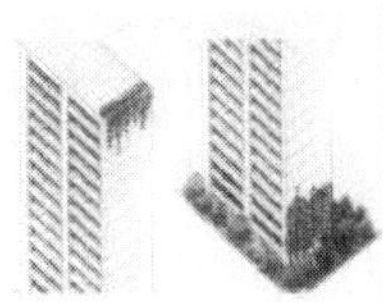	공간성 (녹지디자인)

출처 : 국토해양부(2001), 「건물미관증진을 위한 부위별 권장용 설계계획안」, 1-5쪽, 13-22쪽

2) 서울특별시 지침

서울특별시는 청계천 복원이나 한강르네상스사업 등을 통하여 생태복원 및 공공건축물과 도심건축물에 대한 조형적 디자인을 강조하고 있다. 그 예로 한강르네상스사업의 일환으로 한강변 재건축아파트의 외관디자인 심사를 통해 한강변에 창의적으로 디자인

된 신축건물에 대해 용적률과 건물층수를 완화하는 인센티브를 적용할 것이라고 발표하였다. 또한 공동주택 심의에 관한 규칙을 제정하고 적극적이고 다각적인 디자인의 수용을 유도하고 있다.

〈표 3-5〉 서울특별시 외관디자인 공동주택 심의기준

항 목	심 의 기 준	연구자정리
옥외생활 공간[118]	◦ 단지 내 옥외 생활공간 비율 : 15% 이상 ◦ 소규모단지의 대지가 30,000㎡ 미만인 고층아파트의 옥외 생활공간 비율 : 20% 이상 ◦ 단지 내 조경면적 : 대지면적의 30% 이상	공간성(녹지디자인)
주동계획	◦ 층수 : 주변과 조화되는 스카이라인이 형성 1개동 입면 고저차는 3개층 범위 내로 계획 ◦ 필요 시 저층부 일부를 필로티로 계획	조형성(주동디자인) 공간성(시각적 개방성)
단지조성	□, H, T, ㄱ 등의 배치 시 : 건축물 사이를 충분히 이격하여 개방감 확보	공간성(배치디자인)
색채계획	◦ 외벽의 주조색은 채도 4 미만, 보조색은 채도 6 정도 계획, 녹청계열의 원색 지양 ◦ 대단지 아파트 지역의 색채 : 주변과의 조화를 우선으로 단순하게 계획, 슈퍼그래픽은 가급적 자제	경관성(색채디자인)

출처 : 서울특별시건축위원회 공동주택건축심의에 관한 규칙, 2004. 3. 30 개정, 발췌정리

〈표 3-6〉 서울특별시 단지계획 지침

대분류	소분류	단지계획지침	연구자정리
외부공간의 질 지표	옥외공간의 질	◦ 보행자를 위한 도로계획, 오픈스페이스의 집합과 분산 ◦ 옥외공간의 영구음영, 일조저해의 배치 ◦ 옥외공간의 개방감, 안심감	공간성 (시각적 개방성)
	단지내부 및 외부경관성	◦ 공동주택의 스카이라인 고려 ◦ 주동의 색채구성에 의한 내부경관의 질 ◦ 주동 지붕 및 굴뚝, 계단실의 디자인 경관을 고려한 주동의 분절	조형성 (색채디자인, 주동디자인)
환경친화적 지표	친환경적 단지조성	◦ 단지 내 수경공간 계획, 생태환경을 위한 단지 내 비오톱 조성, 보행공간과 연계된 녹도 조성 ◦ 실용녹화 산책로 설치여부 및 쾌적성 ◦ 벽면녹화, 주차장상부 녹화 등 단지 내 녹화	공간성 (녹지디자인)

출처 : 이유미(1999), 공동주택단지에서의 실외환경 질의 평가방법에 관한 연구, 박사학위논문, 연세대학교 대학원, 34쪽, 인용 후 재정리

118) 옥외 생활공간 면적이라 함은 대지면적에서 건축면적과 차도면적 등을 제외한 면적에 건축물 상부의 휴게·녹지 공간 및 필로티 면적 등을 합한 건축물 외부 공간면적을 말한다.

공동주택 심의기준 중 외관디자인에 관한 사항은 옥외생활공간인 녹지디자인과 주동디자인, 단지조성 및 색채계획 등이다. 공간성 측면에서는 건축물의 개방감 확보를 위하여 배치디자인과 녹지디자인의 기준을 제시하고 있다. 건축물의 조형성 측면에서는 주동의 층수와 저층부 필로티계획에 대한 유도를 꾀하고 있다. 또한 경관성 측면에서는 색채계획의 기준을 제시하고 있다.

또한 서울특별시는 공동주택단지의 환경지표로서 주호내부공간의 공간성, 외부공간의 개방성, 매스계획의 조형성 및 수공간 등을 이용한 환경친화지표로 분류하여 기준을 제시하고 있다. 외관계획에 대해서는 색채계획, 주동매스계획, 계단실디자인 등과 쾌적한 단지조성을 위한 녹지디자인, 보행로디자인 등을 제시하고 있다.

3) 대한주택공사 지침

대한주택공사는 단지계획실무지침에 주동계획의 통경성(通景性), 가로경관을 위한 건축물의 조형성, 가로망과 주차장 등의 공간성, 부대시설의 기능성에 관한 단지지침을 제시하고 있다.[119] 통경성을 확보하기 위한 건축물의 조형은 건축물 배치의 다양화와 저층 필로티계획 등의 시각적 개방성의 확보를 유도하고 있다.

'대한주택공사의 설계경기지침(2007)'에서는 설계평가기준을 정하고 있다. 공간성 측면에서 조화로운 배치디자인과 옥외공간의 친환경성, 편리성 및 연계성을 위주로 한 개방감에 대한 사항을 평가항목으로 정하고 있다. 조형성 측면에서는 스카이라인, 주동입면미관, 주차장의 쾌적성 등을 중요시하고 있다. 설계평가기준은 〈표 3-7〉과 같다.

〈표 3-7〉 대한주택공사 현상설계 평가기준

항 목	세부분야 및 평가 착안사항
배치계획	○ 주변 환경과 조화로운 단지계획의 적합성 및 합리성 ○ 각 시설물 배치의 적정성과 지형을 감안한 계획
동선계획	보행 및 차량동선의 편리성 및 적정성
옥외공간계획	○ 옥외공간의 친환경성 및 편리성, 커뮤니티 활성화 ○ 각종 시설물과 옥외공간의 연계성 및 편리성
주동계획	○ 주동계획의 적정성 ○ 지붕, 코아, 옥탑, 측벽 미관 개선 등 주동입면미관 ○ 주요 조망점에서의 경관과 스카이라인 계획
부대복리시설	○ 복리시설 및 상가 계획의 합리성 ○ 미관증진과 상징성, 분양성 등을 고려한 입면계획 ○ 지하주차장 이용의 합리성 및 쾌적성

출처 : 대한주택공사(2007), 「설계경기지침서」, 11쪽, 발췌 정리

119) 이유미(1999), 공동주택단지에서의 실외환경 질의 평가방법에 관한 연구, 박사학위논문, 연세대학교 대학원, 35쪽, 대한주택공사의 주거환경평가지표 산정식은 이유미 논문의 평가지표를 활용하고 있다.

'고양풍동(A2, B1블록)지구 현상설계 지침서'[120]를 살펴보면 아름다운 주거단지, 자연이 풍부한 전원주거단지, 정보화시설이 갖추어진 교육, 문화 주거단지를 조성하고, 고객만족의 주택계획을 목표로 하고 있다. 현상설계 지침은 〈표 3-8〉과 같으며, 공간성의 배치디자인, 녹지디자인과 조형성의 주동디자인 등에 관한 외관디자인 지침이 제시되어 있다.

〈표 3-8〉 고양풍동(A2, B1블럭)지구 현상설계 지침

항 목	내 용	연구자정리
계획개념	◦ 주변 자연환경과의 적절한 조화 ◦ 동선의 합리성(보행자, 주차, 보차분리) ◦ 건축물 및 부대시설, 옥외토목구조물 외관계획 ◦ 조경시설물 계획	공간성 (배치디자인, 녹지디자인)
단지계획	◦ 향, 전망 등을 고려한 계획 ◦ 지형조건 및 토지이용의 효율성 ◦ 환경 친화 및 보차분리	공간성 (배치디자인)
주동계획	◦ 최적의 공용공간(코아 포함)계획 ◦ 평면 및 입면외관계획	조형성 (주동디자인)

상기 지침을 고려한 고양풍동지구 당선안은 〈그림 3-2〉와 같다. 당선안의 배치는 주동의 형태를 조합하여 동간의 시각적 개방성을 확보하고 있다. 또한 기존의 아파트 형태를 탈피하여 조형성을 가미한 입면형태를 제시하고 있다.

〈그림 3-2〉 고양풍동(A2, B1블럭)지구 당선안

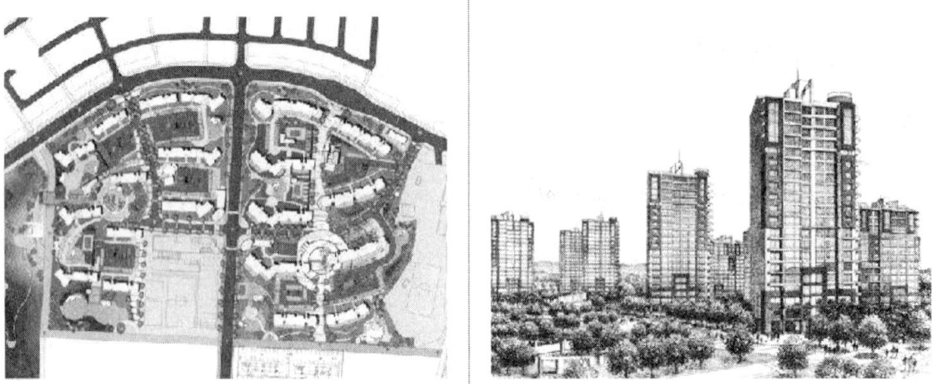

[배치도] [조감도]

출처 : 무영건축(2001), 고양풍동(A2, B1블럭)지구 현상설계 당선안, www.mooyoung.com

120) 대한주택공사에서 2001년 6월에 입찰공고 하였다.

4) SH공사 지침

SH공사에서는 현상설계 입찰안내서지침이나 평가기준에 단지계획의 공간성, 단위세대의 환경성, 주동의 조형성, 브랜드가치의 계획성 등을 적용하도록 하고 있다.

세곡아파트 현상설계지침과 은평뉴타운 3지구의 입찰안내서 분석내용은 〈표 3-9〉와 같다. 공간성 측면에서는 통경성 및 시각적 개방성 등을 강조한 단지계획, 생태녹지 확보를 위한 친환경 옥외생활환경디자인 등을 명시하고 있다. 경관성 측면에서는 스카이라인 계획, 경관조명, 조형물 등의 토탈디자인(Total Design)과 색채 및 자재디자인을 적용하도록 제시하고 있다. 조형성 측면에서는 다양한 주호조합 및 입면의 개구부 계획을 명시하고 있다.

〈표 3-9〉 SH공사 현상설계 지침

구 분	은평 뉴타운(2003)	세곡 아파트(2005)	연구자 정리
단지계획	◦ 주동배치 : 단지 내 통경축 및 시각 통로축 계획 ◦ 쾌적한 환경조성을 위한 바람길 조성	◦ 독창적 단지계획, 보차분리 ◦ 보행자동선의 안전성, 연속성 ◦ 커뮤니티별 클러스터링 배치	공간성 (배치디자인)
주 동	◦ 색채계획과 연관하여 면 분할 ◦ 발코니면 비개부부 입면 40% 이상 확보	◦ 안정성, 쾌적성, 거주성 확보 ◦ 다양한 주호조합	조형성 (주동디자인)
도시경관	◦ 층수변화로 스카이라인 계획 ◦ 독창성, 다양성 있는 외관계획, 색채계획 수립 ◦ 조형구조물, 경관조명, 바닥포장의 Total Design개념 계획 ◦ 단지입구의 상징성, 인지성확보 ◦ 경관조명 계획	◦ 스카이라인 계획 ◦ 지붕형태의 경관성(저층, 고층부 재료와 매스, 발코니 형태변화) ◦ 부대시설의 랜드마크적 외관디자인 ◦ 입면의 상징성	경관성 (브랜드디자인) 조형성 (자재디자인)
친환경	◦ 단지 내 외부 녹지의 생태적 연결 계획 ◦ 친환경 녹지 조성 ◦ 단지출입구 쌈지 쉼터공간제공 ◦ 그린네트워크 구축하여 주변공원 연계 ◦ 단지 내 비오톱 조성 ◦ 친수공간 등 물순환체계 조성	◦ 벽면과 옥상녹화 ◦ 옥외공간의 주민생활공간 조성(커뮤니티 공간화) ◦ 청소년 놀이공간 조성(롤러스케이트장 등) ◦ 광장, 조경의 프로그램 계획 ◦ 지상주차비율 13% 이상, 17% 이하	공간성 (옥외생활환경 디자인, 녹지디자인)

출처 : SH공사(2005), 「세곡지구 설계경기(현상공모) 지침서」, SH공사(2003), 「은평뉴타운 3지구 입찰안내서」, 발췌 정리

상기 지침에 의한 설계경기 당선안은 〈그림 3-3〉, 〈그림 3-4〉와 같다. 당선안은 클러스터링 배치를 통하여 영역별 공간성을 확보하고 있으며 다양한 주동계획으로 조형

적 도시경관을 구성하고 있다. 또한 스카이라인을 고려한 층수 계획 및 환경성을 가미한 주민생활공간을 조성하고 있다.

〈그림 3-3〉 SH공사 당선안

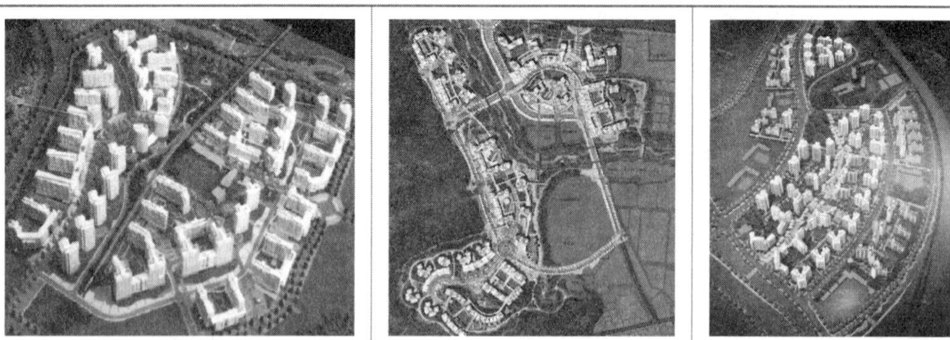

은평뉴타운 3지구	세곡지구	장지지구

〈그림 3-4〉 은평뉴타운 3지구 아파트 계획안

출처 : 은평구 뉴타운, www.eunpyeong.seoul.kr

〈표 3-10〉 SH공사 현상설계 평가기준

구 분	내 용
외관계획	◦ 단지특성을 반영한 지붕계획 ◦ 외관계획의 변화 추구 및 독창성 ◦ 입면디자인의 전면성, 다양한 요철, 특색있는 난간 계획 ◦ 복층형 세대 테라스, 옥상녹화 계획의 완성도
동선계획	차량동선 및 보행동선 계획의 적정성
외부환경	◦ 다양한 커뮤니티 공간계획 : 주민마당, 포켓쉼터, 체력증진시설물, 이벤트장, 놀이시설 등 ◦ 리조트단지개념의 숲길, 공원, 광장, 녹지 등 Open Space와의 연계성, 효율성 ◦ 친수공간(벽천, 분수, 실개울 등)과 생태환경 조성 ◦ 비오톱조성, 생태면적율 등 친환경계획의 적합성
특화계획	브랜드 가치 및 1층, 최상층, 측세대 특화

출처 : SH공사, "공동주택단지 및 기반시설 적격심사기준의 계획성", 발췌 정리

SH공사는 현상설계 평가기준에서 외관디자인 분야 중 공간성의 배치디자인과 옥외생활환경디자인, 조형성의 주동디자인, 경관성의 브랜드디자인에 대하여 고려하고 있다. 이는 〈표 3-10〉에서 나타난 바와 같다.

5) 공공기관 지침 종합분석

공공기관 등의 설계지침 분석결과 외관디자인요인에 관한 사항이 기관별로 약간의 차이가 있었다. 국토해양부, 서울특별시, 주택공사에서는 공간성, 조형성에 대한 기준이 많았으며 SH공사에서는 이 외에 경관성을 포함하여 기준을 제시하고 있다.

종합적으로 이를 정리하면 공간성은 배치디자인, 녹지디자인, 옥외생활환경디자인, 시각적 개방성을 포함하며, 조형성은 주동디자인, 옥탑디자인, 자재디자인을 포함한다. 또한 경관성은 정문디자인, 경관조명디자인, 브랜드디자인, 색채디자인을 포함한다. 이들 공간성, 조형성, 경관성에 포함되는 각 요소들은 다음과 같다.

배치디자인은 다양한 주동계획과 합리적인 보행공간이 계획되어야 하는 요소이다. 또한 주동의 다양한 배치를 통하여 동별 시야가 확보되어야 개방성과 통경성이 확보되어 쾌적한 공간이 형성될 수 있다. 옥외생활환경디자인은 각종 커뮤니티공간(롤러스케이트장, 농구장, 퍼팅그린 등) 및 친수공간(벽천, 연못, 분수 등) 등을 포함한다. 시각적개방성은 저층부의 필로티구조를 의미한다. 이는 단지 내 개방성을 확보할 수 있는 요소이다.

주동디자인은 주동계획의 고저차를 활용하여 스카이라인을 수반하여야 한다. 또한 코어와 옥탑, 주동출입구의 디자인을 통하여 독창성 있는 입면의 미관계획이 수립되어야 주변 환경을 미려하게 하고 단지의 상징성을 확보할 수 있다. 자재 및 색채디자인은 기존의 일괄적인 계획을 탈피하여 주동 상하부를 분리하고 다양성 있는 디자인계획이 수립되어야 한다. 이는 시각적 미관을 표현할 수 있는 가장 효과적인 계획방법이기 때문이다. 옥탑디자인은 최상층에 장식물이 설치되어 주동의 입면을 조형적으로 디자인한 것이 해당된다. 또한 옥상을 주민휴게공간으로 조성하는 등, 미적인 측면뿐만이 아니라 기능성과 환경성을 겸비함으로써 훌륭한 공간을 창출할 수 있게 된다.

정문디자인은 상징성과 인지성이 있어야 한다. 경관조명디자인은 단지 내 조형물을 포함하여 토탈디자인이 되어야 한다. 이러한 디자인의 계획방향은 단지환경의 일관성을 유지하게 하고 단지를 표상하는 상징적 역할을 한다. 브랜드디자인은 브랜드가치를 창출할 수 있는 디자인 계획이 되어야 하므로, 측벽에 단지명을 도색하는 기존의 방법에서 벗어나 단지명에 대한 입체디자인을 하거나 조형장식을 통하여 이를 나타낼 수 있다.

이상을 종합하여 비교하면 〈표 3-11〉과 같다.

〈표 3-11〉 지침 종합분석

구 분		국토해양부	서울특별시	대한주택공사	SH공사
공간성	배치 디자인	-	건축물 사이를 충분히 이격하여 개방감 확보	◦ 주변 환경과 조화로운 단지계획 ◦ 배치의 적정성 및 지형 감안한 계획	◦ 주동배치(단지 내 통경축, 시각 통로축 계획) ◦ 바람길 조성
	녹지 디자인	외벽 측벽 녹화	◦ 조경면적(대지면적 30% 이상) ◦ 수경공간, 비오톱, 산책로 설치	조경시설물 계획	◦ 단지 내 외부 녹지의 생태적 연결 계획 ◦ 친환경 녹지 조성
	옥외생활 환경 디자인	-	단지 내 옥외 생활 공간비율 15% 이상	-	옥외공간의 주민생활공간 조성
	시각적 개방성	단지 내 연계성, 통경성 확보	옥외공간의 개방감, 안심감 확보	옥외공간의 연계성 및 편리성	-
조형성	주동 디자인	외형의 단순성 탈피, 스카이라인 개선(코아옥탑, 장식물, 옥상정원 설치)	◦ 스카이라인 형성 ◦ 계단실 디자인 ◦ 경관을 고려한 주동의 분절	◦ 주동계획의 적정성, 지붕, 코아, 측벽 미관 개선 ◦ 스카이라인 계획	◦ 스카이라인 계획 ◦ 독창성, 다양성 있는 외관계획 ◦ 상하부 매스분리
	옥탑 디자인	최상층 입면 변화감 제공	주동 지붕, 굴뚝디자인	옥탑 미관 개선	단지특성을 반영한 지붕계획
	자재 디자인	상하부 재료구분	-	-	상하부 재료구분
경관성	정문 디자인	-	-	-	단지입구 상징성, 인지성 확보
	경관조명 디자인	-	-	-	경관조명 계획
	브랜드 디자인	-	-	-	◦ 조형구조물, 바닥포장의 Total Design 개념 계획 ◦ 브랜드 가치고려
	색채 디자인	상하부 색상구분	주조색, 부조색을 분리하여 색채계획	-	색채계획과 연관하여 면 분할

6 소 결

주택의 가격은 시대상황에 따라 여러 가지 환경의 변화에 따른 서로 다른 특성함수의 결합으로 형성된다. 디자인가치에 대한 변화 또한 예외는 아니다. 이에 본 절에서는 그동안 기존연구에서 명확히 제시되지 않았던 아파트의 심미적 외관디자인요소를 도출하였다.

이를 위하여 선행연구와 법 규정에 의한 디자인요소, 아파트가치에 관한 사회현상변화 및 건설사와 공공기관의 설계지침·평가지침을 분석하였다. 분석결과는 다음과 같다.

첫째, 선행연구를 통한 외관디자인요소는 매스형태, 다양한 자재, 단지입구 등의 조형물, 브랜드로고 및 색채 등이 도출되었다.

둘째, 아파트에 대한 사회현상의 변화로 본 외관디자인요소는 아파트의 코어옥탑, 주출입구의 주동디자인, 지붕경관을 위한 옥탑디자인, 조명디자인 및 색채디자인 등이다.

셋째, 「주택법」 등의 개정에 의해 형성되는 외관디자인요소는 발코니, 옥탑, 지붕, 계단실 등으로 분석되었다.

넷째, 건설사와 공공기관의 설계지침 및 평가기준 분석결과, 기관별로 심미적 외관디자인요소는 다소 차이가 있는 것으로 나타났다. 내용은 〈표 3-12〉와 같다.

〈표 3-12〉 문헌, 기관별 외관디자인요소

구 분		선행연구	법 규	사회 현상	건설사	공공기관
공간성	배치디자인	○			○	○
	옥외생활환경디자인	○			○	○
	시각적개방성		○			○
조형성	주동디자인	○	○	○	○	○
	옥탑디자인	○	○	○	○	○
	자재디자인	○		○	○	○
경관성	정문디자인	○		○	○	○
	경관조명디자인			○		○
	브랜드디자인	○			○	○
	색채디자인	○		○	○	○

상기 내용의 분석결과 디자인요소가 다음과 같이 도출되었다.

디자인요소는 크게 공간성, 조형성, 경관성으로 분류되며, 그 세부내용은 다음과 같다.

첫째, 공간성은 주동 및 시설물의 배치에 의해서 나타나는 단지 내 공간감을 지칭하는 요소로서 배치디자인, 옥외생활환경디자인, 시각적개방성을 포함한다.

둘째, 조형성은 주동의 형태에 의한 디자인을 지칭하며 주동디자인, 자재디자인, 옥탑디자인을 포함한다. 이는 건축물로 한정하며 조형물은 제외한다.

셋째, 경관성은 단지의 상징성과 인지성을 표현하는 요소로서 정문디자인, 경관조명디자인, 브랜드디자인, 색채디자인을 포함한다.

이상의 내용을 정리하면 〈표 3-13〉과 같다.

〈표 3-13〉 아파트의 심미적 외관디자인요소

구 분	항 목	내 용
공간성	배치디자인	다양한 주동계획으로 단지 내 통경성 확보, 충분한 녹지공간, 비오톱, 광장, 프로그램형 녹지디자인계획
	옥외생활환경디자인	친수공간, 다양한 커뮤니티공간 계획
	시각적개방성	1층 필로티 구성으로 개방성 확보
조형성	주동디자인	스카이라인, 옥탑, 계단실, 입면 미관의 독창성 계획
	자재디자인	주동 상하부의 자재 분리
	옥탑디자인	최상층 입면의 변화, 장식물 설치
경관성	정문디자인	상징성, 인지성 확보
	경관조명디자인	조형물과의 Total Design 계획
	브랜드디자인	브랜드 가치 확보
	색채디자인	주동 면 분절과 주변 환경을 고려한 색채 계획

〈그림 3-5〉는 이러한 디자인을 도입한 아파트 단지의 디자인사례를 예시한 것이다. 심미적 디자인 요소를 적용함으로써 단지의 쾌적한 환경과 인지성을 확보할 뿐만 아니라 도시경관을 아름답게 꾸미는 데 일익을 담당하고 있음을 알 수 있다.

〈그림 3-5〉 심미적 외관디자인 사례

심미적 디자인요인의 가격영향 분석설계 04

1 모형 및 가설설정

1) 연구모형

사로야마(정경원 역, 1995)가 말하는 심미성은 내용의 아름다움과 건축물의 형태미로 표현된다. 도시공간에서의 미의 가치는 공간체험에 의해서 감성적으로 느껴지는 즐거움이며, 즐거움을 수반하는 아름다움이다. 따라서 도시공간에서 건축형태의 다양성은 공간의 미적 체험을 느끼게 하며, 인간감성의 심미적 즐거움인 쾌(快)를 유발한다. 이러한 공간미에서 오는 즐거움의 가치는 삶의 질이 높아지고 삶이 풍요로워질수록 더욱 높아지게 된다. 따라서 건축형태의 가치는 디자인가치로 표현될 수 있으며, 디자인의 가치는 매슬로(A. Maslow)가 주장하는 인간의 3차 욕구인 자아실현의 욕구를 충족시킨다. 사람들은 이러한 욕구를 실현하기 위해 그 대가를 지불한다.

주택에 있어서 공간미의 체험을 위한 디자인의 적용은 수요와 공급에 의해 영향을 받는다. 주택은 인간생활의 필수요소이기 때문에 공급이 부족할 때 디자인여부와 관계없이 시장에서 그 가치를 인정받는다. 그러나 공급과 수요가 균형을 이루게 되면 소비자의 선택의 폭이 넓어진다. 소비자가 갖는 다양한 선택의 폭은 주택시장에서 새로운 디자인의 가치를 요구하게 되며 공급위주의 시장형태를 가치위주의 시장형태로 변화시킨다.

삶의 질을 결정하는 아파트의 심미요인은 상품의 가치를 부여하며 굿 디자인은 만족도를 요소로 한다(정경원, 2006). 따라서 심미요인은 심리요소로서(탄산용, 2007 ; 터우쿤팡, 2007) 가격에 영향을 주는 요인으로 작용한다고 볼 수 있으며 소비자로 하여금 구입의사를 결정하게 한다(민경우, 2005).

종전의 연구로, 개성적인 건물형태(정요진, 2004), 외부디자인의 영향(황연숙, 1999), 공간감성요인(김주원, 2005), 건물특성(Borris A. Protnov, 2005)이 가격에 영향을 주는 것으로 파악할 수 있다. 또한 아름다운 건축물의 군집은 도시경관을 형성하고 도시경쟁력을 높여주어 가치를 상승시킨다. 따라서 건축물의 심미요인은 가격형성요인으로 파악할 수 있으며, 실제로 가격에 영향이 있는지 여부를 분석대상으로 삼을 수 있다. 본 연구자는 특히 아파트의 경우에 건축물의 조형적 아름다움이 형성하는 공간가치에 대한 지불의사가 있으며, 이것이 가격에 반영되어 있다고 판단한다.

〈그림 4-1〉 연구모형 흐름도

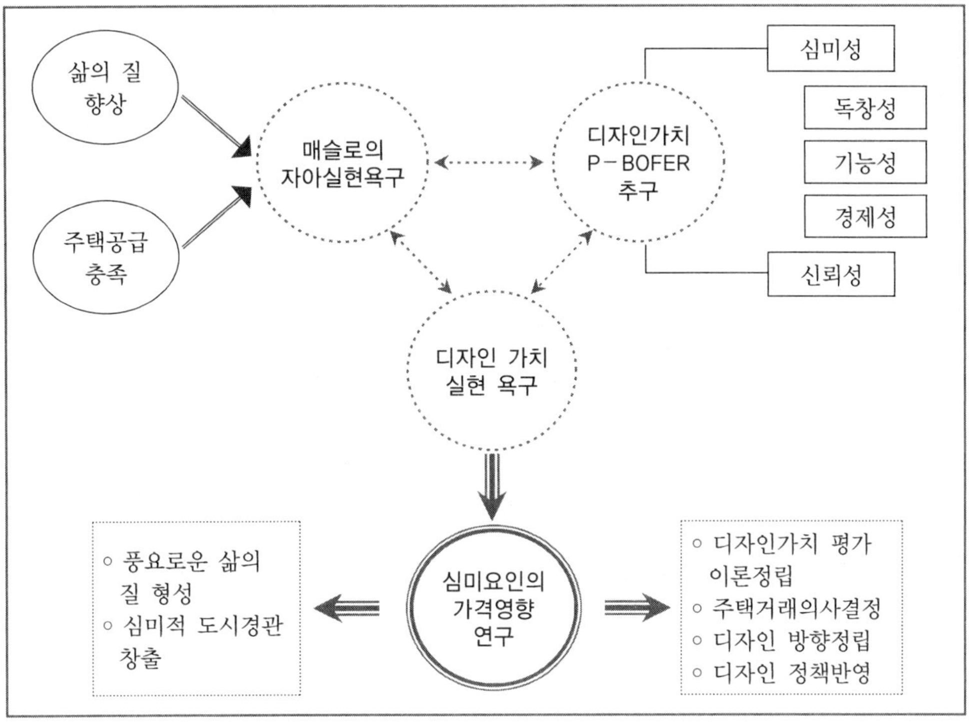

2) 가설설정

(1) 심미단지와 심미요인

주거용이 아닌 일반건축물의 경우, 아름다운 건축물에 대한 디자인가치는 보는 이와 사용자 측면에서의 만족도를 가격으로서 나타낸다. 그러나 주거용 건축물의 경우 과거 공급위주의 시기에는 디자인가치에 대한 고려가 일부 특정주택에 한정되어 왔다. 그러나 일정수준의 주택공급이 이루어지고 있는 현 시점은, 도시디자인이 도시경쟁력으로 전환되고 있으며 삶의 질에 대한 요구 또한 높아지고 있다. 따라서 본 연구자는 비교적 거래가 쉽고 국민전체가 수요자라고 할 수 있는 아파트의 경우, 디자인가치의 중요성이 빠르게 확산될 것으로 판단한다.

아파트의 가격은 전용면적규모, 층, 향 등 많은 요인에 의해 영향을 받는다. 이러한 요인들은 세대의 개별특성에 의해 형성되는 가격이다. 그러나 외관디자인은 단지계획에 의해서 이루어지므로 이러한 심미적 디자인요인의 가격형성은 단지차원에서 판단되어야 한다. 따라서 외관디자인요인 즉, 심미요인이 가격에 미치는 영향을 검증하기 위해서는 심미단지와 비심미단지의 가격차이가 있는지를 먼저 분석할 필요가 있다. 분석결과 심미단지와 비심미단지의 평균차이가 난다면 심미단지의 디자인가치가 가격에 환산되어 있는 것으로 추론할 수 있다. 따라서 가설 H_1 : H1을 설정한다.

그러나 평균가격차이가 나지 않는다고 하여 디자인가치의 가격영향이 전혀 없다고 단정 짓기는 어렵다. 왜냐하면 평균가격은 집단의 대표성을 지니는 가격으로서 개별가격이 아니므로, 심미요인이 가격에 정(+)의 영향을 미칠 수도, 부(−)의 영향을 미칠 수도 있기 때문이다. 이 점이 심미요인의 개별특성에 대한 연구가 필요한 이유이다.

[H_1 : H1] 심미요인을 채택한 단지는 그렇지 않은 단지(비심미단지)보다 가격이 높을 것이다.

(2) 아파트가격과 심미요인

아름다움은 미, 대상, 자아의 3가지 요소에 의해서 파악된다(이경회, 1999). 자아가 느끼는 공간미학의 아름다움은 P−BOFER를 이루기 위한 자아실현의 욕구로부터 출발한다. 즉, 건축물의 아름다운 디자인으로부터 느낄 수 있는 공간의 심미성, 독창성, 기능성, 경제성, 신뢰성에 대한 종합적인 만족이 매슬로가 말하는 인간의 궁극적 욕구인 자아실현 욕구의 만족이라고 할 수 있다. 이는 생활의 질이 높아짐에 따라 풍부한 기능을 동반한 독창적인 건축물의 시각적 감성으로부터 느끼지는 자아만족을 추구하게 되는 것을 의미한다.

그러나 이러한 자아만족을 위한 디자인의 실현은 건축물의 공사비 증가와 연동된다. 건축물의 공사비는 디자인 여부, 디자인의 범위, 디자인의 수준 등에 따라 달라지며, 아파트의 경우 분양가에 포함되어 시장에 나오고, 이를 기반으로 시장가격이 형성된다. 그러나 시장가격에 영향을 미치는 요인은 매우 많고 디자인에 의한 가격형성 영향정도를 알 수 없으므로, 아파트 외관의 심미적 디자인요인의 가치가 정(+)의 영향을 미치고 있는지에 대한 분석이 필요하다. 따라서 다음의 가설 H_1 : H2를 설정한다.

[H_1 : H2] 심미적 외관디자인요인은 아파트 가격형성에 정(+)의 영향을 미칠 것이다.

(3) 단지규모와 심미요인

일반적으로 소비자의 선호는 아파트의 단지규모가 클수록 높게 된다. 단지규모는 세대수에 의해서 형성되며, 세대수는 「주택법」에 의거한 단지 내 부대시설의 설치기준이 된다. 부대시설은 단지 내 상가, 어린이놀이터, 운동시설, 주차대수 등을 포함하며, 이는 거주자들에게 쾌적한 공간을 제공하고 이용의 편의성 형성에 도움을 주는 시설이다.

본 연구의 4장 모집단분석에서 서울특별시 내 대단지에서의 대형건설사 시공비율에서 나타난 바와 같이 대형건설사들의 참여도는 단지규모가 클수록 높다. 대형건설사들은 아파트 브랜드가치의 홍보를 통해서 기업 가치를 높이는 전략을 펼치고 있으며 디자인가치를 높이는 데 긍정적이다. 또한 아파트단지를 계획할 때 심미적인 디자인계획이 수반될 수 있도록 노력하고 있다. 따라서 본 연구자는 단지규모가 클수록 심미적 디자인요인이 많이 적용되어 있을 것으로 판단한다. 이에 가설 H_1 : H3을 설정한다.

[H_1 : H3] 단지규모가 클수록 심미적 외관디자인요인이 가격형성에 미치는 영향이 클 것이다.

(4) 단위가격과 심미요인

부동산은 부동성, 영속성, 부증성, 공간성의 특성을 지닌 재화이다.[121] 부동산의 이러한 특성은 소비자들로 하여금 주택을 구입할 때 입지를 최우선 의사결정요건으로 여기도록 한다. 또한 우수한 입지지역에 대한 선호는 차별화된 가격으로서 그 가치가 표현된다. 실제로 지난 2003년부터 2007년까지의 버블세븐지역에서의 가파른 가격급등현상은 이들 지역에 대한 높은 선호도를 나타낸 것이다. 따라서 본 연구는 선호특성이 있는 지역에 가격특성이 있다는 점에 착안하여 단위가격별 특성을 검증하였다. 이정민은 강남지역의 재건축결정요인에 대한 연구에서 입지여건이 좋은 지역에서는 용적률 등의 정책이 강화되어도 재건축이 추진이 이루어진다는 것을 밝히면서, 입지여건에 따라 재건축사업의 추진여부가 달라진다고 하였다.[122] 따라서 가설 H_1 : H4를 설정한다.

[H_1 : H4] 단위가격이 큰 지역일수록 심미적 외관디자인요인이 가격형성에 미치는 영향이 클 것이다.

3) 분석모형

주택구매자는 동일한 균형시장에서 편리한 위치를 점유하는 데 더 많은 임대료나 가격을 지불한다.[123] 주택은 그것이 위치하는 토지의 위치와 용도, 구조, 크기와 특성이 다른 이질적인 상품으로서, 주택가치는 각 주택의 다양한 개별적인 특성들에 기초하여

---

121) 방경식 · 장희순 저, 앞의 책, 103쪽.
122) 이정민, "서울특별시 강남지역 아파트 가격 영향요인 분석", 홍익대학교 박사학위논문, 2001, 144-145쪽.
123) Denise DiPasquale & William C. Wheaton, 조주현(역), 「부동산시장분석론」, 서울 : 부연사, 2006, 109-115쪽. 본 연구는 주택 또한 일반재화와 마찬가지로 한계효용을 가지고 있다는 데니스(Denise) 외의 이론에 의견을 같이 한다. 따라서 비선형함수로 도출되는 특성가격함수모형을 선형함수로 변형시켜서 분석해야 한다는 데니스(Denise) 외의 이론을 인용하여 분석모형을 설정하였다.

평가된다. 이러한 개별특성에 따른 정확한 가격은 주택시장에서 직접적으로 관측되지 않지만, 특성가격함수를 이용하여 소비자의 가치평가를 측정할 수 있다. 이는 본 연구에서 분석하고자 하는 심미적 외관디자인가치의 평가에도 적용된다.

선형함수식에서 주택특성의 계수(βi)들은 $X1$이 방의 개수라 할 때 방이 하나 더 있는 주택은 βi만큼 더 비싸게 주택가격에 영향을 미친다는 것을 의미한다. 따라서 선형함수식은 이러한 한계가격이 고정적이고 변수의 크기에는 종속되지 않는다고 가정하는 것이다. 즉, 모든 규모의 주택에 대해서 단위 면적의 증가는 동일한 값의 가격증가를 초래하며 부가적인 공간에 따른 한계효용체감은 없다는 것을 가정하는 것이다.

한계효용은 소비자가 재화나 용역을 추가적으로 1단위 구매함으로써 얻는 추가적인 만족이나 편익을 나타내는 경제학적 개념으로서, 일정한 종류의 재화가 잇따라 소비될 때 최후의 한 단위의 재화로부터 얻어지는 심리적 만족도, 욕망의 정도에 정비례하고 재화의 존재량에 반비례한다. 즉, 상품 구매자가 상품을 점점 더 많이 구매하게 됨에 따라 그 상품의 한계효용은 점점 감소하며 마침내 그가 더 이상의 추가적인 단위를 구매할 필요가 없게 되는 지점에 도달하게 된다. 이때 한계효용은 0이 된다.

주택의 경우도 수요·공급에 있어서 일반재의 효용개념과 같으며 공급이 늘어남에 따라 한계효용체감의 법칙이 적용된다. 아래 〈그림 4-2〉는 선형함수에 의한 가격과 한계효용체감이 적용된 가격을 도식화한 것이다.

〈그림 4-2〉 선형함수가격과 한계효용가격

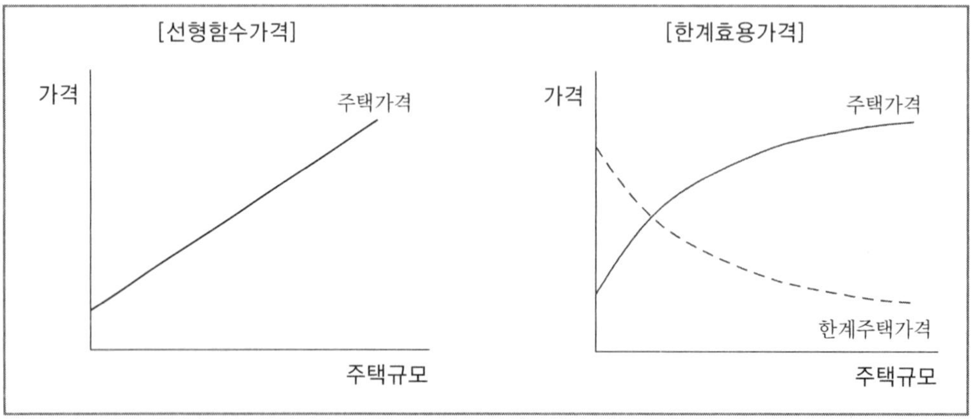

이것은 한 가구가 상이한 주택규모에 따라 기꺼이 지불하려는 주택가격을 보여준다. 실선은 한 가구가 주택규모에 따라 주택가치를 부여하는 것을 나타내고 점선은 주택규모가 1단위 늘어남에 따라 부가되는 한계가치를 나타낸다. 선형함수가격은 주택규모증가에 따라 가격이 계속해서 높아지고 있다. 그러나 한계효용가격은 두 곡선모두 한 가구가 더 많은 주택면적을 확보함에 따라 단위면적 당 지불의사가 낮아지고 있음을 시사한다.

이와 같이 선형함수식은 종종 부동산 가치평가에 이용되지만 이것은 침실이나 욕실 등의 한 단위가 동일한 가치를 가진다는 비현실적인 가정을 가지고 있다. 그래서 한계효용 체감의 법칙을 적용하여 가격과 제 특성들 간의 비선형 함수관계를 허용할 수 있다. 일반적인 모형은 아래와 같다.

$$P = \alpha X_1^{\beta_1} X_2^{\beta_2} \cdots X_n^{\beta_n}$$

위 식의 매개변수를 통계적으로 계산하기 위해서는 자연로그를 취하여 선형함수식으로 변형시켜야 한다. 따라서 본 연구의 분석모형은 로그를 적용한 함수식을 적용하며 이는 데니스(Denise) 외의 분석모형이론에 근거한다.

설명변수에 로그를 적용할 때는 더미변수를 어떻게 변환하여 자연로그를 취하여야 하는지에 대하여 고려하여야 한다. log0은 계산할 수 없기 때문에 더미변수의 값을 로그변환하기 위해서는 0과 1의 값을 1과 2로 변환하여 분석해야 log1의 값이 0으로 되어 오류가 없게 되며 오차가 최소화 된다. 따라서 본 연구에서는 더미변수값을 1과 2로 변환하여 분석하였다.

기존 선행연구에서는 더미변수에 로그를 취할 경우 log0의 값이 결측값이 되어 유의한 분석이 되지 못하므로 더미변수 외의 변수들만 로그를 취한 경우가 많다. 윤정중(2001)은 잔차의 등분산성과 결정계수값을 비교하여 이중로그식을 적합한 모형으로 채택하였으며, 더미변수는 로그를 취하지 않고 분석하였다. 윤채규(2004)는 함수식을 선택함에 있어서 결정계수 및 편회귀계수를 검토하여 선형함수식을 채택하였다. 신동훈(2004)[124], 주택산업연구원(2001)은 결정계수값을 비교하여 이중로그식을 채택하였으며, 더미변수는 로그를 취하지 않았다. 따라서 이러한 선행연구들은 한계효용체감의 법칙을 고려하지 않았으며, 이중로그함수식을 채택한 경우에도 더미변수는 로그를 취하지 않음으로써 모형의 타당성이 부족한 것으로 판단한다. 이것이 본 연구가 기존연구와 차별되는 점이다.

현재의 주택공급은 절대적으로 부족한 상황을 벗어나 소비자의 선택이 가능한 공급현황을 이루고 있다. 따라서 향후 주택의 디자인가치에 대한 시장의 요구가 늘어날 것으로 예상하며 그 중요성이 더욱 커질 것으로 판단한다. 이에 본 연구는 그 동안 기존의 가격형성요인에 포함되지 않았던 심미적 디자인요인을 추가하고 심미적 디자인가치가 미치는 주택의 가격영향을 분석하였다. 그러나 일반적으로 통용되는 디자인가치 또한 공급이 일정수준에 이르게 될 경우 한계효용체감법칙이 적용된다. 따라서 심미적 디자인요인의 가치를 분석할 경우에도 한계효용체감법칙을 적용하고 로그함수식을 채택하였다.

---

124) 신동훈(2004), Hedonic Price Function의 회귀분석을 활용한 APT가격결정요인에 관한 연구, 석사학위논문, 강원대학교 대학원

〈그림 4-3〉 분석모형 흐름도

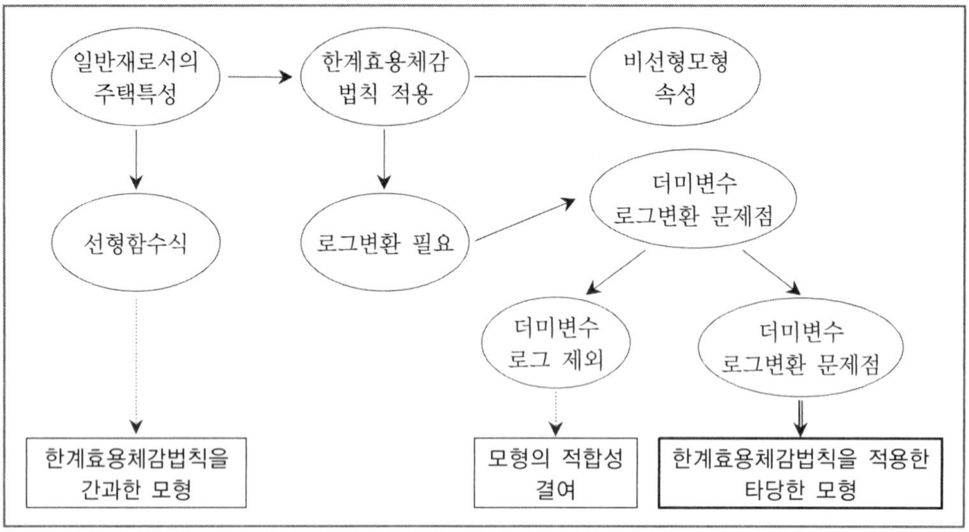

4) 분석방법

본 연구에서 가설을 검증하기 위해서 적용한 분석방법은 다음과 같다.

첫째, 가설 H1과 H2를 검증하기 위해, 서울특별시를 한강을 중심으로 강남권과 강북권으로 분류하여 강남권과 강북권에서의 심미적 디자인요인이 가격에 영향을 미치는지 분석하고, 영향을 미친다면 어떤 요인이 어느 정도 영향을 미치는지 분석하였다.

둘째, 강남권과 강북권의 분석결과를 토대로 각 권역별로 어떤 특성이 있는지, 정(+)의 요인과 부(−)의 요인은 무엇인지, 권역별 특성차이는 무엇인지를 분석하였으며, 가설에 위배되는 심미요인이 있다면 그 원인은 무엇인지를 추론하였다.

셋째, 심미요인의 가격영향이 단지규모와 단위가격에 따라 달라지는지를 분석하였다. 이를 위해 가설 H3과 H4를 설정하고 단지규모가 커질수록 심미요인의 가격영향이 커지는지, 단위가격이 높아질수록 심미요인의 가격영향이 커지는지를 분석하였다.

넷째, 가설 H3과 H4를 검증하기 위해서 강남권과 강북권을 단지규모별, 단위가격별로 분석하였다. 단지규모별 분석은 '주택건설기준 등에 관한 규정'에서 단지 내 도로의 설치기준이 되는 500세대와 1,000세대를 기준으로 분류하여 분석하였으며, 단위가격별 분류는 3.3㎡당 구(區, 이하 '지역')별 평균매매가격 2,000만 원을 기준으로 분석하였다. 2,000만 원이라는 가격기준의 근거는 강남권 버블세븐지역 등의 선호도가 높은 특정지역의 3.3㎡당 거래가격이 2,000만 원 기준으로 형성되어 있기 때문에 적용하였다. 이것은 본 연구의 구득자료에 기초하여 도출된 가격이다.

다섯째, 상기 분석결과를 토대로 향후 감정평가 시, 주택건설사업 전략구상 및 소비자 의사결정 시, 도시공간에 대한 정책적 판단 시에 고려되어야 할 주요 디자인요인을 제시하고 연구의 시사점 및 연구의의를 기술하였다.

통계분석방법은 다음과 같다.

첫째, 심미단지와 비심미단지 간의 가격차이가 있는지를 분석하기 위하여 심미단지를 추출하였다. 심미단지는 심미요인의 설치여부를 확인하여 분류하였으며 분류기준은 공간성, 조형성, 경관성의 심미특성요인의 각 영역에 심미변수가 1개 이상씩 포함된 단지[125]를 심미단지로 설정하였다. 그 외의 단지는 비심미단지로 설정하였다. 즉 심미단지는 디자인이 각 영역별로 다양하게 적용되어 있는 단지를 의미하며, 비심미단지는 심미요인이 일부 영역에 편향되거나 하나도 없는 단지를 말한다.

둘째, t-test로 심미단지와 비심미단지의 가격차이가 있는지 분석하였다. 분석결과 심미단지의 평균매매가격이 비심미단지의 평균매매가격보다 높게 도출된다면 이는 디자인요인이 가격형성에 영향을 주고 있다는 것으로 추론할 수 있다. 이는 심미적 디자인요인이 균형 있게 적용된 단지일수록 아파트 미관가치가 크다는 것을 의미한다. 이러한 미관가치의 향상은 우수한 도시환경 창출의 바탕이 된다.

셋째, 다중회귀분석을 실시하여 심미변수들 중 가격형성에 영향을 주는 구체적인 변수를 파악하였다. 또한 그 변수가 아파트가격에 미치는 영향정도를 분석하였다.

통계프로그램은 SPSS WIN 12.0을 이용하였으며, 다중회귀분석은 다음과 같이 진행하였다.

첫째, 모형은 매매가격을 반응변수로 하고 설명변수는 물리특성요인, 단지특성요인, 지역특성요인 및 심미특성요인의 개별변수를 설정하여 특성가격함수기법인 다중회귀분석을 하였다. 다중회귀분석의 변수선택방식은 단계선택방식(Stepwise method)을 이용하였으며 본 연구의 분석모형에서 제시한 바와 같이 로그함수식을 적용하였다.

둘째, 회귀분석의 기본가정에 부합하는 모형의 적합성을 판단하기 위해 다중공선성 및 잔차를 검토하였다. 본 연구에서는 잔차의 정규성을 검토하기 위해 Kolmogorov-Smirnov 검정[126]을 이용하였다.

---

125) 각 영역별로 1개 이상씩으로 설정하지 않고 전체에서 3개 이상으로 설정한다면 공간성, 조형성, 경관성 중 한 영역에만 치우치는 경우가 발생하여 다양한 디자인이 적용되었다고 보기 어렵다. 따라서 심미특성요인의 각 영역에 1개 이상씩 심미변수가 적용되어 있을 경우만 심미단지로 설정하였다.

126) 회귀분석은 오차들이 평균 0을 갖는 정규분포를 따른다고 가정하고 있다. 따라서 정규성을 탐색하는 것은 매우 중요하다. 정규성 검정의 가장 흔한 방법은 잔차의 정규확률을 이용하는 것이다. 이에 대한 검정법은 정규확률도표를 그려보는 방법이 있으나 객관적으로는 Kolmogorov-Smirnov 검정법과 Shapiro-Wilk검정법을 이용하는 방법이 있다. 표본의 수가 51개 이상이면 Kolmogorov-Smirnov 검정법을 이용하고 50개 이하이면 Shapiro-Wilk검정법을 이용한다. 귀무가설은 '자료의 분포가 정규분포이다'이다[김연형 · 김재훈(2006), 「SPSS와 사회과학 자료분석」, 서울, 교우사, 45-46쪽].

2 가격형성요인 선정

1) 변수선정

가격특성에 대한 기존의 선행연구들은 주로 입지와 교육환경, 단지규모, 입주시점 등을 설명변수로 하여 연구되어 왔다. 이는 특성변수들을 정량적 자료에 의존한 연구들로서 각 건축물들의 주관적이고 심미적인 요소가 가미된 디자인에 대한 정성적 변수가 배제된 상황이다. 따라서 객관적인 정량적 변수들만을 대상으로 하여 초기 아파트 가격인 분양가에 적용하는 것이 타당한지에 대해서는 별도의 판단이 되어야 한다.

본 연구에서는 가격특성요인을 계량화가 가능한 정량적 특성요인과 디자인 측면의 정성적 특성요인으로 분류하여 연구하였다.

현재까지 정성적 요인의 경우 디자인 프로세스 참여자들에 대한 주관적인 고려사항으로 간주되거나 이러한 요인들 중 몇몇은 간과되어 왔으며, 디자인 분석과 평가를 위한 체계적인 방법론만이 디자인 성능개념에 적용되어 왔다.[127] 이는 디자인 지식과 행위를 공식화하려는 노력에도 불구하고 정성적인 성능 기준들을 물리적 성능 기준들과 비교할 수 있도록 정량화하는 방법론의 부재 및 연구결과의 신뢰성과 적용범위의 제한이라는 원인에 기인한다.[128]

정량적, 정성적 문제는 이들이 복합된 문제라 하여도 가중치를 주어 이들에 대한 최적안을 찾아내는데 영향을 주는 경중을 고려한다면 다중기준에 대한 최적안 도출은 어렵지 않다.[129]

정성적 요소의 도출방법은 디자인의 심미성에 대한 가중치를 적용하고 척도를 구하여 계량화하는 방법으로 전문가 설문조사가 있다. 그러나 감성적인 느낌의 기준을 정하는 과정에서 전문가의 판단을 활용하는 것은 긍정적, 부정적인 측면이 있다. 이는 파렌테와 앤더슨 파렌테(Parent · Anderson-Parent)의 델파이(Delphi) 조사결과에 의해서도 나타나는 데 전문가는 간혹 부분에만 집착하여 전체 시스템을 등한시하는 경향이 있는 것으로 나타났다.[130] 따라서 본 연구에서는 2장과 같이 각종 지침 등을 분석하여 객관화된 디자인요소를 도출하였다.

정량적 특성요인은 객관적으로 설명될 수 있는 요인으로서 주택의 물리특성요인, 단

---

127) Jockusch, P. R.(1992), "How Can We Achieve a Good Building?", *Evaluation and Predicting Design Performance*, edited by Yehuda E. Kalay, 진경일(2001), 「유전자 알고리즘을 이용한 건축 디자인 최적화 방법에 관한 연구」, 박사학위논문, 연세대학교 대학원, 19쪽, 재인용

128) Becker, R.(1995), "A Method for the generation of Weighting Factor for Performance Evaluation", *Building and Environment*, Vol.20, No4, 진경일, 위의 책, 19쪽, 재인용

129) 진경일, 위의 책, 132쪽.

130) Parent, F. J., and Anderson-Parent, J. K.(1987), Delphi Inquiry Systems, Wright, G., and Ayton, P.(Eds), *Judgmental Forecasting*, New York, John Wiley & Sons Ltd., pp.129-156, 김인호, 앞의 책, 117쪽, 재인용

지특성요인, 지역특성요인으로 설정하였으며 정성적 특성요인은 심미특성요인으로 설정하였다.

일반적으로 정성적 특성요인은 객관적 계량화가 가능하지 않은 주관적 느낌으로서 만족도 조사를 통한 이웃과의 친밀도 등의 주거환경변수나 시감각적 측면의 디자인특성변수 등이 있다. 디자인특성변수는 건축물의 디자인 표현방식의 차이에 의한 디자인표현변수와 디자인요인의 존재유무에 의한 디자인평가변수 등이 있다. 디자인표현변수는 개인의 성향에 의해 매우 주관적인 특성을 지닌다. 또한 시대의 변화에 의한 디자인 유형과 인식 정도에 따라 그 가치가 변화된다. 따라서 변수선정에 한계가 있다. 또한 주관적 생활환경변수는 거주자의 개별 특성에 의하여 생성되는 특성으로서 거주자의 이동에 따라 지속성이 저하되어 변수설정에 한계가 있다. 그러므로 본 연구에서는 주관적 주거환경변수와 디자인표현변수는 제외하고 객관화와 계량화가 가능한 디자인 요인의 존재여부에 의한 디자인평가변수를 정성적 특성요인인 심미특성요인으로 설정하였다.

정량적 특성요인과 정성적 특성요인은 다음과 같다. 각 변수의 검토는 본 연구가 심미단지의 가격영향을 분석하는 것이므로 동별 세대 기준이 아닌 주택형을 기준으로 하였다.

(1) 물리특성요인

사람들이 주택을 구입하기 위해서 고려하는 건물의 개별요인은 주택의 규모, 설비형식 및 주거환경성이다. 주택의 규모는 전용면적, 공용면적, 전용서비스면적, 공용서비스면적, 방수 등이 해당되며 주택의 설비형식은 난방방식, 엘리베이터의 크기, 전기시설 등이 해당된다. 주거환경요인은 향, 주동형태[131] 등이 있다. 본 연구에서는 전용면적, 향, 주동형태를 물리특성요인으로 선정하였다.

(2) 단지특성요인

아파트는 여러 개의 독립된 주택이 모여서 단지를 이루며 공공의 시설을 함께 이용함으로써 편의를 도모하는 집합건축물이다. 그러므로 단지의 환경은 아파트의 가격을 결정하는 중요한 요인이 된다. 단지특성요인은 단지의 규모, 건축물의 연식, 이용편리성을 위한 각종 시설, 녹지 환경 및 건축물의 시공수준에 의해서 결정된다. 이에는 대지면적, 총세대수, 용적률, 건폐율, 층수, 입주년도, 주차대수, 주차방식, 커뮤니티시설, 시공사군이 포함된다. 본 연구에서는 총세대수, 용적률, 건폐율, 층수, 녹지율, 호당주차대수, 주차방식, 시공사군을 설정하였다.

131) 주동의 형태는 평면의 형태에 의해서 결정되는 동의 매스형태이다. 본 연구의 대상은 주택형을 기준으로 하고 있으므로 개별 세대의 평면형태 대신 주동형태를 분석 자료로 활용하였다.

(3) 지역특성요인

주택을 선택하는 데에 있어서 직장, 학교 등과의 이동거리를 고려한 직주근접의 입지조건은 매우 중요하다. 입지는 지역위치에 따른 지역변수와 교통, 교육환경, 자연환경, 공공시설 및 편익시설의 편리성과 중심상업지구(CBD : Central Business District)까지의 거리 등에 의해서 결정된다. 본 연구에서는 지역변수, 지하철역거리, 편의시설거리, 공원거리를 변수로 설정하였다.

(4) 심미특성요인

도시는 건축물과 자연에 의해 만들어진 유기적 집합체이다. 도시 경관은 공원 등의 녹지 환경과 더불어 건축물에 의해서 창출되며, 아파트가 도시 경관에서 차지하는 비중은 매우 크다. 이에 본 연구는 아파트 외관디자인에 의한 경관요소들을 중심으로 연구하였다. 인테리어디자인 등과 같은 아파트 내부의 디자인 요인에 대해서는 분석대상에서 제외하였다.[132]

심미특성요인은 선행연구, 사회트렌드분석, 건설사 설계지침 및 공공기관 지침 고찰을 통하여 선정하였으며 이를 공간성, 조형성, 경관성으로 분류하였다.

공간성에 해당되는 심미적 외관디자인 요인은 단지 밖에서 조망하는 아파트 주동 형태에 대한 시각디자인요인과 주동의 배치 등에 의해서 형성되는 단지 내 공간디자인요인, 주동 이외의 단지 내 환경시설물 등의 경관디자인요인이 있다. 이에는 주동의 형태와 배치에 의해서 구성되는 배치디자인, 녹지율, 생활환경휴게시설, 단지 내 개방성, 보행자의 안전을 고려한 보행의 자율성, 주차장이용형태, 적극적인 녹지 확보를 위한 옥상녹화 등이 해당된다. 본 연구에서는 배치디자인, 옥외생활환경디자인, 시각적 개방성을 공간성의 세부요인변수로 설정하였다.

조형성은 아파트 단지의 대부분을 구성하는 주동의 형태에 의해서 표현된다. 주동의 형태는 주호의 내부공간 구성방식에 다양성과 변형적 특성을 부여하는 기본적인 틀이다. 동일 블록 내에 서로 다른 형태의 주동을 혼합배치하거나 상호 연결하여 새로운 형태를 구축하고 다양화시킬 수 있다.[133] 또한 주동형태의 다양성은 단지 외부와 단지 내부에서 보이는 단지의 조형감을 형성하며 단지 내 수직·수평의 시야 범위에서 휴먼스케일로 느낄 수 있는 공간감을 형성한다. 따라서 주동의 형태는 도시경관의 스카이라인의 다양한 변화와 단지 내 오픈스페이스의 확보를 유도한다. 이러한 주동의 형태는 주동의 평면 형태[134]와 입면디자인에 의해서 결정된다. 따라서 입면에 의해서 디자인되는

132) 내부 인테리어디자인에 대한 평가는 개인별 취향의 정도가 다변하고 종류가 광범위하여 계량화가 어려우므로 본 연구의 심미특성요소에서는 외관디자인만을 연구대상으로 설정하였다.

133) 이금진, 앞의 책, 19-20쪽.

134) 주동의 평면 형태는 평면 형태는 주동의 조형성에 영향을 주는 요소이기도 하나 시설의 기본구조인 물리특성요인에 더 가까운 요소이므로 물리특성요인으로 배치하였다.

주동의 형태와 주동출입구, 코어옥탑, 옥상장식물, 주차장입구의 형태와 색채[135] 및 자재디자인 등이 조형성에 해당된다. 본 연구에서는 주동디자인, 옥탑디자인, 자재디자인을 변수로 설정하였다. 환경조형물은 건축물이 아니므로 변수에서 제외하였으며, 주차장입구의 형태는 2001년부터 준공된 아파트의 경우 대부분 설치가 되어 있어 변별력이 떨어지므로 제외하였다.

경관성은 시각적 인지영역으로서 단지의 특성과 인지성을 표현하는 요인이다. 이에는 정문형태, 경관조명, 색채와 브랜드디자인 등의 변수들이 포함된다. 본 연구에서는 정문디자인, 경관조명디자인, 브랜드디자인을 변수로 설정하였다. 색채디자인은 표본분석 결과 아파트별로 디자인의 변별력이 떨어지며 도색기간에 따라 시각적 판단의 오류가 나타나는 경우가 있다. 또한 멘셀기준표에 의한 색채분류는 전문가의 판단영역에 해당된다. 따라서 일반인이 판별하기에는 한계가 있으므로 본 연구에서는 제외하였다.

〈표 4-1〉 선정변수

구 분		변 수	선 정 변 수
물리특성요인		전용면적, 방수, 공용면적, 전용서비스면적, 공용서비스면적, 향, 난방방식, 엘리베이터 크기, 전기시설	전용면적, 향, 주동형태
단지특성변수		대지면적, 총세대수, 용적률, 건폐율, 층수, 입주년도, 녹지율, 커뮤니티시설, 주차대수, 주차방식, 건설업체지명도	총세대수, 용적률, 건폐율, 녹지율, 호당주차대수, 주차방식, 시공사군, 층수
지역특성변수		지역변수, 교통 편리성, 교육환경, 자연환경, 공공시설 편리성, 편익시설 편리성, CBD까지의 거리	지역변수, 지하철역거리, 편익시설거리, 공원거리
심미특성변수	공간성	배치디자인, 녹지디자인, 옥외생활환경디자인, 시각적 개방성, 보행 자율성, 옥상녹화	배치디자인, 옥외생활환경디자인, 시각적 개방성
	조형성	주동디자인, 주동출입구디자인, 코어옥탑디자인, 옥상조형물디자인, 색채디자인, 자재디자인, 주차장입구디자인	주동디자인, 옥탑디자인, 자재디자인
	경관성	정문형태디자인, 경관조명디자인, 색채디자인, 브랜드디자인	정문디자인, 경관조명디자인, 브랜드디자인

2) 변수정의

주택가격은 매매가격과 3.3㎡당 가격(기존의 평당 가격)이 있다. 본 연구에서는 매매가격을 반응변수로 설정하였다. 이는 단위 면적당 가격인 3.3㎡당 가격을 반응변수로

135) 색채는 주동디자인을 구성하는 요소이기도 하나 시각적 측면이 더 강하므로 조형성보다 경관성 영역에 포함된다.

설정할 경우 가격특성이 큰 지역에서는 단위(㎡)가격의 영향력이 커져서 분석 자료에 의한 연구모형의 오류를 발생시키기 때문이다.

(1) 전용면적

아파트 가격은 규모에 의해 영향을 받으며 실제 주택시장에서는 주택형(기존의 평수로서 분양면적을 의미)보다 전용면적을 기준으로 주택가격이 책정되는 경향이 있다.[136] 따라서 전용면적은 주택규모의 주택형을 결정짓는 매우 중요한 요소이다.

(2) 향

기후여건 상 우리나라의 주택수요자들은 주택을 구입할 때 향을 중요하게 고려한다. 이에 개발업자들은 최대한 남향으로 배치계획을 수립한다. 본 연구에서는 동별 향의 기준을 거실창의 중심에서 좌우 22.5°안에 포함된 방위를 주된 향으로 설정하였다. 본 연구는 단지의 주택형을 기준으로 분석하였으므로 동일 주택형의 동들이 가장 많이 향하는 향을 주된 향으로 정하여 가변수화 하고 분석하였다.

(3) 주동의 형태 – 판상형, 탑상형, 조합형

아파트의 형태는 판상형, 탑상형, 판상형과 탑상형을 적절히 조합한 조합형으로 분류할 수 있다. 단지 내 분위기는 주동의 형태에 따라 매우 다르게 나타나므로 본 연구에서는 주동의 형태를 판상형, 탑상형, 조합형으로 나누고 가변수화 하였다.

(4) 총세대수

아파트 단지규모를 결정하는 요인인 세대수는 「주택법」과 「주택건설기준 등에 관한 규정」의 부대시설 적용기준이 된다. 대단위의 규모일수록 유치원, 초등학교 등의 시설기준이 적용되어 거주민의 이용편리성에 영향을 미치고 있다. 그러므로 본 연구에서는 총세대수를 설명변수로 선정하였다.

(5) 용적률

조주현(1998)의 선행연구에서 나타난 바와 같이 아파트의 매매가격은 용적률이 작을수록 높게 나타나며 용적률의 가격영향력이 크다. 본 연구에서는 단지별 계획용적률의 차이, 즉 주거 밀도의 차이가 아파트가격에 미치는 영향을 파악하기 위하여 용적률을

136) 배수진(2000), 주택가격에 내재한 녹지의 가격측정에 관한 연구, 석사학위논문, 서울대학교 환경대학원, 34쪽.

설명변수로 선정하였다.

(6) 건폐율

기존 선행연구에서는 용적률과 건폐율의 상관관계가 깊은 관계로 건폐율을 변수에서 제외시켜왔다. 그러나 최근 신축되는 아파트는 고층화 추세와 더불어 오픈스페이스(Open Space)에 대한 요구가 커지고 있어, 법적 용적률의 한계 내에서 환경성을 차별화하는 요소로서 건폐율이 부각되고 있다. 이에 본 연구에서는 건폐율과 용적률을 모두 설명변수로 선정하였다.

(7) 녹지율

녹지율[137]은 대지면적에 대한 조경면적의 비율로서 단지 내 외부공간의 쾌적성 및 단지디자인에 영향을 미치는 중요한 변수로서 건폐율과 함께 그 중요성이 날로 부각되고 있다.[138]

(8) 호당 주차대수

주차대수는 거주민의 편의성에 영향을 미치는 요소로서 법에 근거한 설치대수는 세대수에 의해 산정되며 단지의 총세대수가 많을수록 영향력이 커진다. 이에 본 연구에서는 총세대수와의 공선성을 배제하기 위하여 호당 주차대수를 산정하고 설명변수로 설정하였다.

(9) 주차방식

주차방식은 단지환경의 쾌적성을 구성하는 요소이다. 본 연구에서는 주차방식을 지상 + 지하의 조합방식과 지하주차방식으로 구분하였다. 지하주차방식은 전체 주차대수의 90% 이상이 지하주차일 경우로 한정하여 가변수화 하였다. 지상주차장이 10% 이하 정도로 설치되어야 비상주차 등 지상에 필요한 주차 등을 설치하고 대부분의 주차장을 지하에 설치하여 쾌적한 단지환경이 조성될 수 있기 때문이다.

(10) 시공사군

본 연구에서는 시공사군(群, 건설업체 지명도)을 2006년도 도급순위기준으로 1위－5위까지와 6위－30위(공사포함)까지로 분류하고 이를 가변수화 하여 분석하였다.

---

137) 본 연구에서는 대지면적에 대한 조경면적의 비율을 녹지율로 정의하였다.
138) 대한주택공사는 이유미연구의 호별 녹지율을 아파트 디자인 평가척도로 산정하여 적용하고 있다.

(11) 층수

최근 아파트의 다양한 평면개발과 탑상형 아파트에 대한 인동간격 인센티브로 탑상형 아파트가 증가하고 있으며 기존의 15층-25층 위주의 단지에서 26층 이상의 아파트 단지가 늘어나고 있다. 층수가 높은 단지의 경우에는 건폐율이 감소되어 단지 환경성이 좋아졌다. 이에 본 연구에서는 단지의 최고층을 기준으로 분석하였다.

(12) 지역변수

일반적으로 아파트 가격은 각 지역의 특성에 의해 차이가 크게 나타난다. 본 연구에서는 강남권 내에서 타 지역에 비해 독특한 특성을 가지는 강남, 서초, 송파, 양천구를 지역변수로 설정하여 가변수화 하였다. 강북권에서는 용산구와 마포구를 지역변수로 설정하였다.

(13) 지하철역거리

연구자료 구축을 위한 지하철역거리는 닥터아파트의 지도서비스를 이용하여 단지중심으로부터의 직선거리를 측정하였다.

(14) 편의시설거리

최근, 재래시장의 역할이 축소되고 마트 등의 시장역할이 커지면서 할인점 등의 쇼핑센터 이용이 증가하고 있다. 이에 본 연구에서는 편의시설과의 거리를 설명변수로 설정하였다. 편의시설은 이마트 등의 할인점과 백화점 규모의 판매시설로 한정하였다. 거리는 단지중심으로부터 측정하였다.

(15) 공원거리

2006년 하반기부터 주5일제가 도입되어 주말문화가 가족중심 문화로 바뀌고 있고 휴일 공원산책 등의 횟수가 늘어가고 있으며 환경에 대한 중요성이 높아지고 있다. 이에 본 연구에서는 공원과의 거리를 변수로 설정하여 분석하였다. 측정은 단지중심에서 공원입구까지의 거리를 측정하였다.

(16) 배치디자인

주동 배치는 아파트 단지의 공간성 및 환경성을 결정짓는 중요한 요소로서 단지의 공간분위기는 주동배치에 따라 좌우된다. 이에 본 연구는 앞 동의 배치가 시각적으로 가리는지의 여부와 주차장위주의 배치에서 벗어나 녹지위주의 배치디자인을 적용했는가를 기준으로 가변수화 하여 설명변수로 선정하였다.

(17) 옥외생활환경디자인

수공간은 설계자와 시공사의 창의적 발로에 의한 설계공간[139]으로서 친환경시설의 대표적 시설이다. 그러나 시설을 운영할 때에는 유지관리비용이 발생하므로, 세대 입주 후 이러한 시설들의 적극적인 활용여부에 대해서는 고려의 여지가 있다. 본 연구에서 옥외생활환경디자인은 벽천이나 분수대, 연못, 실개천 등을 포함한 수공간과 농구장, 롤러스케이트장 및 퍼팅그린 등의 시설 유무를 기준으로 가변수화하고 분석하였다.

(18) 시각적 개방성

아파트는 최하층 부분을 필로티로 계획할 경우 공사비의 추가를 수반하나 인동간격 등의 높이제한에 대한 법규완화를 받을 수 있어 많은 개발자들이 이를 적용하고 있다. 또한 필로티 계획은 시각적 개방성과 통경성을 확보하는 변수로서 휴먼스케일에 의한 풍성한 공간을 느낄 수 있도록 한다. 이에 본 연구에서는 최하층의 필로티 적용 여부를 기준으로 가변수화 하여 그 영향의 정도를 분석하였다.

(19) 주동디자인

최근 신축되는 아파트는 외관 조형디자인에 대한 고민이 엿보인다. 그러나 채광창을 최대한으로 확보해야 하는 아파트의 특성상 주동의 형태를 적극적으로 디자인할 수 있는 부분은 코어옥탑부나 주동출입구로 한정지어지는 경우가 많다. 본 연구에서는 주동디자인을 설명변수로 채택하고 코어와 주동출입구 디자인이 기존의 디자인 틀에서 벗어나 모두 적용되어 있는 단지를 가변수화 하여 분석하였다.

(20) 옥탑디자인

옥탑은 아파트 지붕의 경관조형물로서 디자인의 변화가 많지 않은 아파트 외형의 분위기를 쇄신하는 중요한 요소이다. 이에 옥탑경관디자인이 되어 있는가를 분석하여 설치되어 있는 단지를 가변수화 하였다.

---

139) 김수미 · 심우갑(2004), "호수밀도를 고려한 옥외부대복리시설기준과 옥외공간에 관한 연구", 「대한건축학회논문집 계획계」, 제20권 제8호, 116쪽.

〈표 4-2〉 가격형성요인의 특성변수

요 인		변 수	더미변수	단위	기 준
물리특성요인		전용면적		㎡	안목전용면적
		향	○		정남향 : 1, 남동향, 남서향, 동향 : 0
		탑상형	○		탑상형 : 1, 조합형 : 0, 판상형 : 0
		조합형	○		조합형 : 1, 탑상형 : 0, 판상형 : 0
단지특성요인		총세대수		세대	
		용적률		%	지상연면적 / 대지면적
		건폐율		%	건축면적 / 대지면적
		녹지율		%	조경면적 / 대지면적
		호당주차대수		대	총주차대수 / 세대수
		주차방식	○		지하 : 1, 지상 : 0
		시공사 군	○		2006년도 도급순위 1위-5위 : 1, 기타 : 0
		층수		층	단지 내 최고층 기준
지역특성요인		지역변수	○		3.3㎡당 평균가격 2천만 원 이상인 구 : 1, 기타 : 0
		지하철역거리		m	단지중심에서 입구까지의 거리
		편의시설거리		m	대형할인마트, 백화점까지의 직선거리
		공원거리		m	근린공원이상의 공원까지의 직선거리
심미특성요인	공간성	배치디자인	○		(정면투시형 인동배치 + 녹지위주) 배치 : 1
		옥외생활환경디자인	○		수공간, 퍼팅그린, 대형체육시설 설치 : 1
		시각적개방성	○		저층 필로티 설치 : 1
	조형성	주동디자인	○		(주출입구 + 코어옥탑)디자인 : 1
		옥탑디자인	○		옥상 경관 조형구조물 설치 : 1
		자재디자인	○		석재, 알루미늄시트 등 자재 적용 : 1
	경관성	정문디자인	○		기둥식, 로툰다식 등 정문설치 : 1
		경관조명디자인	○		옥탑, 정문, 분수대 등 경관조명 설치 : 1
		브랜드디자인	○		브랜드명의 조형디자인 : 1

(21) 자재디자인

자재는 그 자체로 색채 및 질감을 표현하는 요소로서 아파트 외관의 디자인을 느끼게 하는 요소이다. 본 연구는 기존의 외부용 수성페인트 외장에서 탈피하여 석재나 드라이비트, 알루미늄쉬트, 적벽돌 등의 자재를 혼용하여 다양하게 적용하였는가의 여부를 분석하여 가변수화 하였다.

(22) 정문디자인

정문은 단지의 인지성을 표현하는 대표적 요소이다. 최근 시공사를 포함함 개발자들은 브랜드가치에 대한 아파트의 인지성을 높이기 위해 로툰다형이나 열주형식, 아치형식 등의 정문을 적용하고 있다. 이에 본 연구에서는 정문이 기둥형식이나 일종의 개선문 형식의 정문프레임(Frame)이 설치되고 디자인이 되어 있는 단지를 가변수화 하여 분석하였다.

(23) 경관조명디자인

경관조명은 단지외부나 내부에서의 시각적 인지성을 선명히 하는 역할과 함께 심미적 디자인 요소로서의 역할을 담당하고 있다. 본 연구는 정문, 옥탑부 및 단지 내에 설치된 분수대 등의 경관조명디자인을 설명변수로 설정하고 가변수화 하여 분석하였다.

(24) 브랜드디자인

브랜드디자인은 시공사와 아파트단지의 인지성을 동시에 높이는 요소로서 브랜드장식에 대한 디자인이 이에 해당된다. 브랜드디자인 방법으로는 아파트 측벽에 브랜드명을 도색하는 방법이 가장 많이 쓰여 온 방법이나 본 연구에서는 별도의 조형디자인이 된 경우만으로 한정하여 가변수화 하였다. 〈표 4－2〉는 가격특성변수의 기준을 정리한 것이다.

3 기초자료

1) 분석대상 선정조건

본 연구의 공간범위는 서울특별시를 대상으로 하며, 한강이남인 강남권[140]과 한강이북의 강북권[141]으로 분류하여 분석하였다. 이와 같이 한강을 기준으로 권역을 분류한 이유는 1968년 영동개발이래 수도권재배치법 등 강북지역에 대한 차별적 규제와 강남

140) 강남권은 서울특별시 도시기본계획에 의한 권역별 분류 중 동남권과 서남권에 속하는 강동구, 강남구, 송파구, 서초구, 관악구, 동작구, 영등포구, 금천구, 구로구, 양천구, 강서구를 말한다.

141) 강북권은 서울특별시 도시기본계획에 의한 권역별 분류 중 도심권, 서북권, 동북권에 속하는 중구, 용산구, 마포구, 서대문구, 은평구, 성동구, 성북구, 동대문구, 중랑구, 도봉구, 강북구, 노원구를 말한다.

지역의 인구, 학교 등 도시기능의 이전권장 및 집중에 따른 도시기반시설의 지속적 투자로 전통적 시가지인 강북권과 신흥시가지인 강남권간의 생활환경 차이가 크며,[142] 강남권의 서구적 환경특성이 강북권의 전통과 조화된 문화·환경적 특성과 확연히 분류되는 특성이 있기 때문이다. 이러한 이유로 강북권보다는 강남권에 대한 지역 선호가 높고, 강남권에 민간투자의 집중현상을 초래하여 두 권역 간의 아파트디자인수준이 다르다.[143]

아파트 가격특성은 건축연도에 따라 가격의 차이가 나며, 디자인 수준차이 또한 매우 크게 나타난다. 특히, 2001년을 기점으로 해서 디자인의 차이가 나기 시작하였다. 이는 1957년 성북구에 종암아파트 건설을 시작으로 해서 2000년 이전 아파트의 경우 '삶의 질'보다는 대량공급위주의 획일적이고 경제적인 디자인으로 개발되어 차별화된 디자인이 적용된 사례가 드물기 때문이다.[144] 그러므로 본 연구에서는 시간범위를 준공시점 기준으로 2001 - 2006년 상반기로 한정하였다. 시간범위의 초기기준을 2001년으로 한 것은, 외환위기 이후에 1998년 분양가자율화제도의 도입과 2000년 12월 주거환경우수주택 인증제도 및 그린빌딩 인증제도 도입으로 아파트단지에 차별화된 디자인이 나타나기 시작했기 때문이다.[145]

〈그림 4-4〉 2000년 이전과 이후 아파트디자인 비교사례

2000년 이전 - 방배동 예가 리모델링 전

2001년 이후 - 방배동 예가 리모델링 후

142) 이계중(2005), 서울특별시 뉴타운 사업 추진 방향에 관한 연구, 석사학위논문, 서울특별시립대학교 대학원, 5쪽.

143) 강북권은 3.3㎡당 주택가격이 900만 원대에서 4,400만 원대까지 편차가 있으며, 지역에 따라 생활수준의 차이가 크며, 신축아파트의 경우 입지에 따라 디자인 정도의 편차가 심하다.

144) 1962년에 건축된 도화동 마포아파트는 우리나라 최초의 단지형아파트로서 이 때부터 대량공급위주의 아파트 계획이 시작되었으며, 1990 - 1995년에는 제1기 신도시가 건설되었으며 1990년부터 1999년까지 재개발, 재건축사업이 본격화되어 26만 가구가 재개발로 공급되었다. 이 시기는 공급부족으로 소비자의 Needs는 외면되었으며 일자형의 판상형아파트가 획일적으로 용적률을 최대한 확보하는 형태로 사업이 진행되었다.

145) 통상적으로 아파트건설기간은 설계 1년, 공사 2년으로 대략 3년 정도가 소요된다. 따라서 분양가 자율화 이후 적극적으로 디자인된 단지의 준공시점은 대략 2001년이다.

일반적으로 아파트는 단지규모에 따라 부대시설의 이용편의성이 달라진다. 또한 소규모단지의 경우 쾌적한 환경과 다양한 디자인의도를 적용하기 힘들다. 따라서 본 연구에서는 물리적 규모범위를 세대수 규모와 시공사 도급순위 기준으로 선정하였으며, 300세대 이상단지로서 2006년도 도급순위 1위-30위의 건설사(공사포함)[146]가 시공한 단지를 분석하였다. 단지규모를 300세대 기준으로 한정한 이유는 「주택법」과 「주택건설기준 등에 관한 규정」의 아파트 부대시설 적용기준이 대개 300세대 기준[147]이며, 300세대 이상은 되어야 규모 있는 시설이 확보되기 때문이다. 단 1개동 단지, 임대아파트단지 및 주상복합 아파트는 제외하였다. 이는 임대 아파트가 소형위주로 계획되어있고, 일반 아파트에 비해 가격이 낮아 가격을 왜곡시킬 수 있기 때문이며, 주상복합아파트는 대부분 상업지역에 위치하고 있어 용적률, 건폐율, 녹지율 등의 환경이 일반아파트와 현격히 달라 함께 비교할 수 없기 때문이다.

분석에 사용된 기초자료는 건설업체로부터 설계준공도면을 구득하여 도상 분석하였다. 또한 공부로서 건축물대장과 확인자료로서 아파트백과[148]를 참조하였다. 탁상작업으로는 도면과 건축물 대장, 유인물 자료를 분석하고, 단지별 임장(臨場)[149]활동을 하였다.

2) 가격자료

아파트 가격자료는 2006년 10월부터 2007년 3월까지 6개월 동안의 가격을 평균한 국민은행 시세자료를 활용하였다. 국민은행시세는 은행 주택담보대출의 기준이 되는 가격으로 실거래가격에 매우 근접한 가격이다. 6개월 평균가격을 적용한 이유는 6개월간

---

146) 2006년도 건설업체 도급순위(출처 : 대한건설협회)

도급순위	업 체 명
1-5위	대우건설, 삼성물산, 현대건설, GS건설, 대림건설
6-30위	현대산업개발, 포스코건설, 롯데건설, SK건설, 금호건설, 타이세이건설, 한진중공업, 쌍용건설, 한화건설, 두산산업개발, 경남기업, 두산중공업, 동부건설, 풍림건설, 코오롱건설, 태영, 계룡건설산업, 삼환기업, 벽산건설, 삼성중공업, 삼부토건, 삼성엔지니어링, 한라건설, 고려개발, KCC건설

147) 주택건설기준 등에 관한 규정 중 300세대를 기준으로 하여 설치하여야 할 시설은 휴게시설설치(제29조), 안내표지판(제31조 제1항), 어린이놀이터(제46조), 주민운동시설(제53조 제1항), 주민공동시설(제55조 제3항), 보육시설(제55조 제4항), 문고설치(제55조 제5항) 등이며, 진입도로(제25조) 규정은 다음과 같다.

주택단지의 총세대수	폭 4미터 이상의 진입도로 중 2개의 진입도로 폭의 합계
300세대 이상 500세대 미만	12 이상
500세대 이상 1천세대 미만	16 이상
1천세대 이상 2천세대 미만	20 이상
2천세대 이상	25 이상

148) 세진기획(2006), 서울특별시 아파트 백과, 서울

149) 임장(臨場)은 사전적 의미로 현장에 나옴으로서 현장답사를 하는 것을 임장활동이라 한다.

의 평균가격을 적용하여 비교적 안정적인 가격을 반영하고자 하였기 때문이다.

3) 모집단

본 연구의 조사대상인 서울특별시 25개 구의 아파트 현황은 다음과 같다.

본 연구의 분석대상 조건에 부합하는 서울특별시 내 준공된 아파트 단지는 총 153[150]단지이다. 이는 도급순위 31위 이상의 건설사도 포함한 것이다. 이 중 심미성이 있다고 판단되는 단지의 현황을 정리하면 〈부록 2〉와 같다.

2001년-2006년 상반기까지의 기간 동안 300세대 이상의 단지가 준공된 구는 종로구와 광진구를 제외한 23개 구이다. 건축공사가 가장 활발하게 진행된 시기는 2003년으로서 41개 단지가 준공되었으며 강남권과 강북권의 준공단지비율은 비슷하다. 그 중 성북구가 20개 단지로 가장 많이 조성되었으며 그 외에 양천구 11단지, 동작구 11단지, 구로구, 성동구가 각각 10단지가 조성되었다.

준공연도별로 정리하면 2001년 노원구 5단지, 2002년 양천구, 성북구, 도봉구가 각각 3단지, 2003년 동작구 7단지, 2004년 구로구와 성북구 각각 4단지, 2005년 성북구 5단지, 2006년 상반기에는 강남구, 성북구가 각각 2단지가 준공되었다. 이 기간 동안에 준공된 아파트단지 중 심미단지가 비교적 많은 비율을 차지하는 권역은 〈표 4-3〉에 나타난 바와 같이 동남권(강동, 강남, 서초, 송파)과 도심권 중 용산구로 나타났다.

〈표 4-3〉 서울특별시 2001년-2006년 상반기 일반아파트와 심미아파트 단지 수

대분류	권역별	구 분	전체	심미단지	비율	대분류	권역별	구 분	전체	심미단지	비율
강남권	동남권	강동구	3	2	67%	강북권	도심권	중 구	1	0	0%
		송파구	2	2	100%			용산구	2	2	100%
		강남구	7	7	100%		서북권	마포구	8	6	75%
		서초구	6	6	100%			서대문구	4	1	25%
	서남권	관악구	3	2	67%		동북권	은평구	2	0	0%
		동작구	11	3	27%			성동구	10	6	60%
		영등포구	7	5	71%			성북구	18	12	67%
		금천구	3	0	0%			동대문구	9	6	67%
		구로구	10	5	50%			중랑구	6	1	17%
		양천구	11	3	27%			강북구	3	0	0%
		강서구	10	9	90%			도봉구	8	6	75%
								노원구	9	1	11%
계			73	44	67%	계			80	41	51%

150) 300세대 이상으로 건설사순위와는 무관한 단지까지 포함한 단지수이다.

이는 강북권에 비해 강남권의 아파트단지가 디자인요소의 적용이 더 많음을 보여주는 것이다. 동남권과 도심권은 전체 권역 중 경제수준이 일반적으로 높다고 알려져 있는 권역이다. 따라서 소득수준이 높을수록 아파트 디자인요소가 많이 적용되었음을 알 수 있다.

우리나라 아파트는 일반 건축물에 비해 시공사가 직접 개발하고 시공하는 비중이 많다. 〈표 4-4〉에 의하면 강남권의 경우 82.19%, 강북권의 경우 72.50%가 대형건설사에서 시공한 것으로 나타났다. 반면, 중소형건설사의 건설 활동은 강남권이 17.81%, 강북권이 27.50%로 나타났다. 이는 대형건설사의 건설활동이 강북권보다 강남권에서 활발했음을 의미하며, 강북권 토지가격이 강남권 토지가격보다 저가로 형성되어 있어 비교적 자금력이 약한 중소형건설사의 활동이 많았던 것으로 판단된다.

〈표 4-4〉 서울특별시 2001년-2006년 상반기 도급순위별 준공아파트 단지 수

대분류	권역별	구 분	도급순위			대분류	권역별	구 분	도급순위		
			전 체	1-30	31 이상				전 체	1-30	31 이상
강남권	동남권	강동구	3	3	0	강북권	도심권	중 구	1	1	0
		송파구	2	2	0			용산구	2	2	0
		강남구	7	7	0		서북권	마포구	8	7	1
		서초구	6	6	0			서대문구	4	3	1
	서남권	관악구	3	2	1		동북권	은평구	2	2	0
		동작구	11	10	1			성동구	10	6	4
		영등포구	7	7	0			성북구	18	12	6
		금천구	3	0	3			동대문구	9	8	1
		구로구	10	8	2			중랑구	6	2	4
		양천구	11	8	3			강북구	3	2	1
		강서구	10	7	3			도봉구	8	7	1
								노원구	9	6	3
계			73	60	13	계			80	58	22

다음의 〈표 4-5〉는 도급순위별로 건설회사의 건축비율을 나타낸 것이다(〈부록 3〉참조). 도급순위 1-10위까지의 업체가 차지하는 비율은 87%를 차지하고 있으며, 심미아파트단지에서는 도급순위 1-10위까지의 건설사들이 64%를 차지하고 있다. 이로써 도급순위가 높은 시공사가 건설한 아파트단지일수록 심미적 외관디자인 요인의 적용이 많다는 것을 추론할 수 있다.

〈표 4-5〉 도급순위별 건설회사 건축비율

분 류	권역별	구 분	전 체	심미단지	전 체	심미단지	전 체	심미단지	전 체	심미단지
			1-10	1-10	11-20	11-20	21-30	21-30	31-	31-
강남권	동남권	강동구	67%	100%	0%	0%	33%	0%	0%	0%
		송파구	100%	100%	0%	0%	0%	0%	0%	0%
		강남구	86%	86%	14%	14%	0%	0%	0%	0%
		서초구	100%	100%	0%	0%	0%	0%	0%	0%
	서남권	관악구	33%	50%	33%	50%	0%	0%	33%	0%
		동작구	73%	100%	18%	0%	0%	0%	9%	0%
		영등포구	71%	80%	29%	20%	0%	0%	0%	0%
		금천구	0%	0%	0%	0%	0%	0%	100%	0%
		구로구	60%	60%	0%	0%	20%	20%	20%	0%
		양천구	64%	67%	0%	0%	9%	0%	27%	0%
		강서구	50%	56%	30%	22%	0%	0%	20%	0%
강북권	도심권	중 구	100%	0%	0%	0%	0%	0%	0%	0%
		용산구	50%	50%	50%	50%	0%	0%	0%	0%
	서북권	마포구	63%	83%	13%	0%	13%	17%	13%	0%
		서대문구	50%	100%	25%	0%	0%	0%	25%	0%
	동북권	은평구	50%	0%	50%	0%	0%	0%	0%	0%
		성동구	50%	83%	10%	17%	0%	0%	40%	0%
		성북구	50%	67%	17%	17%	0%	0%	33%	0%
		동대문구	67%	83%	11%	0%	11%	0%	11%	0%
		중랑구	17%	0%	0%	0%	17%	0%	67%	0%
		강북구	0%	0%	33%	0%	33%	0%	33%	0%
		도봉구	75%	83%	0%	0%	13%	17%	13%	0%
		노원구	22%	0%	44%	100%	0%	0%	33%	0%
총 계			57%	75%	15%	12%	6%	4%	22%	9%

이와 같이 300세대 이상으로서 2001년-2006년 상반기에 준공된 단지는 총 153개 단지이다. 이 중 도급순위 31위 이상의 건설사가 시공한 35개 단지를 제외한 분석대상 단지는 118개 단지이다. 즉 강남권의 총 73개 단지 중 60개 단지와 강북권의 총 80개 단지 중 58개 단지가 본 연구대상의 모집단이다.

4) 표 본

(1) 강남권

2001년-2006년 상반기에 준공되고 300세대 이상인 강남권 단지는 60개 단지이며, 270개 주택형이 있다. 본 연구에서는 강남권의 51개 단지 219개[151] 주택형[152]을 표본으로 선정하였으며, 선정표본 중 호수가 7개 이하인 주택형은 제외하였다. 표본은 〈표 4-6〉과 같으며, 심미단지비율을 나타내는 표본구성은 〈표 4-7〉과 같다.

〈표 4-6〉 강남권 표본

지 역	단 지 명	주택형(㎡) List
강동구	길동 G-아파트	102, 109, 149, 172
	암사동 H-아파트	83, 109, 139
강남구	삼성동 I-아파트	172, 195, 208, 215, 241
	역삼동 E-아파트	79A, 79B, 106A, 106B
	역삼동 D-아파트	79, 106
	역삼동 S-아파트	79A, 109
	대치동 B-아파트	149, 175, 198
	도곡동 L-아파트	86A, 86B, 109A, 109A1, 109B, 109B1, 142A, 142B, 142C, 165, 169, 225
	도곡동 S-아파트	79, 112A, 119, 155
서초구	잠원동 L-아파트	139, 165, 172
	서초동 S-아파트	112A, 112B, 129, 145A, 145B, 165A, 165B
	방배동 S-T 아파트	122A, 122B, 155A, 155B
	방배동 S-A 아파트	126, 136A, 136B, 152A, 152B, 188, 198
	방배동 H-아파트	79, 106, 139, 175
	방배동 S-아파트	76A, 76B, 106, 132
송파구	문정동 S-아파트	109, 159A, 159B, 175, 198A
	송파동 S-아파트	109, 119, 142, 162, 188
관악구	봉천동 B-아파트	79A, 79B, 106, 136
	신림동 D-아파트	83, 112A, 145, 172A
영등포구	당산동 S-아파트	109, 122, 142, 159, 192
	당산동 B-아파트	102, 116, 136, 162
	문래동 G-아파트	116, 155, 185
	문래동 H-아파트	109, 149A, 149B, 165, 202
	영등포동 D-아파트	83, 99, 109, 116A, 116B
	당산동 S-K 아파트	79, 106A, 109, 142

151) 표본추출은 층화추출방식으로서 www.surveysystem.com에서 5% 유의수준으로 샘플수를 추출하였다. 샘플수는 159개 주택형이 필요한 것으로 나타났다.

152) 도량형 개정에 의해 기존의 공급평형을 주택형으로 환산(주택형 = 공급평형 / 0.3025)하고 소수점 첫 번째 자리에서 반올림하였다. 환산된 수치는 다음과 같다[평형(단위 : 坪)→주택형(단위 : ㎡)].
22→73, 23→76, 24→79, 25→83, 26→86, 28→93, 29→96, 30→99, 31→102, 32→106, 33→109, 34→112, 35→116, 36→119, 37→122, 38→126, 39→129, 40→132, 41→136, 42→139, 43→142, 44→145, 45→149, 46→152, 47→155, 48→159, 49→162, 50→165, 51→169, 52→172, 53→175, 54→179, 55→182, 56→185, 57→188, 58→192, 59→195, 60→198, 61→202, 63→208, 65→215, 68→225, 71→235, 73→241

동작구	본동 S-아파트	76, 79, 102, 132
	사당동 L-아파트	96, 119C, 119S, 132, 179
	사당동 S-아파트	83, 112, 152, 208
	상도동 S-아파트	76, 106, 139, 162, 195
	상도동 I-아파트	106, 139
	대방동 E-아파트	112
	신대방동 A-아파트	79, 96, 132, 139, 152, 165
	신대방동 L-아파트	73, 96, 99, 129
구로구	신도림동 E-아파트	106, 142
	오류동 D-아파트	79, 106A, 106B, 136
	구로동 S-아파트	73, 76, 99, 132A
	고척동 R-아파트	83, 106, 109, 129
	고척동 BO-아파트	109
	개봉동 H-아파트	86, 106, 139, 185
	신도림동 D-아파트	76A, 106, 126, 162
양천구	목동 L-아파트	79, 106A, 106B, 106C, 106D, 136, 155, 172, 179
	목동 K-아파트	106, 126, 145, 162
	신정동 I-아파트	86, 106, 136
	신정동 E-아파트	76, 109A, 129, 139
강서구	방화동 B-아파트	79, 102N, 102S, 139
	염창동 H-아파트	79, 109
	염창동 W-아파트	83, 93, 109, 155
	내발산동 H-아파트	76, 106, 109, 129, 155
	화곡동 L-아파트	116, 145, 169, 215
	화곡동 D-아파트	112A, 112B, 126, 136A, 159A, 159B, 185, 202, 235
	등촌동 I-아파트	102, 149, 169A, 202

〈표 4-7〉 강남권 구(區)별 표본구성

지 역	단지수	주택형(㎡)수	심미단지비율(%)	지 역	단지수	주택형(㎡)수	심미단지비율(%)
강동구	2	7	50.00	동작구	8	31	12.50
강남구	7	40	85.71	영등포구	6	27	50.00
서초구	6	29	100.00	구로구	7	24	28.57
송파구	2	12	0.00	양천구	4	22	25.00
관악구	2	10	100.00	강서구	7	37	42.86

이상의 분석결과 서초구, 관악구에서 심미단지비율이 가장 높게 나타났으며 송파구와 동작구가 심미단지비율이 비교적 많이 낮은 것으로 분석되었다. 그러나 여기서 송파구와 관악구는 표본이 2개 단지로서 표본이 작기 때문에 심미단지가 차지하는 비율의 의미가 떨어지는 것으로 판단된다.

(2) 강남권 – 단지규모별

강남권의 1,000세대 이상 단지의 주택형 표본은 16개 단지, 88개 주택형이며, 500세대 이상 ~ 1,000세대 미만 단지 주택형 표본은 17개 단지, 62개 주택형이다. 또한 300세대 이상 ~ 500세대 미만 단지 주택형 표본은 18개 단지, 69개 주택형이다. 본 연구에서는 편의상 1,000세대 이상 단지를 대규모단지, 500세대 이상 ~ 1,000세대 미만 단지를 중규모단지, 300세대 이상 ~ 500세대 미만 단지를 소규모단지로 정하여 기술하였다.

〈표 4-8〉 강남권 소규모단지 표본

지 역	단 지 명	주택형(㎡) List
강남구	삼성동 I-아파트	172, 195, 208, 215, 241
서초구	잠원동 L-아파트	139, 165, 172
	방배동 S-아파트	122A, 122B, 155A, 155B
	방배동 H-아파트	79, 106, 139, 175
	방배동 S-아파트	76A, 76B, 106, 132
관악구	봉천동 B-아파트	79A, 79B, 106, 136
영등포구	당산동 B-아파트	102, 116, 136, 162
동작구	본동 S-아파트	76, 79, 102, 132
	사당동 L-아파트	96, 119C, 119S, 132, 179
	상도동 I-아파트	106, 139
	신대방동 A-아파트	79, 96, 132, 139, 152, 165
구로구	오류동 D-아파트	79, 106A, 106B, 136
	신도림동 D-아파트	76A, 106, 126, 162
양천구	목동 K-아파트	106, 126, 145, 162
	신정동 E-아파트	76, 109A, 129, 139
강서구	방화동 B-아파트	79, 102N, 102S, 139
	염창동 H-아파트	79, 109
	염창동 W-아파트	83, 93, 109, 155

〈표 4-9〉 강남권 중규모단지 표본

지 역	단 지 명	주택형(㎡) List
강동구	길동 G-아파트	102, 109, 149, 172
	암사동 H-아파트	83, 109, 139
강남구	역삼동 E-아파트	79A, 79B, 106A, 106B
	역삼동 D-아파트	79, 106
	대치동 B-아파트	149, 175, 198
	도곡동 S-아파트	79, 112A, 119, 155
서초구	방배동 S-아파트	126, 136A, 136B, 152A, 152B, 188, 198
송파구	송파동 S-아파트	109, 119, 142, 162, 188
영등포구	문래동 H-아파트	109, 149A, 149B, 165, 202
	당산동 S-아파트	79, 106A, 109, 142
관악구	사당동 S-아파트	83, 112, 152, 208
	대방동 E-아파트	112
	신대방동 L-아파트	73, 96, 99, 129
구로구	고척동 R-아파트	83, 106, 109, 129
	고척동 BO-아파트	109
	개봉동 H-아파트	86, 106, 139, 185
양천구	신정동 I-아파트	86, 106, 136

〈표 4-10〉 강남권 대규모단지 표본

지 역	단 지 명	주택형(㎡) List
강남구	역삼동 S-아파트	79A, 109
	도곡동 L-아파트	86A, 86B, 109A, 109A1, 109B, 109B1, 142A, 142B, 142C, 165, 169, 225
서초구	서초동 S-아파트	112A, 112B, 129, 145A, 145B, 165A, 165B
송파구	문정동 S-아파트	109, 159A, 159B, 175, 198A
관악구	신림동 D-아파트	83, 112A, 145, 172A
영등포구	당산동 S-아파트	109, 122, 142, 159, 192
	문래동 G-아파트	116, 155, 185
	영등포동 D-아파트	83, 99, 109, 116A, 116B
동작구	상도동 S-아파트	76, 106, 139, 162, 195
구로구	신도림동 E-아파트	106, 142
	구로동 S-아파트	73, 76, 99, 132A
양천구	목동 L-아파트	79, 106A, 106B, 106C, 106D, 136, 155, 172, 179
강서구	내발산동 H-아파트	76, 106, 109, 129, 155
	화곡동 L-아파트	116, 145, 169, 215
	화곡동 D-아파트	112A, 112B, 126, 136A, 159A, 159B, 185, 202, 235
	등촌동 I-아파트	102, 149, 169A, 202

(3) 강남권 – 단위가격별

강남권 내 구(區)별 평균매매가격이 3.3㎡당 2,000만 원 미만인 지역의 주택형 표본은 32개 단지, 127개 주택형이며, 2,000만 원 이상인 지역의 주택형 표본은 19개 단지, 92개 주택형이다. 또한 본 연구에서는 편의상 3.3㎡당 2,000만 원 미만인 지역을 저가(低價)지역, 3.3㎡당 2,000만 원 이상인 지역을 고가(高價)지역으로 기술하였다.

〈표 4-11〉 강남권 저가지역 표본

지 역	단 지 명	주택형(㎡) List
강동구	길동 G-아파트	102, 109, 149, 172
	암사동 H-아파트	83, 109, 139
관악구	봉천동 B-아파트	79A, 79B, 106, 136
	신림동 D-아파트	83, 112A, 145, 172A
영등포구	당산동 S-아파트	109, 122, 142, 159, 192
	당산동 B-아파트	102, 116, 136, 162
	문래동 G-아파트	116, 155, 185
	문래동 H-아파트	109, 149A, 149B, 165, 202
	영등포동 D-아파트	83, 99, 109, 116A, 116B
	당산동 S-아파트	79, 106A, 109, 142
동작구	본동 S-아파트	76, 79, 102, 132
	사당동 L-아파트	96, 119C, 119S, 132, 179
	사당동 S-아파트	83, 112, 152, 208
	상도동 S-아파트	76, 106, 139, 162, 195
	상도동 I-아파트	106, 139
	대방동 E-아파트	112
	신대방동 A-아파트	79, 96, 132, 139, 152, 165
	신대방동 L-아파트	73, 96, 99, 129
구로구	신도림동 E-아파트	106, 142
	오류동 D-아파트	79, 106A, 106B, 136
	구로동 S-아파트	73, 76, 99, 132A
	고척동 R-아파트	83, 106, 109, 129
	고척동 BO-아파트	109
	개봉동 H-아파트	86, 106, 139, 185
	신도림동 D-아파트	76A, 106, 126, 162
강서구	방화동 B-아파트	79, 102N, 102S, 139
	염창동 H-아파트	79, 109
	염창동 W-아파트	83, 93, 109, 155
	내발산동 H-아파트	76, 106, 109, 129, 155
	화곡동 L-아파트	116, 145, 169, 215
	화곡동 D-아파트	112A, 112B, 126, 136A, 159A, 159B, 185, 202, 235
	등촌동 I-아파트	102, 149, 169A, 202

〈표 4-12〉 강남권 고가지역 표본

지 역	단 지 명	주택형(㎡) List
송파구	문정동 S-아파트	109, 159A, 159B, 175, 198A
	송파동 S-아파트	109, 119, 142, 162, 188
강남구	삼성동 I-아파트	172, 195, 208, 215, 241
	역삼동 E-아파트	79A, 79B, 106A, 106B
	역삼동 D-아파트	79, 106
	역삼동 S-아파트	79A, 109
	대치동 B-아파트	149, 175, 198
	도곡동 L-아파트	86A, 86B, 109A, 109A1, 109B, 109B1, 142A, 142B, 142C, 165, 169, 225
	도곡동 S-아파트	79, 112A, 119, 155
서초구	잠원동 L-아파트	139, 165, 172
	서초동 S-아파트	112A, 112B, 129, 145A, 145B, 165A, 165B
	방배동 S-아파트	122A, 122B, 155A, 155B
	방배동 S-아파트	126, 136A, 136B, 152A, 152B, 188, 198
	방배동 H-아파트	79, 106, 139, 175
	방배동 S-아파트	76A, 76B, 106, 132
양천구	목동 L-아파트	79, 106A, 106B, 106C, 106D, 136, 155, 172, 179
	목동 K-아파트	106, 126, 145, 162
	신정동 I-아파트	86, 106, 136
	신정동 E-아파트	76, 109A, 129, 139

(4) 강북권

2001년-2006년 상반기에 준공되고 300세대 이상인 강북권 단지 190개 주택형 중 본 연구의 표본은 58개 단지 235개 주택형 중 41개 단지 162개[153] 주택형이다. 190개 주택형 중 호수가 7개 이하인 주택형과 동일 단지 내 전용면적이 같고 향이 같은 주택형은 표본에서 제외하였다.

153) 표본추출은 층화추출방식으로서 www.surveysystem.com에서 5% 유의수준으로 샘플수를 추출하였다. 샘플수는 146개 주택형이 필요한 것으로 나타났다.

〈표 4-13〉 강북권 표본

지 역	단 지 명	주택형(㎡) List
용산구	이촌동 G-아파트	89, 175M, 175R, 179L, 179M, 179R, 215L, 215L1, 215R, 215R1, 221M, 251M, 251R, 255M, 261L
	이촌동 B-아파트	132A, 132C, 132G
마포구	상암동 W'-아파트5	109A, 109B1, 109B2, 132
	상암동 W'-아파트6	109, 132
	상암동 W'-아파트7	109A, 109B1, 109B2, 109C, 109D, 132A, 132E
	창천동 T-아파트	106
	염리동 G-아파트	106, 136, 162, 188
	용강동 S-아파트	79A, 79B, 102, 136, 165
	연남동 KH-아파트	73, 96, 112, 126, 165
서대문구	남가좌동 S-아파트2차	83, 109, 142
	홍은동 P-아파트	112, 149, 172
동대문구	장안동 S-아파트1차	83, 109, 142
	장안동 H-아파트	73C2, 76C, 76C1, 106B, 106B1, 139, 165
	장안동 S-아파트2차	69, 83, 99, 132
	제기동 BS-아파트	79, 106, 142
은평구	구산동 G-아파트	79, 106, 109, 145
성동구	마장동 KH-아파트	79, 96, 106A, 136A
	성수동 H-아파트	106, 126, 139
	성수동 L-아파트	79, 102, 109, 126, 139
	금호동 KH-아파트	76, 102, 139
	하왕십리동 P-아파트	73, 102, 142
성북구	돈암동 PO-아파트	106A, 106C, 106D
	돈암동 B-아파트	109, 112, 149
	안암동 S-아파트	79, 102, 139
	정릉동 D-아파트	106A, 106, 136A, 136B
	정릉동 H-아파트	86, 112
	종암동 I-아파트	69, 79A, 79B, 112B, 139
	종암동 S-아파트	76, 99, 129
	종암동 I-아파트2차	76A, 76B, 102, 136A
	길음동 S-아파트1차	73, 99, 129
중 구	신당동 D-아파트	76, 102A, 102B, 136A, 165A
중랑구	상봉동 T-아파트	79, 112
	묵동 H-아파트	112A, 112B, 112C, 136, 182
노원구	중계동 W-아파트	76, 106, 162
도봉구	창동 I-아파트	109, 136, 152, 169, 172, 208
	도봉동 S-아파트	76A, 76B, 102, 132
	방학동 DH-아파트	79, 109, 126A, 126B, 162, 195
	방학동 S-아파트1단지	122, 162, 179
	창동 H-아파트2차	86, 116, 126
	창동 T-아파트	102
	쌍문동 S-아파트	76, 102, 132

〈표 4-14〉 강북권 구(區)별 표본구성

지 역	단지수	주택형(㎡)수	심미단지비율(%)	지 역	단지수	주택형(㎡)수	심미단지비율(%)
용산구	2	15	100.00	성북구	9	30	44.44
마포구	7	28	71.43	중 구	1	5	0.00
서대문구	2	6	50.00	중랑구	2	7	0.00
성동구	5	18	60.00	노원구	1	3	0.00
동대문구	4	17	50.00	도봉구	7	26	14.29
은평구	1	4	0.00				

(5) 강북권 - 단지규모별

강북권의 대규모단지의 주택형 표본은 6개 단지, 29개 주택형이며, 중규모단지의 주택형 표본은 19개 단지, 77개 주택형이다. 또한 강북권의 소규모단지의 주택형 표본은 16개 단지, 56개 주택형이다.

〈표 4-15〉 강북권 소규모단지 표본

지 역	단 지 명	주택형(㎡) List
용산구	이촌동 B-아파트	132A, 132C, 132G
마포구	상암동 W‘-아파트5	109A, 109B1, 109B2, 132
	상암동 W‘-아파트6	109, 132
	용강동 S-아파트	79A, 79B, 102, 136, 165
	연남동 K-아파트	73, 96, 112, 126, 165
서대문구	홍은동 P-아파트	112, 149, 172
은평구	구산동 G-아파트	79, 106, 109, 145
성동구	마장동 K-아파트	79, 96, 106A, 136A
성북구	돈암동 P-아파트	106A, 106C, 106D
	정릉동 D-아파트	106A, 106, 136A, 136B
	정릉동 H-아파트	86, 112
중 구	신당동 D-아파트	76, 102A, 102B, 136A, 165A
중랑구	상봉동 T-아파트	79, 112
노원구	중계동 W-아파트	76, 106, 162
도봉구	도봉동 S-아파트	76A, 76B, 102, 132
	쌍문동 S-아파트	76, 102, 132

〈표 4-16〉 강북권 중규모단지 표본

지 역	단 지 명	주택형(㎡) List
용산구	이촌동 G-아파트	89, 175M, 175R, 179L, 179M, 179R, 215L, 215L1, 215R, 215R1, 221M, 251M, 251R, 255M, 261L
마포구	상암동 W'-아파트7	109A, 109B1, 109B2, 109C, 109D, 132A, 132E
	창천동 T-아파트	106
	염리동 G-아파트	106, 136, 162, 188
서대문구	남가좌동 S-아파트2차	83, 109, 142
동대문구	장안동 S-아파트1차	83, 109, 142
	제기동 I-아파트	79, 106, 142
성동구	성수동 H-아파트	106, 126, 139
	성수동 L-아파트	79, 102, 109, 126, 139
	금호동 K-아파트	76, 102, 139
	하왕십리동P-아파트	73, 102, 142
성북구	돈암동 B-아파트	109, 112, 149
	안암동 S-아파트	79, 102, 139
	종암동 H-아파트	69, 79A, 79B, 112B, 139
	종암동2차 H-아파트	76A, 76B, 102, 136A
중랑구	묵동 H-아파트	112A, 112B, 112C, 136, 182
도봉구	방학동 S-아파트1단지	122, 162, 179
	창동 H-아파트2차	86, 116, 126
	창동 T-아파트	102

〈표 4-17〉 강북권 대규모단지 표본

지 역	단 지 명	주택형(㎡) List
동대문구	장안동 H-아파트	73C2, 76C, 76C1, 106B, 106B1, 139, 165
	장안동 S-아파트2차	69, 83, 99, 132
성북구	종암동 S-아파트	76, 99, 129
	길음동 S-아파트1차	73, 99, 129
도봉구	창동 북한산H-아파트	109, 136, 152, 169, 172, 208
	방학동 DH-아파트	79, 109, 126A, 126B, 162, 195

(6) 강북권 - 단위가격별

강북권 저가지역의 주택형 표본은 32개 단지, 116개 주택형이며, 고가지역의 주택형 표본은 9개 단지, 46개 주택형이다.

〈표 4-18〉 강북권 저가지역 표본

지 역	단 지 명	주택형(㎡) List
서대문구	남가좌동 S-아파트2차	83, 109, 142
	홍은동 P-아파트	112, 149, 172
동대문구	장안동 S-아파트1차	83, 109, 142
	장안동 H-아파트	73C2, 76C, 76C1, 106B, 106B1, 139, 165
	장안동 S-아파트2차	69, 83, 99, 132
	제기동 I-아파트	79, 106, 142
은평구	구산동 G-아파트	79, 106, 109, 145
성동구	마장동 K-아파트	79, 96, 106A, 136A
	성수동 H-아파트	106, 126, 139
	성수동 L-아파트	79, 102, 109, 126, 139
	금호동 K-아파트	76, 102, 139
	하왕십리동 P-아파트	73, 102, 142
성북구	돈암동 P-아파트	106A, 106C, 106D
	돈암동 B-아파트	109, 112, 149
	안암동 S-아파트	79, 102, 139
	정릉동 D-아파트	106A, 106, 136A, 136B
	정릉동 H-아파트	86, 112
	종암동 H-아파트	69, 79A, 79B, 112B, 139
	종암동 S-아파트	76, 99, 129
	종암동 2차 H-아파트	76A, 76B, 102, 136A
	길음동 S-아파트1차	73, 99, 129
중 구	신당동 D-아파트	76, 102A, 102B, 136A, 165A
중랑구	상봉동 T-아파트	79, 112
	묵동 H-아파트	112A, 112B, 112C, 136, 182
노원구	중계동 W-아파트	76, 106, 162
도봉구	창동북한산H-아파트	109, 136, 152, 169, 172, 208
	도봉동 S-아파트	76A, 76B, 102, 132
	방학동 DH-아파트	79, 109, 126A, 126B, 162, 195
	방학동 S-아파트1단지	122, 162, 179
	창동 H-아파트2차	86, 116, 126
	창동 T-아파트	102
	쌍문동 S-아파트	76, 102, 132

〈표 4-19〉 강북권 고가지역 표본

지 역	단 지 명	주택형(㎡) List
용산구	이촌동 G-아파트	89, 175M, 175R, 179L, 179M, 179R, 215L, 215L1, 215R, 215R1, 221M, 251M, 251R, 255M, 261L
	이촌동 B-아파트	132A, 132C, 132G
마포구	상암동 W'-아파트5	109A, 109B1, 109B2, 132
	상암동 W'-아파트6	109, 132
	상암동 W'-아파트7	109A, 109B1, 109B2, 109C, 109D, 132A, 132E
	창천동 T-아파트	106
	염리동 G-아파트	106, 136, 162, 188
	용강동 S-아파트	79A, 79B, 102, 136, 165
	연남동 K-아파트	73, 96, 112, 126, 165

가격영향 분석 05

1 기술통계량

1) 권역별 기술통계량

기초통계량 분석결과 강남권 아파트의 평균매매가격은 91,838만 원이며, 강북권은 67,761만 원이며, 3.3㎡당 평균가격은 강남권이 2,231.69만 원, 강북권이 1,638.44만 원으로서 강남권이 약 593.25만 원 정도 높다. 전용면적 평균은 강남권이 104.04㎡, 강북권이 98.38㎡로서 강남권이 5.66㎡ 크며, 총세대수는 강남권이 1,061.59호, 강북권이 751.38호로서 강남권과 강북권의 차이가 매우 큰 것으로 나타났다. 이는 강남권이 강북권보다 단위가격, 주택형 규모, 단지규모가 크므로 강남권의 소득수준이 강북권보다 높을 것으로 예상할 수 있다.

또한 큰 차이는 없으나 강북권에서는 단지의 쾌적성을 나타내는 건폐율, 향, 주차방식이 좋은 것으로 나타났으며, 지하철역거리나 공원거리 등이 강남권보다 짧아 이용편의성이 더 좋은 것으로 나타났다. 그러나 녹지율, 시각적 개방성은 강남권이 높은 것으로 나타나 단지 내 보행공간에서의 쾌적성에 있어서는 강남권이 더 좋은 것으로 나타났다.

강남권, 강북권에서 모두 많이 적용되어 있는 심미요인은 시각적개방성, 브랜드디자인, 옥외생활환경디자인이며, 서로 비슷한 수준이다. 그러나 강남권에서는 브랜드디자인이 19%, 강북권에서는 배치디자인이 13% 정도 더 많이 적용되어 있는 것으로 나타나 강남권에서는 시공사의 인지성을 나타내는 경관성 측면을, 강북권에서는 주동의 통경성 및 녹지디자인을 나타내는 공간성 측면을 중요시하는 것으로 판단할 수 있다.

〈표 5-1〉 권역별 기술통계량

요 인	변수(단위)	권역별	최소값	최대값	평 균	표준편차
반응변수	매매가격(만 원)	강남권	22,189.00	426,111.00	91,838.26	63,632.02
		강북권	21,000.00	33,5833.00	67,761.16	60,859.57
참 고	3.3m²당 가격(만 원)	강남권	913.00	5,837.00	2,231.69	1,012.80
		강북권	875.00	4,419.00	1,638.44	778.24
물리특성요인	전용면적(m²)	강남권	55.44	195.39	104.03	32.22
		강북권	54.42	210.01	98.38	33.44
단지특성요인	총세대수(호)	강남권	303.00	3,002.00	1,061.59	748.42
		강북권	309.00	2182.00	751.38	497.61
	용적률(%)	강남권	199.98	366.00	283.79	31.96
		강북권	161.14	374.41	267.97	45.00
	건폐율(%)	강남권	9.18	27.59	19.55	3.30
		강북권	14.43	32.93	19.00	3.46
	녹지율(%)	강남권	19.53	50.63	33.19	5.50
		강북권	20.21	47.64	32.09	5.22
	호당주차대수(대)	강남권	0.99	2.73	1.49	0.37
		강북권	1.00	2.57	1.40	.408
	층수(층)	강남권	10.00	46.00	22.83	5.21
		강북권	15.00	29.00	21.48	3.96
지역특성요인	지하철역거리(m)	강남권	100.00	3,000.00	635.43	579.68
		강북권	50.00	1600.00	577.84	381.75
	편의시설거리(m)	강남권	100.00	3,100.00	1,033.56	746.59
		강북권	20.00	5000.00	1,030.62	887.61
	공원거리(m)	강남권	40.00	1,940.00	476.76	330.26
		강북권	50.00	1900.00	433.02	397.79

〈표 5-2〉 권역별 가변수 기술통계량(%)

요 인	변 수	강남권		강북권	
		가변수 1	가변수 0	가변수 1	가변수 0
물리특성요인	탑상형	9	91	13	87
	조합형	13	87	10	90
	향	39	61	43	57
단지특성요인	주차방식	51	49	55	45
	시공사군	65	35	54	46
지역특성요인	지역변수	37	63	28	72
심미특성요인	배치디자인	22	78	35	65
	옥외생활환경디자인	60	40	59	41
	시각적개방성	80	20	77	23
	주동디자인	47	53	48	52
	옥탑디자인	26	74	23	77
	자재디자인	42	58	41	59
	정문디자인	29	71	25	75
	경관조명디자인	15	85	17	83
	브랜드디자인	79	21	60	40

1) 요인별 기술통계량

(1) 단지규모별

강남권 내 대규모단지의 표본은 88개 주택형이며, 중규모단지는 62개 주택형, 소규모단지는 69개 주택형이다. 또한 강북권 내 대규모단지의 표본은 6개단지 29개 주택형, 중규모단지는 77개, 소규모단지는 55개 주택형이다. 따라서 강북권의 경우 1,000세대 이상인 대규모단지의 표본수가 29개 주택형으로 너무 작다. 전수조사인 경우를 제외하고 표본수가 너무 작은 경우 분석결과가 대표성을 지닐 수 없기 때문에 본 연구에서는 강북권 대규모단지에 대한 분석을 표본에서 제외하였다. 따라서 중규모단지와 소규모단지를 대상으로 분석하였다.

분석에 사용된 변수들에 대한 기술통계량은 〈표 5-3〉, 〈표 5-4〉, 가변수 기술통계량은 〈표 5-5〉와 같다.

분석결과 강남권과 강북권은 모두 단지규모가 커질수록 평균매매가격이 높은 것으로 나타났으며, 건폐율도 낮아지는 것으로 나타나 보다 쾌적한 단지환경이 조성되는 것으로 분석되었다. 또한 단지규모가 커질수록 호당주차대수도 커지는 것으로 나타나 주차장의 이용편리성이 증가하는 것으로 분석되었다. 또한 단지 내 쾌적한 환경조성의 필수조건인 녹지율은 강남권의 경우 단지규모가 커질수록 넓게 확보하고 있는 것으로 나타났다.

강북권에서는 편리한 교통의 상징인 지하철역과의 거리는 소규모단지보다 중규모단지일수록 가까운 것으로 나타났다. 이는 강북권의 경우 지역선호가 높은 강남권과는 달리 분양을 하기 위해서는 입지선정이 중요하기 때문이다.

공원에 대한 선호를 나타내는 공원과의 거리는 강북권에서는 단지규모가 큰 단지일수록 공원거리가 가까운 것으로 나타났으며, 강남권과 강북권 모두 단지규모가 큰 단지일수록 편의시설이 가깝게 위치하고 있는 것으로 나타났다. 이는 공원과 편의시설이 대단위의 배후지 주변에 입지해야 경제성이 극대화되는 것과 그 의미를 같이 한다.

집약적 주거가 가능한 탑상형은 강남권에서 단지규모가 작아질수록 많이 적용되었으며 조합형은 단지규모가 커질수록 강남권과 강북권 모두 많이 설치되어 있는 것으로 나타났다. 이는 단지규모가 클수록 세대형태가 클러스터형으로 모여 있는 탑상형 배치보다는 가로로 길게 펼쳐진 판상형이나 조합형 배치가 선호되고 있음을 의미한다. 이것은 대단지일수록 주택형의 규모가 다양하기 때문이다. 또한 시공사군에 대한 검토결과 강남권과 강북권 모두 단지규모가 클수록 도급순위 1~5위까지의 시공사가 준공한 단지가 많았다. 이는 단지규모가 클수록 대형건설사의 건설 활동이 활발하였음을 의미하며, 단지규모가 작을수록 소극적이었음을 의미한다. 특히 강북권보다 강남권에서 단지규모별로 대형시공사의 시공여부에 대한 차이가 크게 나타나는 것으로 분석되었다.

〈표 5-3〉 강남권 단지규모별 기술통계량

요 인	변 수	총세대수	최소값	최대값	평 균	표준편차
종속변수	매매가격(만 원)	대규모단지	25,772.00	363,944.00	9,8567.94.00	55,488.032.00
		중규모단지	23,750.00	308,333.00	89,051.94	51,819.12
		소규모단지	22,189.00	426,111.00	85,759.13	80,805.52
물리특성요인	전용면적(㎡)	대규모단지	56.04	192.30	107.24	32.63
		중규모단지	55.44	174.50	101.30	32.09
		소규모단지	56.00	195.39	102.39	31.93
단지특성요인	총세대수(호)	대규모단지	1,050.00	3,002.00	1,797.85	659.47
		중규모단지	568.00	964.00	737.63	124.47
		소규모단지	303.00	487.00	413.70	47.46
	용적률(%)	대규모단지	212.00	320.96	275.30	32.54
		중규모단지	264.57	366.00	302.62	26.58
		소규모단지	199.98	320.00	277.69	28.85
	건폐율(%)	대규모단지	15.12	22.14	18.90	2.17
		중규모단지	14.64	27.59	19.92	3.31
		소규모단지	9.18	26.33	20.04	4.25
	녹지율(%)	대규모단지	26.19	41.47	33.90	4.14
		중규모단지	24.25	44.90	33.08	5.50
		소규모단지	19.53	50.63	32.37	6.82
	호당주차대수(대)	대규모단지	1.00	1.93	1.51	.28
		중규모단지	.99	2.24	1.47	.39
		소규모단지	1.08	2.73	1.47	.43
	층수(층)	대규모단지	15.00	27.00	22.84	3.85
		중규모단지	19.00	29.00	23.52	2.60
		소규모단지	10.00	46.00	22.20	7.81
지역특성요인	지하철역거리(m)	대규모단지	100.00	2,300.00	645.45	653.20
		중규모단지	100.00	900.00	517.10	233.69
		소규모단지	250.00	3,000.00	728.99	678.68
	편의시설거리(m)	대규모단지	200.00	2,300.00	940.57	706.54
		중규모단지	100.00	2,300.00	969.84	723.71
		소규모단지	350.00	3,100.00	1,209.42	795.02
	공원거리(m)	대규모단지	150.00	1,000.00	417.39	274.91
		중규모단지	40.00	900.00	401.94	259.08
		소규모단지	80.00	1,940.00	619.71	402.95

〈표 5-4〉 강북권 단지규모별 기술통계량

요 인	변 수	단지규모	최소값	최대값	평 균	표준편차
반응변수	매매가격(만 원)	중규모단지	21,444.00	335,833.00	87,931.97	80,486.59
		소규모단지	21,000.00	109,167.00	49,236.82	23,769.11
물리특성요인	전용면적(㎡)	중규모단지	55.27	210.01	104.34	38.71
		소규모단지	59.25	150.05	90.82	23.91
단지특성요인	총세대수(호)	중규모단지	503.00	958.00	630.58	88.86
		소규모단지	309.00	494.00	420.21	53.88
	용적률(%)	중규모단지	174.44	318.08	258.33	44.27
		소규모단지	161.14	374.41	265.49	46.63
	건폐율(%)	중규모단지	14.43	23.36	17.84	2.56
		소규모단지	15.71	32.93	20.22	4.65
	녹지율(%)	중규모단지	20.21	38.04	31.46	5.17
		소규모단지	22.25	47.64	33.19	6.00
	호당주차대수(대)	중규모단지	1.09	2.57	1.54	.531
		소규모단지	1.00	1.53	1.22	.129
	층수(층)	중규모단지	15.00	25.00	21.55	3.85
		소규모단지	15.00	27.00	19.84	3.56
지역특성요인	지하철역거리(m)	중규모단지	100.00	900.00	424.81	237.49
		소규모단지	50.00	1,600.00	691.96	407.36
	편의시설거리(m)	중규모단지	50.00	5,000.00	970.52	1,019.49
		소규모단지	20.00	3,600.00	1,228.93	878.04
	공원거리(m)	중규모단지	50.00	1,200.00	344.16	276.73
		소규모단지	50.00	1,900.00	617.86	532.11

심미특성요인에 대한 기술통계량 분석결과 강북권의 경우 단지규모가 커질수록 모든 심미특성요인이 다수 적용되어 있는 것으로 나타났다. 그러나 강남권의 경우에는 부분적으로 공간성(배치디자인, 옥외생활환경디자인), 조형성(주동디자인), 경관성(브랜드디자인)이 많이 적용되어 있는 것으로 나타났다. 강남권의 중규모단지에서는 심미변수 중 시각적개방성, 자재디자인이 대규모단지와 소규모단지보다 상대적으로 적게 적용되어 있으며 옥탑디자인, 정문디자인은 상대적으로 높게 적용되어 있고 경관조명디자인은 중규모단지, 대규모단지, 소규모단지 순으로 많이 적용되어 있는 것으로 나타났다. 이로써 강남권과 강북권 모두 단지규모가 클수록 아파트의 조형디자인에 대한 선호가 있다는 것을 추론할 수 있으며, 강남권의 경우 특정선호가 있다는 것을 파악할 수 있다.

〈표 5-5〉 단지규모별 가변수 기술통계량(%)

요 인	변 수	단지규모	강남권		강북권	
			가변수 1	가변수 0	가변수 1	가변수 0
물리특성 요인	탑상형	대규모단지	0	100	-	-
		중규모단지	11	89	19	81
		소규모단지	13	87	11	89
	조합형	대규모단지	19	81	-	-
		중규모단지	18	82	9	91
		소규모단지	0	100	7	93
단지특성 요인	향	대규모단지	49	51	-	-
		중규모단지	29	71	40	60
		소규모단지	35	65	27	73
	주차방식	대규모단지	55	45	-	-
		중규모단지	50	50	73	27
		소규모단지	48	52	36	64
지역특성 요인	시공사군	대규모단지	81	19	-	-
		중규모단지	76	24	55	45
		소규모단지	35	65	41	59
	지역변수	대규모단지	41	59	-	-
		중규모단지	45	55	35	65
		소규모단지	41	59	34	66
심미특성 요인	배치디자인	대규모단지	39	61	-	-
		중규모단지	16	84	39	61
		소규모단지	7	93	20	80
	옥외생활환경 디자인	대규모단지	68	32	-	-
		중규모단지	60	40	73	27
		소규모단지	51	49	25	75
	시각적개방성	대규모단지	82	18	-	-
		중규모단지	76	24	84	16
		소규모단지	83	17	54	46
	주동디자인	대규모단지	50	50	-	-
		중규모단지	45	55	52	48
		소규모단지	43	57	45	55
	옥탑디자인	대규모단지	24	76	-	-
		중규모단지	29	71	42	58
		소규모단지	25	75	11	89
	자재디자인	대규모단지	44	56	-	-
		중규모단지	34	66	57	43
		소규모단지	46	54	41	59
	정문디자인	대규모단지	24	76	-	-
		중규모단지	40	60	35	65
		소규모단지	25	75	14	86
	경관조명디자인	대규모단지	14	86	-	-
		중규모단지	24	76	32	68
		소규모단지	7	93	5	95
	브랜드디자인	대규모단지	88	12	-	-
		중규모단지	82	18	71	29
		소규모단지	67	33	46	54

(2) 단위가격

기초통계량 분석결과 강남권 고가지역의 아파트매매가격의 평균은 130,852만 원이며, 3.3㎡당 평균가격은 3,045만 원으로 나타났다. 저가지역의 평균매매가격은 63,576만 원이며 3.3㎡당 평균가격은 1,642만 원이다. 또한 강북권 고가지역의 아파트 매매가격평균은 126,213만 원이며, 3.3㎡당 평균가격은 2,561만 원이며, 저가지역의 평균매매가격은 44,582만 원, 3.3㎡당 평균가격은 1,272만 원으로서 가격차이가 크게 나타났다. 따라서 강남권, 강북권 모두 고가지역과 저가지역의 가격차이가 2배 정도 나고 있음을 알 수 있다.

강남권의 경우 전용면적과 총세대수는 고가지역과 저가지역이 큰 차이가 없는 것으로 나타났으나, 용적률과 층수는 고가지역이 저가지역보다 높고 단지의 쾌적성을 나타내는 건폐율과 녹지율은 낮은 것으로 나타났다. 이로써 고가지역의 경우 건폐율을 낮추고 지상의 쾌적성은 높이는 반면 고층, 고밀도로 개발하여 분양수익을 창출한 것으로 파악된다. 강북권은 고가지역의 전용면적 평균이 저가지역보다 17.90㎡ 크고 총세대수 평균은 저가지역이 고가지역보다 260세대 정도 크며, 용적률, 건폐율, 녹지율, 층수, 호당주차대수 모두 저가지역이 큰 것으로 나타났다. 이로써 저가지역은 소형주택형 위주의 대단지, 고층, 고밀도로 개발이 이루어졌음을 알 수 있으며 단지환경이 고가지역과 비교하여 크게 떨어지고 있음을 알 수 있다.

대중교통을 이용하는 지하철역과의 거리, 편의시설의 거리는 강남권의 경우 저가지역이 가깝고 강북권에서는 고가지역이 가까운 것으로 나타난 반면, 공원과의 거리는 강남권에서는 고가지역이 가깝고 강북권에서는 저가지역이 가까운 것으로 나타났다. 이로써 강남권은 고가지역위주로 쾌적한 입지환경이 조성되어 있음을 알 수 있으며, 강북권은 고가지역위주로 생활편의시설이 계획되었다는 것과 저가지역 개별단지의 저하된 쾌적성 보완을 위한 지역 안배차원의 공원계획이 수립되었음을 파악할 수 있다.

분석에 사용된 변수들에 대한 기술통계량은 〈표 5-6〉, 〈표 5-7〉, 가변수 기술통계량은 〈표 5-8〉과 같다.

탑상형과 조합형배치는 강남권과 강북권 모두 고가지역이 높은 곳에서 많이 적용되어 있는 것으로 나타났다. 이는 단위가격이 높을수록 주택형의 규모가 큰 경우가 많기 때문에 주택형의 규모가 클 경우 요구되는 다양한 형태의 평면디자인의 선호와 기존 아파트의 식상한 형태에서 벗어난 외관디자인에 대한 선호 때문인 것으로 판단한다.

심미특성요인에 대한 분석결과 강남권에서는 고가지역에서 모든 심미변수가 저가지역보다 많이 적용되어 있는 것으로 나타났다. 그러나 강북권에서는 시각적 개방성, 정문디자인, 브랜드디자인이 저가지역에서 높고 배치디자인, 옥외생활환경디자인, 주동디자인, 옥탑디자인, 자재디자인, 경관조명디자인이 고가지역에서 많이 적용되어 있는 것으로 나타났다. 이로써 강남권에서는 소득수준이 높은 지역일수록 디자인에 대한 선호가 높음을 알 수 있다. 그러나 강북권의 경우는 단위가격이 낮은 곳에서 지상보행공간의 통풍성을 확보하기 위한 공간성, 단지의 인지성을 높이기 위한 경관성에 대한 요구가 있음을 추론할 수 있다.

〈표 5-6〉 강남권 단위가격별 기술통계량

요 인	변수(단위)	지역구분	최소값	최대값	평 균	표준편차
반응변수	매매가격(만 원)	고가지역	27250.00	426111.00	130851.84	78267.08
		저가지역	22189.00	135972.00	63576.46	25785.98
참 고	3.3m²당 가격(만 원)	고가지역	1185.00	5837.00	3045.45	1081.01
		저가지역	913.00	2344.00	1642.20	311.41
물리특성 요인	전용면적(m²)	고가지역	59.40	195.39	109.27	33.30
		저가지역	55.44	192.30	100.24	31.00
단지특성 요인	총세대수(호)	고가지역	303.00	3002.00	1052.68	839.00
		저가지역	378.00	2462.00	1068.05	678.70
	용적률(%)	고가지역	199.98	320.96	287.46	21.98
		저가지역	212.00	366.00	281.13	37.44
	건폐율(%)	고가지역	9.18	26.33	19.02	3.75
		저가지역	14.64	27.59	19.93	2.88
	녹지율(%)	고가지역	22.15	50.63	34.79	6.10
		저가지역	19.53	41.47	32.02	4.71
	호당주차대수(대)	고가지역	1.00	2.73	1.62	.42
		저가지역	.99	1.93	1.39	.29
	층수(층)	고가지역	10.00	46.00	24.43	6.58
		저가지역	15.00	28.00	21.67	3.53
지역특성 요인	지하철역거리(m)	고가지역	100.00	2300.00	684.24	618.93
		저가지역	100.00	3000.00	600.08	549.29
	편의시설거리(m)	고가지역	100.00	2300.00	1086.09	680.85
		저가지역	200.00	3100.00	995.51	791.24
	공원거리(m)	고가지역	100.00	1100.00	451.30	285.64
		저가지역	40.00	1940.00	495.20	359.13

〈표 5-7〉 강북권 단위가격별 기술통계량

요 인	변수(단위)	지역구분	최소값	최대값	평 균	표준편차
반응변수	매매가격(만 원)	고가지역	28000.00	335833.00	126213.09	87170.02
		저가지역	21000.00	111250.00	44581.95	17420.49
참 고	3.3㎡당 가격(만 원)	고가지역	1273.00	4419.00	2561.28	881.27
		저가지역	875.00	1886.00	1272.49	261.32
물리특성 요인	전용면적(㎡)	고가지역	59.77	210.01	118.00	41.37
		저가지역	54.42	165.17	90.60	26.09
단지특성 요인	총세대수(호)	고가지역	309.00	733.00	560.41	128.34
		저가지역	339.00	2182.00	827.11	565.54
	용적률(%)	고가지역	161.14	374.41	262.33	60.23
		저가지역	198.17	333.33	270.21	37.39
	건폐율(%)	고가지역	14.65	32.93	18.09	5.54
		저가지역	14.43	25.17	19.36	2.061
	녹지율(%)	고가지역	22.25	47.64	34.71	6.35
		저가지역	20.21	39.44	31.05	4.31
	호당주차대수(대)	고가지역	1.00	2.57	1.70	.63
		저가지역	1.09	1.70	1.28	.16
	층수(층)	고가지역	15.00	25.00	20.83	4.49
		저가지역	15.00	28.00	21.67	3.53
지역특성 요인	지하철역거리(m)	고가지역	300.00	900.00	531.52	239.67
		저가지역	50.00	1600.00	596.21	424.68
	편의시설거리(m)	고가지역	50.00	1900.00	878.26	762.54
		저가지역	20.00	5000.00	1091.03	928.72
	공원거리(m)	고가지역	50.00	1900.00	494.57	535.64
		저가지역	50.00	1200.00	408.62	327.33

〈표 5-8〉 단위가격별 가변수 기술통계량(%)

요 인	변 수	지역구분	강남권		강북권	
			가변수 1	가변수 0	가변수 1	가변수 0
물리특성요인	탑상형	고가지역	13	87	33	67
	조합형	저가지역	3	97	5	95
단지특성요인	향	고가지역	25	76	24	76
	주차방식	저가지역	4	96	5	95
지역특성요인	시공사군	고가지역	42	58	24	76
		저가지역	36	64	50	50
심미특성요인	배치디자인	고가지역	77	23	80	20
		저가지역	32	68	45	55
	옥외생활환경 디자인	고가지역	66	34	52	48
		저가지역	64	36	55	45
	시각적개방성	고가지역	49	51	61	39
		저가지역	3	97	25	75
	주동디자인	고가지역	75	25	70	30
		저가지역	50	50	55	45
	옥탑디자인	고가지역	85	15	70	30
		저가지역	77	23	79	21
	자재디자인	고가지역	72	27	78	22
		저가지역	28	72	36	64
	정문디자인	고가지역	48	52	61	39
		저가지역	9	91	9	91
	경관조명디자인	고가지역	50	50	76	24
		저가지역	36	64	28	72
	브랜드디자인	고가지역	38	62	9	91
		저가지역	22	78	32	68

2 가설검증

1) 심미요인의 상관분석

(1) 권역별 상관분석

심미변수에 대한 상관분석결과 강남권은 매매가격과 배치디자인, 경관조명디자인의 상관계수는 각각 0.582, 0.517로 나타났으며, 강북권은 매매가격과 경관조명디자인, 옥탑디자인의 상관계수가 각각 0.690, 0.562로 나타나 이들 변수들이 다른 변수들에 비해 매매가격과 상관성이 높은 것으로 나타났다. 심미변수들 간에는 옥탑디자인과 경관조명디자인의 상관계수가 강남권이 0.706, 강북권이 0.710으로 나타나, 강남권, 강북권 모두 옥탑디자인과 경관조명디자인의 상관성이 높은 것으로 나타났다. 이는 옥탑계획 시 조명을 활용한 디자인계획이 많이 이루어지기 때문인 것으로 판단한다.

〈표 5-9〉 강남권 심미요인 상관분석

구 분	매매가	배치 디자인	옥외생 활환경	시각적 개방성	주동 디자인	옥탑 디자인	자재 디자인	정문 디자인	경관 조명	브랜드 디자인
매매가	1									
배치디자인	.582(**)	1								
옥외생활환경	.343(**)	.279(**)	1							
시각적개방성	.124	.072	.444(**)	1						
주동디자인	.381(**)	.575(**)	.047	-.045	1					
옥탑디자인	.485(**)	.589(**)	.155(*)	-.106	.544(**)	1				
자재디자인	.336(**)	.187(**)	.332(**)	.32(**)	.225(**)	.455(**)	1			
정문디자인	.376(**)	.312(**)	.351(**)	.238(**)	.216(**)	.344(**)	.358(**)	1		
경관조명디자인	.517(**)	.522(**)	.230(**)	.074	.443(**)	.70(**)	.381(**)	.537(**)	1	
브랜드디자인	.182(**)	.273(**)	.003	.062	.248(**)	.298(**)	.227(**)	.148(*)	.210(**)	1

주 : ** 상관계수는 0.01 수준(양쪽)에서 유의, * 상관계수는 0.05 수준(양쪽)에서 유의

〈표 5-10〉 강북권 심미요인 상관분석

구 분	매매가	배치 디자인	옥외생 활환경	시각적 개방성	주동 디자인	옥탑 디자인	자재 디자인	정문 디자인	경관 조명	브랜드 디자인
매매가	1									
배치디자인	.430(**)	1								
옥외생활환경	.284(**)	.348(**)	1							
시각적개방성	.159(*)	.103	.371(**)	1						
주동디자인	.355(**)	.273(**)	.422(**)	.096	1					
옥탑디자인	.562(**)	.538(**)	.459(**)	.306(**)	.574(**)	1				
자재디자인	.454(**)	.247(**)	.161(*)	.199(*)	.370(**)	.570(**)	1			
정문디자인	-.140	-.161(*)	.107	.054	.007	.046	.059	1		
경관조명디자인	.690(**)	.415(**)	.279(**)	.253(**)	.474(**)	.710(**)	.544(**)	-.153	1	
브랜드디자인	.149	.067	.024	.417(**)	.021	.179(*)	.140	.180(*)	.136	1

주 : ** 상관계수는 0.01 수준(양쪽)에서 유의, * 상관계수는 0.05 수준(양쪽)에서 유의

(2) 요인별 상관분석

① 단지규모별

심미변수에 대한 상관분석결과 강남권에서는 대규모단지에서 배치디자인과 주동디자인 및 옥탑디자인과의 상관계수가 각각 0.793, 0.706으로 분석되었으며, 경관조명디자인과 옥탑디자인 및 경관조명디자인과 정문디자인의 상관계수가 모두 0.710으로 도출되어 강한 양의 상관관계가 있는 것으로 나타났다.

〈표 5-11〉 강남권 단지규모별 상관분석

단지규모	변 수	매매가	배치 디자인	옥외생활 환경	시각적 개방성	주동 디자인	옥탑 디자인	자재 디자인	정문 디자인	경관 조명	브랜드 디자인
대규모단지	매매가	1									
	배치디자인	.476(**)	1								
	옥외생활환경	.259(*)	.191	1							
	시각적개방성	.031	−.050	.690(**)	1						
	주동디자인	.432(**)	.793(**)	.098	−.236(*)	1					
	옥탑디자인	.599(**)	.706(**)	−.018	−.220(*)	.560(**)	1				
	자재디자인	.195	−.050	.266(*)	.421(**)	−.023	.252(*)	1			
	정문디자인	.505(**)	.213(*)	.382(**)	.264(*)	.347(**)	.437(**)	.628(**)	1		
	경관조명디자인	.640(**)	.501(**)	.271(*)	.187	.397(**)	.710(**)	.445(**)	.710(**)	1	
	브랜드디자인	−.004	.300(**)	−.258(*)	−.178	.378(**)	.212(*)	−.009	.212(*)	.150	1
중규모단지	매매가	1									
	배치디자인	.655(**)	1								
	옥외생활환경	.325(**)	.360(**)	1							
	시각적개방성	.308(*)	.248	.457(**)	1						
	주동디자인	.261(*)	.483(**)	−.047	.210	1					
	옥탑디자인	.455(**)	.686(**)	.236	.029	.705(**)	1				
	자재디자인	.526(**)	.613(**)	.588(**)	.404(**)	.446(**)	.593(**)	1			
	정문디자인	.207	.533(**)	.408(**)	.234	.443(**)	.488(**)	.384(**)	1		
	경관조명디자인	.114	.469(**)	.157	−.033	.623(**)	.883(**)	.471(**)	.380(**)	1	
	브랜드디자인	.278(*)	.204	−.382(**)	.033	.421(**)	.297(*)	.332(**)	−.221	.262(*)	1
소규모단지	매매가	1									
	배치디자인	.911(**)	1								
	옥외생활환경	.416(**)	.275(*)	1							
	시각적개방성	.095	.128	.160	1						
	주동디자인	.417(**)	.319(**)	.046	−.060	1					
	옥탑디자인	.443(**)	.489(**)	.294(*)	−.093	.381(**)	1				
	자재디자인	.375(**)	.301(**)	.219	.120	.357(**)	.615(**)	1			
	정문디자인	.432(**)	.489(**)	.294(*)	.262(*)	−.162	.063	.075	1		
	경관조명디자인	.91(**)	1.000(**)	.275(*)	.128	.319(**)	.489(**)	.301(*)	.489(**)	1	
	브랜드디자인	.228	.198	.410(**)	.324(**)	.000	.404(**)	.411(**)	.404(**)	.198	1

주 : ** 상관계수는 0.01 수준(양쪽)에서 유의, * 상관계수는 0.05 수준(양쪽)에서 유의

또한 중규모단지에서 배치디자인과 옥탑디자인, 자재디자인이 각각 0.686, 0.613이며, 주동디자인과 옥탑디자인이 0.706으로 나타났다. 또한 소규모단지에서는 배치디자인과 경관디자인이 1.00으로 나타나 강한 상관성이 있는 것으로 나타났다. 이러한 이유는 기술통계량 분석결과 배치디자인이 적용된 단지에 경관디자인이 적용되었기 때문인 것으로 판단한다.

강북권에서는 중규모단지에서 옥탑디자인과 주동디자인 및 옥탑디자인과 경관조명디자인의 상관계수가 각각 0.811, 0.822로 나타나 강한 양의 상관관계가 있음을 알 수 있다. 또한 소규모단지에서는 옥탑디자인과 배치디자인의 상관계수가 0.701로 나타나 양의 상관관계가 있는 것으로 나타났다. 따라서 옥탑디자인과 심미변수들 간의 상관성이 높아 공선성이 발생할 우려가 있다.

〈표 5-12〉 강북권 단지규모별 상관분석

단지규모	변 수	매매가	배치디자인	옥외생활환경	시각적개방성	주동디자인	옥탑디자인	자재디자인	정문디자인	경관조명	브랜드디자인
중규모단지	매매가	1									
	배치디자인	.583(**)	1								
	옥외생활환경	.322(**)	.190	1							
	시각적개방성	.149	−.024	.139	1						
	주동디자인	.488(**)	.502(**)	.578(**)	.160	1					
	옥탑디자인	.538(**)	.677(**)	.516(**)	.362(**)	.811(**)	1				
	자재디자인	.483(**)	.261(*)	.354(**)	.207	.533(**)	.571(**)	1			
	정문디자인	−.370(**)	−.308(**)	−.100	−.285(*)	−.219	−.233(*)	−.024	1		
	경관조명디자인	.679(**)	.697(**)	.425(**)	.298(**)	.667(**)	.822(**)	.600(**)	−.335(**)	1	
	브랜드디자인	.197	.093	−.258(*)	.283(*)	−.033	.125	.091	.224	.009	1
소규모단지	매매가	1									
	배치디자인	.418(**)	1								
	옥외생활환경	.087	.337(*)	1							
	시각적개방성	.140	.010	.289(*)	1						
	주동디자인	.064	.098	.394(**)	.044	1					
	옥탑디자인	.424(**)	.701(**)	.600(**)	.322(*)	.386(**)	1				
	자재디자인	.411(**)	.59(**)	.189	.413(**)	.273(*)	.415(**)	1			
	정문디자인	.108	.312(*)	.236	.380(**)	.044	.519(**)	.074	1		
	경관조명디자인	.537(**)	−.118	−.137	.221	.265(*)	−.082	.285(*)	−.097	1	
	브랜드디자인	.009	−.100	.207	.579(**)	.100	.141	.169	.439(**)	.256	1

주 : ** 상관계수는 0.01 수준(양쪽)에서 유의, * 상관계수는 0.05 수준(양쪽)에서 유의

② 단위가격별

심미변수 간의 상관분석결과 아파트 가격이 고가인 지역에서 강남권은 경관조명디자인과 정문디자인 및 옥탑디자인의 상관계수가 모두 0.710, 배치디자인과 주동디자인 및 옥탑디자인이 각각 0.793, 0.706으로 나타나 강한 양의 상관관계가 있는 것으로 나타났다. 강북권의 고가지역에서는 배치디자인이 옥탑디자인과 1의 강한 상관관계가 있으며, 배치디자인과 옥외생활환경디자인 및 시각적개방성, 옥탑디자인과 옥외생활환경디자인 및 시각적개방성은 모두 0.825의 강한 상관관계가 있으며, 자재디자인과 주동디자인 및 옥외생활환경디자인과 각각 0.940, 0.848의 강한 양의 상관관계가 있는 것으로 나타났다. 또한 주동디자인과 옥외생활환경디자인 및 시각적 개방성도 모두 0.797의 강한 상관관계가 있는 것으로 나타났다. 따라서 이들 요인 간에는 공선성이 발생할 우려가 있다.

저가지역에서는 강남권과 강북권에서 옥탑디자인과 경관조명디자인만이 각각 0.558, 0.530의 상관관계가 있는 것으로 나타나 고가지역과는 다른 양상을 보이고 있다.

〈표 5-13〉 강남권 단위가격별 상관분석

지역구분	변수	매매가	배치디자인	옥외생활환경	시각적개방성	주동디자인	옥탑디자인	자재디자인	정문디자인	경관조명	브랜드디자인
고가지역	매매가	1									
	배치디자인	.476(**)	1								
	옥외생활환경	.259(*)	.191	1							
	시각적개방성	.031	-.050	.690(**)	1						
	주동디자인	.432(**)	.793(**)	.098	-.236(*)	1					
	옥탑디자인	.599(**)	.706(**)	-.018	-.220(*)	.560(**)	1				
	자재디자인	.195	-.050	.266(*)	.421(**)	-.023	.252(*)	1			
	정문디자인	.505(**)	.213(*)	.382(**)	.264(*)	.347(**)	.437(**)	.628(**)	1		
	경관조명디자인	.640(**)	.501(**)	.271(*)	.187	.397(**)	.710(**)	.445(**)	.710(**)	1	
	브랜드디자인	-.004	.300(**)	-.258(*)	-.178	.378(**)	.212(*)	-.009	.212(*)	.150	1
저가지역	매매가	1									
	배치디자인	.235(**)	1								
	옥외생활환경	.371(**)	.182(*)	1							
	시각적개방성	.073	.098	.427(**)	1						
	주동디자인	.155	.287(**)	-.170	-.116	1					
	옥탑디자인	-.174(*)	-.058	-.105	-.081	.275(**)	1				
	자재디자인	.112	-.136	.137	.410(**)	-.001	.205(*)	1			
	정문디자인	-.014	-.096	.232(**)	.154	.045	-.172	-.045	1		
	경관조명디자인	-.036	-.033	-.179(*)	-.332(**)	.287(**)	.558(**)	-.136	-.096	1	
	브랜드디자인	.122	.111	-.128	.126	.153	.199(*)	.135	.030	.111	1

주 : ** 상관계수는 0.01 수준(양쪽)에서 유의, * 상관계수는 0.05 수준(양쪽)에서 유의

〈표 5-14〉 강북권 단위가격별 상관분석

지역구분	변 수	매매가	배치디자인	옥외생활환경	시각적개방성	주동디자인	옥탑디자인	자재디자인	정문디자인	경관조명	브랜드디자인
고가지역	매매가	1									
	배치디자인	.497(**)	1								
	옥외생활환경	.465(**)	.825(**)	1							
	시각적개방성	.446(**)	.825(**)	.589(**)	1						
	주동디자인	.428(**)	.657(**)	.797(**)	.797(**)	1					
	옥탑디자인	.497(**)	1.000(**)	.825(**)	.825(**)	.657(**)	1				
	자재디자인	.45(**)	.699(**)	.848(**)	.737(**)	.940(**)	.699(**)	1			
	정문디자인	-.181	.247	.204	.204	.163	.247	.173	1		
	경관조명디자인	.597(**)	.607(**)	.437(**)	.722(**)	.575(**)	.607(**)	.612(**)	-.337(*)	1	
	브랜드디자인	.670(**)	.500(**)	.350(*)	.633(**)	.505(**)	.500(**)	.537(**)	.322(*)	.528(**)	1
저가지역	매매가	1									
	배치디자인	.103	1								
	옥외생활환경	.137	.120	1							
	시각적개방성	.137	-.197(*)	.310(**)	1						
	주동디자인	-.088	-.021	.282(**)	-.102	1					
	옥탑디자인	-.049	.035	.277(**)	.157	.408(**)	1				
	자재디자인	.130	-.134	-.142	.077	.017	.291(**)	1			
	정문디자인	.244(**)	-.182	.133	-.016	.100	.251(**)	.198(*)	1		
	경관조명디자인	-.020	-.094	.147	.083	.216(*)	.530(**)	.264(**)	.238(*)	1	
	브랜드디자인	-.141	-.042	-.070	.301(**)	-.057	.223(*)	.123	.107	.118	1

주 : ** 상관계수는 0.01 수준(양쪽)에서 유의, * 상관계수는 0.05 수준(양쪽)에서 유의

2) 강남권 심미요인의 가격영향

(1) 심미단지와 비심미단지의 차이 검정

[H_1 : H1] 심미요인을 채택한 단지는 그렇지 않은 단지(비심미단지)보다 가격이 높을 것이다.

심미요인이 많이 적용되어 있는 심미단지와 비심미단지의 집단 간 차이가 있는지를 분석하기 위하여 심미단지의 주택형과 비심미단지의 주택형과의 평균분석을 하였다.

〈표 5-15〉 강남권 아파트의 심미여부 평균분석

구 분	Levene의 등분산 검정		평균의 동일성에 대한 t-검정			
	F	유의확률	t	자유도	유의확률(양쪽)	평균차
등분산이 가정됨	26.126	.000	5.452	217	.000	44,124.747
등분산이 가정되지 않음			5.657	151.426	.000	44,124.747

평균분석 모형의 Levene의 등분산검정은 유의확률 p = 0.000 〈 유의수준 0.05이므로 귀무가설을 기각한다. 또한 매매가격의 검정통계량 t값은 5.657, 유의확률 p = 0.000 〈 0.05이므로 귀무가설(H_1)을 기각한다. 따라서 심미단지와 비심미단지 간의 평균매매가격의 차이가 있음이 검증되었다. 이로써 심미변수가 아파트 가격에 영향을 미치는 요인이 될 수 있음을 추론할 수 있다.

(2) 심미요인 가격영향 검정

[H_1 : H2] 심미적 외관디자인요인은 아파트 가격형성에 정(+)의 영향을 미칠 것이다.

모형분석결과 수정된 R^2값이 0.927로 분석되어 추정된 회귀식은 전체 자료의 92.7% 정도를 설명할 수 있다.

〈표 5-16〉 강남권 모형 및 분산분석

모 형	R		R 제곱		수정된 R 제곱	
	.965		.931		.927	
분산분석	구 분	제곱합	자유도	평균제곱	F	유의확률
	선형회귀분석	64.396	12	5.366	231.403	.000
	잔 차	4.777	206	.023		
	합 계	69.173	218			

〈표 5-17〉 강남권 가격형성요인 변수

변 수			비표준화 계수		표준화계수	t	유의확률	공차한계
			B	표준오차	베타			VIF
(상 수)			4.384	.621		7.061	.000	
물리특성요인		ln(전용면적)	1.068	0.040	0.596	26.457	.000	1.512
단지특성요인		ln(총세대수)	.078	.018	.091	4.394	.000	1.279
		ln(녹지율)	.545	.082	.159	6.652	.000	1.708
		ln(건폐율)	-.157	.089	-.051	-1.760	.080	2.538
		ln(호당주차대수)	.174	.061	.072	2.860	.005	1.872
		ln(층수)	.184	.065	.074	2.832	.005	2.018
지역특성요인		ln(지역변수)	.616	.037	.375	16.620	.000	1.516
		ln(지하철역거리)	-.079	.018	-.105	-4.464	.000	1.645
		ln(공원거리)	-.055	.017	-.071	-3.177	.002	1.479
심미특성요인	공간성	ln(시각적개방성)	-.106	.041	-.052	-2.598	.010	1.191
	조형성	ln(옥탑디자인)	.100	.049	.054	2.049	.042	2.053
		ln(주동디자인)	.109	.040	.067	2.748	.007	1.763

주 : 반응변수 = ln(매매가격)

분산분석은 F값 214.138, 유의확률 0.000으로서 p〈 유의수준 0.05이므로 통계적으로 유의하여 모형은 타당하다.

다중공선성 검정 VIF 값은 10을 넘지 않으므로 다중공선성은 없으며 표준화 잔차의 평균은 0으로서 선형회귀식의 기본가정에 만족하는 것으로 나타났다. 또한 산점도 분석결과 Y축의 표준화 잔차 0을 중심으로 상하로 무작위로 분포하고 있으므로 등분산하는 것으로 판단되어 모형이 적합한 것으로 분석된다. 자료의 정규분포를 검토하기 위한 Kolmogorov-Smirnov 검정결과, 유의확률 p〉 유의수준 0.05이므로 정규성의 가정이 성립된다. 따라서 강남권에서는 이중로그함수의 회귀식이 적합한 것으로 분석되었다.

심미요인이 가격에 미치는 영향정도는 〈표 5-18〉과 같다.

〈표 5-18〉 강남권 가격특성요인이 가격에 미치는 정도

가격형성요인			표준화 계수	기여도(%)
물리특성요인		ln(전용면적)	0.596	33.73
		계	0.596	33.73
단지특성요인		ln(총세대수)	0.091	5.15
		ln(녹지율)	0.159	9.00
		ln(층수)	0.074	4.19
		ln(호당주차대수)	0.072	4.07
		ln(건폐율)	-0.051	2.89
		계	0.447	25.30
지역특성요인		ln(지역변수)	0.375	21.22
		ln(지하철역거리)	-0.105	5.94
		ln(공원거리)	-0.071	4.02
		계	0.551	31.18
심미특성요인	공간성	ln(시각적개방성)	-0.052	2.94
	조형성	ln(주동디자인)	0.067	3.79
		ln(옥탑디자인)	0.054	3.06
	계		0.173	9.79
총 계			1.176	100.00

(3) 검정결과 해석

회귀모형 분석결과 아파트 가격형성에 가장 많은 영향을 주는 요인은 전용면적으로 나타났다. 또한 지역변수, 녹지율, 지하철역거리, 총세대수, 층수, 호당주차대수, 공원거리, 주동디자인, 옥탑디자인, 시각적개방성, 건폐율의 순으로 매매가격에 영향을 미치는 것으로 분석되었다.

가격특성요인의 기여도는 물리특성요인이 33.73%, 단지특성요인이 25.30%, 지역특성요인이 31.18%로 분석되었으며 심미특성요인의 가격영향정도는 9.79% 정도인 것으로 분석되었다. 따라서 심미특성요인이 가격에 영향을 미친다는 가설이 규명되었다. 이에 가설 H2를 채택한다.

심미특성요인 중 의미 있게 나온 변수는 옥탑디자인, 주동디자인, 시각적개방성이다. 심미특성요인의 가격영향은 주동디자인이 3.79%, 옥탑디자인이 3.06%, 시각적 개방성이 2.94% 정도의 효과가 있는 것으로 나타났다. 이 중 옥탑디자인과 주동디자인의 주택가격에 정(+)의 영향을 미치는 것으로 나타났으나 시각적개방성은 부(-)의 영향을 미치는 것으로 나타났다. 따라서 심미특성요인 중 정(+)의 영향을 미치는 가격영향정도는 6.85% 정도로 분석된다. 시각적개방성이 부의 영향이 나타난 이유는 기술통계량에서 나타난 바와 같이 표본의 80%로서 대다수가 설치됨으로써 변별력이 떨어지기 때문으로 판단한다.

주동디자인은 공간성에 포함되며 옥탑디자인과 시각적개방성은 조형성에 포함된다. 따라서 강남권에서는 심미특성요인 중 공간성, 조형성, 경관성 측면에서 조형성이 아파트 가격형성에 상대적으로 높은 영향을 미치고 있다.

이러한 분석결과는 강남권에서는 심미특성요인이 가격특성요인 중 가격영향력이 아주 크지 않음을 나타낸다. 그러나 이 연구결과는 심미특성요인 즉, 심미적 디자인요인이 아파트가격에 영향을 주고 있다는 것을 규명하였다. 또한 본 연구는 기존의 가격특성에 관한 연구와 차별화되며, 또한 주택가치를 디자인의 측면 즉, 정성적 측면에서 가치추정 하였다는 점에서 매우 의미 있는 연구 성과라 할 수 있다.

또한 본 연구의 결과가 기존연구와 차별되는 특성으로 나타난 변수는 건폐율을 들 수 있다. 선행연구에서는 건폐율과 용적률의 상관성을 우려하여 용적률을 중시하고 건폐율을 제외하였으나, 본 연구에서 상관분석결과 용적률과 건폐율의 상관계수가 유의수준 0.01에서 0.156으로 미미하게 나타나 두 변수를 가격형성변수로 함께 설정하였으며, 분석결과 건폐율의 영향이 더 큰 것으로 나타났다. 이러한 결과는 아파트단지 내 어메니티 증가를 위해 녹지율이 높은 단지의 선호현상과 조망을 중시하는 고층선호현상 등에 기인한 것이라 판단한다.

(4) 소 결

본 장은 서울의 강남권 공동주택단지의 주택형을 대상으로 건축물의 심미적 디자인요소가 아파트가격형성에 어느 정도 영향을 주고 있는가를 분석하였다. 분석결과는 다음과 같다.

첫째, 심미요인에 대한 심미단지와 비심미단지 매매가격의 t-test 분석결과 집단 간 가격의 평균차이가 있는 것으로 나타났다. 이에 가설 H1을 채택한다.

둘째, 심미특성요인은 9.79% 정도의 가격영향이 있는 것으로 분석되었다. 따라서 심미특성요인이 아파트 가격형성에 영향을 미치고 있음이 규명되었다. 이에 가설 H2를 채택한다.

셋째, 아파트가격형성에 대한 심미변수의 영향력 분석결과, 전용면적, 지역변수, 녹지율, 지하철역거리, 총세대수, 층수, 호당주차대수, 공원거리, 주동디자인, 옥탑디자인, 시각적개방성, 건폐율의 순으로 가격영향력이 있음이 규명되었다.

넷째, 심미변수 중 아파트 가격에 정(+)의 영향을 미치는 변수는 옥탑디자인, 주동디자인으로 나타났다. 이러한 변수는 심미특성요소 중 조형성에 포함된다. 이로써 강남권 내에서는 아파트가격형성요인 중 디자인 측면에서 조형성이 상대적으로 높은 비중을 차지한다는 것을 알 수 있다.

상기의 분석결과, 강남권 내에서는 심미적 디자인요인이 아파트 가격형성에 정(+)의 영향을 주고 있음이 규명되었다. 또한 심미특성요인의 가격영향이 전체 가격형성요인 중에서 아주 크게 영향을 미치는 것은 아니나 정성적 요인인 심미적 디자인 요인의 가격영향정도가 구체적으로 도출되었다는 측면에서 본 연구의 의의가 있다.

3) 강남권 요인별 가격영향

(1) 단지규모별

① 심미단지와 비심미단지의 차이 검정

[H_1 : H1] 심미요인을 채택한 단지는 그렇지 않은 단지(비심미단지)보다 가격이 높을 것이다.

Levene의 등분산검정결과 대규모단지는 유의확률 p = 0.055 〉 유의수준 0.05로 나타나 귀무가설(H_1)을 채택한다. 그러나 중규모단지와 소규모단지에서는, 각각 p = 0.050 = 유의수준 0.05, p = 0.000 〈 유의수준 0.05로서 귀무가설(H_1)을 기각한다.

〈표 5-19〉 강남권 단지규모별 심미여부 평균분석

단지규모	등분산구분	Levene의 등분산 검정		평균의 동일성에 대한 t-검정			
		F	유의확률	t	자유도	유의확률(양쪽)	평균차
대규모단지	가정됨	3.786	.055	2.863	86	.005	33,423.036
	가정되지 않음			3.239	84.754	.002	33,423.036
중규모단지	가정됨	3.989	.050	2.810	60	.007	35,134.038
	가정되지 않음			2.708	41.225	.010	35,134.038
소규모단지	가정됨	29.190	.000	3.488	67	.001	63,057.540
	가정되지 않음			3.254	32.586	.003	63,057.540

또한 대규모단지, 중규모단지, 소규모단지에서, 각각 매매가격의 검정통계량 t값 = 2.863, 유의확률 p = 0.005 〈 유의수준 0.05, t값 = 2.708, 유의확률 p = 0.010 〈 유의수준 0.05, t값 = 2.708, 유의확률 p = 0.010 〈 유의수준 0.05이므로, 귀무가설(H_1)를 기각하며, 심미단지와 비심미단지 간의 평균매매가격의 차이가 있음이 검증되었다.

이로써 심미요인이 아파트 가격형성에 영향을 미치는 요인이 될 수 있음을 추론할 수 있다.

② 심미요인 가격영향 검정

[H_1 : H3] 단지규모가 클수록 심미적 외관디자인요인이 가격형성에 미치는 영향이 클 것이다.

추정된 회귀식은 대규모단지와 소규모단지는 전체 자료의 98.7%를 설명할 수 있으며, 중규모단지는 91.00%의 설명력이 있다. 세 가지 모형 모두 유의확률 p = 0.000으로서 유의수준 0.05에서 통계적으로 유의미하며 타당한 모형이다.

〈표 5-20〉 강남권 단지규모별 최종모형 및 분산분석

단지규모	대규모 단지					
모형	R		R 제곱		수정된 R 제곱	
	.994		.989		.987	
분산분석	구 분	제곱합	자유도	평균제곱	F	유의확률
	선형회귀분석	22.647	10	2.265	683.961	.000
	잔 차	.255	77	.003		
	합 계	22.902	87			
단지규모	중규모 단지					
모형	R		R 제곱		수정된 R 제곱	
	.974		.948		.940	
분산분석	구 분	제곱합	자유도	평균제곱	F	유의확률
	선형회귀분석	15.474	8	1.934	120.189	.000
	잔 차	.853	53	.016		
	합 계	16.327	61			
단지규모	소규모 단지					
모형	R		R 제곱		수정된 R 제곱	
	.995		.990		.987	
분산분석	구 분	제곱합	자유도	평균제곱	F	유의확률
	선형회귀분석	27.159	13	2.089	412.827	.000
	잔 차	.278	55	.005		
	합 계	27.438	68			

〈표 5-21〉 강남권 단지규모별 가격형성요인 변수

단지규모	변 수			비표준화 계수		표준화계수	t	유의확률	공차한계
				B	표준오차	베타			VIF
대규모단지	(상 수)			2.677	.492		5.446	.000	
	물리특성요인		ln(전용면적)	1.138	.023	.689	48.802	.000	1.379
	단지특성요인		ln(녹지율)	1.065	.084	.250	12.657	.000	2.705
			ln(건폐율)	-.265	.098	-.062	-2.701	.009	3.636
			ln(호당주차대수)	.267	.046	.098	5.824	.000	1.950
			ln(주차방식)	-.102	.030	-.069	-3.357	.001	2.901
	지역특성요인		ln(지역변수)	.446	.037	.298	12.003	.000	4.262
			ln(편의시설거리)	.041	.010	.063	3.941	.000	1.751
	심미특성요인	공간성	ln(시각적개방성)	-.208	.035	-.109	-5.856	.000	2.392
		조형성	ln(옥탑디자인)	.437	.045	.253	9.602	.000	4.801
		경관성	ln(정문디자인)	.241	.034	.140	7.105	.000	2.679
중규모단지	(상 수)			9.584	.122		78.794	.000	
	물리특성요인		전용면적	.010	.001	.622	17.503	.000	1.282
			탑상형	.448	.078	.276	5.763	.000	2.329
			조합형	.160	.076	.119	2.114	.039	3.230
	단지특성요인		녹지율	.025	.003	.261	7.130	.000	1.364
			주차방식	-.184	.055	-.179	-3.358	.001	2.886
	지역특성요인		지역변수	.522	.044	.506	11.745	.000	1.882
			편의시설거리	.000	.000	-.266	-6.611	.000	1.639
			공원거리	.000	.000	-.238	-5.614	.000	1.821
소규모단지	(상 수)			10.238	.674		15.195	.000	
	물리특성요인		ln(전용면적)	1.052	.037	.522	28.171	.000	1.859
			ln(탑상형)	-1.263	.110	-.467	-11.505	.000	8.949
	단지특성요인		ln(건폐율)	-.454	.103	-.183	-4.398	.000	9.353
			ln(용적률)	-.651	.133	-.114	-4.909	.000	2.944
			ln(호당주차대수)	1.772	.115	.703	15.368	.000	11.343
			ln(주차방식)	-.347	.058	-.190	-5.945	.000	5.557
			ln(시공사군)	.370	.040	.194	9.264	.000	2.372
	지역특성요인		ln(지역변수)	.261	.041	.141	6.305	.000	2.702
			ln(공원거리)	.069	.031	.073	2.200	.032	5.916
	심미특성요인	공간성	ln(배치디자인)	.440	.153	.126	2.873	.006	10.348
		조형성	ln(주동디자인)	.110	.046	.060	2.392	.020	3.386
			ln(자재디자인)	.553	.041	.303	13.341	.000	2.803
		경관성	ln(브랜드디자인)	-.325	.037	-.169	-8.682	.000	2.046

주 :반응변수 = ln(매매가격)

심미요인이 가격에 미치는 영향정도는 〈표 5-22〉와 같다.

〈표 5-22〉 강남권 단지규모별 가격기여도

가격형성요인			대규모단지		중규모단지		소규모단지	
			표준화 계수	기여도(%)	표준화 계수	기여도(%)	표준화 계수	기여도(%)
물리특성요인		ln(전용면적)*	0.689	33.92	0.622	22.94	.522	16.09
		ln(탑상형)*	-	-	0.276	10.18	-.467	14.39
		조합형	-	-	0.119	4.39	-	-
		계	0.689	33.92	1.017	37.50	.989	30.48
단지특성요인		ln(녹지율)*	0.250	12.31	0.261	9.62	-	-
		ln(주차방식)*	-0.069	3.40	-0.179	6.60	-.190	5.86
		ln(호당주차대수)	0.098	4.83	-	-	.703	21.66
		ln(건폐율)	-0.062	3.05	-	-	-.183	5.64
		ln(용적률)	-	-	-	-	-.114	3.51
		ln(시공사군)	-	-	-	-	.194	5.98
		계	0.479	23.58	0.44	16.22	1.384	42.65
지역특성요인		ln(지역변수)*	0.298	14.67	0.506	18.66	.141	4.35
		ln(편의시설거리)*	0.063	3.10	-0.266	9.81	-	-
		ln(공원거리)*	-	-	-0.238	8.78	.073	2.25
		계	0.361	17.77	1.01	37.24	.214	6.59
심미특성요인	공간성	ln(시각적개방성)	-0.109	5.37	-	-	-	-
		ln(배치디자인)	-	-	-	-	.126	3.88
	조형성	ln(옥탑디자인)	0.253	12.46	-	-	-	-
		ln(주동디자인)	-	-	-	-	.060	1.85
		ln(자재디자인)	-	-	-	-	.303	9.34
	경관성	ln(정문디자인)	0.140	6.89	-	-	-	-
		ln(브랜드디자인)	-	-	-	-	-.169	5.21
		ln(경관조명)	-	-	-	-	-	-
	계		0.502	24.72	-	-	.658	20.28
총 계			2.031	100.00	2.712	100.00	3.245	100.00

주 : * 표는 중규모단지에 해당되며 ln이 없음

다중공선성 검정을 위한 VIF 값은 10을 넘지 않으므로 다중공선성은 없다. 표준화 잔차의 평균은 0으로서 선형회귀식의 기본가정에 만족함을 알 수 있다. 또한 산점도 분석 결과 Y축의 표준화잔차 0을 중심으로 상하로 무작위로 분포하고 있으므로 등분산하는 것으로 판단된다. Kolmogorov-Smirnov 검정결과 유의확률이 0.200으로 유의수준

0.05보다 크므로 잔차의 분포가 정규분포를 이루는 것을 알 수 있다. 따라서 소규모단지와 대규모단지에서는 이중로그함수의 회귀식이 적합한 것으로 분석되었으며, 중규모단지에서는 역세미로그함수 회귀식이 적합한 것으로 분석되었다.

③ 검정결과 해석

다음은 대규모단지에 대한 분석결과이다.

아파트 가격형성에 영향을 주는 요인은 전용면적, 지역변수, 옥탑디자인, 녹지율, 정문디자인, 시각적개방성, 호당주차대수, 주차방식, 편의시설거리, 건폐율의 순으로 매매가격에 영향을 미치는 것으로 분석되었다.

연구결과 가격특성요인의 기여도는 물리특성요인이 33.92%, 단지특성요인이 16.22%, 지역특성요인이 37.24%로 분석되었으며 심미특성요인의 가격영향 기여도는 24.72% 정도인 것으로 분석되었다. 따라서 심미특성요인이 가격에 영향을 미치고 있음이 규명되었다.

대규모단지에서 심미특성요인 중 의미 있게 나온 변수는 옥탑디자인, 정문디자인, 시각적개방성이다. 심미특성요인의 가격영향은 옥탑디자인이 12.46%, 정문디자인이 6.89%로서 이들은 주택가격에 19.35% 정도 정(+)의 영향을 미치는 것으로 나타났다. 그러나 시각적개방성은 5.37% 정도 부(−)의 영향을 미치는 것으로 분석되었다. 이는 강남권 대규모단지에 있어서 시각적개방성의 경우 82% 정도 설치되어 있어 설치여부의 변별력이 떨어지기 때문에 비교적 고액의 설치 공사비용과 대비하여 효과가 없기 때문인 것으로 판단한다.

옥탑디자인은 심미특성요인 중 조형성에 포함되며 정문디자인은 경관성에 포함되는 심미변수이다. 따라서 심미요인은 조형성과 경관성에 대해 정(+)의 영향을 미치는 것을 알 수 있으며, 특히 경관성보다 조형성이 아파트 가격형성에 상대적으로 높은 영향을 미치는 것으로 분석되었다. 이는 강남권의 대규모단지의 거주자들 즉, 비교적 소득수준이 높은 사람들이 조형적으로 디자인된 아파트에 대한 선호가 높음과 가격지불의사가 있음을 의미하는 것이다.

다음은 중규모단지에 대한 분석결과이다.

연구결과 가격특성요인의 기여도는 물리특성요인이 37.50%, 단지특성요인이 4.57%, 지역특성요인이 10.37%로 분석되었으며 심미특성요인의 가격영향 기여도는 나타나지 않았다. 따라서 심미특성요인의 가격영향이 없음이 규명되었다.

이러한 결과는 강남권 중규모단지에서는 아직까지 심미요인의 영향이 다른 특성요인에 비하여 그 영향이 미미하기 때문인 것으로 판단한다. 그러나 여기서 주목해야할 또 하나는 물리특성요인의 구성이다. 가격에 가장 영향을 크게 미치는 물리특성요인을 구성하는 유의한 변수를 살펴보면 전용면적을 제외하고는 모두 아파트의 외관형태에 관한 요인인 탑상형과 조합형이다. 따라서 외관디자인의 세부적 디자인요인인 심미특성요인도 단시일 내에 가격에 영향을 미칠 것으로 판단한다.

아파트 가격형성에 영향을 주는 요인은 전용면적, 지역변수, 탑상형, 편의시설거리, 녹지율, 공원거리, 주차방식, 조합형의 순으로 매매가격에 영향을 미치는 것으로 분석되었다.

다음은 소규모단지에 대한 분석결과이다.

연구결과 가격특성요인의 기여도는 물리특성요인이 30.48%, 단지특성요인이 42.65%, 지역특성요인이 6.59%로 분석되었으며 심미특성요인의 가격영향 기여도는 20.28% 정도인 것으로 분석되었다. 따라서 심미특성요인이 가격에 영향을 미치고 있음이 규명되었다.

아파트 가격형성에 영향을 주는 요인은 호당주차대수, 전용면적, 탑상형, 자재디자인, 시공사군, 주차방식, 건폐율, 브랜드디자인, 지역변수, 배치디자인, 용적률, 공원거리, 주동디자인의 순으로 매매가격에 영향을 미치는 것으로 분석되었다.

분석결과 호당주차대수의 가격영향이 큰 것으로 나타났다. 이는 소형주택형에서도 차량소유가 여러 대인 경우가 많은 강남권의 특성에 의한 것으로 판단된다. 이는 또한 높은 소득수준을 나타내는 것이기도 하다. 또한 지역변수의 영향이 상대적으로 적게 도출된 것은 강남권 내에 입지가 좋은 지역이 많아 지역입지의 변별력이 다소 떨어지기 때문이다. 건폐율과 용적률은 작을수록 가격에 정(+)의 영향을 주는 것으로 나타나, 단지 내 쾌적성에 대한 선호가 있는 것으로 추정된다. 또한 시공사군이 유의한 변수로 나오므로 이는 소형 주택형일수록 대형시공사에 대한 선호가 있는 것으로 파악된다.

심미특성요인 중 의미 있게 나온 변수는 배치디자인, 주동디자인, 자재디자인, 브랜드디자인이다. 이 중 배치디자인, 주동디자인, 자재디자인은 주택가격에 정(+)의 영향을 미치나, 브랜드디자인은 부(−)의 영향을 미치는 것으로 분석되었다.

심미요인이 가격에 미치는 영향은 배치디자인이 3.88%, 자재디자인이 9.34%, 주동디자인이 1.85%, 브랜드디자인이 5.21%로 20.28%가 도출되었다. 아파트 가격형성에 정(+)의 영향을 미치는 자재디자인, 주동디자인은 심미특성요인 중 조형성에 포함되며, 배치디자인은 공간성에 포함되는 심미변수이다. 이로써 강남권의 소규모단지에서는 건축물의 조형디자인에 선호가 크며, 그 외로 단지 내 통경성을 확보하는 공간디자인이 선호되고 있음을 알 수 있다.

④ 소 결

본 장은 서울의 강남권 내 아파트단지의 주택형을 대상으로 500세대와 1,000세대를 기준으로, 건축물의 심미적 디자인요소가 아파트가격형성에 어느 정도 영향을 주고 있는가를 분석하였다. 분석결과는 다음과 같다.

첫째, 심미요인에 대한 심미단지와 비심미단지 매매가격의 t−test 분석결과 단지규모 분류에서, 심미단지와 비심미단지 간의 매매가격의 평균차이가 있는 것으로 나타났다. 이로써 심미단지가 비심미단지보다 매매가격이 높을 것이라는 연구가설이 성립되었으며 심미특성요인이 가격형성에 영향을 미칠 것이라고 예상할 수 있다. 이에 가설 H1을 채택한다.

둘째, 아파트가격형성에 대한 심미변수의 영향력 분석결과, 대규모단지는 24.72%, 소규모단지에서는 20.28% 정도 심미요인의 가격영향이 있는 것으로 나타났으나 중규모단지에서는 나타나지 않았다. 따라서 단지규모가 커질수록 심미요인의 영향력이 클 것이라는 가설 H3은 기각한다.

셋째, 대규모단지에서는 심미변수 중 옥탑디자인과 정문디자인이, 소규모단지에서는 배치디자인, 주동디자인, 자재디자인이 아파트 가격에 정(+)의 영향을 미치는 것으로 분석되었다.

따라서 1,000세대 이상의 대규모단지에서는 조형성과 경관성에 대한 선호가, 특히 조형성이 경관성보다 상대적으로 높은 선호가 있음을 알 수 있다. 또한 소규모단지에서는 조형성과 경관성이, 특히 조형성이 가격에 영향을 많이 미치는 것으로 분석되었다. 이로써 강남권에서는 중규모단지를 제외하고 건축물의 디자인을 의미하는 조형성에 대한 선호가 있다는 것을 추론할 수 있다.

이러한 분석결과로 강남권 내에서는 심미적 디자인요인이 단지규모와 관계가 없는 것으로 분석되었다.

(2) 단위가격별

① 심미단지와 비심미단지의 차이 검정

[H_1 : H1] 심미요인을 채택한 단지는 그렇지 않은 단지(비심미단지)보다 가격이 높을 것이다.

평균분석 모형의 Levene의 등분산검정분석결과 고가지역과 저가지역의 유의확률 p가 각각 0.005와 0.002로 나타나 유의수준 0.05보다 작다. 따라서 귀무가설(H_1)을 기각한다. 매매가격의 검정통계량 t값은 각각 3.911, 1.930이며, 고가지역의 유의확률 p = 0.000 〈 유의수준 0.05이므로 평균차이가 같을 것이라는 귀무가설(H_1)을 기각한다. 그러나 저가지역은 유의확률 p = 0.057 〉 유의수준 0.05이므로 귀무가설(H_1)을 채택한다.

상기의 분석결과 고가지역에서는 심미단지와 비심미단지 간의 매매가격의 평균차이가 있는 것으로 나타났으나 저가지역에서는 평균차이가 없는 것으로 나타났다. 따라서 고가지역에서는 심미요인이 아파트 가격에 영향을 미치는 요인이 될 수 있을 것으로 추정할 수 있다. 그러나 저가지역에서는 평균차이가 없는 것으로 나타났다. 이는 입지선호가 뛰어난 강남권에서 2003 ~ 2007년까지 주택가격 상승폭이 매우 컸기 때문에, 고가주택보다는 비교적 가격부담이 적고 거래가 용이한 저가지역의 주택에 대한 소비자들의 가격상승을 최우선으로 고려한 의사결정이 이루어졌기 때문인 것으로 판단한다.

〈표 5-23〉 강남권 단위가격별 심미여부 평균분석

지역분	등분산구분	Levene의 등분산 검정		평균의 동일성에 대한 t-검정			
		F	유의확률	t	자유도	유의확률(양쪽)	평균차
고가지역	가정됨	8.224	.005	2.860	90	.005	49,906.824
	가정되지않음			3.911	89.335	.000	49,906.824
저가지역	가정됨	9.970	.002	2.068	125	.041	9,596.329
	가정되지않음			1.930	80.287	.057	9,596.329

② 심미요인 가격영향 검정

[H_1 : H4] 단위가격이 큰 지역일수록 심미적 외관디자인요인이 가격형성에 미치는 영향이 클 것이다.

추정된 회귀식은 고가지역이 전체 자료의 98.7%, 저가지역이 93.1%를 설명할 수 있다. 두 지역의 유의확률은 모두 p = 0.000으로서 유의수준 0.05에서 통계적으로 유의하며 모형은 타당하다.

〈표 5-24〉 강남권 단위가격별 최종모형 및 분산분석

지역	고가지역					
모형	R		R 제곱		수정된 R 제곱	
	.994		.988		.987	
분산분석	구 분	제곱합	자유도	평균제곱	F	유의확률
	선형회귀분석	24.522	12	2.044	563.775	.000
	잔 차	.286	79	.004		
	합 계	24.809	91			
지역	저가지역					
모형	R		R 제곱		수정된 R 제곱	
	.968		.937		.931	
분산분석	구 분	제곱합	자유도	평균제곱	F	유의확률
	선형회귀분석	19.729	11	1.794	154.364	.000
	잔 차	1.336	115	.012		
	합 계	21.065	126			

다중공선성 검정을 위한 VIF 값은 10을 넘지 않으므로 다중공선성은 없다. 표준화 잔차의 평균은 0으로서 선형회귀식의 기본가정에 만족함을 알 수 있다. 또한 산점도 분석 결과 Y축 표준화 잔차 0을 중심으로 상하로 무작위로 분포하고 있으므로 등분산하는 것을 알 수 있다. Kolmogorov-Smirnov 검정결과 유의확률 p = 0.200으로 유의수준 0.05보다 크므로 잔차의 분포가 정규분포를 이루는 것으로 분석되었다.

〈표 5-25〉 강남권 단위가격별 가격형성요인 변수

단지규모	변 수			비표준화 계수 B	비표준화 계수 표준오차	표준화계수 베타	t	유의확률	공차한계 VIF
고가지역	(상 수)			4.036	.260		15.497	.000	
	물리특성요인		ln(전용면적)	1.162	.024	.705	48.676	.000	1.436
			ln(탑상형)	.180	.050	.081	3.606	.001	3.438
	단지특성요인		ln(총세대수)	.079	.014	.104	5.605	.000	2.337
			ln(층수)	.512	.053	.268	9.715	.000	5.202
			ln(녹지율)	.385	.066	.125	5.823	.000	3.164
			ln(주차방식)	.105	.041	.059	2.529	.013	3.669
			ln(시공사군)	.215	.033	.136	6.428	.000	3.054
	지역특성요인		ln(지하철역거리)	-.253	.013	-.402	-19.303	.000	2.964
	심미특성요인	조형성	ln(주동디자인)	.240	.042	.144	5.728	.000	4.348
			ln(옥탑디자인)	-.261	.046	-.174	-5.712	.000	6.355
			ln(자재디자인)	-.139	.032	-.093	-4.354	.000	3.091
		경관성	ln(브랜드디자인)	.180	.043	.075	4.147	.000	2.235
저가지역	(상 수)			4.209	.503		8.361	.000	
	물리특성요인		ln(전용면적)	1.072	.037	.809	29.286	.000	1.382
			ln(조합형)	.382	.092	.126	4.136	.000	1.690
	단지특성요인		ln(총세대수)	.087	.018	.134	4.746	.000	1.456
			ln(호당주차대수)	.514	.064	.253	8.000	.000	1.807
			ln(녹지율)	.361	.077	.135	4.670	.000	1.513
			ln(건폐율)	-.316	.079	-.111	-4.012	.000	1.393
	지역특성요인		ln(지하철역거리)	.069	.019	.116	3.565	.001	1.919
			ln(편의시설거리)	.074	.014	.145	5.098	.000	1.461
	심미특성요인	공간성	ln(배치디자인)	-.202	.093	-.060	-2.171	.032	1.381
			ln(시각적개방성)	-.198	.039	-.142	-5.053	.000	1.425
		경관성	ln(경관조명)	.485	.101	.144	4.802	.000	1.631

주 : 반응변수 = ln(매매가격)

심미요인이 가격에 미치는 영향정도는 〈표 5-26〉과 같다.

〈표 5－26〉 강남권 단위가격별 가격기여도

가격형성요인			고가지역		저가지역	
			표준화계수	기여도(%)	표준화계수	기여도(%)
물리특성요인		ln(전용면적)	.705	29.80	.809	37.20
		ln(탑상형)	.081	3.42		
		ln(조합형)			.126	5.79
		계	0.786	33.22	0.935	42.99
단지특성요인		ln(총세대수)	.104	4.40	.134	6.16
		ln(층수)	.268	11.33		
		ln(녹지율)	.125	5.28	.135	6.21
		ln(주차방식)	.059	2.49		
		ln(시공사군)	.136	5.75		
		ln(호당주차대수)			.253	11.63
		ln(건폐율)			−.111	−5.10
		계	0.692	29.25	0.633	29.10
지역특성요인		ln(지하철역거리)	−.402	−16.99	.116	5.33
		ln(편의시설거리)			.145	6.67
		계	0.402	16.99	0.261	12.00
심미특성요인	공간성	ln(배치디자인)			−.060	2.76
		ln(시각적개방성)			−.142	6.53
	조형성	ln(주동디자인)	.144	6.09		
		ln(옥탑디자인)	−.174	7.35		
		ln(자재디자인)	−.093	3.93		
	경관성	ln(브랜드디자인)	.075	3.17		
		ln(경관조명)			.144	6.62
	계		0.486	20.54	0.346	15.91
총 계			2.366	100.00	2.175	100.00

③ 검정결과 해석

다음은 고가지역에 대한 분석결과이다.

아파트 가격형성에 영향을 주는 요인은 전용면적, 지하철역거리, 층수, 옥탑디자인, 주동디자인, 시공사군, 녹지율, 총세대수, 자재디자인, 탑상형, 브랜드디자인, 주차방식의 순으로 매매가격에 영향을 미치는 것으로 분석되었다.

연구결과 가격특성요인의 기여도는 물리특성요인이 33.22%, 단지특성요인이 29.25%, 지역특성요인이 16.99%로 분석되었으며 심미특성요인의 가격영향 기여도는 20.54% 정도인 것으로 분석되었다. 따라서 심미특성요인이 가격에 영향을 미치고 있음이 규명되었다.

심미특성요인 중 의미 있게 나온 변수는 브랜드디자인 3.17%, 자재디자인 3.93%, 주동디자인 6.09%, 옥탑디자인 7.35%이다. 이 중 브랜드디자인, 주동디자인은 주택가격에 정(+)의 영향을 미치는 변수로서 브랜드디자인은 심미특성요인 중 경관성에 포함되며 주동디자인은 조형성에 포함되는 심미변수이다. 따라서 경관성과 조형성 측면의 심미적 디자인 요소가 강남권 고가지역에서 아파트가격형성에 정(+)의 영향을 미치고 있다는 것을 파악할 수 있다. 특히 조형성 측면이 경관성 측면보다 아파트 가격형성에 상대적으로 높은 영향을 미치는 것으로 나타났다. 이는 소득수준이 높을수록 문화적 가치를 추구하듯 고가아파트거주자들 또한 디자인의 가치를 선호하는 것으로 파악할 수 있다. 즉 매슬로가 주장하는 건축물의 기능에 만족하는 인간의 2차 욕구를 넘어 예술적 디자인을 향한 3차 욕구인 건축물의 심미적 형태를 지향하는 자아실현의 욕구로 판단된다.

다음은 저가지역에 대한 분석결과이다.

아파트 가격형성에 영향을 주는 요인은 전용면적, 호당주차대수, 편의시설거리, 경관조명디자인, 시각적개방성, 녹지율, 총세대수, 조합형, 지하철역거리, 건폐율, 배치디자인의 순으로 매매가격에 영향을 미치는 것으로 분석되었다.

연구결과 가격특성요인의 기여도는 물리특성요인이 42.99%, 단지특성요인이 29.10%, 지역특성요인이 12.00%로 분석되었으며 심미특성요인의 가격영향 기여도는 15.91% 정도인 것으로 분석되었다. 따라서 심미특성요인이 가격에 영향을 미치고 있음이 규명되었다.

심미특성요인 중 의미 있게 나온 변수는 경관조명디자인, 배치디자인, 시각적개방성이다. 이는 경관성, 공간성에 속한다. 이 중 가격에 정의 영향을 미치는 변수는 경관조명디자인으로 분석되었다. 따라서 강남권 저가지역에서는 단지의 인지성과 상징성을 표현하는 경관성이 중요한 가격형성요인이 되는 변수임을 알 수 있다.

분석결과 특징적으로 나타난 변수는 건폐율과 건축물의 조합형 배치로 나타났다. 이러한 변수는 고층에서 느끼는 조망의 아름다움과 쾌적한 외부단지환경의 조성을 추구하며 건축물의 다양한 디자인에 의해서 형성되는 공간의 아름다움을 제공하는 기본 변수이다.

④ 소 결

본 장은 서울의 강남권 내 아파트단지의 주택형을 대상으로 3.3㎡당 매매가격의 평균 2,000만 원을 기준으로 하여 건축물의 심미적 디자인요소가 아파트가격형성에 어느 정도 영향을 주고 있는가를 분석하였다. 분석결과는 다음과 같다.

첫째, 심미요인에 대한 심미단지와 비심미단지 매매가격의 t-test 분석결과 고가지역에서는 심미단지와 비심미단지 간의 매매가격의 평균차이가 있는 것으로 분석되었으나 저가지역에서는 평균차이가 없는 것으로 분석되었다. 따라서 단위가격이 2,000만 원 이상인 고가지역에서 심미단지가 비심미단지보다 매매가격이 높은 것으로 분석되었으며 심미변수의 가격영향력이 클 것으로 추론할 수 있다.

둘째, 고가지역에서는 심미요인이 20.54%, 저가지역에서는 15.91% 정도 가격영향이 있는 것으로 분석되었다. 따라서 단위가격이 높을수록 심미적 디자인요인의 가격영향이 클 것이라는 가설 H4가 채택되어 대립가설이 규명되었다.

셋째, 아파트가격형성에 대한 심미변수의 영향력 분석결과, 고가지역은 전용면적, 지하철역거리, 층수, 옥탑디자인, 주동디자인, 시공사군, 녹지율, 총세대수, 자재디자인, 탑상형, 브랜드디자인, 주차방식의 순으로, 저가지역은 전용면적, 호당주차대수, 편의시설거리, 경관조명디자인, 시각적개방성, 녹지율, 총세대수, 조합형, 지하철역거리, 건폐율, 배치디자인의 순으로 영향을 미치는 것으로 분석되었다.

넷째, 고가지역에서는 심미변수 중 경관성에 해당되는 브랜드디자인과 조형성에 해당되는 주동디자인이 의미 있는 변수로 도출되었다. 또한 저가지역에서는 경관조명디자인이 가격형성에 정(+)의 영향을 미치는 것으로 분석되었다. 이는 3.3㎡당 매매가격평균 2,000만 원 이상의 고가아파트지역에서 조형적, 경관적 디자인에 관한 예술적 욕구가 있음을 의미하는 것이며, 2,000만 원 미만의 저가지역에서는 인지측면을 강조하는 경관성을 선호한다는 것을 의미한다.

이러한 결과로 강남권 내에서는 단위가격이 높을수록 심미적 디자인요인의 가격영향이 큰 것으로 규명되었다. 또한, 가격이 높은 지역에서 아파트의 조형디자인에 대한 선호가 높다는 것을 추론할 수 있다.

4) 강북권 심미요인의 가격영향

(1) 심미단지와 비심미단지의 차이검정

[H_1 : H1] 심미요인을 채택한 단지는 그렇지 않은 단지(비심미단지)보다 가격이 높을 것이다.

평균분석 모형의 Levene의 등분산검정결과 유의확률 $p = 0.000 <$ 유의수준 0.05이므로 귀무가설을 기각한다. 또한 매매가격의 검정통계량 t값은 4.897, 유의확률 $p = 0.000 < 0.05$이므로 귀무가설(H_1)을 기각한다. 따라서 심미단지와 비심미단지 간의 평균매매가격의 차이가 있음이 검증되었다. 이로써 심미요인이 아파트 가격에 영향을 미치는 요인이 될 수 있음을 추론할 수 있다.

〈표 5-27〉 강북권 심미적 외관디자인 요인의 통계량

구 분	Levene의 등분산 검정		평균의 동일성에 대한 t-검정			
	F	유의확률	t	자유도	유의확률(양쪽)	평균차
등분산이 가정됨	51.590	.000	5.401	160	.000	47,948.261
등분산이 가정되지 않음			4.897	78.663	.000	47,948.261

(2) 심미요인 가격영향 검정

[H_1 : H2] 심미적 외관디자인요인은 아파트 가격형성에 정(+)의 영향을 미칠 것이다.

추정된 회귀식은 전체 자료의 96.9%를 설명할 수 있으며, 유의확률 p = 0.000으로서 유의수준 0.05에서 통계적으로 유의하며, 모형은 타당하다.

〈표 5-28〉 강북권 최종모형 및 분산분석

모 형	R		R 제곱		수정된 R 제곱	
	.986		.972		.969	
분산분석	구 분	제곱합	자유도	평균제곱	F	유의확률
	선형회귀분석	60.500	14	4.321	363.641	.000
	잔 차	1.747	147	.012		
	합 계	62.247	161			

〈표 5-29〉 강북권 가격형성요인 변수

변 수			비표준화 계수 B	비표준화 계수 표준오차	표준화계수 베타	t	유의확률	공차한계 VIF
(상 수)			4.349	.297		14.655	.000	
물리특성요인		ln(전용면적)	1.125	.034	.583	33.520	.000	1.586
		ln(조합형)	.122	.053	.042	2.316	.022	1.710
단지특성요인		ln(총세대수)	.095	.024	.077	3.866	.000	2.065
		ln(녹지율)	.313	.057	.084	5.498	.000	1.226
		ln(호당주차대수)	.295	.064	.113	4.599	.000	3.175
		ln(주차방식)	.061	.031	.034	1.980	.050	1.546
지역특성요인		ln(지역변수)	.587	.044	.296	13.246	.000	2.615
		ln(지하철역거리)	−.063	.014	−.076	−4.685	.000	1.364
		ln(편의시설거리)	−.041	.011	−.076	−3.659	.000	2.267
심미특성요인	공간성	ln(시각적개방성)	.104	.038	.049	2.733	.007	1.718
	조형성	ln(자재디자인)	.266	.040	.147	6.739	.000	2.478
		ln(주동디자인)	−.100	.032	−.056	−3.159	.002	1.654
	경관성	ln(경관조명)	.133	.055	.056	2.411	.017	2.855
		ln(브랜드디자인)	.108	.033	.059	3.289	.001	1.694

주 : 반응변수 = ln(매매가격)

다중공선성 검정을 위한 VIF 값은 10을 넘지 않으므로 다중공선성은 없다. 표준화 잔차의 평균은 0으로서 선형회귀식의 기본가정에 만족함을 알 수 있다. 또한 산점도 분석 결과 Y축 표준화 잔차 0을 중심으로 상하로 무작위로 분포하고 있으므로 등분산하는 것을 알 수 있다. Kolmogorov-Smirnov 검정결과 유의확률이 0.200으로 유의수준 0.05보다 크므로 잔차의 분포가 정규분포를 이루는 것을 알 수 있다. 따라서 강북권에서는 이중로그함수의 회귀식이 적합한 것으로 분석되었다.

〈표 5-30〉 강북권 가격형성요인의 가격기여도

가격형성요인			표준화계수	기여도(%)
물리특성요인		ln(전용면적)	.583	33.35
		ln(조합형)	.042	2.40
		계	.625	35.76
단지특성요인		ln(총세대수)	.077	4.41
		ln(녹지율)	.084	4.81
		ln(호당주차대수)	.113	6.46
		ln(주차방식)	.034	1.95
		계	.308	17.62
지역특성요인		ln(지역변수)	.296	16.93
		ln(지하철역거리)	-.076	4.35
		ln(편의시설거리)	-.076	4.35
		계	.448	25.63
심미특성요인	공간성	ln(시각적개방성)	.049	2.80
	조형성	ln(주동디자인)	-.056	3.20
		ln(자재디자인)	.147	8.41
	경관성	ln(경관조명)	.056	3.20
		ln(브랜드디자인)	.059	3.38
	계		.367	21.00
총 계			1.741	100.00

(3) 검정결과 해석

최종적으로 심미변수를 포함한 회귀모형 분석결과 아파트 가격형성에 가장 많은 영향을 주는 요인변수는 전용면적으로 나타났다. 또한 지역변수, 자재디자인, 호당주차대수, 녹지율, 총세대수, 지하철역거리, 편의시설거리, 브랜드디자인, 경관조명디자인, 주동디자인, 시각적개방성, 조합형, 주차방식의 순으로 매매가격에 영향을 미치는 것으로 분석되었다.

연구결과 가격특성요인의 기여도는 물리특성요인이 35.76%, 단지특성요인이 17.62%, 지역특성요인이 25.63%로 분석되었으며 심미특성요인의 가격영향 기여도는 21.00% 정도인 것으로 분석되었다. 따라서 심미특성요인이 가격에 영향을 미치고 있음이 규명되었다. 이에 가설 H2를 채택한다.

심미변수 중 의미 있게 나온 변수는 시각적개방성, 주동디자인, 자재디자인, 경관조명디자인, 브랜드디자인이다. 시각적개방성, 자재디자인, 경관조명디자인, 브랜드디자인은 아파트가격에 정(+)의 영향을 미치는 것으로 나타났으며 총 17.80% 정도가 정(+)의 가격영향력이 있는 것으로 분석되었다. 그러나 주동디자인의 경우 부(−)의 영향을 미치는 것으로 나타났다. 이는 코어나 주출입구의 주동디자인의 적용이 강북권 거주자들에게 크게 인식되지 못하고 있는 것으로 판단되며, 공사에 수반되는 비용에 비해 디자인적용의 효과가 크게 영향을 미치지 못하기 때문인 것으로 판단한다.

가격에 영향을 미치는 상기의 심미변수는 각각 공간성, 조형성, 경관성에 해당된다. 그 중 경관성에서 2개의 변수가 정의 영향을 미치는 것으로 나타나, 단지에 대한 시각적 상징성과 인지성의 중요도가 상대적으로 높다는 것을 파악할 수 있다.

이 연구가 기존 연구와 다른 점은 주동의 형태를 분석한 점이다. 분석결과 주동의 배치가 규칙적이고 일률적인 판상형 배치보다는 판상형과 탑상형을 적절히 조합한 조합형이 가격형성에 정의 영향을 미치는 것으로 나타났다. 이는 조합형의 경우 단지 배치의 단조로움을 피할 수 있으며 풍부한 공간을 구성하고 주동의 시야를 확보할 수 있는 점이 반영된 것으로 판단된다.

(4) 소 결

본 장은 서울특별시 강북권 내 공동주택단지를 대상으로 건축물의 심미적 디자인 요소가 아파트가격형성에 영향을 미치는지와 또, 어느 정도 영향을 주고 있는지를 분석하였다. 결과는 다음과 같다.

첫째, 심미단지와 비심미단지를 분류하고 양 단지 간에 매매가격에 차이가 있는지를 분석하였다. 그 결과 심미요인이 가격에 영향을 미치는 것으로 나타났다. 따라서 가설 H1을 채택한다.

둘째, 심미요인이 21% 정도 가격에 반영되고 있음을 알 수 있으며 17.80%가 가격에 긍정적인 영향을 미치는 것으로 나타났다. 이에 가설 H2를 채택한다.

셋째, 아파트 가격형성에 영향을 미치는 변수는 전용면적, 지역변수, 자재디자인, 호당주차대수, 녹지율, 총세대수, 지하철역거리, 편의시설거리, 브랜드디자인, 경관조명디자인, 주동디자인, 시각적개방성, 조합형, 주차방식의 순으로 분석되었다.

심미변수 중 아파트 가격형성에 정(+)의 영향을 미치는 변수는 자재디자인, 브랜드디자인, 시각적개방성 및 경관조명디자인인 것으로 분석되었다. 그 중 자재디자인과 브랜드디자인, 경관조명디자인은 경관성에 해당되며 시각적개방성은 공간성에 해당된다. 이러한 요인의 도출은 강북권의 경우 브랜드 아이덴티티를 최우선으로 중요하게 여긴다는 것을 의미하는 것이며, 그 다음으로 단지 내 시각적개방성에 의한 공간감을 중요하게 여긴다는 것을 의미한다. 따라서 가설 H2를 채택한다.

이 연구결과 심미적 디자인 요인이 공동주택의 가격형성에 영향을 미치고 있음을 확인하였다. 그리고 이는 강북권 거주자들의 심미적 외관디자인에 대한 선호가 매우 높다는 것을 시사하는 것이다.

따라서 강북권 내에서는 심미적 디자인요인이 아파트 가격형성에 정(+)의 영향을 미친다는 것이 규명되었다. 이러한 결과로 심미요인이 가격형성에 상당한 정의 영향력을 미치고 있음이 규명되었다. 이러한 요인들은 아파트디자인에 대한 가치평가 시, 또는 주택사업자와 소비자의 의사결정 시에 도움이 될 것이다. 따라서 향후 주택가격의 형성요인으로 심미요인의 채택여부에 대한 활발한 논의가 필요할 것으로 판단한다.

5) 강북권 요인별 가격영향

(1) 단지규모별

① 심미단지와 비심미단지의 차이 검정

[H_1 : H1] 심미요인을 채택한 단지는 그렇지 않은 단지(비심미단지)보다 가격이 높을 것이다.

평균분석 모형의 Levene의 등분산검정결과 중규모단지와 소규모단지 모두 유의확률 p 〈 유의수준 0.05이므로 귀무가설(H_1)을 기각한다. 매매가격의 검정통계량 t값은 각각 4.358, 3.050이며, 유의확률 p 〈 유의수준 0.05이므로 귀무가설(H_1)을 기각한다. 따라서 심미단지와 비심미단지 간의 평균매매가격의 차이가 있음이 검증되었다. 이로써 심미요인이 아파트 가격에 영향을 미치는 요인이 될 수 있음을 추론할 수 있다.

〈표 5-31〉 강북권 단지규모별 심미여부 평균분석

단지규모	등분산구분	Levene의 등분산 검정		평균의 동일성에 대한 t-검정			
		F	유의확률	t	자유도	유의확률(양쪽)	평균차
중규모단지	가정됨	43.241	.000	3.660	75	.000	63,472.255
	가정되지 않음			4.358	53.387	.000	63,472.255
소규모단지	가정됨	6.126	.016	3.700	54	.001	23,921.714
	가정되지 않음			3.050	18.547	.007	23,921.714

② 심미요인 가격영향 검정

[H_1 : H3] 단지규모가 클수록 심미적 외관디자인요인이 가격형성에 미치는 영향이 클 것이다.

추정된 회귀식에서 중규모단지는 전체 자료의 98.8%, 소규모단지는 98.0%를 설명할 수 있다. 두 지역 모두 유의확률 0.000으로서 유의수준 0.05에서 통계적으로 유의하며 모형이 타당한 것으로 분석된다.

〈표 5-32〉 강북권 단지규모별 최종모형 및 분산분석

단지규모	중규모단지					
모 형	R		R 제곱		수정된 R 제곱	
	.995		.989		.988	
분산분석	구 분	제곱합	자유도	평균제곱	F	유의확률
	선형회귀분석	39.105	9	4.345	680.398	.000
	잔 차	.428	67	.006		
	합 계	39.532	76			
단지규모	소규모단지					
모 형	R		R 제곱		수정된 R 제곱	
	.991		.983		.980	
분산분석	구 분	제곱합	자유도	평균제곱	F	유의확률
	선형회귀분석	11.482	9	1.276	294.291	.000
	잔 차	.199	46	.004		
	합 계	11.681	55			

다중공선성 검정을 위한 VIF 값은 10을 넘지 않으므로 다중공선성은 없다. 표준화 잔차의 평균은 0으로서 선형회귀식의 기본가정에 만족함을 알 수 있다. 또한 산점도 분석 결과 Y축의 표준화 잔차의 0을 중심으로 상하로 무작위로 분포하고 있으므로 등분산하는 것으로 판단된다. Kolmogorov-Smirnov 검정결과 중규모단지 주택형과 소규모단지 주택형 모두, 유의확률 0.200으로 유의수준 0.05보다 크므로 잔차의 분포가 정규분포를 이루는 것으로 분석되었다. 따라서 중규모단지와 소규모단지 모두, 이중로그 함수가 적합한 것으로 분석되었다.

〈표 5-33〉 강북권 단지규모별 가격형성요인 변수

단지규모	변 수			비표준화 계수 B	비표준화 계수 표준오차	표준화계수 베타	t	유의확률	공차한계 VIF
중규모단지	(상 수)			4.196	.269		15.596	.000	
	물리특성요인		ln(전용면적)	1.108	.038	.539	29.436	.000	2.078
	단지특성요인		ln(주차방식)	.330	.065	.138	5.074	.000	4.586
			ln(녹지율)	.325	.067	.081	4.819	.000	1.738
	지역특성요인		ln(지역변수)	.993	.072	.458	13.860	.000	6.767
	심미특성요인	공간성	ln(시각적개방성)	.205	.040	.072	5.120	.000	1.220
			ln(옥외생활환경)	.149	.049	.064	3.030	.003	2.776
		조형성	ln(주동디자인)	-.324	.052	-.157	-6.188	.000	3.964
			ln((자재디자인)	.114	.036	.054	3.179	.002	1.811
		경관성	ln(브랜드디자인)	.418	.046	.183	9.012	.000	2.544
소규모단지	(상 수)			.223	.632		.353	.726	
	물리특성요인		ln(전용면적)	1.060	.035	.609	30.543	.000	1.072
	단지특성요인		ln(총세대수)	.527	.088	.154	5.954	.000	1.812
			ln(녹지율)	.629	.055	.242	11.455	.000	1.205
	지역특성요인		ln(지역변수)	.355	.042	.255	8.420	.000	2.479
			ln(공원거리)	.029	.014	.063	2.018	.049	2.640
	심미특성요인	조형성	ln(옥탑디자인)	.517	.079	.243	6.535	.000	3.723
			ln(주동디자인)	-.228	.036	-.172	-6.335	.000	1.995
			ln(자재디자인)	.367	.035	.274	10.466	.000	1.849
		경관성	ln(경관조명)	.866	.092	.296	9.381	.000	2.684

주 : 반응변수 = ln(매매가격)

심미요인이 가격에 미치는 영향정도는 〈표 5-34〉와 같다.

〈표 5-34〉 강북권 단지규모별 가격기여도

가격형성요인		중규모단지 표준화계수	중규모단지 기여도(%)	소규모단지 표준화계수	소규모단지 기여도(%)
물리특성요인	ln(전용면적)	.539	30.87	.609	26.39
	계	0.539	**30.87**	0.609	**26.39**
단지특성요인	ln(총세대수)	-	-	.154	6.67
	ln(녹지율)	.081	4.64	.242	10.49
	ln(호당주차대수)	.138	7.90	-	-
	계	0.219	**12.54**	0.396	**17.16**

지역특성요인		ln(지역변수)	.458	26.23	.255	11.05
		ln(공원거리)	–	–	.063	2.73
		계	0.458	26.23	.318	13.78
심미특성요인	공간성	ln(시각적개방성)	.072	4.12	–	–
		ln(옥외생활환경)	.064	3.67	–	–
	조형성	ln(주동디자인)	−.157	8.99	−.172	7.45
		ln(옥탑디자인)	–	–	.243	10.53
		ln(자재디자인)	.054	3.09	.274	11.87
	경관성	ln(브랜드디자인)	.183	10.48	–	–
		ln(경관조명)	–	–	.296	12.82
	계		0.53	30.36	0.985	42.68
총 계			1.746	100.00	2.308	100.00

③ 검정결과 해석

다음은 중규모단지에 대한 분석결과이다.

아파트 가격형성에 영향을 주는 요인은 전용면적, 지역변수, 브랜드디자인, 주동디자인, 호당주차대수, 녹지율, 시각적개방성, 옥외생활환경디자인, 자재디자인의 순으로 매매가격에 영향을 미치는 것으로 분석되었다.

연구결과 중규모단지에서 가격특성요인의 기여도는 물리특성요인이 30.87%, 단지특성요인이 12.54%, 지역특성요인이 26.23%로 분석되었으며 심미특성요인의 가격영향 기여도는 30.36%정도인 것으로 분석되었다. 따라서 심미특성요인이 가격에 영향을 미치고 있음이 규명되었다.

그 중 심미변수가 가격에 미치는 정의 영향의 정도는 시각적개방성이 4.12%, 옥외생활환경디자인은 3.67%, 주동디자인이 8.99%, 자재디자인이 3.09%, 브랜드디자인이 10.48%이다. 또한 의미 있게 도출된 변수는 시각적개방성, 옥외생활환경디자인, 자재디자인, 브랜드디자인이며, 이들 변수들은 주택가격에 정(+)의 영향을 미치는 것으로 나타났다. 시각적개방성, 옥외생활환경디자인은 심미특성요인 중 공간성에 포함되며 자재디자인은 조형성, 브랜드디자인은 경관성에 포함된다. 이들은 각각 7.79%, 3.09%, 10.48%의 정(+)의 가격영향을 미친다. 따라서 중규모단지에서는 경관성, 공간성, 조형성의 순으로 가격영향력이 있음을 알 수 있으며, 인지를 통한 상징성을 추구하는 경관디자인에 대한 선호가 높음을 추론할 수 있다.

소규모단지에 대한 분석결과는 다음과 같다.

아파트 가격형성에 영향을 주는 요인은 전용면적, 경관조명디자인, 자재디자인, 지역변수, 옥탑디자인, 녹지율, 주동디자인, 총세대수, 공원거리의 순으로 매매가격에 영향을 미치는 것으로 분석되었다.

연구결과 중규모단지에서 가격특성요인의 기여도는 물리특성요인이 26.39%, 단지특성요인이 17.16%, 지역특성요인이 13.78%로 분석되었으며 심미특성요인의 가격영향 기여도는 42.68% 정도인 것으로 분석되었다. 따라서 심미특성요인이 가격에 영향을 미치고 있음이 규명되었다.

심미요인이 가격에 미치는 정의 영향의 정도는 옥탑디자인이 10.53%, 주동디자인이 7.45%, 자재디자인이 11.87%, 경관조명디자인이 12.82% 정도 가격영향이 있는 것으로 분석되었다. 또한 주동디자인을 제외하면 35.23% 정도 정(+)의 가격영향이 있는 것으로 파악되었다. 심미특성요인 중 의미 있게 나온 옥탑디자인, 자재디자인, 경관조명디자인은 심미특성요인 중 조형성과 경관성에 포함되며, 조형성이 17.98%, 경관성이 12.82%의 가격영향이 있는 것으로 분석되었다.

④ 소 결

본 장은 서울의 강북권 내 아파트단지의 500세대를 기준으로 건축물의 심미적 디자인요소가 아파트가격형성에 어느 정도 영향을 주고 있는가를 분석하였다. 분석결과는 다음과 같다.

첫째, 심미요인에 대한 심미단지와 비심미단지 매매가격의 t-test 분석결과 심미단지와 비심미단지 간의 매매가격의 평균차이가 있는 것으로 분석되었다.

둘째, 심미특성요인은 중규모단지에서 30.36%, 소규모단지에서 42.68% 정도 가격영향이 있는 것으로 분석되었다. 따라서 단지규모가 클수록 심미적 디자인요인의 가격영향력이 클 것이라는 가설 H3을 기각한다.

셋째, 아파트가격형성에 대한 심미변수의 영향력 분석결과, 중규모단지에서는 전용면적, 지역변수, 브랜드디자인, 주동디자인, 호당주차대수, 녹지율, 시각적개방성, 옥외생활환경디자인, 자재디자인의 순으로, 소규모단지에서는 전용면적, 경관조명디자인, 자재디자인, 지역변수, 옥탑디자인, 녹지율, 주동디자인, 총세대수, 공원거리의 순으로 가격영향을 미치는 것으로 분석되었다.

이러한 분석결과로 강북권 내에서는 단지규모가 작을수록 심미적 디자인요인의 가격영향을 더 많이 받고 있는 것으로 규명되었다.

(2) 단위가격별

① 심미단지와 비심미단지의 차이 검정

[H_1 : H1] 심미요인을 채택한 단지는 그렇지 않은 단지(비심미단지)보다 가격이 높을 것이다.

평균분석 모형의 Levene의 등분산검정결과 3.3㎡당 2,000만 원 이상인 고가지역과 2,000만 원 미만인 저가지역 모두, 유의확률 p = 0.000 〈 유의수준 0.05이므로 귀무가설(H_1)을 기각한다. 고가지역의 매매가격 검정통계량 t값은 4.889, 유의확률이 0.000이며, 저가지역의 검정통계량 t값은 2.577, 유의확률은 0.012로 두 지역 모두 유의수준 0.05보다 작으므로 귀무가설(H_1)을 기각한다. 따라서 심미단지와 비심미단지 간의 평균 매매가격의 차이가 있음이 검증되었다. 이로써 심미요인이 아파트 가격에 영향을 미치는 요인이 될 수 있음을 추론할 수 있다.

〈표 5-35〉 강북권 단위가격별 심미여부 평균분석

지역구분	등분산구분	Levene의 등분산 검정		평균의 동일성에 대한 t-검정			
		F	유의확률	t	자유도	유의확률(양쪽)	평균차
고가지역	가정됨	25.015	.000	3.621	44	.001	88,120.301
	가정되지 않음			4.889	39.733	.000	88,120.301
저가지역	가정됨	4.296	.040	2.746	114	.007	8,944.129
	가정되지 않음			2.577	72.183	.012	8,944.129

② 심미요인 가격영향 검정

[H_1 : H4] 단위가격이 큰 지역일수록 심미적 외관디자인요인이 가격형성에 미치는 영향이 클 것이다.

추정된 회귀식은 고가지역은 전체 자료의 99.2%, 저가지역은 92.8%를 설명할 수 있다. 두 지역 모두 유의확률 0.000으로, 유의수준 0.05에서 통계적으로 유의하므로 모형은 타당하다.

〈표 5-36〉 강북권 단위가격별 최종모형 및 분산분석

단지규모	고가지역					
모 형	R		R 제곱		수정된 R 제곱	
	.997		.993		.992	
분산분석	구 분	제곱합	자유도	평균제곱	F	유의확률
	선형회귀분석	18.543	7	2.649	825.645	.000
	잔 차	.122	38	.003		
	합 계	18.665	45			
단지규모	저가지역					
모 형	R		R 제곱		수정된 R 제곱	
	.967		.935		.928	
분산분석	구 분	제곱합	자유도	평균제곱	F	유의확률
	선형회귀분석	15.587	11	1.417	136.387	.000
	잔 차	1.080	104	.010		
	합 계	16.667	115			

〈표 5-37〉 강북권 단위가격별 가격형성요인 변수

<table>
<tr><th rowspan="2">단지 규모</th><th rowspan="2" colspan="3">변 수</th><th colspan="2">비표준화 계수</th><th>표준화계수</th><th rowspan="2">t</th><th rowspan="2">유의 확률</th><th>공차한계</th></tr>
<tr><th>B</th><th>표준오차</th><th>베타</th><th>VIF</th></tr>
<tr><td rowspan="8">고가지역</td><td colspan="3">(상 수)</td><td>8.616</td><td>.364</td><td></td><td>23.694</td><td>.000</td><td></td></tr>
<tr><td colspan="2" rowspan="2">물리특성요인</td><td>ln(전용면적)</td><td>1.149</td><td>.032</td><td>.610</td><td>35.505</td><td>.000</td><td>1.719</td></tr>
<tr><td>ln(조합형)</td><td>-.131</td><td>.063</td><td>-.061</td><td>-2.078</td><td>.045</td><td>5.006</td></tr>
<tr><td colspan="2" rowspan="2">단지특성요인</td><td>ln(층수)</td><td>-.268</td><td>.083</td><td>-.095</td><td>-3.228</td><td>.003</td><td>5.040</td></tr>
<tr><td>ln(건폐율)</td><td>-.694</td><td>.049</td><td>-.265</td><td>-14.033</td><td>.000</td><td>2.074</td></tr>
<tr><td rowspan="3">심미특성요인</td><td>조형성</td><td>ln(자재디자인)</td><td>.281</td><td>.049</td><td>.130</td><td>5.718</td><td>.000</td><td>3.021</td></tr>
<tr><td rowspan="2">경관성</td><td>ln(브랜드디자인)</td><td>.618</td><td>.044</td><td>.336</td><td>13.949</td><td>.000</td><td>3.374</td></tr>
<tr><td>ln(정문디자인)</td><td>-.511</td><td>.069</td><td>-.157</td><td>-7.388</td><td>.000</td><td>2.616</td></tr>
<tr><td rowspan="12">저가지역</td><td colspan="3">(상 수)</td><td>4.678</td><td>.315</td><td></td><td>14.856</td><td>.000</td><td></td></tr>
<tr><td colspan="2" rowspan="4">물리특성요인</td><td>ln(전용면적)</td><td>1.101</td><td>.036</td><td>.829</td><td>30.913</td><td>.000</td><td>1.155</td></tr>
<tr><td>ln(조합형)</td><td>.498</td><td>.083</td><td>.202</td><td>5.972</td><td>.000</td><td>1.833</td></tr>
<tr><td>ln(탑상형)</td><td>-.176</td><td>.074</td><td>-.071</td><td>-2.361</td><td>.020</td><td>1.458</td></tr>
<tr><td>ln(향)</td><td>.070</td><td>.035</td><td>.064</td><td>1.977</td><td>.051</td><td>1.659</td></tr>
<tr><td colspan="2" rowspan="3">단지특성요인</td><td>ln(총세대수)</td><td>.056</td><td>.028</td><td>.082</td><td>2.000</td><td>.048</td><td>2.709</td></tr>
<tr><td>ln(녹지율)</td><td>.246</td><td>.068</td><td>.096</td><td>3.635</td><td>.000</td><td>1.109</td></tr>
<tr><td>ln(주차방식)</td><td>.182</td><td>.033</td><td>.165</td><td>5.463</td><td>.000</td><td>1.467</td></tr>
<tr><td colspan="2">지역특성요인</td><td>ln(지하철역거리)</td><td>-.051</td><td>.013</td><td>-.112</td><td>-3.955</td><td>.000</td><td>1.287</td></tr>
<tr><td rowspan="3">심미특성요인</td><td rowspan="2">조형성</td><td>ln(주동디자인)</td><td>-.164</td><td>.035</td><td>-.144</td><td>-4.716</td><td>.000</td><td>1.492</td></tr>
<tr><td>ln(자재디자인)</td><td>.214</td><td>.039</td><td>.175</td><td>5.459</td><td>.000</td><td>1.642</td></tr>
<tr><td>경관성</td><td>ln(브랜드디자인))</td><td>.111</td><td>.032</td><td>.097</td><td>3.442</td><td>.001</td><td>1.268</td></tr>
</table>

주 : 반응변수 = ln(매매가격)

다중공선성 검정을 위한 VIF 값은 10을 넘지 않으므로 다중공선성은 없다. 표준화 잔차의 평균은 0으로서 선형회귀식의 기본가정에 만족함을 알 수 있다. 또한 산점도 분석 결과 Y축의 표준화 잔차의 0을 중심으로 상하로 무작위로 분포하고 있으므로 등분산하는 것으로 판단된다. Shapiro-Wilk 검정결과 유의확률이 0.123으로 유의수준 0.05보다 크므로 잔차의 분포가 정규분포를 이루는 것으로 분석되었다. 따라서 고가지역과 저가지역 모두, 이중로그함수의 회귀식이 적합한 것으로 분석되었다.

심미요인이 가격에 미치는 영향정도는 〈표 5-38〉과 같다.

〈표 5-38〉 강북권 단위가격별 가격기여도

가격형성요인			고가지역		저가지역	
			표준화계수	기여도(%)	표준화계수	기여도(%)
물리특성요인		ln(전용면적)	0.610	36.88	0.829	40.70
		ln(탑상형)			-0.071	3.49
		ln(조합형)	-0.061	3.69	0.202	9.92
		ln(향)			0.064	3.14
		계	0.671	**40.57**	1.166	**57.24**
단지특성요인		ln(총세대수)			0.082	4.03
		ln(층수)	-0.095	5.74		
		ln(녹지율)			0.096	4.71
		ln(주차방식)			0.165	8.10
		ln(건폐율)	-0.265	16.02		
		계	0.36	**21.77**	0.343	**16.84**
지역특성요인		ln(지하철역거리)			-0.112	5.50
		계	0	**0.00**	0.112	5.50
심미특성요인	조형성	ln(주동디자인)			-0.144	7.07
		ln(자재디자인)	0.130	7.86	0.175	8.59
	경관성	ln(브랜드디자인)	0.336	20.31	0.097	4.76
		ln(정문디자인)	-0.157	9.49		
	계		0.623	**37.67**	0.416	**20.42**
총 계			1.654	100.00	2.037	100.00

③ 검정결과 해석

다음은 고가지역에 대한 분석결과이다.

아파트 가격형성에 영향을 주는 요인은 전용면적, 브랜드디자인, 건폐율, 정문디자인, 자재디자인, 층수, 조합형의 순으로 매매가격에 영향을 미치는 것으로 분석되었다.

연구결과 고가지역에서의 가격특성요인 기여도는 물리특성요인이 40.57%, 단지특성요인이 21.77%로 분석되었으며 심미특성요인의 가격영향 기여도는 37.67%정도인 것으로 분석되었다. 따라서 심미특성요인이 가격에 영향을 미치고 있음이 규명되었다.

또한 건폐율에 의한 단지의 쾌적성에 대한 요구가 있는 것으로 분석되나 층수의 경우 부(-)의 영향을 미치는 것으로 나타났다. 이는 고가지역의 최고 층수가 25층, 평균층수는 20.83층으로 고층에 대한 변별력이 떨어지기 때문인 것으로 판단된다.

심미특성요인 중 의미 있게 나온 변수는 브랜드디자인, 자재디자인은 주택가격에 정

(+)의 영향을 미치는 것으로 나타났다. 그러나 정문디자인은 부(−)의 영향을 미치는 것으로 나타났다.

심미요인이 가격에 미치는 정의 영향의 정도는 브랜드디자인이 20.31%, 자재디자인이 7.86%, 정문디자인이 9.49%로서, 전체적으로 37.67%의 가격영향이 있는 것으로 나타났다. 또한 28.17% 정도가 가격형성에 정의 영향을 미치는 것으로 분석되었다. 브랜드디자인은 심미특성요인 중 경관성에 포함되며 자재디자인은 조형성에 포함된다. 이에 강북권에서 고가지역에서는 심미특성요인 중 경관성과 조형성측면에서, 특히 경관형성측면에서 아파트 가격형성에 상대적으로 높은 영향을 미침이 규명되었다.

다음은 저가지역에 대한 분석결과이다.

아파트 가격형성에 영향을 주는 요인은 전용면적, 조합형, 자재디자인, 주차방식, 주동디자인, 지하철역거리, 브랜드디자인, 녹지율, 총세대수, 탑상형, 향의 순으로 매매가격에 영향을 미치는 것으로 분석되었다.

연구결과 고가지역에서의 가격특성요인 기여도는 물리특성요인이 57.24%, 단지특성요인이 16.84%, 지역특성요인이 5.50%로 분석되었으며 심미특성요인의 가격영향 기여도는 20.42% 정도인 것으로 분석되었다. 따라서 심미특성요인이 가격에 영향을 미치고 있음이 규명되었다.

심미요인이 가격에 미치는 정의 영향의 정도는 자재디자인, 브랜드디자인이 각각 8.59%, 4.76%이므로 13.35% 정도가 정의 영향을 미치는 것으로 나타났다. 자재디자인은 심미특성요인 중 조형성에 포함되며 브랜드디자인은 경관성에 포함되는 심미변수이다. 따라서 강북권의 저가지역에서는 심미특성요인 중 조형성, 경관성이 가격형성에 영향을 미치는 것으로 분석되었다.

④ 소 결

본 장은 서울의 강북권 내 아파트단지의 주택형을 대상으로 3.3㎡당 2,000만 원을 기준으로 건축물의 심미적 디자인요소가 아파트가격형성에 어느 정도 영향을 주고 있는가를 분석하였다. 분석결과는 다음과 같다.

첫째, 심미요인에 대한 심미단지와 비심미단지 매매가격의 t−test 분석결과 3.3㎡당 2,000만 원 이상인 고가지역에서는 심미단지와 비심미단지 간의 매매가격의 평균차이가 있는 것으로 분석되었으나 3.3㎡당 2,000만 원 미만인 저가지역에서는 평균차이가 없는 것으로 분석되었다. 따라서 가설 H1을 채택한다.

둘째, 고가지역에서는 심미요인이 28.17%, 저가지역에서는 13.35% 정도 정의 가격영향력이 있는 것으로 나타나 고가지역에서 심미요인의 가격영향력이 크게 미치는 것으로 분석되었다. 따라서 가설 H4를 채택한다.

셋째, 고가지역에서는 심미변수 중 브랜드디자인, 주동디자인이, 저가지역에서는 자재디자인, 브랜드디자인이 아파트 가격에 정(+)의 영향을 미치는 것으로 분석되었다.

이에 고가지역과 저가지역 모두에서 경관성과 조형성이 영향을 미치는 것으로 분석되었다. 특히 고가지역에서 경관성이 상대적으로 많은 정의 영향을 미치는 것으로 나타났다. 이로써 주택가치를 판단할 때 강북권에서는 심미적 디자인요인에 대한 고려가 충분히 되어야 할 것으로 판단한다.

넷째, 아파트가격형성에 대한 심미변수의 영향력 분석결과, 고가지역은 전용면적, 브랜드디자인, 건폐율, 정문디자인, 자재디자인, 층수, 조합형의 순으로, 저가지역은 전용면적, 조합형, 자재디자인, 주차방식, 주동디자인, 지하철역거리, 브랜드디자인, 녹지율, 총세대수, 탑상형, 향의 순으로 영향력을 미치는 것으로 분석되었다.

이러한 분석결과로 강북권 내에서는 고가지역이 저가지역보다 심미적 디자인요인에 대한 가격영향력이 큰 것을 알 수 있다. 따라서 단위가격이 높을수록 심미요인의 가격영향이 클 것이라는 대립가설이 규명되었다.

〈표 5-39〉 가설검정결과

구분			심미단지와 비심미단지 평균분석	심미요인의 가격영향	단지규모와 심미요인	단위가격과 심미요인
권역별	강남권		○	○	○	○
	강북권		○	○	○	○
단지 규모별	강남권	대규모	○	○	1	-
		중규모	○	×	-	-
		소규모	○	○	2	-
	강북권	중규모	○	○	2	-
		소규모	○	○	1	-
단위 가격별	강남권	고가지역	○	○	-	1
		저가지역	×	○	-	2
	강북권	고가지역	○	○	-	1
		저가지역	○	○	-	2

* 주 : 1,2,3은 가격 영향순위로, 1〉2〉3임

6) 소 결

심미요인에 대한 가격영향 검증결과는 다음과 같다.

첫째, 심미단지와 비심미단지 간의 평균분석은 강남권의 저가지역을 제외하고 모두평균차이가 있는 것으로 나타나 심미요인에 대한 가격영향이 있을 것임을 추론할 수 있다.

둘째, 심미요인의 가격영향은 강남권 중규모단지를 제외하고 모두 가격영향이 있는 것으로 분석되었다.

셋째, 단지규모별 심미요인의 가격영향은 규칙적이고 유의미한 결과를 도출하지 못하였다.

넷째, 단위가격별 심미요인의 가격영향은 단위가격이 클수록 심미요인의 가격영향이 큰 것으로 분석되었다.

이상의 가격분석결과를 표로 정리하면 〈표 5-39〉과 같다.

3 권역별, 요인별 특성비교

본 절에서는 이제까지 검증한 내용을 권역별, 요인별로 비교하여 어떻게 다른 특징이 있는지 살펴보고자 한다.

1) 권역별 특성

강남권 아파트와 강북권 아파트의 심미적 외관디자인 요인이 가격이 미치는 영향에 대한 검증결과는 다음과 같다.

첫째, 강남권과 강북권 모두 전용면적과 지역의 차이에 따라 가격 영향을 많이 받는 것으로 나타났다. 특히 전용면적이 가장 큰 영향을 미치는 것으로 나타났다. 이는 주택이 규모단위로 거래되는 관행이 있는 것과 무관치 않다. 또한 지역영향을 나타내는 지역변수는 강남권이 강북권보다 더 크게 영향을 미치는 것으로 나타났다. 이는 강남권이 강북권보다 지역가치의 영향력이 더 크다는 것을 의미한다.

강남권은 건폐율과 층수가, 강북권은 탑상형이 유의한 변수로 도출되었다. 이는 강남권의 경우 용적률이 유의한 변수로 도출되지 못하고 건폐율이 유의한 변수로 나와 비슷한 연면적으로 조성된 단지의 경우 고층화하여 대지의 효율성을 높이는 계획이 우선되어야 함을 시사한다. 강북권은 강남권에 비해 주차방식에 대한 영향이 많은 것으로 나타나, 주차장을 지하화하여 안전한 보행환경을 높이는 계획이 고려되어야 함을 시사한다.

강남권과 강북권의 차이 중 하나는 강남권이 공원거리에 민감한 데 반하여 강북권은 편익시설거리에 민감한 것으로 나타났다. 이는 강남권의 경우 쾌적성에 대한 선호가 많으며 강북권의 경우 쇼핑시설 등의 생활편의성 측면의 선호가 강함을 시사한다. 이러한 결과로 강남권의 경우 어메니티 요소가 가격형성에 영향을 미치는 것으로 판단되며 강북권의 경우 효용성 요소가 가격에 영향을 미치는 것으로 판단된다. 이는 강북권의 경우 오랜 시간동안 조성된 도시환경으로서 편리성을 선호하는 데 이유가 있다고 해석할 수 있다.

둘째, 심미변수의 가격영향은 강남권이 9.79%, 강북권이 21.00%로 나타나, 강남권보다 강북권의 심미적 외관디자인 요인이 가격에 2배 정도 더 영향을 미치는 것으로 분석되었다. 또한 강남권은 주동디자인(조형성), 옥탑디자인(조형성), 시각적 개방성(공간성)이 가격형성에 유의한 변수로 나타났으며, 주동디자인, 옥탑디자인이 정(+)의 영향, 시각적개방성이 부(-)의 영향을 미치는 것으로 나타났다. 이는 강남권은 조형성이 가격형성에 영향을 크게 미친다는 것을 시사한다. 따라서 강남권에서 조형디자인이 중요시되고 있으며 이에 대한 선호가 높은 것으로 판단한다.

강북권은 시각적개방성(공간성), 주동디자인(조형성), 자재디자인(조형성), 경관조명디자인(경관성), 브랜드디자인(경관성)이 가격형성에 영향을 미치는 있는 것으로 나타났다. 또한 시각적개방성, 자재디자인, 경관조명디자인, 브랜드디자인은 가격에 정(+)의 영향을, 주동디자인은 부(-)의 영향을 미치는 것으로 나타나, 강북권의 경우 경관성의 영향이 공간성과 조형성보다 큰 것으로 분석되었다. 이는 강북권의 경우 브랜드 아이덴티티를 중요하게 여긴다는 것을 의미하는 것이며, 그 다음으로 단지 내 시각적개방성에 의한 공간감을 중요하게 여기고 있음을 의미한다.

다음의 〈표 5-40〉은 강남권과 강북권의 심미요인기여도를 비교한 것이다.

〈표 5-40〉 권역별 심미요인의 가격기여도

가격형성요인		강남권		강북권	
		표준화계수	기여도(%)	표준화계수	기여도(%)
공간성	ln(시각적 개방성)	-0.052	2.94	0.049	2.80
조형성	ln(주동디자인)	0.067	3.79	-0.056	3.20
	ln(옥탑디자인)	0.054	3.06	-	-
	ln(자재디자인)	-	-	0.147	8.41
경관성	ln(경관조명)	-	-	0.056	3.20
	ln(브랜드디자인)	-	-	0.059	3.38
총　　계		0.173	9.79	0.367	21.00

2) 요인별 특성

(1) 단지규모별

단지규모별 분석은 강남권과 강북권을 500세대와 1,000세대를 기준으로 분류하여 분석하였다. 강북권의 경우 1,000세대 이상의 대규모단지의 주택형 표본이 29세대로 표본수가 작은 관계로 자료의 변별력이 떨어진다고 판단하였다. 따라서 강북권의 대규모단지에 대한 분석은 제외하였다. 분석결과는 다음과 같다.

첫째, 심미요인에 대한 심미단지와 비심미단지 매매가격의 t-test 분석결과 강남권에서는 3.3㎡당 2,000만 원 미만인 저가지역을 제외하고, 기타 강남권과 강북권 모두, 심미단지와 비심미단지 간의 매매가격의 평균차이가 있는 것으로 분석되었다. 따라서 심미특성요인의 가격영향력이 있을 것이라는 것을 추론할 수 있다.

둘째, 아파트가격형성에 대한 심미요인의 가격영향력 분석결과, 강남권의 대규모단지에서는 전용면적, 지역변수, 옥탑디자인, 녹지율, 정문디자인, 시각적개방성, 호당주차대수, 주차방식, 편의시설거리, 건폐율이, 중규모단지는 옥탑디자인, 경관조명디자인, 전용면적, 지역변수가, 소규모단지에서는 호당주차대수, 전용면적, 탑상형, 자재디자인, 시공사군, 주차방식, 건폐율, 브랜드디자인, 지역변수, 배치디자인, 용적률, 공원거리, 주동디자인이 가격형성에 영향을 미치는 것으로 분석되었다.

강북권에서는 중규모단지에서는 전용면적, 지역변수, 브랜드디자인, 주동디자인, 호당주차대수, 녹지율, 시각적개방성, 옥외생활환경디자인, 자재디자인의 순으로, 소규모단지에서는 전용면적, 경관조명디자인, 자재디자인, 지역변수, 옥탑디자인, 녹지율, 주동디자인, 총세대수, 공원거리의 순으로 가격영향을 미치는 것으로 분석되었다.

셋째, 강남권의 대규모단지에서는 심미요인이 19.35%, 중규모단지에서는 37.35%, 소규모단지에서는 20.28% 정도 가격영향이 있는 것으로 분석되었다.

강북권에서는 심미요인이 중규모단지에서는 30.36%, 소규모단지에서는 42.68% 정도 가격영향이 있는 것으로 분석되었다. 따라서 강남권과 강북권 모두에서 단지규모가 클수록 심미적 디자인요인의 가격영향력이 클 것이라는 가설 H3은 기각되었다.

(2) 단위가격별

강남권과 강북권의 단위가격별 분석결과는 다음과 같다.

첫째, 심미요인에 대한 심미단지와 비심미단지 매매가격의 t-test 분석결과,

강남권과 강북권 모두 3.3㎡당 2,000만 원 이상인 고가지역에서는 심미단지와 비심미단지 간의 매매가격의 평균차이가 있는 것으로 분석되었으나 저가지역에서는 평균차이가 없는 것으로 분석되었다.

이러한 결과로 고가지역이 저가지역보다 심미요인의 가격영향력이 더 많을 것이라는 것을 추론할 수 있다.

둘째, 아파트가격형성에 대한 변수의 영향에 대한 분석결과,

강남권의 경우 고가지역은 전용면적, 지하철역거리, 층수, 옥탑디자인, 주동디자인, 시공사군, 녹지율, 총세대수, 자재디자인, 탑상형, 브랜드디자인, 주차방식이 영향변수로 나타났다. 또한 저가지역은 전용면적, 호당주차대수, 편의시설거리, 경관조명디자인, 시각적개방성, 녹지율, 총세대수, 조합형, 지하철역거리, 건폐율, 배치디자인이 영향을

미치는 것으로 분석되었다.

강북권의 경우에는 고가지역은 전용면적, 브랜드디자인, 건폐율, 정문디자인, 자재디자인, 층수, 조합형이 가격형성에 영향을 미치는 것으로 나타났으며, 저가지역은 전용면적, 조합형, 자재디자인, 주차방식, 주동디자인, 지하철역거리, 브랜드디자인, 녹지율, 총세대수, 탑상형, 향이 영향을 미치는 것으로 분석되었다.

셋째, 심미특성변수가 가격형성에 미치는 영향에 대한 분석결과,

심미요인은 고가지역에서는 강남권이 9.26%, 강북권이 28.17% 가격영향이 있는 것으로 분석되었으며, 저가지역에서는 강남권이 6.62%, 강북권이 13.35% 정도 가격영향이 있으며, 강남권보다 강북권에서 심미요인의 가격영향이 1.8배 정도 더 높은 것으로 분석되었다.

따라서 가설 H4가 채택되었으며, 이로써 단위가격이 높을수록 심미적 디자인요인의 가격영향이 크다는 것이 규명되었다. 이는 소득수준이 높을수록 예술적 디자인에 대한 욕구가 높다는 일반적인 추론을 뒷받침한다.

〈표 5-41〉 심미특성요인의 단위가격별 가격기여도(%)

가격형성요인		고가지역		저가지역	
		강남권	강북권	강남권	강북권
공간성	ln(배치디자인)	-	-	-2.76	-
	ln(시각적 개방성)	-	-	-6.53	-
조형성	ln(주동디자인)	6.09	-	-	7.07
	ln(옥탑디자인)	-7.35	-	-	-
	ln(자재디자인)	3.93	7.86	-	8.59
경관성	ln(브랜드디자인)	3.17	20.31	-	4.76
	ln(경관조명)	-	-	6.62	-
	ln(정문디자인)		9.49	-	-
총 계		20.54	37.67	15.91	20.42

결 론 06

1 연구결과 요약

건축물의 시각적 인지는 도시환경을 좌우하며 도시의 경관을 결정짓고 경제가치에 영향을 미친다. 아파트의 공간미학은 도심경관에 적지 않은 부분을 차지하고 있으며, 외관디자인의 중요성이 점점 부각되고 있다.

따라서 본 연구자는 외관디자인의 심미성이 수요자의 사용가치와 교환가치에 지대한 영향을 미치고 있을 것이라고 판단하고, 기존의 주택가치 평가 시에 고려되지 않았던 심미적 디자인요인의 가격영향을 규명하고자 하였다. 또한, 건축물의 아름다움을 결정짓는 심미적 외관디자인요인이 아파트의 가격형성에 어느 정도 기여했는가를 계량화하여 분석함으로써, 어떤 요인이 어떻게 영향을 주는지 파악하고, 이를 평가이론에 반영하며, 부동산 의사결정 시 가치판단의 지침을 주어 부동산의 과학화에 기여하고, 도시정책 구상 시, 사업방향 결정 시, 건축디자인 결정 시에 이러한 디자인요인을 고려하게 함으로써 아름다운 도시경관을 조성하는 데 기여하고자 하였다.

본 연구는 서울특별시의 92개 단지, 381개 주택형을 대상으로 아파트의 심미적 외관디자인 요인이 가격형성에 미치는 영향을 규명하였다. 연구의 공간적 범위는 강남권과 강북권을 한강을 중심으로 분류하여 분석하였으며, 이를 다시 강남권과 강북권 내 단지규모와 단위가격을 기준으로 세분하여 각 규모별 특성을 도출하였다. 연구 결과는 다음과 같다.

심미단지와 비심미단지의 평균분석결과 강남권의 저가지역을 제외하고는 강남권과 강북권 모든 지역에서 심미단지와 비심미단지의 평균매매가격이 차이가 있는 것으로 검증되었다. 이로써 심미요인이 채택된 심미단지의 가격이 높다는 것을 파악할 수 있다. 또한 심미요인이 가격에 정의 영향을 미치고 있음을 추론할 수 있다.

심미요인이 미치는 아파트가격영향 검증결과, 강남권의 경우 심미요인이 가격형성에 9.79% 정도, 강북권의 경우 21.0% 정도 가격영향이 있는 것으로 분석되었다. 이로써 강남권보다는 강북권에서 심미요인의 가격영향이 크다는 것을 알 수 있다. 이는 강남권에서는 심미요인이 많이 채택되어 있어 심미요인에 의한 변별력이 떨어지기 때문이며 강북권에서는 상대적으로 심미요인의 적용여부 차이가 크기 때문에 심미요인에 의한 가격영향이 크게 나타난 것으로 판단한다.

강남권에서는 심미변수 중 조형성에 해당되는 옥탑디자인, 주동디자인이 아파트 가격형성에 정의 영향을 미치고 있으며 강북권에서는 공간성의 시각적개방성, 조형성의 자재디자인, 경관성의 브랜드디자인 및 경관조명디자인이 아파트 가격에 정의 영향을 미치고 있는 것으로 나타났다. 따라서 강남권에서 조형디자인에 대한 선호특성이 있다는 것을 파악할 수 있다. 전반적으로는 옥탑디자인의 가격영향이 있는 것으로 나타났으며, 이로써 공간자체에서 느끼는 아름다움(공간성)보다는 시각적으로 느끼는 아름다움(조형성)이 가격에 영향을 더 미치고 있음을 알 수 있다.

또한 강남권의 경우 건폐율과 층수 및 공원거리가 의미 있는 변수로 도출되었으며, 강북권의 경우 주차방식과 편익시설거리가 유의미한 변수로 도출되어 권역별로 각각 다른 특성을 보이고 있음을 알 수 있다. 이러한 결과로 강남권의 경우 쾌적성을 요구하는 어메니티에 대한 선호가 높고, 강북권의 경우 편리성 위주의 효용성에 대한 선호가 높다는 것을 추정할 수 있다.

단위가격과 심미요인의 상관성에 대한 연구결과, 강남권과 강북권 모두 아파트 가격이 고가인 지역이 저가인 지역보다 심미요인의 가격영향이 큰 것으로 나타났다. 따라서 단위가격이 높을수록 심미적 디자인요인의 가격영향력이 크다는 것이 규명되었다. 이로써 소득수준이 높은 지역일수록 심미적 디자인요인을 적용한 아름다운 아파트에 대한 욕구가 크며, 디자인가치에 대한 지불의사가 높다는 것과 매슬로가 주장하는 인간의 3차 욕구인 자아실현의 욕구로 여겨지는 풍요롭고 아름다운 삶에 대한 질적 욕구가 강하다는 것을 추론할 수 있다.

본 연구결과로 심미특성요인이 아파트 가격형성에 정의 영향을 미치고 있음이 규명되었다. 또한 ㎡당 단위가격이 클수록 심미적 디자인요인의 가격영향이 크다는 것이 증명되었으며 지역별·소득수준별 디자인요인에 대한 선호특성이 다르다는 것이 규명되었다.

2 연구의 시사점 및 향후 연구과제

1) 연구의 시사점

주택은 주생활요소로서 인간생활에 필수불가결한 재화이다. 최근 이러한 주택의 기능이 사용재로서의 기능을 벗어나 우리의 삶을 아름답고 풍요롭게 하는 심미적, 공간미학적 즐거움의 대상이 되고 있다. 그러나 이제까지 주택의 디자인가치에 대한 연구가 만족도나 선호도 조사를 통한 간접분석에 치우쳐 온 것이 사실이다. 이는 디자인이라는 무형의 가치가 경제가치로 환산되기에는 주택공급의 현실이 뒷받침되지 못했음에도 그 원인이 있으나, 그 보다 더 큰 이유는 학술적으로 정성적 가치를 객관적인 정량적 가치로 계량화하는 데에 어려움이 있기 때문이며, 주택디자인가치에 대한 논의가 주택의 개별특성인 전용면적과 지역입지의 특성에 가려져 디자인의 가치가 매우 미미할 것으로 여겨져 왔기 때문이다.

따라서 본 연구는 건축물의 디자인이라는 정성적 가치를 객관화 · 정량화 · 계량화함으로써 경제적 가치로 환산 · 도출하여 주택의 심미적 디자인가치를 규명하였다. 또한 객관성은 있으나 구득이 어려웠던 도상자료를 구득하여 지역별, 규모별, 가격별 디자인 특성을 심도 있게 규명하였다.

이러한 연구결과는 향후 주택가치를 평가할 때 디자인요인을 가격형성요인에 포함시켜야 함과, 지역요인 및 개별요인을 분석할 때 이를 적극 활용해야 함을 의미한다. 또한 공동주택을 심의할 때나 정책을 입안할 때 디자인가치에 대한 보다 더 심도 있는 고려를 하여야 함과, 향후 주택건설사업 전략구상 및 소비자 의사결정 시에 디자인요인의 포함여부에 대한 긍정적이고 활발한 논의가 필요함을 시사한다.

그러나 이 연구의 보다 큰 의의는 도시디자인수준이 도시경쟁력이 돼가고 있는 이 시점에서 본 연구결과를 토대로 디자인가치가 새로이 정립되고 반영됨으로써, 도시경관이 아름다워지고 삶의 질이 풍요로워질 수 있다는 것이다. 따라서 이 연구는 디자인가치를 밝히는, 전에 없던 시도로서 기존연구와 차별되며, 학계, 실무계, 사회, 국가에 향후 추구해야 할 디자인가치의 방향성을 제시하고 연구의 단초를 제공함으로써 사회발전에 기여하는 바가 크다.

2) 향후 연구과제

본 연구는 아파트 디자인가치에 대한 가격영향을 규명한 연구로서, 이러한 연구의 디딤돌이 되는 연구이다. 그러나 이러한 시도는 초기단계로서 심미요인을 외관디자인의 有 · 無로 한정하여 분석하였다는 점에 아쉬움이 있다.

아파트의 디자인가치에 대한 연구는 앞으로 삶의 질이 높아질수록 다각도로 디자인에 대한 요구가 늘어날 것이므로, 향후 더욱 심층적인 연구가 필요하다. 따라서 이러한 유형의 연구가 더 정밀한 연구로 발전되기 위해서는 다음과 같은 연구들이 지속되어야 할 것으로 판단한다.

일반적으로 디자인은 개개인의 감성에 따라 그 가치가 다르게 느껴진다. 따라서 이것을 보다 심층적으로 분석하기 위해서는 개개인이 느끼는 심미성을 세분하여 분석할 필요가 있다. 만일 이와 같이 디자인의 감성정도에 따라 디자인요인의 가격영향을 분석할 수 있다면 디자인의 품질에 따라 달라지는 디자인의 경제적 가치를 가격으로 환산할 수 있게 되어, 향후 도시미관의 경제성과 심미성을 도출하는 데 훌륭한 지표가 될 수 있을 것이다.

그러나 앞으로 이러한 연구를 하기위해서는 개개인의 감성적 느낌을 어떻게 정량화하여 분석할 것인지에 대한 충분한 논의가 있어야 한다. 그러한 논의를 통해서만이 객관화된 결과를 도출할 수 있는 모형을 설정할 수 있을 것으로 판단하기 때문이다.

부 록

<부록 1> 서울특별시 2001 ~ 2006년 상반기 신축아파트 단지 수

대분류	권역별분류	구분	2001	2002	2003	2004	2005	2006	계	비율(%)
강남권	동남권	강동구	1	0	1	1	0	0	3	2
		송파구	1	0	0	1	0	0	2	1
		강남구	1	0	0	1	3	2	7	5
		서초구	1	0	2	2	1	0	6	4
		계	4	0	3	5	4	2	18	12
	서남권	관악구	0	0	1	2	0	0	3	2
		동작구	0	1	7	3	0	0	11	7
		영등포구	1	2	2	1	1	0	7	5
		금천구	0	2	0	1	0	0	3	2
		구로구	4	0	1	4	1	0	10	7
		양천구	2	3	3	1	2	0	11	7
		강서구	0	1	4	2	3	0	10	7
		계	7	9	18	14	7	0	55	36
	소 계		11	9	21	19	11	2	73	48
강북권	도심권	중 구	0	0	0	0	1	0	1	1
		용산구	1	0	1	0	0	0	2	1
		계	1	0	1	0	1	0	3	2
	서북권	마포구	0	0	5	0	3	0	8	5
		서대문구	1	1	0	0	1	1	4	3
		계	1	1	5	0	4	1	12	8
	동북권	은평구	0	0	0	2	0	0	2	1
		성동구	2	2	3	2	1	0	10	7
		성북구	1	3	3	4	5	2	18	12
		동대문구	1	2	3	1	2	0	9	6
		중랑구	1	2	2	0	0	1	6	4
		강북구	0	2	1	0	0	0	3	2
		도봉구	2	3	1	1	1	0	8	5
		노원구	5	0	1	0	3	0	9	6
		계	12	14	14	10	12	3	65	42
	소 계		14	15	20	10	17	4	80	52
총 계			25	24	41	29	28	6	153	100

<부록 2> 서울특별시 2001 ~ 2006년 상반기 신축아파트 중 심미아파트 단지 수

대분류	권역별분류	구분	2001	2002	2003	2004	2005	2006	계	비율(%)
강남권	동남권	강동구	0	0	1	1	0	0	2	2
		송파구	1	0	0	1	0	0	2	2
		강남구	1	0	0	1	3	2	7	8
		서초구	1	0	2	2	1	0	6	7
		계	3	0	3	5	4	2	17	19
	서남권	관악구	0	0	0	2	0	0	2	2
		동작구	0	0	2	1	0	0	3	3
		영등포구	1	1	2	1	0	0	5	6
		금천구	0	0	0	0	0	0	0	0
		구로구	0	0	0	4	1	0	5	6
		양천구	0	1	0	0	2	0	3	3
		강서구	0	1	4	1	3	0	9	10
		계	1	3	8	9	6	0	27	30
	소 계		4	3	11	14	10	2	44	49
강북권	도심권	중 구	0	0	0	0	0	0	0	0
		용산구	1	0	1	0	0	0	2	2
		계	1	0	1	0	0	0	2	2
	서북권	마포구	0	0	3	0	3	0	6	9
		서대문구	0	0	0	0	1	0	1	4
		계	1	1	5	0	4	1	7	13
	동북권	은평구	0	0	0	0	0	0	0	0
		성동구	2	0	2	2	0	0	6	7
		성북구	0	1	3	3	3	2	12	13
		동대문구	0	0	3	1	2	0	6	7
		중랑구	0	0	1	0	0	0	1	1
		강북구	0	0	0	0	0	0	0	0
		도봉구	1	2	1	1	1	0	6	7
		노원구	0	0	0	0	1	0	1	1
		계	3	3	10	7	7	2	32	36
	소 계		4	3	14	7	11	2	41	51
총 계			8	6	25	21	21	4	85	100

<부록 3> 도급순위별 건축단지 수

대분류	권역별	구 분	전체 1-10	심미 1-10	전체 11-20	심미 11-20	전체 21-30	심미 21-30	전체 31-	심미 31-
강남권	동남권	강동구	2	2	0	0	1	0	0	0
		송파구	2	2	0	0	0	0	0	0
		강남구	6	6	1	1	0	0	0	0
		서초구	6	6	0	0	0	0	0	0
	서남권	관악구	1	1	1	1	0	0	1	0
		동작구	8	3	2	0	0	0	1	0
		영등포구	5	4	2	1	0	0	0	0
		금천구	0	0	0	0	0	0	3	0
		구로구	6	3	0	0	2	1	2	1
		양천구	7	2	0	0	1	0	3	1
		강서구	5	5	3	2	0	0	2	2
강북권	도심권	중 구	1	0	0	0	0	0	0	0
		용산구	1	1	1	1	0	0	0	0
	서북권	마포구	5	5	1	0	1	1	1	0
		서대문구	2	1	1	0	0	0	1	0
	동북권	은평구	1	0	1	0	0	0	0	0
		성동구	5	5	1	1	0	0	4	0
		성북구	9	8	3	2	0	0	6	2
		동대문구	6	5	1	0	1	0	1	1
		중랑구	1	0	0	0	1	0	4	1
		강북구	0	0	1	0	1	0	1	0
		도봉구	6	5	0	0	1	1	1	0
		노원구	2	0	4	1	0	0	3	0
총 계			87	64	23	10	9	3	34	8

<부록 4> 서울특별시 공동주택 심의기준

○ 도시미관 증진계획

- 1,000세대 또는 10개동 이상인 단지는 원칙적으로 주동의 30% 이상을 차별화된 디자인(형태)으로 계획(저층부, 옥상층, 발코니 부분 등 건물 일부 디자인을 다양화하는 경우 포함)
- 1,000세대 또는 10개동 이상인 단지는 저층(1동 내에서 저층부를 테라스형 등으로 계획하는 경우 포함) 또는 중층 주택이 세대수의 10% 이상 확보될 수 있는 방안을 우선 검토
- 소형 임대주택 등은 삶의 질을 높일 수 있도록 평면을 2-Bay 이상으로 계획
- 주동의 높이가 일률적으로 형성되지 않도록 층수변화를 통해 다양한 스카이라인으로 조성계획
- 하나의 주거동 내에서도 다양한 평면(평형 다양화, 동일 평형은 평면타입 변화, 저층부 주택 외 시설 등) 및 단면(복층형, 메조네트 형식 등) 형식으로 계획
- 전체 주동이 주요 조망방향(하천 또는 도로변)과 평행 또는 직각방향으로 일률적인 배치가 되지 않도록 계획
- 500세대 이상 단지는 탑상형 공동주택이라도 전체 동의 평면 형태를 - 자형, X자형, T자형, V자형, Y자형 일변도로 계획하는 것을 지양(기존 건물 디자인과 유사한 설계는 「서울특별시 건축위원회 공동주택 건축심의에 관한 규칙」에 있는 지표적 심의기준 완화 불허)
- 공동주택의 각 세대 벽면 길이의 30%는 발코니 설치를 지양(4면 전체에 적용, 전용면적 60㎡ 이하 세대 제외). 단, 다음의 경우로서 디자인이 차별화되었다고 인정하는 경우에는 적용하지 아니할 수 있음
  - 3면 발코니(발코니의 1면만이 벽체에 접하는 경우) 등을 통한 전체 벽면에서의 요철률이 30% 이상인 경우
  - 5개층 이내마다 설치위치를 변화한 경우
- 확장이 가능한 발코니 설치 부분은 확장에 따른 세대별 별도 방화판 또는 방화유리 추가 설치시 외관을 저해할 수 있음으로 방화판 등을 대체할 수 있는 구조물을 설치토록 계획
- 주동의 저층부는 보행환경에서 위화감을 주지 않고, 변화감을 주어 계획하되, 주변과 조화롭고 친근감이 있게 계획될 수 있도록 유도(고층부와 재질, 색상, 형태 및 디자인상 분리계획 등)
- 보행 동선 및 개방감 확보를 위해 저층부 일부를 피로티(기둥 처리)로 계획하는 경우 피로티 부분은 그 용도(주거동 주출입구, 보행, 통과 및 휴게 기능 등)에 맞는 형태 및 외부 디자인으로 계획
- 주동의 상층부는 주거동 구조와 무관한 장식구조물의 부가적 설치나 과도한 색채 사용을 지양하면서 디자인을 차별화하되, 경사지붕으로 설치하는 경우에는 주동 길이의 1/2 이상 설치토록 계획
- 공동주택 옥상에 설치되는 물탱크실, 엘리베이터 기계실 등의 구조물은 주거동 최상층의 수평 외곽선으로부터 돌출되지 않도록 하거나, 주거동의 형태와 재료 등에 조화되도록 디자인함
- 3개 이상의 블록(생활가로 등으로 구획되는 경우)으로 구성되는 대규모단지의 경우 지붕층은 블록별로 다르게 디자인하되, 전체적으로 통일성을 유지하도록 형태나 재료의 유사성을 유지함

- 공동주택의 측벽도 별도 디자인 요소 없이 콘크리트 면에 페인트 도색 위주의 디자인을 지양하고, 디자인적 요소 도입을 적극 검토

○ 사적 영역 내 공공성 확보계획

- 외부 공간(공원, 공개공지 등)의 설치는
  - 주변 가로 위계를 파악하여 주요 가로변 또는 보행 중심의 생활가로변 등에 면하여 소공원 형태로 설치하되, 이 경우 주변 단지 등의 외부공간과 연계방안을 우선 고려하여야 함
  - 바닥포장은 인접 보도의 포장형식과 연속성을 유지(바닥패턴, 재료 등)하도록 함
  - 외부공간 연접부에는 주민들의 휴게나 담소 등을 위한 주민공동시설(커뮤니티 센터 등) 또는 공연장·전시장 등 문화예술공간(1,000세대 이상인 경우에 한함)을 배치토록 함
  - 외부공간이 설치되는 가로변에 면한 대지부분에는 외부공간에 대하여 개방성을 배려하고, 시각적으로 보행자를 배려하는 형태 및 입면계획이 되도록 유도

  예 저층 연도형 건물(상가 및 1동 내에서 저층부를 테라스형 등으로 계획하는 경우 포함), 건물 하부 피로티 설치(천장고 5m 또는 2개층 이상), 선큰 광장, 연접 주동의 측벽에 그림 등으로 갤러리 효과 등
- 한강측 가로변에는 한강 접근시설 등과 연계하여 시민들이 한강변 경관을 조망할 있도록 조망데크, 상가 등 편의시설 설치(한강변에 접한 대지길이의 1/2 이상, 이 경우 저층 연도형 건물, 건축이 되지 않는 공간 길이 포함)
- 하천변 주동 배치는
  - 하천에서의 개방감이 확보되도록 탑상형(저층부를 테라스형으로 하는 경우 저층부는 제외)으로 하는 것을 원칙으로 하며, 단지 배후도로에서도 하천변으로의 시각통로를 확보하거나 저층부 일부를 피로티(천정고 5m 이상 또는 2개층 이상)로 계획
  - 하천변 주동은 개별 주동의 입면 변화, 주동간 층수 변화 등을 통해 다양한 수변공간이 연출되도록 함
  - 하천변 개방감 확보를 위해 하천변에 면한 대지는 개방지수(건물이 들어서지 않는 길이/대지 길이)를 40% 이상 설치되도록 함. 단, 조망형 주동 설치를 위해 저층부를 테라스형으로 계획하는 경우 상층부 길이를 기준으로 함

○ 지역 커뮤니티 활성화 계획

- 보행 중심의 생활가로변에는
  - 저층 연도형 건물(1동 내에서 저층부를 테라스형 등으로 계획하는 경우 및 상가 포함)을 배치하며, 전면부는 가로환경과 조화를 이루는 범위 내에서 변화감을 주어 보행자의 쾌적성이 확보되도록 계획함
  - 보행공간 확보를 위해 저층 연도형 건물은 건축선을 3m 이상 후퇴하여 배치토록 하며, 건축선 후퇴 부분은 전면 보도와의 일체적인 활용이 될 수 있도록 계획(준공 후 주차공간으로 활용되지 않도록 시설 계획)
- 단지와 단지 사이의 가로변에는 단지 외곽에 담장을 설치하는 대신 가로와 연계될 수 있는 시설(조경, 경사형 자연석 쌓기, 주민공동시설 등) 배치
- 단지 외곽에 방음시설을 설치하는 경우 방음림을 식재하거나 방음벽의 디자인을 차별화(벽화, 친환경재료 사용, 담쟁이덩굴 식재 등)

<부록 5> 인천광역시 공동주택 심의기준 발췌

[제3종일반주거지역에서의 공동주택]

1) 건폐율은 13퍼센트 이내를 원칙으로 하고 건축위원회 심의에 의하여 15퍼센트까지 허용("국민임대주택단지 개발계획 수립지침" 등 상위계획에서 높이를 제한하는 경우 18퍼센트). 단, 3층 높이 이하의 테라스형 주택 및 주현관, 지하주차장 보호시설, 공용통로 등은 이 기준 상 건폐율 산정에서 제외하며, 주거와 주거 이외의 시설을 동일건축물로 건축하는 경우 주거부분에 대하여 적용
2) 전체 세대수의 50퍼센트 이상을 탑상형으로 하되 탑상형은 주거의 환경을 고려하여 5호 조합 이내로 계획
3) 판상형의 경우 1동의 길이는 50미터 이내(4호 연립의 경우 60미터 이내)로 계획
4) 옥외 생활공간에는 보행자 전용도로, 테마공원, 친수공간, 자연학습장, 주민휴게시설, 체육시설, 녹지 등 설치

[구릉지 높이한계]

1) 도시경관 및 스카이라인 보호를 위해 해발 30미터 이상의 구릉지에서의 건축물의 높이 최고한도는 다음 각 항의 높이를 연결한 높이 이하(이하 "기준높이"라 함)로 함. 이 경우 각 지점간의 높이의 산정은 직선보간방식에 의하며 각 지점별 높이는 "별표 3"에 의함
   가) 해발 30미터 지점의 최고높이 : 20층
   나) 해발 60미터 지점의 최고높이 : 10층
   다) 해발 90미터인 지점의 최고높이 : 5층
2) 위 "1)"항에도 불구하고 다음 각 항의 1에 해당하는 경우에는 다음에 의함
   가) 계획대지와 인접하여 기준높이 이상의 건축물이 건축되어 있거나 기 사업승인된 건축물이 있는 경우에는 기존의 건축물의 높이를 연결한 높이 이하
   나) 주택재개발사업의 경우로서 인천광역시도시계획위원회에서 높이가 결정된 경우에는 결정된 높이 이하
   다) 건축물의 형태를 탑상형으로 계획하여 시각통로가 확보되었다고 위원회에서 인정하는 경우에는 계획된 높이
   라) 계획 대지 경계선으로부터 외곽반경 500미터 범위 내 인접부지의 경사도가 5퍼센트 이내인 경우로서 위원회에서 인정하는 경우에는 계획된 높이
3) 구릉지 높이한계 산출방식은 "별표 3"과 같음

[옥외 생활공간 확보]

1) 쾌적한 주거환경의 조성과 적정한 옥외생활공간 면적을 확보하기 위하여 단지 내 옥외 생활공간 비율은 20퍼센트 이상
2) 소규모단지의 녹지·휴게시설 등 주민 옥외 생활공간이 열악하게 되는 것을 방지하기 위하여 대지가 3만 제곱미터 미만인 16층 이상 고층아파트 건립계획에 대한 옥외 생활공간 비율은 25퍼센트 이상

[유도적 심의기준] - 배치 및 시설계획

1) 계획단지와 인접하여 대단위 건축물군이 입지한 경우에는 기존 건축물 배치축과 조화되게 건축물 배치
2) 조망방향에서 종·횡의 일률적 배치를 지양하며 주동을 형태와 높이에 따라 적절히 혼합, 개방감과 변화감있게 배치
3) 가로연접부는 외부공간에 대하여 개방성을 배려하고 주변가로 및 공원 등과 연계하여 보행과 휴식공간이 설치되도록 계획
4) 역세권(공동주택이 밀집된 지역은 제외)이나 상업용 건축물이 있는 주요 간선도로변에는 전면부에 주상복합 건축물이 건립되게 계획
5) 철도, 고속도로변, 자동차 전용도로, 폭 20미터 이상인 일반도로변에 위치한 단지의 경우에는 입주 후 소음 등의 민원발생을 사전에 예방하기 위하여 주동은 소음발생 시설과 직각배치를 원칙으로 하며, 소음발생경계선(건축선 등)에서 최소 10미터 이상 이격 배치
6) 방음 시설은 폭 10미터 이상의 방음둔덕을 이용하여 차폐림을 식재하는 것을 원칙으로 하되, 부득이 방음벽을 설치하는 경우에는 미관향상을 위한 미관방음벽 설치와 방음벽 양측에 담쟁이덩굴 등을 식재토록 계획
7) 하나의 건축물로 "□", "H", "T", "ㄱ", "ㄷ" 자형 배치를 가급적 지양하되, 대지여건상 불가피한 경우에는 주개구부 방향을 달리하게 계획
8) "□", "H", "T", "ㄱ" 자형 등의 배치는 일조·통풍불량, 사생활침해 등의 문제가 발생되므로 일조권 확보를 위한 이격거리 이외에 채광창이 없는 부분에서도 건축물과 건축물 사이를 최소 8미터 이상 이격하여 개방감이 확보되게 계획
9) 어린이 놀이터는 충분한 일조량이 확보되게 배치 및 노인정과 인접하여 배치토록 하고, 어린이 놀이터 주변은 녹지면적을 충분히 확보되게 계획
10) 입주민의 문화 욕구 충족을 위해 소규모의 다양한 문화예술, 체육 공간 계획
11) 지하층은 단지 내 옥외 생활공간에 천창, 썬큰 광장 등을 설치하여 자연환기 및 채광이 가능토록 계획
12) 쓰레기처리장은 단위세대와 상가를 분리하고 처리 시 악취로 인한 불편과 단지의 미관이 저해됨이 없도록 계획

[건축물의 형태 및 층수]

1) 아파트의 층수는 주변과 조화되는 스카이라인이 형성되도록 계획
2) 건축물 1개동 입면의 지나친 고저차를 지양하기 위하여 3개층의 범위 내에서 조화 있게 계획
3) 보행동선 및 개방감을 확보하기 위해 필요시 저층부 일부를 피로티로 계획
4) 탑상형으로서 30층 이상의 주거동에는 1층 또는 중간층에 당해 동의 1세대 규모에 해당하는 커뮤니티 공간 확보
5) 저층부, 옥상부, 중층부는 외관의 질감 및 색채 등을 달리하여 디자인 특화
6) 1,000세대 또는 10개동 이상 단지 내 주동은 형태, 디자인(저층부, 옥상부, 중층부별 디자인 포함)을 3개 유형 이상으로 차별화 하여 계획
7) 주동 하층부는 친근감, 주변과 친화성있는 디자인으로 보행, 휴게 등 기능을 고려하여 계획
8) 측벽은 단순한 페인트 도색을 지양하고 디자인적 요소를 도입

9) 한 동에 복도식과 계단식을 혼합하여 계획하는 것은 지양하되, 불가피할 경우 복도식과 계단식의 입면을 적절히 조화되게 계획
10) 옥탑의 높이는 승강로, 엘리베이터 기계실, 옥상출입 계단실, 제연 팬룸 등을 포함하여 4m이하로 하되, 승강기는 별표5의 기준에 적합하도록 계획
11) 급수방식은 가압 급수방식을 사용하는 것을 원칙으로 하며, 필요한 저수량은 지하저수조에 확보하고, 「소방법」상 필요한 경우 이외에는 옥상 물탱크를 설치하지 않도록 하되 별표6의 기준에 적합하도록 계획하는 것을 원칙으로 함

[단지 동선 계획]

1) 보행자동선은 안전을 우선으로 연속성을 확보하고, 보차 분리포장 등 보행자 전용공간이 확보되게 계획
2) 단지 내부도로는 십자교차로를 지양하고 통과교통의 이용을 억제하는 방향으로 계획하고, 주차동선은 가급적 짧게 계획
3) 건물 진입부와 보도와의 높이차를 가능한 줄이고, 보도는 보행자의 통행에 지장이 없도록 최소폭 1.5미터 이상 확보되게 계획
4) 보도와 차도의 단차는 10센티미터 이내로 줄여 턱 낮추기로 인해 경사가 심하지 않도록 하며, 단지 내 횡단보도는 평탄형 과속방지턱과 횡단보도를 일체화한 험프형으로 설치되게 계획
5) 단지 내 도로면적 중 30퍼센트 이상을 투수성 포장재로 포장되게 계획

[조경계획]

1) 옹벽 등에는 담쟁이 덩굴 식재 등 입면녹화를 계획
2) 단지 내 조경면적은 대지면적의 30퍼센트 이상 확보되게 계획
3) 자연의 생태환경을 보존하기 위하여 보존가치가 있는 기존수목과 지정수목, 보호수 등 양호한 기존의 수목을 존치하고 생육에 지장이 없도록 충분한 공간이 확보되게 계획
4) 대지안의 조경면적 중 식재면적은 조경면적의 60퍼센트 이상으로 하고 조경 의무 면적의 15퍼센트 이상을 자연지반에 설치하도록 계획
5) 인공지반 조경의 식재 토심은 관목류 50센티미터 이상, 교목류 120센티미터 이상 되도록 함
6) 지반에 따라 수종의 특성을 고려하고 市木과 區木을 적정하게 식재
7) 놀이시설 및 목재시설물은 허용기준치 이내 방부목재와 친환경소재 사용
8) 기타 조경에 관한 사항은 국토해양부 고시 기준에 적합하여야 함

[색채계획]

1) 외벽의 주조색은 채도 4 미만, 보조색은 채도 6 정도로 계획
2) 대단지 아파트 지역의 색채는 주변과의 조화를 우선으로 하여 단순하게 계획하고, 슈퍼그래픽은 가급적 지양
3) 색채표기는 산업자원부(기술표준원)에서 고시한 색의 표시방법(KS표준색 / 먼셀색기호)을 사용하고 실제 도장색 견본을 첨부

[친환경 건축계획 등]

1) 친환경건축물인증제도 세부시행지침 제12조(인증심사기준)에 따라 인증등급 "우수" 이상으로 계획하고 자체 평가서 제출
2) 자연환기 설비(기계환기 병행 포함)는 환기횟수(0.7회 이상/hr)의 충족여부를 증명할 수 있는 자료 제시
3) 건물 에너지효율등급 인증제도 운영규정에 따른 효율등급 2등급 이상 에너지 절약형 건축물로 계획하고 자체 평가서 제출
4) 빗물저수조, 중수도 설치 등 수자원 절약과 자원 재생을 위한 시설 검토

[기 타]

1) 근린생활시설(상가)의 입면도 상에 옥외광고물 설치계획(부착위치, 형태, 색상, 점포당 점유면적)을 표기
2) 30층 이상은 주변지역에 대한 일조량을 분석하고 분석자료를 제출
3) 야간 도시경관 형성을 위해 빛을 통한 조명경관 계획 수립
4) 주요 경관계획을 검토하기 위하여 다음의 도서를 제출하여야 함
   가) 조망경관을 표현한 도서
   나) 축상경관을 표현한 도서
   다) 거점경관을 표현한 도서
   라) 존경관을 표현한 도서
5) 세대수 및 여유주차 대수를 고려한 동별 주차 조닝계획 수립

<부록 6> 경상남도 공동주택 심의기준

□ 건축계획부문(공통사항)

구 분	심의·검토 내용	비 고
입면적(규모)	○ 1개동의 입면적을 3,000㎡ – 3,500㎡ 이하로 함 ※ 입면적 = 건물높이 × 벽면길이 – 변화있는 스카이라인, 형태, 배치계획을 통행 단지 및 경관에 기여한다고 판단되는 경우, 1개동의 건축물 입면적을 10% 범위 내 인센티브 부여	심의 시 판단
개방감 확보	○ 시각회랑 확보 및 입면차폐도의 적정여부 – 주요산지 및 구릉·자연·역사문화 자원 등에 대한 시각통로 확보(Visual Corridor) – 주요 조망요소에 대하여는 보행자 이동시각에서의 단지배치 형태에 대한 3차원 투시도 제출	개방감과 시각 통로 확보
형태 및 배치	○ 장대 판상형, 부정형(기형적) 탑상형 지양 – 높이 변화를 시도하고 주거동 계획에서 판상형과 타워형 등의 혼합배치를 통해 스카이라인과 단지 파사드에 변화를 유도	
옥외생활 공간확보	옥외생활공간비율은 20% 이상이어야 함 ※ 옥외공간비율 = 옥외생활공간면적 ÷ 주거용연면적	

□ 건축계획부문(배치계획)

구 분	심의·검토 내용	비 고
동간 이격거리	○ 건축물 높이에 따른 동간 간격의 적정여부 – 경관자원에 대한 시각회랑 및 가로변 개방감 확보가 가능한 동간거리	
단지 동선계획	○ 입주민(사용자) 위주의 동선계획 여부 – 주차공간 등으로 인한 동선의 단절·우회 지양 – 차량동선과 보행동선의 분리(보도폭 2.0m 권장)	
노유자시설입지	○ 노유자 시설의 쾌적성 및 안전성 확보 – 어린이놀이터, 노인정 등은 일사량이 많은 위치에 연접하여 시각보호권내 배치	
접근성 및 편의성	○ 공개공지에 대한 접근 및 이용 편의성 여부 – 2개소 이내 설치 지양	

□ 건축계획부문(입면 · 평면계획)

구 분	심의 · 검토 내용	비 고
입면형태 및 평면활용	◦ 개방감 확보 및 녹지율 증대를 위한 저층부 피로티 계획 ◦ 높이별(저층 · 중층 · 고층부) 다양한 디자인계획 ◦ 발코니 내 · 외부에 실외기 및 화단의 기능적 충돌과 건축미관 등을 고려한 계획 ◦ EV홀 자연채광창 설치 및 적정여부	
지붕 형태	◦ 공동주택의 지붕은 경사지붕(물매 4 : 10 이상)이 되도록 하고 최상층은 다락방 설치를 권장 ◦ 부스터펌프 방식으로 옥탑 물탱크 제거	

□ 건축계획부문(색채계획)

구 분	심의 · 검토 내용	비 고
색채계획	건물색채는 관계전문가의 자문을 받아 색채계획토록 하고 색채계획시에는 벽체문양계획도 도입되어야 함	
지역특성 고려	◦ 경남의 지역적 특성을 고려한 색상 선정 – 외벽색채는 시 · 군별로 지역특성(해안, 산악, 도시지역 등)을 살릴 수 있는 지역향토색 선정	
환경조명	◦ 디자인 컨셉의 지역적 특성고려 여부 ◦ 조명연출계획의 적정성 – 조명부위 선정, 투광방법, 휘도 · 컬러대비 등	
상가종합간판 설치 운영	◦ 아파트 단지 내 상가종합입간판 설치운영 – 일정규격의 외부 종합안내판 1 ~ 2개소만 적정 위치에 설치 – 개인(점포)별 외부벽면에 부착하는 가로형 간판 설치 불가	

□ 조경계획부문

구 분	심의 · 검토 내용	비 고
조경환경 및 면적	◦ 대지면적의 30% 이상 조경식재공간 확보 ◦ 주변 녹지공간과 연계되는 조경계획	
대표수종 식재	◦ 가로수등 대표수종 설정 – 장송식재, 무궁화, 벚꽃 등 특화조경 식재 – 다양한 수종 식재로 계절감 부여 등 ◦ 다양한 수종 식재로 계절감 부여	
생태환경조성	◦ 수변공간 조성(수공간 등 특화공간 권장) ◦ 수목의 생육을 고려한 투수성 포장 ◦ 지상주차장(면 부분) 생태포장(잔디블럭) 등 시공	
울타리형태	어린이놀이터, 주민운동시설 및 단지외곽부 등 생울타리 또는 넝쿨성 식물 식재	
옹 벽	가로변 구조물(옹벽 등)형태를 주변환경과의 연속성을 갖도록 자연석 등 동일한 재료마감	

□ 교통계획부문

구 분	심의·검토 내용	비 고
주차장 설치	○ 세대별 전용주차장 지정 운용 – 세대별 주차면(위치)을 지정하여 1세대 1주차 이상의 공간을 확보 – 공급승인 시 세대전용 주차장 시행단지임을 명시, 입주자 대표회의에서 세부 운영방안 결정 시행 ○ 복합건물의 용도별 주차장 분리 – 주거용과 비주거용은 사용 주차장 분리	
진출입부 계획	○ 진출입부 가각전제 및 감속차선 확보 필요성 ○ 주변 교통체계를 고려한 진출입계획 여부	
단지 내 교통계획	○ 주차동선은 가급적 짧게, 십자교차로 지양 ○ 폭 8m 이상은 보·차로 분리 확행 ○ 보행동선과 차량 진출입동선의 분리	
회전반경 등	○ 차량 회전반경은 최소한 내면반경 6m 확보 ○ 차로가 막히는 부분에는 회차공간 확보	
장애인 주차구획	○ 지상은 계단실, 지하는 엘리베이터 최 근접부 배치 ○ 차량동선과 장애인 보행동선의 교차금지	

참 고 문 헌

1. 단행본

권태문, 「건축미학을 찾아서」, 서울, 도서출판 대가, 2005
김 인 · 박수진 편, 「도시해석」, 서울, 푸른길, 2006
김인호, 「건설계획과 의사결정」, 서울, 기문당, 2003
남준우 · 이한식, 「계량경제학」, 서울, 홍문사, 2006
민경우, 「디자인의 이해」, 서울, 미진사, 2005
박규현 · 김정재 편, 「조형론」, 서울, 기문당, 1987
방경식 · 장희순, 「부동산학개론」, 서울, 부연사, 2004
방경식 · 장희순 역, 「해설부동산감정평가기준」, 서울, 부연사, 2006
사도야마 야스히코, 정경원 · 제니스 김 역, 「디자인전략경영입문」, 서울, 미진사, 1995
서혜선 · 양경숙 · 김나영 · 김희영 · 김미경, 「SPSS를 활용한 회귀분석」, 서울, 한나래, 1999
아게마츠 유우지, 「건축공간의 미학」, 이두열 역, 서울, 현대건축사, 2000
유희준, 「건축디자인」, 서울, 문운당, 2005
이유미 · 서수정 · 정종대 · 조성학, 「공동주택단지의 디자인 매뉴얼」, 서울, 세진사, 2002
이종원, 「경제경영통계학」, 서울, 부연사, 2004
이종원, 「계량경제학」, 서울, 박영사, 2007
임연웅, 「디자인총론」, 서울, 형설, 2001
정경원, 「디자인경영」, 서울, 안그라픽스, 2006
정무웅, 「사람 · 삶 · 삶터 건축 · 인간 · 행태」, 서울, 기문당, 2006

Maitland Graves, 배만실 역, 「디자인과 색채」, 서울, 이대출판부, 1989
Yoshinobu Ashihara, 김정동 역, 「건축의 외부공간」, 서울, 기문당, 1987
日本建築學會, 「空間學事典」, 東京, 井上書院, 2006
谭善勇, 「房地产估价理论与方法」, 中國重庆, 重庆大学出版社, 2007
窦坤芳, 「房地产评估」, 北京, 机械出版社, 2007
邢元志, 「房地产评估」, 北京, 中国建筑工业出版社, 2007
Appraisal Institute(2001), The Valuation of Real Estate 12th ed., Chicago, Illinois.
Davidoff, P. · Reiner, T. A.(1967), *A Choice Theory of Planning*, Public Administration Review.
Hogarth, R. M.(1987), *Judgment and Choice : The Psychology of Decision* : New York, John Wiley & Sons.
Kathryn Best(2006), *Design Management*, New York, Academia.
Parente, F. J. · Anderson－Parente, J. K.(1987), *Delphi Inquiry Systems*, Wright G. · Ayton, P.(Eds), *Judgmental Forecasting* : New York, John Wiley & Sons Ltd.

2. 논문 및 정기간행물

강충구 · 정창무, "주택가격 결정요인의 경제적 가치 변화에 관한 정태적 · 동태적 연구", 「국토계획」, 제36권 6호, 2001

곽 진, 초고층 아파트 건축계획 기준에 관한 연구, 석사학위논문, 건국대학교 대학원, 1992
권준범, "건축 유형학 이론의 개념적 배경", 「대한건축학회논문집 계획계」, 제23권 8호, 2007
김경주, 한국근대건축의 미적 특성에 관한 연구, 박사학위논문, 서울대학교 대학원, 1989
김남경, 공동주택 현상설계에 나타나는 주동계획 변화 특성에 관한 연구, 석사학위논문, 중앙대학교 대학원, 2004
김수미 · 심우갑, "호수밀도를 고려한 옥외부대복리시설 기준과 옥외공간에 관한 연구", 「대한건축학회논문집 계획계」, 제20권 제8호, 2004
김연아 · 홍원화, "백화점 진입부의 공간 특성 연구", 「대한건축학회 논문집 계획계」, 제22권 제6호, 2006
김영신 · 박영기, "공동주택 단지 내 수공간의 도입방안에 관한 연구", 「대한건축학회논문집 계획계」, 제19권 제1호, 1999
김운정, 아파트 평면특성이 가격에 미치는 영향, 석사학위논문, 건국대학교 부동산대학원, 2004
김주원, 브랜드 아파트의 상품차별화 계획요소 설정에 관한 연구, 박사학위논문, 연세대학교 대학원, 2005
김지훈 · 정준현 · 이중우, "대구지역 업무용건축물의 조형적 의미에 관한 연구", 「대한건축학회 논문집 계획계」, 제23권 제1호, 2007
김형돈, "소비자가 인식하는 아파트 구매가격 결정요인과 쾌적성 결정요인과의 순위적인 관계분석", 「한국주거학회지」, 제12권 제2호, 2001
김주원, 브랜드아파트의 상품차별화 계획요소 설정에 관한 연구, 박사학위논문, 연세대학교 대학원, 2006
박기석, 상업건축물의 표현성을 고려한 외관 리노베이션 계획에 관한 연구, 석사학위논문, 연세대학교 대학원, 2000
배수진, 주택가격에 내재한 녹지의 가격측정에 관한 연구, 석사학위논문, 서울대학교 환경대학원, 2000
송대호 · 윤종국 · 윤장우, "기성시가지의 경관이미지 개선방향에 관한 연구", 「대한건축학회논문집 계획계」, 제21권 제11호, 2005
안나연, 시각적 선호특성에 의한 환경디자인 모형사례연구, 석사학위논문, 이화여자대학교 대학원, 1999
양성돈 · 최내영, "한강시민공원이 주변 아파트가격에 미치는 영향에 관한 연구", 「국토계획」, 제38권 제3호, 2003
유순선, 설계경기 주거단지의 계획특성비교 연구, 석사학위논문, 서울산업대학교 주택대학원, 2003
유재우, 아파트 외부공간 요소가 가격에 미치는 영향, 석사학위논문, 건국대학교 부동산대학원, 2007
윤남호, 브랜드 아파트의 주동 입면디자인에 관한 거주자의 선호도에 관한 연구, 석사학위논문, 한양대학교 대학원, 2006
윤정중, 도시경관의 조망특성이 주택가격에 미치는 영향, 박사학위논문, 연세대학교 대학원, 2001
윤채규. "주관적 평가요인을 고려한 공동주택의 가격결정모형개발." 연세대학교 박사학위논문, 2004
이경희. "건축형태의 미학적 해석에 관한 연구." 연세대학교 석사학위논문, 1999
이계중, 서울특별시 뉴타운 사업 추진 방향에 관한 연구, 석사학위논문, 서울특별시립대학교 대학원, 2005
이금진, "공동주택 평면계획의 다양성 연구", 「대한건축학회논문집 계획계」, 제23권 제8호, 2007

이보형 · 손세관, "아파트 외관의 시지각적 특성에 관한 연구", 「한국도시설계학회」, 춘계학술발표대회, 2003
이세영 · 유학규 · 정성원 · 여홍구, "신도시 외부공간특성의 아파트가격에 미치는 영향에 관한 연구", 「대한건축학회논문집 계획계」, 제22권 제9호, 2006
이유미, 공동주택단지에서의 실외환경 질의 평가방법에 관한 연구, 박사학위논문, 연세대학교 대학원, 1999
이인화, "공동주택의 심미적 외관디자인 요인에 관한 연구", 「한국주거환경학회」, 제5권 제1호, 2007
이인화, "공동주택단지의 심미적 외관디자인 요인이 아파트가격형성에 미치는 영향", 「한국주택학회」, 제15권 제3호, 2007
이인화, "심미적 디자인 요인이 아파트 가격형성에 미치는 영향분석", 「대한건축학회논문집 계획계」, 제24권 제2호, 2008
이정민, 서울특별시 강남지역 아파트 가격 영향요인 분석, 박사학위논문, 홍익대학교 대학원, 2001
이정수 · 심우갑, "고층아파트 외관디자인 선호특성에 관한 조사 연구", 「대한건축학회논문집」, 제9권 제7호, 1993
임홍선, 공동주택단지 내 탑상형 주동유형이 주거만족도에 미치는 영향에 관한 연구, 석사학위논문, 연세대학교 대학원, 2005
장희순 · 신동훈, "중 · 소규모도시의 아파트가격결정요인에 관한 연구", 「한국부동산학회」, 제23호, 2004
전명화 · 정미렴 · 이소영 · 김혜정 · 강인호 · 박영기, "초고층 주거건물의 설계자 디자인 정보에 관한 정성적 연구", 「대한건축학회논문집 계획계」, 제22권 제10호, 2006
정요진, 공동주택의 중요설계요소 도출 및 요소별 거주만족도에 관한 연구, 석사학위논문, 고려대학교 대학원, 2004
정한종 · 조현준, "AHP를 이용한 아파트 주동 입면 디자인 요소의 디자인 우선순위 분석에 관한 연구", 「대한건축학회논문집 계획계」, 제21권 제7호, 2005
조양희 · 강미선, "공동주택의 브랜드 차별화를 위한 심미적 외관디자인 요인에 관한 연구", 「대한건축학회 학술발표대회 논문집」, 제26권 제1호, 2006
조종수, "초고층 사무소건축의 건물형태 구성 및 효율에 관한 연구", 「대한건축학회논문집 계획계」, 제23권 제6호, 2007
조주현, "주거밀도가 주택가격에 미치는 영향에 관한 연구", 「건국대사회과학논총」, 1998
주택산업연구원, "아파트 특성에 따른 가격결정모형 연구", 2001
진경일, 유전자 알고리즘을 이용한 건축디자인 최적화 방법에 관한 연구, 박사학위논문, 연세대학교 대학원, 2001
최보윤, 아파트 가격 결정요인 분석, 석사학위논문, 건국대학교 대학원, 2006
최윤아 · 송병하, "공동주택주거환경 계획요소 및 친환경 계획요소의 특성 및 경향 분석에 관한 연구", 「대한건축학회논문집 계획계」, 제23권 제1호, 2007
한성훈, 건축 외장재료 변화에 따른 건축색채 디자인 경향에 관한 연구, 석사학위논문, 부경대학교 대학원, 2004
홍경구 · 안건혁, "가로상업지역의 가로유형과 개발패턴에 관한 연구", 「대한건축학회논문집 계획계」, 제17권 제1호, 2001
황연숙, "공동주택 외부디자인 선호경향에 관한 연구", 「한국실내디자인학회」, 제21호, 1999

Becker, R.(1995), A Method for the generation of Weighting Factor for Performance Evaluation, *Building and Environment*, Vol.20 No.4.

Boris A. Protnov · Yakov Odish · Larissa Fleishman(2005), Factors Affecting Housing Modifications and Housing Pricing, *Journal of Real Estate Reserch*, Vol.27 No.4.

Colin Jones · Chris Leishman(2006), Spatial Dynamics of the Housing Market : An Interurban Perspective, *Urban Studies*, Vol.43 No.7.

C. Y. Yiu · S. K. Wong(2005), The Effects of Expected Transport Improvements on Housing Prices, *Urban Studies*, Vol.42 No.1.

Eli Borukhov · Yona Ginsberg · Elia Werczberger(1978), Housing Prices and Housing Preferences in Israel, *Urban Studies*, Vol.15 No.2.

Gao. Xiaolu(2006), Determinant factors of housing price identified by Hedonic Regression Analysis, *The Journal of Realestate Science*, No.75, Vol.19 No.4.

Robert J. Gloudemans(1999), Mass Appraisal of Real Property, *International Association of Assessing Officers*.

Sherwin Rosen(1974), Hedonic Prices and Implicit Markets ; Product Differentiation in Pure Competition, *Journal of Political Economy*, Vol.84.

Tyrväinen L. · Miettinen A.(2000), Property prices and Urban Forest Amenities, *Journal of Environmental Economics and Managment*, No.39.

Youqin Huang · William A. V. Clark(2002), Housing Tenure Choice in Transitional Urban China : A Multilevel Analysis, *Urban Studies*, Vol.39 No.1.

3. 보고서

국토해양부, 「건물 미관증진을 위한 부위별 권장용 설계 계획안」, 2001

서울특별시, 「공동주택건축심의에 관한 규칙」, 2004. 3. 30 개정

대한건설협회, 2006

대한주택공사, 「설계경기지침서」, 2007

대한주택공사, 「고양풍동(A2, B1블럭)지구 현상설계지침서」, 2001

서울특별시보고서, "서울특별시 공동주택단지의 환경 지표 개발에 관한 연구", 1997

세진기획, 「서울특별시아파트백과」, 서울, 2006

SH공사, 「세곡지구 설계경기(현상공모) 지침서」, 2005

SH공사, 「은평뉴타운 3지구 입찰설계 지침서」, 2003

SH공사, 「공동주택단지 및 기반시설 적격심사기준의 계획성」, 2007

4. 신문 및 인터넷사이트

공성태, "아파트가 예뻐진다", 「이코노믹리뷰」, 2006년 10월 19일자

김경원, "아파트 외관, '확' 바뀐다", 「머니투데이」, 2006년 6월 28일자

원정호, "요즘 아파트외관은 진화 중", 「머니투데이」, 20006년 7월 29일자

이군호, "건설사 디자인 경영 불붙었다", 「일간건설신문」, 2007년 2월 22일자

차학봉, "아파트 브랜드외관 디자인으로 차별화", 「조선일보」, 2006년 8월 7일자

건축사(고대부터 현대까지)와 사회문화, http://blog.naver.com/jskyworld

윤혁경, "공동주택의 외관 디자인에 영향을 미친 법 · 제도의 변천과정과 개선방향", http://www.archilaw.org, 2001

제4편
수익환원법의 가격 설명력과 층별임대료 격차율의 가격 상관성에 대한 실증분석

– 박용수

01 서론
02 이론적 배경 및 선행연구 고찰
03 표본설계 및 상권분석
04 매장용건부지 가격과 1층 임대료의 관계분석
05 매장용건부지 가격과 층별임대료 격차율의 관계분석
06 결론

서 론 01

1 연구의 배경 및 목적

부동산 가격은 효용, 상대적 희소성, 유효수요[1]에 의하여 발생된다. 이때의 효용은 '인간의 필요나 욕구를 만족시켜 줄 수 있는 재화의 능력'으로 정의되며, 상업용부동산의 효용은 상업수익(임대수익), 공업용부동산의 효용은 생산비의 증감, 주거용부동산의 효용은 주거의 쾌적성이라는 형태로 나타난다.

상대적 희소성은 '인간이 소유하고자 하는 욕망에 비하여 그 욕망의 충족수단이 질적·양적으로 한정되어 부족한 상태'로 정의되며, 부동산은 그 자연적 특성인 부증성(不增性) 때문에 공급의 탄력성이 작아 수요의 증가에 비해 상대적 희소성이 더욱 크게 작용하여 가격이 급등하기 쉽다.

유효수요는 '사려고 하는 의사와 지불능력을 갖춘 수요'로 정의되며, 지불능력 즉 구매력은 지역과 시기에 따라 변화하고, 소득수준·과세정책·주택금융정책 등에 따라 영향을 받는다.[2] 이러한 세 가지 요인은 상호작용하면서 수요와 공급에 영향을 주어 가격을 발생시키고, 다시 여기에 가격형성요인이라고 불리는 일반적 요인·지역요인·개별적 요인이 결합하여 가격이 개별화·구체화된다.[3]

부동산 가격은 위와 같은 복잡한 과정을 통해 형성될 뿐 아니라, 부동산 자체가 고유한 자연적·인문적인 특성[4]을 갖고 있기 때문에 다른 재화와 달리 시장에서 일물일가(一物一價)의 법칙이 적용되지 않는다. 따라서 일반인이 쉽게 파악할 수 없는 부동산 가격을 산정하기 위해서는 감정평가라는 특별한 과정과, 이를 담당할 전문가인 감정평가사가 필요하게 된다.

감정평가의 과정은 경제학 이론의 지원을 받으며 오랜 시간 발전해 온 평가기법에

---

1) 가격발생요인으로 이들 3가지 외에 이전성(移轉性)을 추가하기도 한다(안정근, 「부동산평가이론」, 2006, pp.37~38).

2) 홍길성, 「부동산감정평가론」, 1982, pp.113~117

3) 상게서, pp.125~139

4) 부동산의 자연적 특성은 고정성, 영속성, 부증성이며, 인문적 특성은 용도의 다양성, 병합·분할의 가능성, 사회적·경제적·행정적 위치의 가변성이다(상게서, pp.35~43).

기초를 두고 있으며, 감정평가사는 부동산 가격의 제원칙(諸原則)[5]에 입각하여 이미 설정되어 있는 평가기법과 절차에 따라 평가과정을 수행하게 된다.

'부동산 평가과정에 있어 가장 핵심적인 사항은 세 가지 접근법에 관한 것이다. 부동산 평가과정이란 결국 세 가지 접근법을 중심으로 대상 부동산의 최종적인 가치 결론이 어떻게 조직화되는가를 나타낸 것이다.'[6]

세 가지 접근법이란 가격을 수익성, 시장성, 비용성의 측면에서 접근하는 방법으로, 수익성은 그 부동산을 통해 얼마만큼의 수익(또는 쾌적)을 획득할 수 있는 가이고, 시장성은 얼마의 값으로 시장에서 거래되고 있는 가이며, 비용성은 얼마의 비용이 투입되어 생성된 것인가이다.

이러한 가격의 삼면성(三面性)에 기초하여 만들어진 것이 감정평가의 삼방식인 수익방식(수익성), 비교방식(시장성), 원가방식(비용성)이며, 이로부터 가격을 구하는 삼방법인 수익환원법(수익방식), 매매사례비교법(비교방식), 복성식평가법(원가방식)과, 임료를 구하는 삼방법인 수익분석법, 임대사례비교법, 적산법이 창출된 것이다.

미국의 감정평가협회(Appraisal Institute)는 비록 특정한 방법이 대상 부동산을 평가하는데 가장 적절하여 나머지 방법들은 별다른 의미가 없더라도 가능한 한 세 가지 방법을 모두 사용하여 시산가격(試算價格)을 조정할 것을 요구하고 있다. 반면 많은 학자들은 세 가지 접근법이 근거하고 있는 기본적인 가정이 서로 다르기 때문에 모든 부동산에 세 가지 방법을 다 적용할 수 없다는 측면에서 이에 반대하고 있으며, 실무분야에서도 현실적으로 이 세 가지 방법을 모두 사용하고 있지도 않다.[7]

우리나라 실무계의 현실은 감정평가방식을 채택함에 있어서 비교방식(매매사례비교법)에 거의 전적으로 의존하고 있으며, 수익방식(수익환원법)에 의한 가격 산정은 도외시하고 있다. 실제로 선행연구에 의하면 감정평가사 중 1년간 수익환원법을 전혀 적용하지 않은 비율이 34.5%이며, 15건 미만 적용한 비율을 포함하면 그 비율은 85.4%에 이른다.[8] 뿐만 아니라 수익환원법을 적용한 사유도 75%가 시산가격조정을 위한 참고용이었으므로[9] 수익환원법을 감정방법으로 사용하여 가격을 결정한 비율은 극히 미미하

5) 부동산 가격원칙은 감정평가활동의 지침이 되는 것으로, 부동산가격 형성과정에 작용하는 법칙적(法則的)인 규칙성이다. 이들 원칙에는 수요공급의 원칙, 변동의 원칙, 대체의 원칙, 최유효이용의 원칙, 균형의 원칙, 수익체증·체감의 원칙, 수익배분의 원칙, 기여의 원칙, 적합의 원칙, 경쟁의 원칙, 예측의 원칙 등 11개가 있다(상게서, pp.153~167).

6) 안정근, 전게서, p.124

7) 상게서, p.125

8) 이청기, "수익환원법의 적용실태분석을 통한 실용화방안 연구", 건국대학교 석사학위논문, 1997, p.52(이 논문은 시간의 경과로 인해 현실반영의 정도에서 괴리가 있을 수 있다. 그러나 감정평가업계에서 수익환원법이 거의 적용되지 않는 원인은 시장에서 임대료의 파악이 극히 어렵고, 수익환원을 위한 환원이율이 조사되어 있지 않다는 점에 있으며, 이러한 실정은 2004년 선병채의 선행연구에서도 확인할 수 있는 것과 같이 논문의 발표 시점 이후에도 전혀 개선되지 못하였는바, 시점의 차이에 따른 괴리의 정도는 매우 적다고 판단된다).

9) 상게논문, p.57

다고 볼 수 있다.

물론 그 원인으로는 수익자료의 획득이 현실적으로 매우 어렵고, 수익환원법을 적용하기 위한 부동산 종류별, 지역별 환원이율이 조사되지 않았다는 것[10]도 있지만, 그 이상으로 수익방식에 의해 산정된 가격이 과연 그 이론만큼 적정가격[11]을 반영할 수 있는가에 대해 확신할 수 없었기 때문이다.

즉, 수익환원법의 기초가 되는 임대료가 상권, 개별입지, 업종, 권리금의 다과(多寡) 등에 따라 천차만별로 형성되므로 임대료를 표준화된 환원이율로 환원하여 가격을 구하는 수익방식 자체에 한계가 있다고 생각하기 때문이다.

실제로 수익환원법에 의한 가격과 다른 방식에 의한 가격이 균형을 이루었는지에 대한 질문에 비교적 잘 유지되었다고 응답한 비율은 8.7%에 불과하였고, 전혀 또는 비교적 유지가 안 되었다고 응답한 비율이 56.5%였다.[12]

그러나 감정평가 행위의 법적 기준이 되는 「감정평가에 관한 규칙」 제10조 제1항의 규정은 '평가는 대상 물건의 성격 또는 평가조건에 따라 이 규칙에 의한 평가방법 중 가장 적정한 방법에 따라야 한다'에서, '평가는 대상 물건의 성격, 평가목적 또는 평가조건에 따라 다음 각 호의 방식 중 이 규칙에서 정한 가장 적정한 방식에 의하되, 그 방식으로 구한 가격 또는 임료(이하 "가격 등"이라 한다)를 다른 방식으로 구한 가격 등과 비교하여 그 합리성을 검토함을 원칙으로 한다'로 바뀌었다(2003. 8. 14일 개정). 즉 세 가지 접근방법을 모두 사용할 필요는 없다는 입장에서, 미국 감정평가협회와 같이 세 가지 방법을 모두 사용하여 시산가격을 조정하도록 요구하는 입장으로 바뀐 것이다. 따라서 이제는 수익성부동산 특히 그 대표적인 위치에 있는 매장용부동산[13]에 대하여 수

10) 적절한 자본환원율의 선택문제는 오래전부터 소득접근법을 사용해온 미국의 경우에도 가장 큰 고민거리이다. 마찬가지로 우리나라에서도 시장에 환원이율에 관한 자료나 관행 등이 없어서 적용할 환원이율을 결정하기 힘들다. 시장에서 일반적으로 적용하는 환원이율도 없기 때문이다. 이에 관해 Geogory J. Accetta는 다음과 같이 말하고 있다.
"직접환원법을 적용함에 있어서 자본환원율의 선택은 중요한 단계가 된다. 많은 평가사들은 자신들이 어떻게 해서 자본환원율을 구하던 간에 그들의 결정이 비판받을 것을 두려워하고 있다. 평가의뢰인이나 일반인들의 관점에서 볼 때, 자본환원율은 종종 적절히 지지되지 못하고 있다. 자본환원율은 시장거래와 유리된 기계적인 과정에 의해 도출되고 있으며, 대상 부동산의 특수한 특성이 고려되고 있지 못한 경우가 허다하다"(김해두, 「수익환원법에 의한 부동산가치산정 및 감정평가기법 확대화 방안」, 부산대학교 석사학위논문, 2000, p.52).

11) 「부동산가격 공시 및 감정평가에 관한 법률」 제2조에서는 적정가격의 개념을 '적정가격이라 함은 당해 토지 및 주택에 대하여 통상적인 시장에서 정상적인 거래가 이루어지는 경우 성립될 가능성이 가장 높다고 인정되는 가격을 말한다'라고 정의하고 있다.

12) 이청기, 전게논문, p.58

13) 매장용 부동산은 일반적으로 '일반상가'라고 지칭되는 빌딩 유형이며, 일부지역의 경우 상권형성 정도에 따라 '근린상가'도 포함될 수 있다. 일반 상가는 상권의 위계상 도심 및 부도심에 위치한 상가로 「건축법」상 제1종 근린생활시설 중 공공서비스의 성격이 아닌 것과 제2종 근린생활시설, 학원, 위락시설 등이 입지한 빌딩이다. 근린상가는 통상적으로 주거지가 중심이 되는 근린생활권에 입지한 빌딩으로 대개 지하 1층 정도와 지상 2층 내지 5층의 물리적 규모와 「건축법」상의 근린생활시설 등 일상적 생활편의를 지원하는 업종이 입지한 빌딩을 지칭한다(강원철 외, 임대료조사 및 투자수익률 추계사업을 위한 선행연구, 건설교통부, 2002, pp.13~14).

익환원법을 적용할 필요성이 더욱 커졌다.

그렇다면 지금은 수익환원법에 의한 가격이 다른 방식에 의한 가격과 균형을 이루지 못한다는(수익환원법의 가격 설명력이 약하다는) 감정평가 실무계의 일반적인 인식을 재검토해 보아야 할 시점에 와있다.

수익환원법은 그 산식(算式)이 무엇이든 기본적으로는 수익(임대료)을 환원이율로 환원하여 가격을 구하는 방법이다. 따라서 수익환원법의 가격 설명력이 약하다는 것은 임대료와 가격간의 상관관계가 약하다는 것이다.

물론 매장용 건부지의 가격이 그 임대료와 직접적인 관계가 있으며, 임대료가 토지가격의 가장 큰 결정요인이라는 것은 이미 주지의 사실이다. 그러나 우리나라의 경우 그동안 매장용 부동산에 대한 통계적 가치가 있는 일정량 이상의 실제지불임료[14]에 관한 객관적인 자료의 수집이 사회적 여건상 거의 불가능했기 때문에[15] 매장용 부동산을 대상으로 임대료와 가격간의 상관관계와 임대료의 가격설명력을 검증한 연구를 찾을 수 없다. 따라서 매장용부동산에 대한 수익환원법의 적용과 관련하여 반드시 선행되어야할 이런 종류의 연구가 시급한 실정이다.

매장용부동산의 평가에 있어서 그 외에 시급히 필요한 연구에는 층별임대료격차율[16]과 관련한 연구가 있다. 감정평가 실무에 있어서 층별임대료격차율은 매우 중요한 의미를 가진다. 수익성 부동산을 구입하는 투자자는 본질적으로 '미래의 현금을 획득할 가능성을 지금의 현금과 교환하는 것'[17]이므로, 수익환원법(또는 다른 방법)에 의해 산정된 가격은 층별임대료격차율에 비례해서 각 층의 가격에 배분될 것이기 때문이다. 더욱이 매장용부동산은 층별로 구분소유권의 객체가 되는 경우가 빈번하기 때문에 이러한 비율에 대한 연구가 더욱 긴요한 실정이다.

본 연구는 위와 같은 필요성에 따라 다음 두 가지를 중요한 목적으로 하고 있다. 즉, 매장용부동산의 임대료와 토지가격 간의 상관성과 임대료의 토지가격 설명력을 통계적 방법에 의해 실증적으로 파악함으로써 수익환원법의 가격설명력을 검증하고, 동시에 가격설명력 검증을 위해 사용한 회귀분석의 회귀식을 이용하여 몇 개의 표본을 평가해 봄으로써 '회귀식을 이용한 평가'라는 새로운 평가기법의 적용 가능성을 검토해 보는 데

14) 해당 건물의 임대인과 임차인 간에 체결된 임대계약에 의해 일정기간 동안 실제로 지불한 임대료를 의미한다.

15) 국내부동산 업계의 현실상 부동산 소유자들은 자신이 소유한 부동산에 대한 자료가 공개되는 것을 극히 꺼리고 있다. 따라서 수익환원법을 적용하기 위하여 매매사례를 입수하는 것이 매우 어려울 뿐 아니라, 심지어는 평가대상 부동산의 소유자가 제공하는 대상부동산에 대한 자료마저 완전히 신뢰하기 어려운 점이 많다. … 하물며 그 유사매매사례의 수익·비용자료까지 구한다는 것은 거의 불가능하다(김해두, 전게논문, p.51).

16) 층별임대료격차율은 상업용 빌딩의 각 층별 평균임대료(단위 면적당 임대료)의 격차율을 말하는 것으로 층별효용비율과 유사한 의미이며, 본 연구에서는 계약면적(전용면적과 공용면적의 합)을 기준으로 산출한 1층 평균임대료와 2층 및 3층 평균임대료의 격차율을 말한다.

17) Appraisal Institute, *The Appraisal of Real Estate*, 1996, p.449

첫 번째 중요한 목적을 두고 있다.

그리고 수익환원법(또는 회귀분석과 같은 계량적 평가기법을 포함한 다른 방법)에 의해 산정된 매장용부동산의 가격을 층별임대료격차율에 비례해서 각 층에 배분할 때 좀 더 정확한 비율을 판단할 수 있도록 층별임대료격차율의 일정한 경향성, 즉 '매장용부동산의 층별임대료격차율은 그 부지의 가격이 높아질수록 벌어진다'는 가설을 입증하는데 그 두 번째 중요한 목적을 두었다.

위와 같은 목적을 갖고 있는 본 연구는, 수익환원법의 가격설명력을 통계적 방법으로 실증한다는 점에서 뿐 아니라, 회귀식에 의한 새로운 평가기법의 실무적용 가능성을 확인해 본다는 점에서 매우 중요한 의미를 갖는다. 즉 평가기법 면에서 답보 상태에 머물러 있는 감정평가업계에 실무상 적용이 간단한 전혀 새로운 가격접근법을 실제로 적용해 봄으로써 평가기법의 다양화 및 선진화에 기여한다는 점에서 큰 의미가 있다고 본다.

그 밖에 층별임대료격차율의 일정한 경향성을 입증한 연구는, 감정평가사가 층별효용비율을 결정하는데 있어서 기준으로 삼고 있는 한국감정평가협회의 보상평가지침 상의 층별효용비율표를 실무에서 기계적으로 적용하지 않도록 일정한 판단 기준을 제공한다는 점에서 뿐 아니라, 층별로 분양 또는 임대의 대상이 되는 경우가 많은 매장용부동산의 각 층별 적정가격 수준이나 적정임대료 수준을 일반인이 보다 정확하게 판단하는 데 중요한 기준으로 활용될 수 있다는 점에서 커다란 연구의 가치가 있다고 본다. 특히 이해관계가 첨예하게 대립되는 재개발이나 뉴타운지역 등의 구분소유 상가에 대한 평가가 늘어나고 있는 추세를 감안한다면 그 의미는 더욱 크다고 할 것이다.

2 연구범위와 방법

1) 연구범위

본 연구의 공간적 범위는 서울특별시로 한정하였다. 그 이유는 서울특별시가 인구 및 경제력에서 가장 밀집도가 높은 도시이며 상권의 분포 범위가 넓고 각 상권의 개별성이 크기 때문에 분석의 가치 및 필요성이 높다고 판단하였기 때문이다.

그리고 본 연구에서는 매장용부동산을 구성하는 또 다른 부분인 건물은 분석 대상에서 제외하였다. 그 이유는 매장용 부동산의 경우 토지가격에 비해 건물 가격이 차지하는 비중이 상대적으로 적을[18] 뿐 아니라, 신축 후 10년 이상 된 건물의 경우 부동산

18) 본 연구에서 분석 대상으로 삼은 서울지역 13개 상권에 속한 표본의 ㎡당 토지가격은 평균 12,544,405원으로 일반적인 철근콘크리트조 슬래브지붕 점포 및 상가 건물의 ㎡당 신축단가(2004년 3급 기준)인 735,000원의 17.1배에 달한다(한국감정원, 건물신축단가표, 2004 참조).

거래관행상 건물가격은 계산하지 않는 경우가 대부분이기 때문이다.[19)]

본 연구에서 사용한 자료는 건설교통부에서 「부동산가격공시 및 감정평가에 관한 법률 시행령」 제6조에 근거하여 2005년도에 시행한 '임대사례조사'를 통해 만들어진 자료이다.

임대사례조사는 'IMF 경제위기 이후 부동산 투자환경의 변화로 인해 부동산도 다른 금융상품과 마찬가지로 투자대상으로 자리 잡았고, 투자자 입장에서는 수익·위험의 수준을 확인할 필요가 생기게 되었으나, 현재 우리나라에서는 이를 충족시킬 정보가 없는 실정이므로, 이에 공신력 있는 임대사례 정보와 투자 수익률 정보를 시장에 제공함으로써 글로벌스탠다드에 부응한 선진적 부동산투자 및 거래질서를 유도하고 부동산 시장의 투명성을 확보하고 국가 부동산정책 지원 및 민간 부동산경영정보 제공이 가능한 DB를 구축하는데 조사의 목적이 있다.'[20)]

본 연구는 시간적으로는 2005년 7월 1일 기준의 토지가격과 동일 직전 3개월간의 임대료 자료를 분석 대상으로 하였다. 그 이유는 분석에 사용한 임대사례조사 자료 중 발표된 것으로는 가장 최근의 자료이므로 현 시장 상황을 가장 정확하게 반영하고 있다고 판단하였기 때문이다.

본 논문의 내용적 범위는 이론연구와 실증분석으로 이루어졌다. 이론연구에서는 단행본과 논문자료를 중심으로 토지가격과 임대료의 관계, 층별임대료와 그 격차율 등과 관련한 기존 경제학 이론과 선행연구를 검토하였으며, 실증분석에서는 매장용건부지가격과 1층 임대료 및 층별임대료격차율의 관계를 분석하였다.

19) 본 연구의 분석대상 표본의 건물경과년수별 숫자와 비율은 다음 표와 같다.

〈표 1-1〉 분석대상 표본의 건물경과년수별 숫자와 비율

상권명	표본수	10년 이상 경과		10년 미만 경과	
		표본수	비 율	표본수	비 율
강남역	27	23	85.2%	4	14.8%
노 원	30	27	90.0%	3	10.0%
대학로	26	22	84.6%	4	15.4%
명 동	29	27	93.1%	2	6.9%
신 림	20	19	95.0%	1	5.0%
신 사	20	19	95.0%	1	5.0%
신 천	21	12	57.1%	9	42.9%
신 촌	24	19	79.2%	5	20.8%
압구정	44	38	86.4%	6	13.6%
영등포	34	34	100.0%	0	0.0%
이 대	25	21	84.0%	4	16.0%
천 호	21	19	90.5%	2	9.5%
홍 대	25	17	68.0%	8	32.0%
계(평균)	346	297	85.8%	49	14.2%

자료 : 2005년 '임대사례조사' 자료를 기초로 작성함

20) 건설교통부, 2005년 오피스·매장용빌딩 임대료 조사 및 투자수익률 추계 결과 보고서, 2005, p.1

2) 연구방법

본 연구는 연구배경 및 목적, 연구범위와 방법을 제시한 제1장, 선행연구를 논문자료를 중심으로 검토한 제2장, 연구에서 사용한 표본의 설계개요와 상권의 성격을 알아본 뒤 표본을 분석한 제3장, 매장용건부지 가격과 1층 임대료의 관계를 분석한 제4장, 매장용건부지 가격과 층별임대료격차율의 관계를 분석한 제5장, 그리고 연구결과를 정리하여 시사점과 활용방안 및 연구의 한계를 제시한 제6장으로 구성되어 있다.

연구방법은 크게 이론연구와 실증분석으로 구분된다. 이론연구로서는 토지가격과 임대료의 관계·수익환원법·층별임대료 등과 관련한 경제학 이론(특히 신고전학파 경제학자들의 이론)을 문헌연구를 통해 살펴보고, 임대료 및 수익환원법의 적용에 대한 선행연구와 층별임대료격차율에 대한 선행연구를 논문자료를 중심으로 검토하여 본 연구의 필요성을 확인하였다.(제2장)

실증분석으로는 우선 분석 대상 13개 상권의 지역분석과 표본분포 분석을 하였고, 연구결과를 해석하기 위한 자료로 활용하기 위해 상권별 표본의 건물규모와 업종 그리고 접면 도로조건을 분석하였다.(제3장) 그리고 본격적인 실증분석으로 들어가 매장용건부지 가격과 1층 임대료의 관계를 알아보기 위해 상관관계분석과 회귀분석을 통해 토지가격과 임대료의 상관관계의 정도와, 수익환원법의 가격설명력을 실증적으로 파악하였다.

그리고 수익환원법을 실무에 적용하기 위한 검토로서, 특별한 사정이 개입되기 쉬운 지불임대료 대신 적정임대료를 독립변수로 했을 때의 상관계수와 결정계수의 변화와, 바닥권리금을 독립변수에 추가했을 때의 상관계수와 결정계수의 변화를 알아보았다.

그 밖에 4개 표본을 대상으로 시뮬레이션을 하여 수익방식으로 구한 가격과 비교방식으로 구한 가격의 격차를 비교하였고, 특히 가격설명력을 검증하기 위해 사용한 회귀분석의 회귀식을 이용하여 이들 4개의 표본을 평가해 봄으로써 '회귀식을 이용한 평가'라는 새로운 평가기법의 적용 가능성을 확인하였다. 본 장에서는 그 외에도 매장용건부지의 ㎡당 토지가격과 1층 임대료의 비율을 상권별로 분석하여 지역요인과 환원이율의 관계를 파악하였다.(제4장)

다음으로는 매장용건부지 가격과 층별임대료격차율의 상관관계를 분석하여 토지가격에 따라 변화하는 층별임대료격차율의 일정한 경향성을 실증적으로 입증하였다. 구체적으로는 표본의 토지가격과 1층 : 2층, 1층 : 3층의 임대료격차율을 변수로 하여 상권별로 상관관계분석을 한 뒤, 상권별 토지 최고가격과 최저가격의 배율이 3배 미만인 상권과 그 이상인 상권으로 구분하여 분석해 보았다. 또한 그 배율이 클수록 입증하고자 하는 경향성이 더욱 뚜렷하게 나타날 것이라는 가정 하에 배율이 4배 이상인 상권만을 별도로 분석하였다.(제5장)

〈그림 1-1〉 연구의 흐름

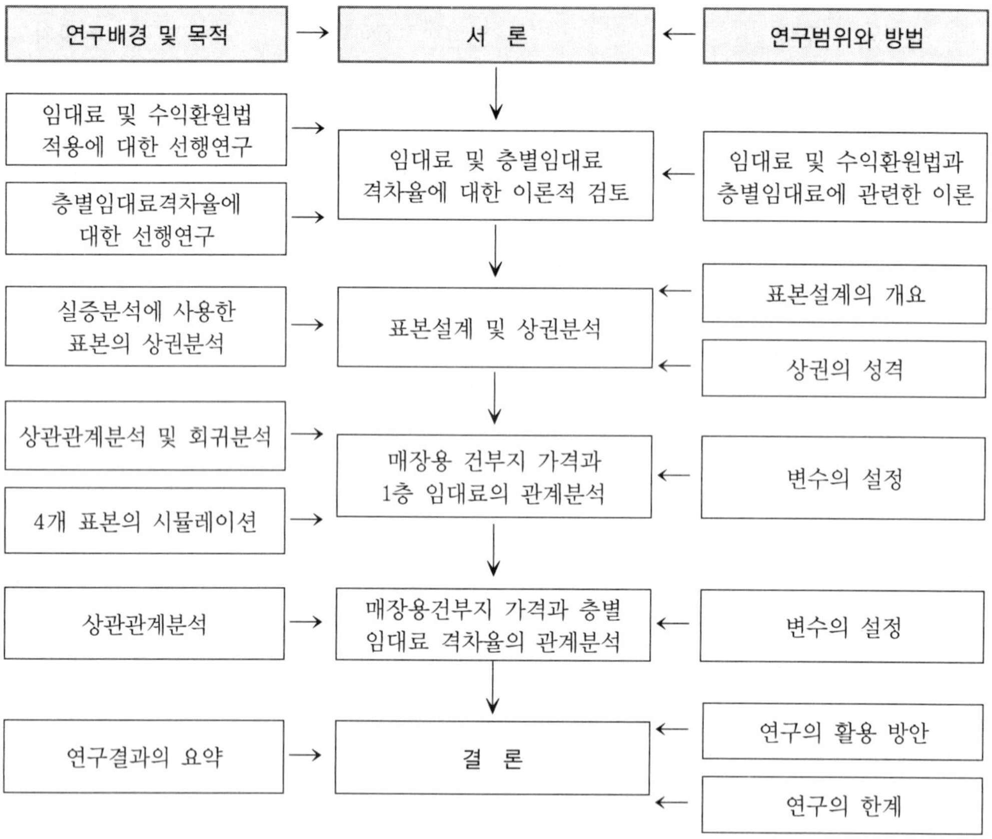
연구배경 및 목적
서 론
연구범위와 방법
임대료 및 수익환원법 적용에 대한 선행연구
층별임대료격차율에 대한 선행연구
임대료 및 층별임대료 격차율에 대한 이론적 검토
임대료 및 수익환원법과 층별임대료에 관련한 이론
실증분석에 사용한 표본의 상권분석
표본설계 및 상권분석
표본설계의 개요
상권의 성격
상관관계분석 및 회귀분석
4개 표본의 시뮬레이션
매장용 건부지 가격과 1층 임대료의 관계분석
변수의 설정
상관관계분석
매장용건부지 가격과 층별 임대료 격차율의 관계분석
변수의 설정
연구결과의 요약
결 론
연구의 활용 방안
연구의 한계

이론적 배경 및 선행연구 고찰 02

1 토지가격과 임대료의 관계에 대한 이론

1) 토지가격과 임대료

임대료는 특정한 기간에 특정목적으로 공간을 이용하는 권리에 대하여 지불되는 대가이며, 보통 이용면적당 그리고 년 또는 월 단위로 거래가격이 결정된다.

공간시장(空間市場) 즉 토지 또는 건물과 같은 부동산 그 자체를 사용하기 위한 시장[21]에서 형성되는 임대료는 공간시장의 위치와 유형에 따라 명확히 구분되는 수요와 공급에 따라 다양하게 결정된다.

공간시장 구분에서 가장 중요한 지리적 단위는 대도시권역이며, 이는 다시 중심업무지역, 공간하위시장 등으로 나누어진다. 유형별로는 주거용부동산, 상업용(오피스, 매장용) 부동산, 산업용부동산 등으로 구분된다.[22] 이 양자를 조합한다면 임대료는 중심업무지역 오피스부동산의 임대료, 하위시장 매장용부동산의 임대료 등으로 표현될 수 있다.

도시라는 지역적으로 한정된 공간시장에서 건축물을 공급할 때 토지는 꼭 필요한 생산요소이기 때문에 도시토지의 가치는 토지를 이용하여 생산되는 재화와 서비스에 대한 수요량에 의하여 결정된다고 할 수 있다. 따라서 도시토지의 수요는 파생수요(derived demand)가 된다.

경제학자들은 도시토지의 가치를 결정하는데 있어 가장 중요한 것은 입지(location)가 주는 이점에 대하여 소비자가 얼마나 지불하려는가 하는 의사라고 보았다. 왜냐하면 다른 생산요소와 달리 토지는 이동이 불가능하기 때문에 토지를 구입하는 대부분의 수요자들은 우선 구입하려는 토지가 어디에 입지하였으며 이로 인한 이점이 무엇인가 그리고 내가 이를 지불할 용의가 있는가를 제일 먼저 고려하기 때문이다. 이러한 입지의 중요성은 상권의 특성과 상권 내에서의 위치에 따라 매출액이 좌우되는 매장용부동산에 있어서는 더욱 크다고 할 것이다.

---

21) 이러한 공간시장(space market)은 공간보다는 자산으로서의 이용가치가 목적인 자산시장(asset market)에 상대되는 개념이다.

22) 김지현, 「부동산경제학의 이해」, 부연사, 2005, pp.63~66

이와 같은 지가결정은 리카르도(David Ricardo)의 지대론을 반영한 것이다. 리카르도의 지대론에서 지대는 토지와 다른 생산요소를 결합하여 산출된 농산물의 판매수입에서 토지 이외의 다른 생산요소의 대가를 지불하고 남은 잉여이며, 이 지대를 자본화한 값이 곧 토지가격이다. 물론 오늘날 도시토지의 가치는 비옥도(肥沃度)보다는 입지에 의하여 좌우된다.[23)]

지대(임대료)와 토지가격과의 관계는 경제학사의 초기부터 중요한 연구과제였으며 논쟁의 대상이었다.[24)] 즉 고전학파는 지대를 잉여라고 생각했기 때문에 지대는 가격에 의해 결정되어진 소득이지 가격을 결정하는 비용은 아니라고 보았던 반면 신고전학파는 지대를 각 개별경제주체가 특정용도를 위해 특정필지의 토지에 대해 치르는 가격이라고 보았다.

그러나 오늘날의 부동산학은 신고전학파 경제학자인 피셔(Irving Fisher)의 가치에 대한 정의, 즉 '재화의 가치는 장래 기대되는 수익을 현재가치로 환원한 값'이라는 정의를 받아들여 수익환원법의 확고한 이론적 근거를 마련하였다. 따라서 감정평가이론에서도 수익(효용)을 가격발생요인으로 보고 있는 것이다.

2) 수익환원법과 관련한 이론

수익환원법은 임대료를 자본환원하여 가격을 구하는 방법이다. 다시 말해 '대상물건이 장래 산출할 것으로 기대되는 순수익을 환원이율로 환원하여 가격시점에 있어서의 평가가격을 산정하는 방법'[25)]이다. 따라서 피셔의 가치에 대한 정의에 가장 부합되는 평가방법이라 할 수 있다.

이러한 방법이 강한 설득력을 갖는 근거는 소득과 부동산가치 간에는 어떤 관련성이 존재한다는 것을 직관적으로 알 수 있으며, 또한 암묵적으로도 그렇게 가정하고 있기 때문이다.

따라서 수익방식의 근간을 이루는 중심 개념은, 가치가 소득으로부터 측정되거나 예측될 수 있느냐 하는 것이다. 페티(William Petty)는 가치를 측정하기 위해 임료로 자본환원하는 특수한 이론을 개발한 최초의 학자 중 한 명이다. 그는 토지의 가치를 매년 임대료의 21년분으로 계산하였다.

그는 자본환원율을 미리 가정하지는 않았지만, 토지가격과 임대료의 관계에 대한 그의 이론을 통해 이자에 대한 결론을 도출했다. 당시 영국의 많은 주에서 부유한 지주들이 그들의 토지를 임대하고 있었기 때문에 이러한 방법은 빠르고 간단하게 적용할 수 있었다.

---

23) 상게서, pp.102~103
24) 전영주 외,「감정평가이론」, 부연사, 1999, pp.305~309
25) 감정평가에 관한 규칙 제4조 제6호

소득을 이율로 나누어 가치를 구하는 기초적인 자본환원 방식에서는 토지가격과 같아지는 수익금 년수(年數)의 역수(逆數)가 이율이 된다. 예컨대 어떤 토지가 20년의 수익금과 동일한 가격이라는 것은 종합환원이율이 5%라는 것과 같은 의미이다(1 ÷ 20 = 0.05).[26]

소득과 부동산가치 간의 관계는 승수(multiplier) 혹은 이율 어떤 것으로 표현되어도 무방하다. 어떤 경우이든 승수나 이율을 사용하는 목적은 소득(수익)과 가치 사이의 관계를 표현하는데 사용되는 것이다.

즉 '가치 = 소득 × 승수' 또는 '가치 = 소득 / 이율'의 산식으로 표시될 수 있으며, 아무리 복잡한 수학적 방법을 사용하는 수익환원 기법이라도 기본적 논리는 동일하다.[27]

이렇듯 부동산 가격과 그 사용의 대가인 임료(소득)와의 사이에 적정한 이율(또는 승수)을 매개로 성립하는 상관관계에는 일시적인 괴리가 생길 수 있다. 따라서 어떤 부동산시장을 대상으로 임료와 가격을 변수로 한 상관관계분석을 시도한다면 그 시장의 이러한 괴리도를 검증하는 수단이 될 것이며, 임료를 독립변수로 가격을 종속변수로 한 회귀분석을 시도한다면 그 부동산 시장에서 갖는 수익환원법의 가격설명력을 확인할 수 있을 것이다.

그러나 경제학자들은 이러한 괴리가 장기적으로는 경쟁의 결과 정상적인 관계로 회복되는 경향이 있다고 본다. 부동산의 가격은 부동산시장의 수요와 공급에서 결정되고, 과실인 임료는 임대시장의 수요와 공급에서 성립하나 이율이 양시장의 매개체로서 작용하기 때문이다.[28]

결국 수익환원법의 이론적 근거는 소득과 가치의 관계로 이자율을 규명한 마샬(Alfred Marshall)과 피셔 등과 같은 신고전학파 경제학자들의 이자론(利子論)에 그 기초를 두고 있는 것이다.

특히 피셔는 1906년에 죤 레(John Rae), 뵘 바베르크(Bohm-Bawerk), 마샬 등의 업적을 복리의 개념으로 통합하여 수익성자본의 평가기법과 이론을 제시하였고, 소득과 자본의 관계, 이자의 역할 등을 완벽하게 계량적으로 해명하였다. 그는 자본가치와 영구적인 소득 흐름 사이의 관계를 설명하기 위해 '자본환원율'이라는 용어를 처음 사용한 경제학자이며, 자본재의 경제적 내용년수를 정확히 규정한 최초의 경제학자이다.

수익환원법은 이 밖에도 1877년에 자본환원율을 결정하는 혁신적인 방법을 만들어낸 호스콜드(Henry D. Hoscold), 1924년 미국 최초의 부동산평가 책자에서 개량부동산(improved real estate)을 평가하는 8가지 서로 다른 방법(이 중 4가지는 수익방식)을 제시한 바브콕(Frederick Morrison Babcock), 그리고 훗날 자본결합법(band-of-

26) James H. Burton, *Evolution of the Income Approach*, AIREA, 1982, p.234
27) 코리아리얼에스테이트네트웍 역, charles B. Akerson 저, 「부동산 자본환원 이론과 기법」, 부연사, 2003, pp.24~26
28) 이창석 외, 부동산감정평가론, 형설출판사, 1998, p.254

investment)이라 불린 자본환원율을 구하는 방법을 창시한 로스(Thurston Howard Ross) 등에 의해서 그 체계를 확고히 하였다.[29)]

1940년대에는 슈무츠(George L. Schmutz)에 의해 잔여환원법이 부동산 평가에 완전히 도입되었다. 잔여환원법에서는 토지와 건물에 각각 다른 자본환원율을 적용하므로, 종합환원율은 토지와 건물의 환원율을 가중평균한 값이 된다.

1959년에는 엘우드(Leon W. Ellwood)가 투자결합법을 개량한 저당지분환원법을 개발했다. 그는 수익성부동산에 대한 미래소득의 추계는 잔존 경제적 내용년수가 아니라 전형적인 보유기간을 기준으로 해야 한다고 주장했다.

1960년대에는 미국에서 컴퓨터의 사용이 일반화됨에 따라 많은 평가사들이 컴퓨터를 이용한 회귀분석과 같은 계량적 평가기법에 새로운 관심을 갖게 되었으며, 1970년대에는 부채감당률을 이용해서 자본환원율을 계산하는 방법이 새로 개발되었다.

1980년대의 미국은 인플레이션이 심화됨에 따라 조성된 상업용부동산의 투자 붐이 공급과잉으로 이어져 상업용부동산의 임대료가 하락하였고, 임대료의 하락은 부동산 가격의 거품을 붕괴시켜 많은 부동산기업과 저당대부를 제공했던 금융기관들이 잇따라 파산하는 사태를 초래하였다. 이러한 사회적 변화는 안정소득을 종합환원율로 환원하는 직접환원법은 부동산 시장이 불안정할 때에는 위험관리에 적합하지 않은 기법으로 평가받게 하였다.[30)]

3) 층별임대료와 관련한 이론

층별임대료 다시 말해 수직적 임대료와 관련한 이론을 제기한 경제학자에는 마샬(Alfred Marshall)이 있다.

마샬은 수확체감현상과 이로 인한 이익의 한계(집약적 한계)의 개념에 의거하여 비농업용 토지의 지대결정을 설명함에 있어서 토지의 수직적 이용과 관련한 이론을 제시하였다. 즉 비농업용 토지의 주된 용도는 각종 활동(예컨대 판매활동 또는 생산활동)을 수행하기 위한 공간의 제공이므로 활동 공간을 확보하려는 기업은 현재 주어진 부지에서 공간을 더 많이 확보할 것인가 혹은 토지를 더 매입하여 공간을 더 많이 확보할 것인가를 결정해야 하는데, 이런 결정에서 중요한 변수는 바로 경제성(어떤 방법이 더 적은 비용으로 공간 확보로 인한 이익을 최대한 달성할 수 있는가)이라고 보았다.

이 경우 일반적으로 토지를 더 매입하여 공간을 확보하기 전에 현재의 부지를 최대한 집약적으로 사용할 것인데, 이때 공간(수직적 공간)을 한 단위 더 확보함으로 인한 추가 이익이 추가비용을 간신히 초과하는 한계를 마샬은 건축한계라고 불렀다. 이 건축

29) James H. Burton, 전게서, pp.229~234
30) 안정근, 전게서, pp.75~83

한계에서 확보된 공간 즉 마지막으로 확보된 공간은 만일 부지의 가격이 조금만 낮았더라면 굳이 확보되지 않았을 공간이다.

마샬은 설명의 편의상 건물의 최상층이 제공하는 공간을 이 건축한계에서 확보된 공간으로 삼았다. 만일 이 건물이 공장이라면 이 최상층에서 공급된 상품의 생산비는 이 상품의 판매수익으로부터 간신히 지불되기 때문에 지대를 지불할 여지가 없을 것이다. 그러므로 해당 기업이 계산하는 상품의 생산비는 지대를 지불할 여력이 없는 건축한계의 공간에서 생산되는 상품의 생산비가 된다.[31)]

이러한 마샬의 이론은 매장용 부동산에서 층별임대료격차율이 생기는 원인을 말해주고 있다. 즉 유동고객의 접근성에 따라 판매량과 수익이 결정되고, 이에 따라 임차인의 임대료 지불 능력이 결정되는 매장용 부동산은 층이 높아질수록 접근성이 떨어지고, 이에 따라 층별임대료격차율이 발생하게 되는 것이다. 그리고 층이 계속 높아지면 마지막에는 투입된 비용(소요된 건축비의 금융비용, 감가상각비, 유지관리비 등)보다 획득되는 임대료가 낮은 한계층이 생기게 된다.

이러한 한계층은 상권의 특성과 개별 토지가격에 따라 달라진다. 즉 유동고객이 많은 번화한 상권의 토지가격이 높은 일급지일수록 한계층의 층수가 높아진다. 그리고 여기에 상권별·토지가격대별로 다른 접근고객의 층별 감소비율이 더해진다면 층별임대료격차율의 일정한 경향성이 나타나게 될 것이다.

2 임대료 및 층별임대료격차율에 대한 선행연구

1) 임대료에 대한 선행연구

임대료와 관련된 국내의 최근 연구는 주로 임대료 결정요인에 관한 연구이며, 그 대부분은 오피스 빌딩을 대상으로 한 것으로 매장용부동산의 임대료 결정요인을 연구한 경우는 드문 편이다.

송지수(2001)는 분당과 일산지역 아파트 단지 내의 근린상가 137개(2,149개 업체)를 대상으로 임대료 결정요인을 분석하였다.

연구에 사용한 임대료 자료는 방문면접조사로 수집하였고, 전월세 전환율은 시중이자율을 적용하였다. 분석을 위해서 독립변수는 크게 아파트 단지 관련요인, 건축물 관련요인, 내부용도 관련요인으로 구분하였고, 표본은 5개 용도군(소매업 및 수리업, 요식업, 개인사회서비스업, 교육서비스업, 일반업무 및 금융업무)으로 나누어 분석하였다.

---

31) 이정전, 토지경제학, 박영사, 1999, pp.218~219

분석결과 5개 용도군 모두에서 면적이 (−)의 방향으로 가장 크게 작용하는 것으로 파악되었다. 이는 2층과 3층으로 올라 갈수록 임대면적은 넓어지고 평당임대료는 저렴해지기 때문인 것으로 해석하였다. 반대로 층별동종업체의 개수는 (+)의 값으로 나타나 같은 층에 동종업체가 많을수록 임대료가 높아졌는데 이는 동종업간 입지경쟁으로 해석하였다. 그리고 상가유형이 접근성이 양호한 비복도형일 때 (+)의 값으로 나타나 접근성이 임대료에 영향을 주는 것으로 파악되었다.

이재우(2005)는 건설교통부에서 시행한 2004년도 '임대사례조사' 자료를 사용하여 서울시 주요 상권의 상가건물 159개 동 955개 임대단위를 대상으로 상가임대료결정요인을 분석하였다.

먼저 접근성, 물리적 특성, 개별 임대단위 특성에 따른 임대료수준을 분석한 뒤, 지역 및 시장특성, 입지특성, 상가 건물특성, 임대단위 특성을 기반으로 임대료결정모형을 설정하였다. 설명변수로는 상권수요 규모 등을 간접적으로 나타낼 수 있는 상권의 최근접 지하철역 일평균이용객수와 각 상권을 구분하는 더미변수를 포함하였다. 그밖에 지하철역까지의 거리, 도로접면 조건, 빌딩연령, 연면적, 층수 등이 변수로 포함되었으며, 종속변수인 임대료는 조사된 관측자료의 전월세전환율을 사용하여 월세로 단일화하였다.

분석결과 임대료결정모형은 전반적인 모형의 설명력과 회귀계수의 통계적 유의성, 해석상의 용이함 등에서 준로그 모형이 적합하다고 보았다. 서울시 전체모형에서는 지역적으로 구분되는 상권특성과 접근성 요소가 임대료 수준에 매우 큰 영향을 미치는 것으로 파악되었다.

세부적으로는 지하철역 접근성의 영향은 물리적 거리에 따라 비례하기보다 일정 도보권내 입지여부에 따라 그 영향이 형성되는 것으로 분석하였으며, 특징적인 결과로 임차인 업종에 따라 임대료 수준이 다르게 형성될 수 있는 현상을 확인하였다. 이는 업종에 따라 동일 공간의 점포매출과 수익력에서 차이가 발생할 수 있는 반면, 점포이전은 위험성이 따르기 때문에 임대인의 임대료 인상 요구가 임차인에게 쉽게 수용될 수 있기 때문인 것으로 분석하였다.

그밖에 임대단위 특성 중 임대계약면적 규모의 영향력이 유의미함을 확인하였고, 도로접면조건과 입지 층 변수 등 수평적·수직적 접근성 요소의 임대료 영향력은 상권에 관계없이 동일한 방향성을 보이는 것으로 분석하였다.

김회균(2006)은 강남권역, 영등포권역, 도심권역의 중·소형 상가건물 34개 동을 대상으로 임대수익률과 투자수익성간의 상관관계를 분석하였다. 그 결과 임대수익률과 투자수익률은 비례관계를 보이지 않으며, 투자수익률은 지가상승률과 오히려 비례관계가 있다고 하였다. 동 연구를 위한 자료는 연구자가 소속된 회사의 자료 일부와 표본 인근에 위치한 부동산중개인, 건물주, 건축주, 인터넷, 정보지 등을 통해 수집했으며, 토지구입비를 알 수 없을 경우는 개별공시지가의 1.3 ~ 1.4배로 추계하여 산출했다고 밝히고 있어, 자료의 객관성에서 문제점을 보이고 있다.

외국의 경우는 상가임대료에 대한 연구가 비교적 많은 편이나, 대부분 임대료결정요인에 관한 연구이다. 사만스(Sirmans)와 구드라이(Guidry)(1993)는 쇼핑센터의 연면적, 경과년수, 핵심임차인 유형, 건물디자인 등을 독립변수로 한 임대료결정요인에 관한 실증분석을 통해 유효한 변수를 추출하였고, 하딘(Hardin III)과 울버튼(Wolverton)(2001)은 공실률, 면적, 상권내 경쟁시설 수, 구매력, 경과년수, 빌딩 개보수, 접면도로 조건, 건물배치 등을 독립변수로 한 실증분석을 통해 임대료에 (+)의 영향을 주는 변수와 (−)의 영향을 주는 변수들을 알아냈다.

매장용부동산의 임대료결정요인 분석에서 대부분의 연구자들은 변수를 건축물 관련 변수, 입지 관련 변수 등 몇 개의 그룹으로 나누어 분석하고 있다. 매장용부동산의 경우 입지 관련 변수가 가격 결정에 가장 크게 작용하는 요인으로 나타나고 있으며, 특히 하위상권의 성격에 따라 임대료의 수준이 다양하게 결정된다는 것을 알 수 있다.

따라서 매장용부동산의 임대료 결정요인을 분석하기 위해서는 하위상권에 대한 충분한 검토가 필요하며, 가능하다면 상권에 영향을 주는 보다 많은 변수를 분석에 포함시켜야 할 것이다.[32)]

이상의 선행연구에서 알 수 있는 바와 같이 다수의 표본을 대상으로 실제지불임대료와 매장용건부지 가격과의 상관관계를 통계적으로 분석한 연구는 국내에서 아직 없는 것으로 파악되었다. 그 이유는 부동산 시장의 사회적 여건상 통계적으로 유의미한 규모로 매장용 표본의 실제지불임대료를 수집하는 것이 극히 어려웠기 때문이며, 동시에 감정평가사에 의해 산정된 감정평가가격과 같은 객관성 있는 토지가격을 다수 확보하는 것이 연구자에게 있어서 매우 어려웠기 때문인 것으로 판단된다.

2) 수익환원법 적용에 대한 선행연구

수익환원법 적용과 관련한 선행연구는 비교적 다양한 편이다. 선병채(2004)는 우리나라에서 수익환원법이 거의 적용되지 않고 있는 이유가 평가기법이 난해하기 때문이 아니라 평가에 필요한 기초자료인 부동산의 수익과 경비에 대한 구체적인 자료가 미비하고, 환원이율 또한 파악하기 어려운 등 수익환원법에 필요한 정보가 매우 부족하기 때문이라고 보았다.

그리고 이러한 정보부족의 원인은 자료의 폐쇄성, 거래의 불투명성 등 시장의 후진성에 있으므로 수익환원법을 활성화하기 위해서는 가격 · 임료 · 수익 등 관련 자료에 대한 정보인프라를 조속히 구축하여 감정평가업자 간에 공유하는 시스템이 필요하다고 보았다.

---

32) 양승철 외, 「비주거용 건물의 가격형성요인에 관한 연구」, 한국부동산연구원, 2005, p.79

김해두(2000) 또한 수익환원법 적용을 위한 수익자료 확보와 자본환원율 산정이 현실적으로 매우 어렵기 때문에 수익방식이 활성화되지 못하고 있다고 지적하였다.

그리고 부산시 부산진구 부전동 일대의 20개 표본에 대하여 실제로 수익환원법(DCF법)을 적용하여 부동산 가치를 산정한 결과, 당장 DCF법만을 적용하여 부동산을 평가하는 것은 상당한 무리가 따르지만, 부동산 가치 산정의 주된 방법이 아니라 다른 방법의 보조 수단 및 검증 수단으로의 활용가능성은 있다고 결론지었다.

이성근(2003)은 대구광역시 달서구 신당동 일대의 상업·업무용 빌딩 4개 표본을 대상으로 수익환원법에 의한 수익가격을 산정하여 비교방식(토지) 및 원가방식(건물)으로 산정한 가격과 비교하여 수익가격 산정상의 문제점을 도출하였다. 그 결과 부동산 가격이 급등하는 시장에서는 수익보다는 매매차익을 목적으로 한 거래가 주가 되기 때문에 적정한 순이익과 환원이율의 파악이 곤란하여 다른 방식으로 구한 가격과 차이가 커진다고 보았다.

장영태(1997)는 우리나라에서는 수익방식을 통한 평가가 거의 이루어지고 있지 않으며, 그 적용방법에 있어서도 순수익을 직접환원하는 낙후된 방법만이 사용되고 있고, 이것 또한 시산가격의 조정에만 사용될 뿐 주된 방식으로의 사용은 거의 없는 실정임을 지적하고, 서울시 서초구에 소재하는 특정 가격대(10억 ~ 20억 원대)의 표본 20개를 대상으로 DCF법을 적용하여 부동산 가격을 산정하였다.

그 결과 DCF법에 의한 산정가격이 시장가치와 94.9%의 접근성을 보여 수익방식이 우리나라 부동산 시장에서도 적용이 가능하고 유용한 방식이라고 결론지었다. 그러나 동 연구는 부동산가격과 임대료에 대한 자료를 부동산뱅크의 방매사례에서 수집하여 자료의 신뢰성에 문제가 있으며, 특정지역·특정가격대의 소수 표본만을 분석한 것이므로 그 결론을 일반화하기에는 한계를 갖고 있다.

그밖에 이청기(1997)는 감정평가사 110명을 대상으로 수집한 설문조사자료를 기초로 수익환원법의 적용실태 분석을 하여, 우리나라 감정평가업계에서 수익환원법이 실용화되지 않는 이유로 첫째, 임대차계약 내용이 은폐되어 수익사례의 수집이 어렵고 둘째, 환원이율의 결정기준이 명확하지 않으며 셋째, 최신 평가기법에 대한 심리적 부담감 때문임을 밝혔다.

그리고 개선방안으로 임대사례의 데이터베이스 구축을 업계 차원에서 서두를 필요가 있으며, 이때 부동산 매매가격과 임대보증금(전세금)의 데이터베이스화를 통해 총임료승수법(GRM법)을 실무에 널리 활용할 수 있게 함으로서 환원이율 산정에 많은 도움이 될 것이라고 주장하였다.

이상의 선행연구에서 알 수 있는 바와 같이 수익환원법의 적용과 관련한 연구는 대부분 우리나라에서 동 방식의 적용이 활성화 되지 못하는 원인 분석과 막연한 개선 방안의 제시에 머물고 있다. 소수의 수익환원법을 실제로 적용한 연구도 자료의 신뢰성이 부족하거나 표본수가 너무 작아 분석결과를 일반화하기 어려운 한계를 갖고 있다.

그리고 본 연구와 같이 다수 표본의 실제지불임료와 전문가가 평가한 토지가격을 변수로 회귀분석을 하여 수익환원법의 가격설명력을 검증한 연구는 아직 없는 것으로 파악되었다.

3) 층별임대료격차율에 대한 선행연구

층별임대료격차율 또는 층별효용비율에 관한 국내의 연구는 주로 공동주택을 대상으로 한 것으로 정기영(2001), 박혜리(2002) 등의 연구 외에 주택산업연구원, 대한주택공사, 대한부동산경제연구소 등의 선행연구가 있다.

반면 상가나 오피스빌딩과 같은 상업용 부동산의 경우에는 거래가격이나 임대료에 대한 자료 취득의 어려움 등으로 층별효용비율에 대한 연구가 매우 부족한 실정이다.

박명화(2000)는 춘천지역 10개 동의 31개 표본(비합리적인 임대사례 7개를 제외한 실제 표본 24개)을 대상으로 엘리베이터 유무와 토지가격 수준에 따라 2층 이상 상업·업무용 건물의 층별효용지수를 산정하였다.

임료 자료는 담보감정평가 자료를 활용하거나 임대인과 임차인을 개별 면담하여 수집하였고, 표본의 토지가격은 담보감정평가 자료 또는 개별공시지가를 기준으로 하였다. 전월세전환율은 11%, 15%, 20%를 각각 적용하여 분석하였다. 분석 방법은 각 표본의 층별임대료격차율을 단순 산술평균하는 방법을 사용하였다.

분석결과 엘리베이터가 없고 토지가격이 100만 원 미만인 건물(표본 12개)의 경우, 1층이 100일 때 2층 57, 3층 45, 4층 44이며, 100만 원 이상인 건물(표본 5개)의 경우 1층이 100일 때 2층 57, 3층 43, 4층 41로 나타났다.

엘리베이터가 있고 토지가격이 100만 원 미만인 건물(표본 3개)의 경우, 1층이 100일 때 2층 58, 3층 61, 4층 49이며, 100만 원 이상인 건물의 경우(표본 4개) 1층이 100일 때 2층 68, 3층 58, 4층 61로 나타났다.

연구결과를 종합하여 제시한 중소도시 층별효용비율표에 의하면, 엘리베이터가 없는 건물의 경우 1층이 100일 때 2층 60 ~ 65, 3층 50 ~ 55, 4층 40 ~ 45이고, 엘리베이터가 있는 건물의 경우 1층이 100일 때 2층 60 ~ 65, 3층 55 ~ 60, 4층 55 ~ 60이다. 그러나 동 연구는 표본의 층별임대료격차율을 산술평균하여 비교하는데 그쳤으며, 표본수가 지나치게 작은데 따른 한계를 갖고 있다.

이재우(2005)는 건설교통부에서 시행한 '임대사례조사'의 자료를 사용하여 '상가·오피스빌딩 층별효용비율 산정방안'을 연구하였다. 연구자는 연구의 주된 목적이 '층별효용의 차이 발생원인과 정도 등에 대한 학술적 차원에서의 계량분석보다는 조사자료를 이용하여 감정평가 실무분야에서 참고·활용 가능한 층별효용비율표를 작성·제공하는 것'임을 밝히고 있다. 즉 한국감정평가협회의 토지보상평가지침에 규정된 층별효용비율표나, 「도시철도법」의 관련 규정에 의거 서울 및 6대 광역시의 보상조례에 규정된 층별효용비율표가 건물 용도별(상가, 오피스빌딩)로 구분되어 있지 않고, 층별 · 규모별로도 세분되어 있지 않은 점을 보완하여 실무상 참고할 수 있는 층별효용비율표를 작성 · 제공하는데 연구목적을 두었다.

구체적인 연구 방법은 7대 도시의 오피스와 상가(매장용)에 대한 임대사례조사 자료를 SAS 등의 통계프로그램으로 통계 처리하여 유형별, 지역별로 층별효용비율을 산정하였다. 즉 빌딩 각 층별로 가중산술평균한 단위면적 당 임대료를 산출한 뒤, 1층 평균 임대료수준을 기준으로 각 층의 임대료수준을 비율화하여 해당 층의 층별효용비율을 산출하였다. 이렇게 산출된 층별효용비율표는 기존의 조례나 지침 등에서 제시된 층별효용비율표와 같이 실무적용상의 편의성이 높다는 장점이 있다.

분석결과 오피스빌딩의 경우 지불임대료를 기준한 층별효용은 전반적으로 지하1층과 지상2 ~ 3층까지 상대적으로 두드러진 변화를 보이나, 그 이상의 층에서는 층수 증가에 따라 층별효용의 변화와 감소가 두드러지지 않았다. 도시별 층별효용비율에 있어서는 두드러진 차이를 보이지는 않으나, 지역에 따라 동일 층의 1층 대비 효용비율에서 10% 내외의 차이는 존재했다.

상가의 경우 2층부터 4 ~ 5층까지의 저층부에서 상대적으로 오피스빌딩에 비해 층별효용비율의 변화가 크게 나타났다. 도시별 분석결과를 보면 지하 1층 및 5층 이하 저층부에서 지역에 따라 동일 층 층별효용의 차이는 5 ~ 10% 내외였다.

그밖에 이경춘(1995)은 미시적 공간에서의 토지이용은 입체적으로 분석해야 그 유효성을 보장할 수 있다는 전제하에 층별임대료 수준을 비교하고, 층별 임대료 하락 임계점의 추출 및 비교 등을 하였다. 층별임대료 수준은 대상지역 임대료수준의 층별 평균을 분석한 후 1층과 비교한 층별 임대료 하락률을 비교하였다.

연구의 목적인 입체적 토지이용모형을 정립하기 위한 방법으로는 우선 조사표본의 용도별 · 층별 분포현황을 출현빈도와 관련하여 분석하고, 이후 용도의 층별 입지강도를 계산하여 특정 층에서의 입지경향이 강한 층을 추출하였다. 다음으로는 용도의 공간점유량을 직접 표현하는 지표로서 용도의 층별 사용면적을 구하였다. 용도의 층별 분포의 마지막 분석에서는 통계 프로그램 SAS를 이용한 군집분석방법을 사용하여 층별 유사용도의 재분류를 시도하였다.

임료 자료 수집은 설문조사방법으로 하였고, 표본은 종로, 남대문로 및 우정국로, 강남대로, 테헤란로 등 4개 간선가로 양측에 위치한 매장용 및 오피스용 건물이 혼합된 227개 건물이다. 임대료는 월세를 전세로 환원한 금액으로 사용하였고, 전환율은 시중이자율(1.25% / 월)을 사용하였다.

분석결과 층별 임대료 하락률은 강북도심의 경우 1층이 1.00일 때 2층 0.50, 3층

0.41, 4층 0.32이며, 강남부도심의 경우 1층이 1.00일 때 2층 0.39, 3층 0.29, 4층 0.26이었다.

임대료 하락 임계점을 보면 강북은 2층과 3층의 저층에서 임계점이 나타나는 예가 10.98%에 불과한 반면 강남은 73.21%나 되었고, 임계점이 최상층까지 나타나지 않는 건물은 강북이 70.73%인 반면 강남은 7.14%에 불과했다. 이는 강남·강북 건물의 층수별 구성에 기인한 것으로 강북의 표본은 매장용 건물이 대부분인 반면, 강남의 표본은 오피스 건물이 대부분인 때문이다.

이러한 선행연구를 통해 알 수 있는 바와 같이 매장용 부동산의 층별임대료격차율에 대한 연구는 매우 적으며, 그 연구들도 대부분 층별효용비율을 구하는데 그치고 있다. 따라서 매장용건부지 가격과 층별임대료격차율의 일정한 경향성에 대한 연구는 국내에서 아직 없는 것으로 파악되었다.

표본설계 및 상권분석 03

1 표본설계 및 상권의 성격

1) 표본설계의 개요

본 연구에서 사용한 표본은 2005년도에 감정평가업계에서 수행한 '임대사례조사'의 매장용빌딩 표본으로 동 표본은 선행연구 자료와 현장조사를 통해 설정한 핵심 상권을 대상으로 모집단을 확정한 뒤,[33] 층화확률표본추출방법으로 추출한[34] 것이다. 이를 그

---

33) '임대사례조사'의 매장용빌딩 표본을 추출하기 위한 모집단 구성 과정은 다음과 같다. (1) '표준지공시지가 지역분석조서' 등 상권 구분과 관련된 선행연구와 자료를 참고하고, 현장조사를 실시하여 72개 주요 핵심상권을 설정한다. (2) 72개 상권 내의 17,741필지에 소재하는 9,780동에 대한 건축물관리대장을 발급받는다. (3) 건축물관리대장 자료에서 부적절한 자료를 제외하고 최종 모집단(5,282동)을 확정한다(건설교통부 외, 「2005년 오피스·매장용빌딩 임대료조사 및 투자수익률 추계 결과 보고서」, pp.8~15 참조). 매장용 빌딩 모집단의 분포 및 비율은 아래 표와 같다.

〈표 3-1〉 매장용 빌딩 모집단 분포 및 비율

(단위 : 동, %, ㎡)

상권명	총동수	비율	매장동수	비율	연면적	비율
강남역	163	3.9	125	3.7	225,499	7.7
노 원	124	2.9	104	3.1	291,714	9.6
대학로	151	3.6	136	4.0	128,067	4.4
명 동	196	4.7	178	5.3	143,457	4.9
신 림	229	5.4	132	3.9	90,738	3.1
신 사	110	2.6	104	3.1	110,761	3.8
신 천	142	3.4	107	3.1	113,317	3.9
신 촌	183	4.3	155	4.6	100,723	3.4
압구정	218	5.2	202	6.0	271,422	9.3
영등포	399	9.5	282	8.4	113,796	3.9
이 대	245	5.8	212	6.3	81,353	2.8
천 호	162	3.8	126	3.7	201,875	6.9
홍 대	167	4.0	157	4.6	116,095	4.0
서울전체(33상권)	4,214	100	3,377	100	2,930,540	100

자료 : 「2005년 오피스·매장용빌딩 임대료조사 및 투자수익률 추계 결과 보고서」, pp.16~17의 표를 기초로 재작성함(참고 : 서울전체의 비율 100%는 서울지역 임대사례조사 대상인 33개 상권 비율의 합계인 바, 본 연구 대상인 13개 상권 비율의 합계와는 다름)

34) 층화확률표본추출방법의 과정은 아래와 같다. (1) '도소매업 및 서비스업 조사' 결과의 사업체수, 연면적, 매출액을 기준으로 각 도시별로 표본수를 배정한다. (2) 도시별로 배정된 표본을 다시 각 도시내 상권(72개 상권)별로 배분한다. 이때의 배분 기준은 당해 상권에 분포하는 매장용 빌딩의 동수 및 연면적이다. (3) 도시별, 상권별로 배정된 표본수대로 모집단에서 표본을 추출한다(상게서, pp.22~25 참조)

림으로 나타내면 〈그림 3-1〉과 같다.

〈그림 3-1〉 층화표본추출을 감안한 매장용 표본의 도시별/상권별 배분

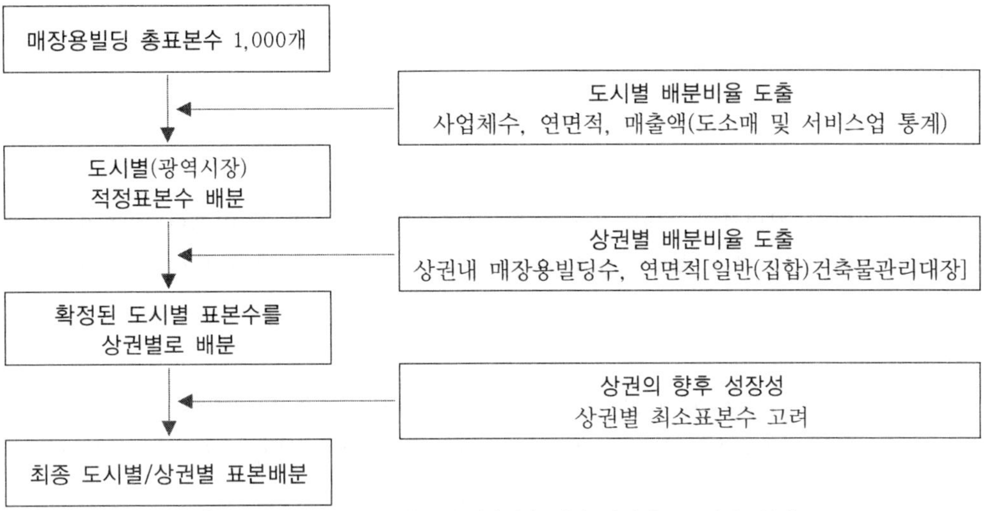

자료 : 강원철 외, 「임대료조사 및 투자수익률 추계사업을 위한 선행연구」, 건설교통부, p.295

〈그림 3-2〉 13개 하위상권의 위치도

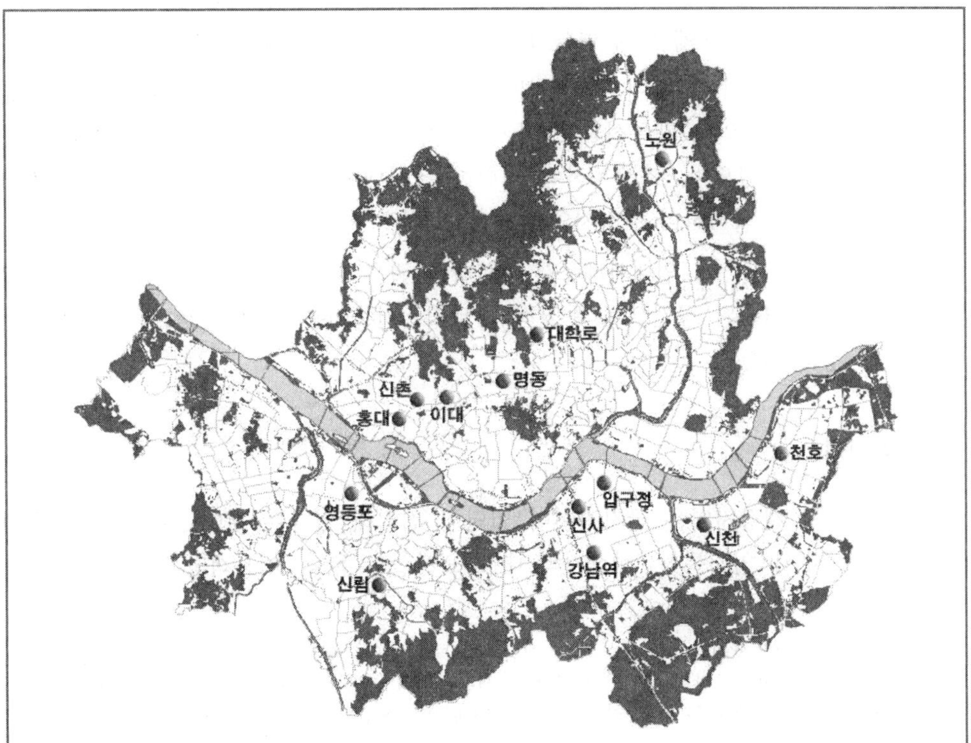

본 논문에서는 서울지역의 '임대사례조사' 대상인 총 33개 하위상권 중 표본수가 20개 이상인 13개 하위상권[35)]만을 분석대상으로 하였다. 그 이유는 표본수가 지나치게 작은 상권은 통계적 분석의 가치가 별로 없다고 판단하였기 때문이다.[36)]

2) 상권의 성격

(1) 상권의 개념

상권을 간단히 정의하면 어떤 점포 또는 상점가를 이용하는 소비자의 거주지역이라고 할 수 있다. 상권에는 유통단계에 대응하여 도매상권, 소매상권이 있지만 일반적으로는 소매상권을 가리킨다. 판매권, 지지권(support area), 시장권 등의 용어도 상권과 거의 같은 의미이다.

상권은 점포의 경영을 지지하는 환경조건을 나타내는 것으로 고객의 구매행동의 범위와도 관계된다. 상권은 상품이나 서비스의 종류에 따라 범위가 다르다. 생필품의 상권은 좁지만 구매회수가 적은 상품의 상권은 넓다.

상권은 공간을 절대적으로 구분하지 않는다. 즉 어느 상권에 속한다고 해서 그 상권에 속한 소비자가 전적으로 어느 한 점포만을 이용하는 것은 아니며, 여러 개의 점포를 이용하는 것이 보통이다. 다만 자주 이용하는 점포가 있을 뿐이다. 이런 점에서 상권은 소비자와 점포간의 상호작용에 의해 형성되는 전형적인 기능지역이며 상대적 공간이다.[37)]

그러나 '임대사례조사'에 있어서의 상권은 다수의 매장용빌딩 분석을 위한 지역구분에 기초하며, 상권 내의 고객특성과 토지·건물이용 등에 있어 동질성이 존재하고, 공간적으로 연속되어 있으며, 조사목적에 적합한 조사대상이 존재해야 하므로 일반적인 상권과는 그 개념을 달리하며 시장지역과 같은 의미로 사용된다.

이러한 관점에서 볼 때 '임대사례조사'에서의 상권은 '다수의 매장용빌딩이 입지하고 있는 지리적으로 연속된 공간으로 동질적인 토지·건물이용 및 이용객 특성을 보이는 지역'이라고 정의된다.[38)]

(2) 광역시장

매장용 빌딩의 시장지역은 국지적이며 빌딩이 집적해 있다는 것이 특징이며 더욱이 시장특성도 도시 내 입지특성, 시장지역 내 주요시설의 유형, 이용객의 특성 등에 따라

35) 표본수 20개 미만인 상권은 인사동, 종로, 청담, 청량리, 가양, 개봉, 건대, 경희대, 노량진, 동대문, 명일, 목동, 문정, 미아, 방배, 사당, 성신여대, 시흥사거리, 연신내, 이태원 상권 등 20개이다.
36) 제외된 상권의 최소표본수는 4개, 최대표본수는 18개이며, 평균표본수는 10.2개이다.
37) 임석희 외, 「상업용 부동산의 입지 및 상권분석에 관한 연구」, 감정평가연구원, 1999, pp.95~96
38) 강원철 외, 전게서, pp.238~241

국지적으로 특화되어 광역적 분석의 의미가 상대적으로 약하다고 할 수 있다. 따라서 매장용 빌딩의 광역시장은 도시단위로 구분되었으며, 도시 내부에서의 별도의 구분은 이루어지지 않았다.[39] 다만 서울과 부산은 분석의 세밀성을 위하여 각각 5개와 3개의 광역시장[40]으로 세분하였다.

(3) 하위시장(상권)

임대사례조사의 표본수가 제한되어 있는 상태에서 너무 많은 상권을 대상으로 할 경우 하나의 상권 내 특성을 충분히 반영할 수 있는 최소 표본수가 모자라 상권별로 차별화되지 못한 시장정보를 제공할 수 있다.

따라서 기술한 '임대사례조사'에서의 상권 개념에 입각하여, 상권이 활성화된 지역으로 매장용 빌딩이 다수 분포하고 있는 지역, 매장용 빌딩의 매매·임대차 거래가 빈번하고 부동산 정보의 수요가 큰 지역, 독특한 특색으로 인하여 지역선정 및 정보제공의 의미가 있는 지역, 현재 상권이 활성화되지 않았거나 매장용 빌딩수가 많지 않더라도 향후 상권의 성장가능성이 농후한 지역 및 지역적 상징성이 있는 곳이 하위상권으로 선정되었다. 다만 전통 재래시장과 같이 도매업을 중심으로 이루어진 하위상권은 제외하였다.[41]

2 상권분석

1) 지역분석 및 표본분포 분석

(1) 강남역 상권

강남역 상권은 지하철 2호선 강남역을 중심으로 반경 약 400미터의 역세권 상권으로 강남대로와 테헤란로가 만나는 지점에 위치하여 직장인의 유동성이 높고 수도권 대학으로 통학하는 학생들의 접근성이 좋아 젊은이들이 많이 찾는 강남구의 대표적 부도심상권[42]이다. 표본의 분포는 강남역 북측의 강남대로 동측에 집중되어 있으며, 업종은 1·2층 모두 음식점이 가장 다수를 점하고 있다. 다만 3층은 오락실이 가장 다수(5개) 업종이라는 점이 특이하다. 이는 유동인구 중 대학생이 차지하는 비중이 높은 상권 특성

39) 상게서, pp.245~246

40) 서울은 도심지역, 강남지역, 신촌지역, 영등포지역, 기타지역으로 세분되었고, 부산은 광복동지역, 서면지역, 기타지역으로 세분되었다.

41) 이러한 기준에 따라 서울의 경우 사전 조사된 53개 상권 중 20개 상권이 제외되었다. (상게서, pp.246~251)

42) 서울지방중소기업청의 「소자본창업자를 위한 서울지역 상권조사 자료집」 제1편(1999)에는 서울지역에서 상가가 형성되어 있다고 조사된 1,161개를 도심상권, 부도심상권, 지구중심상권, 지역중심상권, 근린주거상가의 5단계로 분류하고 있다.

에 따른 것이라 판단된다.

(2) 노원 상권

노원 상권은 지하철 7호선 노원역과 4호선 노원역을 중심으로 각 역의 반경 약 200미터의 역세권 상권으로 대규모 아파트 단지를 배후지로 하는 노원구의 대표적 지구중심상권이다. 대형상가를 축으로 상권의 확장이 계속되고 있다. 표본의 분포는 역 주위에 집중되어 있으며, 업종은 1·2층 모두 음식점이 가장 다수를 점하고 있으나, 3층은 학원이 가장 다수(6개) 업종이다. 이는 아파트 단지를 배후로 하고 있는 상권 특성에 따른 것으로 판단된다.

(3) 대학로 상권

대학로 상권은 지하철 4호선 혜화역을 중심으로 반경 약 200미터의 상권으로, 크게 마로니에 상권과 농심가 상권으로 나눠진다. 연극을 공연하는 소극장 등이 다수 입지하여 독특한 문화적 분위기를 갖고 있는 지구중심상권이다. 그러나 구매력이 약한 청소년들이 주로 찾는 관계로 상권이 쇠퇴하고 있는 추세다. 표본의 분포는 대학로 동측 마로니에 상권에 집중되어 있으며, 서측 농심가 상권에는 1개의 표본만 있다. 표본의 업종은 1·2층 모두 음식점이 가장 다수를 점하고 있으나, 커피숍의 비중 또한 높다. 3층은 건축·조경설계업이 가장 다수(4개) 업종이라는 점이 특이하다. 이는 당해 상권의 문화·역사적인 배경 때문인 것으로 판단된다.

(4) 명동 상권

명동 상권은 지하철 4호선 명동역과 외환은행 본점 사이의 반경 약 300미터의 상권으로 서울을 대표하는 도심 상권이다. 강남의 발전과 함께 구매력이 높은 고객층이 이탈되어 이전 보다는 많이 쇠퇴하였으나, 높은 토지가격이 입증하듯 아직 서울의 대표적 중심 상권으로서의 위치는 확고하다. 표본의 분포는 명동길 남쪽에 집중되어 있다. 표본의 업종은 1층의 경우 가장 많은 것이 의류점(11개)이며, 다음이 신발소매업(6개)이다. 2층은 음식점과 커피숍이 비슷한 점유비율을 보이고 있으며, 3층은 미용실이 가장 다수이다. 이는 패션중심지라는 상권의 특성이 반영된 결과인 것으로 판단된다.

(5) 신림 상권

신림 상권은 지하철 2호선 신림역을 중심으로 발달된 반경 약 250미터의 역세권 상권으로 관악구의 대표적 지구중심상권이다. 전형적인 구상권 분위기였으나, 신규 대형상가들의 공급으로 상권 변화가 일어나고 있다. 서울대 근처에 입지한 관계로 대학생과학원생을 비롯한 젊은이의 유동성이 높다. 표본은 남부순환로 남측과 북측에 비슷하게 분포되어 있으며, 표본의 업종은 1층의 경우 음식점이, 2층은 주점이, 3층은 음식점이 가장 다수를 점하고 있다. 2층에 주점이 가장 다수인 것은 유흥상권이라는 특성 때문이며, 3층에 음식점이 가장 다수인 것은 순대타운이 표본에 포함되어 있기 때문인 것으로 판단된다.

(6) 신사 상권

신사 상권은 지하철 3호선 신사역을 중심으로 반경 약 350미터의 역세권 상권으로 강남구에서 가장 처음 개발된 상권이다. 신사역 남동측은 경사지로 되어 있어 상권의 발달이 상대적으로 미약하다. 표본은 도산로 북측의 강남대로 동측에 집중되어 있다. 반면 도산로 남측의 강남대로 동측에는 표본이 전혀 없다. 표본의 업종은 1·2층 모두 음식점이 가장 다수를 점하고 있으나, 2층은 의원의 비중도 상대적으로 높다. 3층은 의원이 가장 다수(8개) 업종이라는 점이 특이하다. 이는 상권의 역사가 강남구에서 가장 오래되고 접근성도 뛰어나기 때문인 것으로 판단된다.

(7) 신천 상권

신천 상권은 올림픽로 남측의 백제고분로와 석촌호수길 사이에 약 300미터 폭으로 형성된 상권이다. 종합운동장을 이용하는 관람객과 인근의 대규모아파트단지 주민을 고객으로 하여 형성된 상권이며, 표본은 상권을 동서로 관통하는 폭 12미터 도로 남측에 집중되어 있다. 표본의 업종은 1층의 경우 음식점이, 2·3층은 주점이 가장 다수를 점하고 있다. 2·3층에 주점이 가장 다수인 것은 전형적인 향락소비상권이라는 특성 때문인 것으로 판단된다.

(8) 신촌 상권

신촌 상권은 지하철 2호선 신촌역과 연세대학교 정문 사이를 중심으로 형성된 반경 약 250미터의 상권으로 연세대학교와 서강대학교, 이화여자대학교를 배후지로 하는 관계로 젊은이들의 유동성이 매우 높은 서울의 대표적인 부도심 상권이다. 표본은 신촌역과 연세대를 연결하는 폭 20미터 도로 서쪽에 집중되어 있으며, 업종은 1층의 경우 음식점이, 2층은 주점이 가장 다수를 점하고 있다. 3층은 비디오방이 가장 다수(5개) 업종이라는 점이 특이하다. 이는 대학교를 배후지로 하는 상권 특성에 따른 것이라 판단된다.

(9) 압구정 상권

압구정 상권은 압구정동 현대아파트 단지와 한양아파트 단지 남쪽에 넓게 형성된 상권으로 대규모 고급아파트 단지를 배후지로 하여 형성된 상권이다. 표본은 지하철 3호선 압구정역 남측(논현로 서측) 지역과, 지하철 7호선 청담역 남측(선릉로 서측) 지역에 집중되어 있다.

이들 두 지역은 1킬로미터 이상 떨어져 있어 표본 분포 상으로는 두 개의 독립된 상권과 같은 형태를 보이고 있다. 표본의 업종은 1층의 경우 가장 다수 업종인 음식점과 의류점이 유사한 점유비율을 보이고 있으며, 신발소매업(4개)의 비중도 상대적으로 크다. 2층은 주점이 가장 다수를 점하며, 3층은 미용관련업이 가장 다수(6개) 업종이라는 점이 특이하다. 이는 당해 상권이 고급아파트 단지를 배후지로 하는 패션상권의 특징을 갖고 있기 때문인 것이라 판단된다.

(10) 영등포 상권

영등포 상권은 경부선 영등포역과 지하철 5호선 영등포시장역 사이를 축으로 형성된 반경 약 400미터의 역세권 상권이며, 한강 남쪽에서는 가장 오래된 서부지역의 대표적인 부도심 상권이다. 표본은 경인로, 양평로와 영등포로를 잇는 삼각형 지역 내에 집중되어 있다. 표본의 업종은 1층의 경우 음식점이, 2층은 주점이 가장 다수를 점하고 있으나, 3층은 특별히 다수를 점하는 업종이 없다. 이러한 층별 업종분포는 전형적인 부도심상권으로 특별한 차별성이 없기 때문인 것으로 판단된다.

(11) 이대 상권

이대 상권은 지하철 2호선 이대역과 경의선 신촌역 사이에 형성된 반경 약 200미터의 상권으로 이화여대를 배후지로 하는 관계로 주요 고객층이 젊은 여성인 특수한 상권이다. 인근에 위치한 신촌상권과 통합되는 움직임을 보이고 있다. 표본은 신촌역과 이화여대를 연결하는 폭 12미터 도로 북쪽의 좁은 지역에 40% 정도가 밀집되어 있다. 반면 이대 정문과 이대역을 잇는 중심 도로변에는 표본이 없다. 표본의 업종은 1층의 경우 의류점이 압도적인 다수(31개)를 점하고 있으며, 2·3층은 미용실이 가장 다수 업종이다. 이는 여자대학교를 배후지로 하는 상권 특성에 따른 것으로 판단된다.

(12) 천호 상권

천호 상권은 서울 남동부 지역에서 가장 오래된 대규모 재래시장인 천호시장과 구천호사거리를 축으로 형성된 강동구의 대표적인 지구중심상권이다. 천호시장이 쇠퇴한 대신 대형할인마트와 백화점 등이 세워지면서 상권이 다시 활성화되었다. 표본은 구천호사거리와 천호대로를 잇는 폭 20미터 도로 서측의 좁은 지역에 60% 정도가 밀집되어 있다. 표본의 업종은 1층의 경우 음식점이, 2층은 주점이, 3층은 의원이 가장 다수 업종이다. 이는 강동에서 상권의 역사가 가장 오래되고 접근성도 뛰어나기 때문인 것으로 판단된다.

(13) 홍대 상권

홍대 상권은 홍익대학교와 지하철 2호선 홍대입구역 사이에 형성된 반경 약 350미터의 상권으로 미술대학으로 상징되는 홍익대학교를 배후지로 하는 관계로 젊은이 취향의 독특한 상권 분위기를 갖고 있다. 표본은 와우산길 서측의 좁은 지역에 집중되어 있다. 표본의 업종은 1층의 경우 음식점·주점·의류점이, 2층은 음식점·주점·커피숍이, 3층은 주점·학원·출판업이 비슷한 점유비율을 보이고 있다. 이는 타 상권과는 다른 특이한 현상으로 당해 상권이 복합적인 유동고객층을 갖고 있기 때문인 것으로 판단된다.

분석대상 13개 상권은 서울지역을 대표하는 상권들로 상권의 선정 자체는 비교적 합리적이라고 판단된다. 그러나 표본의 분포에 있어서는 지나치게 일부 지역에 편중된 경우가 많아 당해 상권 전체의 현상을 정확히 나타내지 못할 우려가 있다.

특히 강남역 상권은 강남대로 서측에 4개(14.8%)의 표본만 있어 분석 결과가 강남상권의 절반만을 표시하는 것일 수 있다. 이러한 점은 대학로 서측에 단 1개의 표본(3.8%)만 있는 대학로 상권, 명동길 북측에 단 1개(3.4%)의 표본만 있는 명동 상권, 신사역 남측에 4개(20.0%)의 표본만 있는 신사 상권도 마찬가지이다.

그밖에 신촌상권, 압구정 상권, 영등포 상권, 천호상권은 상권의 범위에 비해 지나치게 좁은 지역에 표본을 밀집시켰다.

이러한 문제가 발생한 원인은 표본을 추출할 때 건축물대장 등을 기본 자료로 활용한 통계적 방법에만 지나치게 의존하여, 현장 실사를 소홀히 한 때문이 아닌가 생각된다.

2) 상권별 표본의 건물규모 분석

건물규모는 표본 선정에 있어서 중요한 기준 중 하나이다. 왜냐하면 건물규모는 그 자체로서도 임대료결정요인의 하나이지만, 그 이상으로 건물규모에 따라 각 점포의 임대계약면적의 크기가 결정되는 경우가 많기 때문이다.

선행연구에 의하면, 개별 임대단위 특성 중 임대계약면적 규모의 영향력에 대한 추정결과 임대계약면적이 한 단위(평) 증가함에 따라 임대료수준이 0.2% 하락하는 것으로 나타났다.

이러한 결과는 공간사용에 대한 비용을 임대료로 지불하는 임차인 입장에서는 임차공간 증가에 따른 임대료 할인을 요구할 수 있으며, 임대인 측면에서는 임대면적이 큰 공간일수록 임차인 유치가 어렵고, 공실 발생시 직간접적인 임대료 손실 규모가 크기

때문인 것으로 해석된다.[43)]

따라서 건물의 규모가 지나치게 큰 표본이 많이 선정된다면 당해 상권의 적정 임대료 수준보다 통계로 나타난 임대료의 수준이 낮아질 수 있고,[44)] 건물의 규모가 지나치게 작은 표본이 많이 선정된다면 반대로 통계로 나타난 임대료 수준이 적정임대료 수준보다 높아질 수 있는 것이다.

〈표 3-2〉 상권별 표본의 건물규모 분석표

상권명	표본수	표본건물규모(평)				
		100 미만	100~300	300~500	500~700	700 초과
강남역	27	0	14(51.9%)	10(37.0%)	2(7.4%)	1(3.7%)
노 원	30	0	11(36.7%)	7(23.3%)	5(16.7%)	7(23.3%)
대학로	26	0	4(15.4%)	13(50.0%)	5(19.2%)	4(15.4%)
명 동	29	6(20.7%)	20(69.0%)	2(6.9%)	1(3.4%)	0
신 림	20	4(20.0%)	9(45.0%)	4(20.0%)	2(10.0%)	1(5.0%)
신 사	20	0	9(45.0%)	8(40.0%)	1(5.0%)	2(10.0%)
신 천	21	0	13(61.9%)	4(19.0%)	4(19.0%)	0
신 촌	24	4(16.7%)	17(70.8%)	2(8.3%)	1(4.2%)	0
압구정	44	0	18(40.9%)	16(36.4%)	5(11.4%)	5(11.4%)
영등포	34	5(14.7%)	18(52.9%)	9(26.5%)	1(2.9%)	1(2.9%)
이 대	25	12(48.0%)	11(44.0%)	2(8.0%)	0	0
천 호	21	5(23.8%)	13(61.9%)	2(9.5%)	0	1(4.8%)
홍 대	25	1(4.0%)	15(60.0%)	6(24.0%)	1(4.0%)	2(8.0%)
합 계	346	37(10.7%)	172(49.7%)	85(24.6%)	28(8.1%)	24(6.9%)

자료 : 2005년 '임대사례조사' 자료를 기초로 작성함

위의 표로서 알 수 있는 바와 같이 분석대상 13개 상권에 속한 표본은 그 건물 규모에 있어서 연면적 100 ~ 300평 사이에 그 절반이 분포하며, 다음으로는 300 ~ 500평 사이에 약 25%가 분포한다. 이러한 점은 매장용 부동산의 특성상 합리적인 것으로 판단된다.

그러나 각 개별 상권에 있어서는 편차가 크다. 특히 이대 상권은 100평 미만의 소형 표본이 48%로 전체 평균의 4.5배에 달하며, 노원 상권은 700평을 초과하는 대형 표본

43) 이재우, "상업용부동산 임대시장의 구조적 해석", 한양대학교 대학원 박사학위 논문, 2005, p.101

44) 권리금의 경우는 1층 10평 규모의 점포가 100일 때, 11~20평은 110~160, 21~30평은 170~200으로 면적이 커짐에 따라 단위면적당 권리금이 체감되는 것으로 조사되었다(박경환, 「창업귀신이 되지 않으면 성공은 없다」, 중앙경제평론사, 2002, p.296). 따라서 유사한 성격인 임대료도 규모가 커질수록 단위면적당 임대료가 체감된다고 볼 수 있다.

이 23.3%로 전체 평균의 3.4배에 달한다.

이러한 점은 전술한 바와 같이 과소면적 또는 과다면적의 점포비율을 증가시켜[45] 적정 임대료와 괴리된 임대료를 발생시킬 가능성이 크고, 나아가 토지가격과 임대료의 상관성을 떨어뜨릴 수 있다.

3) 상권별 표본의 업종 분석

13개 상권의 표본은 총 346개이며 그 중 1층에는 654개의 점포가 있고, 2층에는 429개의 점포가 있다. 즉 표본 건물 1채 당 1층에는 1.89개의 점포가, 2층에는 1.24개의 점포가 있는 것이다.

표본 전체의 업종을 분석한 결과 1층 점포 중 302개(46.2%)가 음식점업[46]이며, 그 중 42개(6.4%)가 주점업[47]이다. 그밖에 107개(16.4%)는 의류 · 신발 · 가죽제품 소매업[48]이다. 다시 말해 1층 점포 10개 중 6개(62.5%)가 이 두 가지 업종 중 하나인 것이다.

2층은 전체 점포 중 217개(50.6%)가 음식점업이며, 그 중 80개(18.6%)가 주점업이다. 그러나 의류 · 신발 · 가죽제품 소매업은 14개 점포로 3.3%에 불과하다.

45) 실제로 100평 미만의 소형 표본이 48%로 전체 평균의 4.5배인 이대 상권은 전용면적 5평 미만인 과소면적 점포(1층)가 39.2%로 전체평균의 4.4배에 이른다. 과다면적은 업종에 따라 적정면적이 달라 그 과다면적 기준을 정하기가 어려웠기 때문에 별도의 비율분석을 하지 않았다. 실제로 의류점은 15평, 분식점은 20평, 전문음식점은 30 ~ 40평이 가장 선호되는 면적이다.

〈표 3-3〉 상권별 표본의 과소면적 점포비율

상권명	표본수	1층 점포수	과소면적 점포수	과소면적 점포비율
강남역	27	40	1	2.5%
노 원	30	103	3	2.9%
대학로	26	36	5	13.9%
명 동	29	49	5	10.2%
신 림	20	40	3	7.5%
신 사	20	36	0	0
신 천	21	34	0	0
신 촌	24	30	2	6.7%
압구정	44	77	5	6.5%
영등포	34	74	8	10.9%
이 대	25	51	20	39.2%
천 호	21	52	5	9.6%
홍 대	25	32	1	3.1%
합 계	346	654	58	8.9%

자료 : 2005년 '임대사례조사' 자료를 기초로 작성함

46) 음식점업은 국세청 업종코드 상 H552 ~ H55242까지의 업종으로 음식점, 분식점, 피자 · 햄버거 · 치킨 점문점, 주점, 제과점, 찻집 등이 여기에 속한다.

47) 주점업은 음식점업 중에서 국세청 업종코드 상 H5523 ~ H55233까지의 업종으로 주점, 유흥 주점, 간이 주점 등이다.

48) 의류 · 신발 · 가죽제품 소매업은 국세청 업종코드 상 G524 ~ G52430까지의 업종으로 섬유 · 의복 · 신발 및 가죽제품 소매업, 의류액세서리 소매업, 가방 소매업 등이 여기에 속한다.

〈표 3-4〉 상권별 표본의 1, 2층 업종 분석표

상권명	표본수	층수	점포수	음식점업	주점업	의류등소매업
강남역	27	1	40	28(70.0%)	1(2.5%)	2(5.0%)
		2	34	15(44.1%)	3(8.8%)	1(2.9%)
노 원	30	1	103	51(49.5%)	6(5.8%)	11(10.7%)
		2	43	27(62.8%)	8(18.6%)	0
대학로	26	1	36	22(61.1%)	2(5.6%)	1(2.8%)
		2	35	21(60.0%)	3(8.6%)	0
명 동	29	1	49	13(26.5%)	0	19(38.8%)
		2	31	18(58.1%)	3(9.7%)	4(12.9%)
신 림	20	1	40	20(50.0%)	5(12.5%)	6(15.0%)
		2	23	12(52.2%)	9(39.1%)	0
신 사	20	1	36	24(66.7%)	4(11.1%)	0
		2	28	6(21.4%)	1(3.6%)	1(3.6%)
신 천	21	1	34	24(70.6%)	3(8.8%)	3(8.8%)
		2	23	19(82.6%)	12(52.2%)	0
신 촌	24	1	30	14(46.7%)	2(6.7%)	1(3.3%)
		2	25	18(72.0%)	5(20.0%)	0
압구정	44	1	77	24(31.2%)	3(3.9%)	16(20.8%)
		2	55	14(25.5%)	8(14.5%)	4(7.3%)
영등포	34	1	74	35(47.3%)	9(12.2%)	4(5.4%)
		2	47	21(44.7%)	12(25.5%)	2(4.3%)
이 대	25	1	51	8(15.7%)	0	36(70.6%)
		2	29	12(41.4%)	1(3.4%)	2(6.9%)
천 호	21	1	52	27(51.9%)	3(5.8%)	5(9.6%)
		2	30	19(63.3%)	11(36.7%)	0
홍 대	25	1	32	12(37.5%)	4(12.5%)	3(9.4%)
		2	26	15(57.7%)	4(15.4%)	0
전 체	346	1	654	302(46.2%)	42(6.4%)	107(16.4%)
		2	429	217(50.6%)	80(18.6%)	14(3.3%)

자료 : 2005년 '임대사례조사' 자료를 기초로 작성함

각 상권별로 살펴보면 표본 중에서 음식점업의 비율이 1, 2층 모두 13개 상권 중에서 가장 높은 상권은 신천 상권인 것으로 나타났다. 이러한 결과는 소위 먹자골목으로 지칭되는 음식점 밀집거리로 형성된 상권의 특성이 반영된 결과이다.

반면에 1층의 음식점업 비율이 15.7%로 13개 상권 중에서 가장 낮은 이대 상권은 젊은 여성층을 주요 고객으로 하는 상권의 특성상 '의류 등 소매업'의 비율이 평균치의 4.3배인 70.6%에 이르고 있다.

명동 또한 한때 '패션 1번지'로 불리던 명성에 걸맞게 나머지 상권과는 달리 음식점업의 비율보다 '의류 등 소매업'의 비율이 높게 나타났다.

주점업의 비율에 있어서는 1층은 신림 상권과 홍대 상권이 가장 높고, 2층은 신천 상권과 신림 상권이 가장 높은 것으로 나타났다. 특히 신림 상권은 신림역 북동측으로 유흥업소와 여관들이 밀집된 전형적인 향락소비 상권이 형성되어 있으며, 남서측으로는 순대타운이라는 독특한 식당가가 자리 잡고 있다.

신사 상권은 2층의 음식점업 비율이 21.4%로 13개 상권 중에서 가장 낮다. 이 상권의 2,3층은 금융업과 병의원이 차지하는 비율이 특히 높아 양 업종의 비율이 29.5%에 이른다.

선행 연구에 의하면 임대료결정요인 중 층별 동종업체의 개수는 (+)의 값으로 나타나 같은 층에 동종업체가 많을수록 임대료가 높아지는 것으로 분석되었다.[49] 따라서 특정 업종이 표본 중에서 차지하는 비율이 지나치게 높은 상권은 토지가격과 임대료의 상관성이 왜곡되었을 가능성이 있다.

4) 업종별 표본의 임대료 분석

13개 상권 표본 전체의 1 ~ 3층 업종을 점유(점포수)가 가장 많은 순으로 각각 10개씩 정리하여 그 단위면적(㎡)당 평균임대료(월세환산임대료)를 분석하면 〈표 3-5〉와 같다.

〈표 3-5〉에서 각 층의 세분한 업종별 임대료 수준을 살펴보면, 1층은 업종에 따라 임대료의 편차가 매우 큰 것을 알 수 있다. 즉 1층에서 임대료가 가장 높은 업종인 신발소매업[50]의 평균임대료는 가장 낮은 업종인 일반음식점 평균임대료의 3.8배에 달한다.

반면 2층은 업종별 임대료의 격차가 작다. 즉 2층에서 임대료가 가장 높은 업종인 의류소매업의 평균임대료는 가장 낮은 업종인 게임방의 평균임대료의 1.7배에 불과하다.

3층은 2층과 업종별 임대료의 격차가 유사하여, 3층에서 임대료가 가장 높은 업종인 일반음식점의 평균임대료가 가장 낮은 업종인 미용관련업의 평균임대료의 1.8배이다.

선행연구에 의하면 만약 둘 이상의 용도 또는 업체가 유사한 공간적 선호를 갖고 있다면 한 장소 또는 시설에 대해 경쟁할 것이고, 그 경쟁의 수준은 공간사용의 대가(代

---

49) 송지수, "아파트 단지 내 근린상가 업종의 입지특성 분석을 통한 용도결정에 관한 연구", 중앙대학교 석사학위논문, 2001. pp.43~45

50) 신발소매업은 대부분 유명메이커의 구두나 스포츠화를 취급하는 점포이므로 해당 상권에서 가장 좋은 위치에 입점한 경우가 많았다.

價)인 지대 또는 임대료로 나타난다[51)]고 했다.

〈표 3-5〉 1~3층 업종별 표본의 임대료 분석표

점유순위	1층			2층			3층		
	업종	점포수	월세/㎡	업종	점포수	월세/㎡	업종	점포수	월세/㎡
1	일반음식점	132	35,819	주점업	69	20,399	일반음식점	34	25,287
2	의류소매업	78	92,683	일반음식점	64	24,092	주점업	33	17,149
3	기타음식점	69	50,784	기타음식점	29	30,244	의 원	29	19,464
4	주점업	41	39,307	다과점	26	32,117	게임방	25	16,117
5	음식료품소매업	26	47,873	이·미용업	26	26,318	이·미용업	19	21,597
6	다과점	24	53,676	의 원	19	21,697	미용관련업	17	14,092
7	가전·음반소매업	18	74,621	게임방	14	19,034	학 원	15	14,356
8	부동산중개업	14	36,559	의류소매업	9	32,588	비디오방	15	19,818
9	신발소매업	12	137,609	미용관련업	5	22,961	헬스장	11	14,984
10	화장품소매업	9	83,479	사무기기소매업	4	21,989	기타음식점	7	23,719

자료 : 2005년 '임대사례조사' 자료를 기초로 작성함

즉 1층의 업종간 임대료 격차가 매우 큰 것은, 수많은 업종이 입지가 양호한 하나의 장소를 차지하려고 경쟁한 결과 단위 면적당 창출할 수 있는 수익이 상대적으로 적어 경쟁상대보다 높은 임대료(입찰임대료)를 제시할 수 없는 업종이 탈락하고 마지막으로 가장 높은 임대료를 제시한 업종이 그 점포를 차지한 결과이다.

반면 2층 이상은 그 입지할 수 있는 업종에 제한이 있어 일정 수준 이상의 임대료를 제시할 수 없기 때문에 업종간 격차가 적어지는 것이다. 예를 들어 높은 임대료를 제시할 수 있는 업종인 구두판매점이나 화장품소매업은 업종 특성상 2층 이상에 입지할 수 없기 때문에 2층 이상은 임대료 수준에서 한계가 있는 것이다.

이러한 점은 상권이 성숙할수록 즉 토지가격이 높아질수록 1층과 비교한 2, 3층의

51) 이경춘, "도심상업용지의 입체적 입지특성 분석을 통한 용도결정에 관한 연구", 서울대학교 박사학위논문, 1995, pp.3~4

임대료의 격차율이 벌어지는 원인이 된다.

5) 상권별 표본의 도로 접면조건 분석

토지의 가격이나 임대료 형성에 영향을 미치는 개별요인 중 접면도로조건이 차지하는 비중은 매우 크다. 실제로 선행 연구에 의하면 매장용 부동산의 경우 도로에 두 면이 접할 경우 한 면이 접하는 경우보다 임대료 수준이 20.7 ~ 24.0% 높게 형성되는 것으로 파악되었다. 이는 두 면이 접할 경우 상대적으로 접근성이 양호해지고, 시각적으로 건물이 쉽게 눈에 들어와 광고효과를 얻을 수 있기 때문이다.

접면 도로의 폭에 있어서는 매장용 부동산의 경우 12 ~ 25m 미만인 중로에 접한 토지가 25m 이상인 광대로나 12m 미만인 소로 또는 세로에 접한 토지보다 임대료에 있어서 34.4 ~ 35.8% 높게 나타났다.[52)]

〈표 3-6〉 상권별 표본의 도로접면 조건 분석표

상권명	표본수	접도면수				접도유형							
		1면		2면(각지)		광대로		중로		소로		세로	
		개수	비율	개수	비율	개수	비율	개수	비율	개수	비율	개수	비율
강남역	27	13	48.1	14	51.9	2	7.4	0	0	6	22.2	19	70.4
노 원	30	4	13.3	26	86.7	7	23.3	2	6.7	21	70.0	0	0
대학로	26	14	53.8	12	46.2	6	23.1	0	0	6	23.1	14	53.8
명 동	29	22	75.9	7	24.1	2	6.9	1	3.4	9	31.0	17	58.6
신 림	20	15	75.0	5	25.0	9	45.0	1	5.0	2	10.0	8	40.0
신 사	20	8	40.0	12	60.0	8	40.0	3	15.0	8	40.0	1	5.0
신 천	21	8	38.1	13	61.9	1	4.8	0	0	11	52.4	9	42.9
신 촌	24	13	54.2	11	45.8	1	4.2	8	33.3	7	29.2	8	33.3
압구정	44	19	43.2	25	56.8	7	15.9	10	22.7	14	31.8	13	29.5
영등포	34	17	50.0	17	50.0	11	32.4	3	8.8	12	35.3	8	23.5
이 대	25	20	80.0	5	20.0	4	16.0	1	4.0	9	36.0	11	44.0
천 호	21	18	85.7	3	14.3	3	14.3	3	14.3	5	23.8	10	47.6
홍 대	25	14	56.0	11	44.0	0	0	15	60.0	5	20.0	5	20.0
합 계	346	185	53.5	161	46.5	61	17.6	47	13.6	115	33.2	123	35.6

자료 : 2005년 '임대사례조사' 자료를 기초로 작성함

52) 이재우, 전게서, pp.100~101

각 상권별로 살펴보면 접도 면수의 경우 각지인 표본의 비율이 가장 높은 상권은 노원 상권으로 86.7%이며, 가장 낮은 상권은 천호 상권으로 14.3%이다. 이대 상권도 그 비율이 매우 낮아 20.0%에 불과하다.

접도 유형의 경우에는 광대로에 접하는 표본 비율이 가장 높은 상권은 신림 상권으로 45.0%이며, 가장 낮은 상권은 홍대 상권으로 광대로에 접하는 표본이 전혀 없다. 중로에 접하는 표본 비율은 홍대 상권이 60.0%로 가장 높고, 강남역, 대학로, 신천 상권은 중로에 접하는 표본이 없다.

소로에 접하는 표본의 비율은 노원 상권이 70.0%로 가장 높고, 신림 상권이 10%로 가장 낮다. 그밖에 세로에 접하는 비율은 강남역 상권이 70.4%로 가장 높은 반면, 노원 상권은 세로에 접하는 표본이 전혀 없고 신사 상권은 1개에 불과하다.

이와 같이 개별요인 중에서 가장 중요한 도로접면 조건에서 각 상권별로 표본의 분포가 고르지 않다는 것은 '임대사례조사'의 통계 결과치가 당해 상권의 현황을 정확하게 반영하지 못하는 결과로 나타날 수 있다.

나아가 이러한 불균형한 표본 선정은 토지가격대 별로 표본이 정규분포를 이루지 못하게 함으로써 토지가격을 종속변수로 하여 진행하는 본 연구의 통계 결과에도 부정적인 영향을 미칠 수 있다. 특히 노원, 신림, 홍대, 강남역 상권에서 그 가능성이 크다고 판단된다.

매장용건부지 가격과 1층 임대료의 관계분석

04

1 연구가설 및 분석 방법

1) 연구가설

본 연구에서는 '매장용부동산의 토지가격과 1층 지불임대료는 매우 높은 상관성이 있을 것'이라는 것과, '매장용부동산의 1층 지불임대료는 가격설명력이 매우 높을 것'이라는 것을 가설로 정하였다. 그리고 이러한 상관성과 설명력은 표본 전체를 대상으로 한 분석에서 뿐 아니라, 각 상권별 분석에서도 나타날 것이라고 가정하였다.

따라서 이 가설이 입증된다면 수익환원법은 가격설명력이 약하다는 감정평가 실무계의 인식은 재검토 되어야 할 것이다.

2) 분석방법

본 연구에서는 매장용부동산의 토지가격과 1층 임대료의 상관성을 검증하기 위해 ㎡당 토지가격과 ㎡당 1층 지불임대료(월세전환임대료)를 변수로 상관관계분석을 한 뒤, 1층 지불임대료의 가격설명력을 검증하기 위해 단순회귀분석을 하였다.

회귀분석을 위한 변수의 설정에 있어서는 임대료 즉 효용이 (상대적 희소성, 유효수요와 함께) 가격 발생요인이고, 본 연구에서 그 가격설명력을 검증하고자 하는 수익환원법은 기본적으로 임대료를 환원이율로 자본환원하여 가격을 구하는 방법이므로, 임대료(㎡당 1층 월세전환 지불임대료)를 독립변수로, 가격(㎡당 토지가격)을 종속변수로 하였다.[53]

회귀분석의 모형은 전체 표본을 대상으로 선형, 준로그, 역준로그, 이중로그 함수의 모형을 사용하여, 그 중 적합한 모형이 무엇인지를 각 상권별 분석 전에 우선 검증하였다.

---

53) 마샬(Alfred Marshall)은 토지 등 자본의 가격은 미래 순이익의 총액을 이자율로 할인한 것이며, 수익의 산출력(yielding power)이 감소하면 가격도 하락한다고 규정하여 임대료가 토지가격 결정요인임을 분명히 하였다(홍길성, 전게서, p.301).

선형 모형 : $Y_i = \alpha + \beta X_i + \varepsilon$[54] ······ 〈식 4-1〉

준로그 모형 : $\log(Y_i) = \alpha + \beta X_i + \varepsilon$[55] ······ 〈식 4-2〉

역준로그 모형 : $Y_i = \alpha + \beta \log(X_i) + \varepsilon$[56] ······ 〈식 4-3〉

이중로그 모형 : $\log(Y_i) = \alpha + \beta \log(X_i) + \varepsilon$[57] ······ 〈식 4-4〉

그리고 ㎡당 1층 임대료와 ㎡당 토지가격과의 평균적인 비율을 상권별로 산출하여, 그 비율이 일정한지 또는 상권별로 차이가 큰지를 분석함으로써, 지역요인이 환원이율에 미치는 영향의 정도를 파악하였다.

2 표본의 채택 및 변수의 설정

1) 분석에 채택한 표본

매장용건부지 가격과 1층 임대료의 관계를 분석하기 위한 표본을 채택함에 있어서는, 1층의 실제지불임대료가 전혀 조사되지 않아 분석에 사용할 수 없는 35개의 표본[58]을 제외하고는 선정된 서울지역 13개 하위상권 내의 '임대사례조사'의 모든 표본을 채택하였다.

물론 표본 중에는 임대차계약에 특별한 사정이 개입되었거나, 그 지상건물의 현재의 이용 상태가 최유효이용(最有效利用)과는 현격한 차이가 있어 1층의 실제지불임대료가 적정임대료와 크게 괴리된 것도 있다. 이 경우 분석의 결과가 왜곡될 가능성이 있지만, 그 제외 기준을 명확히 할 수 없는 상태에서 자의적으로 이를 제외한다면 그 결과는 더 나쁠 수도 있다고 판단되었기 때문에 모두 포함하였다.

---

54) Y_i는 하위상권 i의 ㎡당 토지가격, X_i는 하위상권 i의 ㎡당 지불임대료(전세금), α는 상수, ε는 잔차이며, β는 계수로 $\frac{dY_i}{dX_i}$이므로, X_i가 1만큼 변화할 때 Y_i는 β만큼 변화하게 된다.

55) 계수 β는 $\frac{d[\log(Y_i)]}{dX_i} = \frac{dY_i/Y_i}{dX_i}$이므로, X_i가 1만큼 변화할 때 Y_i는 $(\beta\times100)\%$ 만큼 변화하게 된다.

56) 계수 β는 $\frac{dY_i}{d[\log(X_i)]} = \frac{dY_i}{dX_i/X_i}$이므로, X_i가 1% 변화할 때 Y_i는 $\frac{\beta}{100}$만큼 변화하게 된다.

57) 계수 β는 $\frac{d[\log(Y_i)]}{d[\log(X_i)]} = \frac{dY_i/Y_i}{dX_i/X_i}$이므로, X_i가 1% 변화할 때 Y_i는 $\beta\%$만큼 변화하게 된다.

58) 1층의 실제 지불임대료가 전혀 조사되지 않아 표본에서 제외된 숫자는, 강남역 2개, 대학로 1개, 명동 6개, 신림 2개, 신사 2개, 신천 4개, 신촌 6개, 압구정 2개, 영등포 1개, 천호 4개, 홍대 5개로 총 35개이다.

2) 변수의 설정

(1) 토지가격

본 연구에서 사용한 토지가격은 2005년도 '임대사례조사'를 담당한 감정평가사가 2005. 7. 1일 기준으로 평가한 표본의 ㎡당 토지가격으로 하였다.

동 가격은 공시지가를 기준으로 하되, 실거래가격 수준 등을 반영하여 정상적인 거래가격 수준으로 평가한 것[59]으로 당해 상권에서의 호가나 이미 체결된 매매가격과는 다소 차이가 있다. 왜냐하면 감정평가에서의 평가액은 적정가격이라는 개념에 기초한 것이므로, 투기적 거래나 특별한 사정이 개입된 거래일 경우 사정보정이라는 과정을 통해 그 가격을 보정하기 때문이다.

따라서 호가나 매매사례가격과 달리 본 연구에 사용한 표본의 토지가격은 전문가에 의해 객관성이 부여된 가격이라고 할 수 있다.

(2) 1층 임대료

본 연구에서는 표본의 전체 임대료를 분석 대상으로 하지 않고 1층의 임대료만을 대상으로 하였다. 그 이유는 매장용 건물의 경우 단위 면적당 토지가격이 유사한 인접 부동산이라고 해도 층수, 용적률, 건축년도, 건물의 구조, 엘리베이터의 유무 등에 따라 임대료 총액에 있어서 많은 차이를 보이고 있기 때문이다.[60]

그러나 1층 임대료만은 지상 건물의 이러한 개별적 요인의 영향을 가장 적게 받고 있으므로 건물 전체의 임대료를 분석 대상으로 할 때보다 본 연구의 목적에 더 부합된다고 판단하였다.

본 연구에서 사용한 1층 임대료는 2005년도 '임대사례조사'를 담당한 감정평가사가 직접 현장 조사를 통해 수집한 2005. 4. 1일부터 2005. 6. 30일까지의 월 평균 ㎡당 실제지불임대료[61]로 하되, 각 점포의 면적을 기준으로 가중산술평균한[62] ㎡당 평균 지불임대료로 하였다.

---

59) 건설교통부, 「임대사례조사 업무 요령」, 2005, p.125

60) 이러한 점은 간단한 예로도 알 수 있다. 즉 같은 노선에 인접해 있는 동일 면적의 두 필지의 토지에 한 곳은 바닥 면적 50평짜리 2층 건물이 있고, 다른 곳은 동일한 바닥 면적의 6층 건물이 있을 때, 임대료는 2배 이상 차이가 날 수 있지만, 두 개 모두 오래된 건물이라면 부동산 가격 자체는 차이가 나지 않는다.

61) '임대사례조사'에 있어서 지불임대료는 분기별로 조사하도록 되어 있는바, 각 분기의 월평균임대료를 다시 평균하여 독립변수(지불임료)의 크기를 결정하는 방법도 있으나, 토지평가시점과 근접시키기 위한 목적과, 임대료 감안 기간이 길어질수록 지불임료가 조사되지 않아 표본으로 사용할 수 없는 사례가 늘어 표본의 숫자가 지나치게 적어질 수 있기 때문에 4/4분기(2005. 4. 1 ~ 2005. 6. 30)의 월평균 ㎡당 임료를 지불임료로 채택하였다.

62) 예컨대 1층이 ㎡당 20만 원 월세인 60㎡의 점포와 ㎡당 10만 원 월세인 20㎡의 점포로 구성되었다면, 1층 평균지불임료는 (20 × 60 + 10 × 20) / 80 = 17.5만 원이 된다.

그리고 분석의 편의를 위해 전세 또는 보증금부 월세는 전환율[63]을 사용하여 임대료 전체를 월세로 환산하였다.[64]

3 분석결과

1) 상관관계분석 결과

(1) 하위상권 전체

〈표 4-1〉 하위상권 전체의 상관관계 분석 결과

변수	㎡당 토지가격		Sample-N
㎡당 월임료	상관계수	0.853**	311

** 유의수준 1%

하위상권 전체의 ㎡당 토지가격과 ㎡당 월임료(월세전환임대료)의 상관관계분석을 실시한 결과 유의수준 1% 내에서 0.853의 높은 정(+)의 상관관계가 나타났다. 따라서 매장용부동산의 토지가격과 1층 임대료는 매우 높은 상관성이 있을 것이라는 가설이 입증되었다.

(2) 각 하위상권

13개 하위상권별로 ㎡당 토지가격과 ㎡당 월임료의 상관관계분석을 실시한 결과 유의수준 5% 내에서 최소 0.493(신림), 최대 0.902(명동)의 정(+)의 상관관계가 나타났다. 따라서 가설은 하위상권별로도 입증되었다고 할 수 있다.

이렇듯 토지가격과 임대료의 상관성이 각 상권별로도 비교적 높게 나타났지만 그 편차는 상당히 크다. 이는 지역에 따라 토지가격에 영향을 주는 임대료 이외의 요인이 각각 다르게 작용한다는 것을 의미한다.

그리고 상관성이 낮게 나온 상권에는 임대료가 특수한 사정에 의해 비정상적으로 결정되었을 가능성이 크다는 의미이기도 하다. 즉 특수관계인 사이의 임대차이거나 장기간의 계속임대차, 또는 권리금의 부담이 없는 신축건물에 대한 임대차 등은 정적임대료

63) 전환율은 임대인이 적용하는 보증금과 월세의 환산이율을 의미하는 것으로, 월세전환율과 전세전환율로 구분되나, 본 연구에 채택된 모든 표본은 양 전환율이 동일하다.

64) 국내 부동산 임대시장에서는 전세, 보증부월세, 완전월세 등 여러 가지 유형의 임대계약 방식이 존재하고 있다. 매장용부동산의 경우 임대사례조사 표본을 기준으로 할 때 보증부월세가 97.2%, 완전월세가 0.3%, 전세가 2.5%인 것으로 조사되었다(건설교통부, 「2005년 오피스·매장용빌딩 임대료조사 및 투자수익률 추계 결과 보고서」, p.117). 본 연구에서 채택한 표본 또한 대부분 보증부월세이다.

와 괴리된 임대료가 책정될 수 있으므로 토지가격과 임대료의 상관성이 떨어지게 되는 것이다.

〈표 4-2〉 각 하위상권의 상관관계 분석 결과

상권명	상관계수	Sample-N
강남역	0.690**	25
노 원	0.588**	30
대학로	0.779**	25
명 동	0.902**	23
신 림	0.493*	18
신 사	0.646**	18
신 천	0.866**	17
신 촌	0.801**	18
압구정	0.537**	42
영등포	0.698**	33
이 대	0.504*	25
천 호	0.657**	17
홍 대	0.726**	20

* 유의수준 5%, ** 유의수준 1%

그 밖에 일부 상권에서 상관성이 낮게 나타난 것은 표본 선정상의 문제에서도 기인되었다고 판단된다. 즉 3장 2의 2) '상권별 표본의 건물규모 분석'에서 기술한 바와 같이 어떤 상권에서 건물의 규모가 지나치게 큰 표본이 많이 선정된다면 당해 상권의 적정 임대료 수준보다 통계로 나타난 임대료의 수준이 낮아질 수 있고, 건물의 규모가 지나치게 작은 표본이 많이 선정된다면 반대로 통계상 임대료 수준이 적정임대료 수준보다 높아질 수 있기 때문이다.

실제로 상관계수가 0.504로 13개 상권 중에서 두 번째로 낮게 나온 이대 상권은 100평 미만의 소형 표본이 48%(상권평균의 4.5배)로 전체 상권 중 가장 높으며, 상관계수가 0.588로 13개 상권 중에서 네 번째로 낮게 나온 노원 상권은 700평을 초과하는 대형 표본이 23.3%(상권평균의 3.4배)로 전체 상권 중 가장 높다.

그리고 3장 2의 3) '상권별 표본의 업종 분석'에서 기술한 바와 같이 임차인의 업종에 따라 임대료 수준이 다르게 형성되는바, 특정 업종이 표본 중에서 차지하는 비율이 지나치게 높은 상권은 토지가격과 임대료의 상관성이 왜곡되었을 가능성이 있다. 실제로 이대 상권은 의류 등 소매업의 비율이 70.6%(상권평균의 4.3배)로 전체 상권 중 가장 높게 나타났다.

이러한 표본 선정 상의 문제점은 적정 임대료와 괴리된 임대료를 발생시켜 토지가격과 임대료의 상관성을 떨어뜨릴 수 있는 것이다.

2) 단순회귀분석 결과

(1) 하위상권 전체

〈표 4-3〉 하위상권 전체의 회귀분석 결과

지 역	구 분	선 형	준로그	역준로그	이중로그
서 울	상수(α)	3,315,303**	15.73716**	-98466545**	9.94618**
	계수(β)	168.11**	0.00000788**	10,400,146**	0.583**
	t-value	28.67	18.64	16.94	17.62
	R-square	0.727	0.529	0.481	0.501
	ad-Rsquare	0.726	0.528	0.480	0.500
	Sample_N	311			

** 유의수준 1%

① 선형 모형 분석결과

하위상권 전체를 선형 모형으로 회귀분석한 결과 계수(β)와 상수(α) 모두 유의수준 1% 내에서 유의한 것으로 나타났다. 또한 결정계수(R^2)는 독립변수인 임대료에 의해 종속변수인 토지가격의 72.7%가 설명된다는 것을 보여준다. 따라서 매장용부동산의 1층 지불임대료는 가격설명력이 매우 높을 것이라는 가설이 입증되었다고 할 수 있다. 토지가격은 사회적 · 경제적 · 행정적인 일반요인과 지역요인 및 개별요인 등 수많은 가격형성요인에 의해 형성되는 것이므로, 비록 이들 요인이 화체(化體)된 것이 임대료라고 해도 단 하나의 변수인 임대료가 이러한 토지가격의 72.7%를 설명한다는 것은 매우 의미있는 결과라고 할 수 있다.

그리고 독립변수(임대료)가 1단위 증가할 때마다 종속변수(토지가격)가 일정한 비율(β)로 변화(증가)한다는 선형모형 회귀식은, 임대료에 비례하여 가격이 결정되는 수익환원법의 산식과 본질적으로 같은 것이므로, 위의 결과는 수익환원법이 매장용건부지의 평가에 있어서 높은 가격설명력을 가진다는 것을 입증하는 것이다.

또한 ㎡당 월임료의 증가에 따른 ㎡당 토지가격의 변화를 나타내는 계수(β)의 부호를 볼 때, 월임료가 토지가격에 정(+)의 영향을 미침을 알 수 있으며, 그 값은 ㎡당 월임료가 1원 증가할 때, ㎡당 토지가격은 1원을 초과한 168.11원이 변화한다는 것을 보여주고 있다.

그리고 ㎡당 전세가격이 0원일 때의 토지가격을 말하는 상수(α)가 3,315,303이므로, ㎡당 월임료가 50,000원이라면, ㎡당 토지가격은 11,720,803원(3,315,303원 + 50,000원×168.11)이 된다는 것을 알 수 있다. 물론 이 회귀식에 의해 Y값을 추정하는 것은 원래 사용한 X의 범위 내에서만 가능하다.

본 연구에서는 독립변수인 임대료의 설명력을 검증하기 위해 회귀분석을 사용했지만, 이러한 회귀모형은 새로운 평가기법으로써 실무에 응용될 수 있다. 예를 들어 바둑판처럼 개발된 대규모 주택지에서 가격에 영향을 미치는 요인이 지하철역으로부터의 거리뿐이라면, 즉 거리가 멀수록 그에 비례하여 각 필지의 ㎡당 가격이 하락한다면, 독립변수인 거리는 종속변수인 가격에 대해 매우 높은(1.0에 가까운) 설명력을 갖고 있는 것이므로, 단순회귀분석 모형을 사용하는 것만으로도 감정평가 의뢰된 여러 토지들을 평가할 수 있는 것이다.

물론 복잡한 가격형성요인에 의해 만들어지는 부동산가격이 이렇듯 단순회귀모형으로 산정될 수 있는 경우는 거의 없을 것이므로, 실무에 있어서는 다른 변수를 독립변수에 추가한 다중회귀분석을 사용해야 할 것이다. 그러나 임대료와 같이 수익성부동산의 가격 결정에 절대적인 영향을 주는 변수를 독립변수로 채택한다면, 단순회귀분석도 탁상감정(卓上鑑定)과 같은 대략적인 평가 또는 산정된 시산가격의 조정 등에는 매우 유용하게 사용될 수 있다.

② 준로그, 역준로그, 이중로그 모형 분석결과

하위상권 전체를 준로그, 역준로그, 이중로그 모형으로 회귀분석한 결과 계수(β)와 상수(α) 모두 선형 모형과 마찬가지로 유의수준 1% 내에서 유의한 것으로 나타났다.

준로그 모형은 ㎡당 월임료가 1원 증가할 때, ㎡당 토지가격은 0.00000788×100%가 변화한다는 것을 보여주고 있으며, 역준로그 모형은 ㎡당 월임료가 1% 증가할 때, ㎡당 토지가격은 104,001.46(= 10,400,146 / 100)원이 변화한다는 것을 보여주고 있다. 그밖에 이중로그 모형은 ㎡당 전세가격이 1% 증가할 때, ㎡당 토지가격은 0.583%가 변화한다는 것을 보여주고 있다.

결정계수(R^2)는 준로그 모형이 52.9%, 역준로그 모형이 48.1%, 이중로그 모형이 50.1%로 선형 모형보다 현저히 작게 나타났다. 이러한 점은 임대료에 비례하여 가격이 결정된다는(선형으로 변화한다는) 수익환원법의 논리를 지지하는 결과라고 판단된다.

(2) 각 하위상권

각 하위상권의 회귀분석은 서울지역 하위상권 전체를 회귀분석한 결과 결정계수가 가장 높게 나온 선형모형만을 사용하였다.

〈표 4-4〉 각 하위상권의 회귀분석 결과

상권명	구 분		t-value	R-square	ad-Rsquare	Sample_N
강남역	상수(α)	7,587,002**	4.73	0.477	0.454	25
	계수(β)	128.41**	4.58			
노 원	상수(α)	4,207,547**	6.66	0.346	0.323	30
	계수(β)	63.17**	3.85			
대학로	상수(α)	5,568,526**	5.14	0.607	0.590	25
	계수(β)	104.61**	5.97			
명 동	상수(α)	14,516,618**	4.85	0.814	0.805	23
	계수(β)	149.37**	9.59			
신 림	상수(α)	5,081,404*	2.20	0.243	0.196	18
	계수(β)	119.48*	2.27			
신 사	상수(α)	5,439,074**	3.20	0.417	0.380	18
	계수(β)	130.12**	3.38			
신 천	상수(α)	6,457,264**	9.69	0.751	0.734	17
	계수(β)	113.24**	6.72			
신 촌	상수(α)	5,016,791*	2.32	0.642	0.619	18
	계수(β)	159.02**	5.35			
압구정	상수(α)	7,703,633**	7.91	0.289	0.271	42
	계수(β)	78.88**	4.03			
영등포	상수(α)	3,835,789**	2.93	0.487	0.471	33
	계수(β)	180.55**	5.43			
이 대	상수(α)	7,149,691**	4.65	0.255	0.222	25
	계수(β)	46.72*	2.80			
천 호	상수(α)	4,805,011*	2.80	0.432	0.394	17
	계수(β)	105.60**	3.37			
홍 대	상수(α)	2,352,874*	2.77	0.527	0.501	20
	계수(β)	107.44**	4.48			

* 유의수준 5%, ** 유의수준 1%

선형모형으로 각 하위상권을 회귀분석한 결과를 보면, 상권별 계수(β)와 상수(α)는 유의수준 5% 내에서 모두 유의하고, ㎡당 월임료는 ㎡당 토지가격에 모두 정(+)의 영향을 주는 것으로 나타났다.

그리고 각 하위상권별 결정계수(R^2)를 살펴보면 0.243(신림)에서 0.814(명동)까지 상당히 큰 편차를 보이고 있으며, 설명력이 50% 이상으로 나타난 상권은 전체 13개 상권 중 5개(대학로, 명동, 신천, 신촌, 홍대)에 불과하다. 따라서 매장용부동산의 1층 지불임대료는 가격설명력이 매우 높을 것이라는 가설은 각 하위상권별로는 입증되지 못했다고 볼 수 있다.

각 하위상권의 회귀분석 결과 일부 하위상권에서 전체표본의 경우와는 달리 결정계수(R^2)가 매우 낮게 나타난 것은 〈표 4-6〉에서 알 수 있는 바와 같이 하위상권별 표본수가 20개 내외로 작고, 토지가격에 대한 임대료 비율이 평균에서 크게 벗어난 표본이 일부 상권에서 다수 존재한다는 것에 그 원인이 있다고 판단된다.

표본수가 작을수록 분산의 정도가 크게 나타나고, 예외적인 소수의 표본이 결정계수(R^2) 값에 미치는 부정적인 영향이 커지는 것은 통계 특성상 당연한 결과이기 때문이다.

그밖에 결정계수(R^2)가 낮게 나타난 원인으로는 각 하위상권의 상관관계분석 결과에서 기술한 것과 같이 표본 선정상의 문제에서도 기인될 수 있다.

물론 일부 하위상권에서 결정계수(R^2)가 매우 낮게 나타난 것은 매장용건부지 가격이 임대료 뿐 아니라 원본가격 상승 가능성 등 다른 요인에 의해서도 많은 영향을 받는다는 것을 보여주는 것이다.[65)]

그러나 전체 13개 상권 중에서 지불임대료의 가격설명력이 50% 이상으로 나타난 상권이 5개 밖에 되지 않는다는 것은 우리나라에서 수익환원법은 실무상으로 그 적용이 쉽지 않다는 것을 실증적으로 나타내고 있다.

이러한 점은 감정평가사를 대상으로 수익환원법에 의한 가격과 타방식에 의한 가격이 균형을 이루었는지를 질문한 결과 비교적 잘 유지되었다고 응답한 비율이 8.7%에 불과하였던 기존의 연구 결과와도 일치하는 것이다.[66)]

그러나 부동산의 수익(임대료)을 대상 부동산으로부터 직접 구하여 가격을 구하는 직접법을 수익환원법 적용 시에 주된 방법으로 사용하는 실무에서도 조사된 지불임대료를 사정보정 없이 그대로 사용하지는 않는다. 부동산 시장은 매우 불완전한 시장이며 특히 임대시장은 특별한 사정이 개입되는 경우가 더욱 많기 때문이다.

그리고 수익환원법에서의 수익은 예측의 원칙에 기초를 두고 있다는 점 또한 간과해서는 안된다. 원론적으로 수익환원법에서의 수익은 현재의 수익이 아니라 장래에 산출될 것으로 기대되는 미래의 수익이고, 상대적이며 관념적인 최유효이용을 전제로 한 수익[67)]이므로, 하위상권의 회귀분석 결과 실제지불임대료의 토지가격 설명력이 낮다는 것만으로 수익환원법의 가격설명력이 낮다고 단정할 수는 없을 것이다.

각 하위상권별 계수(β)는 ㎡당 월임료가 1원 증가할 때, ㎡당 토지가격은 46.72원(이

65) 예를 들어 지하철 공사가 진행되는 지역은 공사에 따른 통행 불편 등 영업상의 불리함으로 인해 해당 점포의 임대료는 저렴하게 책정되어도 토지가격은 지하철 완공 후의 가격 상승에 대한 기대감으로 높게 형성될 수 있으므로 임대료의 설명력이 떨어지게 된다.

66) 이청기, 전게서, p.58

67) 바브콕(Fredrick M. Babcock)은 감정평가방식의 기본이 되는 공리(公理)를 소개함에 있어서, 최유효이용이 지가를 결정하기 때문에 현존 건물이 최유효이용에 있지 않으면 가정적(假定的)인 건물을 가지고 평가해야 한다고 하였다(홍길성, 전게서, pp.187~190).

대)부터 180.55원(영등포)까지 다양하게 변화한다는 것을 나타내고 있다. 이를 상수와 함께 살펴보면 이대의 경우 상수(α)가 7,149,691이므로, ㎡당 월임료가 50,000원이라면, ㎡당 토지가격은 9,485,691원(7,149,691원 + 50,000원×46.72)이 된다는 것을 알 수 있다. 영등포의 경우는 월임료가 똑같이 50,000원이라면 상수(α)가 3,835,789이므로, ㎡당 토지가격은 12,863,289원(3,835,789원 + 50,000원×180.55)이 된다.

그러나 이러한 각 하위상권의 회귀식을 예측모형으로 사용하기에는 결정계수(R^2)의 값이 너무 낮다는 한계가 있다.

3) 토지가격과 1층 임대료의 비율 분석 결과

(1) 토지가격과 1층 임대료 비율

토지가격 / 월임료 비율(배율)을 보면, 최소 175배(홍대)에서 최대 361배(강남역)까지 상당히 큰 차이를 보이고 있다.

그런데 이 비율은 부동산 시장의 다수의 임대사례와 거래사례[68]로부터 추출된 것이므로 시장추출법의 일종인 직접시장비교법(直接市場比較法)으로 구한 환원이율과 기본적인 성격이 동일하다. 따라서 이는 환원이율이 지역요인에 의해 많은 영향을 받는다는 것을 보여주는 것이므로, 수익환원법을 실무에 적용하기 위해서는 환원이율을 상권별로 세분하여 조사할 필요가 있음을 알 수 있다.

〈표 4-5〉 각 하위상권의 ㎡당 토지가격 / 월임료 비율(배율)[69]

(단위 : 토지가격 - 백만 원/㎡, 임대료 - 천 원/㎡)

	강남역	노원	대학로	명동	신림	신사	신천	신촌	압구정	영등포	이대	천호	홍대
토지가격	13.9	6.5	10.8	38.5	9.8	12.5	10.7	15.2	11.4	10.4	10.8	9.9	5.9
월임료[70]	49.0	35.8	50.4	160.7	39.8	45.4	37.5	64.0	44.9	36.4	78.1	48.1	33.3
비율(배율)	361	199	283	292	265	332	305	252	300	307	193	236	175

자료 : 2005년 '임대사례조사' 자료를 기초로 작성함

그러나 위의 배율을 다시 광역시장(권역) 별로 살펴보면 강남권역에 속하는 강남역, 신사, 압구정 상권은 각각 배율이 361배, 332배, 300배로 서로 유사한 수치를 보이고

68) 본 연구에서 표본으로 사용한 '임대사례조사' 표본의 토지가격은 '실거래가격수준 등을 반영하여 거래가격수준으로 평가한 것'이다.

69) 이 표에서의 배율(상권평균배율)은 이 표의 토지가격평균을 월임료평균으로 나눈 값과는 다르다. 왜냐하면 여기서의 배율은 각 표본의 토지가격 / 월임료 배율을 다시 평균한 것(평균값의 평균)이기 때문이다. 그리고 홍대 상권의 표본 중 토지가격 / 월임료 비율이 다른 표본에 비하여 약 10배인 표본이 있으므로 분석의 왜곡을 피하기 위해 이 표본 1개를 제외하고 상권평균배율을 계산하였다.

70) 건설교통부, 「2005년 오피스·매장용빌딩 임대료조사 및 투자수익률 추계결과 보고서」, p.120 자료에 의하며, 서울지역 상권 전체의 ㎡당 평균 월임료는 48,200원이다.

있으며, 신촌권역에 속하는 신촌, 이대, 홍대 상권은 각각 배율이 252배, 193배, 175배로 역시 서로 유사한 수치를 보이고 있다.

따라서 하위상권별로 환원이율을 구하는 것이 현실적으로 어렵다면 광역시장별로 환원이율을 구하는 것도 수익환원법을 적용하는 데에는 매우 유용할 것이라는 사실을 확인할 수 있다.

본 논문에서 '토지가격 / 월임료 비율(배율)'을 별도로 분석한 것은 총임료승수법[71]으로 임대주택의 개략적인 가격을 쉽게 구하는 것처럼, 동 비율을 적용하면 매장용건부지의 개략적인 가격을 쉽게 구할 수 있을 것으로 생각했기 때문이다.[72]

그러나 매장용건부지의 경우는 〈표 4-6〉에 나타난 바와 같이 임대주택과는 달리 '토지가격 / 월임료 비율'의 편차가 큰 표본이 너무 많기 때문에 이러한 방식을 실무에 그대로 적용하기는 어렵다는 것을 알게 되었다.

〈표 4-6〉 토지가격 / 월임료 비율이 평균비율보다 50% 이상 차이 나는 표본수

상권명	표본수	평균비율보다 50% 이상 차이 나는 표본수	평균비율보다 50% 이상 차이 나는 표본비율(%)
강남역	25	11	44.0
노 원	30	6	20.0
대학로	25	11	44.0
명 동	23	7	30.4
신 림	18	9	50.0
신 사	18	5	27.8
신 천	17	1	5.9
신 촌	18	4	22.2
압구정	42	15	35.7
영등포	33	8	24.2
이 대	25	14	56.0
천 호	17	6	35.3
홍 대	20	2	10.0
전 체	311	99	31.8

자료 : 2005년 '임대사례조사' 자료를 기초로 작성함

그러나 이러한 비율이 상권별로 파악된다면, 1층 임대료를 통해 그 부지의 적정가격

71) '총임료승수(Gross Rent Multiplier)법'은 임대주택의 평가에 주로 사용하는 간단한 평가방법으로 어떤 지역에 유사한 부동산이 다수 있을 경우, 미리 거래가격을 총임료로 나눈 총임료승수를 구해 놓은 뒤, 평가하고자 하는 부동산의 총임료에 이 승수를 곱하여 가격을 구하는 방법이다.

72) 예컨대 어떤 매장용부동산의 1층 ㎡당 월임료가 10만 원이고 당해 상권의 '㎡당 토지가격 / 임대료 배율'이 300이라면, 그 건부지의 ㎡당 가격은 3천만 원이 될 것이다.

수준을 파악하거나, 역으로 그 부지 가격을 통해 1층 임대료(층별효용비율을 적용한다면 2층 이상의 임대료)의 적정 수준을 파악하는데 하나의 기준이 될 수는 있을 것이다.

(2) 토지가격 / 월임료 비율의 편차가 큰 표본수

〈표 4-6〉의 표로서 알 수 있는 바와 같이 전체 표본의 31.8%에 해당하는 표본이 토지가격/월임료의 상권별 평균비율보다 50% 이상 높거나 낮은 비율을 보이고 있다. 더욱이 신림, 이대 상권은 표본의 반 이상이 그러한 표본이다.

이는 기술한 바와 같이 결정계수(R^2) 값을 낮추는 중요한 원인으로 작용하고 있는 것으로 판단된다. 실제로 각 상권별 선형모형 분석결과를 기준으로 볼 때, 신림 상권은 13개 상권 중에서 결정계수(R^2)가 가장 낮고, 이대 상권은 두 번째로 낮다.

4 수익환원법 적용과 관련한 실무적 검토

1) 적정임대료를 독립변수로 한 분석

(1) 이론적 근거

부동산 시장은 대표적인 불완전 시장이다. 따라서 누구나 용이하게 시장에서 그 적정가격을 식별할 수 없는 부동산의 감정평가는 국가에서 자격을 인정받은 감정평가사만 할 수 있도록 되어 있다.

감정평가의 과정을 통해 감정평가사가 구하는 부동산가격은 정상가격[73]으로, '통상적인 시장에서 충분한 기간 거래된 후 그 대상물건의 내용에 정통한 거래당사자 간에 통상 성립한다고 인정되는 적정가격'[74]이다. 즉 '합리적인 시장이 존재한다면 거기에서 형성되어야 할 정상적인 시장가치'[75]인 것이다.

따라서 비교방식, 원가방식, 수익방식 중 그 어느 방식을 사용하더라도 사정보정의 과정이 반드시 수반되어야 한다. 왜냐하면 비교방식의 근거가 되는 매매사례, 원가방식의 근거가 되는 재조달가격, 수익방식의 근거가 되는 수익 중 그 어느 것도 항상 합리

73) 정상가격이라는 용어는 「감정평가에 관한 법률」에서 사용되던 용어로 「부동산가격공시 및 감정평가에 관한 법률」 제2조에 규정된 적정가격과 동일한 개념이다.

74) 감정평가에 관한 규칙 제4조

75) 시장가치(market value)라는 개념은 부동산평가이론의 발달과 사회적 변화에 따라 변천되어 왔다. AIREA의 최근 정의에 의하면 "매도자와 매수자는 충분한 지식을 가지고 자신의 이익을 위하여 사려깊게 행동하고, 매매당사자 어느 누구도 부당한 압력을 받지 않은 것으로 가정되는, 공정한 매매가 성립되기 위한 필수적인 모든 조건이 충족된 경쟁시장에서 합리적인 시간동안 노출된 후, 특정한 부동산 권리에 대하여 매도될 가능성이 가장 많은 가격을 특정일을 기준으로 현금, 현금등가 또는 기타 세밀히 명시된 조건이 부과된 상태로 표시한 것"이다(안정근, 전게서, pp.39~51 참조).

적인 시장에서 형성된 것이라고는 할 수 없으며, 만약 삼방식의 기초가 되는 이들 자료가 특별한 사정이 개입된 것이라면 감정평가사는 그에 합당한 사정보정을 해야만 적정가격을 도출할 수 있기 때문이다.

그렇다면 실제지불임대료를 기초로 한 분석에서 임대료의 설명력이 낮게 나타났다는 사실만으로 수익환원법의 가격설명력이 낮다고 볼 수는 없을 것이다.

왜냐하면 매장용부동산시장은 부동산시장 중에서도 가장 불완전한 시장에 속하므로 매장용부동산의 실제지불임대료도 특별한 사정이 개입된 경우가 매우 많기 때문이다.

실제로 층별임대료격차율이 특히 비정상적인 27개 표본에 대하여 그 담당자에게 원인을 소명하도록 한바, 그 중 7건이 장기간 임대에 따른 저가임료였고, 5건이 금융기관 등 업종에 따른 고가임료였으며, 4건이 지형상의 이유로 1층이 지하 또는 2층처럼 이용되는 경우였다.

따라서 수익환원법의 가격설명력에 대한 검증은 실제지불임대료를 기초로 할 것이 아니라 사정보정 후의 임료인 적정임대료를 기초로 해야 할 것이다.

(2) 가설 및 분석방법

① 가 설

임대료의 가격설명력이 일부 하위상권에서 낮게 나온 원인은 동 상권 내에 분포한 표본의 임대료에 특별한 사정이 개입된 경우가 많기 때문이며, 따라서 실제지불임대료가 아닌 '적정임대료를 독립변수로 사용한다면 상관계수와 결정계수 값이 높아질 것'이라는 것을 가설로 정하였다.

② 분석방법

가설을 검증하기 위한 분석방법은 본 장에서 '실제지불임대료'를 변수로 분석했던 것과 동일한 방법을 사용하였다. 즉 매장용 건부지의 ㎡당 가격과 ㎡당 1층 적정임대료를 변수로 상관관계분석을 하여 그 상관관계의 정도를 알아본 뒤, 1층 적정임대료를 독립변수로, 매장용 건부지의 가격을 종속변수로 하는 단순회귀분석을 하였다. 그 모형은 선행한 회귀분석에서 결정계수가 가장 높게 나온 선형 모형을 사용하였다.[76)]

(3) 표본의 채택

분석에는 '실제지불임대료'를 변수로 한 본 장의 회귀분석 결과 결정계수(R^2)가 평균 이하로 나온 상권 중 단일상권으로서의 개별성이 강하고 지역적으로 서로 떨어져 있는

---

76) 선형 모형의 식은 $Yi = \alpha + \beta Xi + \varepsilon$이며, Yi는 하위상권 i의 ㎡당 토지가격, Xi는 하위상권 i의 ㎡당 1층 적정임대료이다.

4개 상권(노원, 신림, 신사, 이대)의 표본을 선택하였다.

결정계수가 낮은 상권을 선택한 이유는 그 값이 낮은 상권일수록 가설 검증의 결과가 분명하게 나타날 것으로 판단하였기 때문이다. 즉 적정임대료가 지불임대료보다 가격 설명력이 높을 것이라는 가설의 검증은 결정계수(R^2) 값의 변화를 통해 확인되는 것이므로, 특별한 사정이 개입된 지불임대료(독립변수)가 많아 결정계수가 낮은 상권일수록 독립변수를 적정임대료로 교체함에 따른 그 값의 변화가 뚜렷할 것이기 때문이다.

(4) 독립변수의 설정

분석에 사용한 독립변수인 1층의 적정임대료는 2005년도 '임대사례조사'를 담당한 감정평가사가 해당 면적의 적정한 시장 임대료를 판단하여 결정한 2005. 4. 1일부터 2005. 6. 30일까지의 월 평균 ㎡당 적정임대료[77]로 하되, 각 점포의 면적을 기준으로 가중산술평균한 ㎡당 적정임대료(전환율을 사용하여 임대료 전체를 월세로 환산한 임대료)로 하였다.

이때의 적정임대료는 지불임대료가 조사되지 않았거나 조사된 지불임대료가 시장상황을 반영하지 못하는 특수한 경우에 비교사례임대료를 근거로 시점수정, 개별요인, 기타요인 등을 종합적으로 감안하여 산정하도록[78] 되어 있다.

그러나 적정임대료는 임대사례조사의 통계에 직접 사용되는 것이 아니고, 검수과정에서도 중요하게 검토하는 사항이 아니어서 실제로 담당 감정평가사가 지불임대료를 적정임대료로 조정하는 비율은 아래 표와 같이 매우 낮다.

그리고 본 절의 분석은 지불임대료와 적정임대료의 설명력 차이를 알아내기 위한 것이므로 적정임대료는 조사되었으나 지불임대료가 조사되지 않은 점포는 제외하였다.[79]

〈표 4-7〉 4개 상권의 지불임대료 조정비율

상권명	표본수	표본 내 1층 점포수(A)	지불임대료 조정점포수(B)	지불임대료 조정비율(B/A)
노 원	30	102	16	16.7%
신 림	18	40	9	24.3%
신 사	18	36	6	19.4%
이 대	25	51	5	10.6%
계	91	229	36	17.8%(평균율)

자료 : 2005년 '임대사례조사' 자료를 기초로 작성함

77) 건설교통부, 전게서, p.89
78) 상게서, pp.88~91
79) 분석 대상 4개 상권의 1층 점포 중 지불임대료가 조사되지 않은 점포의 수는 노원 6, 신림 3, 신사 5, 이대 3개이다.

(5) 분석결과

① 상관관계분석 결과

4개 상권의 적정임대료를 기초로 상관관계분석을 실시한 결과 유의수준 5% 내에서 모두 유의하며, 상관계수는 지불임대료를 기초로 했을 때와 비교하여, 노원이 0.588에서 0.578로, 이대는 0.504에서 0.491로 거의 변동이 없으나, 신림은 0.493에서 0.588로, 신사는 0.646에서 0.698로 상승하였다.

따라서 지불임대료 대신 적정임대료를 사용하면 상관계수 값이 높아질 것이라는 가설은 입증되었다고 볼 수 있지만, 그 변화는 뚜렷하지 않다.

그 원인은 〈표 4-7〉에서 알 수 있는 바와 같이 지불임대료를 적정임대료로 조정한 비율이 17.8%에 불과한 것과, 통계 산출이 목적인 임대사례조사의 특성상 통계에 직접 사용되지 않는 적정임대료는 그 산정이 정밀하지 못하기 때문인 것으로 판단된다.

그밖에 임대사례조사 담당자가 적정임대료를 산정할 때 그 산정 기준을 상권 전체에서의 표본의 위치에 두지 않고, 표본 내에서의 균형성에 두었기 때문인 것으로 판단된다. 왜냐하면 임대사례조사 보고서를 납품할 때 받게 되는 검수는 표본별로 이루어지기 때문에 담당 감정평가사는 표본 내의 균형성(표본 내 점포간의 균형성)에 더 치중하여 적정임대료를 산정하는 경향이 있기 때문이다.

② 회귀분석 결과

선형 모형으로 4개 상권을 회귀분석한 결과를 보면, 상권별 계수(β)는 유의수준 5% 내에서 모두 유의한 것으로 나타났다. 그리고 각 상권별 결정계수(R^2) 값을 살펴보면, 지불임대료를 기초로 했을 때와 비교하여 노원은 0.346에서 0.334로, 이대는 0.255에서 0.241로 거의 변동이 없으나, 신림은 0.243에서 0.346으로, 신사는 0.417에서 0.488로 상승하였다.

따라서 적정임대료를 독립변수로 한 회귀분석 결과는 지불임대료 대신 적정임대료를 사용하면 결정계수 값이 높아질 것이라는 가설을 대체로 입증한다고 볼 수 있다. 그러나 적정임대료를 사용함에 따른 결정계수(R^2) 값의 변화는 뚜렷하지 않았다. 그 원인은 상관관계분석 결과에서 살펴본 바와 같다.

〈표 4-8〉 4개 상권의 상관관계분석 결과(1)

	노 원	신 림	신 사	이 대
상관계수	0.578**	0.588*	0.698**	0.491*
Sample_N	30	18	18	25

* 유의수준 5%, ** 유의수준 1%

〈표 4-9〉 4개 상권의 회귀분석 결과(1)

상권명	구 분		t-value	R-square	ad-R square	Sample_N
노 원	상수(α)	4,138,229**	6.22	0.334	0.310	30
	계수(β)	63.27**	3.75			
신 림	상수(α)	3,253,471	1.39	0.346	0.305	18
	계수(β)	160.01*	2.91			
신 사	상수(α)	4,436,941*	2.56	0.488	0.456	18
	계수(β)	160.23**	3.90			
이 대	상수(α)	6,956,568**	4.23	0.241	0.208	25
	계수(β)	46.64*	2.70			

* 유의수준 5%, **유의수준 1%

2) 바닥권리금을 독립변수로 추가한 분석

(1) 이론적 근거

권리금[80]은 수익환원법 적용에 있어서 실무상 고려의 대상이 되지는 않는다. 즉 임대료를 환원이율로 환원하여 가격을 구하는 수익환원법의 산식에서 권리금이 차지할 공간은 없다. 왜냐하면 권리금은 부동산의 소유자인 임대인 또는 부동산의 수요자인 투자자와 관계없이 대부분 임차인 간에 수수되는 것[81]이며, 따라서 부동산 가격 결정에 직접적인 영향을 주는 것은 아니기 때문이다.

그러나 임차인의 입장에서 보면 권리금은 임대보증금과 유사한 성격을 가지고 있다. 왜냐하면 어떤 점포가 동일한 여건의 다른 점포에 비해 권리금이 많다면 임대보증금이 그에 상당한 만큼 저렴할 경우에만 임차인은 그 점포를 선택할 것이기 때문이다. 즉 어떤 점포가 동일한 여건의 다른 점포에 비해 임대보증금이 저렴하다면 임차인은 그 차이만큼 다른 점포보다 더 많은 권리금을 지불하고도 그 점포를 선택할 수 있을 것이므로, 임대보증금과 권리금은 임차인 입장에서는 대체관계가 성립하는 것이다.[82]

80) 권리금은 흔히 매장용빌딩에서 기존 임차인과 신규 임차인 간에 영업, 시설, 바닥 등과 같은 이권을 대상으로 거래가 이루어질 때 지불되는 금액을 의미한다(건설교통부, 「임대사례조사 업무요령」, 2005, p.90).

81) 신축 건물의 경우는 예외적으로 임대인이 받는 경우도 있다.

82) 최재경의 선행 연구에 의하면, '임대료 중 임대보증금이 높으면 상대적으로 권리금이 높게 형성되지 못한다. 그 이유는 새로운 임차인이 총 양도양수대금이 많으면 벅차고 차기 양도시 또 다시 어려움이 따르기 때문이다. 예컨대 권리금 7,000만 원에 보증금 3,000만 원인 경우와 권리금 7,000만 원에 보증금 4,000만 원인 경우, 결국 후자의 총 매장인수대금이 커서 권리금이 하락될 수밖에 없다. 또한 임대료가 인상되는 만큼 권리금이 하락되는 경우가 대부분이다'(최재경, "상가임대차에 따른 권리금에 관한 연구", 건국대학교 석사학위논문, 1998, p.10).

따라서 지불임대료만을 변수로 할 경우보다 지불임대료와 대체관계를 가지는 권리금을 함께 변수로 고려할 경우에 결정계수(R^2) 값은 상승할 수 있을 것으로 판단된다.[83)]

물론 이때의 권리금은 영업권리금이나 시설권리금[84)]은 아니다. 왜냐하면 영업권리금이나 시설권리금은 그 성격상 임대보증금과 대체관계에 있지 않기 때문이다. 따라서 본 분석에 사용할 권리금은 바닥권리금[85)]에 한정된다.

그리고 선행 연구에 의하면, 임차인이 시설비의 대가(시설권리금)라고 생각한 경우도 사실은 상당부분이 위치에 대한 대가 즉 바닥권리금이었으므로[86)] 그 금액을 파악하는데 있어서는 많은 주의가 요구된다.

(2) 가설 및 분석방법

① 가설

지불임대료의 가격설명력이 일부 하위상권에서 낮게 나온 원인은 임차인의 입장에서 본다면 임대보증금과 대체관계에 있는 권리금(바닥권리금)을 고려하지 않았기 때문이며, 따라서 '바닥권리금을 임대료와 함께 변수로 투입한다면 상관계수와 결정계수 값이 높아질 것'이라는 것을 가설로 정하였다.

② 분석방법

가설을 검증하기 위한 분석방법은 본 장에서 '실제지불임대료'를 변수로 분석했던 것과 동일한 방법을 사용하였다. 즉 매장용 건부지의 ㎡당 토지가격을 하나의 변수로 하고, ㎡당 1층 지불임대료(월세전환임대료)와 바닥권리금(보증금처럼 전환율을 이용하여

83) 예컨대 제 요인이 유사한 전세금 7,000만 원에 권리금 3,000만 원인 점포와 전세금 6,000만 원에 권리금 4,000만 원인 점포가 있다면 임대료만을 변수로 분석할 때보다 권리금을 합산하여 분석할 때가 토지가격과의 상관성이 높아질 것이다.

84) 영업권리금은 임차인이 자신의 노력에 의해 점포 또는 상가를 활성화하여 형성된 권리금으로 상가를 자주 찾아오는 확보된 고객에 대한 대가, 우수한 점포운영에 따른 명성이나 인지도, 프랜차이즈 독점계약 등에 의한 독점적 지위 등이 형성 요인이 되며, 시설권리금은 현재의 임차인과 신규 임차인이 동종업인 경우 현재 임차인이 초기 개점시 투여한 시설비용(인테리어, 간판, 기자재 등)에 대한 대가를 요구할 때 형성되는 것이다(건설교통부, 전게서, p.96).

85) 바닥권리금은 상권이 가져다주는 기본 영업력에 대한 대가로 흔히 '자리'가 좋아 영업이 잘되는 것에 대한 대가이다. 영업권리금과 구별되는 대표적인 사례는 입지가 매우 좋은 신규 상가에 영업권이 형성되기 이전 권리금이 형성되는 경우로, 이는 임차인의 노력에 의한 대가이기보다 입지적 우월성에 의한 대가이다(건설교통부, 상게서, p.96).

86) 신림 9동 일대에서 무작위로 추출한 임차인 120명을 대상으로 한 설문조사 결과, 83명이 권리금을 '시설비에 대한 대가'로, 80명은 '점포의 위치가 좋은 대가'로 응답(복수 응답)했지만, 점포내부 시설을 자신이 직접 한 경우가 77.5%였고, 비어 있는 건물에도 권리금을 지불한 경우가 70.6%였다. 그리고 권리금을 전임차인에게 지급한 68명 중 시설을 전임차인으로부터 인수한 경우는 21명(30.9%)에 불과하여 권리금이 시설투자비의 회수와는 큰 상관관계가 없음을 알 수 있다. 즉 권리금이 수수되는 관행의 많은 부분이 영업양도의 보상 또는 시설투자비의 회수라는 측면보다는 건물 자체에 붙어 있는 이른바 바닥권리금의 명목으로 이루어지고 있음을 나타낸다(박창범, 「권리금에 관한 연구」, 연세대학교 석사학위논문, 2002. pp.99~102).

월세로 환산한 권리금)의 합을 또 다른 변수로 하여 상관관계분석을 통해 상관성의 정도를 알아본 뒤, ㎡당 토지가격을 종속변수로 ㎡당 1층 지불임대료와 바닥권리금의 합을 독립변수로 하는 단순회귀분석을 하였다. 그 모형은 선행한 회귀분석에서 결정계수가 가장 높게 나온 선형 모형을 선택하였다.[87]

물론 임대료와 바닥권리금은 비록 임차인 입장에서 볼 때 대체관계적(代替關係的)인 성격이 있다고 해도 본질적인 성질이 다르다. 따라서 이 양자를 두 개의 독립변수로 하는 다중회귀분석을 선택하는 것이 이론적으로는 타당할 것이다.

그러나 본 절의 연구 목적은 실무에 활용하기 위한 것이므로 단순회귀분석을 선택하였다. 왜냐하면 수익을 환원이율로 환원하여 가격을 구하는 수익환원방식의 구조상 연구 결과를 평가실무에 적용하려면 권리금으로 임대료를 조정하는 형태가 아니면 그 활용이 매우 어렵기 때문이다.

본 분석에서는 권리금을 별도의 독립변수로 했을 때의 계수(β)와 결정계수(R^2)의 변화 형태를 알아보기 위해 다중회귀분석도 추가로 해 보았다.

(3) 표본의 채택

분석에는 '실제지불임대료'를 변수로 한 본 장의 회귀분석 결과 결정계수(R^2)가 평균 이하로 나온 상권 중 단일상권으로서의 개별성이 강하고 지역적으로 서로 떨어져 있는 4개 상권(노원, 신림, 신사, 이대)의 표본을 선택하였다. 그 이유는 적정임대료를 독립변수로 한 분석에서와 같다.

(4) 독립변수의 설정

분석에 사용한 독립변수를 구성하는 1층의 지불임대료는 본 장 2의 2)에서 기술한 지불임대료와 같고, 또 다른 구성요소인 ㎡당 1층 바닥권리금은 분석 대상 4개 상권의 임대사례조사를 담당한 감정평가사들에게 개별적으로 조사를 요청하여 수집한 자료를 사용하되, 상권별로 표본의 권리금을 지번도(地番圖)에 표시하여 표본 간의 권리금을 상호 비교하여, 상권 내에서의 위치로 보아 권리금이 잘못 조사된 것이 분명한 표본(바닥권리금에 시설권리금 등이 혼입(混入)되었거나, 바닥권리금을 다른 종류의 권리금으로 착각하여 제외한 것으로 판단되는 표본)과 권리금이 조사되지 않은 표본에 대하여는 현장 실사를 통해 바닥권리금을 다시 조사하여 이를 보완하였다.

---

87) 그 식은 선형모형의 경우 $Yi = \alpha + \beta Xi + \varepsilon$이고, Yi는 하위상권 i의 ㎡당 토지가격, Xi는 하위상권 i의 ㎡당 1층 지불임대료 + 바닥권리금이다.

(5) 분석결과

① 상관관계분석 결과

4개 상권의 토지가격과 지불임대료 + 권리금을 두 변수로 상관관계분석을 한 결과, 유의수준 1% 내에서 모두 유의하고, 상관계수는 지불임대료를 기초로 했을 때와 비교하여 노원이 0.588에서 0.689로, 신림이 0.493에서 0.715로, 신사는 0.646에서 0.760으로, 이대는 0.504에서 0.577로 각각 상승하였다.

따라서 지불임대료만을 변수로 하였을 때보다 권리금을 변수로 추가하면 상관계수 값이 높아질 것이라는 가설이 입증되었다.

〈표 4-10〉 4개 상권의 상관관계분석 결과(2)

	노 원	신 림	신 사	이 대
상관계수	0.689**	0.715**	0.760**	0.577**
Sample_N	30	18	18	25

** 유의수준 1%

② 단순회귀분석 결과

지불임대료 + 권리금을 독립변수로, 토지가격을 종속변수로 하여, 선형 모형으로 4개 상권을 단순회귀분석한 결과를 보면, 상권별 계수(β)는 유의수준 1% 내에서 모두 유의한 것으로 나타났다.

그리고 각 상권별 결정계수(R^2) 값을 살펴보면, 지불임대료를 기초로 했을 때와 비교하여 노원이 0.346에서 0.474로, 신림이 0.243에서 0.512로, 신사는 0.417에서 0.577로, 이대는 0.255에서 0.333으로 각각 상승하였다.

따라서 지불임대료만을 변수로 하였을 때보다 권리금을 변수로 추가하면 결정계수 값이 높아질 것이라는 가설이 입증되었다. 이는 바닥권리금이 불합리한 지불임대료를 교정하여 수익환원법의 가격설명력을 높여주는데 기여할 수 있음을 보여주는 것이다.

그렇지만 실무에 적용할 경우에는 권리금과 임대보증금의 성격이 다르다는 점이 어떤 형태로든 고려되어야 할 것이다. 즉 권리금 전체를 보증금에 합산하여 계산하는 것보다는, 임차인 입장에서 볼 때 같은 금액이라면 임대 종료시 반환이 보장되는 보증금 쪽을 더 선호할 것이라는 점을 감안하여 권리금의 일정 비율만을 보증금에 합산하여 계산하는 등의 방법을 생각할 수 있을 것이다.

지금까지 수익환원법과 관련한 기존 연구에서 권리금의 가격설명력에 착안한 연구가 없었던 점을 생각하면 바닥권리금에 대한 이러한 분석은 우리나라 실정에 맞는 수익환원법 모델의 개발로 연결될 수 있는 중요한 의미를 갖는다고 판단된다.

〈표 4-11〉 4개 상권의 회귀분석 결과(2)

상권명	구 분		t-value	R-square	ad-R square	Sample_N
노 원	상수(α)	3,911,254**	7.11	0.474	0.456	30
	계수(β)	51.98**	5.03			
신 림	상수(α)	2,449,215	1.25	0.512	0.481	18
	계수(β)	135.42**	4.09			
신 사	상수(α)	3,981,126*	2.57	0.577	0.551	18
	계수(β)	114.56**	4.67			
이 대	상수(α)	6,248,577**	4.03	0.333	0.304	25
	계수(β)	48.37**	3.39			

* 유의수준 5%, ** 유의수준 1%

③ 다중회귀분석 결과

임대보증금과 권리금은 그 기본적 성격이 다른 것이므로 계수(β)와 결정계수(R^2)의 변화 형태를 알아보기 위해 (월세환산)지불임대료와 (월세환산)바닥권리금을 두 개의 독립변수로 하는 다중회귀분석을 시도해보았다.

〈표 4-12〉 4개 상권의 다중회귀분석 결과

상권명	구 분		t-value	R-square (adjust-Rsquare)	F-statistic (pr > F)	VIF	Sample_N
노 원	상수(α)	4,134,482**	7.52	0.524 (0.489)	14.87 (<.0001)	10.83	30
	월세 계수($β_1$)	104.72**	3.16				
	권리금계수($β_2$)	−78.73	−1.68				
신 림	상수(α)	1,991,669*	2.35	0.915 (0.904)	80.92 (<.0001)	11.24	18
	월세 계수($β_1$)	4.29	0.20				
	권리금계수($β_2$)	520.40**	10.90				
신 사	상수(α)	3,619,710*	2.54	0.672 (0.628)	15.33 (0.0002)	13.18	18
	월세 계수($β_1$)	51.42	1.36				
	권리금계수($β_2$)	276.32**	3.41				
이 대	상수(α)	2,808,602*	2.37	0.726 (0.701)	29.17 (<.0001)	82.41	25
	월세 계수($β_1$)	−4.52	−0.34				
	권리금계수($β_2$)	522.58**	6.16				

* 유의수준 5%, ** 유의수준 1%

4개 상권의 지불임대료와 바닥권리금을 각각 독립변수로 하여 다중회귀분석을 한 결과를 살펴보면, 분산분석(F-statistic) 결과는 1% 내에서 모두 유의하고, 결정계수(R^2)는 노원이 0.524, 신림이 0.915, 신사가 0.672, 이대가 0.726으로, 지불임대료만을 독립변수로 한 단순회귀분석이나 지불임대료 + 권리금을 독립변수로 한 단순회귀분석의 결정계수에 비해 높은 수준을 보이고 있다.

그러나 월세 계수(β_1)의 경우 노원을 제외하고는 3개 상권 모두에서 유의하지 않은 것으로 나타났고, 권리금 계수(β_2)의 경우는 노원 상권에서 유의하지 않은 것으로 나타났다

더욱이 월세 계수의 경우 이대 상권에서 (-)의 부호로 나와 월세가 높아질수록 토지가격은 낮아지는 관계로 나타났고, 권리금 계수의 경우 노원 상권에서 (-)의 부호로 나와 권리금이 높아질수록 토지 가격은 낮아지는 관계로 나타났다.

이러한 결과가 나온 원인을 분석한 바, 분산팽창계수(VIF)가 10 이상으로 독립변수인 지불임대료와 바닥권리금 사이에 공선성(collinearity)이 있기 때문인 것으로 파악되었다.

이러한 사실은 지불임대료와 바닥권리금을 두 변수로 한 상관관계분석을 통해서도 확인할 수 있다.

〈표 4-13〉 지불임대료와 바닥권리금의 상관관계분석 결과

	노 원	신 림	신 사	이 대
상관계수	0.635**	0.502**	0.612**	0.627**
Sample_N	30	18	18	25

** 유의수준 1%

〈표 4-13〉에서 상관계수가 4개 상권 모두에서 0.5 이상으로 나타난 바, 두 변수 사이에는 공선성이 있으며, 따라서 두 독립변수를 모두 사용하여 다중회귀분석을 하는 것은 부적절하다는 것을 알 수 있다.

5 4개 표본을 대상으로 한 시뮬레이션

1) 시뮬레이션의 목적

4개 표본을 대상으로 한 시뮬레이션의 목적은, 단순회귀분석 모형의 회귀식을 사용하여 구한 토지가격이 감정평가사가 비교방식으로 평가한 가격(공시지가를 기준으로 실거래가격 수준 등을 반영하여 적정거래가격 수준으로 평가한 가격)과 어느 정도 부합하는가를 검증함으로써 '회귀분석을 이용한 평가'라는 새로운 기법의 적용 가능성을 확인

해 보려는 것이며, 나아가 지금까지 답보 상태에 머물던 감정평가 기법의 다양화 및 선진화에 기여하고자 하는 것이다.

그리고 수익환원법을 평가 목적물에 직접 적용하였을 경우 비교방식으로 구한 가격과 일치하는 정도를 확인하여, 통계적인 방법으로 검증한 수익환원법의 가격설명력을 시뮬레이션을 통해 재검증하려는 것이다.

2) 시뮬레이션에 사용할 표본의 채택

시뮬레이션에 사용할 표본은 본장 4의 1), 2)에서 분석 대상으로 삼은 4개 상권(노원, 신사, 신림, 이대)에 속한 표본 중에서 각 1개씩 선택하되, 아래 세 가지 조건을 충족한 표본으로 하였다.

첫째, 건물 내 모든 점포의 지불임대료가 조사된 표본

둘째, 당해 지역 표본의 표준적(평균) 층수[88]와 근접한 표본

셋째, 건축년도[89]가 2006년과 가장 근접한 표본

위의 조건들 중 첫째 조건은 지불임대료를 기초로 분석한 본 장의 연구 결과를 검증하려는 시뮬레이션의 목적에 따른 것이며, 나머지 조건은 건물이 최유효이용상태와 가까운 것을 선택하려는 이유 때문이다.

선택된 표본의 기본적 사항은 다음 표와 같다.

〈표 4-14〉 4개 표본의 기본적 사항

상권명	지 번	층 수	건축년도	토지면적(㎡)	건물연면적(㎡)
노 원	상계동 ××	4(지하 1층)	1992	172	449.94
신 림	신림동 ××	5(지하 1층)	1991	504	1,753.38
신 사	신사동 ××	5(지하 1층)	1990	322	949.65
이 대	대현동 ××	4(지하 1층)	1995	109	291.83

3) 4개 표본의 임대료 및 가격 상황

채택된 4개 표본은 임대사례조사를 담당한 감정평가사에 의해 각 층의 지불보증금, 지불월세, 적정임대료가 조사되어 있다. 이중 특별한 사정이 개입되어 있음에도 적정임대료가 조사되지 않았거나, 조사되었더라도 본 표본의 상권 내에서의 위치와 현장 실사

88) 노원의 평균 층수는 5.2층, 신림은 4.4층, 신사는 4.6층, 이대는 4.3층이다.
89) 노원의 평균 건축년도는 1992년, 신림은 1987년, 신사는 1985년, 이대는 1987년이다.

를 통해 확인한 임대료 수준에 비추어 임대사례조사 담당자가 조사한 적정임대료가 맞지 않다고 판단되는 경우에는, 임대사례조사 업무요령'에 따라 시장상황, 임대순위, 기타사항 등을 고려하여[90] 적정한 시장임대료로 조정하였다. 그 내용을 정리하면 〈표 4-15〉와 같다.

〈표 4-15〉 4개 표본의 임대료 상황[91]

표본명	총지불보증금	총지불월세	층별	면적(㎡)	월세 전환률	월세환산지불 임료(㎡당)	월세환산적정 임료(㎡당)
노원 표본	197,000,000	5,450,000	-1	119.26	12	11,655	11,655
			1	85.76	12	36,169	36,169
			2	85.76	12	15,636	15,636
			3	85.76	12	11,978	11,978
			4	73.40	12	7,679	7,679
신림 표본	686,000,000	16,450,000	-1	369.50	12	15,480	15,480
			1	200.72	12	37,365	49,820
			2	295.79	12	13,489	20,924
			3	295.79	12	7,438	15,444
			4	295.79	12	6,761	12,455
			5	295.79	12	6,423	10,960
신사 표본	180,000,000	11,470,000	-1	225.07	15	10,275	10,275
			1	151.90	15	25,839	25,839
			2	151.90	15	14,779	14,779
			3	151.90	15	13,660	13,660
			4	151.90	15	13,002	13,002
			5	116.98	15	10,151	10,151
이대 표본	306,000,000	12,200,000	-1	65.79	12	21,280	21,280
			1	56.51	12	190,232	109,538
			2	56.51	12	23,890	27,384
			3	56.51	12	19,466	17,526
			4	56.51	12	11,679	11,679

자료 : 2005년 '임대사례조사' 자료 및 현장실사 결과를 기초로 작성함

또한 채택된 4개 표본은 임대사례조사를 담당한 감정평가사에 의해 '적정가격수준으로 평가한' 토지가격과, 한국감정원 발행 건물신축단가표를 활용하여 그 구조, 용재, 시공 및 관리상태, 내용년수, 자본적 지출내용, 경제적 감가요인 등을 종합적으로 고려하

90) 건설교통부, 전게서, p.89

91) ㎡당 월세환산지불임료와 적정임료는 층별 각 점포의 면적을 기준으로 가중산술평균한 ㎡당 지불임대료와 적정임대료이다.

여 평가한 건물 가격이 있다.[92] 그 내용을 정리하면 〈표 4－16〉과 같다.

〈표 4－16〉 4개 표본의 가격 상황

(단위 : ㎡, 원)

표본명	토지평가액	토지면적	토지단가	건물평가액	건물면적	건물단가
노 원	1,363,960,000	172	7,930,000	243,417,540	449.94	541,000
신 림	6,602,400,000	504	13,100,000	1,115,149,680	1,753.38	636,000
신 사	2,675,820,000	322	8,310,000	540,350,850	949.65	569,000
이 대	1,689,520,000	109	15,500,000	188,814,010	291.83	647,000

자료 : 2005년 '임대사례조사' 자료를 기초로 작성함

4) 시뮬레이션의 방법

본 연구에서 사용할 시뮬레이션의 방법은, 첫째, 각 표본 1층의 ㎡당 '월세환산 지불임대료'를 기초로 앞에서 도출한 단순회귀식(지불임대료를 변수로 산정한 상권별 회귀식)에 대입하여 토지가격(㎡당)을 산출해서, 감정평가사가 비교방식으로 평가한 토지가격(㎡당)과 비교한다.

둘째, 표본 건물 전체의 '지불임대료'에서 경비를 공제하여 순이익을 구하고, 다시 토지잔여법으로 토지에 귀속할 순이익을 정한 뒤, 이를 환원이율로 환원하여 토지가격(㎡당)을 산출해서, 감정평가사가 비교방식으로 평가한 토지가격(㎡당)과 비교한다.

셋째, 각 표본 1층의 ㎡당 '월세환산 적정임대료'를 기초로 앞에서 도출한 단순회귀식(적정임대료를 변수로 산정한 상권별 회귀식)에 대입하여 토지가격(㎡당)을 산출해서, 감정평가사가 비교방식으로 평가한 토지가격(㎡당)과 비교한다.

넷째, 표본 건물 전체의 '적정임대료'에서 경비를 공제하여 순이익을 구하고, 다시 토지잔여법으로 토지에 귀속할 순이익을 정한 뒤, 이를 환원이율로 환원하여 토지가격(㎡당)을 산출해서, 감정평가사가 비교방식으로 평가한 토지가격(㎡당)과 비교한다.

5) 시뮬레이션의 결과

(1) '월세환산 지불임대료'를 기초로 상권별 회귀식에 대입한 결과

〈표 4－17〉의 시뮬레이션 결과를 보면 노원은 회귀식에 의한 가격이 감정평가사가 비교방식에 의하여 평가한 가격과 22.1% 차이가 나고, 신림은 37.2%, 신사는 5.9%, 이

92) 건설교통부, 상게서, p.127

대는 3.5% 차이가 난다. 따라서 신림을 제외하고는 가격 차이가 일반적으로 인정되는 30%의 격차 범위에 드는바, 회귀식에 의한 추계도 감정 실무에서 가격 수준에 대한 사전적(事前的)인 판단 기준이나 시산가격 조정의 참고자료로 사용하는 데는 유용하게 이용될 수 있다는 점이 확인되었다.

나아가 새로운 평가기법으로 발전시킬 수 있는 가능성이 밝혀졌다는 점에서 큰 의미가 있다고 생각된다.

〈표 4-17〉 4개 표본의 회귀식에 의한 가격(1)

표본명	월세환산 지불임료	회귀식($Yi = a + \beta Xi + \varepsilon$)	회귀식에 의한 가격	비교방식에 의한 가격
노 원	36,169	4,207,547 + 63.17 × 36,169 =	6,492,343 (100.0)	7,930,000 (122.1)[93]
신 림	37,365	5,081,404 + 119.48 × 37,365 =	9,545,774 (100.0)	13,100,000 (137.2)
신 사	25,839	5,439,074 + 130.12 × 25,839 =	8,801,244 (105.9)	8,310,000 (100.0)
이 대	190,231	7,149,691 + 46.72 × 190,232 =	16,037,330 (103.5)	15,500,000 (100.0)

(2) '월세환산 지불임대료'를 기초로 수익환원법을 적용한 결과

① 수익환원 방법의 결정

'월세환산 지불임대료'를 기초로 토지가격을 수익환원법으로 산정하기 위한 수익환원의 방법은 직접법으로 결정하였다. 직접법의 산식은 P = a / r(P : 수익가격, a : 순이익, r : 환원이율)이다

② 순이익의 산정

직접법 적용을 위한 순이익의 산정은, 〈표 4-15〉의 표본별 총지불보증금을 월세전환률[94]로 전환하여 전체 월세환산 지불임대료를 구한 뒤, 여기서 총비용을 공제하는 방법으로 산출하였다. 총비용에는 청소비, 시설유지비, 수도광열비, 주차관리비, 제세공과금, 보안경비, 조경관리비, 임대관련비용, 일반관리비용 등이 속한다.

본 표본은 5층 이하의 소규모 건물이므로 총임대 수입의 10%를 경비로 추정하였다.

93) 이 수치(數値)는 두 방식으로 구한 가격 중 낮은 쪽 가격을 100으로 했을 때의 수치로, 실무에서 두 개의 감정가격의 차이를 계산할 때 일반적으로 사용하는 방법에 따른 것이다.

94) 보증금운용이익을 산출하기 위한 보증금운용이율을 월세전환율과 동일한 것으로 가정하였다. 그 이유는 시장에서 보증금과 월세는 전환율을 통해 현실적으로 서로 전환될 수 있기 때문이다.

③ 토지에 귀속되는 순이익의 산정

토지에 귀속되는 순이익은 토지잔여법으로 구하였다. 즉 〈표 4-14〉에 표시된 토지와 건물의 평가액을 기준으로 그 구성 비율에 따라 총 순이익을 토지와 건물에 배분하였다.

④ 환원이율의 결정

수익환원을 위한 환원이율은 순수이율에 대상물건의 위험률을 가산한 율이다. 순수이율은 모든 투자활동에 적용되는 이율로서 가장 안정적인 국·공채이율, 정기예금 이율 등에 기초한 것이고, 위험률은 부동산을 투자 대상으로 함에 따른 위험성, 비유동성, 관리의 난이성, 자금의 안정성 등으로 결정된다.

이론적으로는 수익환원법의 공식이 'P = a / r'이므로 만약 'r'이 미지수(未知數)라면 'r = a / P'가 되어 시장에서의 다수의 수익사례, 거래사례를 통해 구할 수 있는 것이다.[95] 이렇게 환원이율을 구하는 방법이 시장추출법(market extraction method)으로, 본 장 3의 3)에서 분석한 '토지가격과 1층 임대료 비율'이 시장추출법으로 구한 일종의 환원이율이라고 볼 수 있다.

여기서는 정기예금 이자율과 보상평가지침상의 기대이율, 그리고 감정평가업계에서 관행적으로 사용하는 토지에 대한 환원이율을 종합적으로 고려하여 5%로 결정하되, 이대 상권은 소규모 필지가 많아 토지가격에 비해 임대료의 비율이 높은 시장 상황을 고려하여 6%를 적용하였다.

⑤ 수익환원법을 적용한 결과

위와 같은 절차를 거쳐 산정된 (토지에 귀속되는) 순이익과 환원이율을 적용하여 수익가격을 구한 결과를 정리하면 〈표 4-18〉과 같다.

〈표 4-18〉 4개 표본의 수익환원법에 의한 가격(1)

(단위 : 천 원)

표본명	총임료 (월)	총비용 (월)	토지 비율	토지귀속 순이익(년)	환원 이율	수익방식에 의한 가격	㎡당 수익가격	㎡당 비준가격
노원	7,420	742	84.9%	68,035	5%	1,360,700	7,911 (100.0)	7,930 (100.2)
신림	23,310	2,331	85.6%	215,496	5%	4,309,920	8,551 (100.0)	13,100 (153.2)
신사	13,720	1,372	83.2%	123,282	5%	2,465,640	7,657 (100.0)	8,310 (108.5)
이대	15,260	1,526	89.9%	148,162	6%	2,469,367	22,655 (146.2)	15,500 (100.0)

자료 : 2005년 '임대사례조사' 자료와 수익방식 적용결과를 기초로 작성함

95) 홍길성, 전게서, pp.331~340

〈표 4-18〉의 시뮬레이션 결과를 보면 노원은 수익환원법으로 구한 토지가격이 임대사례조사를 담당한 감정평가사가 비교방식에 의하여 평가한 가격과 0.2% 차이가 있고, 신림은 53.2%, 신사는 8.5%, 이대는 46.2% 차이가 있다.

따라서 수익방식으로 구한 가격이 비교방식으로 구한 가격과 상당부분 균형을 이루지 못할 뿐 아니라, 앞에서 상권별 회귀식으로 구한 가격보다도 오히려 못한 결과를 보이고 있다.

이러한 결과가 나온 가장 큰 원인은, 비교방식으로 구한 토지가격(㎡당)에 있어서는 신림과 이대 표본이 유사(18.3%의 격차)한데 반해, 임대료 중에서 가장 큰 비중을 차지하는 1층 임대료(㎡당)에 있어서는 두 표본이 409.1%의 격차(신림 : 37,365원, 이대 : 190,232원)가 있는 것으로 알 수 있듯이, 두 표본 중 어느 한쪽 또는 두 표본 모두 그 지불임대료가 정상적이지 않기 때문인 것으로 판단된다.

이러한 비정상적인 임대료의 원인을 현장 실사를 통해 확인한바, 이대 표본의 경우는 1층이 액세서리를 취급하는 매우 적은 면적의 점포 4개(전용면적 기준 0.8평 ~ 3.5평)로 되어 있어서 단위면적당 지불임대료가 비정상적으로 높은 것으로 조사되었고, 신림 표본은 인접 필지에 대규모 주상복합 건물 신축 공사가 장기간 진행되어 영업상의 지장을 받아 몇 년간 임대료를 인상하지 못했기 때문에 지불임대료가 저가인 것으로 조사되었다.

매장용부동산의 임대료는 이렇듯 개별적인 요인 또는 특별한 사정에 따라 다양하게 결정될 수 있으므로, 지불임대료를 기초로 한 수익환원법의 가격설명력이 약해지는 것이다. 이러한 사실은 본 장 3의 3), '토지가격 / 월임료 비율의 편차가 큰 표본수' 분석 결과로도 확인할 수 있다.

본 시뮬레이션에서 이대 상권의 환원이율도 다른 상권과 같이 일률적으로 5%를 적용한다면 그 단위면적(㎡)당 수익가격은 27,186,000원(148,162,000 ÷ 0.05 / 109㎡)이 되어 비준가격과 75.4%의 차이가 나게 된다.

따라서 수익환원법을 적용할 때에는 상권에 따라 다른 환원이율을 적용해야 한다는 점을 확인할 수 있다.

이러한 사실은 상권별 회귀식으로 구한 이대 표본의 가격이 16,037,283원으로 비교방식에 의한 가격 15,500,000원과 3.5% 차이 밖에 나지 않지만, 서울 전체 회귀식으로 구하면 35,295,036원(3,315,303 + 168.11 × 190,231)이 되어 단일한 환원이율로 구한 위의 수익가격과 오히려 유사(29.8%의 격차)해진다는 점으로도 확인이 된다.

다른 상권에 대해서도 서울 전체 회귀식으로 구한 가격과 위의 수익환원법으로 구한 가격을 비교해 보면 노원은 9,395,673원(3,315,303 + 168.11 × 36,169)으로 18.8%, 신림은 9,596,733원(3,315,303 + 168.11 × 37,365)으로 12.8%의 격차가 있고, 신사는 7,659,097원(3,315,303 + 168.11 × 25,839)으로 두 가격이 일치한다.

따라서 수익환원법으로 매장용 부동산을 평가할 때에는 환원이율을 당해 시장에 맞게 산정해야 하며, 회귀식으로 가격을 구할 때에는 상권별 회귀식을 적용해야 한다는 것을 알 수 있다.

아울러 서울전체 회귀식으로 구한 가격과 위의 수익환원법으로 구한 가격이 모두 30% 격차 이내에 있다는 것은 회귀모형을 새로운 평가기법으로 도입하는 것이 가능하다는 점을 강력히 시사하고 있다고 생각한다.

(3) '월세환산 적정임대료'를 기초로 상권별 회귀식에 대입한 결과

본 분석에서 지불임대료가 적정한지의 여부는 현장 실사를 통해 확인하여 결정하였다. 그 결과 노원과 신사 표본은 당해 시장의 1층 임대료 수준과 층별임대료격차율 등에 비추어 볼 때 지불임대료를 적정임대료로 인정할 수 있었다.

그러나 이대와 신림 표본은 5)의 (2), ⑤에서 기술한 바와 같이 지불임대료가 적정하지 못했다. 따라서 이들 두 표본은, 상권 내의 위치상 유사한 가치를 지니며 동시에 그 1층의 지불임대료가 적정하다고 인정되는 표본의 지불임대료를 기준으로 개별요인 비교를 통해 (두 표본의) 1층 적정임대료를 산정하였다. 2층 이상의 적정임대료는 이렇게 산정된 1층 적정임대료에 시장분석을 통해 도출한 층별임대료격차율을 적용하여 구하였다. 산정된 층별 적정임대료에 대한 내역은 앞에 제시된 '4개 표본의 임대료 상황(〈표 4-15〉 참조)'에 나와 있다.

〈표 4-19〉 4개 표본의 회귀식에 의한 가격(2)

표본명	월세환산 적정임료	회귀식($Yi = \alpha + \beta Xi + \varepsilon$)	회귀식에 의한 가격	비교방식에 의한 가격
노 원	36,169	4,138,229 + 63.27 × 36,169 =	6,426,641 (100.0)	7,930,000 (123.4)
신 림	49,820	3,253,471 + 160.01 × 49,820 =	11,225,169 (100.0)	13,100,000 (116.7)
신 사	25,839	4,436,941 + 160.23 × 25,839 =	8,577,124 (103.2)	8,310,000 (100.0)
이 대	109,538	6,956,568 + 46.64 × 109,538 =	12,065,420 (100.0)	15,500,000 (128.5)

'월세환산 적정임대료'를 기초로 상권별 회귀식(적정임대료를 독립변수로 한 회귀식)에 대입한 위의 결과를 보면 노원은 회귀식에 의한 가격이 감정평가사가 비교방식에 의하여 평가한 가격과 23.4% 차이가 나고, 신림은 16.7%, 신사는 3.2%, 이대는 28.5% 차이가 난다. 따라서 4개 표본의 적용 결과는 모두 비교방식으로 구한 가격과 30% 격차 이내에 있다.

(4) '월세환산 적정임대료'를 기초로 수익환원법을 적용한 결과

① 수익환원 방법 및 순이익의 결정

수익환원 방법은 직접법을 사용하였고, 순이익의 산정은 각 표본의 ㎡당 층별 적정임대료에 면적을 곱하여 전체 임대료를 구한 뒤, 여기서 총비용을 공제하는 방법으로 산출하였다. 본 표본은 5층 이하의 소규모 건물이므로 총임대수입의 10%를 경비로 추정하였다.

② 토지 귀속 순이익 및 환원이율의 결정

토지에 귀속되는 순이익은 토지잔여법으로 구하였다. 즉 〈표 4-14〉에 표시된 토지와 건물의 평가액을 기준으로 그 구성 비율에 따라 총 순이익을 토지와 건물에 배분하였다.

순수이율과 위험률로 이루어지는 환원이율은 정기예금 이자율과 보상평가지침상의 기대이율 그리고 감정평가업계에서 관행적으로 사용하는 토지에 대한 환원이율을 종합적으로 고려하여 5%로 결정하되, 이대 상권은 소규모 필지가 많아 토지가격에 비해 임대료의 비율이 높은 시장 상황을 고려하여 6%를 적용하였다,

③ 수익환원법을 적용한 결과

위와 같은 절차를 거쳐 산정된 (토지에 귀속되는) 순이익과 환원이율을 적용하여 수익가격을 구한 결과를 정리하면 〈표 4-20〉과 같다.

〈표 4-20〉 4개 표본의 수익환원법에 의한 가격(2)

(단위 : 천 원)

표본명	총임료 (월)	총비용 (월)	토지 비율	토지귀속 순이익(년)	환원 이율	수익방식에 의한 가격	㎡당 수익가격	㎡당 비준가격
노원	7,420	742	84.9%	68,035	5%	1,360,700	7,911 (100.0)	7,930 (100.2)
신림	33,400	3,340	85.6%	308,772	5%	6,175,440	12,253 (100.0)	13,100 (106.9)
신사	13,720	1,372	83.2%	123,282	5%	2,465,640	7,657 (100.0)	8,310 (108.5)
이대	10,790	1,079	89.9%	104,760	6%	1,746,000	16,018 (103.3)	15,500 (100.0)

자료 : 2005년 '임대사례조사' 자료와 수익방식 적용결과를 기초로 작성함

〈표 4-20〉의 결과를 보면 노원은 수익환원법으로 구한 토지가격이 임대사례조사를 담당한 감정평가사가 비교방식에 의하여 평가한 가격과 0.2% 차이가 나고, 신림은 6.9%, 신사는 8.5%, 이대는 3.3% 차이가 난다.

따라서 특별한 사정이 개입된 지불임대료를 적정임대료로 정확히 보정하고, 당해 시장의 현황에 맞는 적정한 환원이율을 적용한다면, 수익환원법의 가격설명력도 감정평가업계의 통념과 달리 매우 높다는 사실이 시뮬레이션 결과를 통해서도 확인되었다.

이상의 시뮬레이션 결과를 하나의 표로 정리하면 〈표 4－21〉과 같다.

〈표 4－21〉 각 방법으로 산정된 가격 비교표

(단위 : 천 원)

표본명	비준가격	지불임료기준 회귀식가격		지불임료기준 수익가격		적정임료기준 회귀식가격		적정임료기준 수익가격	
		가 격	비 율	가 격	비 율	가 격	비 율	가 격	비 율
노 원	7,930	6,492	0.82	7,911	**1.00**	6,427	0.81	7,911	**1.00**
신 림	13,100	9,546	0.73	8,551	0.65	11,225	0.86	12,253	**0.94**
신 사	8,310	8,801	**1.06**	7,567	**0.92**	8,577	**1.03**	7,657	**0.92**
이 대	15,500	16,037	**1.03**	22,655	1.46	12,065	0.78	16,018	**1.03**

참고 : 이 표에서의 비율은 비준가격을 1로 보았을 때 각 방법으로 구한 가격의 비율이며, 고딕체로 표시한 부분은 비준가격과 10% 이내의 격차를 보인 비율이다.

6 소 결

서울의 13개 하위상권을 대상으로 한 본 연구를 통해 매장용건부지의 가격과 1층 임대료 사이에는 높은 상관성이 있으며, 1층 임대료의 토지가격 설명력 또한 높을 것이라는 가설이 실증되었다. 따라서 수익환원법의 가격설명력이 높다는 사실을 확인할 수 있었다. 그러나 각 상권별로는 회귀분석을 통해 이미 파악한 바와 같이 독립변수인 임대료의 토지가격 설명력이 현저히 떨어지는 경우가 많았다. 즉 본 연구의 가설이 전체적으로는 입증되었으나, 상권별로도 그러할 것이라는 가설은 입증되지 못했다고 할 수 있다.

그 원인으로는 첫째로 하위상권별 표본수가 20개 내외로 작고, 토지가격에 대한 임대료 비율이 평균에서 크게 벗어난 표본이 일부 상권에서 다수 존재한다는 것을 들 수 있다.

두 번째로는 표본 선정상의 문제에서도 기인되었다고 판단된다. 즉 이대 상권이나 노원 상권의 경우는 건물의 규모가 지나치게 작거나 큰 표본이 많이 선정되었고, 신림 상권이나 이대 상권은 특정 업종이 표본 중에서 차지하는 비율이 지나치게 높다. 이러한 표본 선정 상의 문제점은 적정 임대료와 괴리된 임대료를 발생시켜 토지가격과 임대료의 상관성을 떨어뜨릴 수 있는 것이다.

세 번째 원인으로는 매장용건부지 가격이 임대료뿐 아니라 다른 요인에 의해서도 많은 영향을 받는다는 점을 들 수 있다. 예컨대 현재의 임대료는 낮지만 상권의 변화 또는 배후지의 급속한 발전 등으로 지가의 상승이 예견되는 토지는 그 임대료에 비해 높은 가격이 형성될 수 있으므로 독립변수로서의 임대료의 설명력이 떨어지게 되는 것이다.

물론 다른 측면으로는 임대료가 특수한 사정에 의해 비정상적으로 결정되는 사례가 매우 많다는 것을 말해주는 것이기도 하다. 예컨대 임대인과 임차인이 특수관계인이거나 임차인의 영업상태가 극히 부진한 경우, 또는 장기간 계속된 임대차계약인 경우는 정상 임대료보다 매우 낮은 임대료가 형성될 수 있고, 신축 건물인 경우에는 권리금의 부담이 없는 관계로 정상적인 임대료보다 매우 높은 수준에서 임대료가 형성되기도 한다. 그밖에 업종의 특수성으로 인해 임대료가 높거나, 경사지에 입지한 관계로 1층 임대료가 낮게 결정되기도 한다.

따라서 실무상 매장용건물에 수익환원법을 적용하기 위해서는 본 장 4의 1)에서 검토한 바와 같이 지불임대료를 적정임대료로 보정할 필요가 있으며, 이러한 점에서 감정평가사의 역할이 중요하다고 판단된다. 그리고 본 장 4의 2)에서 살펴본 바와 같이 바닥권리금이 수익환원법의 가격설명력을 높이는데 미치는 영향을 검토할 필요가 있다. 이는 우리나라 실정에 맞는 수익환원법 모델의 개발로 연결될 수 있다는 점에서 중요한 의미를 갖는다고 판단된다.

본 장 5의 5)에서 확인한 바와 같이 회귀분석을 통해 도출된 회귀식을 이용하여 가격을 평가하는 새로운 기법이 매우 유용하게 활용될 수 있다는 점을 발견한 것은 본 연구의 커다란 성과였다고 생각된다. 즉 감정평가협회 차원에서 '임대사례조사'를 통해 획득된 임대자료에 담보평가 등 전례를 통해 획득된 임대자료를 더하여 데이터베이스화한 뒤 이를 기초로 매년 상권별 회귀식을 구하여 감정평가사에게 제공한다면 지금까지 답보 상태에 머물던 평가 기법의 다양화 및 선진화에 크게 기여하게 될 것이다.

본 장 3의 3)에서 행한 '토지가격과 1층 임대료의 비율 분석' 결과에서는 하위상권별로 그 비율이 매우 다르다는 것이 확인되었다. 이 비율은 매장용부동산 시장의 다수 사례로부터 추출된 것이므로 시장추출법으로 구한 환원이율과 기본적으로 동일한 성격을 갖고 있다. 따라서 이는 환원이율이 지역요인에 의해 많은 영향을 받는다는 것을 보여주는 것이므로, 실무에서 수익환원법을 적용하기 위해서는 하위상권의 환원이율이 조사되어야 한다는 점이 확인되었다. 그러나 광역시장(권역)별로는 이 비율이 유사하므로, 하위상권별로 환원이율을 구하는 것이 현실적으로 어렵다면 광역시장별로 환원이율을 구하는 것도 수익환원법을 적용하는 데에는 매우 유용할 것이라는 사실을 발견하였다. 이러한 점은 감정평가 실무에 실질적인 도움이 되는 본 연구의 성과이다.

끝으로 '㎡당 토지가격 / 임대료 비율'이 상권 평균비율에서 크게 벗어난 표본이 다수 존재한다는 것은 시장에서 형성된 지불임대료에는 특별한 사정이 개입되었을 개연성이 높다는 것을 나타내는 것으로, 임대료를 기초로 가격을 구하는 수익환원법이 그동안 실무계에서 별로 지지되지 못한 중요한 이유를 설명해 주는 것이라고 볼 수 있다.

매장용건부지 가격과 층별임대료 격차율의 관계분석

05

1 연구가설 및 분석방법

1) 연구가설

감정평가 실무에 종사하는 사람들은 대부분 매장용 건물의 경우 1층과 2층의 임대료 비율이 100 : 50 정도[96]라고 달관적(達觀的)인 판단을 하고 있다. 그리고 이러한 비율은 2004년도 「오피스・매장용빌딩 임대료 조사 및 투자수익률 추계 결과 보고서」에 의해 사실로 확인되었다.[97]

그러나 층별임대료격차율이 당해 부지의 가격에 따라 일정한 경향성을 띠며 달라진다는 점은 우리나라에서 지금까지 입증되지 못했다.

본 연구는 그 경향성, 구체적으로는 '매장용 건물의 층별임대료격차율은 그 부지의 가격이 높아질수록 벌어진다'는 것을 연구가설로 채택[98]하여 입증하고자 한다.

2) 분석방법

본 연구에서는 층별임대료격차율의 분석 대상층을 1・2・3층으로 한정하였다. 그 이유는 1층과 2층, 3층의 임대료격차율은 뚜렷하나 4층 이상은 2・3층에 비해 그 격차율의 변화가 미미하기 때문[99]이며, 지하층의 경우는 그 구조・용도・관리상태 등에서 개별성이 강하여 비교가 어렵기 때문이다.

---

96) 이 비율은 어떤 연구 결과에 의해 밝혀진 것이 아니라, 오랜 동안 축적된 실무 경험으로부터 도출된 것으로 추정된다.

97) 매장용부동산의 경우 층별임대료 수준은 1층 : 1.0, 2층 : 0.5, 3층 : 0.4, 4층 : 0.3인 것으로 조사되었다(건설교통부, 「2004년도 오피스・매장용빌딩 임대료 조사 및 투자수익률 추계 결과 보고서」, p.51).

98) 가설 채택의 동기는, 본 연구에서 표본을 차용한 '임대사례조사'의 서울지역 자료 전체를 검토하는 과정에서 토지가격과 실제지불임료를 비교하게 되었고, 뜻하지 않게 매장용 건부지의 가격과 층별임대료격차율 사이에는 일정한 경향성이 있다는 것을 발견하게 되었기 때문이다.

99) 건설교통부, 전게서. p.51 〈표 4-22〉 참조

본 연구에서 사용한 분석방법[100]은 상관관계분석 방법이다. 즉 표본의 토지가격과 1층 : 2층, 1층 : 3층의 임대료격차율을 변수로 하여 각 상권별로 상관관계분석(Pearson correlation analysis)을 하였다.

그리고 상권별 토지 최고가격과 최저가격의 차이가 적을 경우, '매장용 건물의 층별 임대료격차율은 그 부지의 가격이 높아질수록 벌어진다'는 경향성이 현실적으로 나타나기 어렵다고 판단했기 때문에, 최고가격과 최저가격의 배율이 3배 미만인 상권과 그 이상인 상권으로 구분하여 분석해 보았다.

또한 그 배율이 클수록 이러한 경향성이 더욱 뚜렷하게 나타날 것이라는 가정 하에 배율이 4배 이상인 상권만을 별도로 분석하였다.

100) 연구자는 2005년도에 행한 5개 상권만을 대상으로 한 연구에서는 상관관계분석 전에 상관관계의 존재를 1차적으로 확인하기 위하여 예비적 분석방법을 사용하였다. 이 방법은 각 상권별로 표본의 토지가격이 높은 순으로 정렬한 뒤, 이를 '높은 토지가격군', '중간 토지가격군', '낮은 토지가격군'으로 표본 수에 따라 3분하여 그 해당 군에 속하는 표본의 1층 : 2층, 1층 : 3층의 평균 임대료격차율을 비교하는 방법이다. 이러한 분석 방법은 극히 간단하고 원시적인 방법이지만, 분석의 대상이 되는 표본의 수가 비교적 작기 때문에 효율적이며, 그 분석의 결과치를 누구나 손쉽게 이해할 수 있다는 장점이 있다. 당시의 분석 결과는 다음과 같다.

〈표 5-1〉 3개 가격 군의 1·2층 임대료격차율

(단위 : 원/㎡, %/100)

상권명	높은 토지가격군		중간 토지가격군		낮은 토지가격군	
	(평균토지단가) 임대료격차율	표본수	(평균토지단가) 임대료격차율	표본수	(평균토지단가) 임대료격차율	표본수
명 동	(36,750,000) 0.343	6	(28,580,000) 0.538	5	(13,862,000) 0.546	5
강남역	(14,720,000) 0.537	6	(10,500,000) 0.584	7	(9,070,000) 0.686	7
신 촌	(21,550,000) 0.416	4	(16,800,000) 0.591	4	(8,090,000) 0.753	4
영등포	(13,360,000) 0.536	9	(9,250,000) 0.513	9	(6,440,000) 0.638	9
천 호	(11,880,000) 0.454	5	(6,220,000) 0.651	5	(4,300,000) 0.678	5

자료 : 박용수, "상업용건부지의 가격과 층별임대료격차율의 상관관계에 대한 분석", 감정평가연구 15(1), 2005, p.15

〈표 5-2〉 3개 가격 군의 1·3층 임대료격차율

(단위 : %/100)

상권명	높은 토지가격군		중간 토지가격군		낮은 토지가격군	
	임대료격차율	표본수	임대료격차율	표본수	임대료격차율	표본수
명 동	0.188	6	0.337	5	0.343	5
강남역	0.395	6	0.542	7	0.591	7
신 촌	0.258	4	0.392	4	0.548	4
영등포	0.418	9	0.418	9	0.520	9
천 호	0.264	5	0.444	5	0.554	5

자료 : 박용수, "상업용건부지의 가격과 층별임대료격차율의 상관관계에 대한 분석", 감정평가연구 15(1), 2005, p.16

2 표본의 채택 및 변수의 설정

1) 분석에 채택한 표본

매장용건부지 가격과 층별임대료격차율의 관계를 분석하기 위한 표본을 채택함에 있어서는, 선정된 상권에 속한 표본은 모두 사용하는 것을 원칙으로 하되, 다음과 같은 사유가 있는 표본은 제외하였다.

〈표 5-3〉 표본 제외 사유별 표본수[101]

상권명	전체표본수	제외표본수			사용표본수
		사유 1	사유 2	사유 3	
강남역	27	6		3	18
노 원	30	2			28
대학로	26	9		2	15
명 동	29	8			21
신 림	20	10		1	9
신 사	20	5		3	12
신 천	21	8	1		12
신 촌	24	9	4		11
압구정	44	9		1	34
영등포	34	9			25
이 대	25	5	5	1	14
천 호	21	9	1	1	10
홍 대	25	9		1	15
합 계	346	98	11	13	224

자료 : 2005년 '임대사례조사' 자료를 기초로 작성함

[사유 1] 1·2·3층 중 자가사용(自家使用) 등으로 1개 층 전체의 지불임대료가 조사되지 않은 표본으로, 이 경우에는 층별임대료격차율의 산정 자체가 불가능하므로 제외하였다.

[사유 2] 2층 또는 3층 전체를 주택으로 사용하는 표본으로, 주택은 상가와는 그 동일수급권의 범위가 다르고 임대료 결정 요인도 상이하기 때문에 분석상의 오류를 방지하기 위해 표본에서 제외하였다.

[사유 3] 통상 가장 높아야 할 1층 임대료가 2층 임대료 또는 3층 임대료보다 낮은 표본으로, 이들은 경사지와 같은 지형적 특성으로 인해 1층이 지하층처럼

101) 신촌 상권과 이대 상권은 연세대와 이화여대가 인근에 위치한 관계로 2·3층 전체를 주거용으로 사용하는 표본(사유 2)이 상대적으로 높은 것으로 판단된다.

이용되거나, 특수관계인과의 계약 등 특별한 사정의 개입 가능성이 극히 높은 표본인바, 분석 상의 오류를 방지하기 위해 부득이 제외하였다.

2) 변수의 설정

(1) 토지가격

본 연구에서 사용한 토지가격은 2005년도 '임대사례조사'를 담당한 감정평가사가 2005. 7. 1일 기준으로 평가한 표본의 ㎡당 토지가격으로 하였다.

동 가격은 공시지가를 기준으로 하되, 실거래가격 수준 등을 반영하여 정상적인 거래가격 수준으로 평가한 것이다.

(2) 층별임대료격차율

본 연구에서 사용한 층별임대료격차율은 2층, 3층의 ㎡당 임대료를 1층의 ㎡당 임대료로 나누는 방법으로 산정하였다.

〈표 5-4〉 상권별, 층별 월세전환 임대료 수준

(단위 : 천 원/㎡)

상권명	층구분					
	지하1층	1층	2층	3층	4층	5층
강남역	21.9	48.6	30.7	25.7	20.6	19.9
노 원	12.6	36.3	16.9	12.1	11.1	10.8
대학로	17.3	50.9	29.7	16.8	15.8	14.5
명 동	39.7	169.2	50.3	28.7	23.0	28.1
신 림	13.4	38.6	19.4	18.3	14.6	11.9
신 사	18.4	44.6	30.1	20.9	17.5	12.1
신 천	16.2	38.4	19.8	14.7	13.3	15.0
신 촌	18.8	62.1	30.8	21.0	19.8	18.7
압구정	15.3	46.9	22.2	17.0	15.1	14.8
영등포	14.4	38.1	19.2	12.9	10.6	9.5
이 대	14.5	72.1	21.3	15.3	11.5	10.8
천 호	15.1	53.1	21.1	11.8	10.3	12.5
홍 대	14.6	34.8	18.1	13.5	12.9	11.9
서울평균	13.0	36.3	16.9	12.3	10.4	9.9

참고 : 이 표는 「2005년도 오피스·매장용빌딩 임대료조사 및 투자수익률 추계 결과 보고서」, p.51의 표와 pp.135~136의 표를 합하여 정리한 것이다. 이 표의 서울 평균은 13개 상권만의 평균이 아니라 서울지역 33개 하위상권 전체의 평균이다.

1, 2, 3 각층의 임대료는 2005년도 '임대사례조사'를 담당한 감정평가사가 직접 현장조사를 통해 수집한 2005. 4. 1일부터 2005. 6. 30일까지의 월 평균 ㎡당 실제 지불임대료로 하되, 각 점포의 면적을 기준으로 가중산술평균한 ㎡당 평균 지불임대료로 하였다. 그리고 분석의 편의를 위해 전세 또는 보증금부 월세는 전환율을 사용하여 임대료 전체를 월세로 환산하였다.

참고로 분석 대상으로 선정된 13개 하위상권의 각층별 월세전환 임대료 수준은 〈표 5-4〉와 같다.

3 분석결과

1) 상권별 분석 결과

상권별 상관계수는 전체 26개 결과치 중 21개가 음(-)의 부호를 나타내고 있는바, 토지가격이 높아질수록 층별임대료격차율이 벌어지는 대체적인 경향성을 보이고 있다. 그러나 강남역의 1층 : 2층, 노원의 1층 : 2층, 신사의 1층 : 2층, 신림의 1층 : 2 · 3층은 양(+)의 부호를 나타내고 있어 오히려 토지가격이 높아질수록 층별임대료격차율이 좁아지는 반대의 결과를 보인다.

그리고 유의도에 있어서는 전체 26개 결과치 중 5% 이내의 유의수준을 나타낸 것은 8개에 불과하여, 상권별 상관관계분석은 통계적 의미가 별로 없다는 결론을 얻었다. 그 원인은 노원처럼 상관성 자체가 미약하기 때문인 경우도 있겠지만, 사용한 표본이 20개 이상인 다른 3개의 상권은 1, 2층 모두 5% 이내의 유의수준을 나타내고 있는 것으로 보아 표본수가 작은 데에 주요한 원인이 있는 것으로 판단된다.

상관계수에 있어서는 전체 26개 결과치 중 6개가 (-)0.2 미만의 수치를 보여 상관성이 거의 없는 것으로 나타났으며, 15개가 (-)0.4 이상의 수치를 보여 상관성이 비교적 높은 것으로 나타났다. 나머지 5개는 (-)0.2 ~ 0.3 사이의 수치를 보여 상관성이 있기는 하나 미약한 것으로 분석되었다.

상관계수가 (-)0.2 미만으로 상관성이 거의 없는 것으로 나타난 6개 결과치는 강남역, 노원, 신림, 신사 상권의 분석 결과였으며, 이들 4개 상권 중 강남역을 제외한 3개 상권은 토지 최고가격과 최저가격의 배율이 3배 미만인 상권[102] 5개에 속했다.

따라서 이들 상권에서 상관관계가 거의 없다고 나타난 것은 표본간의 토지가격격차가 적은데 그 주요 원인이 있는 것으로 판단된다. 왜냐하면 '토지가격이 높아질수록 층

102) 전체 13개 상권 중 토지 최고가격과 최저가격의 배율이 3배 미만인 상권은 노원(2.18배), 신림(2.87배), 신사(2.42배), 신천(1.63배), 홍대(2.44배)의 5개 상권이다.

별임대료격차율이 벌어진다'는 경향성은 그 성격상 표본 간의 토지가격격차가 적을 경우 당연히 나타나기 어려운 것이기 때문이다. 즉 표본들이 거의 유사한 가격대에 속하고 있다면 토지가격의 진폭이 적을 것이고, 이에 따라 층별임대료격차율의 변화 또한 당연히 미미할 것이기 때문이다.

〈표 5-5〉 상권별 토지가격과 층별임대료격차율의 상관계수

상권명	구 분	상관계수	sample-N
강남역	1층 : 2층	0.024	17
	1층 : 3층	-0.204	
노 원	1층 : 2층	0.092	28
	1층 : 3층	-0.213	
대학로	1층 : 2층	-0.471	15
	1층 : 3층	-0.515*	
명 동	1층 : 2층	-0.579**	21
	1층 : 3층	-0.548*	
신 림	1층 : 2층	0.185	8
	1층 : 3층	0.653	
신 사	1층 : 2층	0.373	12
	1층 : 3층	-0.047	
신 천	1층 : 2층	-0.439	12
	1층 : 3층	-0.453	
신 촌	1층 : 2층	-0.522	11
	1층 : 3층	-0.521	
압구정	1층 : 2층	-0.463**	34
	1층 : 3층	-0.503**	
영등포	1층 : 2층	-0.485*	25
	1층 : 3층	-0.413*	
이 대	1층 : 2층	-0.431	14
	1층 : 3층	-0.606*	
천 호	1층 : 2층	-0.211	10
	1층 : 3층	-0.512	
홍 대	1층 : 2층	-0.305	15
	1층 : 3층	-0.233	

* 유의수준 5%, ** 유의수준 1%

그리고 이들 4개 상권 중 강남역을 제외한 3개 상권은 4장 3의 1), '상관관계분석 결과'에서 토지가격과 1층 임대료의 상관성을 나타내는 상관계수가 상대적으로 가장 낮게 나온 5개 상권[103]에 속한다.

따라서 이들 상권에서 상관관계가 거의 없다고 나타난 것은 사용된 표본의 1층 임대료 자체가 특별한 사정이 개입된 임대료여서 적정임대료와 괴리되었기 때문일 가능성이 높다. 왜냐하면 1층 임대료가 비정상적인 것이라면 이것과 2, 3층의 임대료를 비교한 결과치 역시 비정상적으로 나타날 가능성이 크기 때문이다.

그 밖의 원인으로는 3장 2의 4), '상권별 표본의 도로접면 조건 분석'에서 기술한 바와 같이 도로접면 조건에서 각 상권별로 표본의 분포가 고르지 않은데 있다고 판단된다.

실제로 각지인 표본의 비율이 86.7%로 13개 상권 중 가장 높으며, 소로에 접하는 표본 비율 역시 70.0%로 가장 높은 노원 상권, 세로에 접하는 표본 비율이 70.4%로 가장 높은 강남역 상권, 광대로에 접하는 표본 비율이 45.0%로 가장 높은 신림 상권은 모두 1층 : 2층, 또는 1층 : 2·3층의 상관계수가 (−)0.2 미만으로 상관성이 거의 없는 것으로 나타났다.

토지가격에 가장 큰 영향을 미치는 도로접면 조건에서의 이러한 불균형한 표본 선정은 토지가격대 별로 표본이 정규분포를 이루지 못하게 함으로써 토지가격과 층별임대료격차율의 상관성을 왜곡시킬 수 있는 것이다.

그 외에도 신림과 신사 상권에서 분석결과가 가설과 반대로 나타난 것은 업종상의 특수성에서도 기인(起因)되었다고 판단된다. 즉 신림 상권은 3장 2의 3), '상권별 표본의 업종 분석'에서 기술한 바와 같이 신림역 북동측으로 유흥업소와 여관들이 밀집된 전형적인 향락소비 상권이 형성되어 있어 1,2층 모두 주점업의 비율이 매우 높으며(1층은 13개 상권 중 1위, 2층은 2위[104]), 서측으로는 순대타운이라는 독특한 식당가가 자리 잡고 있다.

그런데 신림 상권 표본 2층에 입지한 주점업은 2층 전체 업종 중 단위면적당 임대료가 가장 낮아[105] 1층과의 임대료 격차가 큰 반면 토지가격에 있어서는 이들 업종이 입지한 표본이 당해 상권 내에서 낮은 토지가격군에 속하며, 순대타운은 건물 전체가 동일 업종으로 채워져 있기 때문에 층별 임대료의 격차가 크지 않은 반면 당해 상권 내에서 높은 토지가격군에 속한다.

신사 상권의 경우는 3장 2의 3), '상권별 표본의 업종 분석'에서 기술한 바와 같이 2층의 음식점업 비율이 21.4%로 13개 상권 중에서 가장 낮은 반면, 2·3층에서 금융업

103) 13개 상권 중에서 상관계수가 가장 적게 나온 5개 상권은 노원, 신림, 신사, 압구정, 이대 상권이다.

104) 신림 상권 2층의 주점업 점유 비율은 39.1%, 신천 상권은 52.2%이나, 사실상 주점업과 유사한 노래방업을 포함한다면, 신림의 양 업종 점유비율은 52.2%, 신천은 56.5%가 된다.

105) 신림상권 표본 2층에 입지한 주점업의 임대료평균은 ㎡당 17,517원으로 2층 전체 8개 업종 중에서 가장 낮다.

과 병·의원이 차지하는 비율은 특히 높아 양 업종의 비율이 상권 평균의 4.2배인 29.5%에 이른다.[106)]

그런데 이들 업종은 해당 층에서 임대료가 높은 업종[107)]에 속하여 1층과의 임대료 격차가 적으며, 이들이 입지하고 있는 표본의 토지가격에 있어서는 당해 상권 내에서 높은 토지가격군에 속한다. 이러한 업종상의 원인이 전술한 원인들과 복합적으로 작용하여 이들 상권에서 상관관계분석 결과가 가설과 반대로 나타난 것으로 판단된다.

물론 상관성이 적게 나타난 원인 중에는 상권별 표본수가 적어 예외적인 임대사례가 통계에 큰 영향을 미친 까닭도 있을 것이다. 예컨대 1,2층 모두에서 반대의 결과를 보인 신림상권의 경우 사용한 표본수는 전체 상권 중 가장 작은 8개에 불과하며, 그 중 토지가격이 두 번째로 높은 표본의 1층 : 2층의 임대료격차율은 1 : 0.75이고, 세 번째로 높은 표본의 1층 : 2층의 임대료격차율은 1 : 0.80으로, 토지가격이 가장 높은 표본의 1층 : 2층의 임대료격차율인 1 : 0.37[108)]뿐 아니라, 서울지역 매장용건물의 평균적인 1층:2층의 임대료격차율인 1 : 0.54[109)]에서도 크게 벗어난 예외적인 표본들이다.

더욱이 토지가격이 가장 낮은 표본과 세 번째로 낮은 표본의 1층 : 3층의 임대료격차율은 1 : 0.18로, 서울지역 매장용건물의 평균적인 1층 : 3층의 임대료격차율인 1 : 0.4

106) 13개 상권별 2, 3층 표본의 금융업 및 병·의원 점유비율은 아래 표와 같다.

〈표 5-6〉 상권별 2,3층의 금융업 및 병·의원 점유비율표

상권명	표본수	점포수	금융업수	병·의원수	계	
					개수	비율(%)
강남역	27	68	0	0	0	0
노 원	30	91	3	4	7	7.7
대학로	26	70	0	1	1	1.4
명 동	29	74	0	2	2	2.7
신 림	20	66	0	4	4	6.1
신 사	20	61	4	14	18	29.5
신 천	21	47	0	0	0	0
신 촌	24	49	0	2	2	4.1
압구정	44	119	1	13	14	11.8
영등포	34	97	0	6	6	6.2
이 대	25	56	0	1	1	1.8
천 호	21	58	1	9	10	17.2
홍 대	25	54	0	0	0	0
전 체	346	910	9	56	65	7.1

자료 : 2005년 '임대사례조사' 자료를 기초로 작성함

107) 신사 상권 표본의 2층에는 13개 업종이 분포하며, 그 중 병의원의 임대료 평균은 ㎡당 31,795원으로 전체 업종 중 4번째로 높고, 금융업은 30,727원으로 5번째로 높다. 동 상권 표본 3층에는 15개 업종이 있으며, 그 중 병의원의 임대료 평균은 ㎡당 25,250원으로 전체 업종 중 2번째로 높다.

108) 토지가격이 높을수록 1층과 비교한 2층의 임대료격차율이 벌어진다고 볼 때, 이 비율이 정상적인 것이라고 판단된다.

109) 이재우, 「상가·오피스빌딩 층별효용비율 산정방안」, 한국부동산연구원, 2005, p.27

2[110]에서 크게 벗어나 있다. 토지가격이 낮을수록 1층과 비교한 3층의 임대료격차율이 적어진다고 볼 때(즉 평균치인 1 : 0.42보다 커진다고 볼 때) 이러한 사례는 그 예외의 정도가 더욱 큰 것이라고 할 수 있다.

따라서 예외적인 표본으로 인해 통계 결과가 크게 왜곡될 수 있는 상권별 분석보다는 그룹별 분석이 더 의미가 있다고 판단하였으며, 그룹을 나누는데 있어서는 토지 최고가격과 최저가격의 배율에 따라 나누는 것이 가설의 성격상 적당하다고 판단하였다.

2) 그룹별 분석 결과

(1) 상관계수

토지 최고가격과 최저가격의 배율이 3배 이상인 상권은 전체 13개 상권 중 8개 상권[111]이었다. 이 그룹의 상관계수는 1% 이내의 유의수준 하에서 (−)0.4 이상으로 비교적 높게 나타났다.

따라서 이들 그룹을 표본으로 한 분석에서는 '토지가격이 높을수록 층별임대료격차율이 벌어진다'는 연구가설은 입증되었다고 볼 수 있다.

〈표 5-7〉 그룹별 토지가격과 층별임대료격차율의 상관계수

그 룹	구 분	상관계수	sample−N
3배 이상 그룹	1층 : 2층	−0.416**	147
	1층 : 3층	−0.426**	
3배 미만 그룹	1층 : 2층	0.158	75
	1층 : 3층	0.063	
전 체	1층 : 2층	−0.339**	222
	1층 : 3층	−0.352**	

* 유의수준 5%, ** 유의수준 1%

그러나 토지 최고가격과 최저가격의 배율이 3배 미만인 그룹(5개 상권)의 경우는 상관계수의 부호가 (+)로 반대의 결과가 나타났다. 물론 그 분석은 유의적이지 않고, 상관계수 또한 0.2 미만인 바 통계상의 의미는 거의 없다고 판단되나, 연구가설이 토지 최고가격과 최저가격의 배율에 따라 선택적으로 작용한다는 사실을 의미하는 것일 수도 있다.

전체 표본의 분석 결과는 1% 이내의 유의수준 하에서 1층 : 2층은 (−)0.339, 1층 : 3층은 (−)0.352로 상관관계가 있기는 하나 높지 않은 것으로 나타났다. 이러한 결과는

110) 상게서, p.27
111) 이들 8개 상권은 강남역(3.89배), 대학로(3.23배), 명동(7.17배), 신촌(4.14배), 압구정(3.75배), 영등포(3.39배), 이대(3.62배), 천호(3.19배) 상권이다.

연구가설이 현재의 부동산 시장에서 명백하게 드러나지 않고 있다는 의미이며, 이로 인해 우리나라에서 '매장용건부지 가격이 높아질수록 층별임대료격차율이 벌어진다는 경향성'을 지금까지 입증하지 못했던 것이라고 생각된다.

(2) 산점도(scatter diagram)

〈그림 5-1〉 그룹별 토지가격과 층별임대료격차율의 산점도

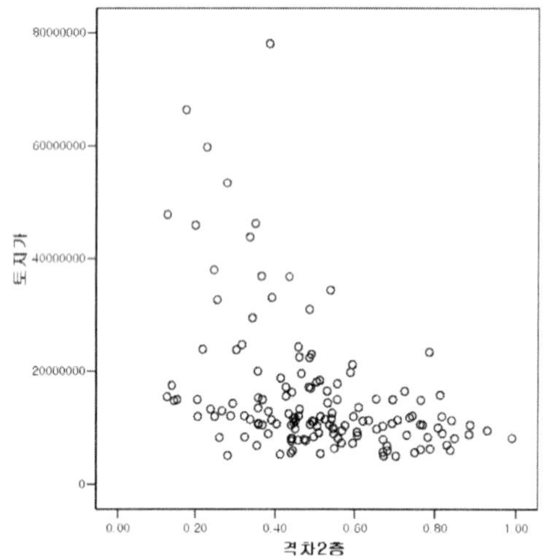

(3배 이상 그룹 - 1층 : 2층)

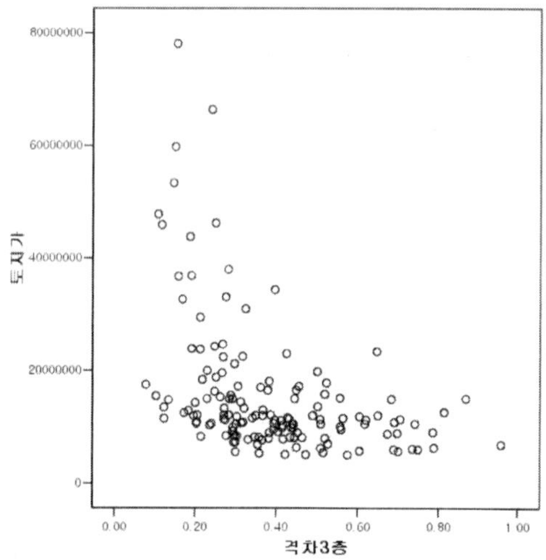

(3배 이상 그룹 - 1층 : 3층)

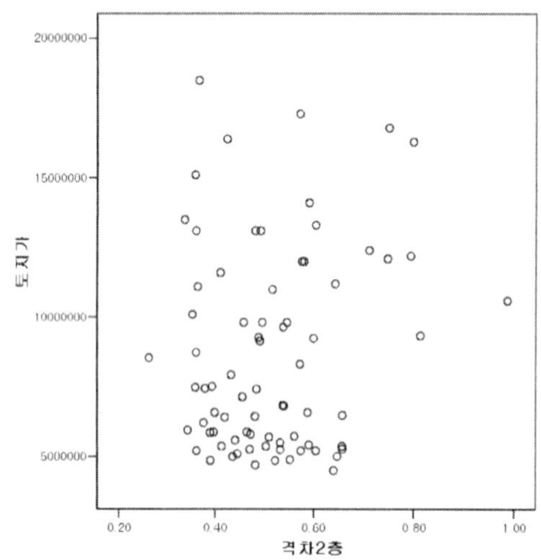

(3배 미만 그룹 - 1층 : 2층)

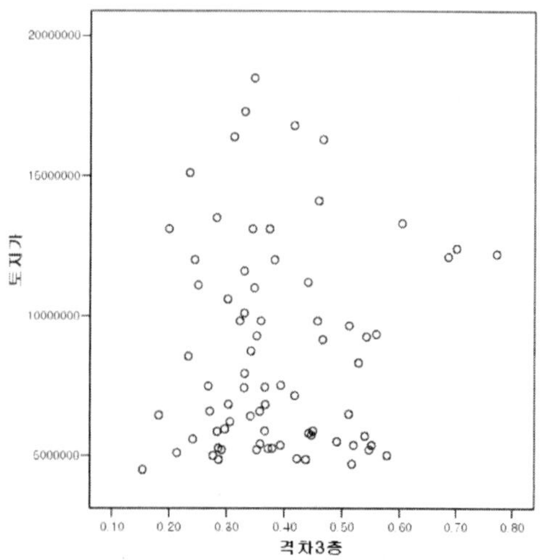

(3배 미만 그룹 - 1층 : 3층)

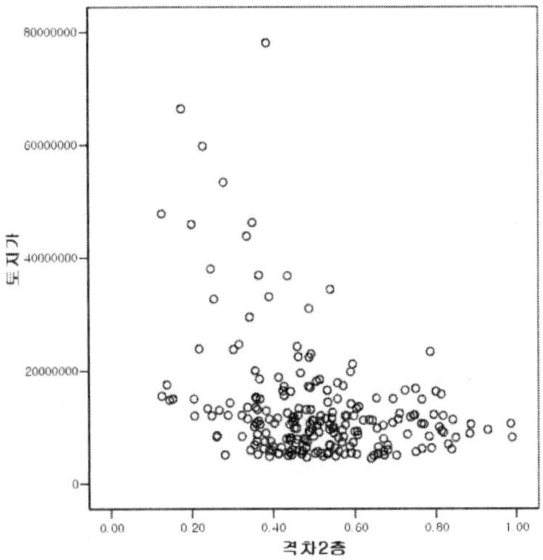

(전체 - 1층 : 2층)

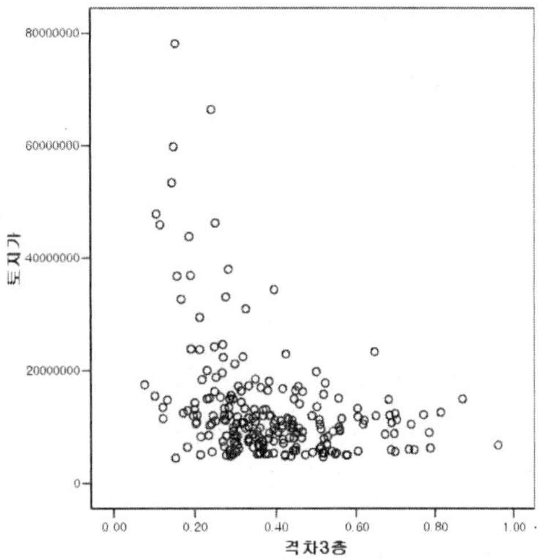

(전체 - 1층 : 3층)

산점도 그림은 그룹별 상관관계분석의 결과를 일목요연하게 나타내고 있다. 즉 토지 최고가격과 최저가격의 배율이 3배 이상인 그룹은 대체적인 선의 기울기가 좌상에서 우하로 기울어져 있어 토지가격이 높아질수록 층별임대료격차율이 벌어지는 모습을 보여주고 있다.

반면 배율이 3배 미만인 그룹의 경우는 일정한 선의 형태를 전혀 갖추지 못하여, 토지가격과 층별임대료격차율 간의 상관성을 보이지 않는다. 따라서 이 그룹의 경우는 연구가설이 기각되었다고 할 수 있다.

전체 표본을 대상으로 한 산점도 그림은 3배 이상 그룹의 경우와 마찬가지로 대체적인 선의 기울기가 좌상에서 우하로 기울어져 있어 연구가설과 부합하는 모습을 보여주고 있지만, 선의 기울기가 3배 이상 그룹의 경우보다는 분명하지 않아 상관계수가 동 그룹보다 작다는 것을 알 수 있다.

그리고 점의 분포를 보면 1층 : 2층의 경우는 0.5 좌우에 밀집되어 있고, 1층 : 3층의 경우는 0.4 좌우에 밀집되어 있어, 감정평가업계에서 일반적으로 통용되는 층별 임대료비율에 부합되는 표본이 부동산시장에서 다수를 점하고 있다는 사실을 알 수 있다.

즉, 본 연구의 상관관계분석을 통해 '토지가격이 높아질수록 층별임대료격차율이 벌어진다'는 경향성이 밝혀졌지만, 그와 동시에 1층 : 2층의 임대료 비율이 100 : 50 정도라는 층별 임대료비율에 대한 감정평가업계의 통념도 상당한 근거가 있는 것임을 확인할 수 있게 되었다.

3) 4배 이상 그룹 분석 결과

(1) 상관계수

본 연구에서는 상권별 토지 최고가격과 최저가격의 배율이 상관관계와 어떤 연관이 있는가를 보다 확실히 파악하기 위해 그 배율이 4배 이상인 상권 2개(명동, 신촌)를 별도로 분석해 보았다.

분석 결과 이 그룹의 상관계수는 1% 이내의 유의수준 하에서 1층 : 2층은 (−)0.647, 1층 : 3층은 (−)0.614로 좀 더 높게 나타났다. 따라서 상권 내 표본의 가격격차가 클수록 연구가설은 보다 분명히 입증된다는 것을 알 수 있었다. 이러한 결과는 동 배율이 3배 미만인 그룹에서 상관관계를 발견할 수 없었던 결과와도 일맥상통하는 것이다.

〈표 5−8〉 4배 이상 그룹의 토지가격과 층별임대료격차율의 상관계수

그 룹	구 분	상관계수	sample−N
4배 이상 그룹	1층 : 2층	−0.647**	32
	1층 : 3층	−0.614**	

** 유의수준 1%

(2) 산점도(scatter diagram)

〈그림 5−2〉 4배 이상 그룹의 토지가격과 층별임대료격차율의 산점도

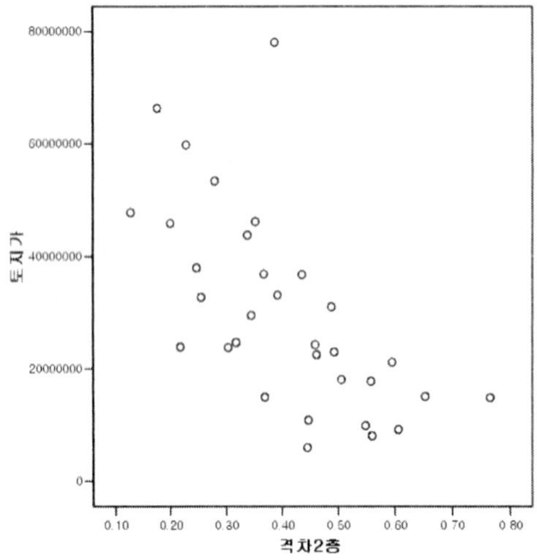

(4배 이상 그룹 − 1층 : 2층)

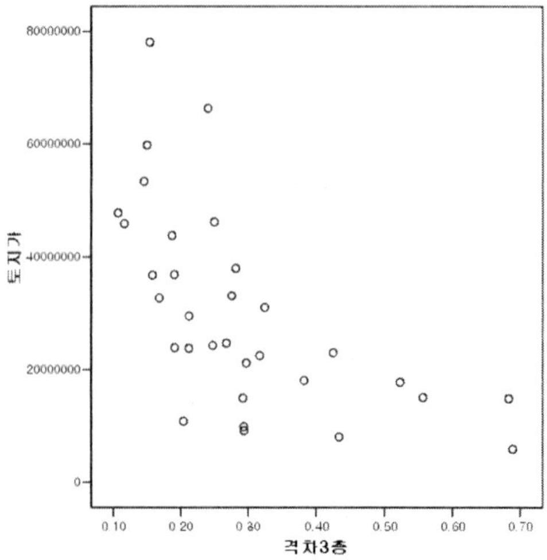

(4배 이상 그룹 − 1층 : 3층)

토지 최고가격과 최저가격의 배율이 4배 이상인 그룹의 산점도 그림은 좌상에서 우하로 기울어진 전체적인 선의 기울기가 보다 분명하여, 토지가격이 높아질수록 층별임대료격차율이 벌어지는 모습을 좀 더 확실히 보여주고 있다.

더욱이 표본 전체를 대상으로 한 산점도 그림에서와는 달리 층별임대료격차율이 0.5 또는 0.4 좌우에 밀집되어 있지도 않다. 이는 일반적으로 통용되는 층별임대료격차율에 대한 실무계의 상식이 상권에 따라서는 그 타당성을 상실할 수도 있다는 것을 나타내는 것으로 의미 있는 결과라고 생각된다.

4 소 결

본 장에서 표본의 토지가격과 1층 : 2층, 1층 : 3층의 임대료격차율을 변수로 하여 토지 최고가격과 최저가격의 배율에 따른 그룹별로 상관관계를 분석함으로써 매장용 건부지의 가격과 층별임대료격차율 간에는 일정한 상관관계가 성립된다는 사실을 입증하였다. 즉 '매장용 건물의 층별임대료격차율은 그 부지의 가격이 높아질수록 벌어진다'는 가설이 실증된 것이다.

다만 이러한 경향성은 표본간의 토지가격 격차가 적은 상권의 경우에는 나타나지 않는다는 한계를 갖고 있다. 물론 이는 가설의 성격에 따른 것으로 판단된다.

그룹별 분석이 아닌 상권별 분석에 있어서는 26개 결과치 중 5개의 결과치가 가설과 반대로 나타났다. 물론 그 중 신림 상권의 1층 : 3층을 제외하고는 통계적 유의성이 없는 것으로(P-value : 0.226 ~ 0.924)로 나타났고, 신림 상권의 1층 : 3층, 신사 상권의 1층 : 2층 외에는 상관계수 또한 0.024 ~ 0.185로 상관성이 거의 없는 것으로 나타났다.

신림과 신사 상권에 대해서는 그러한 결과가 나온 원인을 분석한 결과, 전술한 바와 같이 예외적인 표본이 통계결과를 크게 왜곡시킬 만큼 표본의 수가 적다는 것이 주원인인 것으로 판단되지만, 그밖에도 이들 상권이 토지가격과 1층 임대료의 상관계수가 13개 상권 중 가장 낮게 나온 상권(신림)과 5번째(신사)로 낮게 나온 상권이라는 점에 비추어 볼 때, 1층 임대료 자체가 특별한 사정이 개입된 임대료여서 그것과 2, 3층의 임대료를 비교한 결과치 역시 왜곡되었을 가능성이 크다고 생각된다.

그 외에도 도로접면 조건에서 표본의 분포가 고르지 않아 토지가격대 별로 표본이 정규분포를 이루지 못한 것과, 전술한 바와 같이 이들 상권의 업종상의 특수성에서도 기인된 것으로 판단된다.

본 장의 연구가설이 성립되는 원인은, 상권이 성숙되어 유동고객의 수가 많아질수록 1층 매장의 매출액은 그에 정비례하여 증가하지만, 3장 2의 4)에서 기술한 바와 같이 입점할 수 있는 업종에 한계가 있어 상대적으로 그 효과가 제한적일 수밖에 없는 2층 이상은 유동고객 수의 증가비율보다 낮은 비율로만 매출액이 증가하기 때문인 것으로 판단된다.

왜냐하면 상가임대료의 근본 성격은 차액지대[112]와 같아서 우등지와 열등지의 생산성의 차이에 따라 지대의 차이가 발생하듯 유동고객 수의 차이에 따라 상가임대료의 차이가 발생하는 것이기 때문이다. 따라서 1층과 2층 임대료의 격차율이 벌어진다는 것은 상권이 성숙됨에 따라[113] 1층이 흡수(매출로 연결)하는 유동고객 수는 급격히 늘어나는 데 반해 2층 이상이 흡수하는 유동고객 수는 그 보다는 적게 늘어난다는 것을 의미하는 것이다.

예를 들어 이대 상권의 경우는 〈표 3-3〉에서 보는 바와 같이 1층에는 '의류 등 소매업' 점포가 36개로 70.6%에 달하나, 2층에는 단 2개로 6.9%에 불과하다. 따라서 이대 상권이라는 특수성으로 인한 혜택을 2층 이상은 거의 누리지 못하고 있을 뿐 아니라, 상권이 발달할수록 그 소외의 정도는 더욱 커진다고 볼 수 있다. 이러한 점은 임대료로 발현되어 가설과 같은 층별임대료격차율의 일정한 경향성을 만들어 내는 것이다.

본 연구에서는 '매장용 건부지의 가격이 높아질수록 층별임대료격차율은 벌어진다'는 가설을 입증했지만, 앞의 분석결과처럼 그 경향성의 정도는 일정한 것이 아니라 상권별로 다른 것이다. 따라서 층별임대료격차율의 이러한 경향성을 감정평가 실무에 직접 활용하기 위해서는 당해 상권에 대한 분석이 반드시 수반되어야 할 것이다.

---

112) 조순, 「경제학원론」, 법문사, 1985, pp.264~269

113) 상권의 성숙은 D. Ricardo의 이론처럼, 인구의 증가에 따라 경작지가 확대되고 그에 따라 한계농지보다 비옥도가 높은 종전 토지가 좀 더 높은 지대를 받을 수 있는 토지로 변화되는 것과 같다.

결 론 06

1 주요 연구결과와 시사점

본 연구는 「감정평가에 관한 규칙」 제10조의 개정으로 감정평가에 있어서 세 가지 접근방법(비교방식, 원가방식, 수익방식)을 모두 사용할 필요가 없었던 종전과는 달리 원칙적으로 세 가지 방법을 모두 사용하여 시산가격을 조정해야 하는 업계의 현실을 반영하여, 수익환원법의 가격설명력을 검증하는데 첫 번째 중요한 연구 목적을 두었다. 이제는 수익환원법에 의한 가격이 다른 방식에 의한 가격과 균형을 이루지 못한다는, 선행연구에서 나타난 감정평가 실무계의 일반적인 인식을 재검토해 보아야 할 시점에 와있기 때문이다.

연구 방법으로는 '2005년도 임대사례조사' 표본을 사용하여, 수익성 부동산을 대표하는 위치에 있는 매장용건부지의 가격과 1층 임대료를 변수로 한 상관관계분석과 회귀분석을 시도하였다. 수익환원법은 기본적으로 수익(임대료)을 환원이율로 환원하여 가격을 구하는 방법이므로, 수익환원법의 가격 설명력이 약하다는 것은 임대료와 가격간의 상관관계가 약하고, 임대료(독립변수)의 토지가격(종속변수) 설명력 또한 약하다는 것을 의미하기 때문이다.

하위상권 전체를 대상으로 한 분석결과 유의수준 1% 내에서 상관계수가 0.853, 결정계수(R^2)가 0.727로 매우 높은 수치를 보여, 수익환원법이 매장용건부지의 평가에 있어서 높은 가격설명력을 가진다는 사실이 검증되었다.

그러나 각 하위상권별 분석에 있어서는 상관계수와 결정계수(R^2)의 편차가 컸고, 결정계수가 0.5 이상으로 나타난 상권은 전체 13개 상권 중 5개에 불과했다. 그 주요 원인은 하위상권별 표본수가 작고, 일부 상권에서 토지가격에 대한 임대료 비율이 평균에서 크게 벗어난 표본이 다수 존재하며, 임대료가 특수한 사정에 의해 비정상적으로 결정되는 사례가 매우 많다는 점 등인 것으로 판단된다.

이러한 분석 결과를 반영하여 수익환원법을 실무에 적용하기 위한 첫 번째 검토로서 지불임대료 대신 적정임대료를 독립변수로 하여 분석해 보았다.

이는 특별한 사정이 개입되기 쉬운 지불임대료보다 적정임대료가 더 높은 가격설명력을 가질 것이라는 가설에 기초한 것으로, 분석결과 가설은 대체로 입증되었다고 할 수 있지만 설명력이 크게 높아지지는 않았다. 그 원인은 지불임대료를 적정임대료로 조정한 비율이 17.8%에 불과하고, 적정임대료 산정 기준을 표본 내의 균형성(표본 내 점포간의 균형성)에 두었기 때문인 것으로 판단된다.

수익환원법을 실무에 적용하기 위한 두 번째 검토로서 바닥권리금을 독립변수에 추가한 분석을 시도해 보았다. 그 결과 분석 대상 4개 상권 모두에서 결정계수 값이 높아져서, 지불임대료만을 변수로 했을 때보다 바닥권리금을 변수로 추가하면 가격설명력이 높아질 것이라는 가설이 입증되었다.

4장에서는 그밖에 4개 상권의 각 1개 표본을 대상으로 시뮬레이션을 시도해 보았다. 그 결과 특별한 사정이 개입된 지불임대료를 적정임대료로 보정하고, 당해 시장의 현황에 맞는 적정한 환원이율을 적용한다면, 수익환원법의 가격설명력이 감정평가업계의 통념과 달리 매우 높다는 사실을 확인하였다.

그리고 임대료의 토지가격 설명력을 검증하기 위한 단순회귀분석에서 도출된 (선형모형)회귀식이 새로운 평가기법으로 이용될 수 있을 만큼 높은 가격설명력을 갖고 있다는 사실을 발견하였다. 이것은 커다란 연구 성과였다고 생각된다.

그 외에 같은 장에서 '토지가격과 1층 임대료의 비율'을 분석하였다. 이 비율은 직접시장비교법으로 구한 환원이율과 기본적으로 동일한 성격을 갖고 있다. 분석 결과 하위시장별로는 편차가 크나 광역시장(권역)별로는 이 비율이 유사하다는 사실을 확인하였다.

4장에서는 '토지가격과 임대료의 비율이 상권별 평균비율보다 큰 격차를 보이는 표본의 비율'도 분석해 보았다. 그 결과 전체의 31.8%에 해당하는 표본이 상권별 평균비율보다 50% 이상 높거나 낮은 비율을 보였다. 이러한 사실은 우리나라에서 수익환원법이 그동안 외면되어 온 중요한 이유를 시사해 주는 것이다.

본 연구는 '매장용 건부지의 가격이 높아질수록 층별임대료격차율이 벌어진다'는 가설을 입증하는데 두 번째 중요한 목적을 두었다. 이를 위해 토지가격과 1층 : 2층, 1층 : 3층의 임대료격차율을 변수로 상관관계분석을 한 결과 상권별 토지최고가격과 최저가격의 배율이 클수록 가설이 분명히 입증된다는 사실을 알게 되었다.

이러한 가설이 성립하는 원인은, 유동고객의 수가 많아질수록 1층 매장의 매출액은 그에 정비례하여 증가하지만, 입점할 수 있는 업종에 한계가 있어 상대적으로 그 효과가 제한적일 수밖에 없는 2층 이상은 유동고객 수의 증가비율보다 낮은 비율로만 매출액이 증가하기 때문인 것으로 판단된다.

5장에서는 그밖에 전체 표본을 대상으로 한 산점도 그림을 통해 1층 : 2층 임대료의 비율은 0.5 좌우에 밀집되어 있고, 1층 : 3층 임대료의 비율은 0.4 좌우에 밀집되어 있다는 사실을 확인하였다. 이는 감정평가업계에서 일반적으로 통용되는 층별효용비율이 상당한 근거를 갖고 있다는 점을 입증하는 것이며, 동시에 본 연구가설과 같은 층별임대료격차율의 일정한 경향성을 착안한 사람이 지금까지 없었던 이유를 시사해 주는 것이기도 하다.

2 연구결과의 활용

본 연구의 Ⅳ장에서 행한 '매장용건부지 가격과 1층 지불임대료를 변수로 한 회귀분석' 결과 우리나라에서 지불임대료의 가격설명력은 하위상권별로는 편차가 크다는 사실이 확인되었다. 따라서 향후 수익방식을 실무에 적용하기 위한 연구는 이러한 전제에서 출발해야 할 것이며, '수익환원법 적용과 관련한 실무적 검토'는 이를 위한 구체적인 방향을 제시했다는 점에서 활용가치가 크다고 본다.

특히 바닥권리금을 독립변수에 추가한 분석은 바닥권리금이 불합리한 지불임대료를 교정하여 수익환원법의 가격설명력을 높여주는데 기여할 수 있음을 확인한 것으로 큰 의미가 있다. 즉 수익환원법과 관련한 기존 연구에서 바닥권리금의 가격설명력에 착안한 연구가 없었던 점을 감안하면, 바닥권리금에 대한 이러한 분석은 우리나라 실정에 맞는 수익환원법 모델의 개발로 연결될 수 있다고 생각한다.

같은 장에서 행한 '4개 표본을 대상으로 한 시뮬레이션'을 통해 회귀식에 의한 새로운 평가기법의 실무적용 가능성을 확인했다는 것은 매우 중요한 의미를 갖는다. 즉 1970년대와 평가기법 면에서 거의 발전하지 못한 감정평가업계에 실무상 적용이 간단한 전혀 새로운 가격접근법을 선보였다는 점에서 큰 가치가 있다고 본다.

예컨대 감정평가협회 차원에서 임대사례조사를 통해 획득된 임대자료에 담보평가 등 전례를 통해 축적된 임대자료를 더하여 데이터베이스화한 뒤, 이를 기초로 매년 상권별 회귀식을 구하여 감정평가사에게 제공한다면, 지금까지 답보 상태에 머물던 평가기법의 다양화 및 선진화에 크게 기여하게 될 것이며, 감정평가사의 전문가로서의 입지를 공고히 할 수 있는 하나의 계기가 될 수도 있다고 본다.

4장에서 두 번째로 행한 '매장용건부지 가격과 1층 임대료의 비율분석' 및 세 번째로 행한 '토지가격과 임대료의 비율이 상권별 평균비율보다 큰 격차를 보이는 표본의 비율분석'은 환원이율의 상권별 격차의 정도를 확인하고, 매장용 건부지의 평가에 있어서 총임료승수법과 같은 간단한 평가기법이 도입될 수 있는가를 확인하기 위한 것이었다.

분석 결과 이 평균비율은 상권별로 매우 격차가 크며, 각 표본의 비율이 상권별 평균비율과 큰 차이를 보이는 표본도 많다는 사실이 확인되었다. 따라서 총임료승수법과 같은 간단한 평가기법의 도입이 현실적으로 쉽지 않다는 것과, 환원이율은 하위상권별로 조사되어야 한다는 것이 실증되었다.

그러나 하위상권 별로 큰 격차를 보이는 평균비율이 광역시장(권역)별로는 유사하였으므로, 하위상권별로 환원이율을 구하는 것이 현실적으로 어렵다면 광역시장별로 환원이율을 구하는 것도 수익환원법을 적용하는 데에는 매우 유용할 것이라는 사실을 발견하였다. 이러한 점은 감정평가 실무에 실질적으로 활용될 수 있는 본 연구의 성과이다.

5장에서 행한 '매장용 건부지 가격과 층별임대료격차율의 상관관계분석' 결과 밝혀진 '매장용 건부지의 가격이 높아질수록 층별임대료격차율이 벌어진다'는 경향성은 층별효용비율을 실무에 적용함에 있어서 중요한 기준으로 활용될 수 있을 것이다. 즉, 감정평가 실무에서 구분건물 평가 등에 층별효용비율을 적용할 경우, 보상평가지침상의 층별효용비율[114)]을 기계적으로 적용하거나, 달관적 방법으로 파악한 당해 시장의 층별효용비율을 적용하는 경우가 대부분이지만, 본 연구 결과를 판단 기준으로 활용하다면 평가대상 부동산의 당해 상권에서의 가격 위치에 따라 보다 정확한 층별효용비율을 산정할 수 있을 것이다.

그뿐 아니라 본 연구 결과는 층별로 분양 또는 임대의 대상이 되는 경우가 많은 매장용부동산의 각 층별 적정가격 수준이나 적정임대료 수준을 (매장용부동산 시장에 참여한) 일반인이 보다 정확하게 판단하는 데 중요한 기준으로 활용될 수 있다.

나아가 층별임대료격차율의 이러한 경향성은 후속 연구를 통해 층별임대료 결정이론으로 구조화할 수 있을 것이다. 이러한 점에서 5장의 연구는 실제적인 활용의 측면에서 뿐 아니라, 감정평가이론의 발전에도 기여할 수 있는 매우 의미 있는 연구라고 생각한다.

3 연구의 한계

본 연구에서 사용한 표본의 토지가격은 '임대사례조사'를 담당한 감정평가사가 공시지가를 기준으로 실거래가격 수준 등을 반영하여 정상적인 거래가격 수준으로 평가한 것이다. 따라서 당해 상권에서의 호가나 이미 체결된 매매가격과는 다소 차이가 있다.

왜냐하면 감정평가에서의 평가액은 적정가격이라는 개념에 기초한 것이므로, 투기적 거래나 특별한 사정이 개입된 거래일 경우 사정보정이라는 과정을 통해 그 가격을 보정하기 때문이다. 따라서 동 평가액에는 감정평가사의 주관이 불가피하게 개입되어 있으며, 본 연구의 분석 결과도 이러한 점에 따른 한계를 갖고 있다.[115)]

114) 보상평가지침상의 층별효용비율은 적용지역과 용도의 구분이 없으며, 다만 고층 및 중층 시가지, 저층 시가지, 주택지로 구분되어 있을 뿐이다(한국감정평가협회, 토지보상평가지침, 2003, 〈별표 9〉 참조).

115) 종속변수인 토지가격을 정함에 있어서 매매사례가격이나 호가를 채택할 수도 있다. 그러나 아파트와 같이 규격화된 부동산이 아닌 매장용부동산은 당해 상권 전체에서 1년간 거래된 건수가 몇 건에 불과한 경우가 대부분이며, 부동산 중개업자의 호가 또한 객관성을 인정하기에는 극히 부족하다. 따라서 부동산가격 평가의 전문가인 감정평가사의 평가액을 채택하는 것이 그 한계에도 불구하고 본 연구의 목적에 가장 부합된다고 판단한다.

연구에 사용한 표본의 임대료는 '임대사례조사'를 담당 감정평가사에 의해 당해 건물의 임대인과 임차인, 중개업자, 세무서 등을 통해서 조사된 것이지만, 현실적으로 각 대상으로부터 수집된 자료가 일치하지 않는 경우가 대부분이다. 따라서 임대료의 결정에 있어서는 조사자의 오랜 경험과 전문가적인 판단에 상당부분 의존할 수밖에 없으며, 본 연구의 분석 결과도 이로 인해 왜곡되었을 가능성이 있다.116)

본 연구는 '임대사례조사'의 표본을 사용함으로써 객관성을 확보하였으나, 이로 인해 표본수를 늘릴 수 없는 한계를 갖게 되었다. 따라서 상권별 분석에 있어서는 표본수가 너무 적은데 따른 통계적 가치의 부족함을 피할 수 없었다. 이러한 점은 후속 연구자가 극복하게 되기를 바란다.

'매장용건부지 가격과 1층 임대료의 관계분석' 결과 하위상권별로는 건부지 가격이 임대료 뿐 아니라 원본가격 상승 가능성 등 다른 요인에 의해서도 많은 영향을 받는다는 것이 밝혀졌다. 따라서 이들 다른 요인이 건부지 가격에 미치는 영향의 정도에 대해서는 후속 연구가 필요하다.

4장의 '수익환원법 적용과 관련한 실무적 검토'에서, 바닥권리금이 불합리한 지불임대료를 교정하여 가격설명력을 높여준다는 연구결과와 관련해서는 보다 정밀한 후속 연구를 통해 우리나라 실정에 맞는 수익환원법 모델의 개발로 연결되기를 기대한다.

동 장의 '4개 표본을 대상으로 한 시뮬레이션' 결과 회귀분석에 의해 도출된 회귀식이 새로운 평가가법으로 매우 유용하게 활용될 수 있다는 점이 확인되었지만, 이러한 사실이 좀 더 분명히 입증되려면 본 연구에 사용된 표본 외에 각 상권에서 무작위로 추출한 일정 수 이상의 부동산을 대상으로 회귀식을 이용한 평가를 하여 감정평가사가 동 부동산을 비교방식으로 평가한 (비준)가격과 비교하는 과정을 거쳐야 할 것이다. 이는 감정평가업계의 현실을 감안할 때 시급히 필요한 부분이다.

5장의 '매장용건부지 가격과 층별임대료격차율의 관계분석' 결과 '매장용 건부지의 가격이 높아질수록 1층과 비교한 2·3층의 임대료격차율은 벌어진다'는 경향성이 입증되었다. 그러나 이러한 경향성을 실무에 정확하고 광범위하게 활용하기 위해서는 층별임대료 결정이론으로 구조화(構造化)해야 할 것이다. 따라서 보다 심도 있는 후속 연구가 필요하다.

---

116) 독립변수인 임대료를 결정함에 있어서 임대인 또는 임차인에게서 수집한 자료만 사용하거나, 세무서에 신고된 자료만을 사용하는 방법, 그밖에 중개업자의 호가에 기초하는 방법도 있다. 그러나 5년간 임대사례조사업무의 서울지역본부장으로 실무를 담당한 경험에 의하면 임대인, 임차인, 세무서 등의 자료에는 진실과 허위가 착종(錯綜)되어 그대로는 객관적인 연구자료로 사용하기에 극히 부적합했고, 개별성이 매우 높은 매장용부동산에 대한 부동산중개업자의 호가 또한 객관성을 인정하기 어려웠다. 따라서 임료평가의 전문가인 감정평가사가 이들 자료를 종합하여 판단한 지불임대료를 채택하는 것이 그 한계에도 불구하고 본 연구의 목적에 가장 부합된다고 판단한다.

참고문헌

1. 단행본

강원철 외, 「임대료조사 및 투자수익률 추계사업을 위한 선행연구」, 건설교통부, 2002
건설교통부, 「임대사례조사 업무요령」, 2005
――――, 「오피스·매장용빌딩 임대료조사 및 투자수익률 추계 결과보고서」, 2005
김지현, 「부동산경제학의 이해」, 부연사, 2005
문영기, 「부동산학 개론」, 범론사, 1996
박용수, 「신부동산특강」, 김영사, 1995
안정근, 「부동산평가이론」, 법문사, 2006
양승철·이성원, 「비주거용 부동산의 가격형성요인에 관한 연구」, 한국부동산연구원, 2005
유선종, 「부동산의 이해」, 부연사, 2006
이정전, 「토지경제학」, 박영사, 1999
이재우, 「상가·오피스빌딩 층별효용비율 산정방안」, 한국부동산연구원, 2005
임석희·이재우, 「상업용 부동산의 입지 및 상권분석에 관한 연구」, 감정평가연구원, 1999
임재만·정승희, 「감정평가에서 수익방식 적용을 위한 기초조사연구」, 감정평가연구원, 1998
전영주 외, 「감정평가이론」, 부연사, 19998
조순, 「경제학원론」, 법문사, 1985
중소기업청, 「상가건물 임대차실태 및 제도개선 연구」, 2003
코리아리얼에스테이트네트웍 역, 「부동산 자본환원 이론과 기법」, 부연사, 2003
한국감정원, 「건물신축단가표」, 2004
한국감정평가협회, 「토지보상지침」, 2003
한국부동산연구원, 「2001 ~ 2003 연구보고서 요약집」, 2004
홍길성, 「신부동산감정평가원론」, 범론사, 1993

American Institute of Real Estate Appraisal, *Readings in the Income Capitalization Appraisal to Real Property Valuation*, 1985.
American Institute of Real Estate Appraisal, *Evolution of the Income Approach*, 1982.
Appraisal Institute, *The Appraisal of Real Estate*, 1996.
Jack Harvey, *Urban land Economics*, Macmillan Pr., 2000.
James H. Burton, *Evolution of the Income Approach*, AIREA, 1982.
James D. Vernor, Joseph Rabianski, *Shopping Center Appraisal and Analysis*, Appraisal Institute, 1993.
Jeffrey D. Fisher, Robert S. Martin, *Income Property Valuation*, Dearborn Financial Publishing Inc., 1994.
Jeffrey D. Fisher, Robert S. Martin, *Techniques of Income Property Appraisal*, Dearborn Financial Publishing Inc., 1995.
Richard M, Fenker, *A Field Guide to Commercial Real Estate Evaluation*, Mesa House Publishing, 1996.

William Britton, Keith Davies, Tony Johnson, *Modern Methods of Valuation*, Estates Gazette Ltd., 1989.

William L. Ventolo, Jr., Martha R. *Williams, Real Estate Appraisal*, Dearborn Real Estate Education, 2001.

2. 논문

권대동, "대도시 대로변 상업용토지의 지가결정요인 분석", 영남대학교 석사학위논문, 2005

김인철, "오피스빌딩 임대료 결정모형에 관한 실증적 연구", 건국대학교 석사학위논문, 1995

김종환, "수익환원법에 의한 상업·업무용 부동산 가격 결정에 관한 연구", 영남대학교 석사학위논문, 2003

김찬호·송지수, "아파트 단지내 근린상가 업종의 입지특성 분석을 통한 용도결정에 관한 연구", 「국토계획」 제36권 3호, 대한국토·도시계획학회, 2001, 113－129

김태룡, "수익환원법의 수학적 검증에 관한 연구", 건국대학교 석사학위 논문, 1994

김해두, "수익환원법에 의한 부동산가치산정 및 감정평가기법 확대화 방안", 부산대학교 석사학위논문, 2000

김회균, "상가건물의 임대수익률과 투자수익성간의 상관관계분석", 중앙대학교 석사학위논문, 2006

박명화, "중소도시 수익성 건물의 층별효용지수 연구", 강원대학교 석사 학위논문, 2000

박용수, "상업용 건부지의 가격과 층별임대료격차율의 상관관계에 대한 분석", 「감정평가연구」 제15집 1호, 한국부동산연구원, 2005, 9－23

───, "매장용건부지 가격과 1층 임대료의 관계에 대한 연구", 「감정평가연구」 제16집 1호, 한국부동산연구원, 2006, 57－73

박정웅, "부동산의 투자수익률 분석", 연세대학교 석사학위논문, 2004

박종민, "오피스 임대료 지수 모형 개발에 관한 연구", 단국대학교 박사 학위논문, 2003

박창범, "권리금에 관한 연구", 연세대학교 석사학위논문, 2002

박혜리, "공동주택의 층별효용비율 분석", 「한국감정원 사보」 3.4월호, 한국감정원, 2002, 50－57

반상철, "상업지역내 건축물의 규모설정에 관한 연구", 홍익대학교 박사 학위논문, 2001

───·강영석, "건물 용도간 상관분석에 의한 상업용건물 소요면적 추정가능성 검토", 「국토계획」 제36권 3호, 대한국토·도시계획 학회, 2001, 101－111

변기영, "서울시 대형 오피스 임대료 결정요인에 관한 연구", 경원대학교 박사학위논문, 2004

선병채, "수익환원법의 활성화 방안에 관한 연구", 건국대학교 석사학위 논문, 2004

손재영·김경환, "서울시 오피스 임대료의 횡단면 분석", 「국토계획」 제35권 5호, 대한국토·도시계획학회, 2000, 279－295

송지수, "아파트 단지내 근린상가 업종의 입지특성 분석을 통한 용도결정에 관한 연구", 중앙대학교 석사학위논문, 2001

───, "신도시아파트 단지내 근린상가 업종별 입지특성에 관한 연구", 「환경과학연구」 제11권 1호, 중앙대학교 건설환경연구소, 2000, 147－164

─── ·김찬호, "신도시아파트 단지내 근린상가 업종의 수직적 기능분화에 관한 연구", 「환경과학연구」 제11권 2호, 중앙대학교 건설 환경연구소, 2000, 44－68

신성복, "부동산 감정평가의 수익환원법 적용상 문제점과 개선방안에 관한 연구", 건국대학교 석사학위논문, 2005

안정근, "매장용부동산의 상권분석 기법에 관한 고찰", 「부동산학연구」 제5권 1호, 한국부동산분석학회, 1999, 9－24

윤이웅, "임료의 감정평가에 관한 연구", 동국대학교 석사학위논문, 1989
윤태섭, "부동산 임대료 결정모형에 관한 실증적 연구", 동국대학교 석사 학위논문, 1999
이경춘, "도심상업지역의 입체적 입지특성 분석을 통한 용도결정에 관한 연구", 서울대학교 박사학위논문, 1995
이상일, "상업용부동산 입지분석을 위한 연구", 대구대학교 석사학위논문, 2002
이재우, "상업용 부동산 임대시장의 구조적 해석", 한양대학교 박사학위 논문, 2005
이청기, "수익환원법의 적용실태분석을 통한 실용화방안 연구", 건국대학교 석사학위논문, 1997
이혜란, "서울시 대형 오피스임대시장의 임대료결정요인 분석", 서울대학교 석사학위논문, 2002
임경호, "서울 오피스 시장의 권역별·시기별 임대료 결정요인에 관한 연구", 상지대학교 박사학위논문, 2004
임재만, "오피스 임대계약 구조와 자본환원율의 관계에 관한 연구", 「감정평가논집」 제12집 1호, 한국감정평가연구원, 2002, 133-150
장영태, "한국 부동산 시장에서 수익방식의 적용가능성에 관한 실증분석", 고려대학교 석사학위논문, 1997
전상민, "총수익승수(GIM)기법의 감정평가 실무적용에 관한 연구", 호남대학교 석사학위논문, 2002
정기영, "동일 아파트 단지 내 세대별 분양가 산정에 관한 연구", 「부동산학보」 제20집, 한국부동산학회, 2002, 67-82
———, "아파트 동일단지 내 세대별 효용격차 및 분양가 산정방법에 관한 연구", 「주택연구」 제9권 제1호, 한국주택학회, 2001, 195-220
정승영, "상가 임대차계약의 옵션가치 추정에 관한 연구", 단국대학교 박사학위논문, 2001
정은진, "서울시 주상복합건물의 입지특성과 지역별 주거특성에 관한 연구", 서울대학교 박사학위논문, 2002
차용석, "상가권리금의 형성요인과 평가방식에 관한 연구", 건국대학교 석사학위논문, 2004
최금진, "투자용 부동산의 평가에 있어서 수익환원법의 적용에 관한 연구", 건국대학교 석사학위논문, 2003
최막중·방제익, "서울시 오피스 하위시장의 전월세 전환률 차이에 관한 연구", 「국토계획」 제37권 3호, 대한국토·도시계획학회, 2002, 141-155
최재경, "상가임대차에 따른 권리금에 관한 연구", 건국대학교 석사학위 논문, 1998
최창식, "상가권리금의 중개수수료 적용실태 및 개선방안에 관한 연구", 성균관대학교 석사학위논문, 2003
허진호, "서울시 오피스 임대시장 권역간 차이에 관한 연구", 한양대학교 석사학위논문, 1998
홍길성, "부동산 감정평가기법상 수익환원법의 현실적 적응성과 실용화에 관한 연구", 「부동산학보」 제6집, 한국부동산학회, 1985, 7-21

Benjamin, J. D., G. W. Boyle, and C. F. Sirmans, "*Retail Leasing : The Determinants of Shopping Center Rents*", AREUEA Journal, 18(3), 1990, 302-312
David Geltner, Bryan D. Macgregor, Gregory M. Schwan, "*Appraisal Smoothing and Price Discovery in Real Estate Markets*" Urban Studies, 40(5-6), 2003, 1047-1064
Hardin Ⅲ, W. G., M. L. Wolverton, "*Neighborhood Center Image and Rents*", Journal of Real Estate Finance and Economics, 23(1), 2001, 31-46

Ownbey, K. L., K. Davis and H. H. Sundel, "*The Effect of Location Variables on the Gross Rents of Neighborhood Shopping Centers*", Journal of Real Estate Research 9(1), 1994, 111-123

Sirmans, C. F. and K. A. Guidry, "*The Determinants of Shopping Center Rents*", Journal of Real Estate Research 8(1), 1993, 107-115

제5편

주택과세의 수직 공평성 실증분석을 통한 공평과세 실현 방안

– 이우진

01 서론
02 주택과세의 수직공평성에 관한 이론
03 주택가격 공시제도 및 과세평가
04 주택과세의 수직 공평성 실증분석
05 주택의 공평과세 실현 방안
06 요약 및 결론

서 론 01

1 연구의 배경 및 목적

오래전부터 주택소유는 조세부담능력(taxable capacity)을 나타낸다고 보아 소유 사실을 과세대상으로 삼아 왔다. 2003년 참여정부 출발 이후 많은 부동산대책은 주로 주택가격 안정과 공평과세를 명목으로 한 조세강화 정책이 중심이었다. 이 때문에 소유주택에 대한 세부담이 증가되었다. 따라서 이로 인한 경제적 부담의 어려움과 아울러 국민간·주택간 공평과세(equitable tax) 문제가 중요한 관심대상이 되었으며 주택의 세금에 대한 논란이 계속될 것으로 보인다.

조세가 임의적으로, 불평등하게 과세되어서는 안 된다는 것이 현대 국가의 중요한 조세이념이다. 또, 세 부담이 공정하고 평등하게 배분되어야 하는 과세의 공정(justice in taxation)원칙은 현대 복지사회의 균형 발전에 중요한 척도이며 조세평등을 실현하는 규범이다. 조세평등은 조세부담의 공평(equity of tax burden) 또는 동일부담 등으로 표현되나, 그 본질은 경제부담의 평등 내지 공평부담으로 집약된다. 이러한 공평부담의 이념이 실현될 수 있도록 세법을 집행·적용하는 것이 조세 정의를 실현하는 일이라 할 수 있다. 공평과세를 통한 조세정의(tax justice)의 이념이 추구하는 궁극 목적은 경제정의를 실현함으로써 인간의 존엄성과 경제 자유를 통하여 사회구성원들을 행복하게 살 수 있게 하는데 있다.[1)]

정부는 공평과세, 주택유형별 세부담 형평, 주택가격수준의 정보제공, 주택의 과세표준[2)] 평가율[3)]을 상향 조정하기 위해 2005년에 '주택가격 공시제도'[4)]를 도입하였다. 뿐

1) 이필우·유경문(2003), 「조세론」, 서울 : 법문사, 4쪽.
2) 과세표준(tax standard assessment)은 소득 등 일반적 의미의 과세표준이 아니라 「지방세법」상의 재산세 과세표준인 시가표준액을 말한다. 시가표준액은 「지방세법」상 과세대상 물건가치의 인위적 평가액이다[송관종(1995), 재산세의 개선방안에 관한 연구, 경성대학교 박사학위논문, 46쪽 ; 전동흔(2005), 재산세 부담의 불형평 분석 및 개선방안에 관한 연구, 서울시립대학교 박사학위논문, 1쪽 재인용].
3) 평가율은 주택가격에 대하여 과세기준에 활용하기 위해 정부에서 결정공시한 개별주택가격의 비율을 말한다. 정부는 세수증대의 목적을 위해서도 평가율을 높혔다고 본다. 최근 정부는 정책적 의도로 시가의 약 80%를 평가율(현실화율)로 제시한 바 있다.
4) '주택가격공시제도'란 「부동산가격공시 및 감정평가에 관한 법률」 제16조 내지 제18조의 규정에 의한 주택가격공시제도를 말한다.

만 아니라, '공시가격 현실화'정책을 강력히 추진하여 공시가격 수준을 시장가격에 근접하도록 지속적으로 상향 조정해 왔다. 조세부담의 공평성을 확보하기 위한 수단 중 하나가 최근 정부가 시행하는 주택가격 공시제도라 볼 수 있지만, 이 제도는 토지와 주택을 일체로 하여 주택의 적정가격[5]인 '정상가격'으로 평가하는 것으로 공평과세 · 세수확보 · 투기 억제 등을 위한 정부의 강력한 정책적 의지의 산물이기도하다. 이 때문에 주택 소유자들로부터 세금증가와 공시가격과 정상가격의 격차로 인한 문제점을 시정 요구하는 민원이 발생하고 공평과세와 세부담 증가에 따른 관심이 집중되고 갈등도 빚고 있다.

그러나, 이 제도로 인한 주택관련조세는 조세로서의 한계를 갖추어야하며 과도한 세금부담으로 개인의 재산권 침해가 발생되어서도 안 된다.

주택가액(재산금액)이 같은 사람에게는 같은 부담을 하게 하는 수평 공평성(horizontal equity) 보다는 주택가액(재산금액)이 많은 사람에게는 상대적으로 많은 세금을 부담시키는 수직 공평성(vertical equity)을 달성하려는 의도도 있다고 본다. 여기서 주택가액의 크기에 따른 과세가격[6](Assessed Value)을 산정하는 절차 즉, 과세평가(Assessment) 문제가 발생한다.

이 제도 하에서는 주택을 토지와 통합하여 평가하여 가격을 공시하고, 각종 주택 관련세금을 부과한다. 이러한 과정에서 우선, 건설교통부장관의 의뢰를 받은 감정평가사가 표준주택을 선정하고, 선정한 표준주택의 적정가격을 조사 · 평가 · 공시함으로써 표준주택의 가격이 결정된다. 이 표준주택가격을 기준으로 작성한 비준표를 적용하여 지방자치단체 공무원이 모든 과세 대상 주택의 가격을 산정한다.

이러한 개별주택 가격산정은 부동산 평가전문가가 아닌 공무원이 담당하고 있고, 또 적은 표본을 분석하여 비준표가 작성되는 등 과세평가기술상 정밀도에 한계가 있어 정상가격[7] 또는 시장가격[8]과 공무원이 조사 · 결정하여 과세기준으로 삼고 있는 과세가격간에는 괴리가 있을 수밖에 없다.

---

5) '적정가격'이라 함은 당해 토지 및 주택에 대하여 통상적인 시장에서 정상적인 거래가 이루어지는 경우 성리될 가능성이 가장 높다고 인정되는 가격을 말한다(「부동산가격공시 및 감정평가에 관한 법률」 제2조 제6항).

6) '과세가격'이란 국제평가기준(International Valuation Standard)에서는 자산에 부과하는 과세에 관련된 적용가능한 법률상의 정의에 근거한 가격이라 한다[전동흔(2005), 전게 박사학위논문, 이 연구에서는 주택에 대한 과세에 있어 과세표준의 기준가격으로 사용되는 주택가격공시제도에 의해 공시된 개별주택가격을 과세가격이라 정의한다].

7) '정상가격'이라 함은 평가대상 물건이 통상적인 시장에서 충분한 기간에 거래된 후 그 대상물건의 내용에 정통한 거래당사자간에 통상 성립한다고 인정되는 적정가격을 말한다(「감정평가에 관한 규칙」 제4조 제1항, 건설교통부령 2003년). 정상가격은 「부동산가격공시 및 감정평가에 관한 법률」 제2조 제6항의 적정가격과 같은 개념으로 사용되고 있다. 이 논문에서는 시장가격 또는 적정가격을 정상가격으로 정의하여 사용한다.

8) '정상적거래'라 함은 그 대상물건의 내용에 대해 정통한 거래당사자간에 충분한 기간동안에 특수한 관계가 없는 거래자간에 통상 성립한다고 인정되는 거래로 정의되며, 이러한 거래에서 가장 가능성이 높은 거래가격(the most possible selling price)을 "시장가격"으로 정의 할 수 있다[노명훈 · 장근호(1999. 12.), 「한국조세연구원 정책보고서」 제99-09호, 238쪽].

이 때문에 과세대상 주택가격이 부정확하게 평가되었다면 세 부담의 불평등을 야기시켜 정부가 의도한 공평과세가 실현되지 않을 것이다. 조세가 납세의무자의 담세력을 대상으로 부과되는 경제적 부담을 의미한다고 볼 때 조세부담의 공평을 도모하기 위하여 납세의무자의 담세력을 정확히 측정하고 이와 같이 측정된 담세력을 기준으로 조세를 배분하여야 한다. 따라서 공평과세가 이루어지려면 그 부담능력에 따라 부과하는 수직 공평(vertical equity)에 기초를 두어야 한다는 것이 현대의 조세정의다.[9] 즉 주택과세의 경우 주택의 담세력인 주택의 가액에 따라 과세하는 것이 타당하다 할 것이다.

주택가격 공시제도가 조세정의 보다 세수증대 목적으로 사용되어 세금부과가 이루어진다면 납세자들의 저항이 뒤 따를 것이다. 왜냐하면, 앞으로 우리나라의 경우 인구감소와 노령화 시대에 국가복지 예산의 증대로 1인당 세부담이 가중되어 납세자의 저항도 높아질 것이기 때문이다. 그러므로, 납세자가 소유한 주택에 대한 공평과세는 주택가액의 평가가 어느 정도 정확한가에 따라 좌우되므로 정치한 주택가액평가가 중요한 문제가 된다.

그러나, 아파트는 분양가나, 평당시세 등 공개 자료가 있어 과세를 위한 평가가 비교적 용이하나 단독주택은 주택가격의 정보부족과 주택의 개별특성으로 평가에 어려움이 있어 공평과세가 어려운 것이 사실이다.

주택가격 공시제도의 도입은 우리나라 주택관련 세제를 한 단계 업그레이드시킨 일로, 공무원이 직접 주택의 특성을 조사하고 개별주택 가격을 산정함으로써 과세의 형평성을 과거보다 개선시키고자 하는데 의의가 있다.

이 연구는 개별주택 공시가격이 그 적정한 가치에 해당하는 가격으로 평가되어 공시되는지 살펴봄으로써 과연 주택가격 공시제도가 높은 시가의 주택은 세 부담을 높게, 낮은 시가의 주택은 세부담을 낮게 할 수 있는 공평과세 실현을 위한 기반을 마련했는지 알아보고자 한다. 그러나 아직까지 이에 대한 연구는 미진하고 실증적 연구는 찾아보기 힘들다.

따라서, 이 연구의 목적은 정부가 채택한 현행 주택가격 공시제도에 의한 주택의 과세평가제도와 동제도에 따른 주택과세의 세부담을 분석함으로써 주택의 공평과세 여부를 검증해보고, 만일 불공평이 인정된다면, 그 대안을 마련해 제시함으로써 제도개선과 평가기법 등의 개선에 필요한 기초자료를 제시하는데 있다. 즉, 사례지역을 선정하여 주택과세의 수직 불공평성을 입증하고, 공평과세 실현 방안을 제시하고자 한다.

9) 20세기 들어 이러한 능력설(ability to pay approach)은 주로 Rousseau, Say, J. S. Mill 등을 포함한 재분배를 주장하는 논자들에 의해 지적되고 있다. 물론 수직 공평만이 중요한 것은 아니다. 동일조건하에서 동일금액의 조세를 부담해야 한다는 수평 공평이 실현될 때 조세주의가 바로 잡힌다고 수평 공평의 중요성을 말하는 이도 있다(이필우, "조세부담과 과세의 한계", 「한국조세연구」, 서울 : 한국조세학회, 27쪽, 1985).

2 연구의 방법 및 범위

1) 연구방법

연구방법은 제도접근법과 통계분석법을 이용한다.

첫째, 제도적 접근방법으로 과세를 위한 평가의 문제는 현행 법정평가제도인 주택가격 공시제도를 분석한다. 어떤 제도이건 그 발전을 위한 올바른 대안의 수립을 위해서는 그 법·제도에 대한 존재의식, 기능 등의 이해와 파악에 관한 이론정립이 필요하다. 이 논문의 연구내용에서 다루는 것 중 하나는 주택과세평가에 관련된 법이나 제도 측면의 형식화된 축적정보이다. 주택과세평가는 일반평가와 다른 법정평가이기 때문에 법규정이나 행정사항 등에 의해 관리 된다. 따라서 이 논문은 현행 주택의 세금부담의 공평성을 검증하는데 목적이 있으므로 제도적 측면에서 접근하고자 한다. 둘째, 통계 분석방법으로 주택공시가격의 차이에 의한 공평성은 통계를 이용하여 분석한다.

이 연구에서는 주택의 가격이 그 주택의 담세력을 나타낸다고 보아 담세력에 의한 공평과세 여부는 주택의 가격을 분석해야 한다. 가격을 분석하기 위해, 분석대상의 사례지역을 전문가인 감정평가사가 「부동산가격공시 및 평가에 관한 법률」에 의거 평가한 개별주택가격(이하 이 논문에서 '정상가격'이라 정의한다)과 역시 「부동산가격공시 및 평가에 관한 법률」에 의거 공무원이 평가한 개별주택 공시가격(이하 이 논문에서 '과세가격'이라 정의한다)을 통계분석법으로 분석하여 비교하며, 이때 비율분석, 회귀분석, 스피어맨 순위상관관계 분석 등의 통계 도구를 이용한다.

2) 연구 범위

분석대상 지역은 서울시 주거지역 중 주택가격수준을 상·중·하로 구분하여 선정하였다. 과거와 새 제도 도입 후에 공평성을 상호비교하기 위해 1987년, 2005년, 2006년을 각각 비교한다. 1987년 가격자료는 고급주택지역(상급지)으로 논현동과 방배동, 중급주택지역(중급지)으로 중곡동과 역촌동, 저급주택지역(하급지)으로 화곡동과 신월동의 1,049호다. 2005년과 2006년 가격자료는 고급주택지역으로 일원동, 중급주택지역으로 중곡동, 저급주택지역으로 수유동을 선정하여 얻은 것이다. 주택의 표본수는 2005년 1,250호, 2006년 1,249호다.

분석대상 주택은 과세대상 주택 중에서 아파트, 연립주택, 다세대 주택 등 공동주택을 제외한 단독주택과 다가구주택 및 그 부속토지만을 대상으로 한다. 양도소득세·상속세·증여세 등 국세의 부과를 위해 오랫동안 가격을 조사·고시해 온 공동주택보다는 처음으로 시행하는 단독주택의 과세가격이 정상가격과 차이가 많을 것으로 보기 때문이다.

연구의 대상을 서울지역의 단독주택으로 한 이유는 서울이 지방보다 주택가격이 높기 때문에 편차가 심하고 공시가격에 대한 불만이 많으며, 세 부담자 간에 불공평이 내재할 것으로 보았기 때문이다. 표본주택은 경험적으로 주택이 밀집한 곳을 대상으로 일정한 구획을 획정하여 그 안의 주택 집단을 대상으로 전수평가(mass appraisal) 하여 가격을 산정하는 방법을 택하였다.

또한, 새로 도입한 주택가격 공시제도가 제도 도입전인 1987년과 비교해 봄으로써 새 제도가 과거보다 공평과세에 더 기여하는지 알아보고자 하며, 분석결과에 따라 공평과세 실현을 위한 구체적인 제도적·기술적 대안을 제시하고자 한다.

주택과세의 공평성은 수평 공평성과 수직 공평성이 있을 수 있으나, 이 연구에서는 수평 공평성보다 앞으로 주택과세에 더욱 중요성이 요구되는 수직 공평성을 분석대상으로 하였다.

3) 연구의 내용과 과정

이 논문의 구성은 제1장에서 연구목적과 방법을, 제2장에서 이 논문의 내용을 뒷받침하기 위한 주택과세 수직 공평성에 대한 이론적 배경, 과세평가이론 및 수직 공평성 분석 모형을 설명한다. 제3장에서는 주택과세를 위한 평가절차 및 공시제도 현황을 기술하고, 제4장에서는 주택과세의 수직 공평성 여부를 과세가격과 정상가격을 변수로 하여 이론모형을 이용하여 실증분석 한다. 제5장에서는 3장과 4장에서 나타난 문제점을 해결하기 위한 공평과세 실현 방안을 대안으로 제시하고, 제6장에서는 요약 및 결론을 다룬다. 이상의 내용을 간결하게 나타내면 〈그림 1-1〉과 같다.

〈그림 1-1〉 연구의 내용과 과정

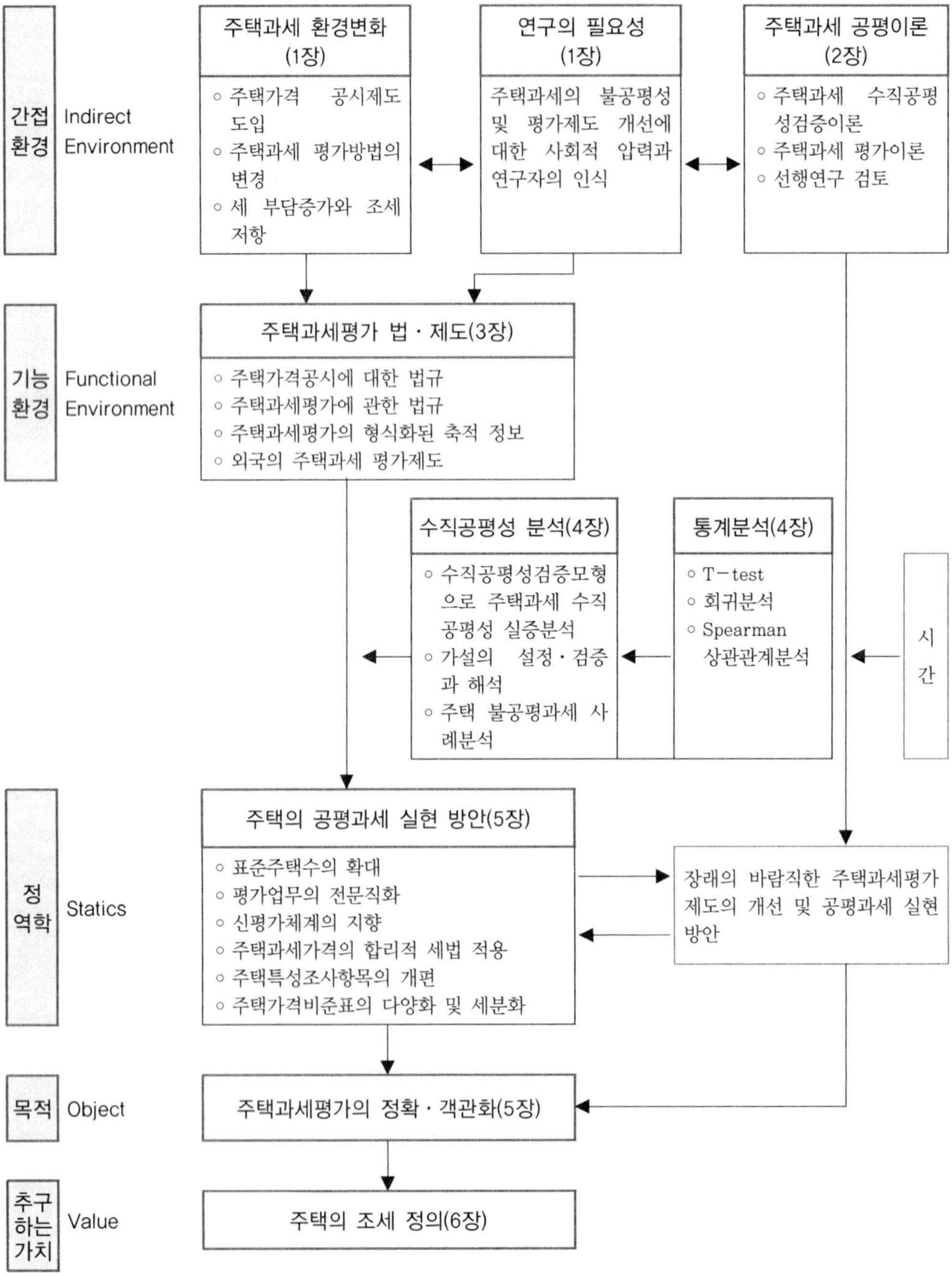

③ 선행연구의 검토

재산세 등 부동산 관련 세금부과를 위한 주택가격과 토지가격의 과세평가 및 그와 관련된 공시제도 관련 선행연구를 살펴보면 다음과 같다.

박현석(2006)은 부동산 시장에서 토지와 건물이 일체로 거래되어 가격이 일괄적으로 형성됨에 주목하고, 현재 지가와 주택가격을 별도로 조사하여 공시하는 것을 비판한 후, 토지와 건물 일체의 가격을 평가하여 공시할 것을 주장했다. 특히 부동산정책이 토지와 주택에 초점이 있어 일반 건물에 대한 배려가 미흡하였음을 지적하고 건물특성조사에 대한 대책이 마련되어야 함을 주장하였다.

그는 대안으로 통합부동산가격 공시제도를 주장하고 이를 위해 우선 부동산 특성조사가 필요하며, 이를 유형별 가격형성요인 및 건물특성 조사 기준 수립이 필요하다 하였다. 또한 제도 신뢰성을 확보하기 위해 유사가격권 조사가 선행되어야 함을 지적하였다. 또한 토지, 건물을 분리과세 할 것이 아니라, 일체를 과세표준으로 삼아 통합과세해야 한다고 주장했다.[10)]

조덕현(2005)은 처음 도입되는 개별주택가격 조사방식에 상당한 문제점이 있음을 말하고, 개별주택가격은 토지와 건물가액으로 합산하여 산출하고 있는데, 현행 주택가격 조사 비준표를 보면 단순히 토지와 건물의 외형적 요소만 반영하여 시장가치를 제대로 반영하지 못한다고 지적하면서, 주택의 편의시설, 공공시설 접근성, 주변환경 등이 결락(缺落)된 것을 지적했다. 또 비준항목이 토지 11개 항목 건물 6개 항목이면서 건물구조배분율의 부정확, 내용연수의 불합리성, 토지가격의 불균형으로 적정주택가격이 산정되지 못하는 점을 지적하였다.

아울러 표준주택 선정도 개별공시지가를 산정하는 표준지를 고려하지 않고 토지는 토지대로 주택은 주택대로 각각 표준지 및 표준주택을 선정하다보니 주택의 토지분 가격과 개별공시지가가 서로 맞지 않는다고 지적하였다. 이 문제를 해결하기 위해서는 중앙정부와 지방자치단체가 문제점을 발굴하고 법령과 제도를 개선해야 한다고 주장했다.[11)]

류지호(2005)는 주택가격 공시제도가 몇 가지 문제점이 있음을 지적하고 대안을 말했다. 그는 주택가격에 영향을 주는 특성항목이 제대로 반영되어 있지 않고, 표준주택 조사일정과 표준지 지가공시 일정이 중복되어 효율성이 떨어지며, 표준주택 선정이 적정치 못하고, 비준표 작성단위가 부적절하며, 개별주택가격 산정방법에도 문제가 있다고 지적하였으며, 이 때문에 주택가격 공시제도의 신뢰도가 낮다고 비판하였다. 대안으로 주택특성항목을 조정하고, 표준주택 조사 일정을 조정하고, 표준주택 선정 체계를 개선하고 수를 늘려 개별주택 가격 산정시 선택을 적절하게 하며, 비준표 작성을 시단위에

---

10) 박현석(2006), 주택가격공시제도의 문제점 및 개선방안에 관한 연구, 한양대 행정대학원 석사학위논문

11) 조덕현(2005), "개별주택가격 조사·산정방식의 문제점과 개선방안", 「지방세연구」 통권 133호, 한국지방세연구회

서 시·군·구 단위로 늘리고, 그리고 개별주택가격 산정은 토지·건물의 통합비준표를 개발하여 적용해야 한다고 주장하였다[12].

박성규(2005)는 토지 분 재산세 부과가 공평성 원칙을 제대로 지키지 못하고 있음을 실증적으로 분석하여 밝혔다. 분석에 이용한 지가자료는 서울시 표준지 공시지가 자료와 시장가격을 이용했는데, 이 시장가격은 '세평가격'(世評價格)을 대리변수(proxy)로 이용하였다. 분석에 29,542필지를 이용하였으며, 지역 간에 평가율의 차이가 있어 지역 간 과세가 불공평한 점을 지적하였고, IAAO모형과 CHENG모형 그리고 BELL모형을 이용하여 토지 재산세 부과에 불평등이 있을 뿐 아니라 과세가 역진적임을 밝혔다.

하지만, 스스로 분석대상이 토지에 한정된 점, 과표 산정 단계의 불평등만 다룬 점, 과세단계의 불평등을 다루지 못한 점, 그리고 수평 공평성을 다루지 못한 점 등에 관해서는 별도의 연구가 필요한 분야라 밝혔다.[13]

민태욱(2005)은 개별공시지가와 실제 거래가격이 크게 차이가 있어 국민조세 부담에 불평등이 발생한다고 지적하였는데, "대부분 토지의 시가반영률[14]이 정부 발표 기준에 못 미쳤을 뿐 아니라 지역 등에 따라 크게 차이가 있어 조세부담의 불평등이 발생하고 있다"고 지적하고, 시가 반영률이 18 ~ 72%로 크게 차이나는 사례를 들어 지적하였다.[15] 이 연구는 과세가격과 비교에 이용한 가격은 시가로 법원 경매용 토지 감정평가 가격이었다. 이 연구는 시장가격과 과세가격의 불공평이 있음은 잘 지적하였으나, 분석에 사용한 자료의 양이 소수여서 설명력에 한계가 있는 점이 있다. 또 경매평가와 과세평가는 목적 등이 달라 가격이 괴리되는 점을 간과한 단점이 있다.

한편 전동흔(2005)은 과세 불공평성 제도를 시정하기 위한 개선방안을 모색할 목적으로 불공평계수를 지역별, 과표 구간별, 시가별로 분석하여 불공평계수를 분석하였으며, 과표 현실화로 불공평을 개선해야 함을 주장하였다.[16] 지가자료는 국세청 기준시가를 이용하였으며, 이것은 전문가가 평가한 가격이 아니라는데 한계점이 있다.

송태영(2004)은 주택의 유형별, 지역 간 거래가격 격차 심화는 바로 과세표준의 현실화율의 차이로 나타나고 이것이 세 부담의 불균형을 심화시켰다고 보았으며, 토지와 건물의 분리과세는 불공평한 과세표준 산정의 근원이 된다고 지적하였다. 이러한 점을 개선하기 위한 대안으로 건물 분 재산세와 종합토지세 과표 현실화 및 과세표준의 통합운용, 공시건물가격제도의 도입 및 국세청 기준시가 활용방안을 논의하였다. 그리고 과표의 시가반영률을 사례지역을 들어 분석했으나 사례의 수가 적은 점이 한계점으로 보인다.[17]

---

12) 류지호(2005), 주택가격공시제도에 관한 연구, 건국대 부동산대학원 석사학위논문
13) 박성규(2005), "토지 과표의 수직적 형평성에 관한 연구", 「감정평가연구」 제15집, 한국부동산연구원
14) 시가반영률(assessment ratio)이란, 부동산의 시장가격에 대한 과세평가액의 비율을 말하는데(경응수, 2005, 「부동산영한사전」, 서울 : 부연사, 88쪽), 학술용어는 '평가율'이며, 시중에서는 과표의 '현실화율'이라 말하기도 한다.
15) 민태욱(2005), "부동산 조세의 현황과 개선방향", 연합학술대회(한국세무학회, 한국국제조세협회, 한국세법학회, 한국조세연구포럼)
16) 전동흔(2005. 8), 재산세부담의 불형평 분석 및 개선방법에 관한 연구, 서울시립대학교 박사학위논문
17) 송태영(2004. 2), 공동주택 과세표준의 개선방안에 관한 연구, 강원대학교 대학원 박사학위논문

이창남(2004)은 보유세 개편문제를 지적하고 개선방안으로 지역 간 공동주택 시가기준 세 부담의 불공평을 개선하기 위해서는 위치지수 및 가감산율을 개선하고 공적 평가제도를 단일화해야 한다고 지적하였으며, 과세표준을 지속적으로 현실화하고, 지역 간 및 주택간 과세 불공평성 문제를 개선하기 위해 세율체계를 개선해야 한다고 지적하였다.[18)]

이종규와 변창흠(2000)은 건물 과표제도의 문제점을 지적하고 시가반영률을 재산세 실효세율과 관련하여 분석하였으며, 건물과표 개선방안을 제안하였다.[19)]

〈표 1-1〉 선행연구 요약

연구자	년도	주 요 내 용	제 안 및 한 계 점
박현석	2006	지가와 주택가격을 별도로 조사공시하는 문제점을 지적	토지와 건물 일체의 가격을 평가하여 일괄 공시를 주장
조덕현	2005	개별주택가격 조사방식에 문제점이 있음을 지적	정부와 지방자치단체가 문제점을 발굴하고 법령과 제도의 개선 할 것을 주장
류지호	2005	주택가격 공시제도의 문제점 지적	주택특성항목 조정, 표준주택조사 개선, 통합비준표의 적용 주장
박성규	2005	토지 재산세 부과에 수직적 불평등문제가 존재하고, 역진적인 과표 산정체계임을 밝힘	◦ 과세 개편방향을 제시 ◦ 분석대상이 토지에 한정됨 ◦ 수평적 불평등에 대한 논의가 없음
민태욱	2005	개별공시지가와 실제거래가격이 크게 차이나 국민 조세부담에 불평등이 발생함을 지적함	◦ 조세를 정책수단으로 사용시 전체 조세부담의 평등을 우선적으로 고려해야 함을 주장 ◦ 분석에 사용한 자료의 양이 적어 대표성과 설명력에 한계가 있음
전동흔	2005	불공평계수를 지역별, 과표구간별, 시가별로 분석하여 불공평계수를 분석	◦ 과표현실화로 불공평을 개선해야함을 주장함 ◦ 지가자료를 국세청 기준시가를 이용하였는데, 이는 전문가가 평가한 가격이 아닌 점이 약점
송태영	2004	주택의 유형별·지역간 거래가격 격차는 세부담의 불균형을 심화시켰다고 보았고, 토지와 건물의 분리과세는 불공평한 과세표준 산정의 근원이 된다고 지적	◦ 공시건물 가격제도의 도입 및 국세청 기준시가 활용방안을 제안 ◦ 과표의 시가반영률 분석시 사례의 수가 적은 점이 한계점
이창남	2004	보유세 개편문제를 지적	◦ 공적 평가제도의 단일화 주장 ◦ 과세표준을 현실화하고 세율체계의 개선을 주장
이종규 변창흠	2000	건물과표의 문제점을 지적, 시가반영률을 재산세 실효세율과 관련하여 분석	건물과표 개선방안을 제시

18) 이창남(2004. 2), 건물과표의 합리적 개선방안에 관한 연구, 서울시립대학교 세무대학원 석사학위논문
19) 이종규·변창흠(2000), 「지방세 건물과표 개선 연구」, 서울시 시정개발연구원

이상의 선행연구를 검토한 바 〈표 1-1〉과 같이 요약 할 수 있다. 이들 연구자 대부분은 현행 제도를 중심으로 운영실태상 나타난 문제점을 지적하고 그 대안을 제안하였다. 이러한 연구의 상당부분이 그동안 개선되었으나, 주택특성 항목 조사의 부적정성 같이 개선이 안된 채 남아 있는 부분도 있다.

주택과세에 대한 연구는 시간·비용 등의 제약으로 인하여 주택의 전수평가에 의한 분석범위를 삼기는 어려움이 있다. 주택과세에 대한 문제점의 그간 인식의 부족과 위와 같은 이유로 그간 실증적 연구가 부족한 것이 사실이다.

이 연구는 개별특성이 강한 단독주택의 경우 여러 지역의 표본 주택보다 일정지역의 주택전수를 조사 분석하는 것이 연구목적에 타당한 것으로 보아 전수평가를 실시한 자료를 사용하였다.

이 연구가 위에서 언급한 선행 연구와 다른 점은 첫째, 주택가격 공시제도 시행 후 단독주택에 관하여 처음으로 연구하였다.

둘째, 분석에 이용한 가격이 과세가격 외에, 사례지역을 선정한 후 감정평가사에게 의뢰하여 구한 정상가격을 과세가격과 비교하여 과세의 공평성을 실증적으로 분석하고자 시도한 점이다.

셋째, 주택의 일부표본이 아닌 전수 조사하여 일정지역, 특정년도 주택 전부를 대상으로 얻은 단독주택 가격자료를 분석의 자료로 삼아 객관성과 신뢰성을 높이고자 하였다.

넷째, 기존연구는 대부분 납부세액을 기준으로 공평성 문제를 다루고 있으나, 주택의 과세가격과 정상가격을 기준으로 과세평가에 의한 주택과세의 수직 공평성을 분석한 점이 다르다.

주택과세의 수직공평성에 관한 이론 02

1 조세평등주의와 공평성

1) 조세의 의의 및 한계

(1) 조세의 의의

일반적으로 조세란 "국가 또는 지방자치단체가 필요한 재정수요를 충족시키기 위하여 국민에게 반대급부 없이 부과·징수하는 공법상의 부담금"이라고 정의할 수 있다.[20] 그러나 이와 같은 조세의 법적인 개념을 헌법이나 법령에서 명문으로 규정하는 예는 드물며 우리나라 헌법상으로 조세(租稅)라는 표현을 여러 곳에서 사용하고 있으나 어느 곳에서도 그 조세의 개념을 정의하지 않았다. 다만 독일은 1919년 제정된 「제국조세법」 통칙 제1조 제1항에서 "조세는 국가 또는 지방자치단체가 재정수입을 위하여 반대급부 없이 모든 국민에게 부과하는 금전납부의무다."라고 정의했다.

우리나라의 헌법재판소가 "조세는 국가 또는 지방자치단체가 재정수요를 충족시키거나 경제적·사회적 특수정책 실현을 위하여 국민 또는 주민에 대하여 아무런 특별한 반대급부 없이 강제적으로 부과·징수하는 과징금을 의미한다."며 개념을 설명하였는바, 위에서 말하는 독일과 크게 차이가 나지 않는다.[21]

이처럼 조세는 반대의 대가없이 강제적으로 국민으로부터 국가에게 재산권을 이전하는 것이다.[22] 공동체를 운영하려면 재원이 필요하다는 현실 때문에 헌법은 조세라는 존재를 인정하지만 아울러 조세로 인해 국민의 재산권이 임의로 침해되지 않도록 통제하고 있다.[23]

---

20) 김성수(2001), 「개별행정법」, 서울 : 법문사, 35쪽.

21) 헌재결 1990. 9. 3. 89헌가95, 판례집 2,251쪽.

22) 납세자는 국가로부터 국방·치안 등의 공공서비스를 제공받고 있으므로 어떤 의미에서는 수익자라고 할 수 있지만 이것은 단순히 간접적인 관계에 머문다. 공공서비스는 국민 모두에게 제공되는 것이므로 조세가 그 직접적인 대가인 것은 아니다.

23) 민태욱, 전게논문

(2) 조세의 분류

조세 또는 개별 조세법의 조항은 그 추구하는 주된 목적에 따라 재정목적 조세와 사회·경제 목적 조세로 구분되며,[24] 양자에 적용되는 헌법적인 통제기준은 차이가 있다. 조세의 설정·부과·징수를 통제하는 헌법 및 헌법원칙은 개별 조세 또는 조세법 조항의 목적에 따라 기준이 다르다.

재정목적 조세는 국가 등이 필요한 재원의 조달을 주된 목적으로 하는 것을 말하며, 사회·경제목적 조세는 올바른 사회의 형성이나 바람직한 경제의 유도를 주된 목적으로 하는 것을 말한다. 통상적인 조세는 재정목적의 조세지만 사회복지국가를 추구하는 현대국가에서는 사회·경제목적의 조세도 상당수 있다. 재정목적을 추구하는 조세는 「헌법」 제11조 제1항에서 규정하는 평등원칙이 주된 통제수단이다. 반대급부가 없는 조세의 성격상 조세 부담을 좋아하는 사람은 없으므로 조세는 납세자들에게 평등하게 배분되어야 한다. 공익을 위하여 불가피한 것이 조세이므로 조세제도가 국민들 사이에서 인정되고 원만하게 유지되기 위해서는 납세자에게 평등하게 과세해야 한다.

이렇듯 재정목적 조세는 평등하게 과세됨으로써 그 정당성을 확보하게 되는 까닭에 조세평등은 가장 기본적이고 핵심적인 기준이다. 조세평등의 구체적인 내용은 절대적인 기준이 있는 것이 아니라, 시대에 따라 다른데, 오늘날에는 납세자의 경제적인 능력에 따른 과세 즉 '담세력에 따른 과세'를 평등의 기준으로 해석하고 있다. 동등한 담세능력이 있는 자는 동등한 조세를 부담해야 한다는 수평적 평등과 상이한 담세능력이 있는 자는 그 담세능력에 상응하는 조세를 부담해야 한다는 수직적 평등을 조세의 평등 과세라 본다.[25]

반면에 바람직한 사회 및 경제를 추구하는 사회·경제목적 조세는 기본적으로 불평등을 전제로 사용한다. 사회·경제적으로 바람직한 것에 조세를 면제하거나 감면하며, 바람직하지 않은 것에는 중과한다.

이 때문에 사회·경제 목적의 조세는 재정목적 조세가 가장 중시하는 평등원칙이 적용되지 않는다. 조세가 그 본래의 목적인 재원확보를 벗어나 국가정책 수단으로 사용되는 것에 대해 과거부터 조세평등·헌법질서·효율성 등에 근거하여 비판이 있어왔다.[26] 하지만 조세라는 것은 그 자체가 궁극적 목적이 아니고 현대 복지국가의 유지

---

24) 이것은 조세법 또는 조세법조항이 재정목적 규범인지 또는 사회·경제목적 규범인지 여부가 구분된다는 것을 전제로 하는 것이지만 개별 조세법조항이 명확히 특정규범으로 구별되는 것도 있으나 때로는 양자의 규범을 동시에 포함된 것도 있다. 양자의 기능이 있는 조세법조항은 재정목적규범과 사회·경제목적 규범이 각각 적용되어 4가지 경우의 수가 가능하다[구체적인 것은 민태욱(2005), 「조세법」, 부연사 30쪽 참조].

25) 물론 '담세력에 따른 과세'라는 것도 하나의 추상적인 기준이므로 구체적이고 명확한 것이 아니고 해석이 필요하다.

26) 1952년 독일의 공법학자대회에서 Scheuner는 조세가 개입주의의 중요한 수단이지만 원래의 사회·경제정책을 사용하지 않고 조세를 과도히 사용하게 되면 헌법의 통상적 경제질서기능을 과도히 침해할 우려가 있으므로 조세는 근본적으로 매우 위험한 수단이라고 주장하였다[中里 實(1994), "經濟的手法の法的統制に關するメモ(上)", ジュリスト, No. 1042, 123쪽].

및 실현을 위한 재정적 수단이므로, 조세제도의 직접적인 이용이 그 추구하는 목적달성에 더 효과가 있다면 이를 굳이 부인할 이유는 없다는 것이 통설이다.

또한 대다수 국가가 조세를 정책의 수단으로 널리 사용하고 있는 현실에 비추어보더라도 그 사용이 일반적으로 인정되는 점은 명백하다.[27] 그렇지만 헌법 및 헌법상의 일반원칙에 따라 사용할 때는 일정한 한계가 있다. 조세를 정책수단으로 사용하는 것은 인정되지만 이것이 무제한의 이용을 인정하는 보증수표는 아니다.

(3) 조세의 한계

조세를 정책수단으로 이용할 때 조세평등원칙, 헌법질서 및 효율성, 자유권, 재산권 보장, 과잉금지의 원칙 등 일정한 한계가 있다. 정책수단으로써 조세는 이러한 한계를 준수하여야 하며 한계를 벗어나는 것은 헌법질서에 어긋난다고 보아야 한다.[28]

첫째, 사회·경제목적으로 조세를 사용하면 불가피하게 조세평등원칙과 충돌하게 되지만 그 성격상 일정한도까지는 용인된다. 그렇다 해도 조세평등원칙을 최대한 존중해야 하며 그 추구하는 목적은 용인할 수 있는 정도의 조세평등원칙의 훼손에 대한 정당성이 확보되어야 한다. 즉 조세를 통하여 추구하는 정책의 공익이 조세평등주의원칙의 훼손에서 발생하는 공익의 침해를 정당화할 수 있을 정도는 되어야 한다는 뜻이다. 이것을 통상 비례의 원칙이라 한다.

둘째, 사회·경제적 목적의 수단으로 조세를 사용하는 경우 원래의 정책수단을 존중하고 조세수단이 이들 수단보다 효율적이어야 할 것이다.[29] 사회·경제적 문제에 직접 대응하는 법률 및 정책수단들이 있고, 이럴 경우에는 이들 수단들을 우선하여 사용하여야 한다. 사회·경제적 목적을 직접 추구하는 법률 및 정책수단이 있다는 것은, 이미 입법자가 해당 정책에 유효한 수단을 검토하여 마련해 놓았다는 것을 의미하기 때문이다.

이 경우 마련된 법률 및 정책수단은 전통적이고 효율적인 수단임을 암시하고 있으므로 사회·경제문제에 원래의 수단을 우선하여 사용하는 것이 타당하다. 사회·경제정책

---

27) Heinrich Friajf(1966), "*Verfassungsrechtlich Grenzen der Wirtschaftslenkung und Socialgestaltung Steuern*", S.10.

28) 민태욱(2004), "부동산 정책으로서의 조세", 「부동산학 연구」 제10집 1호, 한국부동산분석학회

29) 사회·경제정책의 수단으로 조세가 사용되는 것을 통제하기 위해서 미국에서는 조세지출론(Tax Expenditure)이 발전되었다. 조세지출이란 다양한 사회·경제적 목적을 달성하기 위하여 조세법에 마련된 특별조항을 말한다. 조세지출론은 기본적으로 예산을 통한 직접지출과 조세법의 특별규정을 통한 조세감면은 상호 대체적이라고 본다. 이러한 가정 하에 두 종류의 방법 중 더 효율적이고 통제가 가능한 방법을 선택하여야 한다고 주장한다. 조세지출론을 창안한 S. Surrey 교수는 예산을 통한 직접지출이 조세를 통한 지원보다 낫다고 결론지었다. 그 이유는 조세수단을 이용하면 고소득자에게 상대적으로 높은 혜택이 돌아가 조세평등에 위배되며, 감면에 대한 적절한 통제가 되지 않는다는 것이다. 이러한 결론에 효율성은 여건이나 정책목표에 따라 개별적으로 결정되고 사례에 따라서는 조세수단이 바람직하다는 반론도 있다. 결론에 관계없이 조세지출론은 정책수단 간에 효율성을 비교하고 나아가 조세수단에 대한 통제제도를 수립한 계기가 되었다. 이후 조세지출론은 여러 국가에서 법적 제도로 채택되었으며 우리나라도 「조세특례제한법」 제142조로 규정하여 도입하고 있다(민태욱, 전게서, 5쪽).

을 직접 추구하는 법률 및 수단이 있는데도 불구하고, 조세수단을 사용하여 사회질서 및 경제 질서를 변경하고자 한다면 헌법이 정하고 있는 질서를 파괴하는 것이 된다. 자칫 잘못하면 조세가 헌법이 정하고 있는 헌법적 한계를 용이하게 회피하는 수단으로 남용될 우려가 있다. 이 때문에 조세수단은 국가가 추구하는 목적에 적합하고 효율적인 경우에 사용될 수 있으며, 원래의 수단에 보조적인 차원에 그쳐야 한다.

셋째, 우리나라의 헌법 질서는 개인의 자유로운 형성권(形成權)을 존중하며, 경제질서 역시 개인과 기업의 자유와 창의를 존중하여 재화의 생산 및 교환은 원칙적으로 개인과 기업에게 맡기고 있다. 국가는 이러한 헌법의 정신을 존중하여야 하며 조세를 통하여 사회 및 경제에 개입하더라도 그 기본적인 체제를 보완하는 정도에 그쳐야 한다. 국가의 개입이 지나쳐 개인의 형성권을 지나치게 침해하거나 경제의 기본 체계를 변경하는 것은 곤란하다.

넷째, 과도한 조세의 부과는 재산권 침해가 될 수 있다. 일반적으로 조세의 부과는 헌법이 보장하는 재산권의 침해라 할 수 없으나, 조세부과가 과도하여 재산을 사용·수익할 수 없거나 재산의 처분이 봉쇄당하거나 전체적인 재산가치의 감소로 이어져 납세자의 경제활동이 사실상 불가능해지는 경우에는 재산권침해가 되어 헌법상 허용될 수 없다.

다섯째, 헌법상의 일반원칙인 과잉금지의 원칙이 조세제도의 운용에서도 존중되어야 한다.

이 연구의 대상인 주택과세의 경우에도 위와 같은 조세의 한계를 지켜나가야 할 것이다.

2) 조세평등주의와 그 실현 원리

(1) 조세평등주의의 의의

조세평등주의란 모든 국민이 평등하게 조세를 부담하여야 한다는 것을 말한다. 누구나 경제활동으로 소득을 창출하고 부를 축적하면 원칙적으로 과세의 대상이 되므로 합리적인 근거가 없는 한 과세를 피할 수 없다는 것이다. 즉, 조세평등의 원리는 과세의 일반성과 보편성을 요구한다.[30)]

우리 헌법에는 외국의 입법례와는 달리 조세평등주의를 명문으로 규정하고 있지 않지만, 「헌법」 제11조 제1항의 평등조항으로부터 당연히 도출될 수 있다고 보아야 한다.[31)] 우리 헌법재판소도 조세평등주의는 「헌법」 제11조 제1항의 평등의 원칙 또는 차

30) 김재홍(2002), 조세평등주의에 관한 연구, 연세대학교 대학원 석사학위논문

31) 조세평등주의는 이미 1789년 프랑스혁명 당시 「인간 및 시민의 권리선언」 제13조에 다음과 같이 명시되고 있다. "정치권력의 유지와 행정활동의 비용을 마련하기 위해서 사회 전체적인 공통부담은 불가피한 것이다. 이러한 공통부담은 국가의 모든 국민들의 재산상태에 따라서 균등히 배분되어야 한다." 이후 조세평등주의는 1831년 벨기에 헌법 제112조, 1850년 프로이센 헌법 제101조, 1919년 바이마르 공화국 헌법 제134조 등에 규정되기에 이르렀다(김성수, 전게서, 55쪽 각주 4).

별금지 원칙의 조세법적 표현이며 정의의 이념에 따라 "평등한 것은 평등하게", 그리고 "불평등한 것은 불평등하게" 취급함으로써 조세법의 입법과정이나 집행과정에서 조세정의를 실현하려는 원칙이라고 밝히고 있다.[32)33)]

헌법은 아니지만 조세법의 통칙적 성격을 갖는다고 볼 수 있는 「국세기본법」 제18조 제1항에서도 "세법의 해석·적용에서는 과세의 형평과 당해 조항의 합목적성에 비추어 납세자의 재산권이 부당히 침해되지 않도록 하여야 한다"고 규정하여 조세평등주의를 성문화였고, 동법 제19조는 "세무공무원이 그 재량에 의하여 직무를 수행할 때 과세의 형평과 당해 세법의 목적에 비추어 일반적으로 적당하다고 인정되는 한계를 엄수하여야한다"고 규정하여 과세관청이 법을 적용할 때에는 공평하여야 한다는 원칙을 정하고 있다.

조세법 분야에서 평등실현을 보장하는 조세평등주의는 학자에 따라 조세평등의 원칙, 조세공평주의, 조세공평의 원칙, 조세부담공평의 원칙, 과세공평주의 등으로 다양하게 표현하고 있으나, 본질은 동일한 개념으로 파악된다.[34)] 조세법 등을 연구하는 공법학자들은 조세평등주의를, 재정학자들은 조세공평주의 내지 조세부담공평의 원칙으로 주로 언급하고 있지만, 우리 헌법재판소는 대체로 조세평등주의로 통일하여 사용하고 있다.[35)] 이 논문에서는 헌법재판소의 사용 용어인 공평과 같은 개념으로서 평등을 함께 사용하기로 한다.

(2) 조세정의와 조세평등주의

조세평등주의가 원칙적으로 모든 국민이 평등하게 조세를 부담하여야 한다는 것을 의미한다면 여기서 '조세평등'을 어떻게 파악해야 하는지 의문이 있다.

결론적으로 조세평등주의는 헌법상의 평등개념을 일탈할 수 없는 것이고, 타 법률관계에도 평등이 강조되는 내용과 그 강조의 정도에서 차이가 있을 뿐 동일한 개념으로 파악해도 무방하다고 본다.[36)] 헌법재판소의 개념표현이나 여러 학자의 견해에서도 이는 대부분 일치한다고 본다. 헌법상의 평등은 조세평등주의의 근거규정이라고 할 수 있는 「헌법」 제11조 제1항에서는 "모든 국민은 법 앞에 평등하다. 누구든지 성별, 종교 또는 사회적 신분에 의하여 정치적, 경제적, 사회적, 문화적 생활의 모든 영역에 있어서 차별을 받지 아니한다."고 선언하고 있다.

---

32) 헌재결 1989. 7. 21. 89헌마38, 판례집 1,141쪽 이하
33) 사실상 조세평등주의는 주로 입법에서 중요한 문제로 등장하며 법 적용상의 평등이 문제되는 것은 주로 과세관청의 재량권 행사다.
34) 여기에 대해 '평등'과 '공평'은 차이가 있다고 말하는 견해가 있다[이창희(1998), "세법의 헌법적 기초에 관한 시론", 「조세법연구(4)」 세경사, 111쪽 이하].
35) 헌법재판소도 조세평등주의를 '조세의 합형평성의 원칙'으로 표현하기도 했다(헌재결 1990. 9. 3. 89헌가95, 판례집 2,254쪽).
36) 나성길(1999. 8), "입법원칙으로서의 조세평등주의", 「세무학연구」 제14호, 248쪽.

하지만 "같은 것은 같게, 같지 않은 것은 같지 않게"라는 상대적 평등의 판단기준을 제시하는 것은 어려운 문제다. 이 문제와 관련하여 영미법상의 '합리성의 원칙'이나 대륙법상의 '자의금지의 원칙' 등이 그 판단기준으로 제시되긴 하지만, 이들 원칙이 모든 문제를 명쾌하게 해결해 주지는 못한다. 왜냐하면, '합리적인 것'과 '불합리한 것', '자의적인 것'과 '그렇지 않은 것'을 구별하는 것은 또 다른 가치판단을 필요로 하는 문제이기 때문이다. 결국 평등의 문제는 평균적인 동시대인의 정의감정에 비추어 판단할 수 밖에 없다. 물론 '정의'의 연구가 철학의 영원한 과제로 인식되고 있는 것도 아니다. 그럼에도 불구하고 스위스 연방대법원의 유명한 판시에 따라 '평등은 정의를 뜻하고, 정의에 반하는 것은 자의'라고 인식할 수 밖에 없다고 생각한다.

이처럼 평등자체가 명확히 개념 짓기 어려운 잣대로 판단되어야 하는 대상이기 때문에 조세법의 가장 중요한 원칙으로서 역할을 의심하는 견해조차 제시되고 있다. 조세평등주의란 국민이 납세로서 담보한 자유를 보장받기 위해 지는 부담을 정당하게 배분해 달라는 요청을 대변하는 조세법의 가장 중요한 원칙이라고 할 수 있다.

따라서 지나친 과세권 행사로 국민의 자유가 억압받는 결과가 나타나서는 안된다. 조세란 국민이 납득할 수 있는 범위 내에서 국회의 적법절차에 의해 입안되고 집행되어야 하며, 지나치게 과도하고 정책적 목적만이 강조되어 국민의 희생을 강요하는 조세는 국민의 자유보장이라는 본연의 임무를 망각한 것이다.

국가과세권은 헌법상 모든 자유권적 기본권의 근저를 이루는 자유주의 원리에 비추어 납세자인 개인이나 기업의 근로의욕이나 창의적 경제활동을 지속적으로 저해하는 경우에는 그 헌법적 한계를 일탈한 것이다. 세법 자체는 적어도 부수적으로는 재정수입의 목적을 의도하고 있는 경우에만 헌법적으로 정당화될 수 있다. 세법의 의도자체가 재정수입은 뒷전에 둔 채 국가가 의도하는 다른 목적을 추구한다면 국민의 입장에서 보아 조세라는 전형적인 국가행위형식으로부터 기대할 수 있는 법적인 보호를 우회하여 법치국가원리의 중요한 요소인 법적 안정성을 해칠 수 있기 때문이다.[37)]

결국 조세정의란 국가의 과세권을 행사하는데 국민의 자유를 보장하면서 조세평등 실현으로 국민의 정의감정을 훼손 하지 않고 납세자의 재산권 보장과 국가의 세수확보라는 조세법의 목표를 조화·균형있게 달성하는 것이다.

(3) 조세평등주의의 실현원리

① 담세능력의 원칙

'담세능력(擔稅能力)의 원칙'은 '응능부담(應能負擔)의 원칙'으로도 불리며 개인의 담세력에 따라 조세부담의 배분이 이루어져야 하므로 균등한 지급능력을 가지고 있는 사

37) 김성수(1991. 11), "초과소유부담금, 개발부담금, 토지초과이득세의 법적 문제점", 「사법행정」, 31쪽.

람은 균등한 조세부담을 하여야 한다는 수평 공평과 상이한 지급능력을 가지고 있는 자에게는 상이한 조세부담을 하여야 한다는 수직 공평이 조화를 이루어야 한다.

만약에 주택가격에 대한 과세평가의 잘못으로 담세력에 따른 과세가 이루어지지 않는다면 과세의 불공평이 존재하여 헌법상의 조세 평등원리가 실현되지 않고 있다고 볼 수 있다. 즉, 담세능력의 원칙은 조세의 부담수준이 조세채무자의 경제 능력에 따라서 이루어져야 한다는 원칙으로 연역적으로는 소득세법상의 누진세율을 정당화하기 위한 이론으로 발전하였다. 보통 '누진세(progressive tax)'란 소득이 증가함에 따라 '평균세율'이 더 커지는 세금을 말한다. 그러나 소득세뿐 아니라 재산세 · 종합부동산세 · 상속세 · 증여세 · 양도소득세 등 주택과세의 경우 우리나라는 세법상 누진세체계를 갖고 있어 수직 공평을 실현하기 위한 조세제도를 갖추고 있다고 볼 수 있다.

오늘날 외국에서는 담세능력의 원칙을 단순히 소득세법상의 원칙으로 뿐만 아니라 조세법의 영역에서 정의의 실현을 위한 근본원칙으로 보고 있다. 그리고 현실적으로 세부담의 수직 공평을 도모하고 나아가서 적극적인 소득 재분배를 추구하고자 한다면 담세능력의 원칙에 근거한 누진소득세가 거의 유일한 대안이라 할 수 있다. 즉 담세능력의 원칙을 통하여 비교적 추상적 내용인 헌법상의 평등원칙이 비로소 헌법적인 실효성을 획득하게 되는 것이다.

우리 헌법재판소 역시 조세평등주의 원칙에 따라 과세는 개인의 경제적 급부능력을 고려한 것이어야 하고, 동일한 담세능력자에게 원칙적으로 평등한 과세가 되어야 한다며 담세능력의 원칙을 강조한다.[38] 따라서 특정 조세는 세율, 소득공제, 비과세 및 감면의 취급, 각종의 특별조치 등을 정할 때 담세력에 따른 공평부담이 이루어져야 한다. 주택과세를 할 때 과세평가율의 수준을 어떻게 하는가의 문제도 담세력에 따른 공평부담이 되도록 해야 할 것이다. 현행 우리나라의 「소득세법」도 세율구조가 과세표준에 따라 8%에서 35%의 누진세 구조로 되어 있다. 또한, 대표적 보유세인 주택재산세는 0.15%에서 0.5%로, 종합부동산세는 1%에서 3%로, 상속세와 증여세는 10%에서 50%로, 양도소득세 기본 세율은 9%에서 36%의 누진세 구조이다. 이는 개인의 주택소유 사실과 주택가격이라는 경제적 담세능력에 따라 세부담이 이루어지는 공평과세 원칙을 실현할 수 있도록 주택관련 세법이 입법조치 및 시행되고 있음을 알 수 있다.

② 실질과세의 원칙

실질과세의 원칙이란 외부로 표시되는 거래의 법적 형식이나 그 효력 유무에 불구하고 거래행위의 실질에 따라 세법을 해석 · 적용하는 원칙을 말한다. 우리 헌법재판소는 명문으로 실질과세의 원칙이 조세평등주의의 이념을 실현하기 위한 파생원칙이라고 밝히고 있다.[39]

---

38) 헌재결 1995. 6. 29. 94헌바39, 판례집 7-1, 904쪽.
39) 헌재결 1989. 7. 21. 89헌마38, 판례집 1,142쪽.

원래 세법은 사적경제주체의 거래행위나 그로 인한 경제적 결과에 과세하기 때문에 세법의 해석과 적용에 외관상 나타나는 거래의 법적 형식보다는 그를 통하여 수행되는 경제행위의 실질적이고 진정한 내용에 중점을 둔다는 것은 당연한 일이라 할 수 있다. 그 이유는 조세 채무자의 거래 법적 형식은 조세의 회피나 절세를 위하여, 진실한 경제행위를 가장하는 경우가 있기 때문이다.

따라서 외관에 중점을 두고 과세한다면 진정한 담세능력에 따르는 과세가 불가능하고 법적 형식과 거래행위의 실질을 일치시켜 경제활동 하는 자와 조세의 불평등이 심화되어 조세법의 최고이념인 조세평등을 실현할 수 없게 된다.

「국세기본법」 제14조 제1항은 “과세의 대상이 되는 소득·수익·재산·행위 또는 거래의 귀속이 명의일 뿐이고 사실상 귀속되는 자가 따로 있을 때에는 사실상 귀속되는 자를 납세의무자로 하여 세법을 적용한다”고 하고, 동조 제2항에서는 “세법 중 과세표준의 계산에 관한 규정은 소득·수익·재산·행위 또는 거래의 명칭이나 형식에 불구하고 그 실질내용에 따라 적용한다”고 하여 귀속이나 내용 모든 면에 실질과세 원칙을 적용해야 함을 분명히 하고 있다.

주택과세의 경우에도 위의 실질과세 원칙인 귀속과 내용에 있어 실질과세 원칙이 실현되어야 할 것이다. 주택의 진정한 가치에 따라 과세됨으로써 이 실질과세의 원칙이 실현 될 수 있다고 본다.

이 연구는 이러한 담세능력에 따른 실질과세 원칙이 실현되고 있는지 여부를 검증해 보고자 한다.

3) 수직 공평성과 수평 공평성의 의의

조세공평주의(principle of tax equity)는 조세부담 공평의 원칙이라고도 하는데, 이는 조세부담은 국민들 사이에 공평하게 배분되어야 하고 조세 법률관계에서 평등하게 취급되어야 한다는 원리다. 조세공평주의는 조세배분의 보편화 원칙과 응능부담의 원칙이 포함되어 있다.[40] 조세부담의 공평은 수평 공평과 수직 공평으로 구분되고 전자는 주택의 취득세율과 같은 비례세율 구조를 취하고, 후자는 주택의 재산세율과 같은 누진세율 구조를 취한다. 한편 주택과세에 있어서의 수직 공평의 조건은 가격이 다른 주택 간에도 과세평가율이 일정한 경우이며 고가주택 평가율이 저가주택의 평가율 보다 낮은 경우 역진적 과세라 정의 할 수 있다. 그리고 동일가격의 주택은 담세능력도 같다고 보아 동등하게 평가 및 과세 되어야 한다는 것이 수평공평이다.

40) 임정렬(2004), 자영업자의 과표양성화 방안에 관한 연구, 창원대학교 경영대학원 석사학위논문, 8쪽.

(1) 수직 공평성

수직 공평성이란 다른 위치에 있는 사람은 적절한 차별을 두며 "다른 사람은 다르게" 취급해야 공평하다는 것을 의미한다. 즉, 약자에게는 그가 받아야 할 몫보다 더 많은 혜택을 주고 강자에게는 그가 부담해야 할 몫보다 더 많이 부담시킴으로써 일종의 사회적 평등 내지는 사회적 균형을 찾으려는 것으로 누진적인 소득세가 가장 대표적인 예이다. 이러한 수직 공평성은 소득이 많은 사람들이 많은 세금을 부담하여 저소득층의 복지를 위해 지급해야 한다는 것이 핵심적인 내용이다.

수직 공평성의 근거는 국가로부터 많은 혜택을 받는 것은 고소득층이며 국민은 능력면에서 최상층에서부터 최하층에 이르기까지 수직적인 계층을 이루고 있으므로, 상위층에 있는 국민보다는 하위층에 있는 국민들을 도와주는 것이 공평하다고 보는데 있다. 전통적으로 누진세나 역진세의 구조는 대부분 수직 공평성에 이론적 근거를 두고 있다. 이것은 누진세율구조를 정당화시키며, 더 많은 소득이나 재산이 있는 사람은 담세력(지급능력)이 더 크기 때문에 높은 세율의 세금을 납부해야 한다는 것이다. 이와 같이 수평 공평성과 수직 공평성은 상호 연관되어 있으며 어느 한쪽에 우선권을 주어 불균형 상태로 공평을 말할 수 없다.

수직 공평성 고려 없이 수평 공평성만을 논하게 되면 특정계층의 이해만을 살리는 계층 간 차별화의 논리로서만 적용되고 결과적으로 계층간에 역진세적인 기능만 남는다. 수평 공평성이 적용되지 않고 수직 공평성만 고려되는 경우도 마찬가지로 동일한 입장에 있는 사람들을 차별적으로 대우함으로써 조세불공평성을 야기한다. 따라서 능력이 같으면 같은 금액의 세금을, 다른 능력이 있는 납세자는 세금을 다르게 납부해야 한다. 즉 조세부과의 지급능력에 따라 세금이 배분되어야 공평하다고 할 수 있다. 조제정의와 관련한 납세자의 불만은 두 가지 공평 중 어느 하나만 불균형 상태에 있어도 발생할 가능성이 높다. 수직 공평성은 세율 또는 과세표준의 평가율로 판단할 수 있다고 보며 이에 대한 세율 또는 과세표준 평가율과 세부담의 함수관계를 보면 아래와 같다.

① 세율과 세부담의 함수관계

$$t = \frac{T}{X} \quad (t = \text{평균세율},\ T = \text{세액},\ X = \text{과세표준})$$

세율은 세수확보 면에서 뿐 아니라 공평과세 면에서 중요한 역할을 한다. 일반적으로 평균세율은 세액과 과표의 함수관계로 정의된다. 즉, 세액 = 세율 × 과세표준으로서 과세표준의 변화에 따라 세액은 달라진다.

〈그림 2-1〉 세율의 유형

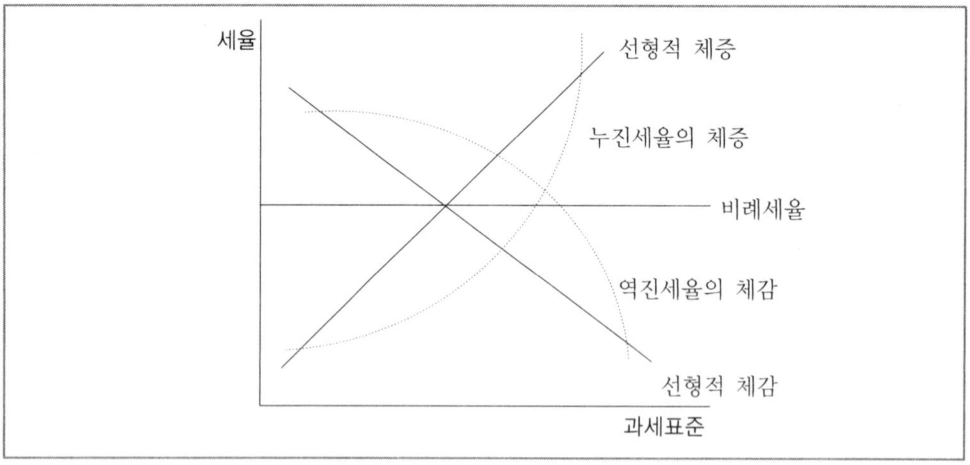

과세표준과 세율의 변화에 따른 세부담의 유형은 〈그림 2-1〉과 같으며,[41] 누진세·비례세·역진세의 세율조건은 다음 〈표 2-1〉과 같다.

〈표 2-1〉 누진세·비례세·역진세의 세율조건

구 분	평균세율	평균세율과 한계세율
누진세	$\frac{T}{X}$ 증가	$\frac{T}{X} < \frac{dT}{dX}$
비례세	$\frac{T}{X}$ 일정	$\frac{T}{X} = \frac{dT}{dX}$
역진세	$\frac{T}{X}$ 감소	$\frac{T}{X} > \frac{dT}{dX}$

자료 : 이필우·유경문(2003), 「조세론」, 33쪽.

위 〈표 2-1〉의 세율조건 내용을 보면 누진세는 과세표준의 증가에 따른 한계세율[42]의 증가율이 평균세율보다 커서 세액은 누진적 부담이다. 역진세의 경우 세부담은 그와 반대로 볼 수 있는데, 과세표준의 증가에 따른 한계세율의 증가율이 평균세율보다 작고, 비례세의 경우 평균세율과 한계세율이 같은 경우이다. 그러나 비례세는 평균세율은 일정하나 산출세액은 과세표준과 비례한다.

우리나라의 2006년 현재 주택에 대한 재산세와 종합부동산세(이하 보유세라 한다)의 세율을 보면 다음 〈표 2-2〉와 〈표 2-3〉과 같다. 즉, 과세표준의 증가에 따라 누진적

41) 이필우·유경문, 전게서, 29쪽.

42) 한계세율 ($\frac{dT}{dX}$)은 과세표준 한 단위 증가에 따른 세액증가액의 비율을 말한다.

인 세율 체계이며 이는 높은 주택가격의 소유자에게 보유세를 평균보다 더 많이 내도록, 즉 누진적인 세부담이 되도록 하는 조세제도로 운영되고 있음을 알 수 있다.

〈표 2-2〉 주택 재산세 세율

과세표준	세 율	비 고
4천만 원 이하	1,000분의 1.5	과세표준 = 주택공시가격 × 적용비율
4천만 원 초과 1억 원 이하	6만 원 + 4천만 원 초과금액의 1,000분의 3	산출세액 = 과세표준 × 표준세율
1억 원 초과	24만 원 + 1억 원 초과금액의 1,000분의 5	

주 1) 「지방세법」 제188조 제1항 제3호 나목, 2006년 현재기준임.
2) 위의 법 같은 조 제3항에 따라 시·군·구 조례는 위 표준세율의 50% 범위 내에서 가감조정(탄력세율) 적용할 수 있다.
3) 위의 법 부칙 제5조 의거 2007년까지 50%, 2008년부터 매년 5%씩 인상하여 2017년에는 100% 적용비율을 적용함.

〈표 2-3〉 주택 종합부동산세 세율

과세표준	세 율	비 고
3억 원 이하	1,000분의 10	과세표준 = 주택공시가격 - 6억 원 산출세액 = 과세표준 × 세율 × 적용비율
3억 원 초과 14억 원 이하	1,000분의 15	
14억 원 초과 94억 원 이하	1,000분의 20	
94억 원 초과	1,000분의 30	

주 1) 「종합부동산세법」 제9조 제1항, 2006년 현재기준임.
2) 위 법 같은 조 2항 의거 2006년 70%, 2007년 80%, 2008년 90%, 2009년 이후 100% 적용비율을 각각 적용함.

위와 같이 누진세율 구조를 갖고 있는 주택 보유세의 경우, 주택의 과세평가율도 누진적이라면 보유세부담은 누진부담을 더욱 심화시키고 반대로 역진적 평가율이라면 누진효과를 감소시킬 것이다. 수직 공평한 조세정의 실현을 위한 조세정책적 목적으로 세법에 따라 정해진 누진세율제도가 이미 마련되어 있다. 따라서 주택 과세평가율은 비례적 평가율을 갖는 것이 당초 세율체계에 따른 수직 공평한 누진세부담을 유지할 수 있도록 한 입법취지를 달성할 수 있어 합리적이라고 본다.

그러나 주택 과세평가율이 적정하지 못할 경우에는 수직 공평과세를 위하여 이미 마련되어있는 누진세율체계에 의한 조세제도가 그 기능을 제대로 발휘 할 수 없게 될 것이다. 이것은 공평과세 실현이 달성되지 못하는 결과를 초래한다고 볼 수 있다.

주택과세의 누진세율체계를 이미 갖고 있는 과세체계하에서 주택과세평가율에 따른 보유세 부담의 변화관계를 보면 다음 〈표 2-4〉와 같이 나타내 볼 수 있다. 세법의 제정시 이미 국민의 공평한 조세부담을 감안하여 누진세율을 마련한 것으로 가정하면 비례평가율이 세부담의 누진효과를 당초 그대로 유지할 수 있어 바람직하다고 본다.

〈표 2-4〉 주택과세평가율에 따른 주택의 세부담 변화

세율체계	주택과세평가율[43]	주택의 세부담
누진세율	누진평가율	누진효과의 가중(↑)
	비례평가율	누진효과의 유지(=)
	역진평가율	누진효과의 감소(↓)

자료 : 논자 작성

② 주택 과세평가율과 재산세부담의 함수관계

주택재산세는 과세표준 크기에 따라 누진세부담이 체계를 갖고 있는 현행 세법의 세율체계를 이미 〈표 2-2〉에서 살펴보았다.

주택재산세의 과세표준은 주택 과세가격을 그대로 적용하거나, 우리나라의 경우는 조세정책상 과세가격에 과세표준 적용비율[44]을 적용함으로써 과세가격이 세부담액의 크기를 결정하는 직접 기준이 되고 있다. 따라서 주택정상가격에 대한 과세평가율과 재산세액의 관계는 다음 산식과 같다.[45]

주택의 재산세액(T) = 세율(t) × 과세표준(X)
= 세율(t) × 과세가격(Av) × 과세표준적용비율(Xr)
= 세율(t) × 주택정상가격(Mv) × 과세평가율(Ar) × 과세표준적용비율(Xr)

위 산식에서 세율과 과세표준적용비율은 세법에 따라 이미 정해진 고정변수이므로, 주택정상가격의 과세평가율 변화에 따라 즉 주택가격의 과표현실화율에 따라 세액이 달라지는 것을 알 수 있다.

따라서 위의 식에서 세율과 과세표준적용비율을 제외한 상태에서 주택정상가격과 주택과세평가율 유형은 다음 〈그림 2-2〉와 같다.[46]

---

43) 누진평가율은 주택가액 증가율보다 한계평가율이 큰 경우, 비례평가율은 주택가액이 증감해도 평가율은 일정한 경우, 역진평가율은 주택가액 증가율보다 한계평가율이 작은 경우다.

44) 과세표준 적용비율은 2006년과 2007년의 경우 주택재산세는 50%를 과세표준 적용비율로 하고 있으며, 2008년부터 매년 5%씩 증가하여 2017년부터는 100% 적용. 토지와 건축물은 2006년 55%, 2007년부터 5%씩 인상하여, 2015년부터 100% 적용[지방세법 부칙 제5조(2005. 12. 31.) 참조].

45) 주택과세표준 = 과세가격 × 과세표준적용비율이며, 과세가격(AV) = 주택정상가격(Mv) × 과세평가율(Ar)이므로 주택과세 평가율(Ar)은 주택정상가액을 주택과세가액으로 나눈 값, 즉 Ar = AV / MV이다. 그런데 평가율은 세법에 없는 행정세율의 효과를 갖는 것으로서 세부담에 직접영향을 주게 되므로 정부가 과세행정이나 조세정책을 계획·집행함에 있어 세율 못지않게 신중하게 다루어야 할 것으로 본다.

46) 이 재산세 부담유형은 앞의 〈그림 2-1〉과 같은 일반조세의 세율 유형을 응용하여 연구자가 주택 재산세부담 유형으로 재작성한 것으로 재산세 이외의 종합부동산세, 상속세 등 주택과세의 경우에도 적용가능 할 것으로 본다.

〈그림 2-2〉 주택가격과 주택과세평가율 유형

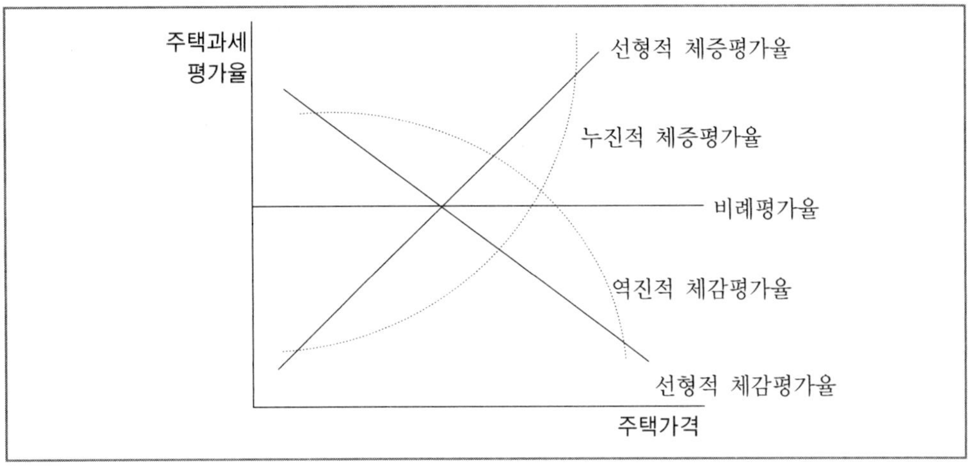

자료 : 논자 작성

위의 〈그림 2-2〉에서 역시 세율 등 변수를 제외하고, 과세평가율에 의한 세부담 유형을 보기로 한다. 주택의 과세평가율에 따른 재산세 부담의 조건은 다음 〈표 2-5〉와 같다. 즉 주택정상가격의 한계평가율[47]이 평균평가율보다 큰 경우는 고가 주택가액일수록 더욱 많은 세부담을 하게 되는 누진적 세부담을, 그와 반대로 한계평가율이 작은 경우는 고가주택의 부담액이 저가주택보다 상대적으로 낮은 세부담을 지게 되는 역진적 세부담을, 양쪽이 같은 경우는 주택가격이 높아지는 비율만큼 세부담액이 증가하는 비율이 같은 비례적 세부담을 의미한다.

〈표 2-5〉 주택과세평가율에 따른 재산세 부담유형의 조건

과세평가율	평균평가율	평균평가율과 한계평가율	재산세부담
누진적 평가율	$\frac{\text{과세가격}}{\text{주택정상가격}}$ 증가	$\frac{\text{과세가격}}{\text{주택정상가격}} < \frac{\text{한계과세가격}}{\text{한계주택정상가격}}$	누진적 세부담
비례적 평가율	$\frac{\text{과세가격}}{\text{주택정상가격}}$ 일정	$\frac{\text{과세가격}}{\text{주택정상가격}} = \frac{\text{한계과세가격}}{\text{한계주택정상가격}}$	비례적 세부담
역진적 평가율	$\frac{\text{과세가격}}{\text{주택정상가격}}$ 감소	$\frac{\text{과세가격}}{\text{주택정상가격}} > \frac{\text{한계과세가격}}{\text{한계주택정상가격}}$	역진적 세부담

자료 : 논자 작성

47) 한계평가율은 주택정상가격 한 단위 증가에 따른 과세가격 한 단위 증가액의 비율을 말한다.

(2) 수평 공평성

공평성은 대단히 모호하며 헌법상의 평등에서부터 경제적인 평등, 사회적인 평등에 이르기까지 다양한 의미가 있는 개념이다. 그 결과 공평·형평·평등·정의 등의 용어가 혼용되고 있다. 이것은 수평 공평성과 수직 공평성의 두 가지 측면으로 정리할 수 있다. 조세에서도 첫째는 수평 공평성이고, 둘째는 수직 공평성이다. 수평 공평성이란 “같은 사람을 같이” 취급하는 것을 의미한다. “모든 인간은 법 앞에 평등하다”라든지 혹은 “같은 수입을 올리는 사람은 같은 금액으로 세금을 내야 한다”는 등의 말은 수평 공평성을 뜻하는 말이다.[48)]

또 모든 국민이 신체와 재산상의 자유 언론·출판·집회·결사·종교·사상의 자유를 다 같이 향유하면 납세, 국방의 의무도 같이 져야하므로 법률 앞에서 평등이 곧 수평 공평성의 개념에 해당된다고 보았다.[49)]

결국, 수평 공평성은 동일한 위치에 있는 사람에게 동일한 처우를 하는 것으로 요약할 수 있다. 따라서, 조세에서 수평 공평성은 납세전후를 불문하고 납세자간에 원래의 부의 순위가 인위적으로 바뀌지 않아야 하고 상대적 위치가 변동되지 않아야 한다는 뜻을 함축하고 있다.

(3) 수직 공평성과 수평 공평성의 상호관계

과세에서 효율성(efficiency)을 강조하다 보면 공평성(equity)을 훼손하기 쉽다. 이 두 가지의 상충관계를 적절히 결합해야 조세의 목적을 달성할 수 있다.

수평 공평성과 수직 공평성을 동시에 만족시키는 조세제도가 있는가 하면 어떤 제도는 어느 하나만을 만족시키기도 하고, 또 어떤 제도는 아무 것도 만족시키지 못한다. 각종 세액 또는 소득의 공제가 전혀 없는 순수한 단일세는 수평 공평성, 효율성, 단순성의 측면에서는 권장할 만한 것이지만 수직 공평성을 만족시키는 조세제도가 아닐 수 있다는 것이다.

예를 들어 담세력이 1억 원인 납세자 A그룹은 1인당 1,000만 원의 조세를 납부하고, 담세력이 5천만 원인 납세자 B그룹은 1인당 1,200만 원의 조세를 납부한다고 할 경우, A그룹과 B그룹 납세자들은 각각 자기그룹 멤버 사이에는 같은 조세부담을 지므로 그룹 내에서 수평 공평성은 달성되었다. 그러나 이러한 조세제도는 담세력이 상대적으로 많은 A그룹 납세자들은 담세력이 적은 B그룹 납세자들보다 오히려 200만 원씩 세부담을 적게 부담하는 역진적인 성격이 있으며 이는 수직 공평성이 달성되지 못한 것이 된다.

따라서 공평성의 관점에서 가장 이상적인 조세제도는 같은 소득계층이 동일한 세 부담

48) 배득종(1999), 「신재무행정 좋은 행정을 찾아서」, 서울 : 박영사, 45쪽.
49) 정정길(2000), 「재정학의 새로운 이해」, 서울 : 대명출판사, 57쪽.

을 하는 수평 공평성의 침해 없이, 조세부과 후에 수직 공평성을 향상시키는 조세제도라고 말할 수 있다. 우리나라 세법의 경우 주택과세에 있어 각종 비과세 · 감면 · 공제제도 등으로 인한 불공평이 있어 수평 공평성 측면에서 보면 부정적이나 사회정책적 목적에서는 긍정적인 면도 있으므로 양측 간의 조화는 해결되어야 할 어려운 과제이기도 하다.

2 주택과세의 수직 공평성 검증 모형

주택과세의 수직 공평성을 검증하는 모형은 비율분석 모형, 회귀분석 모형 그리고 스피어맨 순위상관관계 모형이 알려져 있다. 주택과세의 수직 공평성을 실증분석하기에 앞서 분석에 이용할 이론 모형을 먼저 알아보기로 한다.

1) 비율분석 모형

주택과세의 공평성을 판단하는 기본 방법은 과표(과세)가격과 정상가격을 비교하는 것이다.[50] 일반적으로 수직 공평성은 각각 부동산의 가격이 서로 다르더라도 가격 대비 과세평가 비율이 동등하여 동일한 과표수준을 확보하는 것을 말한다. 즉 평가율이 일정하다는 것이다.[51] 이것은 필지 혹은 주택간의 평가율을 구하면 알 수 있다.

평가율은 과세가격 / 정상가격×100으로 표시할 수 있다. 이 방법은 쉽게 설명할 수 있다는 점에서 연구자들이 선호하는 방식이며, 다음 식으로 표시할 수 있다.

$$Ar = \frac{AV}{MV} \quad \text{〈식 2-1〉}$$

Ar(Assessment Ratio)은 평가율, AV(Assessment Value)는 과세가격, MV(Market Value)는 정상가격을 뜻한다.

여기서, 주택가액에 대한 평가율이 일정한 경우 수직 공평성이 있으며, 고가주택의 평가율이 저가주택의 평가율보다 낮을 때 역진적과세(regressive)라 정의한다. [52]

50) 박성규(2005), “토지과표의 수직 형평성에 관한 연구”, 「감정평가연구」 제15집 제2호, 한국부동산연구원, 71~72쪽.
51) 상게논문, 72쪽.
52) Sirmans, Diskin and Friday, 1995 ; 박성규, 전게논문, 재인용

2) 회귀분석 모형

회귀분석모형으로 주로 이용되는 것으로 IAAO 모형, CHENG 모형, KOCHIN & PARKS 모형 그리고 BELL 모형이 있다.

(1) IAAO 모형

IAAO(1978)[53]는 수직 공평성을 판단하기 위한 방법으로 정상가격 대비 과세가격의 평가율(AV / MV)을 이용하여 회귀분석 하고, 만일 평가율이 정상가격과 관계가 없으면 b_1은 0에 가깝고 b_n는 평균 평가율에 근접하여 수직 공평이 달성되는 것이라 하였다. 만일 수직 불공평이 있으면 유의수준에서 b_1은 0보다 크거나 적어지고, b_1값이 음수이면 역진적 불공평이, 양수면 누진적 불공평이 있다고 지적하였다.[54] 한편 이 기구는 수직공평은 동일한 시장가치가 있는 부동산은 동일한 비율로 평가되어야 한다고 정의하였다.[55] 모형은 다음 식과 같다.

$$\frac{AV}{MV} = b_0 + b_1 MV \qquad \text{〈식 2-2〉}$$

(2) CHENG 모형

CHENG(1974)은 과세가격과 정상가격 간의 비선형관계를 고려하여 각 가격에 log를 취하여 탄력성 개념으로 계수 값을 추정하였다. CHENG의 모형은 $b_1 = 1$인 경우에는 수직 평등이며, 1보다 작은 경우에는 역진적 불평등이, 1보다 크면 누진적인 불평등이 있다 하였다.[56] 모형 식은 아래와 같다.

$$lnAV = b_o + b_1\, lnMV \qquad \text{〈식 2-3〉}$$

---

53) 이 기구(IAAO, International Association of Assessing Officers)는 1934년에 설립되어 교육, 연구, 평가실무 표준화로 전수평가(mass appraisal) 방법을 진전시키고자 노력하고 있다. 이 기구는 일찍이 1938년에 「과세평가원리」(Assessment Principles)라는 기념비적인 출판물을 간행하였고, 이것은 9판을 내고 최근 판이 1948년판이다(Robert J. Gloudemans, 1999, *Mass Appraisal of Real Property*, Chicago, IL : International Association of Assessing Officers, p.25).

54) Robert J. Gloudemans, *Ibid*, 301쪽.

55) *Loc. cit.*(1999) ; *Improving Real Property Assessment* : A Reference Manual, Chicago, IL, 121~155쪽 ; 박성규, 전게논문, 72쪽 재인용

56) Cheng, P.(1974), "*Property Taxation, Assessment Performance and Its Measurement*", *Public Finance*, vol.10. no.3, 268~284쪽 ; 박성규, 상게논문 재인용

(3) KOCHIN & PARKS 모형

KOCHIN & PARKS(1982)는 선행연구들이 회귀분석 시 선택 편의(bias) 문제를 내포하고 있다고 주장하며, 이것은 분석에 이용한 매매가격이 시장가치의 대리변수이기 때문이라 하였다. 이들은 이 편의문제를 해결하기 위해 매매가격과 과세평가가격에 각각 로그를 취한 후, 독립변수와 종속변수를 뒤바꾸는 다음과 같은 모형을 제시하였다.[57)]

$$lnMV = b_o + b_1\, lnAV \qquad \langle 식\ 2-4 \rangle$$

(4) BELL 모형

한편 BELL(1984)은 비선형 관계를 밝혀내기 위해 정상가격을 제곱하여 설명변수에 추가하였다. 벨 모형은 과세가격과 정상가격의 비선형관계를 암묵적으로 가정하고 있다. 귀무가설 $H_0 : b_0 = b_2 = 0$ 즉, 상수항값과 2차항 계수값이 0이 되어야 한다. 따라서, 양수 혹은 음수 값을 갖는 상수항의 유의성 여부로 수직 공평성을 결정할 수 있고[58)], 2차항 계수값이 유의한 양수면 누진적, 음수면 역진적인 수직 불공평이 있음을 뜻하며 모형 식은 아래와 같다.

$$AV = b_0 + b_1\, MV + b_2\, MV^2 \qquad \langle 식\ 2-5 \rangle$$

3) 스피어맨 순위상관관계 검증 모형

이 방법은 수직 공평성을 검증하는 우수한 방법으로 스피어맨 비모수 순위상관검증(non-parametric Spearman rank test)이라 한다.[59)] 이것은 상관관계의 유의성을 판단하는 것이다. 평가율과 정상가격이 관계 없으면 두 변수 간에는 유의의한 상관관계가 성립되지 않는다. 순위 상관계수가 0이라는 귀무가설 $H_0 : ps = 0$이나 $H_1 : ps \neq 0$이라는 연구가설을 설정할 수 있다.

분석결과 음의 상관관계가 있으면 과세가 역진적 불공평과세이고, 양의 상관관계가 있으면 누진적 불공평 과세라 할 수 있다. 스피어맨 순위상관검정은 상관관계분석이나 비모수검정 하의 통계패키지로 개발되었다. 보통 'Pearson' 상관관계 분석은 두 변수의 비교로 상관관계를 분석하여 평가율과 정상가격을 상관계수로 나타낼 수 있다. 두 가지 분석의 차이점은 각 상관관계 분석을 위하여 간격/비율

57) 박성규, 상게논문, 72쪽 재인용

58) 상게논문, 73쪽.

59) Robert J. Gloudemans, *op. cit.*, 304쪽.

또는 서열의 척도로 측정된 자료가 각각 필요하다. 계수는 아래 식으로 추정하며, 여기서 $d = x_i - y_i$이고, x_i는 x변수의 순위, y_i는 y변수의 순위이다.

$$Rs = 1 - \frac{6\sum_{i=1}^{n} d_i^2}{n(n^2-1)} \quad \text{〈식 2-6〉}$$

3 과세평가의 방식 및 모형

1) 과세평가의 의의

주택과세평가에 대한 이론 검토를 하기 위해 먼저 부동산과세평가에 대한 검토를 하기로 한다.

부동산평가(the valuation of real estate)란 평가주체가 부동산가격을 평정하는 활동이다.[60] 평가활동은 모든 부동산활동 중에서 심장부격(as the heart)인 활동이라 할 수 있다. 부동산을 매매하고자 할 때 대상부동산의 가격이 얼마나 되는지, 은행이 집을 담보로 돈을 빌려줄 때 얼마나 채권확보가 가능할지, 기업이 합병할 때 자산의 가치는 얼마나 되는지, 계속 기업이 자산의 가치를 알고 싶을 때, 정부가 토지나 건물에 세금을 부과하고자 할 때, 정부가 공공사업으로 토지나 건물을 매수하거나 수용하고자 할 때에 대상부동산의 가격을 얼마로 할 것인가 하는 절차에 이르게 된다.

이때 대상부동산에 아무렇게나 가격을 매길 수 없다. 이것은 타인의 재산권을 다루는 행위이기 때문이며, 거래 당사자 간의 상호 이익이 대립되기 때문이다. 이처럼 재산의 정당한 가치를 평가하여 경제활동을 원활하고 능률적으로 하고자 부동산평가라는 제도를 채택하여 이용하고 있다.

부동산평가는 여러 가지 정의가 있으나 우리나라에서는 김영진교수가 제시한 정의가 지지되고 있다. 즉 "부동산평가란 부동산의 소유권 및 기타 권리·이익의 경제가치(economic value)를 평정하여 이를 화폐액으로 표시하는 전문가의 활동이자 의견"이다.[61] 여기서 권리란 물권과 채권을 포함하는 것이며, 이익이란 제도로는 권리로 확립되지 않았으나 사회관행 등에 따라 일종의 권리에 가까운 가격이 발생하는 것(예 권리금)을 말한다. 전문가란 감정평가사로서 부동산 혹은 동산의 평가를 수행하거나, 이를 감독할 자격과 능력 및 경험을 갖고 있는 자를 말한다.

---

60) 방경식·장희순(2004), 「부동산학개론」, 서울 : 부연사, 311쪽.
61) 김영진(1974), 「부동산학총서III 부동산평가론」, 서울 : 건설연구사, 72쪽.

재산세 등 주택에 과세할 경우에 있어 과세표준결정은 다음과 같은 두 단계를 거친다.[62)]

첫째, 부동산의 경제적 가치를 파악하는 감정평가 단계의 업무(Appraisal), 둘째, 세목별 과세목적에 맞게 과세당국이 과표(Assessed Value)를 어느 수준(과표현실화율)에서 형성할지를 결정하는 과세평가(Assessment)단계의 업무라 할 수 있다.[63)]

우리나라의 경우는 과세평가단계에서 재산세와 종합부동산세의 경우 정책적으로 과세표준을 정할 때에 부동산평가금액에 일정비율을 적용하는 복잡한 단계를 거치고 있다. 즉 과세평가금액×과세표준 적용비율 = 과세표준으로 하고 있다. 이러한 정책적 제도는 과세평가가 적정하게 평가되었음을 전제로 하고 있으나, 과세평가가 적정하지 못하였다면 과세표준 적용비율 제도는 의미가 퇴색된다고 볼 수 있다.

이 연구에서는 위의 두 번째 단계인 과세목적인 평가 즉 과세평가(Assessment)가 적정한지 여부를 중심으로 주택의 공평과세 여부를 분석하고자 한다.

2) 과세평가의 방식

과세평가의 기본방식은 원가방식(cost approach), 비교방식(market comparison approach), 수익방식(income approach) 세 가지가 있다. 일반적으로 재화의 가격을 판단할 때는 어느 정도의 비용이 투입되어 만들어진 물건인가 하는 비용성(費用性), 어느 정도의 값으로 시장에서 거래되고 있는가 하는 시장성(市場性), 그리고 그 물건을 이용함으로써 어느 정도의 이익 또는 편익을 얻을 수 있는가 하는 수익성(收益性) 등 세 가지 측면에서 고찰할 수 있다.

이를 가격의 3면성(three faces of value)이라 하는데 비용성의 측면에서 부동산의 가격을 구하는 것을 원가방식이라 하고, 시장성의 측면에서 부동산의 가격을 구하는 것을 비교방식이라 하며, 수익성의 측면에서 부동산의 가격에 접근하는 것을 수익방식이라 한다. 이 세 가지 방식을 평가의 전통적인 3방식(three traditional approach to valuation)이라 한다.

3방식의 적용모형은 아래와 같이 설명할 수 있다.[64)]

(1) 비교방식(Modeling the Sales Comparison)

비교방식은 다음과 같은 수식으로 나타낼 수 있다.

---

62) 노영훈·장근호, 전게서, 236쪽.

63) 우리나라의 경우 주택의 과세평가 단계는 주택가격 공시제도에 의해 개별주택 공시가격 즉, 과세가격을 산정하는 단계로 볼 수 있다.

64) Robert. J. Gloudemans, *op.cit.*, 8~11쪽.

$$MVs = Sc + ADJc \quad \langle 식\ 3-1 \rangle$$

여기에서 MVs(market value of the subject property)는 '대상부동산의 추정 시장가격'을 말하고, Sc는 '비교부동산의 거래가격'을, $ADJc$는 '대상부동산과 비교부동산의 격차를 수정하기 위한 사정보정'을 말한다.

이 방법을 채택할 때에는 비교부동산의 거래가격이 있어야 하며 각각의 대상부동산마다 적정한 사정보정작업도 해야 한다.

비교방식을 적용하는 대량평가방법에서 물적 요인과 위치 요인의 값은 그 지역의 모든 거래사례를 분석하여 도출할 수 있는데 모형은 다음과 같다.

$$MVs = b_0 + b_1X_1 + b_2X_2 + \cdots + b_nX_n \quad \langle 식\ 3-2 \rangle$$

여기에서 b_0는 상수(불변가격)를 말하며, X_1, X_2, ⋯ , X_n은 물리적, 위치적 특성을 말하고, b_1, b_2, ⋯ , b_n은 계수 또는 승수를 말한다. X_1, X_2, ⋯ , X_n은 부동산의 특성을 가리키는데, 여기에 계수 또는 승수를 곱하여 모형의 가격을 산출한다.

간단한 예를 들어 보면,

MVs = ₩20,000 + (₩50 × $SQFT$) − (₩275 × AGE)인데,

여기에서 $SQFT$는 입지지역의 건물면적(㎡)[65]이고, AGE는 건물의 내용연수를 말한다.

(2) 원가방식(Modeling the Cost Approach)

원가방식은 다음과 같은 수식으로 나타낼 수 있다.

$$MV = LV + BV \quad \langle 식\ 3-3 \rangle$$

MV(market value)는 시장가격을 말하고, LV(land value)는 토지가격을, BV(building value)는 건물가격을 말한다.

토지가격은 토지단위 수의 함수이고, 단위당 가격은 다음과 같다.

$$LV = PL \times LSIZE \quad \langle 식\ 3-4 \rangle$$

PL은 단위당 토지가격을, $LSIZE$는 토지면적(square feet, acres 등 토지단위의 수)을 말한다. 건물가격은 건물 연면적으로 표현될 수 있고, 단위당 가격은 다음과 같다.

65) ㎡ × 0.3025 = 坪, 정부는 도량환산형 단위를 평보다는 ㎡를 쓰기로 통일시키고 있다.

$$BV = P_B \times BSIZE \quad \cdots\cdots \langle 식\ 3-5 \rangle$$

*PB*는 건물이 있는 지역의 가격, *BSIZE*는 건물연면적(통상 square feet를 사용)을 말한다. 따라서, 다음 식으로 표시한다.

$$MV = (P_L \times LSIZE) + (P_B \times BSIZE) \quad \cdots\cdots \langle 식\ 3-6 \rangle$$

*PB*는 건설원가에 대한 인플레이션 지표에 따라 등급이 조정되거나 감가 또는 증가될 수 있다. 또한 *PL*도 불규칙적 형태, 유리한 조망, 비표준적 단위 크기 등을 반영하기 위해 조정될 수 있다.

(3) 수익방식(Modeling the Income Approach)

수익방식은 대상 부동산이 장래 산출할 것으로 기대되는 수익을 현재 가치로 환산하여 계산하는 방법이다. 이러한 수익방식은 수익환원법(yield capitalization)과 직접환원법(direct capitalization)으로 나뉜다.

수익환원법(yield capitalization)은 현금흐름할인법(discounted cash flow formula)을 사용한다.

$$V = I_1/(1 + R) + I_2/(1 + R)^2 + I_3/(1 + R)^3 + \cdots + I_n/(1 + R)^n \quad \cdots\cdots \langle 식\ 3-7 \rangle$$

여기에서 *V*는 '현재가치'를, *I*는 '소득 또는 현금흐름'을, *R*은 '이자율 또는 할인율'을, *n*은 '보유기간'을 의미한다.

이 방법을 적용하기 위해서는 보유기간마다 수익의 추정이 가능해야 하며, 매각시의 부동산가격(복귀가격)을 고려하여 산정해야 한다.

현금흐름할인법은 다양하고 폭넓게 투자분석에 사용된다. 세금의 변화에 따른 수정작업도 가능하고 잠재구매자에게 유리한 재정적 대안들도 제공한다. 또한 다른 할인율을 적용할 수 있으며, 인플레이션 상황의 다양성, 해당부동산의 물리적 감가와 같은 수익흐름과 관계되는 다른 요인들의 적용이 가능하다.

직접환원법(direct capitalization)은 시장에서 직접적으로 환원율을 도출하며, 대량평가에서 더 일반적이고 적용이 용이하다.

전형적으로 '1기간의 순수익'을 사용하며, 복귀가격(투자부동산의 보유기간 종료 후에 매각에 의해 현금화할 수 있는 총액)의 추정은 필요 없다. 이 환원율은 자본이익율과 자본의 회수율(투자회수율)에 관한 조항을 포함한다.

직접환원법의 산식은 다음과 같다.

$$MV = NOI \div OAR \quad \langle 식\ 3-8 \rangle$$

*NOI*는 '순영업소득'이고, *OAR*은 '자본환원율'이다. 만약 NOI 대신에 총수입(GI : gross income)을 사용한다면 아래와 같이 된다.

$$MV = GI \times GIM \quad \langle 식\ 3-9 \rangle$$

*GIM*은 총수입승수(gross income multiplier)다.

대량평가에서 수입(NOI 또는 GI)은 대상부동산과 비교부동산의 분석에 기초를 두어야 하며, 이 수치들은 전형적 관리 및 비용 등을 반영해야 한다. OAR(자본환원율)과 GIM(총수입승수)은 투자자의 기대, 시장의 기준, 비교 가능한 거래사례 등을 분석하여 산출해야 한다.

(4) 노선가식(Valuation by the Depth)

노선가식평가법(路線價式評價法)이란 "접근성이 유사한 가로별로 획지의 표준깊이에 따른 평균단가를 구하여 인근 가로에 붙이고, 이를 기초로 깊이 체감률 및 각종 보정률을 적용하여 대상획지의 가격을 산정하는 방법"이라 정의할 수 있다.

노선가식평가법(Valuation by the Depth and Other Rules)은 1866년 미국 뉴욕주의 판사 머레이 호프만(Muray Hoffman)에 의해 고안되었으며, 시가지과세평가(市街地課稅評價)에서 유익한 방법으로 여러 나라에서 활용되고 있다. 이 방법은 노선가(front foot value, street value)를 기초로 각각의 필지를 평가하는 방법으로 이론적 근거는 어떤 획지가 가로에 평행할 때 가로면에 가까운 만큼 사회활동 및 상업 활동에 대한 접촉도 및 봉사성이 크다는 접근성(接近性, accessibility)에 있다.

즉, 표준적인 안기장(depth)보다 깊이가 지나치게 깊거나 얕은 획지는 가격이 낮고, 가로에 면하지 않은 획지나 뒷면 도로에 접하는 획지는 가격이 낮다는 사실에 근거하여 가격을 정하여 이를 기준으로 각 획지의 가격을 구하는 평가방법이다. 이 노선가식 평가법은 접근성이 유사한 가로(street)에 노선가를 붙이고, 각종 가산 및 보정률(modification factors)을 적용하여 평가하는 방법이다.

3) 과세평가의 절차와 모형

'과세평가'(Assessment)란 세금을 부과할 목적으로 과세대상의 가치를 관계법령이 정한 바에 따라 추산하는 것을 말한다. 과세대상은 과세객체라고도 하는데, 여기에는 부동산과 더불어 기계·설비, 자동차, 리스자산과 같은 동산도 포함된다. 과세대상에는 비단 동산과 부동산과 같은 '물건'뿐만 아니라, 소득의 획득이나 물건의 소비와 같은 어떤 '사실'이나 '행위'도 과세대상이 된다.[66]

이 연구에서는 주택의 과세평가에 대하여 알아보기로 한다.

(1) 과세평가의 절차(Mass Appraisal Process)

부동산평가활동은 가격평정이라는 목적을 달성하기 위하여 의도된 일련의 계획적인 작업이며, 모든 평가이론을 종합적으로 활용한다. 평가활동의 절차는 평가주체에 따라 다르고 또 평가활동의 작업은 순차적으로 진행하는 것이 능률적이다.

이러한 절차를 간단히 기술하면 다음과 같다.[67]

첫째, 기본사항의 확정이다(definition of the appraisal problem). 이것은 평가를 하는데 기본인 대상부동산, 가격시점, 평가해야 할 권리, 평가결과의 이용목적, 가격의 분류(market value, use value, investment value, assessed value 등) 등을 확정하는 것을 말한다. 이러한 것들은 평가의 의뢰목적이나 조건 등에 따라 확정해야 하기 때문에 평가목적과 조건 등이 명료하여야 작업이 편리하다.

둘째, 자료의 수집이다(data collection). 평가활동에서 자료(data)란 대상 부동산의 가격을 평가하기 위하여 필요한 문서, 정보, 증언, 증거 및 제요인의 첩보와 그 상태를 말한다.

셋째, 시장 분석이다(market analysis). 수요와 공급에 관한 자료들을 분석한다. 경제적, 사회적, 환경적, 정책적 사항과 같은 일반요인을 검토하고, 부지(site)와 부지 밖(off-site), 개선점 등 특이사항을 검토하며, 원가 및 거래사례, 수입과 비용 등을 비교하여 분석한다.

넷째, 최유효이용의 분석이다(highest and best use analysis). 대상부동산이 인근지역에 적합하여 최유효이용이 되고 있는지 혹은 장래 최유효이용 가능성이 어떠한지 분석하는 절차다.

다섯째, 평가방식의 특정 및 추산이다(specification and calibration of the valuation model). 적용할 평가방식을 정하고 가격을 추산하는 과정이다.

여섯째, 평가방식의 재검토, 평가과정의 재확인 및 시산가격의 조정이다(model testing, quality control, and reconciliation of value).

(2) 과세평가의 모형(Types of Models)

대량평가 모형은 소프트웨어를 이해하는데 한계가 있어 단순모형을 이용하여 만족한

66) 신정웅 외(2002), 「최신감정평가론」, 서울 : 부연사, 749쪽.
67) Robert. J. Gloudemans, *op.cit.*, 12 ~ 21쪽.

효과를 얻는데, 이 모형에는 덧셈모형, 곱셈모형, 혼합모형이 있다. 이들 모형은 흔히 다중회귀분석(multiple regression) 모형으로 나타낸다.

① 덧셈모형

이 모형은 독립변수인 각자 가격형성요인이 가격에 미치는 영향정도를 모두 합하여 가격을 구하는 모형이다. 아래와 같이 표현한다.

$$Y = b_0 + b_1X_1 + b_2X_2 + \cdots + b_pX_p \quad \text{〈식 3-10〉}$$

Y는 종속변수, $X_1 \cdots X_p$는 독립변수(P는 독립변수의 수)이고 b_0는 상수, $b_0 \cdots b_p$는 독립변수의 계수를 말한다. $b_0 \cdots b_p$는 모형측정 단계 시 설정한다. 즉, 종속변수와 독립변수는 모형을 특정화하는 단계에서 평가자가 선택한다.

단순 덧셈모형의 예를 들면 다음과 같다.

$$SP = \$35,740 + (\$46.38 \times SQFT) + (\$7,490 \times QUAL) - (\$573 \times AGE) - (\$6,640 \times SHERWOOD) + (\$14,800 \times HILLSIDE) \quad \text{〈식 3-11〉}$$

SP(Sales Price)는 거래가격, *SQFT*는 입지지역의 건물 연면적(square feet), *QUAL*는 건물 품질 지수(하 = 0.70, 중 = 1.00, 상 = 1.25, 최상 = 1.50), *AGE*는 건물내용연수, *SHERWOOD*는 입지의 2진수[68](SHERWOOD 근처에 있으면 1, 근처가 아니면 0), *HILLSIDE*는 입지의 2진수(HILLSIDE 근처에 있으면 1, 근처가 아니면 0)이다. 건물 내용연수는 바로 정량적으로 표현할 수 있으나, 입지의 양호성 여부는 정성적인 것이어서 호불(好1, 不0) 여부로 표현하며 컴퓨터 코딩시 리코딩(spss의 경우) 메뉴를 사용하여 더미변수로 처리한다.[69]

덧셈모형에서 종속변수는 각각의 독립변수에 각각의 계수를 곱하여 얻으며 상수(constant)에 그 값을 더하여 계산한다. 위의 예에서, 입지지역의 건물면적은 1,800이고, 건물 품질 지수는 중간이고, 건물내용연수는 20년, SHERWOOD에 위치하고, HILLSIDE가 아닌 경우, 그 거래가격 추산은 다음과 같이 한다.

$$SP = \$35,740 + (\$46.38 \times 1,800) + (\$7,490 \times 1) - (\$573 \times 20) - (\$6,640 \times 1) + (\$14,800 \times 0) \quad \text{〈식 3-12〉}$$

$$= \$35,740 + \$83.484 + \$7,490 - \$11,460 - \$6,640 + 0 = \$108,614$$

68) 일반적으로 사용하는 수의 표현은 10자리의 10개 숫자를 이용하는 10진법이다. 그러나 컴퓨터에서는 2, 8, 16진법을 이용한 연산방식을 이용한다. 2진수는 0과 1 두개의 숫자를 이용한다.

69) spss가 한글판이면 [변환]→[코딩변경]→[새로운 변수로]의 경로로 들어가면 된다. 더미(dummy)란 컴퓨터에서 사용하는 용어로 단순히 조건만 만족하면 되는 변수를 일컫는데, 보통 예(1) 혹은 아니오(0)로 표현한다.

② 곱셈모형

곱셈모형은 변수들은 계수로 곱하지 않고, 계수가 승수(거듭제곱)가 되거나, 변수자체를 승수로 여겨 곱한다. 따라서 그 결과는 곱셈이 된다. 곱셈모형은 아래와 같이 표현한다.

$$SP = b_0 \times SQFT^{b1} \times QUAL^{b2} \times PERGOOD^{b3} \times b_4^{SHERWOOD} \times b_5^{HILLSIDE} \quad \text{〈식 3-13〉}$$

위에서 *PERGOOD*은 (100 − 건물내용연수) / 100이고, 다른 변수는 덧셈모형과 동일하다. 이 모형에서 변수 *SQFT*, *QUAL*, *PERGOOD*는 승수에 의해 커지고, 변수 *SHERWOOD*, *HILLSIDE*는 0 또는 1의 승수가 된다. 승수 0(0을 거듭제곱)을 취하면 어떤 숫자도 '1'이 되고, 승수 1(1을 거듭제곱)을 취하면 어떤 숫자도 그 수 자신이 된다.

곱셈모형은 양 쪽에 자연대수를 취하여 환산한다.

$$ln(SP) = ln(b_0 \times SQFT^{b1} \times QUAL^{b2} \times PERGOOD^{b3} \times b_4^{SHERWOOD} \times b_5^{HILLSIDE}) \quad \text{〈식 3-14〉}$$

위의 식에 변수들을 넣어 계산해 보면

$$\begin{aligned} SP &= \$78.82 \times SQFT^{0.989} \times QUAL^{1.09} \times PERGOOD^{0.873} \times 0.953^{SHERWOOD} \times 1.133^{HILLSIDE} \\ &= \$78.82 \times 1{,}800^{0.989} \times 1.00^{1.09} \times 0.80^{0.873} \times 0.953 \times 1.000 \\ &= \$78.82 \times 1{,}658 \times 1.00 \times 0.823 \times 0.953 = \$102{,}498 \end{aligned}$$

곱셈모형은 부동산시장에서 현재의 비선형 및 상호관련성을 잘 설명할 수 있지만 부가적인 관련성을 결합시키기 어렵고, 토지와 건물의 구성요소를 분리시킬 수 없다. 또한 거래사례 가격이 넓은 범주에 걸쳐 있는 부동산 유형에 적합하며, 토지와 건물의 구성요소의 분리가 필요하지 않은 곳이나 상호영향이 광범위하게 미치는 곳에 적합하다.

③ 혼합모형

혼합모형은 덧셈모형과 곱셈모형을 결합시킨 것이다. 예를 들면 다음과 같이 표현할 수 있다.

$$\begin{aligned} SP = {} & [\$29.882 + (\$51.73 \times SQFT) + (\$8.195 \times QUAL) - (496 \times AGE)] \times \\ & 0.938^{SHERWOOD} \times 1.129^{HILLSIDE} \quad \text{〈식 3-15〉} \end{aligned}$$

이 모형은 덧셈모형과 유사하지만 곱셈모형의 인근지역 변수(neighborhood variables)를 결합시켰다. 이것은 모형 이용자로 하여금 가설 – 예를 들면, “유망한 인근지역(Hillside 인근지역)에 위치하는 주택은 평균주택보다 주택가치가 더 높을 것이다”– 을 세울 수 있도록 한다. 따라서 모형 이용자가 혼합모형을 적용하는데 더 많은 여지를 갖게 함으로써 더 기술적이고 정밀도가 높은 모형이 나올 수 있다.

주택가격 공시제도 및 과세평가 03

1 부동산조세 체계와 과세평가

1) 부동산조세의 성격과 분류체계

주택과세평가제도를 알아보기 위해 우리나라의 현행 부동산 관련 세제를 우선 검토하기로 한다.

부동산 관련 조세는 취득세, 등록세, 상속세, 증여세, 재산세, 종합부동산세, 양도소득세, 법인세, 부가가치세, 농어촌특별세, 지방교육세 등이 있다. 우리나라는 부동산조세가 전체 조세에서 차지하는 비중이 다른 국가에 비해 상대적으로 높고 그 내용도 복잡하다. 이것은 우리나라 국토면적이 인구·산업 및 소득수준에 비하여 협소한 까닭에 부동산 가격이 상대적으로 높은 점, 과거 부동산가격의 폭등으로 발생하였든 사회적·경제적인 문제의 해결책으로 조세제도가 사용되어온 점에 주로 기인하는 것으로 생각된다.[70)]

취득세, 등록세, 양도소득세, 재산세의 경우 부동산투기억제를 위한 수단으로 자주 사용되고, 개별 세법 안에는 사회·경제적 목적을 위한 중과 또는 비과세 감면의 조항이 삽입되어 있지만, 기본적으로 이들 조세는 국가 등이 필요한 재원을 조달하기 위한 재정목적의 조세이다.[71)] 종합부동산세 역시 도입의 동기는 부동산투기억제를 위한 것이었더라도 기본적으로 기존의 재산세의 단점을 보완한 재산세의 연장이라고 볼 수 있다. 즉 토지가격의 차이로 인하여 기초지방자치단체별로 재산세의 세수 차이가 큰 까닭에 재산세는 강화하되 기초지방자치단체간의 격차를 조정하기 위하여 국세로 만든 것에 지나지 않는다.[72)] 결론적으로 이들 조세는 재정목적의 조세이므로 기본적으로 제2장에서

70) 민태욱(2003), "조세법상 부동산의 평가원칙과 조세주의", 「토지공법연구」 제11집, 한국토지공법학회

71) 1968년 「부동산투기억제에 관한 특별조치법」에 근거하여 도입된 부동산양도차익에 대한 「부동산투기세」의 경우에는 사회·경제목적 조세라고 할 수 있으나 1975년 이후 시행되고 있는 양도소득세는 기본적으로 재원조달을 목적으로 하는 재정목적 조세다. 그러나 연구자는 현재의 양도소득세가 재정목만의 조세가 아니고 사회·경적 목적과 재정목적이 혼합된 조세라고 본다.

72) 「종합부동산세법」 제1조는 "이 법은 고액의 부동산보유자에 대하여 종합부동산세를 부과하여 부동산보유에 대한 조세부담의 형평성을 제고하고, 부동산의 가격안정을 도모함으로써 지방재정의 균형발전과 국민경제의 건전한 발전에 이바지함을 목적으로 한다"라고 규정하고 있다.

검토한 바와 같이 조세평등원칙을 충족시킬 것이 요구된다.

(1) 조세체계에 따른 분류

부동산조세는 크게 국세와 지방세로 나눈다. 국세에는 직접세인 소득세, 종합부동산세가 포함된다. 지방세는 보통세로 취득세, 등록세가 있으며, 시·군세는 재산세가 포함된다. 이에 대한 내용을 요약 정리하면 다음 〈표 3-1〉과 같다.

〈표 3-1〉 부동산 조세 체계

<table>
<tr><td rowspan="11">부동산 조세</td><td rowspan="3">국세
(8)</td><td rowspan="2">보통세</td><td rowspan="2">내국세</td><td>직접세</td><td>소득세, 법인세, 상속세, 증여세, 종합부동산세</td></tr>
<tr><td>간접세</td><td>부가가치세, 인지세</td></tr>
<tr><td colspan="2">목적세</td><td colspan="2">농어촌특별세</td></tr>
<tr><td rowspan="8">지방세
(11)</td><td colspan="2" rowspan="2">특별시세
광역시세</td><td>보통세</td><td>취득세, 등록세, 주민세, 농업소득세</td></tr>
<tr><td>목적세</td><td>도시계획세, 공동시설세, 지역개발세, 지방교육세</td></tr>
<tr><td colspan="2" rowspan="2">도 세</td><td>보통세</td><td>취득세, 등록세</td></tr>
<tr><td>목적세</td><td>공동시설세, 지역개발세, 지방교육세</td></tr>
<tr><td colspan="2" rowspan="2">시·군세</td><td>보통세</td><td>주민세, 재산세, 농업소득세</td></tr>
<tr><td>목적세</td><td>도시계획세, 사업소세</td></tr>
<tr><td colspan="2" rowspan="2">구 세</td><td>보통세</td><td>재산세</td></tr>
<tr><td>목적세</td><td>사업소세</td></tr>
</table>

자료 : 이우진(2006), 「부동산세제실무」, 삼일인포마인, 26~29쪽.
주) 지방세 중 특별시세·광역시세는 구세, 도세는 시·군세와 짝을 이룬다.

(2) 부동산 활동에 따른 조세체계

이것은 취득·보유·양도를 원인으로 인한 조세로 분류할 수 있다. 취득을 원인으로 인한 조세는 국세로 상속세, 증여세, 부가가치세, 농어촌특별세, 인지세 등이 있고, 지방세는 취득세, 등록세, 지방교육세 등이 있다. 보유를 원인으로 인한 조세로는 국세로 (종합)소득세, 법인세, 종합부동산세, 부가가치세, 농어촌특별세 등이 포함되고, 지방세로 재산세, 도시계획세, 공동시설세, 사업소세, 농업소득세, 지방교육세, 주민세(소득할) 등이 포함된다. 양도를 원인으로 인한 조세는 국세로 양도소득세, (종합)소득세, 법인세, 부가가치세 등이며, 지방세로는 주민세(소득할)가 있다. 이에 대한 내용을 요약하면 다음 〈표 3-2〉와 같다.

〈표 3-2〉 부동산 활동에 따른 조세체계

구 분	취득시 조세	보유시 조세	양도시 조세
국 세	◦ 상속세 ◦ 증여세 ◦ 부가가치세 ◦ 농어촌특별세 ◦ 인지세	◦ (종합)소득세(부동산임대소득) ◦ 법인세(부동산임대업) ◦ 종합부동산세 ◦ 부가가치세 ◦ 농어촌특별세	◦ 양도소득세 ◦ 법인세(토지 등 양도차익) ◦ (종합)소득세(사업소득 : 매매업, 주택신축판매업) ◦ 부가가치세
지방세	◦ 취득세 ◦ 등록세 ◦ 지방교육세	◦ 재산세 ◦ 도시계획세 ◦ 공동시설세 ◦ 사업소세 ◦ 농업소득세 ◦ 주민세(소득할) ◦ 지방교육세	주민세(소득할)

자료 : 이우진(2006), 「부동산세제실무」, 삼일인포마인, 28~29쪽.

2) 주택에 대한 과세평가의 성격

(1) 의의와 기능

주택에 대한 과세평가제도는 각국이 같지 않으나 크게 주택의 보유 또는 이용에 과세하는 조세, 취득 등에 부과하는 조세, 수익에 부과하는 조세로 분류할 수 있는데 우리나라는 주택의 취득, 소유, 처분에 따라 여러 가지 형태의 세목으로 과세하고 있다. 그런데 주택의 취득·소유·처분 사실에 과세하려면 그 가격을 어떤 방법으로든 산정하여야 하는데 그 가격산정이 과세에 있어 중심적인 위치를 차지한다. 주택과세평가(주택에 세금을 부과 할 목적의 평가)는 세액산정의 기초가 된다는 면에서 세율과 마찬가지로 세부담과 직결된다. 따라서 과세평가율에 의한 과세표준을 "제2의 세율"이라고도 한다. 그러므로 과세평가는 국가·지방자치단체와 국민 상호관계에서 이해가 충돌될 여지가 있는 부분이다. 과세평가액은 정부·지자체의 예산확보와 깊은 관련이 있으며, 국민의 세부담과 직결되기 때문이다. 그래서 적정한 과세표준을 산출하고 적정한 세율을 적용하여 조세를 부과하는 일은 과세행정상 매우 중요하다.

주택과세평가는 아래와 같은 기능이 있으며 주택에 대한 조세부과의 기초가 된다.

첫째, 주택과세평가는 과세대상 주택의 적정한 가격을 제공해준다. 주택과세평가는 주택을 적정한 가격으로 평정함으로써 그것을 기준으로 과세를 할 수 있도록 한다.

둘째, 주택과세평가는 사익(私益)과 공익(公益)을 조절해 준다. 과세평가는 국가·지방자치단체와 국민간의 과세부과와 납세의무 이행간의 이해관계를 조절해준다.

셋째, 주택과세평가는 공평과세에 기여한다. 과세대상주택의 적정한 가격을 산정하여 재산가치에 따른 담세력을 정확히 판정해 줌으로써 조세부과의 공정성·신뢰성 실현에 이바지 한다.

주택과세평가가 기능을 다하지 못하게 되면 정부와 국민은 갈등을 일으키고, 일체감 형성에 장애가 될 것이다. 따라서 주택과세평가는 국민과 정부 간의 조정자로서 기능하기 때문에 주택과세가격은 적정하여야 한다. 국가나 지방자치단체는 예산과 관계가 있고, 국민은 재산권과 관계되기 때문에 가격에 대해선 양자 간에 이해가 있기 마련이다. 한편, 부동산에 대한 우리의 의사결정은 부동산의 상태나 가격이 선택의 중요한 지표가 되기 때문에, 주택공시가격은 누구에게라도 적용되고 누구라도 납득할 수 있도록 공명(公明)하여야 한다.

(2) 주택과세평가의 성격과 평가기관

주택과세평가는 부동산평가의 제도상 필수적 평가인 동시에 공적(公的)인 평가다. 이 과세평가는 세법 또는「부동산가격공시 및 감정평가에 관한 법률」이 규정하는 바에 따라 의무적으로 실시해야 하는 평가로 필수적인 평가이다. 즉 조세부과는 국가 또는 지방자치단체가 납세의무의 내용을 확정하여 그 이행을 명령하는 행정처분인 바 부과에 앞서 납세의무의 내용을 확정짓기 위한 평가가 필수적으로 전제되는 것이다.[73] 평가의 결과가 사익에 쓰이느냐 또는 공익에 쓰이느냐에 따라 분류하면 과세평가는 공익에 쓰이는 공익평가이다. 또한 가격의 성격상 법정가격을 갖는 법정평가에 속한다. 업무기술상 분류로는 합의제평가[74]에 속한다고 할 수 있다. 지방세 과세평가는 세무담당공무원으로 구성된 합동조사반을 구성하여 평가하고 있기 때문에 합의제평가(다수인 평가)라 할 수 있다. 평가활동의 수준에 의한 분류로는 2차수준의 평가라 할 수 있다.

과세평가기관은 국가 또는 지방자치단체의 공무원이다. 과세평가공무원은 국가·지방자치단체가 부과하는 과세업무 단계에서 주된 부분을 담당하고 있는 과중하고도 어려운 역할을 맡고 있다.

3) 세법상 주택과세평가의 성격

세법상 주택의 과세평가기준에 관한 규정은 국세와 지방세 그리고 각 개별 세목별 과세대상에 따라 다원화되어 있다. 다만, 주택에 대해서는 2005년 주택가격 공시제도의 도입이후부터 국세나 지방세 모두 개별주택공시가격을 활용하여 과세평가 금액으로 사용하고 있다. 따라서 각 세법은 그 법마다 주택공시가격을 적용하여 과세표준으로 활

73) 김영진(1980),「신부동산평가론」, 서울 : 경영문화원, 108쪽.
74) 합의제평가란 평가주체가 한 사람이 아니고 여러 사람에 의한 평가를 말한다.

용할 수 있는 규정을 두고 있다. 이 내용을 다음 〈표 3-3〉에서 정리한다. 현행 「부동산가격공시 및 평가에 관한 법률」 제18조의 규정에서도 주택공시가격은 국세·지방세의 과세근거로 활용 할 수 있도록 법적인 근거를 마련하고 있다.

〈표 3-3〉 부동산별·세목별 과세표준의 평가기준 요약

부동산구분 \ 세목구분	양도소득세		상속세·증여세		취득세·등록세·재산세·종합부동산세	
원 칙	기준시가 또는 실거래가액		시가 또는 기준시가		실거래가액 또는 시가표준액	
토지 - 일반지역	개별공시지가	소득법 제99조 제1항 제1호 가목	개별공시지가	상증법 제61조 제1항 제1호	개별공시지가× 적용비율	지세법 제111조 제2항 제1호
토지 - 지정지역	개별공시지가 ×배율		개별공시지가 ×배율			
건물 - 주택 - 단독주택	개별주택 공시가격	제99조 제1항 제1호 라목	개별주택 공시가격	법 제61조 제1항 제4호	개별주택 공시가격× 적용비율	
건물 - 주택 - 공동주택 - 소형연립 다세대주택						
건물 - 주택 - 공동주택 - 아파트 대형연립 대규모연립 (지정구역)	개별주택 공시가격	상 동	개별주택 공시가격	상 동	개별주택공시가격 ×적용비율	
건물 - 주택외 건물 - 상업용 건물 (지정구역)	국세청장고시 가액(상업용 건물오피스텔 기준시가)	제99조 제1항 제1호 다목	국세청장고시 가액(상업용 건물오피스텔 기준시가)	법 제61조 제1항 제3호	건물시가표준액	법 제111조 제2항 제2호 령 제80조 제1항 제1호
건물 - 주택외 건물 - 일반건물	국세청장고시 가액(소득법 건물기준시가)	제99조 제1항 제1호 나목	국세청장고시 가액(상증법 건물기준시가)	법 제61조 제1항 제2호		
부동산에 관한 권리 - 지상권	상증령 제51조 제1항(현재가치 환원가액)	제99조 제1항 제2호 나목	현재가치환원 가액	법 제61조 제4항 령 제51조 제1항	선박시가표준액 차량시가표준액 입목시가표준액 항공시가표준액 광업권시가표준액 어업권시가표준액	지세법 시행령 제80조 제1항 제2 ~ 8호
부동산에 관한 권리 - 전세권			등기된 전세금	법 제66조 령 제63조		
부동산에 관한 권리 - 등기된 임차권			임대환산보증 금/평가액	법 제61조 제7항		
부동산에 관한 권리 - 부동산을 취득 할 수 있는 권리	불입금액 + 프리미엄	제99조 제1항 제1호 가목	불입금액+프 리미엄	법 제61조 제4항		

자료 : 문영기·이우진(2006), 「부동산세법」, 부연사, 70~71쪽.

주 1) 소형연립주택 : 전용 50평 미만, 대형연립주택 : 전용 50평 이상, 대규모연립주택 : 100 세대 이상 대규모단지 연립주택

2) 상업용 건물 및 오피스텔 : 수도권(서울·인천·경기)과 5대광역시 소재 3,000㎡ 이상 또는 100호 이상 구분 소유된 대형 상가와 구분 소유된 오피스텔

3) 각 세법상 시가(실거래가액) 적용시는 기준시가(공시가격·시가표준액)는 적용하지 아니함.

4) 2006년 현재 재산세, 종합부동산세만 과세표준적용비율을 적용함.

주택과세제도의 문제는 평가제도와 큰 상관관계가 있다. 과세평가는 과세표준에 직결되어 있으며 과세표준은 조세의 부담액과 연결되기 때문에 과세표준평가의 잘못으로 인한 세부담의 불공평이 주택관련 조세제도 전체에 대해 불공평과세라는 불신을 초래할 수도 있다. 따라서, 주택 관련 세제에 대한 성패의 결정은 그 주택가격의 평가에서 출발한다 해도 과언이 아니다. 주택과세평가가격이 과소평가되면 납세자는 이득을 볼 것이고, 과다하게 평가되면 납세자는 손해를 볼 것이다. 어떠한 경우든 불공평과세로 조세정의가 실현될 수 없게 된다.

개별세법에서 정하고 있는 과세표준의 기준은 각 세법에서 상세하게 규정하고 있다. 여기에서는 각 세목별 과세평가기준을 요약하여 다음 〈표 3-3〉과 같이 나타냈으며, 주택의 과세평가가 다른 과세대상 물건별 또는 세목별로 평가방법이 어떻게 다른지도 검토해 보았다. 단독주택 또는 공동주택 등 주택의 양도소득세 · 상속세 · 증여세 · 재산세 · 종합부동산세의 경우 개별주택 공시가격이 그대로 과세표준에 활용되거나 또는 일정비율을 적용하여 활용되고 있다. 이것으로 보아 공시가격이 세법상 주택과세에 있어 과세표준의 절대적 기준이 되고 있음을 알 수 있다.

2 주택가격 공시제도와 과세평가 절차

2005년에 도입된 주택가격 공시제도[75]는 과거 토지, 건물 별도의 시가표준액으로 평가 및 과세한 것을 토지와 주택을 통합하여 과세하기 위한 것이다. 동제도는 공평과세 실현을 위한 제도적 보완책이라고도 볼 수 있다. 정부가 밝힌 도입이유는 다음과 같다.[76]

첫째, 토지와 주택을 통합평가 · 통합과세하지 않고서는 서울 강남 · 북 아파트간의 세금 불균형 등 세부담의 불공평을 근본적으로 치유할 수 없고, 둘째, 공동주택과 단독주택간의 세부담 균형을 확보하기 위해서 통합평가 · 통합과세는 필수적이다. 셋째, 주택은 거래의 관행상 토지와 건물을 합한 전체 가격을 기준으로 거래가 이루어지기 때문이다.

참여정부가 과세의 공평성을 확보하기 위한 하나의 수단으로 주택가격 공시제도를 도입하였다. 아파트 등 공동주택은 2005년까지 국세청에서 고시해 왔으나 2006년부터 건설교통부가 공시하고, 단독주택은 과거에는 개별주택가격을 정부에서 공시하지 않았으나, 2005년부터 건설교통부가 표준주택[77]을 선정평가한 것을 바탕으로 각 시 · 군 · 구에서 개별주택가격을 결정하여 공시하고 있다.

75) "주택가격 공시제도"는 과세 등 공공 또는 행정목적을 위하여 건설교통부 장관 또는 시 · 군 · 구청장이 주택가격을 조사 · 평가하여 공시하는 제도를 말한다.

76) 건설교통부 · 한국감정평가협회(2005), 「2006년 표준주택가격 조사 · 평가 업무요령」, 267쪽.

77) "표준주택"이라 함은 개별주택가격을 산정하기 위하여 행정구역(시 · 군 · 구) 단위별로 용도지역, 건물구조 등을 고려하여 선정된 대표성이 있는 전국의 20만호 주택으로서 표준주택수와 조사대상 개별주택수의 비율은 약 1 : 23이다[건설교통부(2005), 「2006년도 적용 개별주택가격 조사 · 산정 업무요령」, 117쪽].

1) 주택가격 공시제도의 의의

(1) 제도의 개념

주택가격을 공시하는 절차는 과거의 공시지가처럼 건설교통부장관의 의뢰를 받은 감정평가사가 지역을 분석하여 표준주택을 선정하고, 선정된 표준주택의 지역별 부동산 가격수준을 검토하고, 지역요인 및 개별요인을 조사하여 평가한 후, 평가가격에 대한 주민의 의견청취, 가격균형 협의 등으로 이루어진다.

표준주택 공시가격[78]은 부동산시장의 가격정보를 제공하고, 국가·지방자치단체가 과세목적으로 개별주택(토지·건물을 일체로 한 부동산을 말함) 가격을 산정하는 경우에 그 기준이 된다. 또한 개별공시지가처럼 매년 공시하는 표준주택가격을 기준으로 시장·군수·구청장이 조사한 개별주택의 특성과 비교표준주택의 특성을 비교하여 주택가격비준표상의 주택특성차이에 따른 가격배율을 산출하고 이를 표준주택에 곱하여 산정한 후 시장·군수·구청장이 결정·공시하는 가격을 "개별주택가격"이라 한다. 이 개별주택가격이 과세가격에 활용되고 있다.

주택가격 공시제도는 부동산 보유세제 개편 및 「부동산가격공시 및 감정평가에 관한 법률」의 제정에 따라 시행되는 것으로서 다원적인 평가 및 과세체계를 일원화함으로써 일선 행정업무를 담당하는 공무원들이나 직접 조세를 부담하는 국민들의 혼란을 미연에 방지할 수 있으며, 토지와 건물을 통합하여 공시하고 과세함으로써 지역간 불균형을 해소하고, 매년 표준주택의 적정가격을 공시함으로써 국민들로 하여금 합리적이고 적정한 주택가격수준을 파악할 수 있도록 하고 부동산시장에서 적정한 가격이 형성되는 효과가 기대되고 있다.

(2) 제도의 도입배경

1989년에 도입된 '공시지가제도'가 '토지'의 가격을 시가(市價)로 평가하는 제도라면, 2005년에 도입된 '주택가격 공시제도'는 '주택'의 가격을 시가로 평가하는 제도라 할 수 있다. 공시지가의 도입이 '종합토지세'의 도입·시행을 위한 전제로 출발한 것과 마찬가지로 주택가격 공시제도의 도입은 '종합부동산세'의 도입·시행을 위한 전제로서 출발하였다. 따라서 부동산 보유세제 개편에 대한 전반적인 이해가 없이는 주택가격 공시제도를 이해하는데 한계가 있다. 정부가 내세운 이 제도 도입배경은 다음과 같다.[79]

주택 통합과세는 첫째, 세부담 불형평성을 극복하기 위한 목적이 있다. 보유세 중 종합토지세는 시가가 상당 부분 반영된 공시지가를 과표로 하기 때문에 형평성이 어느 정

78) "표준주택 공시가격"이라 함은 「부동산가격공시 및 평가에 관한 법률」의 규정에 의한 절차에 따라 건설교통부장관이 조사·평가하여 공시한 표준주택의 과세기준가격을 말한다.

79) 박재순(2006. 1), "주택가격 공시제도의 도입에 대한 회고와 평가", 「감정평가」 통권 71호, 한국감정평가협회, 12쪽.

도 확보될 수 있었으나 건물분 재산세는 획일화된 신축건물기준가액을 기준으로 과표가 책정되기 때문에 시가가 차이나는 주택간의 세부담 균형을 맞추는 데 한계가 있다.

둘째, 공동주택과 단독주택 간의 세부담 균형을 확보하기 위해서이다. 단독주택은 대지(垈地) 면적이 넓고, 용적률은 낮다.

반면 공동주택은 대지가 지분(持分)으로 세대별로 세분화되어 있고 용적률은 높다. 따라서 공시지가를 과표로 하거나 이를 기반으로 하는 종합토지세나 재산세의 책정에서 아파트는 상대적으로 단독주택에 비해 세부담 측면에서 유리할 수 있다. 특히 아파트는 투기수요 등으로 가격이 상승한 부분이 공시지가에 포착되지 않기 때문에 주택가격을 전체로 하나의 가격으로 평가한 후 실거래가격을 바탕으로 세금을 부과하는 방법만이 단독주택과 형평성을 제고시키는 방안이다.

셋째, 주택은 거래의 실정상 토지와 건물을 합한 전체 가격을 기준으로 실거래가 이루어지기 때문이다.

주택을 둘로 나누어 토지만 따로 거래하거나 건물만 따로 거래하는 경우는 극히 예외이다. 다만, 현행 물권법 체계와 등기법제가 이를 인위적으로 토지와 토지의 정착물인 건물로 부동산을 이원화시키고 있는 것이다. 「부동산가격공시 및 감정평가에 관한 법률」 제1조에 의하면 부동산가격 공시제도의 목적은 “토지, 주택 등 부동산의 적정가격을 공시하여 부동산 가격산정의 기준이 되게 하고 토지·건물·동산 등의 감정평가에 관한 사항을 정함으로써 이의 적정한 가격형성을 도모하며, 나아가 국토의 효율적 이용과 국민경제의 발전에 기여함에 있다.”라고 규정하고 있다.

주택가격 공시제도에 따라 조사·평가 대상 단독주택은 다음 〈표 3-4〉와 같다.

① 주택가격 공시는 단독·다가구주택 약 450만호 및 국세청 기준시가 미고시 공동주택(연립·다세대) 약 226만호를 주택가격 조사·평가 대상으로 확정하였고, ② 국세청 기준시가 고시대상인 공동주택 542만호(APT 536만호, 연립 6만호)는 기준시가 자체를 과표로 활용하였다. ③ 기준시가 미고시된 임대주택 90만호는 국세청이 시가를 조사하였고, ④ 주택 외의 건물은 통합평가·통합과세 대상에서 제외하였다. 주택 외의 토지·건물은 추후 통합평가기법 개발 후 통합과세를 추진할 계획이다.

〈표 3-4〉 2005년 주택가격 조사·평가대상 현황

(단위 : 천호)

구 분	아파트	연 립	다세대	다가구	단 독	합 계
기준시가 고시	5,366	57	-	-	-	5,423
기준시가 미고시	900	913	1,349	970	3,530	7,662
총 계	6,266	970	1,349	970	3,530	13,085

자료 : 건설교통부·한국감정평가협회(2005), 「2006년 표준주택가격 조사·평가업무요령」, 267쪽.

(3) 개별주택 공시가격의 조사 · 평가 모형

새로 도입한 주택가격 공시제도의 조사 · 평가 모형은 다음과 같은 3단계를 거친다. 1단계는 표준주택가격 조사 · 평가 단계이다. 조사평가대상 개별주택가격을 산정하기에 앞서 우선 표준이 되는 주택을 선정한 후 그 가격을 평가하는 단계이다. 2단계는 1단계에서 평가한 가격을 다음 3단계에서 적용하기 위한 주택가격 비준표를 작성하는 단계이다. 3단계는 위 1단계의 표준주택가격과 2단계의 비준표를 이용하여 평가대상 개별주택의 공시가격을 산정하는 단계이다.

이상의 개별주택 공시가격의 조사 · 평가 모형을 그림으로 나타내면 다음 〈그림 3-1〉과 같다.

〈그림 3-1〉 개별주택 공시가격의 조사 · 평가모형

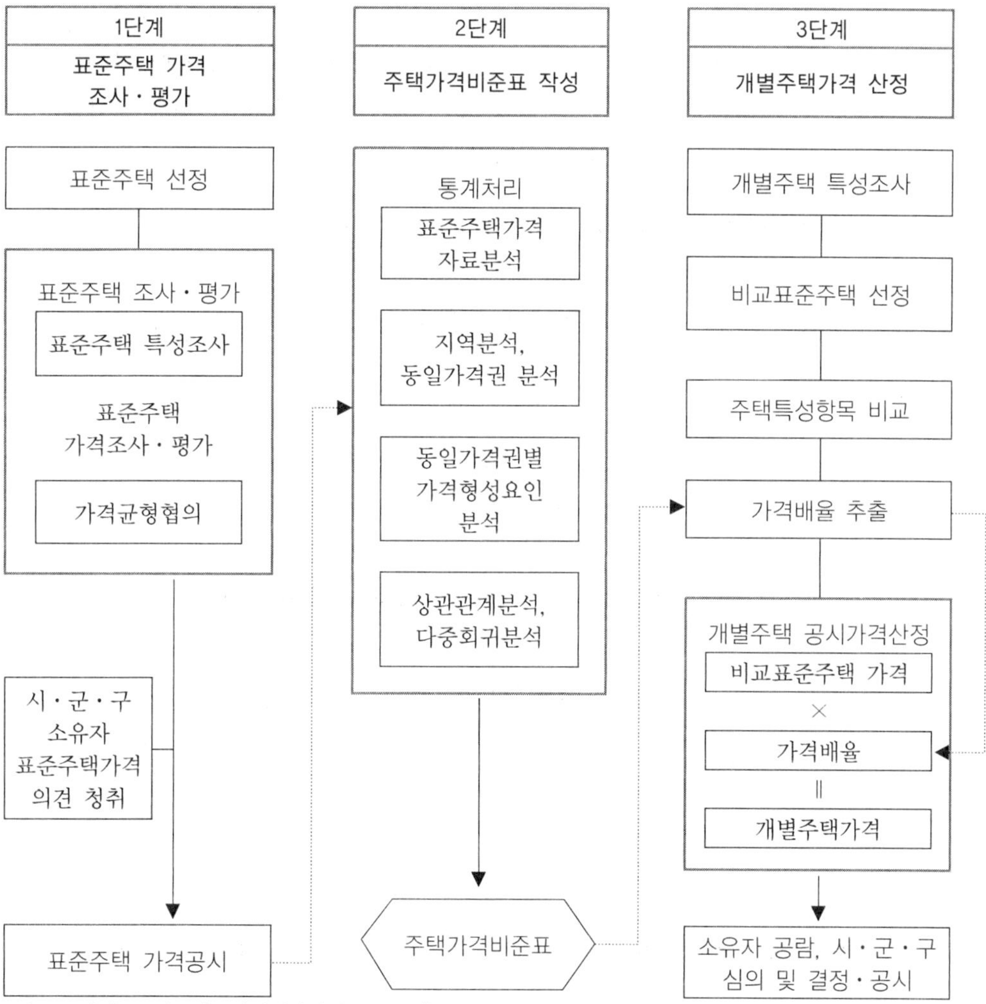

자료 : 건설교통부 · 한국감정평가협회(2005), 「2006년 표준주택가격 조사 · 평가 업무요령」, 20쪽.

2) 표준주택의 평가와 공시

(1) 표준주택가격 평가절차

① 평가절차의 개요[4]

표준주택가격은 개별주택가격 산정의 기초가 되어 국민의 재산권에 직·간접적으로 영향을 미치므로 신뢰성과 공정성을 확보하기 위하여 다음 〈그림 3-2〉와 같은 절차를 거쳐 산정 및 공시한다.

건설교통부장관이 2 이상의 감정평가사(감정평가법인)에게 표준주택가격의 조사·평가를 의뢰하면 감정평가사는 업무지시내용에 따라 인근유사주택의 거래가격 등을 종합적으로 참고하여 표준주택의 가격을 조사·평가하고 조사·평가한 가격의 표준주택 소유자 및 시장·군수·구청장의 의견을 청취한다.

건설교통부장관은 감정평가사가 조사·평가하여 제출한 표준주택가격을 중앙부동산평가위원회의 심의를 거쳐 공시하고 시장·군수·구청장에게 송부하여 일반에게 열람하며, 공시된 표준주택가격에 대하여 이의가 있는 자는 표준주택의 공시일로부터 30일 이내에 이의신청을 할 수 있도록 하고 있다.

〈그림 3-2〉 표준주택가격 조사·평가 절차

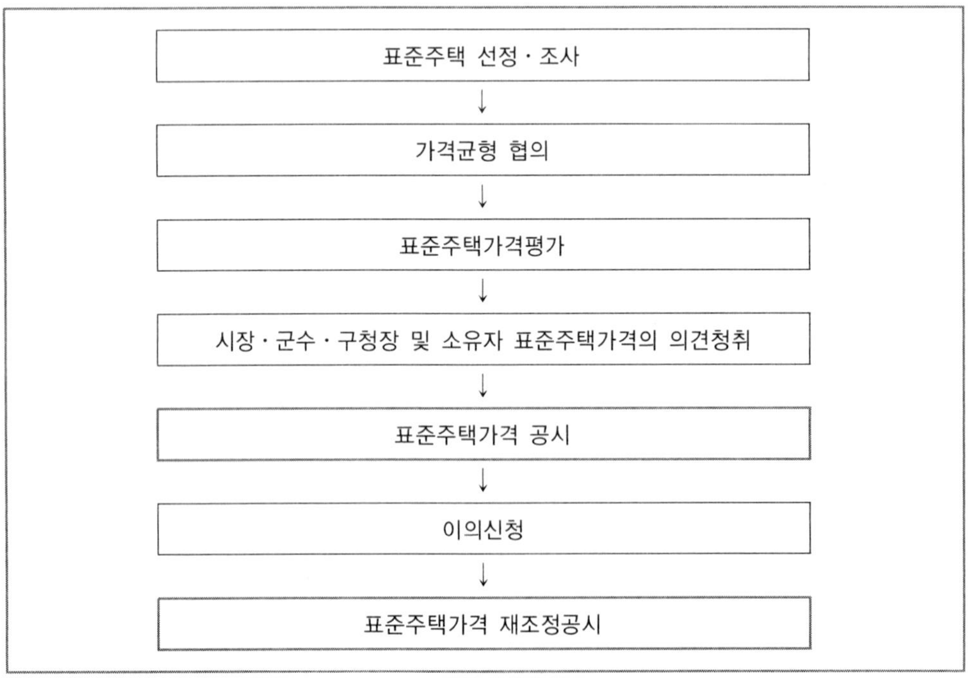

자료 : 건설교통부·한국감정평가협회(2005), 「2006년 표준주택가격 조사·평가 업무요령」, 13쪽.

② 표준주택의 선정 및 가격의 조사·평가

가. 표준주택의 선정

표준주택은 용도지역, 건물구조 등이 일반적으로 유사하다고 인정되는 일단의 단독주택 중에서 당해 일단의 단독주택을 대표할 수 있는 주택을 선정한다. 표준주택 선정은 다음과 같은 기준에 따라 토지 및 건물 각각의 선정기준을 종합적으로 반영하여 선정한다.[80]

표준토지 선정기준은 다음과 같다.

첫째, 지가의 대표성이다. 표준주택 선정단위 구역 내에서 지가수준을 대표할 수 있는 토지 중 인근지역 내 가격의 층화를 반영할 수 있는 표준적인 토지를 선정한다.

둘째, 토지특성의 중용성이다. 표준주택 선정 단위구역 내에서 개별토지의 토지이용상황·면적·지형지세·도로조건·주위환경 및 공적규제 등이 동일 또는 유사한 토지 중 토지특성빈도가 가장 높은 표준적인 토지를 선정한다.

셋째, 토지용도의 안정성이다. 표준주택 선정 단위구역 내에서 개별토지의 주변 이용상황으로 보아 그 이용 상황이 안정적이고 장래 상당기간 동일 용도로 활용될 수 있는 표준적인 토지를 선정한다.

넷째, 토지구별의 확정성이다. 표준주택 선정단위 구역 내에서 다른 토지와 구분이 용이하고 위치를 쉽게 확인할 수 있는 표준적인 토지를 선정한다.

표준건물의 선정기준은 다음과 같다.

첫째, 건물가격의 대표성이다. 표준주택 선정단위 구역 내에서 건물가격수준을 대표할 수 있는 건물 중 인근지역 내 가격의 층화를 반영할 수 있는 표준적인 건물을 선정한다.

둘째, 건물특성의 중용성이다. 표준주택 선정단위 구역 내에서 개별건물의 구조·용도·면적 등이 동일 또는 유사한 건물 중 건물특성빈도가 가장 높은 표준적인 건물을 선정한다.

셋째, 건물용도의 안정성이다. 표준주택 선정단위 구역 내에서 개별건물의 주변 이용상황으로 보아 건물로서 용도가 안정적이고 장래 상당기간 동일 용도로 활용될 수 있는 표준적인 건물을 선정한다.

넷째, 외관구별의 확정성이다. 표준주택 선정단위 구역 내에서 다른 건물과 구분이 용이하고 위치를 쉽게 확인할 수 있는 표준적인 건물을 선정한다.

나. 표준주택의 분포기준

표준주택은 전국의 약 2,750만 개별공시지가 토지 중 단독주택으로 이용 중인 약

---

80) 건설교통부·한국감정평가협회(2005),「2006년 표준주택가격 조사·평가 업무요령」, 32쪽.
전국 450만호 단독주택 중에서 2005년은 3% 수준인 135,000호, 2006년은 4.4%. 수준인 200,000호를 표준주택으로 선정하였다.

470만 필지(일단지 포함)의 주택부지를 추출하여 이를 용도지역별(주거, 상업, 공업, 녹지, 미지정, 관리, 농림, 자연환경보전지역)로 분류한다.

표준주택의 선정단위 필지수를 약 34필지로 설정(470만 필지 / 13만 5천 필지)하되, 시·군·구내 동·리별 단독주택 필지수가 34필지 이하인 곳에 표준주택을 우선 배정하며, 우선배정 후의 잔여 시·군·구별, 용도지역별 단독주택 필지 수를 동·리별로 균등 배분하여 시·군·구별 표준주택수를 결정한다.

이에 대한 절차는 다음 〈그림 3-3〉과 같다.

〈그림 3-3〉 표준주택 분포 절차

주택부지 추출

↓

시·군·구, 읍·면·동·리별, 용도지역별 분류

↓

표준주택 적용(선정단위) 필지수 설정

↓

표준주택 우선 배정

↓

시·군·구별 표준주택 분포 수 결정

자료 : 건설교통부·한국감정평가협회(2004), 「2005년 표준주택가격 조사·평가 업무요령」, 26쪽.

다. 표준주택 공시가격의 조사·평가

표준주택의 가격이란 건설교통부장관이 용도지역, 건물구조 등이 일반적으로 유사하다고 인정되는 일단의 단독주택 중에서 선정한 표준주택의 매년 공시기준일(1월 1일) 현재의 적정가격을 말한다. 표준주택의 가격은 국가·지방자치단체 등의 기관이 그 업무와 관련하여 개별주택가격의 산정의 기준이 되며, 주택시장의 가격정보를 일반에 제공하는 역할을 한다(부동산가격공시 및 감정평가에 관한 법률 제18조).

표준주택 평가목적은 토지와 건물을 일체로 한 표준주택의 과세산정 기준가격을 평가 및 공시하여 국가·지방자치단체가 과세 등 목적으로 개별주택가격을 산정하는 경우에 그 기준으로 적용하기 위한 것이다.[81]

건설교통부가 표준주택을 선정·평가한 후 비준표를 작성하고, 지자체에서 비준표를 적용하여 개별주택가격을 산정한다. 표준주택은 전체 단독주택 약 450만호 중 용도지

81) 건설교통부·한국감정평가협회(2004. 10), 「2005년 표준주택 공시가격 조사·평가 업무요령」, 3쪽.

역 · 건물구조 · 경과연수별로 13만 5천호(2005년)와 20만호(2006년)를 각각 선정 · 평가하였다. 비준표는 표준주택과 개별주택의 가격형성요인을 비교, 시 · 군 · 구에서 주택가격의 대량 산정이 가능토록 작성한다. 시 · 군 · 구는 주택실사를 통해 특성이 유사한 표준주택을 선정한 후, 비준표를 이용하여 개별주택가격을 산정한다. 개별주택가격 산정방식이 과거와 달라진 내용을 정리하면 다음 〈그림 3-4〉와 같다. 가장 크게 달라진 점을 토지와 건물 각각 개별가격 산정방식에서 토지와 건물 일체가격 산정방식으로 바뀐 점이다.

〈그림 3-4〉 표준주택 공시가격 조사 · 평가의 개념

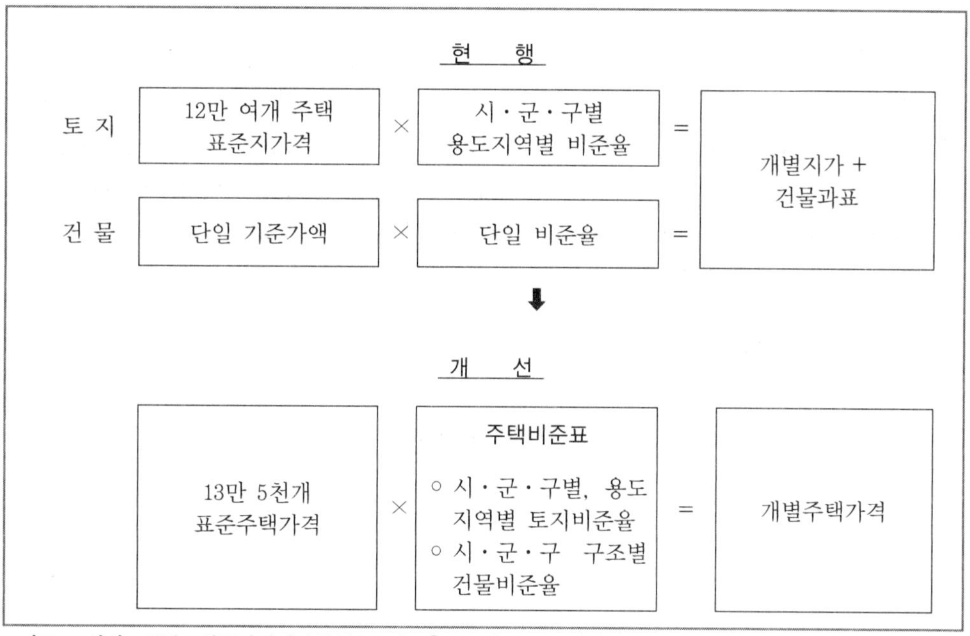

자료 : 건설교통부 · 한국감정평가협회(2004), 「2005년 표준주택가격 조사 · 평가 업무요령」, 13쪽.

(2) 표준주택가격의 공시

표준주택의 선정 및 관리지침운영, 조사 · 평가된 표준주택가격의 심의 등을 위하여 건설교통부장관 소속하에 대통령령이 정하는 중앙행정기관(재정경제부, 행정자치부, 농림부 및 건설교통부를 말함)의 장이 지명하는 6인 이내의 공무원과 학계, 법조계 및 부동산가격공시 또는 감정평가 전문가 등 20인 이내의 위원으로 구성된 평가위원회를 둔다.

건설교통부장관은 조사 · 평가된 표준주택가격을 중앙부동산평가위원회의 심의를 거쳐 공시하여야 한다. 표준주택가격의 공시기준일은 1월 1일로 하며, 가격의 공시에는 표준주택의 지번, 표준주택의 가격, 표준주택의 대지면적 및 형상, 표준주택의 용도 · 구조 · 사용승인일 등을 포함하여 공시하여야 한다.

표준주택의 공시가격에 대하여 이의가 있는 자는 표준주택가격의 공시일로부터 30일 이내에 서면으로 건설교통부장관에게 이의를 신청할 수 있다. 건설교통부장관은 이의신청기간이 만료된 날부터 30일 이내에 이의신청을 심사하여 그 결과를 신청인에게 서면으로 통지하여야 한다. 이 경우 건설교통부장관은 이의신청의 내용이 타당하다고 인정될 때에는 중앙부동산평가위원회의 심의를 거쳐 조정하여 다시 공시하여야 한다.

3) 개별주택의 평가와 공시

(1) 평가도구

주택가격비준표는 개별주택 공시가격을 간편하게 산정할 수 있도록 계량적으로 고안된 '간이주택공시가격산정표'로서 「부동산가격공시 및 감정평가에 관한 법률」 제16조 제7항의 "시장·군수·구청장이 개별주택가격을 결정·공시하는 경우에는 당해 주택과 유사한 이용가치를 지닌다고 인정되는 표준주택가격을 기준으로 주택가격비준표를 사용하여 가격을 산정하되, 당해 주택의 가격과 표준주택가격의 균형을 유지되도록 하여야 한다"라는 규정이 법적근거다.

〈그림 3-5〉 주택가격비준표의 개념

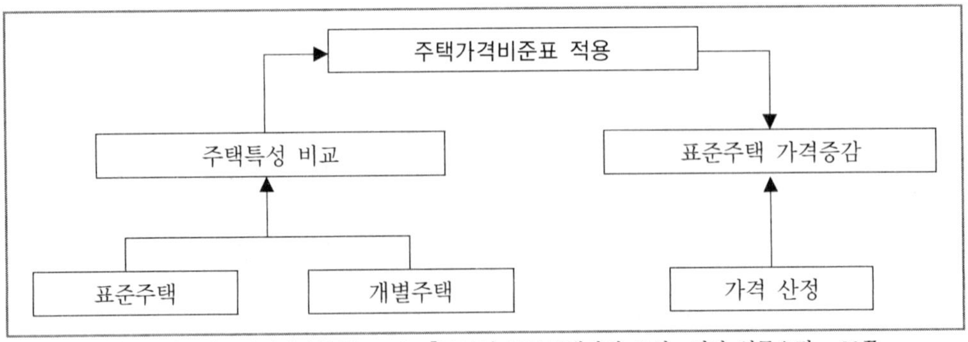

자료 : 건설교통부·한국감정평가협회(2005), 「2006년 표준주택가격 조사·평가 업무요령」, 22쪽.

① 주택가격비준표의 작성

주택가격비준표는 표준주택의 특성을 다중회귀분석하여 추출된 주택특성별 배율을 행렬표(matrix)형태로 재구성한 것이다. 세로방향은 표준주택의 주택특성 배율이고, 가로방향은 산정대상인 개별주택의 주택특성 배율이다.

② 주택가격비준표 작성의 요인 및 절차

주택가격비준표 작성에 활용된 주요요인(factor)은 다음과 같은 총17개의 주택특성조사항목이다. 토지의 경우 지목, 면적, 용도지역, 용도지구, 기타제한, 도시계획시설, 고저, 형상, 방위, 도로조건(도로접면, 간선도로거리), 유해시설접근성(철도 · 고속도로 등, 폐기물처리 및 수질오염방지시설 등), 저촉률 등이 있고, 건물의 경우 구조, 지붕, 용도, 면적, 증 · 개축, 특수부대설비, 사용승인일자, 내용연수 등이 있다. 주택가격비준표를 작성하기 위한 절차는 다음 〈그림 3-6〉과 같다.

주택가격비준표는 시 · 군 · 구별 표준주택 공시가격 자료를 분석하여, 가격형성요인이 동일한 권역(동일가격권)을 결정하고 이를 작성단위로 한다.

비준표 작성단위별로 가격형성요인을 추출한 후 요인간 상관관계분석 및 다중회귀분석하여 가격평가모형을 작성하며, 가격평가모형상의 계수값(parameter)을 이용하여 비준표를 작성한다.

〈그림 3-6〉 주택가격비준표 작성절차

표준주택 자료분석

↓

지역분석 및 동일가격권 구분

↓

주택가격형성요인 추출

↓

상관관계분석 및 다중회귀분석

↓

주택가격평가모형 개발

↓

주택가격비준표 작성

자료 : 건설교통부(2004), 「2005년도 적용 주택가격형성요인에 관한 표준적인 비교표(주택가격비준표) I권」, 3쪽.

③ 주택가격비준표의 구성

주택가격비준표는 개별주택의 가격을 결정하는 토지항목과 건물항목을 구분하여 토지비준표와 건물비준표를 별도로 작성한다. 2006년 현재 주택가격비준표는 전국 248개 시 · 군 · 구(비자치구 포함) 단위로 작성되고 있으며, 토지비준표와 건물비준표로 구분되어 총 500개가 작성되고 있다. 토지비준표의 경우 용도지역, 용도지구, 기타제한, 도시계획시설, 고저, 형상, 방위, 도로접면, 철도등거리, 폐기물등거리, 토지이용상황 등 11개의 비교항목이 있으며, 건물비준표의 경우 건물구조, 지붕구조, 경과연수, 증 · 개축, 특수부대설비, 지하/옥탑/부속 등 6개의 비교항목이 있다. 이의 적용사례를 보면 토지는 다음 〈표 3-5〉의 토지비준표 고저항목에서 표준주택 평지의 지가에 비하여 개별주택의 저지는 0.97배, 고지는 0.79배 수준이라는 것이다. 건물은 〈표 3-6〉과 같이 건물구조 항목에서 표준주택 철근콘크리트구조에 비하여 개별주택 통나무구조는 1.18배, 연와·벽돌은 0.78배 수준이라는 것을 의미한다.

〈표 3-5〉 토지비준표 가격배율 산출요령(고저)

표준주택 \ 개별주택	저 지	평 지	완경사	급경사	고 지
저 지	1.00	1.03	0.93	0.90	0.81
평 지	0.97	1.00	0.90	0.87	0.79
완경사	1.08	1.11	1.00	0.97	0.87
급경사	1.11	1.15	1.03	1.00	0.90
고 지	1.24	1.27	1.25	1.11	1.00

자료 : 건설교통부(2005), 「2006년도 적용 개별주택 가격 조사·산정 업무요령」, 127쪽.

〈표 3-6〉 건물비준표 가격배율 산출요령(건물구조)

표준주택 \ 개별주택	철·콘	통나무	철 근	연와벽돌	목 조	블 럭	경 철	석 회
철·콘	1.00	1.18	0.88	0.78	0.66	0.56	0.55	0.35
통나무	0.85	1.00	0.75	0.66	0.56	0.47	0.47	0.30
철 근	1.14	1.34	1.00	0.89	0.75	0.64	0.63	0.49
연와벽돌	1.28	1.51	1.13	1.00	0.85	0.72	0.71	0.45
목 조	1.52	1.79	1.33	1.18	1.00	0.85	0.83	0.53
블 럭	1.79	2.11	1.57	1.39	1.18	1.00	0.98	0.63
경 철	1.82	2.15	1.60	1.42	1.20	1.02	1.00	0.64
석 회	2.86	3.37	2.51	2.23	1.89	1.60	1.57	1.00

자료 : 건설교통부(2005), 「2006년도 적용 개별주택 가격 조사·산정 업무요령」, 127쪽.

(2) 개별주택 공시가격의 평가와 공시

① 개별주택가격의 개념

개별주택가격은 「부동산가격공시 및 감정평가에 관한 법률」 제16조에 근거하여 매년 공시하는 표준주택가격을 기준으로 시장·군수·구청장이 조사한 개별주택의 특성과 비교표준주택의 특성을 비교하여 건설교통부장관이 개발·공급한 “표준주택과 가격산정대상주택의 가격형성요인에 관한 표준적인 비교표(주택가격비준표)" 상의 주택특성차이에 따른 가격배율을 산출하고 이를 표준주택에 곱하여 산정한 후 감정평가사의 검증을 받아 주택소유자 등의 의견수렴과 시 · 군 · 구 부동산평가위원회 심의 등의 절차를 거쳐 시장 · 군수 · 구청장이 결정 · 공시하는 것을 말한다. 개별주택가격의 결정 · 공시절차는 다음 〈그림 3-7〉과 같다.

〈그림 3-7〉 개별주택가격의 공시절차

개별주택 특성조사

↓

비교 표준주택 선정

↓

주택특성항목 비교 및 가격산정

↓

가격열람 및 의견제출

↓

시 · 군 · 구 부동산평가위원회 심의

↓

개별주택가격의 결정 · 공시

↓

이의신청 및 조정공시

자료 : 건설교통부(2004), 「2005년 적용 개별주택가격 조사 · 산정업무요령」, 3쪽.

② 평가절차

건설교통부장관은 개별주택가격의 조사 · 산정지침을 정하여 시장 · 군수 · 구청장에게 통보 하며, 시장 · 군수 · 구청장은 그 지침에 따라 개별주택가격을 조사 · 산정한다. 개별주택 공시가격의 산정방법은 비교방식이라 할 수 있다. 즉 가격을 알고 있는 표준주택 공시가격을 기준으로 하여 가격을 산정하고자 하는 개별주택의 가격을 산정하는 방식으로 공시가격을 산정한다.

비교방식에 의한 개별주택의 가격산정 체계는

① 산정의 기준이 되는 비교표준주택을 선택하고,

② 비교표준주택과 산정대상 개별주택의 주택(토지 · 건물)특성을 비교하여 서로 다른 특성을 찾아낸 다음,

③ 서로 다른 주택(토지, 건물)특성에 대한 가격배율을 주택가격비준표에서 추출한 후,

④ 비교표준주택가격에 가격비율을 곱하여 개별주택가격을 산정하는 절차를 걸쳐야 한다. 이를 그림으로 보면 다음 〈그림 3-8〉과 같다.

〈그림 3-8〉 개별주택 공시가격 산정체계

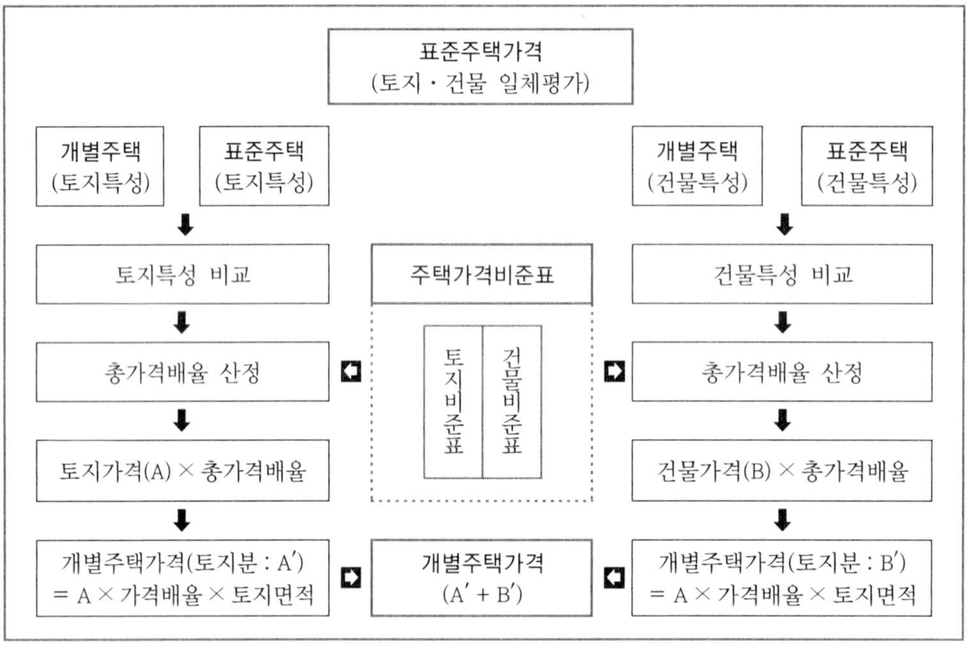

자료 : 건설교통부 · 한국감정평가협회(2005), 「2006년 표준주택가격 조사 · 평가 업무요령」, 21쪽.

가. 조사대상주택 파악 및 가격현황도면 작성

조사대상주택의 기초조사를 하고, 주택특성조사 및 검증 등에 필요한 가격현황도면을 작성한다.

나. 가격조사 및 산정

시장 · 군수 · 구청장은 조사대상 주택공부, 당해지역 및 인근지역의 표준주택자료(표준주택가격조사표, 표준주택위치표시도면, 가격현황도면 등), 도시관리계획 등 공적규제 공부 및 기타자료를 준비하고 가격조사반은 준비한 자료를 활용하여 주택가격 조사를 해야 한다. 가격조사요원은 토지대장 및 일반건축물대장 등 각종 공부확인과 현지를 답사하여 조사대상주택의 특성을 조사한 후, 표준주택의 위치 및 가격을 확인 · 검토하고, 대상지역의 가격형성요인 등을 준비된 양식에 따라 조사한다.

다. 개별주택가격의 검증

시장 · 군수 · 구청장은 개별주택가격의 주택특성 · 가격 등의 적정성을 검토하기 위하여 표준주택가격을 조사 · 평가한 감정평가업자에게 위탁하여 가격검증을 실시한다. 시장 · 군수 · 구청장으로부터 검증의뢰를 받은 감정평가업자는 비교표준주택의 선정에 관한 사항, 개별주택가격 산정의 적정성에 관한 사항, 산정한 개별주택가격과 표준주택가격의 균형유지에 관한 사항, 산정한 개별주택가격과 인근주택의 개별주택가격 및 전년도 개별주택가격과의 균형유지에 관한 사항, 그 밖에 시장·군수·구청장이 검토를 의뢰한 사항을 검토·확인하고 의견을 제시한다.

라. 개별주택가격의 열람 및 의견청취

시장·군수·구청장은 개별주택 가격산정이 완료되면 단독주택소유자 및 그 밖의 이해관계인의 의견을 청취하기 위하여 주택가격열람부를 비치하고, 당해 시·군·구의 게시판에 열람기간 및 열람 장소와 의견제출기간 및 제출처 등의 사항을 20일 이상 게시하여 주택소유자 등의 주택가격열람부를 열람할 수 있도록 한다.

의견이 제출된 주택에 대하여 시장·군수·구청장은 의견제출기간이 만료된 날로부터 30일 이내에 비교표준주택선정의 적정여부와 가격산정의 적정여부 등을 재조사하여 시·군·구 부동산평가위원회의 심의를 거쳐 그 결과를 주택소유자 등에게 통지한다.

③ 개별주택가격 공시

가. 시·군·구 부동산평가위원회 심의 및 개별주택가격의 공시

개별주택가격의 결정에 관한 사항, 개별주택가격의 이의신청에 관한 사항 등의 심의를 위하여 시장·군수·구청장 소속하에 부동산가격공시 또는 감정평가에 관한 학식과 경험이 풍부하고 당해 지역사정에 정통한 자 또는 시민단체에서 추천한 자 중에서 10인 이상 15인 이내의 위원으로서 시·군·구 부동산평가위원회를 둔다.

시장·군수·구청장은 조사·평가된 개별주택가격을 시·군·구 부동산평가위원회의 심의를 거쳐 매년 4월 30일까지 공시하여야 하며, 시·군·구의 게시판에 개별주택가격의 결정에 관한 사항, 이의신청에 관한 사항을 게시하여야 한다. 이 경우 필요하다고 인정하는 때에는 주택소유자에게 개별 통지할 수 있다.

나. 이의신청 및 정정사유

개별주택가격에 이의가 있는 주택소유자 등이 개별주택가격이 결정된 날로부터 30일 이내에 주택소재지 시장·군수·구청장에게 이의를 신청할 수 있는 바, 이의신청제출사항은 결정가격의 적정여부 등으로 재조사하여 감정평가업자의 검증을 거쳐 시·군·구 부동산평가위원회에 상정한다.

이의신청이 제출된 주택은 이의신청기간이 만료된 날로부터 30일 이내에 시·군·구 부동산평가위원회의 심의를 거쳐 시장·군수·구청장이 그 처리결과를 이의신청인에게 통보하고 불복하는 경우에는 행정소송을 제기할 수 있음을 통보한다.

④ 개별주택가격 공시의 효력

「부동산가격공시 및 감정평가에 관한 법률」 제16조의 규정에 따라 결정·공시된 개

별주택가격은 동법 제18조 제2항에 의거 다음과 같이 활용된다.

첫째, 개별주택가격은 주택시장의 가격정보를 제공하고,

둘째, 국가·지방자치단체 등의 기관이 과세 등의 업무와 관련하여 주택의 가격을 산정하는 경우에 그 기준으로 활용된다. 그 활용내용을 보면 다음 〈표 3-7〉과 같이 주택재산세 등 각종 조세부과 기준으로 쓰인다.[82)]

〈표 3-7〉 개별주택가격의 조세부과 기준

제 도		적 용 범 위	적용개시일
국 세	**○ 종합부동산세(주택)**	**○ 부동산 과다소유자의 소유 부동산가액 합산자료에 대한 기준시가**	**2005. 1. 5**
	○ 양도소득세(주택)	○ 양도차익 산출을 위한 기준시가	2005. 7. 13
	○ 상속세·증여세(주택)	○ 상속가액·증여가액의 기준시가	2005. 7. 13
지방세	**○ 재산세(주택분)**	**시가표준액 결정자료**	**2005. 1. 5**
	○ 취득세(주택분)	시가표준액 결정자료	2005. 1. 5
	○ 등록세(주택분)	시가표준액 결정자료	2005. 1. 5
	○ 도시계획세(주택분)	시가표준액 결정자료	2005. 1. 5
	○ 지방교육세(주택분)	시가표준액 결정자료	2005. 1. 5

자료 : 건설교통부(2005), 「2006년도 적용 개별주택가격 조사·산정 업무요령」, 5쪽.
주) 상속세·증여세는 논자가 재정리

3 외국의 주택과세 평가제도

외국의 주택에 대한 과세평가제도 및 운영 실태를 간략히 소개한다. 이 내용은 주로 지방정부의 재산세 부과를 위한 토지 및 주택과세평가를 중심으로 다룬 것이다.

일본은 재산세(고정자산세) 부과대상 자산을 평가할 때, 총무대신이 정한 고정자산평가기준에 따라 시·군·읍·면장(市町村長)이 가격을 결정하며, 시·군·읍·면장은 시군읍면에 고정자산평가에 관한 지식 및 경험을 가진 자를 의회의 동의를 얻어 고정자산평가위원으로 선임하여 평가한다(일본지방세법 제404조).

토지와 주택은 매3년마다 재평가하며, 토지는 비교방식 즉, 거래사례가격을 기초로 정상가격인 비준가격을 구한다. 지가공시가격은 시가의 7할 정도를 목표로 하고 있다. 주택은 재건축가격(대치원가)에 경과년수감점보정율(통상감가상각)을 적용하여 구한다. 국세청이 담당하는 상속세·증여세는 노선가식평가법을 이용하여 과세가격을 평가한다.

대만도 시가지평가에 노선가방식 평가법을 이용하며 과세에도 이용한다.

82) 한국세무사회(2006. 10), 「개별공시지가 및 개별주택가격 산정방법」, 39쪽.

덴마크의 과세평가는 1981년부터 컴퓨터를 활용하고 있으며 중앙조세국(Central Tax Administration)내 관세 및 과세관리센터에서 평가모형을 개발하여 각 지방자치단체에 보급하고 있다. 중앙조세국은 거래가격의 등록, 제도, 평가모델개발 등을 담당하고 지방정부는 부동산평가, 재산세 징수정보제공, 세무행정보조를 담당하며, 평가는 224개 평가위원회(valuation committees)가 하고 있다. 평가시스템은 토지와 건물로 나누어 하며, 적용방법은 평가 3방식을 적용하고 있다. 대량평가모델은 주택 · 대지 · 산업용 · 농경지 등 네 가지 분야로 나누어 적용하고 주택은 주택유형에 따라 7가지로 나누고 평가모델을 적용한다. 모델에 적용하는 변수는 위치 · 면적 · 연면적 · 건축연도 · 수리현황 · 단열재 · 난방유형 · 벽과 지붕재료 등이다. 평가율은 시장가격의 95%를 유지하고 있지만 개별 물건별로 차이가 있다. 1998년 이후부터 매년 평가하고 있다.

스웨덴의 대량평가는 재무부산하 중앙조세국이 담당하며 지방사무소는 환경부 산하의 국가토지측량청(NLS)이 작성한 평가모델로 평가 및 거래정보관리 및 지적등록을 수정하고 관리한다. 대량 평가시 적용하는 방식은 비교방식이며 거래사례가 축적되지 않은 경우는 수익방식 및 원가방식을 적용한다. 평가율은 시장가격의 75% 정도로 평가하도록 부동산평가법(The Real Property Assessment Law)에 규정하고 있다. 평가주기는 5 ~ 7년인데 주거용, 산업용, 농업용에 따라 다르다.

네덜란드는 1995년 부동산평가법에 근거하여 3개 기관으로 나뉘어 있던 평가업무를 한 기관(Council for Real Estate Assessment)으로 통합하였다. 평가방식은 3방식을 이용하고 주거용은 거래사례비교법, 점포는 수익환원법을 이용한다. 평가가격은 시장가격을 구하며 평가율은 100% 전후로 하고 있다. 평가업무의 55%는 자치단체가 민간회사와 계약하여 처리한다. 489개 지방자치단체가 있으며 재평가는 4년마다 한다.

독일은 1925년 평가법을 제정하여 평가에 통일을 이루고 원가방식, 수익방식을 이용한다. 과세평가는 부동산의 종류에 따라 다양하게 하며, 매년 재평가한다. 과세가격은 자산세, 보유세, 상속세 과세기준이 되나 과세가격은 자산의 실제가치를 반영하지 않는다. 공적 평가는 별도의 독립된 기관에서 전문가(건축사)가 한다. 베를린은 유사가격권을 설정하고 기준가격을 표시한다. 평가업무는 조세조직과 상호 연계하여 운용한다.

오스트리아는 일찍부터 대량평가를 하였으며 공무원이 평가업무를 담당한다. 일반적 평가주기는 9년이나 정치, 사회 요인에 따라 실제 평가시기는 유동적이다. 부동산의 유형에 따라 평가시점이 상이하며, 구하는 과세가격은 시장가격이다. 건물이 있는 부동산은 건물과 신축건물의 가격이며 보통 시장거래가격보다 낮은 수준이다.

스페인도 일찍부터 대량평가를 하고 있으며 중앙지적본부는 공공기관, 기업, 행정부서, 공사 등에 지정정보를 제공한다. 2006년 마드리드부터 전체 부동산을 매년 재평가하는 시스템을 도입하였다. 그러나 평가율은 시장가격의 50% 정도에 지나지 않는다.

〈표 3-8〉 외국의 주택과세 평가제도 요약

지역별	국가별	과세평가 관련기관	과세평가의 근거 법률 · 규정	평가주기	평가기법	평가율
아시아	일 본	시 · 정 · 촌장	고정자산 평가 기준	3년	거래사례비교법	시가의 약 70%
유 럽	스웨덴	중앙조세국(National Tax Board)과 중앙토지조사국(NLS)	부동산평가법(Real Property Assessment Law) 중앙조세국의 평가지침	5 ~ 7년, 주택 · 토지 별도 순환 전수평가	비교평가방식(Comparative Approach) 매매사례 없을 경우 비용접근 방식	시장가격의 75% 수준
	노르웨이	조세청(Tax Law Department)	과세를 위한 별도의 평가제도는 없으며 정부의 허가받은 중개업자와 감정평가사가 시장가격을 기준평가	수 시	부동산특성에 따른 시장가격 기준 평가	과세표준은 시장가격의 30% 수준
	덴마크	중앙조세국(Central Tax Administra-tion)과 224개 평가위원회	과세목적 평가법	매년 전수평가	거래사례비교법 원칙, 예외로 소득 · 비용 접근법	시장가격을 반영한 가격, 평가율은 95% 수준
	독 일	부동산평가위원회 각 주 사무국	연방건설법 제192조 부동산평가법 연방세법	매년 재평가	시장가치를 기초로 평가, 원가 · 수익방식	구동독 1935년, 구서독 1964년 평가액 기준
	오스트리아	재무부세정국 주관 별도 평가기관의 평가자료 이용	오스트리아 평가법	원칙 9년 매년 재평가		보유세 과세표준은 시장가치에 기초하고 있으나 평가율은 낮음
	스페인	재무성 산하 중앙지적본부, 각 주정부	지방 부동산법	8년	시장가치 고려	시장가치의 50%로 낮다.
대양주	호 주	토지부 평가국 공적 평가사무소	각 주 평가법 및 평가기준	3 ~ 4년	거래사례비교법에 의한 전수평가시스템 유사권역, 표준부동산가격 비교한 개별가격 보정	시장가격의 90% 이상
	뉴질랜드	뉴질랜드 토지정보국	지방재산세 평가법 자산평가기준	매2년	국제기준을 근거로 시장가치 근거한 비교, 원가 · 수익 방식	평가율 98 ~ 103% 수준

영국의 과세평가는 지방정부 재정법에 근거하며 관리는 중앙정부 평가청이 한다. 중앙정부 집행기관으로 잉글랜드, 웨일즈, 스코틀랜드에 80개 지역사무소가 있으며 전문평가사를 포함 5,500여 명이 근무한다. 평가청은 컴퓨터를 이용한 대량평가시스템 AVM(Automated Valuation Model)을 개발하여 2007년 잉글랜드 재평가시 이용할 계획이다. 주택의 평가방식은 비교방식을 존중하고 구하는 가격은 시장가격(market value)이다. 주택 외 부동산은 3방식을 혼용한다. 평가주기는 비주거용은 5년이다.

스위스 과세평가는 연방법에 근거하며 주평가위원회와 기초자치단체 평가위원회에서 선출직 평가공무원이 평가한다. 평가방식은 수익방식과 비교방식을 혼용하며 평가율은 75 ~ 100% 수준이다. 평가주기는 5 ~ 6년이다.

호주의 부동산과세평가는 주정부가 평가법률과 기준을 정하여 관리한다. 실무업무는 지방정부가 평가전문기관과 계약하여 처리한다. 평가전문기관은 공적기관도 있고 민간업자도 있다. 민간업자는 호주 부동산협회에 등록해야 한다. 과세평가는 3 ~ 4년을 주기로 하며 평가업자와 계약은 3 ~ 5년을 단위로 한다. 평가방식은 3방식을 적용하며 가격은 연수익 가치, 개발가치, 부지가격 등 다양한 가격을 골라 쓴다. 지리정보시스템을 활용한 지가정보(valnet)를 구축하여 지가색별도(valmap) 등 다양한 자료를 생산해 활용한다. 평가가격은 웹사이트에 공개한다.

뉴질랜드 과세평가는 주정부 산하 평가국이 관장하며 79개 자치정부에서 평가한다. 시청마다 내부 평가사와 외부 평가사와 계약으로 평가하며 외주는 70개 감정평가회사에게 발주한다. 구하는 가격은 시장가격이며, 시정부 과세평가 주기는 매 2년이며, 민간평가업자와 계약으로 한다. 평가율은 98 ~ 103% 수준이다. 2004년부터 국제과세평가기준에 따라 평가하며 평가시는 각 가정을 방문한다. 지리정보시스템을 이용하는 것은 호주와 마찬가지다.

이상과 같은 외국의 주택과세 평가제도를 요약하면 〈표 3-8〉과 같다.

4 주택가격 공시현황 및 문제점

1) 주택가격 공시현황

(1) 과세대상 주택

2005년 기준 과세대상 주택은 〈표 3-9〉와 같이 아파트 627만호, 단독주택 353만호, 다세대주택 135만호, 연립주택 97만호, 다가구주택 97만호였다. 그 중 단독주택은 순수 단독주택 353만호와 다가구주택 97만호를 합한 450만호가 과세대상 주택이며 조사대상 주택수였다.

2006년 기준 단독주택 과세대상 주택은 〈표 3-10〉과 같이 단독 311만호(73.11%), 다가구 49만 7천호(11.68%), 다중주택 902호(0.02%), 단독기타 1만 2천(0.28%), 기타 63만호(14.91%)다. 지역별로 보면, 경기도, 서울, 경북, 전남, 경남 등의 순으로 많다.

〈표 3-9〉 2005년 주택가격 조사·평가 대상

(단위 : 천호)

구 분	아파트	연 립	다세대	다가구	단 독	다가구·단독 소계	합 계
기준시가고시	5,366	57	-	-	-	-	5,423
기준시가미고시	900	913	1,349	970	3,530	4,500	7,662
총 계	6,266	970	1,349	970	3,530	4,500	13,085

자료 : 건설교통부·한국감정평가협회(2005), 「2006년 표준주택가격 조사·평가 업무요령」, 267쪽.

〈표 3-10〉 시도·건물용도별 개별주택 현황

(단위 : 호수)

구 분	총 계	단 독	다가구	다 중	단독기타[1]	기타[2]
전 국	4,259,274	3,113,857	497,293	902	12,003	635,219
서 울	460,703	189,867	170,185	122	665	99,864
부 산	262,687	151,438	53,754	0	2,566	54,929
대 구	179,369	83,038	48,370	8	14	47,939
인 천	110,491	64,436	18,029	3	408	27,615
광 주	98,595	74,152	3,781	28	713	19,921
대 전	92,498	53,954	14,925	16	76	23,527
울 산	67,822	28,933	22,415	37	12	16,425
경기	489,654	296,279	92,836	20	1,460	99,059
강 원	236,106	194,971	7,745	68	500	32,822
충 북	210,788	171,734	6,496	203	988	31,367
충 남	329,187	299,088	4,203	119	132	25,645
전 북	308,001	269,818	5,866	91	129	32,097
전 남	427,838	396,070	3,512	9	483	27,764
경 북	475,009	422,030	15,900	120	224	36,735
경 남	427,648	351,835	27,886	57	661	47,209
제 주	82,878	66,214	1,390	1	2,972	12,301
비율(%)	100	73.11	11.68	0.02	0.28	14.91

자료 : 건설교통부

주 1) 단독·다가구·다중용도가 아닌 개별주택

2) 그 외 용도의 개별주택

(2) 표준주택가격 공시현황

2005년에는 135,000호의 표준주택 가격을 평가하여 공시하였으며, 2006년에는 65,000호 증가한 200,000호를 평가하여 공시하였다. 이같이 증가시킨 것은 표준주택의 적적성을 확보하고 개별주택 가격 산정의 정밀도를 개선하기 위해서다. 표준주택은 도시지역과 도시 지역 외 지역에 분포되어 있으며, 도시지역에는 상업지역, 주거지역, 공업지역, 녹지지역에 분포되어 있다. 2005. 9. 1 ~ 12. 3 기간 중 표준주택을 선정하여 조사하고 2006. 1. 31 표준주택가격을 공시하였다. 2006. 2. 1 ~ 3. 2 기간 중 이의신청을 접수하였으며, 3월 24일 표준주택 가격을 재조정 공시하였다.

2006년 표준주택 분포현황을 도시규모별 · 용도지역별로 보면 다음 〈표 3-11〉과 같으며 도시지역은 주거지역에 가장 많이 분포되어 있고, 비도시지역은 관리지역에 가장 많이 분포되어 있다.

〈표 3-11〉 도시규모별 · 용도지역별 표준주택 분포현황

(단위 : 호)

구 분	계	도시지역					도시지역 외 지역			
		소 계	주거지역	상업지역	공업지역	녹지지역	소 계	관리지역	농림지역	자연환경보전지역
계	200,000 (100.0)	117,376 (58.7)	92,973 (46.5)	6,016 (3.0)	1,110 (0.6)	17,277 (8.6)	82,624 (41.3)	72,570 (36.3)	5,639 (2.8)	4,415 (2.2)
수도권	46,129	36,430	30,729	1,154	387	4,160	9,699	8,579	1,073	47
광역시	28,802	28,649	24,205	1,598	220	2,626	153	142	6	5
시 · 군	125,069	52,297	38,039	3,264	503	10,491	72,772	63,849	4,560	4,363

자료 : 건설교통부
주) ( )안은 비율(%)임.

2006년 표준주택 분포현황을 도시규모별 · 지목별로 보면 다음 〈표 3-12〉와 같으며 시 · 군 · 구(62.5%), 수도권(23.1%), 광역시(14.4%) 순으로 많고, 대(97.3%)에 주로 분포하고 있다.

〈표 3-12〉 도시규모별 · 지목별 표준주택 분포현황

(단위 : 호)

구 분	계	대	전	답	잡종지	임 야	기 타
계	200,000(100.0)	194,681(97.3)	3,499(1.7)	1,201(0.6)	312(0.2)	194(0.1)	113(0.1)
수도권	46,129(23.1)	45,364	485	142	78	43	17
광역시	28,802(14.4)	28,538	125	89	29	9	12
시 · 군 · 구	125,069(62.5)	120,779	2,889	970	205	142	84

자료 : 건설교통부
주) ( )안은 비율(%)임.

표준주택을 건물구조별로 보면 다음 〈표 3-13〉과 같으며, 연와조(30.2%)가 가장 많고, 다음이 시멘트벽돌조(22.6%), 목조(21.2%), 시멘트블럭조(15.6%) 등의 순이다.

2006년 표준주택가격 중 가장 높은 것은 '서울 종로구 신문로2가 1-39'로 30억 2천만 원이며, 가장 낮은 것은 '경북 영양군 입암면 대천리 903-2'로 48만 3천 원이다.

〈표 3-13〉 도시규모별 · 주건물구조별 표준주택 분포현황

(단위 : 호)

구 분	계	시멘트 벽돌조	연와조	목 조	시멘트 블럭조	철 근 콘크리트조	기 타
계	200,000 (100.0)	45,274 (22.6)	60,301 (30.2)	42,423 (21.2)	31,291 (15.6)	9,401 (4.7)	11,310 (5.7)
수도권	46,129	2,333	30,243	3,818	3,327	4,457	1,951
광역시	28,802	12,096	4,379	2,877	7,600	1,529	321
시 · 군	125,069	30,845	25,679	35,728	20,364	3,415	9,038

자료 : 건설교통부

주) ( )안은 비율(%)임.

〈표 3-14〉 최고 · 최저표준 주택가격 현황

(단위 : 원)

구 분	주택가격	지목	소 재 지
최 고	3,020,000,000	대	서울특별시 종로구 신문로2가 1-39
최 저	483,000	전	경상북도 영양군 입암면 대천리 903-2

자료 : 건설교통부

시 · 도별 최고 · 최저 표준주택가격의 2005년 대비 2006년 변동률은 〈표 3-15〉와 같다.

〈표 3-15〉 시 · 도 · 별 최고 · 최저 표준주택가격 변동률

(단위 : 천 원, %)

행정구역	구 분	2005년 주택가격	2006년 주택가격	변동률
전 국	최 고	2,720,000	3,020,000	11.0
	최 저	511	483	△5.5
서 울	최 고	2,720,000	3,020,000	11.0
	최 저	22,000	19,900	△9.5
부 산	최 고	562,000	779,000	38.6
	최 저	3,200	3,840	20.0
대 구	최 고	480,000	596,000	24.2
	최 저	7,600	7,200	△5.3

인 천	최 고	536,000	873,000	62.9
	최 저	4,400	3,800	△13.6
광 주	최 고	316,000	301,000	△4.7
	최 저	2,210	3,940	78.3
대 전	최 고	578,000	636,000	10.0
	최 저	9,600	9,480	△1.3
울 산	최 고	285,000	470,000	64.9
	최 저	6,160	4,080	△33.8
경 기	최 고	1,840,000	1,270,000	△31.0
	최 저	3,840	4,440	15.6
강 원	최 고	431,000	495,000	14.8
	최 저	680	1,010	48.5
충 북	최 고	520,000	442,000	△15.0
	최 저	960	1,070	11.5
충 남	최 고	492,000	561,000	14.0
	최 저	1,980	1,440	△27.3
전 북	최 고	336,000	382,000	13.7
	최 저	1,000	880	△12.0
전 남	최 고	264,000	264,000	0.0
	최 저	560	710	26.8
경 북	최 고	472,000	468,000	△0.8
	최 저	511	483	△5.5
경 남	최 고	452,000	464,000	2.7
	최 저	1,040	1,150	10.6
제 주	최 고	363,000	407,000	12.1
	최 저	2,450	3,530	44.1

자료 : 건설교통부

(3) 개별주택가격 공시현황

① 개별주택공시현황

2006년 개별주택가격은 05. 12. 1 ~ 06. 4월까지 가격을 조사·산정하고, 4월 28일 시·군·구청장이 결정·공시하였다. 06. 5. 1 ~ 5. 31 기간 중 이의 신청을 접수하고 6. 1 ~ 6. 30 기간 중 이의 신청 가격을 처리하였으며, 6월 30일 개별 주택가격을 조정 공시하였다.

2006년 공시한 시도 및 용도지역별 개별주택가격 공시현황과 가격상승률은 다음 〈표 3-16〉과 같다.

〈표 3-16〉 시도 및 용도별지역별 개별주택가격 공시현황

(단위 : 호, %)

구분	주거	상업	공업	녹지	개발제한	용도미지정	관리	농림	자연보호	합계	비율
서울	421,062	9,051	8,087	3,965	4,381	38	–	–	–	446,584	10.7
부산	211,635	28,578	5,080	12,978	4,409	7	–	–	–	262,687	6.3
대구	154,177	12,835	982	4,104	7,212	–	2	4	44	179,360	4.3
인천	72,896	10,835	2,382	5,188	1,365	2	16,622	1,113	110,403	220,806	5.3
광주	79,223	6,428	624	10,922	686	–	711	–	–	98,594	2.4
대전	75,724	4,380	498	8,841	2,109	–	886	12	46	92,496	2.2
울산	48,928	6,332	729	9,124	990	–	1,489	147	77	67,816	1.6
경기	211,336	18,965	1,476	33,867	24,944	2,714	131,817	13,412	849	439,380	10.5
강원	92,446	20,218	2,062	17,059	–	84	90,520	9,155	4,546	236,090	5.7
충북	38,397	7,849	254	12,452	389	30	100,090	6,382	4,715	170,558	4.1
충남	64,718	9,971	766	29,427	342	4,357	188,782	25,198	5,593	329,154	7.9
전북	88,057	15,938	2,347	26,008	–	325	142,080	4,857	2,876	282,488	6.8
전남	105,624	19,934	2,282	40,982	875	31	204,365	12,796	40,446	427,335	10.3
경북	114,866	22,420	1,983	24,266	2,377	131	218,880	14,928	5,471	405,322	9.7
경남	169,779	24,900	1,939	24,582	1,303	37	176,451	6,001	22,307	427,299	10.2
제주	40,945	6,495	183	14,278	–	–	20,859	104	14	82,878	2.0
합계	1,989,813	225,129	31,674	278,043	51,382	7,756	1,293,554	94,109	197,387	4,168,847	100
비율	47.7	5.4	0.8	6.7	1.2	0.2	31.0	2.3	4.7	100	

2006년 개별주택의 공시 주택 수는 4,168,847호(공동주택 제외)로 시도별 분포는 서울 446,584호(10.7%), 경기 439,380호(10.5%), 전남 427,335호(10.3%), 경남 427,299호(10.2%) 등의 순이며, 용도지역별로는 주거지역(47.7%), 관리지역(31.0%)이 상대적으로 많았다.

② 개별주택가격 상승률현황

개별주택가격 상승률 현황은 다음 〈표 3-17〉과 같다. 개별주택가격 총액은 2006년에 288조 8,500억 원이며, 2005년(273조 4,920억 원)보다 5.6% 상승하였으며, 시도별 총액은 2006년에 서울(97조 3,156억 원), 경기(54조 4,400억 원), 부산(18조 5,337억 원), 경남(16조 8,957억 원), 대구(14조 8,374억 원) 등의 순이다. 수도권과 비수도권을 비교하면 수도권이 161조 8,352억 원으로 비수도권(127조 148억 원)보다 높으며, 특별시·광역시와 도 지역을 비교하면 특별시·광역시가 161조 7,719억 원으로 도 지역(127조 781억 원)보다 높다.

전국의 평균 주택가격은 2005년 호당 6,738만 8천 원에서 2006년 7,117만 3천 원으로 상승하였다. 시도별로는 2006년에 서울(2억 1,791만 1천 원), 경기(1억 2,490만 2천 원), 대전(1억 2,805원), 인천(9,1129만 5천 원), 대구(8,272만 4천 원) 등의 순이다. 수도권과 비수도권을 비교하면 수도권이 1억 6,242만 5천 원으로 비수도권(4,147만 9천 원)보다 높으며, 특별시·광역시와 도 지역을 비교하면 특별시·광역시가 1억 2,860만 천 원으로 도 지역(4,537만 7천 원)보다 더 높다.

2006년의 개별주택가격 상승률은 5.6%이며, 시도별로는 충남(20.2%), 충북(12.6%), 경기(12.4%), 대전(11.3%) 등의 순이고, 수도권과 비수도권을 비교하면 비수도권이 8.5%로 수도권(3.5%)보다 크며, 특별시·광역시와 도 지역을 비교하면 도 지역이 11.0%로 특별시·광역시(1.8%)보다 더 높게 나타났다.

〈표 3-17〉 시도별 개별주택 공시가격 상승률

(단위 : 십억 원, 천 원,%)

구 분	개별주택가격 총액		평균주택가격		상승률
	2005년	2006년	2005년	2006년	
서 울	98,400	97,316	220,339	217,911	-1.1
부 산	17,475	18,534	66,525	70,554	6.1
대 구	14,280	14,837	79,616	82,724	3.9
인 천	9,560	10,080	86,591	91,299	5.4
광 주	6,053	6,350	61,396	64,407	4.9
대 전	8,544	9,509	92,376	102,805	11.3
울 산	4,667	5,146	68,820	75,888	10.3
경 기	48,436	54,440	110,237	123,902	12.4
강 원	8,537	9,164	36,159	38,814	7.3
충 북	4,426	4,982	25,951	29,209	12.6
충 남	9,578	11,515	29,098	34,983	20.2
전 북	6,828	7,134	24,172	25,254	4.5
전 남	6,829	7,568	15,981	17,710	10.8
경 북	9,955	10,747	24,560	26,516	8.0
경 남	15,542	16,896	36,373	39,541	8.7
제 주	4,381	4,633	52,861	55,904	5.8
합 계	273,492	288,850	67,388	71,173	5.6
수도권	156,396	161,835	156,966	162,425	3.5
비수도권	117,096	127,015	38,241	41,480	8.5
특별시·광역시	158,980	161,772	126,381	128,601	1.8
도	114,512	127,078	40,890	45,377	11.0

2) 주택가격 공시제도의 문제점

선행연구에 따르면 주택가격 공시제도 운영에서 지적되는 문제점은 대략 다음과 같은 몇 가지로 요약된다.

첫째, 표준주택수 부족 둘째, 과세평가업무에 대한 전문성부족 셋째, 주택거래정보 활용제도미비 넷째, 공시기준일과 과세기준일과의 시차문제 다섯째, 주택가격비준표의 작성단위의 부적합 여섯째, 주택특성 조사항목의 가격반영도 미흡 등이다.

주택과세의 수직 공평성 실증분석 04

1 분석설계

1) 연구가설

과세주체가 대상 부동산에 과세하기 위하여 과세평가원(과세평가공무원)이 평가주체로서 과세절차에 따라 평가하는 것을 특별히 법정평가(statutory valuation)라 한다.[83) 이 법정평가로 구하는 가격은 시장가격과 괴리될 가능성이 있다. 주택의 다양성에 비추어 표준주택 표본이 적거나 이것으로 작성한 비준표의 부정확성 등 평가제도의 미비로 개별주택가격의 정밀도가 떨어질 수 있기 때문이다. "주택의 정상가격에 대한 과세가격이 주택에 따라 과세평가율 차이가 있고, 그 결과 개별주택 간에 수직 불공평 과세가 되고 있을 것이다"라는 연구가설(alternative hypothesis, 대립가설)을 설정할 수 있다. 즉 가설검증을 위한 연구가설은 분석모형에 따라 $H_1 : b_0 \neq 0$, $H_1 : b_1 \neq 0$, $H_1 : b_0 \neq 1$, $H_1 : b_1 \neq 1$을 각각 설정한다.

2) 요인변수와 자료 처리

(1) 자료와 요인변수

분석에 이용한 주택가격자료는 1987년 서울시 단독주택지역의 재산세 과세표준의 기준가액인 '과세가격' 및 감정평가사가 평가한 그 부지의 '정상가격'과 2005년과 2006년에 서울시 단독주택지역의 주택 재산세 등 조세부과시 과세표준의 과세기준으로 활용하기 위해 공시된 '과세가격'과 그 과세된 주택에 대해 감정평가사가 평가한 '정상가격'이다.

이 논문에서는 개별주택 공시가격을 '과세가격'으로, 감정평가하여 얻은 시가를 '정상가격'이라 한다. 분석에 이용한 각각의 가격자료는 다음과 같이 수집한 자료다.

첫째, 1987년 1,049호의 주택지의 과세가격과 정상가격은 방경식(1987. 12), "지방세 행정에 있어 토지 과세 평가방법에 관한 연구", 건국대학교대학원 박사학위논문자료를

83) 방경식 · 장희순(2004), 부동산학개론, 서울 : 부연사, 798쪽.

사용하였다.

둘째, 2005년과 2006년 주택의 정상가격은 「부동산가격공시 및 감정평가에 관한 법률」에 따라 평가한 서울시 강남구 일원동 ○○○번지 외 1,250개 주택의 주택감정평가서(Appraisal Report)가격으로써 가나감정평가법인이 정상가격 평가 목적으로 발행한 평가자료(2006. 6)이다.

셋째, 2005년과 2006년 주택의 과세가격은 「부동산가격공시 및 감정평가에 관한 법률」에 따라 해당 구청장이 결정하여 공시한 자료를 해당 지방자치단체로부터 인터넷(홈페이지)을 통하여 얻은 각각의 가격자료다.

1987년 자료를 이용한 이유는 기존 연구 중 과세가격과 감정평가사가 평가한 가격으로 분석한 자료는 유일한 것이어서 분석 자료로 삼았다. 2005년 주택가격 공시제도 도입 이전에 본 연구와 같은 방법으로 분석한 자료이므로 단독주택의 과세평가에 있어 과거의 제도와 현행제도의 차이점을 분석 할 수 있을 것으로 판단 할 수 있기 때문이다. 2005년과 2006년의 각각의 자료를 삼아 2회 분석한 것은 주택가격 공시제도 도입 이후 첫 해와 두 번째 해에 연도별 어떤 차이점이 있는지 비교분석 하기 위함이다.

1987년 토지분 재산세 과세대상 필지 중 논현·방배동, 중곡·역촌동, 화곡·신월동에서 1,049호를 추출한 것을 이용한다. 2005년에는 1,250호 주택을, 2006년에는 1,249호의 주택(가격자료 없는 1호 제외)을 표집하였다. 2005년 추출한 표본은 통계이론상 95% 유의수준, 신뢰구간 5%의 확보 가능한 표본은 일원동 317호(모집단 11,071호), 중곡동 376호(모집단 18,376호), 수유동 381호(모집단 40,743호) 이상이다. 이를 감안하여 일원동은 417호를 표집하여 95% 유의수준, 신뢰구간 ±2.4%, 중곡동은 403개로 신뢰구간 ±4.9%, 수유동은 430개로 신뢰구간 ±4.7%를 확보하여 통계의 유의성을 확보하였다.[84] 2006년도 역시 이와 큰 차이가 없다.

또한 연구에 이용할 가격자료 샘플링은 층화추출법에 의해 서울시 단독 주택을 가격군으로 상·중·하 세 개로 군집하여 분류한 후[85], 비교적 단독주택이 밀집한 지역으로 판단되는 지역을 대상으로 400호 전후 정도의 일단의 단지로써 전수평가가 가능한 지역을 선택하였다. 주거지역 지역요인 및 개별요인의 주요항목인 학교, 시장, 전철 등이 정비된 안정단계에 있는 주택지역을 대상으로 하였다.

84) (www.surveysystem.com) 적정한 표본수 계산은 이곳을 참조(Krejcie, R.u., Morgan, D.w., 1970, *Determing sampling size for research activities, Educational and Psychological Measurerment*, 30, 607쪽; 류청산, 2002, SPSS11.0 for Windows, 도서출판 엘리트, 177-180쪽 재인용). 단독주택 수는 2000년 센서스(통계청), 신뢰구간 산출공식은 ($\pm 1.96\sqrt{0.5 \times 0.5 / n}$)을 이용.

85) 참고로 2006. 2. 1일자 건설교통부의 서울시 구별 주택평균가격 자료를 인용한 보도내용에 따르면, 서울시 2006년 단독주택평균가격은 18,476가구 조사대상으로 2억 5,703만 원이고, 강남구는 396가구 평균 8억 6,391만 원, 광진구는 848가구 2억 7,901만 원, 강북구 963가구 평균 1억 7,288만 원이었다. 서울시 중 강남구는 상위, 광진구는 중위, 강북구는 하위수준이었다.

감정평가사가 정상가격을 산정하는데 고려한 부동산가격형성요인은 지역요인 및 개별요인 항목이며, 택지면적, 형상, 획지깊이, 앞기장, 안기장, 세장비, 방위, 학교 거리, 접면도로, 전철역 거리, 시장 거리, 건물면적, 건물구조지수, 잔존연수, 층수 등이다.

과세가격은 정부가 과세목적에 사용하기 위하여 과세기준가액으로써 인터넷에 공개한 개별주택 공시가격을 관할 구청으로부터 직접 수집하였고, 정상가격은 감정평가사에게 평가를 의뢰하여 수수료를 지급하고 얻었다.

정상가격을 감정평가사에 의뢰하여 얻은 자료를 사용한 것은 분석의 신뢰성과 객관성을 확보하기 위함이다. 분석대상 주택의 과세가격은 세법에 따라 실제로 재산세, 종합부동산세, 상속세, 증여세에 과세표준으로 활용되고 있다. 한편, 당해주택을 보유하고 있는 상태에서 과세되는 보유세에는 실거래가격을 직접 사용할 수는 없다. 따라서 통상적인 시장에서 정상적인 거래가 이루어지는 경우 거래 가능할 것으로 인정되는 적정가격인 정상가격과 실제 과세기준이 되는 과세가격의 비교가 주택과세의 수직공평성을 분석하는데 타당하다고 판단하였다. 만약, 부동산의 거래세인 취득세, 등록세, 양도소득세의 세부담의 공평성을 분석하고자 한다면 감정평가액 대신에 실거래사례가액과 과세가액의 비교가 더 타당하다는 견해도 있으나 논의가 더 필요하다고 볼 수 있다.[86]

따라서 거래당사자의 개인사정 등 특수 요인의 반영이 없는 상태의 객관적인 정상가격과 과세가격과의 비교분석이 더 타당하다고 본다.

(2) 자료처리 및 분석

분석에 이용할 가격자료는 '과세가격'과 '정상가격'이다. 과세가격과 정상가격의 평균차가 비슷하다면 두 가격의 평가율이 동등하게 되어 차이가 없게 되고 그렇게 된다면 여기서 세운 "평가율 차이로 인한 수직 불공평 과세가 되고 있을 것이다."라는 가설이 기각될 것이다.[87] 그러므로 양 가격의 평균차이가 인정되어야 분석자료로서 의의가 있다. 따라서 실증분석에 앞서 먼저 자료의 이용가능성을 보기위해 양 가격을 짝을 이룬 표본(쌍체비교)을 이용하여 T－test 분석 검증해 보고 분석에 이용 가능여부를 결정하고자 한다.

T－test결과는 〈표 4－1〉과 같이 나타났다. 1987년, 2005년, 2006년 자료가 모두 양 가격간에 차이가 있고, 통계적 유의성이 인정되어 이 자료를 이용해도 무방한 것으로 나타났다.

---

86) 그러나 이것은 투기적 거래, 개별적 사정 등 거래당자의 특수한 사정 등이 반영되어 정상가격으로 보기 어려운 것이 많아 분석에 사용하기에 어려움이 있다. 또한 실지거래가격을 파악하기도 용이하지 않아 공동주택의 경우는 과거 국세청 공시가격을 토지의 경우는 개별공시지가를 활용하고 있는 실정이다.

87) 「과세가격」은 조세저항을 회피하기 위해 일정한 인근지역은 각 주택이 대개 큰 가격차이가 나지 않도록 '균형유지'를 중시하므로, 평가율이 일정범위로 좁혀지게 된다. 이 때문에 각 주택의 특성을 잘 반영한 정상가격에 대한 평가율과 거리가 생겨 불공평과세를 추리할 수 있다. 이 논문의 가설은 여기에 기초를 두고 있다.

〈표 4-1〉 T-test 검증 결과

과세가격-정상가격	Paired Differences					t	df	Sig.(2-tailed)
	Mean	Std. Deviation	Std. Error Mea	95% Confidence Interval of the Difference				
				Lower	Upper			
1987년	-241,520	69,761.464	2,153.911	-245,747	-237,294	**-112.131**	1048	**.000**
2005년	-127,983	116,343.566	3,290.693	-134,439	-121,527	**-38.892**	1249	**.000**
2006년	-178,481	135,438.622	3,832.316	-186,000	-170,963	**46.573**	1248	**.000**

첫째, 1987년도 자료의 T-test 검증결과를 보면, t값이 -112.131로 상당히 높고 유의도도 1% 수준에서 p〈.000로 높게 나타났다. 이것은 1987년 단독주택 부지의 과세가격과 정상가격 간에 차이가 있다는 것을 시사한다.

둘째, 2005년도 자료의 T-test 검증결과를 보면, t값이 -38.892로 상당히 높고 유의도도 1% 수준에서 p〈.000으로 높게 나타났다. 이것도 서울시 주거지역의 과세가격과 정상가격 간에 차이가 있다는 것을 시사한다.

셋째, 2006년도 자료의 T-test 검증결과를 보면, t값이 46.573로 상당히 높고 유의도도 1% 수준에서 p〈.000으로 높게 나타났다. 이것 또한 서울시 주거지역의 과세가격과 정상가격 간에 차이가 있다는 것을 시사한다.

기초분석결과 수집 자료가 통계 분석상 유의한 값을 갖고 있으므로 이 자료를 이용하여 과세가격과 정상가격, 평가율 등을 통계분석 하며 절차는 다음과 같다.

첫째, 실증분석에 앞서 분석에 이용할 자료에 대한 개별적 특성을 분석하여 지역의 특성을 밝힌다.

둘째, 과세가격이 정상가격의 몇% 수준인지 평가율을 분석한다. 필지별로, 지역별로 불공평과세가 되는지 알 수 있다.

셋째, 수직 공평성을 검증하기 위해 회귀분석모형인 IAAO모형, CHENG 모형, KOCHIN & PARKS 모형, 그리고 BELL모형 등을 이용한다.

넷째, 수직 공평성 검증을 위해 과세평가율과 정상가격에 대한 스피어맨 순위상관관계 검증을 한다.

다섯째, 유의성 검증은 유의수준 p〈.05에서 하였으며, 통계처리는 SPSS 13.0 프로그램을 사용한다.

2 연도별 · 지역별 수직 공평성 분석

1) 1987년도 수직 공평성

(1) 대상 주택

분석대상 주택은 1987년도 서울시 단독주택지(상급지로는 논현동과 방배동, 중급지로는 중곡동과 역촌동, 하급지로는 화곡동, 신월동) 1,049호 주택의 필지를 대상으로 하였다. 건물을 제외한 단독주택의 부지만 대상으로 하였다. 당시는 현재와 달리 토지분과 건물분을 분리과세하던 시기였고, 당시 분석에 이용한 자료가 주택부지만을 대상으로 하였기 때문이다.

(2) 대상 주택의 특성

1987년 1,049호 단독주택 부지에 대한 특성을 분석한 결과는 〈표 4-2〉와 같다. 부지의 면적은 평균 198.9제곱미터이며, 앞 기장 13.1미터, 안기장 14.7미터이고, 세장비(안기장/앞기장)는 1.1이다. 획지깊이는 17.8미터이며, 획지형상은 장방형이 많았다. 그리고 택지는 동향이 많았으며 정상가격 평균은 ㎡당 312,869원이고 과세가격 평균은 ㎡당 71,349원이었다.

〈표 4-2〉 1987년도 주택 부지의 특성

(단위 : 원, ㎡, m, 년)

요인변수	N	Minimum	Maximum	Mean	Std. Deviation
대지면적	1,049	11.5	985.9	198.9	87.3
앞기장	1,049	1.0	36.2	13.1	3.0
안기장	1,049	6.0	33.0	14.7	3.6
세장비	1,049	0.4	4.3	1.1	.4
획지깊이	1,049	0.7	63.4	17.8	7.1
획지형상	1,049	자루형	장방형	장방형	
방 위	1,049	북향	남	동향	
접면도로	1,049	1	10	4.1	2.3
정상가격	1,049	150,000	540,000	312,869	82,324
과세가격	1,049	47,300	176,000	71,349	18,326

(3) 공평성의 검증결과 및 해석

① 비율모형

앞의 제2장에서 검토한 바와 같이 평가율이 주택간에 차이가 있다면, 주택간에 불공평과세로 볼 수 있다. 1987년도 단독주택지역 과세가격의 정상가격에 대한 평가율을 살펴보면, 10% 수준에서 40% 수준까지 높낮이가 있어 불공평과세로 볼 수 있다. 전체 1,049호의 주택부지가 대부분 21 ~ 30% 사이에 80%가 분포하고 있으나, 이 범위 이하와 이상의 범위에 있는 필지도 다소 있다. 평가율이 낮은 것부터 높은 것까지 6구간으로 나누어 분석한 결과, 10 ~ 15%가 2.5%, 16 ~ 20%가 11.8%, 21 ~ 25%가 52.6%, 26 ~ 30%가 27.4%, 31 ~ 35%가 4.6%로 나타나고, 35 ~ 40%가 1.1%로 나타났다. 특이한 점은 평가율이 40% 이상인 주택이 없었다. 이는 1987년 당시 등급에 의해 거의 일률적인 등급을 부여하여 과세 표준액을 산정한 과세평가제도에 의한 것으로 추정된다.

한편 21 ~ 30%가 전체의 80%이고, 이 비율에 비하여 과소범위는 14.3% 과다범위는 5.7%에 불과하여 범위초과율은 20% 이내로서 그다지 크다고 볼 수 없다.

분석결과 현재와 다른 시가표준액(등급가액)제도에서 평가율은 아주 낮았으며, 다만 주택간에 평가율 차이가 낮아 전체가 40% 이하로 대부분 낮게 평가되어 과세표준 현실화율은 낮았으나, 비교적 수직 불공평이 적은 과세평가율 체계였다고 볼 수 있다.

〈표 4-3〉 1987년도 주택 불공평과세 차이

(단위 : 호, %)

평가율	Frequency	Percent		Cumulative Percent
10 ~ 15	26	2.5	14.3	2.5
16 ~ 20	124	11.8		14.3
21 ~ 25	**552**	**52.6**	**80.0**	**66.9**
26 ~ 30	**287**	**27.4**		**94.3**
31 ~ 35	48	4.6	5.7	98.9
35 ~ 40	12	1.1		100.0
Total	1049	100.0	100.0	

② 회귀분석모형

가. IAAO 모형

평가율에 의한 회귀분석 모형 IAAO(1978) 모형을 이용한 분석결과는 〈표 4-4〉와 같다. 가설은 "과세가격 평가율은 정치하지 못해 정상가격과 차이가 있을 것이다"로 세울 수 있다. 즉, "평가율은 정상가격과 상관관계가 있으며 1차항 계수값이 0보다 작아 역진적인 차이가 있을 것이다"라는 것이다. 따라서 $H_1 : b_1 \neq 0$이라는 가설을 세울 수 있는데, 분석결과 $b1$의 회귀계수 값이 −2.2E−05, p〈.001로 유의한 값이 나타나 가설을 채택했다.

음수 계수값을 보여 수직 불공평이 있으며, 계수 추정치(beta hat) $\hat{b_1}$〈0로 역진적 불공평이 있는 것으로 분석되었다. 이것은 재산가치가 많은 주택의 평가율이 오히려 낮아, 주택가액이 낮은 주택보다 상대적으로 세금을 적게 낸다는 의미로 볼 수 있다. 다만 이 모형의 회귀식 추정치 적합도는 수정된 결정계수 R^2값이 0.193으로 설명력은 낮은 편이다.

〈표 4-4〉 IAAO 모형의 검증 결과

IAAO 모형	$\frac{AV}{MV} = b_0 + b_1 MV$			
coefficients result	b_0	b_1	sig.	adjR^2
	30.096*** (67.635)	**−2.2E−05*** (−15.847)**	**.000**	.193

*** : p 〈 0.001, ( )안의 값은 t값임.

나. CHENG 모형

CHENG(1974) 모형을 이용하여 추정한 결과는 〈표 4-5〉와 같다. $H_1 : b_1 \neq 1$이라는 연구가설에 b_1이 1% 유의수준(p 〈 .000)에서 계수값이 0.668로 나타나 수직 불공평이 있다는 연구가설을 채택할 수 있다. 그러나 이 모형에서 탄력치가 $\hat{b_1}$ 〈 1로 나타나 역진적 불공평이 있는 것을 알 수 있다.

〈표 4-5〉 CHENG 모형의 검증 결과

CHENG모형	$lnAV = b_0 + b_1 lnMV$			
coefficients result	b_0	b_1	sig.	adjR^2
	2.716*** (11.510)	**0.668*** (35.727)**	**.000**	.549

*** : p 〈 0.001, ( )안의 값은 t값임.

다. KOCHIN & PARKS 모형

KOCHIN & PARKS(1982) 모형으로 검증한 결과는 〈표 4-6〉과 같다. $H_1 : b_1 \neq 1$이 연구가설이다. 1% 유의수준에서 양의 값 0.622로 나타나 수직 불평등이 있다는 연구가설을 채택할 수 있다. 특히 추정 값이 $\hat{b_1}$ 〈 1로 탄력치가 낮아 주택 과세가격이 낮을수록 평가율은 높아 역진적 불공평이 있다는 것을 알 수 있다.

〈표 4-6〉 KOCHIN & PARKS 모형의 검증 결과

KOCHIN & PARKS 모형	$lnMV = b_0 + b_1 lnAV$			
coefficients result	b_0	b_1	sig.	adjR^2
	3.453*** (13.453)	**0.622*** (35.727)**	**.000**	.549

*** : p 〈 0.001, ( )안의 값은 t값임.

라. BELL 모형

BELL(1984) 모형으로 검증한 결과는 〈표 4-7〉과 같다. 가설은 $H_1 : b_0 \neq 0$, $H_1 : b_2 \neq$

0로 하여 과세가격과 정상가격은 같지 않다고 보았다. 검증한 결과 2차항 값이 유의하여(p 〈.01) 선형관계가 인정되지만, b_0값이 38439.562로 양수 값이며 1% 수준에서 유의(p 〈. 01)하여 수직 불공평 과세가 이루어지고 있음을 알 수 있다.[88]

〈표 4-7〉 BELL 모형의 검증 결과

BELL 모형	$AV = b_0 + b_1 MV + b_2 MV^2$				
	b_0	b_1	b_2	sig.	adjR^2
coefficients result	**38439.562**** **(6.595)**	4.429E-02 (1.216)	**-1.820E-07** **(3.360)**	b_0 **.000** $b1$ **.224** b_2 **.001**	.558

** : p 〈 0.01, ( )안의 값은 t값임.

③ 스피어맨 순위상관관계 검증 모형

1987년도 주택과세 스피어맨 순위상관관계 검증결과는 다음과 같다. 단독주택의 정상가격과 평가율과의 순위상관 검증결과 계수는 -.498로, 유의수준이 p 〈.000으로 나타나 평가율과 정상가격은 상관관계가 인정되고, 과세가 역진성을 띄고 있어 수직 불공평이 있음을 알 수 있다. $H_1 : ps \neq 0$ 즉 "순위계수는 0이 아니다"라는 연구가설을 채택한다.

따라서 과세가격이 정밀하지 못하여 정상가격과 평가율에 차이가 있으며 불공평과세가 이루어지고 있다고 볼 수 있다.

〈표 4-8〉 1987년도 주택 스피어맨 순위상관관계 검증결과

			평가율	가 격
Spearman's rho	평가율	Correlation Coefficient	1.000	-.498**
		Sig. (2-tailed)	.	.000
		N	1049	1049
	정상가격	Correlation Coefficient	-.498**	1.000
		Sig. (2-tailed)	.000	.
		N	1049	1049

** : p 〈 0.01

88) Bell(1984) 모형에서는 매매가격과 평가가격 사이의 비선형관계를 암묵적으로 가정하고 있다. 그에 따라 귀무가설은 상수항과 2차항의 계수값이 0이 된다($b_0 = b_2 = 0$). 만일 2차항의 계수값이 유의하지 않을 경우, 매매가격과 평가가격 사이에는 선형관계가 존재하게 되며, 수직적 불평등은 (+)혹은 (-)값의 상수항 유의성 여부에 의해 결정된다. 만일 2차항 계수값과 상수항이 각각 유의한 (+)값이면, 가속적이고 전진적, progressive한 수직적 불평등이 존재한다는 것을 나타낸다. 만일 2차항 계수값과 상수항이 모두 유의한 (-)값을 가진다면 서로 상쇄되는 역진적, regressive한 수직적 불평등이 있다는 의미이다. 만일 2차항 계수값과 상수항이 모두 유의하지 않을 경우에는 수직적 불평등이 없다는 의미다(박성규, 전게논문).

2) 2005년도 수직 공평성

(1) 서울시 주택의 수직 공평성

① 대상 주택

분석대상 주택은 2005년도 서울지역 3개동이다. 고급주택지역으로 일원동, 중급주택지역으로 중곡동, 저급주택지역으로 수유동 주거지역을 선정하고, 당해 지역 일대에서 3개 지역별로 400호 내외로 하여 1,250호의 단독주택을 선정하였다. 용도와 건축양식, 형태, 층이 유사한 토지구획정리가 이루어지고 단독주택 밀집된 지역의 주택을 선정하였다. 조사시점은 2005. 11. 10 ~ 2006. 5. 31이고, 가격시점은 2005. 1. 1이다.

② 대상 주택의 특성

전체 주택의 조사대상 1,250호의 각 요인 변수의 평균적인 특성은 부지 면적 171.2제곱미터, 앞 기장 13.5미터, 안 기장 16.3미터이다. 방위는 동향이며 연면적은 230.2제곱미터이고, 전철역과 거리는 1,117.1미터, 주택 잔존연수는 13.3년이다. 주택 1호당 평균 정상가격은 450,634천 원이고 주택1호당 평균 과세가격은 322,716천 원이다. 즉 평균주택가격 450,634천 원의 주택을 평균 322,716천 원으로 개별주택가격을 결정고시하였다. 따라서, 가격이 450,634천 원의 주택을 322,716천 원으로 과세하고 있다고 볼 수 있다.

〈표 4-9〉 2005년도 서울시 주택의 특성

(단위 : 호, 천 원, ㎡, m, 년)

요인변수	N	Minimum	Maximum	Mean	Std. Deviation
대지면적	1250	40	719	**171.2**	50.7
형 상	1250	자루형	장방형	**정방형**	
방 위	1250	북향	남향	**동향**	
접면도로폭	1250	1	10	**7.8**	2.8
획지깊이	1250	0	166	**42.5**	33.3
앞기장	1250	2	32	**13.5**	4.0
안기장	1250	6	30	**16.3**	5.6
전철역과 거리	1250	191	1,966	**1,117.1**	403.5
건물연면적	1250	24.7	1,448.3	**230.2**	109.7
건물구조	1250	시멘트블럭	철 · 콘	**철 · 콘**	
잔존연수	1250	0	40	**13.3**	7.8
정상가격	1250	63,804	2,082,504	**450,634**	249,658
과세가격	1250	39,400	1,110,000	**322,716**	178,377

③ 공평성의 검증결과 및 해석

먼저 서울시 3개 전체 지역을 분석하고, 이어서 고급주택지역 일원동, 중급주택지역 중곡동, 저급주택지역 수유동을 각각 분석하여 지역간 수직 공평성이 인정되는지 분석한다.

가. 비율모형

개별 주택간에 평가율이 다르면 불공평과세라 볼 수 있다. 평가율이 40%대의 낮은 것부터 100%대까지 편차가 심하다. 앞에서 살펴본 1987년도 부지의 평가율 보다 높낮이 폭이 커서 불공평은 더 심화된 것으로 볼 수 있다.

〈표 4-10〉 2005년도 서울시 주택간 불공평과세 차이

(단위 : 호, %)

평가율	Frequency	Percent		Cumulative Percent
~ 40	59	4.7	9.9	4.7
41 ~ 60	65	5.2		9.9
61 ~ 80	940	75.2	75.2	85.1
81 ~ 100	173	13.9	14.9	99.0
101 ~	13	1.0		100.0
Total	1,250	100.0	100.0	

낮은 수준부터 높은 수준까지 5구간으로 나누어 보면 평가율 40% 이하가 4.7%, 41 ~ 60%가 5.2%, 61 ~ 80%가 75.2%, 81 ~ 100%가 13.9%, 101% 이상이 1.0%로 나타났다. 이것을 보면 정부가 추진하는 이른바 평가율(현실화율)이 1987년에 비해 상당히 높아진 것을 알 수 있다. 누적분포로 보면 61 ~ 80% 범위에 75.2% 집중되어 있고, 80% 이하 부담이 85.1%, 81% 이상이 14.9%이다. 2005년도 평균 평가율이 72.6%이고, 2006년도는 67.7%인데, 이러한 평균 범위를 61 ~ 80% 수준으로 하여 공평한 부담이라고 간주하면, 이 범위를 벗어나는 상하의 24.8%가 불공평한 세부담을 하고 있다고 볼 수 있다. 한편, 1987년도 평가율이 40% 수준 이하인 것을 고려하면, 80년대보다 과세평가율이 높아져 세금을 더 많이 낼 수 있다.

나. 회귀분석 모형

㉠ IAAO 모형

평가율에 의한 회귀분석 모형인 IAAO(1978) 모형을 이용한 분석은 〈표 4-11〉과 같다. 모형 추정결과 $H_1 : b_1 \neq 0$이라는 가설에 1% 유의수준에서 -7E-006의 유의한 값이 나타나 가설을 채택하여 수직 불공평이 있음을 확인했다. 추정치는 $\hat{b_1} < 0$로 역진적 불공평이 있는 것으로 분석되었다. 이것은 재산가치가 낮은 사람의 평가율이 상대적으로 높아 세금을 더 낸다는 의미로 볼 수 있다.

〈표 4-11〉 IAAO 모형의 검증 결과

IAAO 모형	$\frac{AV}{MV} = b_0 + b_1 MV$			
coefficients result	b_0	b_1	sig.	adjR^2
	75.847*** (90.084)	**-7E-006*** (-4.409)**	**.000**	.015

*** : p〈0.001, ( )안 값은 t값임.

㉡ CHENG 모형

CHENG(1974) 모형을 이용하여 추정한 결과는 〈표 4-12〉와 같다. $H_1 : b_1 \neq 1$이라는 가설에 b_1이 1% 유의수준에서 양의 값 0.955로 나타나 수직 불평등이 있다는 연구가설을 채택할 수 있다. 또 이 모형에서 탄력치가 $\hat{b_1} < 1$로 나타나 역진적 불공평이 있는 것을 알 수 있다. 수정된 R^2값이 .851로 모형 설명력이 매우 높게 나타났다.

〈표 4-12〉 CHENG 모형의 검증 결과

CHENG모형	$lnAV = b_0 + b_1 lnMV$			
coefficients result	b_0	b_1	sig.	adjR^2
	.231*** (1.590)	**0.955*** (84.552)**	**.000**	.851

*** : p〈0.001, ( )안 값은 t값임.

㉢ KOCHIN & PARKS 모형

KOCHIN & PARKS(1982) 모형으로 검증한 결과는 〈표 4-13〉과 같다. $H_1 : b_1 \neq 1$이 1% 유의수준에서 0.891로 나타나 수직 불공평이 있다는 연구가설을 채택할 수 있다. 특히 추정 값이 $\hat{b_1} < 1$로 탄력치가 1보다 낮아 주택 과세가격이 낮을수록 평가율이 높아 역진적 불공평이 있다는 것을 알 수 있다.

〈표 4-13〉 KOCHIN & PARKS 모형의 검증 결과

KOCHIN & PARKS 모형	$lnMV = b_0 + b_1 lnAV$			
coefficients result	b_0	b_1	sig.	adjR^2
	1.705*** (12.910)	**0.891*** (84.552)**	**.000**	.851

*** : p〈0.001, ( )안 값은 t값임.

㉣ BELL 모형

BELL(1984) 모형으로 검증한 결과는 〈표 4-13〉과 같다. 가설은 $H_1 : b_0 \neq 0$, $H_1 : b_2$

≠ 0로 하여 과세가격과 정상가격은 같지 않다고 보아 검증한 결과 b_0값이 1% 수준에서 유의하여 불공평과세가 이루어지고 있음을 알 수 있다.

상수항 값이 −55789.0으로 유의하고, 2차항의 값이 −3E−007로 선형관계가 인정되어 수직 불공평과세이며, 또한 역진적 불공평과세가 이루어지고 있음을 알 수 있다.

〈표 4−14〉 BELL 모형의 검증 결과

BELL 모형	$AV = b_0 + b_1 MV + b_2 MV^2$				
coefficients result	b_0	b_1	b_2	sig.	adjR^2
	−55789.0*** **(−10.882)**	1.039 (58.789)	**−3E−007***** **(−24.228)**	b_0 **.000** b_1 **.000** b_2 **.000**	.877

*** : p 〈 0.001, ( )안 값은 t값임.

다. 스피어맨 순위상관관계 검증 모형

2005년 서울지역 단독주택 스피어맨 순위상관관계 검증결과는 다음과 같다. 순위상관계수는 −.106이며 유의수준이 p〈.000으로 나타나 평가율과 정상가격은 상관관계가 인정되고, 과세가 역진성을 띄고 있어 수직 불공평이 있음을 알 수 있다. 따라서 과세가격이 정밀하지 못하여 정상가격과 평가율에 차이가 있으며 불공평과세가 이루어지고 있다고 볼 수 있다. $H_1 : ps \neq 0$이라는 연구가설을 채택할 수 있다.

〈표 4−15〉 2005년도 서울시 주택 스피어맨 순위상관관계 검증 결과

			평가율	가 격
Spearman's rho	평가율	Correlation Coefficient	1.000	−.106**
		Sig. (2−tailed)	.	.000
		N	1250	1250
	정상가격	Correlation Coefficient	−.106**	1.000
		Sig. (2−tailed)	.000	.
		N	1250	1250

** : p 〈 0.01

(2) 일원동 사례분석

① 대상 주택

분석대상 물건은 서울시 강남구 일원동지역 417호의 주택이다. 분석대상 주택에 대하여, 전수평가 방법에 의한 감정평가하여 얻은 정상가격(감정평가액)과 주택과세 근거로 활용되는 정부발표 과세가격(공시가격)에 대한 현황을 예시하면 〈표 4−16〉과 같다.

〈표 4-16〉 2005년도 일원동 주택현황

(단위 : ㎡, 천 원)

일련번호	지 번	대지면적	건물연면적	주택과세가격	주택정상가격
1	○○○	203.9	248.5	568,000	784,726
2	○○○-1	204.3	249.6	532,000	745,635
3	○○○-3	204.1	243.1	497,000	701,790
4	○○○-4	203.9	249.3	502,000	709,430
5	○○○-5	203.8	249.0	509,000	715,109

② 대상 주택의 특성

부지의 면적은 평균 203.0제곱미터이며, 앞 기장 16.8미터, 안 기장 22.8미터다. 전철역과 거리 778.3미터, 주택의 연면적은 평균 258.4제곱미터이고 연와조이며 잔존연수는 12.5년이다. 평균정상가격은 720,129천 원이고 평균과세가격은 539,438천 원이다. 즉 주택1호당 평균가격이 720,129천 원인데 이것을 평균 539,438천 원으로 과세평가하여 과세하고 있음을 볼 수 있다.

〈표 4-17〉 2005년도 일원동 주택의 특성

(단위 : 호, 천 원, ㎡, m, 년)

요인변수	N	Minimum	Maximum	Mean	Std. Deviation
대지면적	417	92.2	365.0	**203.0**	20.3
형 상	417	자루형	장방형	**장방형**	
방 위	417	북서	남향	**동서향**	
접면도로폭	417	7	10	**9.8**	.5
획지깊이	417	1	166	**56.9**	38.3
앞기장	417	10	28	**16.8**	2.2
안기장	417	14	28	**22.8**	2.3
전철역과 거리	417	191	1,357	**778.3**	241.1
연면적	417	103.7	336.9	**258.4**	21.7
건물구조	417	시멘트블럭	철·콘	**연와조**	
잔존연수	417	9	26	**12.5**	1.4
정상가격	417	380,384	1,229,096	**720,129**	71,431
과세가격	417	304,000	829,000	**539,438**	53,794

③ 공평성의 검증결과 및 해석

가. 비율모형

일원동은 주택평가율이 40%대 수준의 낮은 것부터 140%대 수준의 높은 것까지 평가율의 차이가 크다. 따라서 필지 간에 불공평과세가 인정된다. 하지만, 61 ~ 80%대에

93%가 분포되어 있어, 이 구간의 상하에 분포된 불공평 주택의 수는 적은 양이어서, 같은 지역 내에서 주택간에 불공평성은 크지 않다고 볼 수 있다.

〈표 4－18〉 2005년도 일원동 주택간 불공평과세 차이

(단위 : 호, %)

<table>
<tr><th>평가율</th><th>Frequency</th><th colspan="2">Percent</th><th>Cumulative Percent</th></tr>
<tr><td>41 ~ 60</td><td>4</td><td>1.0</td><td>1.0</td><td>1.0</td></tr>
<tr><td>61 ~ 80</td><td>388</td><td>93.0</td><td>93.0</td><td>94.0</td></tr>
<tr><td>81 ~ 100</td><td>23</td><td>5.5</td><td rowspan="2">10.5</td><td>99.5</td></tr>
<tr><td>101 ~</td><td>2</td><td>5.0</td><td>100.0</td></tr>
<tr><td>Total</td><td>417</td><td>100.0</td><td>100.0</td><td></td></tr>
</table>

평가율 구간을 4구간으로 나누어 보면 41 ~ 60%가 1.0%, 61 ~ 80%가 93.0%, 81 ~ 100%가 5.5%, 101% 이상이 5.0%로 나타났다. 정부가 추진해온 이른바 현실화율(평가율)이 상당히 높아진 것을 알 수 있고, 일원동의 불공평은 평가율 평균범위를 벗어난 미달 1.0%와 초과 6.0% 모두 7.0%인 셈이다. 서울시의 사례지역 전체의 불공평정도가 24.8%인 점을 고려하면, 일원동은 다른 동에 비해 같은 지역 내 주택간에는 상대적으로 수직 불공평과세 주택수가 적다고 볼 수 있다.

나. 회귀분석 모형

㉠ IAAO 모형

IAAO(1978) 모형을 이용한 분석은 다음 표와 같다. 모형 추정결과 $H_1 : b_1 \neq 0$이라는 연구가설에 1% 유의수준에서 －3E－005(p 〈 0.000)의 유의한 값이 나타나 연구가설을 채택하여 수직 불공평이 있다고 보여진다. 추정치는 $\hat{b}_1$ 〈 0로 역진적 불공평이 있는 것으로 분석되었다. 이것은 일원동에서도 역시 재산가치가 낮은 사람의 평가율이 상대적으로 높아 세금을 더 낸다는 의미로 볼 수 있다.

〈표 4－19〉 IAAO 모형의 검증 결과

<table>
<tr><th>IAAO 모형</th><th colspan="4">$\frac{AV}{MV} = b_0 + b_1 MV$</th></tr>
<tr><td rowspan="2">coefficients result</td><td>b ㄴ</td><td>b_1</td><td>sig.</td><td>adjR^2</td></tr>
<tr><td>94.292***
(36.238)</td><td>－3E－005***
(－7.413)</td><td>.000</td><td>.115</td></tr>
</table>

*** : p 〈 0.001, ( )안 값은 t값임.

㉡ CHENG 모형

CHENG(1974) 모형을 이용하여 추정한 결과는 다음 〈표 4－20〉과 같다. $H_1 : b_1 \neq 1$이라는 연구가설에 b_1이 1% 유의수준에서 0.697로 나타나 수직 불공평이 있다는 연구

가설을 채택할 수 있다. 또한 이 모형에서 탄력치가 $\hat{b_1}$〈1로 나타나 역진적 불공평이 있는 것을 알 수 있다.

〈표 4-20〉 CHENG 모형의 검증 결과

CHENG모형	$lnAV = b_0 + b_1 lnMV$			
coefficients result	b_0	b_1	sig.	adjR^2
	3.801*** (7.480)	**0.697*** (18.482)**	**.000**	.450

*** : p〈0.001, ( )안 값은 t값임.

㉢ KOCHIN & PARKS 모형 분석

KOCHIN & PARKS(1982) 모형으로 검증한 결과는 〈표 4-21〉과 같다. $H_1 : b_1 \neq 1$이 1% 유의수준에서 0.648로 나타나 수직 불공평이 있다는 연구가설을 채택할 수 있다. 특히 추정 값이 $\hat{b_1}$〈1로 나타나 탄력치가 낮아 주택 정상가격이 높을수록 평가율이 낮아 역진적 불공평이 있다는 것을 알 수 있다.

〈표 4-21〉 KOCHIN & PARKS 모형의 검증 결과

KOCHIN & PARKS 모형	$lnMV = b_0 + b_1 lnAV$			
coefficients result	b_0	b_1	sig.	adjR^2
	4.932*** (10.659)	**0.648*** (18.482)**	**.000**	.450

*** : p〈0.001, ( )안 값은 t값임.

㉣ BELL 모형

BELL(1984) 모형으로 검증한 결과는 〈표 4-22〉와 같다. 가설은 $H_1 : b_0 \neq 0$, $H_1 : b_2 \neq 0$로 하여 과세가격과 정상가격은 같지 않다고 보아 검증한 결과 b_0값이 5% 수준에서 .605(p〉.05)로서 유의하지 않고, 2차항 계수도 5% 수준에서 .168로 유의하지 않았다. 따라서 이 모형에서는 수직 불공평 과세문제가 있다고 보기 어렵다.

〈표 4-22〉 BELL 모형의 검증 결과

BELL 모형	$AV = b_0 + b_1 MV + b_2 MV^2$				
coefficients result	b_0	b_1	b_2	sig.	adjR^2
	41202.591 (.517)	0.811 (4.146)	−2E−007 (−1.380)	b_0 .605 b_1 .000*** b_2 .168	.521

*** : p〈0.001, ( )안 값은 t값임.

다. 스피어맨 순위상관관계 검증 모형

일원동의 스피어맨 순위검증결과는 다음과 같다. 상관계수 −.062 유의수준이 p 〈.05으로 나타나 평가율과 정상가격은 상관관계가 인정되지 않고, 불공평이 있다고 보기 어렵다. 따라서 과세가격이 정밀하지 못하여 정상가격과 과세가격의 평가율에 차이가 있으며 불공평과세가 이루어지고 있다고 보기 어렵다. 따라서 $H_1 : ps \neq 0$이라는 연구가설을 기각한다.

〈표 4−23〉 2005년도 일원동 주택 스피어맨 순위상관관계 검증결과

			평가율	가 격
Spearman's rho	평가율	Correlation Coefficient	1.000	−.062**
		Sig. (2−tailed)	.	.204
		N	417	417
	정상가격	Correlation Coefficient	−.062**	1.000
		Sig. (2−tailed)	.204	.
		N	417	417

** : p 〈 0.01

(3) 중곡동 사례분석

① 대상 주택

분석대상 물건은 서울시 광진구 중곡동 일대 403호 주택이다. 분석대상 주택에 대하여, 전수평가 방법에 의한 감정평가하여 얻은 정상가액과 주택과세 근거로 활용되는 정부발표 공시가격인 과세가격 현황을 예시하면 다음 〈표 4−24〉와 같다.

〈표 4−24〉 2005년도 중곡동 주택현황

(단위 : ㎡, 천 원)

일련번호	지 번	대지면적	건물연면적	주택과세가격	주택정상가액
1	○○○−1	164.0	151.2	258,000	327,325
2	○○○−2	84.3	137.3	167,000	218,838
3	○○○−3	144.2	211.4	257,000	363,450
4	○○○−4	196.7	145.5	127,000	348,594
5	○○○−5	154.7	159.7	171,000	262,589

② 대상주택의 특성

부지의 면적은 평균 148.9제곱미터이며, 앞 기장 11.2미터, 안 기장 12.3미터이다.

접면도로폭은 4.6미터이며, 전철역과 거리 1,459.8미터, 잔존연수는 15.6년이다. 주택 1호당 평균정상가격은 389,089천 원이고, 평균과세가격은 252,171천 원이다.

〈표 4-25〉 2005년도 중곡동 주택의 특성

(단위 : 호, 천 원, ㎡, m, 년)

요인변수	N	Minimum	Maximum	Mean	Std. Deviation
대지면적	403	40	719	**148.9**	61.0
형 상	403	자루형	장방형	**정방형**	
방 위	403	북향	남향	**동향**	
접면도로폭	403	1	10	**4.6**	2.6
획지깊이	403	1	145	**42.1**	27.7
앞기장	403	2	32	**11.2**	3.7
안기장	403	6	28	**12.3**	3.6
전철역과 거리	403	369	1,966	**1,459.8**	424.5
연면적	403	25.8	1,448.3	**234.4**	161.1
건물구조	403	시멘트블럭	철 · 콘	**연와조**	
잔존연수	403	0	40	**15.6**	10.8
정상가격	403	63,804	2,082,504	**389,089**	236,811
과세가격	403	39,400	1,110,000	**252,171**	124,186

③ 공평성의 검증결과 및 해석

가. 비율모형

중곡동의 정상가격에 대비한 과세가격 평가율은 61 ~ 80% 범위에 84.6%가 분포되어 있고, 이 수준 상하 범위는 불공평과세로 추정된다. 평가율이 낮은 것부터 높은 것까지 구간으로 나누어 보면 40% 이하가 7.9%, 41 ~ 60%가 5.5%, 61 ~ 80%가 84.6%, 81 ~ 100%가 1.5%, 101% 이상이 0.5%로 나타났다. 61 ~ 80%의 평균수준 범위를 벗어난 과소범위는 13.4% 과다범위는 2.0%로서 15.4%가 불공평과세로 추정된다.

〈표 4-26〉 2005년도 중곡동 주택간 불공평과세 차이

(단위 : 호, %)

평가율	Frequency	Percent		Cumulative Percent
~ 40	32	7.9	13.4	7.9
41 ~ 60	22	5.5		13.4
61 ~ 80	**341**	**84.6**	**84.6**	**98.0**
81 ~ 100	6	1.5	2.0	99.5
101 ~	2	0.5		100.0
Total	403	100.0	100.0	

나. 회귀분석 모형

㉠ IAAO 모형

IAAO(1978) 모형을 이용한 분석결과는 〈표 4-27〉과 같다. 모형 추정결과 $H_1 : b_1 \neq 0$이라는 연구가설에 1% 유의수준에서 계수값 -2E-005의 유의한 값이 나타나 연구가설을 채택하여 수직 불공평이 있다고 보았다. 추정치는 $\hat{b_1} < 0$로 역진적 불공평이 있는 것으로 분석되었다. 이것은 재산가치가 낮은 사람의 평가율이 높아 세금을 더 낸다는 의미로 볼 수 있으나 모형 설명력 R^2값은 0.146으로 다소 낮은 편이다.

〈표 4-27〉 IAAO 모형의 검증 결과

IAAO 모형	$\frac{AV}{MV} = b_0 + b_1 MV$			
coefficients result	b_0	b_1	sig.	adjR^2
	76.321*** (64.749)	**-2E-005*** (-8.344)**	**.000**	.146

*** : p 〈 0.001, ( )안 값은 t값임.

㉡ CHENG 모형

CHENG(1974) 모형을 이용하여 추정한 결과는 〈표 4-28〉과 같다. $H_1 : b_1 \neq 1$이라는 연구가설에 b_1이 1% 유의수준에서 양의 값 0.867로 나타나 수직 불공평이 있다는 연구가설을 채택할 수 있다. 그러나 이 모형에서 탄력치가 $\hat{b_1} < 0$로 나타나 역진적 불공평이 있는 것을 알 수 있다.

〈표 4-28〉 CHENG 모형의 검증 결과

CHENG모형	$lnAV = b_0 + b_1 lnMV$			
coefficients result	b_0	b_1	sig.	adjR^2
	2.057*** (5.837)	**0.867*** (30.358)**	**.000**	.696

*** : p 〈 0.001, ( )안 값은 t값임.

㉢ KOCHIN & PARKS 모형

KOCHIN & PARKS(1982) 모형으로 검증한 결과는 〈표 4-29〉와 같다. $H_1 : b_1 \neq 1$이 1% 유의수준에서 양의 값 0.863로 나타나 수직 불공평이 있다는 연구가설을 채택할 수 있다. 특히 추정 값이 $\hat{b_1} < 0$로 나타나 탄력치가 낮아 주택 정상가격이 높을수록 평가율이 낮아 역진적 불공평이 있다는 것을 알 수 있다. 수정된 계수값은 0.682의 설명력을 보여주고 있다.

〈표 4-29〉 KOCHIN & PARKS 모형의 검증 결과

KOCHIN & PARKS 모형	$lnMV = b_0 + b_1 lnAV$			
coefficients result	b_0	b_1	sig.	adjR^2
	2.097*** (5.783)	**0.863*** (29.390)**	**.000**	.682

*** : p〈0.001, ( )안 값은 t값임.

㉣ BELL 모형

BELL(1984) 모형으로 검증한 결과는 〈표 4-30〉과 같다. 연구가설은 $H_1 : b_0 \neq 0$, $H_1 : b_2 \neq 0$로 하여 과세가격과 정상가격은 같지 않다고 보아 검증한 결과 2차항 계수값이 유의하여 선형관계가 인정되지만 상수항 b_0값이 −4913.616이나 p〉.05로 유의하지 않아 역진적 불공평과세가 이루어지고 있다고 보기 어렵다.

〈표 4-30〉 BELL 모형의 검증 결과

BELL 모형	$AV = b_0 + b_1 MV + b_2 MV^2$				
coefficients result	b_0	b_1	b_2	sig.	adjR^2
	−4913.616 (−.420)	0.792 (20.403)	**−2E−007 (−11.352)**	b_0 .675 b_1 .000*** b_2 .000***	.655

*** : p〈0.001, ( )안 값은 t값임.

다. 스피어맨 순위상관관계 검증결과

중곡동 스피어맨 순위상관 검증결과는 다음과 같다. 계수는 −.070(p〉.05)이고 1% 유의수준에서 유의성이 인정되지 않았다. 따라서 과세가격이 정밀하지 못하여 정상가격과 평가율에 차이가 있으며 불공평과세가 이루어지고 있다고 보기 어렵다. $H_1 : ps \neq 0$이라는 연구가설을 기각한다.

〈표 4-31〉 2005년도 중곡동 주택 스피어맨 순위상관관계 검증결과

			평가율	가 격
Spearman's rho	평가율	Correlation Coefficient	1.000	−.070
		Sig. (2−tailed)	.	.163
		N	403	403
	정상가격	Correlation Coefficient	−.070	1.000
		Sig. (2−tailed)	.163	.
		N	403	403

(4) 수유동 사례분석

① 대상 주택

분석대상 물건은 서울시 성북구 수유동 일대 430호의 주택이다. 분석대상 주택에 대하여, 전수평가 방법에 의한 감정평가하여 얻은 정상가격과 주택과세 근거로 활용되는 정부발표 과세가격에 대한 현황을 예시하면 〈표 4－32〉와 같다.

〈표 4－32〉 2005년도 수유동 주택현황

(단위 : ㎡, 천 원)

일련번호	지 번	대지면적	건물연면적	주택과세가격	주택정상가격
1	○○○－3	118.0	233.6	118,000	328,496
2	○○○－4	108.9	163.2	116,000	176,393
3	○○○－5	124.2	163.4	132,000	198,235
4	○○○－8	98.6	100.6	92,900	154,241
5	○○○－9	133.5	131.9	126,000	178,242

② 대상 주택의 특성

택지의 면적은 평균 161.2제곱미터이며, 앞 기장 12.5미터, 안 기장 약 13.9미터이고, 연면적은 199.1제곱미터이고, 전철역과 거리 1,124.6미터, 건물구조는 연와조이고, 잔존연수는 평균 12년 등이다. 주택 1호당 평균정상가격은 246,968천 원이고, 평균과세가격은 178,661천 원이다.

〈표 4－33〉 2005년도 수유동 주택의 특성

(단위 : 호, 천 원, ㎡, m, 년)

요인변수	N	Minimum	Maximum	Mean	Std. Deviation
대지면적	430	81	428	**161.2**	45.2
형 상	430	자루형	장방형	**부정형**	
방 위	430	북향	남향	**동향**	
접면도로폭	430	3	10	**8.9**	1.4
획지깊이	430	0	135	**29.0**	26.4
앞기장	430	2	24	**12.5**	3.4
안기장	430	6	30	**13.9**	3.4
전철역과 거리	430	810	1,670	**1,124.6**	163.8
연면적	430	24.7	981.1	**199.1**	92.3
건물구조	430	시멘트블럭	철·콘	**연와조**	
잔존연수	430	0	40	**12.0**	7.6
정상가격	430	104,376	747,672	**246,968**	90,760
과세가격	430	56,900	526,000	**178,661**	65,188

③ 공평성의 검증결과 및 해석

가. 비율모형 분석

평가율이 낮은 것부터 높은 것까지 5구간으로 나누어 보면 40% 이하가 6.3%, 41 ~ 60%가 8.8%, 61 ~ 80%가 49.3%, 81 ~ 100%가 33.5%, 101% 이상이 2.1%로 나타났다. 누적분포로 보면 60% 이하 부담이 15.1%이고, 81% 이상 100% 이하가 33.5%이다. 특히 101%를 초과하는 주택도 2.1%나 되어 정상가격을 초과하는 부담의 납세를 하는 시민도 발생하고 있었다.

한편 61 ~ 80% 범위가 전체의 49.3%이고 과소범위는 15.1% 과다범위는 35.6%로서 전체의 50.7%가 평균범위를 초과하여 불공평 과세부담을 하고 있다.

〈표 4-34〉 2005년도 수유동 주택간 불공평과세 차이

(단위 : 호, %)

평가율	Frequency	Percent		Cumulative Percent
~ 40	27	6.3	15.1	6.3
41 ~ 60	38	8.8		15.1
61 ~ 80	**212**	**49.3**	**49.3**	**64.4**
81 ~ 100	144	33.5	33.5	97.9
101 ~	9	2.1	2.1	100.0
Total	430	100.0	100.0	

나. 회귀분석

㉠ IAAO 모형 분석

IAAO(1978) 모형을 이용한 분석은 〈표 4-35〉와 같다. 모형 추정결과 $H_1 : b_1 \neq 0$이라는 연구가설에 1% 유의수준에서 -7E-005의 유의한 값이 나타나 가설을 채택하여 수직 불공평이 있으며, 추정치는 $\hat{b_1} < 0$로 역진적 불공평이 있는 것으로 분석되었다. 이것은 수유동에서도 재산가치가 낮은 사람의 평가율이 높아 세금을 더 낸다는 의미로 볼 수 있다.

〈표 4-35〉 IAAO 모형의 검증 결과

IAAO 모형	$\frac{AV}{MV} = b_0 + b_1 MV$			
coefficients result	b_0	b_1	sig.	adjR^2
	91.486*** (34.983)	**-7E-005*** (-6.872)**	**.000**	.097

*** : p < 0.001, ( ) 안 값은 t값임.

㉡ CHENG 모형

CHENG(1974) 모형을 이용하여 추정한 결과는 〈표 4-36〉과 같다. $H_1 : b_1 \neq 1$이라는 연구가설에 b_1이 1% 유의수준에서 0.721로 나타나 수직 불공평이 있다는 연구가설을 채택할 수 있다. 또 이 모형에서 탄력치가 $\hat{b}_1$ 〈 0로 나타나 역진적 불공평이 있는 것을 알 수 있다.

〈표 4-36〉 CHENG 모형의 검증 결과

CHENG모형	$lnAV = b_0 + b_1 lnMV$			
coefficients result	b_0	b_1	sig.	adjR^2
	3.122*** (6.836)	**0.721***** **(19.513)**	**.000**	.470

*** : p 〈 0.001, ( ) 안 값은 t값임.

㉢ KOCHIN & PARKS 모형

KOCHIN & PARKS(1982) 모형으로 검증한 결과는 〈표 4-37〉과 같다. $H_1 : b_1 \neq 1$이 1% 유의수준에서 0.653으로 나타나 수직 불공평이 있다는 연구가설을 채택할 수 있다. 특히 추정 값이 $\hat{b}_1$ 〈 0로 나타나 탄력치가 낮아 주택 정상가격이 높을수록 저 평가되어 역진적 불공평이 있다는 것을 알 수 있다.

〈표 4-37〉 KOCHIN & PARKS 모형의 검증 결과

KOCHIN & PARKS 모형	$lnMV = b_0 + b_1 lnAV$			
coefficients result	b_0	b_1	sig.	adjR^2
	4.397*** (11.173)	**0.653***** **(19.513)**	**.000**	.470

*** : p 〈 0.001, ( ) 안 값은 t값임.

㉣ BELL 모형

BELL(1984) 모형으로 검증한 결과는 〈표 4-38〉과 같다. 연구가설은 $H_1 : b_0 \neq 0$, $H_1 : b_2 \neq 0$로 하여 과세가격과 정상가격은 같지 않다고 보아 검증한 결과 이차항의 값이 -6E-007, p 〈 .000으로 유의하여 선형성이 인정되나, 상수항값은 7858.797으로, p 〈 0.05로 유의하지 않아 불공평과세라 보기 어렵다.

〈표 4-38〉 BELL 모형의 검증 결과

BELL 모형	$AV = b_0 + b_1 MV + b_2 MV^2$				
	b_0	b_1	b_2	sig.	adjR^2
coefficients result	**7858.797***** **(.543)**	0.855 (8.739)	**-6E-007** **(-3.861)**	b_0 .588 b_1 .000*** b_2 .000***	-.481

*** : p < 0.001, ( ) 안 값은 t값임.

다. 스피어맨 순위상관관계 검증모형

수유동의 스피어맨 순위상관 검정결과는 다음과 같다.

계수가 -.299, 유의수준이 p < .01로 나타나 평가율과 정상가격은 상관관계가 인정되고, 과세가 역진성을 띄고 있어 수직 불공평이 있음을 알 수 있다. 따라서 과세가격이 정밀하지 못하여 정상가격의 평가율에 주택간에 차이가 있으며 불공평과세가 이루어지고 있다고 볼 수 있다. $H_1 : ps \neq 0$이라는 연구가설을 채택할 수 있다.

〈표 4-39〉 2005년도 수유동 주택 순위상관관계 검증 결과

			평가율	가 격
Spearman's rho	평가율	Correlation Coefficient	1.000	-.299**
		Sig. (2-tailed)	.	.000
		N	430	430
	정상가격	Correlation Coefficient	-.299**	1.000
		Sig. (2-tailed)	.000	.
		N	430	430

** : p < 0.01

3) 2006년도 수직 공평성

(1) 서울시 주택의 수직 공평성

① 대상 주택

분석대상 지역은 2006년도 서울지역 3개동으로 고급주택지역으로 일원동, 중급주택지역으로 중곡동, 저급주택지역으로 수유동 주거지역을 선정하고, 당해 지역 일대에서 1,249호의 단독주택을 대상으로 하였다. 용도와 건축양식, 형태, 층이 유사한 지역의 주택을 선정하였으며, 조사시점은 2005. 11. 10 ~ 2006. 5. 31이고, 가격시점은 2006. 1. 1 이다.

② 대상 주택의 특성

전체 주택의 조사대상 수는 1,249호이며, 부지의 면적은 평균 167.3제곱미터, 앞 기장 13.5미터, 안 기장 16.3미터이다. 방위는 동향이며 연면적은 221.8제곱미터이고, 전철역과 거리 1,117.1미터, 주택 잔존연수 12.5년 등이다. 주택 1호당 평균정상가격은 509,105천 원이고, 평균과세가격은 329,545천 원이다.

〈표 4-40〉 2006년도 서울시 주택의 특성

(단위 : 호, 천 원, ㎡, m, 년)

요인변수	N	Minimum	Maximum	Mean	Std. Deviation
대지면적	1249	31.3	532.0	**167.3**	49.2
형 상	1249	자루형	장방형	**정방형**	
방 위	1249	북향	남향	**동향**	
접면도로폭	1249	1	10	**7.8**	2.8
획지깊이	1249	0	166	**42.5**	33.3
앞기장	1249	2	32	**13.5**	4.0
안기장	1249	6	30	**16.3**	5.6
전철역과 거리	1249	191	1,966	**1,117.1**	403.7
건물연면적	1249	24.7	981.1	**221.8**	88.6
건물구조	1249	시멘트블럭	철·콘	**철·콘**	
잔존연수	1249	0	39	**12.5**	7.8
정상가격	1249	51,059	1,554,006	**509,105**	306,972
과세가격	1249	32,300	1,110,000	**329,545**	185,798

③ 공평성의 검증결과 및 해석

먼저 서울시 3개 전체 지역을 분석하고, 이어서 고급주택지역 일원동, 중급주택지역 중곡동, 저급주택지역 수유동을 각각 분석하여 지역간 불공평성이 있는지를 분석한다.

가. 비율모형

개별 주택간에 평가율이 다르면 불공평과세라 볼 수 있다. 앞에서 살펴본 1987년도 서울시 단독주택 부지의 평가율보다 높낮이 폭이 커서 불평등은 더 심화된 것으로 볼 수 있다.

낮은 수준부터 높은 수준까지 5구간으로 나누어 보면 40% 이하가 3.1%, 41 ~ 60%가 15.2%, 61 ~ 80%가 70.2%, 81 ~ 100%가 10.2%, 101% 이상이 1.3% 로 나타났다. 누적분포로 보면 61 ~ 80% 범위에 집중되어 있고, 60% 이하 부담이 18.3%이고, 81% 이상이 11.5%다. 1987년도 평가율이 40% 수준 이하인 것을 고려하면, 80년대보다 세금을 더 많이 내는 것으로 볼 수 있다. 한편 61 ~ 80% 범위가 전체의 70.2%이고 과소범위는 18.3%, 과다범위는 11.5%로서 29.8%가 불공평 부담임을 알 수 있다.

〈표 4-41〉 2006년도 서울시 주택간 불공평과세 차이

(단위 : 호, %)

평가율	Frequency	Percent		Cumulative Percent
~ 40	39	3.1	18.3	3.1
41 ~ 60	189	15.2		18.3
61 ~ 80	**877**	**70.2**	**70.2**	**88.5**
81 ~ 100	128	10.2	11.5	98.7
101 ~	16	1.3		100.0
Total	1249	100.0	100.0	

나. 회귀분석

㉠ IAAO 모형

IAAO(1978) 모형을 이용한 분석은 〈표 4-42〉와 같다. 모형 추정결과 $H_1 : b_1 \neq 0$이라는 연구가설에 1% 유의수준에서 -2E-005의 유의한 값이 나타나 가설을 채택하여 수직 불공평이 있으며, 추정치는 $\hat{b_1} < 0$로 역진적 불공평이 있는 것으로 분석되었다. 이것은 재산가치가 낮은 사람의 평가율이 높아 세금을 더 낸다는 의미로 볼 수 있다. 그러나 수정된 R^2값이 .096으로 설명력은 거의 없었다.

〈표 4-42〉 IAAO 모형의 검증 결과

IAAO 모형	$\frac{AV}{MV} = b_0 + b_1 MV$			
coefficients result	b_0	b_1	sig.	adjR^2
	75.426*** (96.900)	**-2E-05*** (-11.587)**	**.000**	.096

*** : p < 0.001, ( ) 안 값은 t값임.

㉡ CHENG 모형

CHENG(1974) 모형을 이용하여 추정한 결과는 〈표 4-43〉과 같다. $H_1 : b_1 \neq 1$이라는 연구가설에 b_1이 1% 유의수준에서 0.903로 나타나 수직 불공평이 있다는 연구가설을 채택할 수 있다. 이 모형에서 탄력치가 $\hat{b_1} < 0$로 나타나 역진적 불공평이 있는 것을 알 수 있다. 수정된 계수값은 0.897로 설명력이 매우 높았다.

〈표 4-43〉 CHENG 모형의 검증 결과

CHENG모형	$lnAV = b_0 + b_1 lnMV$			
coefficients result	b_0	b_1	sig.	adjR^2
	0.849*** (7.586)	**0.903*** (104.452)**	**.000**	.897

*** : p < 0.001, ( ) 안 값은 t값임.

㉢ KOCHIN & PARKS 모형

KOCHIN & PARKS(1982) 모형으로 검증한 결과는 〈표 4-44〉와 같다. $H_1 : b_1 \neq 1$이 1% 유의수준에서 0.994로 나타나 수직 불공평이 있다는 연구가설을 채택할 수 있다. 특히 추정 값이 $\hat{b_1} < 0$로 나타나 탄력치가 낮아 주택 과세가격이 낮을수록 고평가되어 역진적 불공평이 있다는 것을 알 수 있다.

〈표 4-44〉 KOCHIN & PARKS 모형의 검증 결과

KOCHIN & PARKS 모형	$lnMV = b_0 + b_1 lnAV$			
coefficients result	b_0	b_1	sig.	adjR^2
	0.483*** (4.044)	**0.994*** (104.452)**	**.000**	.897

*** : p 〈 0.001, ( ) 안 값은 t값임.

㉣ BELL 모형

BELL(1984) 모형으로 검증한 결과는 〈표 4-45〉와 같다. 연구가설은 $H_1 : b_0 \neq 0$, $H_1 : b_2 \neq 0$로 하여 과세가격과 정상가격은 같지 않다고 보아 검증한 결과 2차항의 값이 -9E-008, p〈.000으로 유의하여 선형성이 인정되며, 상수항값은 10455.055로 p〈.05로 유의하므로 불공평과세가 이루어지고 있다고 볼 수 있다고 볼 수 있다.

〈표 4-45〉 BELL 모형의 검증 결과

BELL 모형	$AV = b_0 + b_1 MV + b_2 MV^2$				
coefficients result	b_0	b_1	b_2	sig.	adjR^2
	10455.055* (2.020)**	0.689 (31.460)	**-9E-008 (-4.805)**	b_0 **.044** b_1 **.000** b_2 **.000**	-.937

*** : p 〈 0.001, ( ) 안 값은 t값임.

다. 스피어맨 순위상관관계 검증모형

2006년 서울지역 단독주택 스피어맨 순위상관관계 검증결과는 다음과 같다.

순위상관 계수는 -.484이며 유의수준이 p〈.01로 나타나 평가율과 정상가격은 상관관계가 인정되고, 과세가 역진성을 띄고 있어 수직 불공평이 있음을 알 수 있다. 따라서 과세가격이 정치하지 못하여 정상가격과 평가율에 차이가 있으며 불공평과세가 이루어지고 있다고 볼 수 있다. $H_1 : ps \neq 0$이라는 연구가설을 채택할 수 있다.

〈표 4-46〉 2006년도 서울시 주택 스피어맨 순위상관관계 검증 결과

			평가율	가 격
Spearman's rho	평가율	Correlation Coefficient	1.000	-.484**
		Sig. (2-tailed)	.	.000
		N	1249	1249
	정상가격	Correlation Coefficient	-.484**	1.000
		Sig. (2-tailed)	.000	.
		N	1249	1249

** : $p < 0.01$

(2) 일원동 사례분석

① 대상 주택

분석대상 물건은 서울시 강남구 일원동 일대 417호 주택이다. 분석대상 주택에 대하여, 전수평가 방법에 의한 감정평가하여 얻은 정상가격과 주택과세 근거로 활용되는 정부발표 과세가격에 대한 현황을 예시하면 〈표 4-47〉과 같다.

〈표 4-47〉 2006년도 일원동 주택현황

(단위 : ㎡, 천 원)

일련번호	지 번	대지면적	건물연면적	주택과세가격	주택정상가격
1	○○○	203.9	248.5	585,000	982,661
2	○○○-1	204.3	249.6	508,000	943,943
3	○○○-3	204.1	243.1	521,000	879,644
4	○○○-4	203.9	249.3	526,000	886,956
5	○○○-5	203.8	249.3	549,000	892,546

② 대상 주택의 특성

부지의 면적은 평균 203.1제곱미터이며, 앞 기장 16.8미터, 안 기장 22.8미터다. 전철과 거리 778.3미터, 주택의 연면적은 평균 258.4제곱미터이고 연와조로 잔존연수는 11.5년이다. 주택 1호당 평균정상가격은 900,030천 원이고, 평균과세가격은 558,424천 원이다.

〈표 4-48〉 2006년도 일원동 주택의 특성

(단위 : 호, 천 원, ㎡, m, 년)

요인변수	N	Minimum	Maximum	Mean	Std. Deviation
대지면적	417	92.2	365.0	**203.1**	20.5
형 상	417	사다리형	장방형	**장방형**	
방 위	417	북서	남향	**동향**	
접면도로폭	417	7	10	**9.8**	0.5
획지깊이	417	1	166	**56.9**	38.3
앞기장	417	10	28	**16.8**	2.2
안기장	417	14	28	**22.8**	2.3
전철역과 거리	417	191	1,357	**778.3**	241.1
연면적	417	103.7	336.9	**258.4**	21.7
건물구조	417	시멘트블럭	철·콘	**연와조**	
잔존연수	417	8	25	**11.5**	1.4
정상가격	417	457,376	1,551,621	**900,030**	91,748
과세가격	417	291,000	899,000	**558,424**	57,060

③ 공평성의 검증 및 해석

가. 비율모형

61 ~ 80%대에 77.0%가 분포되어 있고, 이 구간의 상하에 분포된 것은 불공평 주택이라 볼 수 있다. 평가율 구간을 5구간으로 나누어 보면 40% 이하가 1.0%, 41 ~ 60%가 21.1%, 61 ~ 80%가 77.0%, 81 ~ 100%가 0.7%, 101% 이상이 0.2%로 나타났다.

누적분포로 보면 60% 이하 부담이 22.1%이고, 81% 이상이 0.9%다. 따라서 과소범위 22.1%, 과다범위 0.9%의 23%가 범위를 벗어난 불공평한 과세라 할 수 있다.

〈표 4-49〉 2006년도 일원동 주택간 불공평과세 차이

(단위 : 호, %)

평가율	Frequency	Percent		Cumulative Percent
~ 40	4	1.0	22.1	1.0
41 ~ 60	88	21.1		22.1
61 ~ 80	**321**	**77.0**	**77.0**	**99.0**
81 ~ 100	3	0.7	0.9	99.8
101 ~	1	0.2		100.0
Total	417	100.0	100.0	

나. 회귀분석

㉠ IAAO 모형

IAAO(1978) 모형을 이용한 분석은 〈표 4-50〉과 같다. 모형 추정결과 $H_1 : b_1 \neq 0$이라는 연구가설에 1% 유의수준에서 -2E-05의 유의한 값이 나타나 가설을 채택하여 수직 불공평이 있으며, 추정치는 $\hat{b_1} < 0$로 역진적 불공평이 있는 것으로 분석되었다. 이것은 일원동에서도 재산가치가 낮은 사람의 평가율이 높아 세금을 더 낸다는 의미로 볼 수 있다.

〈표 4-50〉 IAAO 모형의 검증 결과

IAAO 모형	$\frac{AV}{MV} = b_0 + b_1 MV$			
coefficients result	b_0	b_1	sig.	adjR^2
	81.225*** (35.577)	**-2E-005*** (-8.358)**	**.000**	.142

*** : p 〈 0.001, ( ) 안 값은 t값임.

㉡ CHENG 모형

CHENG(1974) 모형을 이용하여 추정한 결과는 〈표 4-51〉과 같다. $H_1 : b_1 \neq 1$이라는 연구가설에 b_1이 1% 유의수준에서 0.636로 나타나 수직 불공평이 있다는 연구가설을 채택할 수 있다. 또한 이 모형에서 탄력치가 $\hat{b_1} < 1$로 나타나 역진적 불공평이 있는 것을 알 수 있다.

〈표 4-51〉 CHENG 모형의 검증 결과

CHENG모형	$lnAV = b_0 + b_1 lnMV$			
coefficients result	b_0	b_1	sig.	adjR^2
	4.518*** (8.246)	**0.636*** (15.899)**	**.000**	.377

*** : p 〈 0.001, ( ) 안 값은 t값임.

㉢ KOCHIN & PARKS 모형

KOCHIN & PARKS(1982) 모형으로 검증한 결과는 〈표 4-52〉와 같다. $H_1 : b_1 \neq 1$이 1% 유의수준에서 0.596로 나타나 수직 불공평이 있다는 연구가설을 채택할 수 있다. 특히 추정 값이 $\hat{b_1} < 1$로 나타나 탄력치가 낮아 주택 정상가격이 높을수록 평가율이 낮아 역진적 불공평이 있다는 것을 알 수 있다.

〈표 4-52〉 KOCHIN & PARKS 모형의 검증 결과

KOCHIN & PARKS 모형	$lnMV = b_0 + b_1\, lnAV$			
coefficients result	b_0	b_1	sig.	adjR^2
	5.827*** (11.758)	**0.596*** (15.899)**	**.000**	.377

*** : p 〈 0.001, ( ) 안 값은 t값임.

㉣ BELL 모형

BELL(1984) 모형으로 검증한 결과는 〈표 4-53〉과 같다. 연구가설은 $H_1 : b_0 \neq 0$, $H_1 : b_2 \neq 0$로 하여 과세가격과 정상가격은 같지 않다고 보아 검증한 결과 b_0 값이 5% 수준에서 .611로서 유의하지 않고, b_2값도 .088(p 〉.05)로 유의하지 않아 불공평과세가 이루어지고 있다고 보기 어렵다.

〈표 4-53〉 BELL 모형의 검증 결과

BELL 모형	$AV = b_0 + b_1\, MV + b_2\, MV^2$				
coefficients result	b_0	b_1	b_2	sig.	adjR^2
	43539.778 (.510)	0.699 (4.163)	-1E-007 (-1.708)	b_0 .611 b_1 .000*** b_2 .088	.446

*** : p 〈 0.001, ( ) 안 값은 t값임.

다. 스피어맨 순위상관관계 검증모형

일원동의 스피어맨 순위검증결과는 다음과 같다.

계수 -.102이고 유의수준이 p〈.05로 나타나 평가율과 가격은 상관관계가 인정되고, 과세가 역진성을 띄고 있어 수직 불공평이 있음을 알 수 있다. 따라서 과세가격이 정치하지 못하여 정상가격과 평가율에 차이가 있으며 불공평과세가 이루어지고 있다고 볼 수 있다. $H_1 : ps \neq 0$이라는 연구가설을 채택할 수 있다.

〈표 4-54〉 2006년도 일원동 주택 스피어맨 순위상관관계 검증결과

			평가율	가 격
Spearman's rho	평가율	Correlation Coefficient	1.000	-.102*
		Sig. (2-tailed)	.	.038
		N	417	417
	정상가격	Correlation Coefficient	-.102*	1.000
		Sig. (2-tailed)	.038	.
		N	417	417

* : p 〈 0.05

(3) 중곡동 사례분석

① 대상 주택

분석대상 물건은 서울시 광진구 중곡동 일대 403호의 주택이다. 분석대상 주택에 대하여, 전수평가 방법에 의한 감정평가하여 얻은 정상가격과 주택과세 근거로 활용되는 정부발표 과세가격에 대한 현황을 예시하면 〈표 4-55〉와 같다.

〈표 4-55〉 2006년도 중곡동 주택현황

(단위 : ㎡, 천 원)

일련번호	지 번	대지면적	건물연면적	주택공시가격	주택평가액
1	○○○-1	164.0	151.2	258,000	354,856
2	○○○-2	84.3	137.3	166,000	230,716
3	○○○-3	144.2	211.4	256,000	384,331
4	○○○-4	196.7	145.5	122,000	374,607
5	○○○-5	154.7	159.7	172,000	283,507

② 대상주택의 특성

부지의 면적은 평균 136.7제곱미터이며, 앞기장 11.2미터, 안기장 12.3미터이다. 접면도로폭은 4.6미터이며, 전철역과 거리 1,459.8미터, 동향의 연와조로써 잔존년수는 15년이다. 주택 1호당 평균정상가격은 369,048천 원이고, 평균과세가격은 250,430천 원이다.

〈표 4-56〉 2006년도 중곡동 주택의 특성

(단위 : 호, 천 원, ㎡, m, 년)

요인변수	N	Minimum	Maximum	Mean	Std. Deviation
대지면적	403	31	532	**136.7**	51.0
형 상	403	자루형	장방형	**정방형**	
방 위	403	북향	남향	**동향**	
접면도로폭	403	1	10	**4.6**	2.6
획지깊이	403	1	145	**42.1**	27.7
앞기장	403	2	32	**11.2**	3.7
안기장	403	6	28	**12.3**	3.6
전철역과 거리	403	369	1,966	**1,459.8**	424.5
연면적	403	25.8	747.5	**208.4**	112.7
건물구조	403	시멘트블럭	철·콘	**연와조**	
잔존연수	403	0	39	**15.0**	10.8
정상가격	403	69,433	1,554,006	**369,048**	174,088
과세가격	403	39,800	1,110,000	**250,430**	124,249

③ 공평성의 검증결과 및 해석

가. 비율모형

61 ~ 80% 범위에 85.4%가 분포되어 있고 이 수준 상하 범위의 일부가 불공평과세다. 평가율이 낮은 것부터 높은 것까지 5구간으로 나누어 보면 40% 이하가 7.4%, 41 ~ 60%가 4.7%, 61 ~ 80%가 85.4%, 81 ~ 100%가 1.7%, 101% 이상이 0.8%로 나타났다. 누적분포로 보면 60% 이하 부담이 12.1%이고, 81% 이상이 2.5%다. 즉, 과소범위는 12.1% 과다범위는 2.5%로서 14.6%가 평균수준 범위를 벗어난 불공평한 과세다.

〈표 4-57〉 2006년도 중곡동 주택간 불공평과세 차이

(단위 : 호, %)

평가율	Frequency	Percent		Cumulative Percent
~ 40	30	7.4	12.1	7.4
41 ~ 60	19	4.7		12.1
61 ~ 80	**344**	**85.4**	**85.4**	**97.5**
81 ~ 100	7	1.7	2.5	99.2
101 ~	2	0.8		100.0
Total	403	100.0	100.0	

나. 회귀분석 모형

㉠ IAAO 모형

IAAO(1978) 모형을 이용한 분석은 〈표 4-58〉과 같다. 모형 추정결과 $H_1 : b_1 \neq 0$이라는 연구가설에 1% 유의수준에서 계수값 -4E-006의 유의한 값이 나타나 연구가설을 채택하여 수직 불공평이 있으며, 추정치는 $\hat{b}_1 < 0$로 역진적 불공평이 있는 것으로 분석되었다. 이것은 재산가치가 낮은 사람의 평가율이 높아 세금을 더 낸다는 의미로 볼 수 있다.

〈표 4-58〉 IAAO모형의 검증 결과

IAAO 모형	$\frac{AV}{MV} = b_0 + b_1 MV$			
coefficients result	b_0	b_1	sig.	adjR^2
	69.661*** (44.053)	**-4E-006*** (-1.031)**	**.000**	.000

*** : p < 0.001, ( ) 안 값은 t값임.

㉡ CHENG 모형

CHENG(1974) 모형을 이용하여 추정한 결과는 〈표 4-59〉와 같다. $H_1 : b_1 \neq 1$이라는 연구가설에 b_1이 1% 유의수준에서 0.981로 나타나 수직 불공평이 있다는 연구가설을

채택할 수 있다. 그러나 이 모형에서 탄력치가 $\hat{b}_1 〈 0$로 나타나 역진적 불공평이 있는 것을 알 수 있다.

〈표 4-59〉 CHENG 모형의 검증 결과

CHENG모형	$lnAV = b_0 + b_1 lnMV$			
coefficients result	b_0	b_1	sig.	adjR^2
	-.160*** (-.719)	**0.981***** **(56.040)**	**.000**	.886

*** : p〈0.001, ( ) 안 값은 t값임.

㉢ KOCHIN & PARKS 모형

KOCHIN & PARKS(1982) 모형으로 검증한 결과는 〈표 4-60〉과 같다. 연구가설 H_1 : $b_1 \neq 1$이 1% 유의수준에서 0.904(p〉.05)로 나타나 수직 불공평이 있다는 연구가설을 채택할 수 있다. 특히 추정 값이 $\hat{b}_1 〈 1$로 나타나 탄력치가 낮아 주택 과세가격이 낮을수록 평가율이 높아 역진적 불공평이 있다는 것을 알 수 있다.

〈표 4-60〉 KOCHIN & PARKS 모형의 검증 결과

KOCHIN & PARKS 모형	$lnMV = b_0 + b_1 lnAV$			
coefficients result	b_0	b_1	sig.	adjR^2
	1.585*** (7.972)	**0.904***** **(56.040)**	**.000**	.886

*** : p〈0.001, ( ) 안 값은 t값임.

㉣ BELL 모형 분석

BELL(1984) 모형으로 검증한 결과는 〈표 4-61〉과 같다. 연구가설은 $H_1 : b_0 \neq 0$, H_1 : $b_2 \neq 0$로 하여 과세가격과 정상가격은 같지 않다고 보아 검증한 결과 b_0값과 b_2값 모두 유의하지 않으므로 불공평과세가 이루어진다고 보기 어렵다.

〈표 4-61〉 BELL 모형의 검증 결과

BELL 모형	$AV = b_0 + b_1 MV + b_2 MV^2$				
coefficients result	b_0	b_1	b_2	sig.	adjR^2
	4151.592 (-.491)	0.665 (19.548)	-5.58E-009 (.190)	b_0 .624 b_1 .000*** b_2 .849	.883

*** : p〈0.001, ( ) 안 값은 t값임.

다. 스피어맨 순위상관관계 검증모형

중곡동 스피어맨 순위상관 검정결과는 다음과 같다. 계수는 .105이고 5% 수준에서 유의성이 인정되었다. 따라서 과세가격이 정밀하지 못하여 정상가격과 평가율에 차이가 있으며 불공평과세가 이루어지고 있다고 볼 수 있다. $H_1 : ps \neq 0$이라는 연구가설을 채택할 수 있다.

〈표 4-62〉 2006년도 중곡동 주택 스피어맨 순위상관관계 검증 결과

			평가율	가 격
Spearman's rho	평가율	Correlation Coefficient	1.000	.105*
		Sig. (2-tailed)	.	.035
		N	403	403
	정상가격	Correlation Coefficient	.105*	1.000
		Sig. (2-tailed)	.035	.
		N	403	403

* : p 〈 0.05

(4) 2006년도 수유동 주택의 수직공평성

① 대상 주택

분석대상 물건은 서울시 성북구 수유동 일대 429호의 주택이다. 분석대상 주택에 대하여, 전수평가 방법에 의한 감정평가하여 얻은 정상가격과 주택과세 근거로 활용되는 정부발표 과세가격에 대한 현황을 예시하면 〈표 4-63〉과 같다.

〈표 4-63〉 2006년도 수유동 주택현황

(단위 : ㎡, 천 원)

일련번호	지 번	대지면적	건물연면적	주택과세가격	주택정상가격
1	○○○-4	108.9	163.2	119,000	186,032
2	○○○-5	124.2	163.4	138,000	209,707
3	○○○-8	98.6	100.6	96,900	164,946
4	○○○-9	133.5	131.9	131,000	204,842
5	○○○-11	178.5	249.8	207,000	312,173

② 대상 주택의 특성

택지의 면적은 평균 161.3제곱미터이며, 앞 기장 12.5미터, 안 기장 약 13.9미터이고, 건물 연면적은 199제곱미터이고, 전철과 거리 1,124.3미터, 건물구조는 연와조이

고, 잔존연수는 평균 11년 등이다. 주택 1호당 평균정상가격은 260,686천 원이고, 평균과세가격은 182,494천 원이다.

〈표 4-64〉 2006년도 수유동 주택의 특성

(단위 : ㎡, 천 원)

요인변수	N	Minimum	Maximum	Mean	Std. Deviation
대지면적	429	80.7	428.0	**161.3**	45.2
형 상	429	자루형	장방형	**부정형**	
방 위	429	북향	남향	**동향**	
접면도로폭	429	3	10	**8.9**	1.4
획지깊이	429	0	135	**29.0**	26.4
앞기장	429	2	24	**12.5**	3.4
안기장	429	6	30	**13.9**	3.4
전철역과 거리	429	810	1,670	**1,124.3**	163.9
연면적	429	24.7	981.1	**199.0**	92.3
건물구조	429	시멘트블럭	철·콘	**연와조**	
잔존연수	429	0	39	**11.0**	7.4
정상가격	429	51,059	766,518	**260,686**	94,351
과세가격	429	32,300	443,000	**182,494**	65,561

① 공평성의 검증결과 및 해석

가. 비율모형

평가율이 낮은 것부터 높은 것까지 5구간으로 나누어 보면 40% 이하가 7.2%, 41 ~ 60%가 8.7%, 61 ~ 80%가 58.0%, 81 ~ 100%가 24.2%, 101% 이상이 1.9%로 나타났다. 누적분포로 보면 60% 이하 부담이 15.9%이고, 81% 이상 100 이하가 26.1%이고, 특히 100%를 초과하는 필지도 1.9%나 되어 초과부담의 납세를 하는 시민도 발생하는 모순이 발생하고 있다. 한편 61 ~ 80% 범위가 58%이고 과소범위는 15.9% 과다범위는 26.1%로서 42%가 범위를 벗어난 불공평 수준이 상당히 높음을 보여준다.

〈표 4-65〉 2006년도 수유동 주택간 불공평과세 차이

(단위 : 호, %)

평가율	Frequency	Percent		Cumulative Percent
~ 40	31	7.2	15.9	7.2
41 ~ 60	37	8.7		15.9
61 ~ 80	**249**	**58.0**	**58.0**	**73.9**
81 ~ 100	104	24.2	26.1	98.1
101 ~	8	1.9		100.0
Total	429	100.0	100.0	

나. 회귀분석

㉠ IAAO 모형 분석

IAAO(1978) 모형을 이용한 분석은 〈표 4-66〉과 같다. 모형 추정결과 $H_1 : b_1 \neq 0$이라는 연구가설에 1% 유의수준에서 -6E-005의 유의한 값이 나타나 가설을 채택하여 수직 불공평이 있으며, 추정치는 $\hat{b_1} < 0$로 역진적 불공평이 있는 것으로 분석되었다. 이 것은 수유동에서도 재산가치가 낮은 사람의 평가율이 높아 세금을 더 낸다는 의미로 볼 수 있다. 다만, R^2 = .098로 설명력이 아주 낮았다.

〈표 4-66〉 IAAO 모형의 검증 결과

IAAO 모형	$\frac{AV}{MV} = b_0 + b_1 MV$			
coefficients result	b_0	b_1	sig.	adjR^2
	89.070*** (34.257)	**-6E-005*** (-6.895)**	**.000**	.098

*** : p 〈 0.001, ( ) 안 값은 t값임.

㉡ CHENG 모형

CHENG(1974) 모형을 이용하여 추정한 결과는 〈표 4-67〉과 같다. $H_1 : b_1 \neq 1$이라는 연구가설에 b_1이 1% 유의수준에서 0.726로 나타나 수직 불공평이 있다는 연구가설을 채택할 수 있다. 그러나 이 모형에서 탄력치가 $\hat{b_1} < 1$로 나타나 역진적 불공평이 있는 것을 알 수 있다.

〈표 4-67〉 CHENG 모형의 검증 결과

CHENG모형	$lnAV = b_0 + b_1 lnMV$			
coefficients result	b_0	b_1	sig.	adjR^2
	3.037*** (6.623)	**0.726*** (18.595)**	**.000**	.446

*** : p 〈 0.001, ( ) 안 값은 t값임.

㉢ KOCHIN & PARKS 모형

KOCHIN & PARKS(1982) 모형으로 검증한 결과는 〈표 4-68〉과 같다. 연구가설 $H_1 : b_1 \neq 1$이 1% 유의수준에서 0.616로 나타나 수직 불공평이 있다는 연구가설을 채택할 수 있다. 특히 추정 값이 $\hat{b_1} < 1$로 나타나 탄력치가 낮아 주택세 가격이 낮을수록 평가율이 높아 역진적 불공평이 있다는 것을 알 수 있다.

〈표 4-68〉 KOCHIN & PARKS 모형의 검증 결과

KOCHIN & PARKS 모형	$lnMV = b_0 + b1\ lnAV$			
coefficients result	b_0	b_1	sig.	adjR^2
	4.987*** (12.483)	**0.616*** (18.595)**	.000	.446

*** : p 〈 0.001, ( ) 안 값은 t값임.

㉣ BELL 모형

BELL(1984) 모형으로 검증한 결과는 〈표 4-69〉와 같다. 연구가설은 $H_1 : b_0 \neq 0$, $H_1 : b_2 \neq 0$로 하여 과세가격과 정상가격은 같지 않다고 보아 검증한 결과 b_0값이 1% 수준에서 유의하지 않아 불공평과세라 보기 어려움을 알 수 있으며 2차항의 값이 −6E−007, p 〈 0.000으로 유의하여 선형성이 인정된다.

〈표 4-69〉 BELL 모형의 검증 결과

BELL 모형	$AV = b_0 + b_1 MV + b_2 MV^2$				
coefficients result	b_0	b_1	b_2	sig.	adjR^2
	−3565.212 (−.248)	0.898 (9.632)	**−6E−007 (−4.504)**	*b0* .804 *b1* .000*** *b2* .000***	.521

*** : p 〈 0.001, ( ) 안 값은 t값임.

다. 스피어맨 순위상관관계 검증모형

수유동의 스피어맨 순위상관 검정결과는 다음과 같다.

계수가 −.274, 유의수준이 p 〈 .01로 나타나 평가율과 가격은 상관관계가 인정되고, 과세가 역진성을 띄고 있어 수직 불공평이 있음을 알 수 있다. 따라서 과세가격이 정치하지 못하여 정상가격과 평가율에 차이가 있으며 불공평과세가 이루어지고 있다고 볼 수 있다. $H_1 : ps \neq 0$이라는 연구가설을 채택할 수 있다.

〈표 4-70〉 2006년도 수유동 주택 스피어맨 순위상관관계 검증 결과

			평가율	가 격
Spearman's rho	평가율	Correlation Coefficient	1.000	−.274**
		Sig. (2−tailed)	.	.000
		N	429	429
	정상가격	Correlation Coefficient	−.274**	1.000
		Sig. (2−tailed)	.000	.
		N	429	429

** : p 〈 0.01

3 수직 공평성 분석 결과 종합

주택과세의 공평성 여부를 검증하기 위하여 수직 공평 검증모형을 사용하여 실증분석 한 결과는 다음과 같다.

1) 연도별 · 지역별 요약

1987년도, 2005년도, 2006년도 지역별 주택과세의 수직 공평성 실증분석 결과를 각 모형별로 요약하면 〈표 4-71〉과 같다.

〈표 4-71〉 연도별 · 지역별 주택과세의 수직 공평성 분석결과

연도별 지역별	주택수 (호)	T-test	평가율 평균 (%)	스피어맨 순위상관 검증모형 (상관계수)	회귀분석모형			
					IAAO 모형 (b_1값)	CHENG 모형 (b_1값)	KOCHIN & PARKS 모형 (b_1값)	BELL 모형 b_2값(b_0값)
1987년 전체	1049	-112.131***	23.2	-.498**	-2.2E-05***	0.668***	0.622***	-1.820E-07 (38439.562**)
2005년 전체	1250	-38.892***	72.6	-.106**	-7E-006***	0.955***	0.891***	-3E-007 (-55789.0***)
일원동	417	74.533***	75.1	-.062	-3E-005***	0.697***	0.648***	-2E-007 (41202.591)
중곡동	403	-16.411***	67.9	-.070	-2E-005***	0.867***	0.863***	-2E-007 (-4913.616)
수유동	430	21.317***	74.6	-.299**	-7E-005***	0.721***	0.653***	-6E-007 (7858.797***)
2006년 전체	1249	46.573***	67.7	-.484**	-2E-005***	0.903***	0.994***	-9E-008 (10455.055***)
일원동	417	-101.846***	62.2	-.102**	-2E-005***	0.636***	0.596***	-1E-007 (43539.778)
중곡동	403	-33.405***	68.2	-.105*	-4E-006***	0.981***	0.904***	-5.58E-009 (4151.592)
수유동	429	-24.274***	72.2	-.274**	-6E-005***	0.726***	0.616***	-6E-007 (-3565.212)

* : p〈0.05, ** : p〈0.01, *** : p〈0.001

(1) 평균 평가율 분석 결과

평균 평가율은 1987년 23.2%에서 2005년 72.6% 2006년 67.7%로 나타나 주택가격 공시제도 도입으로 주택과세에 있어 시장가격의 반영율이 크게 높아졌음을 알 수 있다. 1987년 대비 2005년은 312.9%, 2006년 291.8%로 월등히 높아져 과세가격의 정상가격에 대한 비율 즉, 과세평가율(현실화율)은 크게 개선되어 제도 도입시 정부가 제시한 현실화율 80%의 수준에 가까워지고 있음을 알 수 있다. 그러나 80%의 수준에 미달하는 정도가 연도별, 지역별로 차이가 있다는 문제점이 있다. 80% 수준도 정부의 정책상 임의적 기준인데 더구나 이 기준도 그 적용 결과 지역간·주택간에 차이가 있다.

2005년은 일원동 75.1%, 중곡동 67.9%, 수유동 74.6%로 일원동과 수유동간은 별차이가 없으나 일원동과 중곡동간에는 7.2%의 차이가 있다. 이것은 일원동과 중곡동간에 주택의 세부담에 불공평이 있음을 시사한다. 한편, 2006년의 평가율은 일원동 62.2%, 중곡동 68.2%, 수유동 72.2%로 나타나 고가주택 지역인 일원동이 저가주택 지역인 수유동보다 10%가 낮게 나타나 여전히 지역간 불공평과세가 유지되고 있음을 알 수 있다.

(2) 회귀분석모형 분석결과

① IAAO 모형

IAAO 모형에서 b_1 계수 값이 모든 지역에서 0이 아닌 것으로 분석되어 연구가설이 채택되었고 더구나 계수값이 모든 연도와 지역에서 음수(-)여서 낮은 주택의 평가율보다 정상가격이 높은 주택의 과세평가율이 오히려 낮아 수직 불공평인 역진적 과세를 초래한다고 볼 수 있다. 이 모형은 정상가격에 대한 평가율과 정상가격간의 인과관계를 보는 것으로 과세가격 평가율이 높을수록 정상가격에 가깝게 평가되고 있는 것을 설명하며, 또 주택간에 평가율이 일정하면 유의하지 않고 그렇지 않으면 유의의하여 불공평과세로 간주하는 이론모형으로써 가장 널리 알려지고 있으며 많이 사용된다. 서울시는 이 모형으로 볼 때 모든 지역에서 그리고 2005년, 2006년 2개 년도에 걸쳐 과세의 수직 불공평 있는 것으로 판단된다.

② CHENG 모형과 KOCHIN & PARKS 모형

이들 모형은 변수에 로그값을 취한 후 과세가격과 정상가격간의 인과 관계를 본 것이다. 계수값이 1인 경우는 양 변수에 차이가 없다고 볼 수 있으나 1보다 크거나 작으면 차이가 있다고 본다. 1보다 작은 계수값이 모든 지역에서 똑같이 나타났다. 그 결과 불공평과세 현상을 알 수 있다. 이것은 과세가격이 주택정상가격에 영향을 받고 있지만, 정상가격이 높을수록 과세가격은 낮은 평가율로 평가되어, 역진적 평가가 되고 있음을 시사하는 것이다. 결국 주택과세의 역진과세 현상이 있어 수직 불공평이라고 볼 수 있다.

③ BELL 모형

이 모형에서는 2차항 계수값과 상수항 값이 모두 유의한 값을 가지지 않을 경우에는 수직 불공평이 존재하지 않는다고 볼 수 있다. 2005년에는 일원동과 중곡동에서, 2006년에는 일원동·중곡동·수유동 모두 유의한 계수값을 갖지 못하여 수직 불공평이 나타나지 아니하였으나, 다른 지역이나 서울시 3개 지역 통합분석에서는 역진적 과세가 나타났다. 특정연도와 일부지역에서 이 모형의 설명력이 낮았다.

(3) 스피어맨 순위상관 검증모형 분석결과

두 변수들의 쌍은 이변량 정규분포를 가정 할 수 있어 정상가격과 평가율의 두변수의 순위 상관관계를 분석한 결과 계수값(Correlation Coefficient)이 모든 지역에서 −1과 +1 계수값 중에서 負(negative)의 현상을 보이는 −1에 가까운 수치로 나타나 분석대상 전 지역에서 평가율이 정상가격에 負의 관계가 있고, 수직 불공평이 있음을 알 수 있다. 만약 순위 상관관계가 없었다면 즉 공평과세 조건인 평가율이 같을 경우인 正(positive)의 관계였다면 0에 가까운 계수값이 나타나야 한다.

2) 평가율 편차

새로 개발한 비준표 평가모형(건설교통부)으로 산정한 가격이 과거 비준표로 평가한 1987년(토지분, 내무부당시) 보다 정밀하지 못하다는 것을 발견할 수 있었다. 실제로 서울시 단독주택의 경우 평가율의 상하 범위 괴리가 1987년보다 2005년 이후에 더 커서 불공평 과세가 악화된 측면도 있다. 낮은 가격 주택의 평가율이 높아 수직불공평이 있음은 전술한 바와 같다.

〈표 4−72〉에서 볼 수 있듯이 1987년에 평가율의 표준편차가 3.7%이었던 것이 2005년에는 14.5%로, 2006년에는 14.9%로 커지고 있다. 과거보다 오히려 불공평과세가 심화되었음을 알 수 있다. 이는 갑자기 바뀐 평가방법, 평가절차, 평가기관 때문이 아닌가 추정된다. 평균평가율은 1987년 23.2%에서 2005년 72.6%, 2006년 67.7%로 높아져 현실화율을 크게 증가해 수 세부담율이 늘어났다.

주택가격 공시제도를 도입한 첫 해인 2005년도 보다 2006년도에 약 5% P가 오히려 낮아진 것은 급격한 과세부담 증가를 낮추려는 정부의 의도가 있었던 것에 기인한다고 볼 수 있다.

〈표 4−72〉에서 보는 바와 같이 불공평이 심한 수유동(2005)의 평가율 범위는 표준편차가 19.6%여서 평가율 차이로 인한 불공평 세부담자가 상당수에 이를 것으로 추정된다.

〈표 4-72〉 서울시 주택의 평가율과 표준편차

(단위 : 호, %)

지 역	1987(토지) 평가율 평균	1987(토지) 표준편차	지 역	2005(토지·주택) 평가율 평균	2005(토지·주택) 표준편차	지 역	2006(토지·주택) 평가율 평균	2006(토지·주택) 표준편차
논현동 방배동 (n=343)	24.6	3.8	일원동 (n=417)	75.1	5.6	일원동 (n=417)	62.2	5.1
중곡동 역촌동 (n=366)	21.2	4.1	중곡동 (n=403)	67.9	13.3	중곡동 (n=403)	68.2	13.5
화곡동 신월동 (n=340)	24.0	3.2	수유동 (n=430)	74.6	19.6	수유동 (n=429)	72.2	19.2
계 (n=1046)	**23.2**	**3.7**	계 (n=1250)	**72.6**	**14.5**	계 (n=1249)	**67.7**	**14.9**

2005년도 경우 표준편차로써 불공평 지역의 순서를 보면 일원동 5.6%, 중곡동 13.3%, 수유동 19.6% 순이고 2006년도는 일원동 5.1%, 중곡동 13.5%, 수유동 19.2% 순으로 불공평정도가 낮은 주택가격 소재 지역일수록 더 심한 것을 알 수 있다.

〈표 4-73〉은 2005년도, 2006년도 수유동의 평가율 분포를 그룹핑한 것이다. 평균 평가율이 앞의 〈표 4-72〉에서와 같이 74.6%(2005년), 72.2%(2006년)이므로 통상 외국의 기준(고·저 평가율 차 20%)을 원용하여 정부가 발표한 80%의 상하 10%를 고려한 70 ~ 90% 범위를 공평과세로 간주하면, 수유동의 공평과세 범위에 속하는 비율은 2005년도 67.9%, 2006년도 65.0%다. 이것은 32.1%(2005년), 35.5%(2006년)의 주택이 불공평한 과세로 부과되고 있다고 할 수 있다.

〈표 4-73〉 2005년·2006년 수유동 평가율 분포

(단위 : 호, %)

평가율구간	2005년도 빈도	2005년도 비율	2006년도 빈도	2006년도 비율
~ 50	46	10.7	52	12.2
51 ~ 70	66	15.3	86	20.0
71 ~ 90	**292**	**67.9**	**279**	**65.0**
91 ~ 110	21	4.9	9	2.1
111 ~	5	1.2	3	0.7
계	430	100.0	429	100.0

3) 연도별 · 지역별 평가율 분포

주택의 정상가격에 대한 과세가격의 연도별 · 지역별 평가율 분포와 변화추이를 보면 다음 <표 4-74>와 같으며 그 시사점은 아래와 같다.

첫째, 서울시 평가율은 2005년도 평균 72.6%, 2006년도 평균 67.7%다. 이를 기준으로 선진국처럼 상하 10%를 평균 범주로 삼는다면 61% ~ 80% 범위를 평균평가율 범주로 간주할 수 있고, 이 범주를 벗어난 평가율은 불공평과세로 볼 수 있다. 따라서 이 연구에서는 61% ~ 80% 범위를 벗어난 평가율 범위에 속한 경우를 수직 불공평이 존재한다고 보았다. 61% 미만은 과소범위, 81% 이상을 과다범위로 간주 할 수 있다.

새로운 가격공시제도 도입 후 2005년 2006년을 비교하여 공평과세 여부의 변화추이를 살펴보면, 공평과세지역은 일원동(2005년 93%, 2006년 77%), 중곡동(2005년 84.6%, 2006년 85.4%), 수유동(2005년 49.3%, 2006년 58.0%)의 순이다. 평가율이 평균범위에 들어간 비율이 높은 지역에서 수직 공평성이 더 확보된 지역으로 볼 수 있기 때문이다.

<표 4-74> 연도별 · 지역별 평가율 분포

(단위 : %)

지역별	평가율 범위 / 연도별	평균범위 61 ~ 80	과소 범위 ~ 40	과소 범위 41 ~ 60	과소 범위 소 계	과다 범위 81 ~ 100	과다 범위 101 ~	과다 범위 소 계	합 계
서울시 전체	1987년	·	100	·	**100**	·	·	·	100
	2005년	**75.2**	4.7	5.2	**9.9**	13.9	1.0	**14.9**	100
	2006년	**70.2**	3.1	15.2	**18.3**	10.2	1.3	**11.5**	100
	2005년 대비 증감	**−5.0**	−1.6	+10.0	**+8.4**	−3.7	+0.3	**−3.4**	·
일원동	2005년	**93.0**	·	1.0	**1.0**	5.5	0.5	**6.0**	100
	2006년	**77.0**	1.0	+21.1	**22.1**	0.7	0.2	**0.9**	100
	2005년 대비 증감	**−16.0**	+1.0	+20.1	**+21.1**	−4.8	−0.3	**−5.1**	·
중곡동	2005년	**84.6**	7.9	5.5	**13.4**	1.5	0.5	**2.0**	100
	2006년	**85.4**	7.4	4.7	**12.1**	2.0	0.5	**2.5**	100
	2005년 대비 증감	**+0.8**	−0.5	−0.8	**−1.3**	0.5	·	**+0.5**	·
수유동	2005년	**49.3**	6.3	8.8	**15.1**	33.5	2.1	**35.6**	100
	2006년	**58.0**	7.2	8.7	**15.9**	24.2	1.9	**26.1**	100
	2005년 대비 증감	**+8.7**	0.9	−0.1	**+0.8**	−9.3	−0.2	**−9.5**	·

둘째, 서울시 평균범위 비율은 2005년에 75.2%인데 2006년에는 70.2%로서 5.0%P가 낮아졌다. 이것은 불공평과세가 5%P 더 늘어난 것을 뜻한다. 평균범위비율이 낮아진 이유는 새로운 제도도입으로 갑자기 평가율이 높아져 즉, 주택에 대한 과세표준이 상향 조정되어 조세저항이 일어났기에 이를 완화하고자 2006년에는 현실화 정도를 낮춘데 원인이 있지 않나 판단된다. 같은 기간 과소범위 즉 평균범위에 비해 과소평가된 범위에 포함된 주택은 9.9%에서 18.2%로 8.3%P 증가하였으며, 과다범위 즉 평균범위 비해 과대평가된 범위에 포함된 주택은 14.9%에서 11.5%로 3.4%P 감소한 것이 이를 입증한다. 이것은 정부가 현실화율을 상향조정하고자 하였으나 2006년에는 나타난 조세저항으로 제동이 걸렸기 때문에 나타난 결과인 것으로 추정된다.

셋째, 이를 종합하면 2005년보다 2006년에는 과다범위가 축소되고 과소범위가 증가하여 2005년보다 2006년에 세부담 증가속도가 다소 완만해졌음을 알 수 있지만, 불공평 정도는 더 확대되는 모순되는 현상이 발생했음을 알 수 있다. 지역별로 보면 일원동은 불공평이 심화되었고(평균범위가 93%에서 77%로 16%P 감소), 중곡동(84.6%에서 85.4로 0.8%P 증가)과 수유동(49.3%에서 58.0%로 8.7%P 증가)은 다소 개선되었다.

호주나 뉴질랜드를 비롯해 국제과세평가기준을 사용하는 나라들의 평가율 기준이 90 ~ 110%로 상하 범위 20% 정도를 인정하는 것과 비교하면, 우리는 상당한 불공평이 있음을 알 수 있다. 앞의 〈표 4-72〉의 분석과 같이 평가율의 표준편차도 1987년에는 3.7%인데 비해 2005년에는 14.5% 2006년에는 14.9%로 분산이 커 평가가 정치하지 못한 것도 이를 시사하고 있다.

그러나, 이러한 점은 1987년도는 내무부가 장기간 평가경험을 축적하여 평가를 하였으며, 그때 사용하던 비준표도 가로조건, 환경조건, 기타조건을 요인으로 하고 특, 상, 중, 하, 최하의 등급으로 비중을 두어 비율을 담당공무원이 임의로 작성할 수 있도록 하였기 때문에 비교적 균형 잡기가 용이했던 점에 비해, 현재는 비준표 배수가 이미 정해진 대로 적용해야 하기 때문에 담당자의 재량이 없는 점에도 이유가 있다고 할 수 있다. 또 과거의 것은 토지만 평가한 것임에 비해 현재의 것은 토지와 건물을 통합평가 했기 때문에 가격형성요인의 차이, 평가주체의 재량여부의 차이 등에 기인하는 점도 간과할 수 없다.

이러한 점은 새로운 제도의 도입과 담당 부처의 상이함 등에 따라 초기에 겪는 시행착오로 받아들일 수밖에 없으리라 본다. 다만 주택과표의 상승에 따른 조세정의의 국민적 욕구가 높아지고 있는 점을 감안할 때 개선되어야 할 것이다.

4) 불공평 세부담 사례

(1) 재산세 부담 추계 모형

현행 제도하에서 개별주택에 대한 과세가 실제로 주택별·지역별로 얼마나 불공평한지 그 정도를 대표적 보유세인 주택재산세의 세부담 사례를 통하여 분석 해본다. 우선, 재산세의 실제 부담액을 산정하기 위해서 다음과 같은 세수 추계식을 사용할 수 있다.

$$H_r = [(DHT_s \times DHAV_p \times DH_r) \pm S_f] + [(LT_s \times LAV_p \times L_r) \pm S_f]$$

여기서, H_r : 주택 재산세 추계액

DHT_s :주택분 시·군별, 주택유형별 재산세 과세자료

$DHAV_p$: 주택분 과표증감률

DH_r : 주택 재산세 세율

LT_s : 토지분 시·군별, 지목별 재산세 과세자료

LAV_p : 토지분 과표증감률

L_r : 토지 재산세 세율

S_f : 특수요인

출처 : 노영훈(2005), 「계간세무사」, 한국세무사회, 30쪽 재구성

다만, 2005년부터 적용되는 개정 세법에 따라 주택에 대하여는 토지재산세를 별도 과세하지 않으므로, 토지와 건물의 합계금액의 주택에 대해 위의 추정식을 응용하되 현행 세법을 적용하여 재산세 추계액을 아래와 같이 추정한다.

(2) 현행 세법상 재산세 과세표준 및 세율

우선 2006년 현재 「지방세법」 제118조 제1항 제2호 나목 규정에 의한 주택 재산세 세율은 과세표준 구간에 따라 〈표 4-75〉과 같이 간편식으로 나타낼 수 있다.

〈표 4-75〉 주택 재산세 세율

과 세 표 준	표 준 세 율	누진공제액
4천만 원 이하	0.15%	-
1억 원 이하	0.3%	6만 원
1억 원 초과	0.5%	26만 원

다음으로 재산세의 과세표준은 「지방세법」 제111조 및 제187조, 동법 부칙 제5조(2005. 12. 31)를 적용하여 「부동산가격공시 및 감정평가에 관한 법률」에 의하여 공시된 주택가액의 50%를 적용하여 구한다.89)

정상 과세표준은 동일한 지역에서 앞에서 〈표 4－72〉와 같이 분석한 결과를 활용하여 재산세 과세가격이 지역별 평균평가율로 평가되었다고 가정하고 정상과세표준과 실제 과세표준을 다음 식으로 산출한다.

$$TB = MV \times AAr \times 0.5$$

여기에서 TB : 정상과세표준, MV : 정상가격, AAr : 평균평가율이다.

$$FTB = AV \times 0.5$$

여기에서 FTB : 실제과세표준, AV : 과세가격(개별주택공시가격)이다.

「지방세법」 제188조 제3항의 탄력세율은 시 · 군 · 구마다 다를 수 있다. 여기서는 주택공시가격 즉, 주택과세평가와 관련된 수직 공평성을 분석하고자 하므로 탄력세율은 감안하지 않고 과세가격과 정상가격을 독립변수로 하여 과세표준의 적용비율과 표준세율을 고정변수로 하여 세부담을 추정한다.

위 식에 따라 과세가격에 의해 실제로 부과된 재산세액과 정상가액에 의해 평균평가율로 평가되었을 경우 부담했어야 할 재산세추정액과의 차이를 비교분석하기로 한다.

(3) 재산세 부담 사례분석

이와 같은 식을 이용하여 2005년, 2006년의 수유동의 주택에 대한 재산세 부담액의 불공평 부담 사례를 다음 〈표 4－76〉 및 〈표 4－77〉과 같이 산정할 수 있다.

수유동의 경우 평균평가율은 앞의 〈표 4－72〉에서 본 바와 같이 이미 분석된 2005년 74.6%, 2006년 72.2%를 각각 적용하였다.

정상과세표준 = 정상가격 × 평가율[74.6%(2005년)] × 과세표준 적용비율(50%)의 식으로 산출한다. 즉, 137,103천 원 = 367,569천 원 × 0.746 × 0.5이다.

실제과세표준 = 과세가격 × 과세표준 적용비율(50%), 즉 74,500천 원 = 149,000천 원 × 0.5이다.

---

89) 「지방세법」 제187조 제1항(과세표준) "토지 · 건축물 · 주택에 대한 재산세의 과세표준은 제111조 제2항의 규정에 의한 시가표준액으로 한다."
「지방세법」 제111조 제2항 제11호 시가표준액은 "「부동산 가격공시 및 감정평가에 관한 법률」에 의하여 가격이 공시되는 토지 및 주택에 대하여는 동법에 의한 공시가액으로 한다."

〈표 4-76〉 2005년 수유동 재산세 부담의 불공평 사례[90]

(단위 : 천 원, %)

지 번	과세가격	실제 과세표준	실제 재산세액 A	정상가격	정상 과세표준	정상 재산세액 B	재산세액차이 A-B
○○○-a	149,000	74,500	**164**	367,569	137,103	**396**	-232
○○○-b	82,400	41,200	**64**	270,514	100,902	**245**	-181
○○○-c	203,000	101,500	**248**	282,563	105,396	**267**	-19
○○○-d	210,000	105,000	**265**	190,613	71,099	**153**	112

이것을 해석하면, 2005년도 수유동 ○○○-a번지 고가주택의 정상가격은 367,569천 원으로 396천 원이 부과되어야 하지만, 과세가격이 149,000천 원으로 과소평가되어 164천 원만 부과되어 232천 원이 과세 누락된 것으로 추정된다. 상대적으로 저가주택인 ○○○-e번지 주택은 정상가격이 150,100천 원으로 재산세액은 108천 원이지만 239천 원이 부과되어 131천 원이 오히려 과다 부과된 것으로 추정된다. 이와 같은 방식으로 2006년도 분은 다음 〈표 4-77〉과 같이 계산할 수 있다.

〈표 4-77〉 2006년 수유동 재산세 부담의 불공평 사례

(단위 : 천 원 , %)

지 번	과세가격	실제 과세표준	실제 재산세액 A	정상가격	정상 과세표준	정상 재산세액 B	재산세액차이 A-B
○○○-a	180,000	90,000	**210**	382,450	138,064	**430**	-220
○○○-b	84,700	42,350	**67**	285,488	103,061	**255**	-188
○○○-c	203,000	101,500	**284**	299,888	108,260	**281**	3
○○○-d	221,000	110,500	**248**	212,853	76,840	**171**	77
○○○-e	123,000	61,500	**125**	160,525	57,950	**114**	11

2006년도 수유동 ○○○-a번지 고가주택의 정상가격은 382,450천 원으로 430천 원 부과되어야 할 것이 180,000천 원으로 평가되어 210천 원 부과된 결과 220천 원 과소부과된 것으로 추정된다. 상대적으로 저가주택인 ○○○-e번지 주택은 정상가격이 160,525천 원으로 정상재산세액은 114천 원인데 125천 원이 부과되어 정상재산세액보다 11천 원이 과다 부과된 것으로 추정된다.

수유동 사례를 보면 2005년에 비해 2006년의 고가주택은 부담률 41.4%에서 48.8%로 늘었고, 저가주택은 221.3%에서 109.6%로 낮아져 고가주택과 저가주택간에 불공평

90) 〈표4-76〉과 〈표4-77〉에서의 실제 재산세액(a)은 실제과세표준×표준세율, 정상 재산세액(b)은 정상 과세표준×표준세율로 각각 얻은 세액이다. 부담률은 정상재산세 금액을 실제재산세 금액으로 나눈 비율이다. 전동흔(2005. 8), 전게서, 134쪽에 의하면 형평부담률 = 실제재산세부담 / 표준재산세부담으로하여 이 비교로써 수직 불형평을 분석한 바 있다.

이 개선된 것을 알 수 있다. 이것은 제도상 개별주택가격산정 도구인 '비준표'가 2005년보다 2006년에는 개선된 것을 시사한다. 그러나 재산세 부담액은 여전히 각 주택간에 불공평 차이가 있다.

5) 시사점

이상에서 분석한 바와 같이 과세가격과 정상가격은 차이가 있고, 주택가격 공시제도 도입 이전보다 오히려 평가율 차이가 심하고, 과세가격이 정치하지 못하여 주택간 지역간 수직 불공평과세가 있음을 알 수 있다.[91]

첫째, 새로운 과세평가제도가 공평과세 개선에 크게 도움이 되지 못하고 있다. 2005년부터 도입된 제도의 효과를 보기 위해 제도 도입 이전과 그 이후 2개 년도를 분석한 결과 주택과세의 불공평성의 개선에는 크게 기여하지 못하였음을 알 수 있고, 다만 과세평가의 현실화율이 높아져 세수증대효과와 주택이외의 세금과의 형평성 유지라는 긍정효과는 있었음을 알 수 있다.

둘째, 일원동·중곡동·수유동의 각 지역별로 불공평 과세현상이 나타났다. 각 지역별로 평균 평가율을 비교 분석한 결과 지역별로 크게는 10%까지 차이가 났는데, 이것은 주택과세가 지역별로 불공평하게 과세되는 현상이 있음을 시사하는 것이다.

셋째, 주택 간의 평가율 편차가 심하다. 개별주택의 평가율 편차를 분석해 본 결과 개별주택간의 편차는 3.7% ~ 14.9%까지 다양하여 주택 간에 불공평과세가 인정된다.

이와 같이 주택의 세부담은 현행 주택가격 공시제도에 큰 영향을 받고 있음을 시사한다. 그리고, 과세평가제도와 그 운영 및 평가기법 등의 문제점을 해소하여 공정하고 정치한 과세평가를 하는 것이 실증분석해서 도출된 불공평과세 현상을 완화하고 공평과세를 실현할 수 있는 방안으로 보아, 이에 대해 제5장에서 그 문제점과 개선방안을 함께 살펴보기로 한다.

---

91) 이 연구는 수직 공평성을 검증하였으며, 수평 공평 검증모형은 Mann-Whitney Test, Kruskal-Wallis Test, Parametric Tests 등이 있다(IAAO, *Ibid*, pp.295~300 참조).

주택의 공평과세 실현 방안 05

1 공평과세평가를 위한 제도 개선

1) 표준주택의 수

(1) 표준주택 수의 문제점

조사대상 단독주택 450만호에 비하면 20만호의 표준 주택수는 많다고 보기 어렵다. 2005년도에 선정된 13만 5천호가 비준표를 정확히 작성하는데 한계가 있다하여 2006년도에는 6만 5천호를 증가시켜 20만호로 늘렸다. 그러나 여전히 이 정도의 표본수를 기초로 작성한 비준표가 정교해졌다고 보기 어렵다고 본다.

표준주택 수가 공시지가 표준지 비율인 1.85%[92] 보다 높은 4.4%에 이르지만, 한호의 표준주택으로 22호의 개별주택가격을 산정해야 한다. 이는 다양한 단독 주택의 특성을 감안할 때 한계가 있다. 이미 앞의 〈표 4-72〉에서 분석한 바와 같이 평가율 표준편차는 2006년에 14.9%, 2005년에 14.5%로 80년대의 3.7%를 크게 초과한다. 적어도 80년대 수준에 맞추거나 선진국처럼 최소 최대 평가율 범위가 20% 수준에 들어가도록 하려면 비준표가 더 정확해져야한다. 비준표의 정확성은 표준주택 수에 비례하므로 표준주택 수가 다소 부족하다고 할 수 있다.

현행 표준주택 수 20만개의 배분은 통계기법이나 체계적 배분기준을 근거로 논리적으로 추산하고 배분한 숫자다.[93] 그러나, 이러한 과학적 접근에도 불구하고 비준표의 정교성 한계로 평가율의 표준편차가 크다면 그 원인 중의 하나는 표준주택 수가 부족한 데 있을 것이다.

단독주택은 공동주택과 달리 위치 등 물적 개별성이 강하고 건축 구조재료나 내장재 및 설비가 다양하여 표준화하기 어렵다. 지역요인이나 개별요인의 특성은 공동주택과 달리 다양하기 때문에 표본이 적으면, 이러한 제반 특성을 정확히 반영하기 어렵다. 따라서 과거 수준의 평가율을 유지하거나 외국 수준 정도로 평가율의 차이를 좁히려면,

---

92) 2003년부터 2006년 현재 총2,700만개 개별필지 중 표준지는 50만 필지이므로 약 1.85%임.

93) 한국감정평가협회(2005. 9), 「표준주택 배분기준 및 방법에 관한 연구」; 건설교통부(2005. 4), 「토지 및 건물의 적정가격 평가와 공시에 관한 연구」

현행 20만개 표준주택 수가 부족함을 알 수 있다.

(2) 적정한 표준주택 수

선정된 표준주택을 기준으로 개별주택을 산정할 때 비준표의 정교성이 떨어진다면 산정된 개별주택 가격의 적정성에 대한 신뢰도가 떨어지며, 그 결과 개별주택 간의 평가율에 차이가 크게 나고 과세 불공평이 야기된다. 앞에서 살펴보았지만, 표준주택 수의 증가와 이에 따른 평가율의 격차감소라는 개선에도 불구하고 서울시 단독주택은 여전히 개별 주택 간에 평가율 차이가 커서 주택간 과세 형평성이 크게 훼손 되고 있다.

표준주택을 선정하는데 중요한 것은 선정된 표준주택이 해당지역에 있는 개별주택을 얼마나 잘 대표할 수 있는가 하는 점이다. 단독주택 모집단의 특성상 이론에 입각한 표본 수가 이를 잘 표현해 주지 못하고 있다면 문제가 있다고 보아야 한다. 이것은 주택의 특성과 통계이론의 부조화로 나타나는 현상이라 할 수 있다. 이러한 한계점이 비준표를 부정확하게 하여 가격의 정치성이 떨어져 평가율에 차이가 생겼다고 본다.

개별주택 가격의 부정확성은 결국 비준표에 기인하고 비준표는 결국 표준주택에 기인한다. 20만호 표준주택을 선정해도 불공평과세가 지속된다면 그 원인은 2가지로 요약 될 수 있다. 하나는 특성항목 내용의 부적격성이고, 다른 하나는 표본수의 부족이라 할 수 있다. 현행의 조사 특성항목을 재구성 한 뒤 비준표를 다시 작성하는 일이 어렵다면, 우선 표준주택수를 늘리는 한편,[94] 주택특성 조사 항목을 점진적으로 개편해야 한다.

앞의 〈표 4-72〉에서 보았듯이 2005년도에 13만 5천개의 표준주택일 때 평가율 분산의 정도는 14.5%였으나, 2006년도에 20만개로 증가시키면서 분산의 정도는 14.9%로 오히려 악화되었다. 표준주택 수 13만 5천개는 모집단 450만호의 3%인데 20만개로 표준주택 수를 1.4% 증가시켰음에도 평가율 분산의 정도는 전혀 개선되지 않은 셈이다. 표준주택수를 1.4% 정도 증가시켜서는 평가율을 개선시키는데 한계가 있으므로 표준주택 수를 보다 더 늘려야 한다는 추론이 가능하다.

그러나, 비교 표준주택의 수가 많을수록 비준표의 정치성은 증대할 것이지만 그만큼 평가수수료를 지급해야 하기 때문에 징세비 최소의 원칙에[95] 반한다는 문제도 있다. 그럼에도 건물의 구조가 매우 다양한 점, 개별주택가격의 정밀성이 요구되는 점, 징세비에 비해 공평과세의 효율성이 더 중요하다는 점 등을 종합적으로

---

94) 류지호, 전게논문, 77쪽.

95) R. Musgrave의 현대의 조세 7개 원칙은 ① 세수의 적정한 확보, ② 세부담의 배분은 공평해야 한다. ③ 시장의 효율적인 선택행동을 침해해서는 안된다. ④ 시장의 비효율적인 행동을 시정해야 한다. ⑤ 경기조정 기능을 발휘해야 한다. ⑥ 조세체계는 확정적이고 명확해야 한다. ⑦ 징세비는 최소이어야 한다. R. Musgrave & R. Musgrave, *Public Finance in Theory & Practice*, 5th ed., International Edition, 1989, 216쪽 ; 이필우 · 유경문, 전게서, 119쪽, 재인용

고려한다면 현재보다 더 늘려야 한다고 본다.

유의수준 5%, 표본오차 3% 수준에서 시도별·건물구조별로 적정 표준주택 수는 206,117호로 나타났다. 그러나 공부상의 모집단은 4,467,149호이나 실제 단독주택호수는 500만호(미공시분 포함) 이상이므로 이 차이를 반영한다면 206,117호×5,000,000호 / 4,467,149호 = 230,703호로써 최소한의 표본 숫자는 230,703호 이상이 되어야 할 것이다. 또한 단독주택의 적정 표본수는 같은 모집단 4,467,149호 주택의 표본오차 3%와 5% 유의수준하에서 시·도별 및 건축년도별로 추정결과 272,869호로 나타났다.[96] 따라서 단독주택의 다양성 그리고 건축년도별 건축가격 반영 등을 감안한 표본 주택수는 272,869호 이상이 되어야 할 것이다.

2) 과세평가업무의 전문성

(1) 업무의 전문성 부족

주택가격 조사 업무는 전문업무가 아니라 행정업무로 취급되고 있다. 담당자는 2～3년마다 순환보직하며, 같은 부서 내에서도 하위직이 맡는 업무로 인식되고 있어 연속성이 없다. 뿐만 아니라, 담당 부서도 지적과, 민원봉사과 등 다양하며 전문화된 팀이 구성되지 못하여 담당 공무원들은 용어의 생소함, 도면상의 위치확인 어려움 등으로 주변업무로 간주하고 있는 실정이다.[97] 나아가, 주택가격 업무도 국세청, 행정자치부, 건설교통부 등 여러 기관으로 나뉘어 있어 통일성이 없고 행정의 비능률을 초래하고 있다. 다만, 최근 건설교통부로 대부분 통합관리되고 있는 점은 일단 긍정적이라고 본다.

(2) 평가업무의 전문직화

비준표는 작성시기와 평가주체가 사용하는 시간과 공간이 일치하지 않아 산정한 가격의 정밀도가 떨어질 수 밖에 없다. 따라서, 평가주체가 비준표에 전적으로 의존하지 말고, 합리적으로 조정하여 평가할 수 있는 재량이 있어야 한다. 예전의 내무부에서 사용하던 비준표는 평가주체가 가격형성요인의 배점비율을 적정하게 조정하여 가격을 산정할 수 있었다. 이를 원용하는 방안이 검토될 수 있다.

이렇게 하려면 두 가지 개선이 요망된다. 하나는 비준표 배율을 적용할 때, '기타보정율'을 10～20% 범위에서 적절히 적용하도록 재량을 주는 방법이다. 다른 하나는 평가주체의 전문성을 확보하는 일이다. 전문성 확보방안은 담당 평가주체를 전문직으로

96) 양승철·이성원(2005. 6), "주택가격공시제도 시행에 따른 적정 표본수 산정에 관한연구: 단독주택을 중심으로", 「감정평가연구」 제15집 제1호, 한국부동산연구원, 103쪽; 박현석, 전게논문, 40쪽 이하 재인용

97) 김일규(2004), "개별공시지가 산정공무원의 전문성 제고방안", 「감정평가」 5, 6월호, 한국감정평가협회, 14쪽.

보하는 방안이 있다. 전문직 종사자는 신규채용시 해당 학과졸업자 또는 과목이수자를 우선 선발하고, 학과 졸업자가 없을 때는 담당자를 관계기관에 위탁하여 교육을 받도록 하는 것이다. 교육은 단기 교육과 장기교육으로 나누어 이수토록 프로그램을 작성 할 필요가 있다. 교육은 건설교통부의 건설교통인재개발원에 설강한 감정평가사반에서 교육을 받는 방안과 따로 과세평가반을 설강해 관련과목을 이수토록 하는 방안이 모두 가능할 것이다.

아울러, 공평한 과세를 위해서는 과세권의 권한과 책임이 있는 중앙정부와 지방정부는 공신력과 객관성을 갖추어 국민으로부터 신뢰성을 확보할 수 있는 독립적이고 권위있는 평가기관을 설립하는 일이다. 영국의 경우 과세를 위한 평가업무를 전담하는 평가청(Valuation office Agency)을 국세청 소속으로 운영하고 있고, 그 평가금액은 중앙·지방정부가 공통으로 사용하고 있다.

호주, 뉴질랜드를 비롯한 선진 제국은 따로 평가담당 공적 전문기관과 평가전문가를 두고 있으며 이들 전문가들은 법규 제정 및 집행, 감독을 담당한다. 이 근거에 따라 공적평가 업무를 담당하는 기관을 두어 그 기관이 평가업무를 직접 담당하게 하거나 혹은 일부는 그러한 기관이 맡아하고, 일부는 외부 감정평가사에게 위탁업무로 처리하여 평가함으로써 전문성을 확보하고 있다. 일본도 시·정·촌장이 지방의회의 동의를 얻어 고정자산평가원을 두어 평가를 전담토록 하며, 담당 공무원의 겸직까지 금지하여 전문성과 독립성을 확보하고 있다. 이것은 부동산평가의 전문성을 인정하고 정확한 부동산 가치를 평가하여 공평과세를 실현하기 위해서다.

한편, 감정평가사를 활용한 검증기능의 강화도 고려할 수 있다. 개별주택가격은 가격평가 후 감정평가사들이 검증작업을 하고 있으나, 업무량이 과중하고 모든 주택의 정확한 검증을 하기 어려운 현실이 있다. 더 많은 감정평가사를 참여시켜 검증 개수를 줄여 정치성을 확보해 나가도록 한다. 이러한 작업이 축적되면 평가가격이 점차 정치해 질 것이고, 그렇게 되면 개별주택가격을 이용해 평가모형 작성도 가능하게 될 것이다.

이렇게 하려면 중앙정부 차원에서 법을 정비하여 조직을 배려해야 한다.[98] 개별주택가격 조사·산정 담당부서는 지자체별로 상이하다. 지적과 세무과 등 업무성격이 다른 부서가 참여하고 조사·산정만 하거나 여기에 부과업무까지 하는 등 일관성이 없다. 담당 부서를 일원화하고 업무의 일관성도 확보해야 한다.

3) 주택거래정보의 적극 활용

(1) 주택거래정보 활용제도 미비

개별주택가격은 비준표를 적용하여 산출하는데, 그렇게 하여 산정한 가격은 시가와

98) 상게논문, 21쪽.

괴리되며, 비준표가 완벽하지 못하기 때문에 공시가격이 시장가격과 차이가 있으며 지역별·용도지역별·주택소유자별로 불공평과세 부분이 적지 않다.

정부는 주택가격 안정을 위해 「부동산중개업법」을 개정하여 「공인중개사의 업무 및 부동산 거래신고에 관한 법률」(일부개정 2005. 12. 7 법률 제7710호)로 개칭하고 새로운 제도로 거래 당사자가 거래계약 체결일로부터 일정기간 내에 부동산거래를 신고토록 의무화시켰다(동법 제27조 제1항). 뿐만 아니라, 건설교통부장관은 거래질서를 확립하기 위해 신고받은 부동산 거래가격을 공시가격에 활용하여 부동산 거래가격 검증체계를 구축하여 운용토록 하였다(동법 제28조). 뿐만 아니라 시장·군수·구청장은 검증결과를 부동산 소재지 관할 세무관서 장에게 통보하여 신고사항을 국세 또는 지방세 부과를 위한 과세자료로 활용할 수 있다는 근거를 마련했다(동법 제28조 제3항).

이러한 법 시행으로 2006년부터 거래가격정보가 축적되기 시작하였으나, 활용방안이 공개되지 않고 있다. 많은 행정력을 동원하여 축적한 자료를 그대로 방치한다면 행정낭비 및 정보 손실이 크다.

(2) 신 평가체계의 지향

정부는 주택 실거래가 신고제도를 시행하고 있다. 이 정보를 축적시켜 활용할 수 있는 방안을 마련해야 한다. 첫째는 어느 정도 축적시켜 정확도가 높아지면 이것을 정보로 시민에게 제공할 수 있다. 둘째로 이를 기초로 전수평가모형을 만들어 모든 주택을 평가할 수 있다. 즉 전수평가 방식을 개발할 수 있다. 이것은 앞에 말한 비준표를 대신해 평가할 수 있는 방법이다. 뉴질랜드, 호주 등 선진국은 이 방식으로 과세평가를 하고 있다. 우리도 장기적으로 검토해 볼 사항이다.

이 모형을 작성하고 활용할 수 있는 단계가 되면, 컴퓨터를 활용하여 단기간에 많은 량의 주택을 평가할 수 있다. 이 방식을 활용하면 지금처럼 표준주택을 따로 평가할 필요가 없다. 바로 전수평가모형으로 모든 주택을 평가할 수 있다.

현행처럼 2005년 3%, 2006년 4.4%의 표준주택을 평가한 후 이것으로 만든 표준표로 나머지 97%(2005년) 내지 95.6%(2006년)의 주택을 평가하는 방법은 적은 비용으로 일시에 많은 평가를 할 수 있는 장점이 있지만, 불공평과세를 개선하는 데에는 한계가 있음은 앞서 논한 바 있다. 공동주택은 오랫동안 전수 평가를 하였으므로 문제가 상대적으로 적지만, 단독주택은 이와 달라 비준표 작성과 적용에 한계점이 있다. 행정구역을 기초로 한 비준표에 평가의 적정 여부를 의존하기 보다는, 신 체계의 평가제도를 검토하는 일도 바람직하다.

공동주택보다 개별 특성이 강하다고 볼 수 있는 단독주택은 이러한 신체계 도입이 공평과세에 효율적일 수도 있다. 다만 전수평가할 경우 평가예산의 문제가 있을 것이므로 재평가 시기를 조절할 수 있다. 가격변동이 심하지 않다고 전제한다면 2 ~ 3년마다 순환 주기로 평가하는 방안을 채택할 수 있다. 호주 빅토리아주는 상업용은 2년마다 농지는 6년마다 재감정하고 있다. 평가를 하지 않는 해에는 주택의 특성 변경만 파악하고, 주택가격 상승률의 시점 보정은 각 시 · 군 · 구별로 국가가 수집한 주택가격 변동 통계를 참고하면 될 것이다.

감정평가사들이 이러한 모형을 개발하여 이용하면 지방자치단체는 감정평가사에게 용역으로 평가를 맡길 수 있고, 평가가격은 현재보다 더 정치해져 가격의 신뢰성도 높아지고 자치행정도 업무를 축소하여 비용을 절감할 수 있는 효과를 볼 수 있을 것이며 공평과세가 실현될 것이다. 덴마크도 오래 전부터 이를 활용해 전수평가하고 있다. 우리나라의 경우 최근 건설교통부, 법원(등기소), 국민은행, 통계청, 행정자치부와 지방자치단체 등 각 정부가 부동산 거래에 있어 거래당사자, 거래일시, 거래가격 등에 관한 정보가 전산시스템에 의해 수집, 관리되고 있으므로 각종 가격정보를 통합하여 이를 주택평가에 활용할 수 있는 방안이 불가능하지는 않을 것이라고 생각한다.

4) 세법적용상 시점문제의 개선

(1) 공시기준일과 과세기준일과의 시차에 의한 가격보정

주택가격이나 토지가격은 공시기준일을 매년 1월 1일로 하여 산정된 가격이나, 현행 「지방세법」 제190조 규정에 따라 재산세와 종합부동산세의 과세기준일은 그로부터 5개월 후인 매년 6월 1일이다. 따라서 시간에 의한 가격이 있을 수 있는 경우에는 다른 가격에 의해 과세가 이루어 질 수 있어 이에 대한 수정된 가격을 적용 할 수 있는 가격보정제도 마련이 요구된다.

(2) 주택관련 세법의 보완

현행 세법의 규정에 따르면 과세기준이 되는 가격은 보유세인 재산세와 종합부동산세는 과세기준일인 매년 6월 1일 가격이고, 양도소득세는 양도일(잔금청산일 또는 등기접수일등)가격이다. 또한 상속 · 증여세는 상속개시일(사망일)과 증여받은 날의 가격을 기준으로 각각 과세하도록 하고 있다. 실제 공시된 주택의 가격공시 기준일은 매년 1월 1일이므로, 보유세는 과세가격의 가격공시 기준일과 과세기준일간에 5개월의 시차(時差)에 의한 가격이 오르고 내리는 가격변동이 있을 수 있다. 양도소득세와 상속 · 증여세의 경우는 그 가격차이가 더욱 크게 발생할 수 있다. 따라서 공시가격을 과세의 기준으로 할 경우에는, 그 시점 차이에 따른 가격을 보정 할 필요가 있으며 이를 명문화하는 관련 세법 개정 등 검토가 요구된다. 각 세법상 납세의무 성립시기의 재산가액에 상응하는 조세를 부담하는 것이 실질과세 원칙에도 부합되기 때문이다. 시점차이의 보정가액은 정부 통계인 지가상승률, 주택가격상승률, 물가상승률 등을 감안하여 지수변동률에 의해 수정보완 된 공시가격을 과세가격으로 사용 할 수 있을 것이며, 이로 인하여 조세정의 실현에 한층 더 가까워 질 수 있을 것이다.

시점수정(adjustment for term of sale)이란 거래시점과 가격시점 사이가 시간적으로 불일치하여 가격수준에 차이가 있을 경우에 거래가격을 가격시점의 가격으로 정상화하는 작업을 말하며, 수정가격은 거래가격에 변동률을 곱하여 구한다.[99]

즉, 수정된 거래 가격 = 거래가격 × 가격 변동률

가격 변동률 = $\frac{\text{가격시점의 지수}}{\text{거래시점의 지수}}$이다.

따라서, 수정공시가격(과세가격) = 당초공시가격 × 가격변동률

가격 변동률 = $\frac{\text{과세기준일 지수}}{\text{공시기준일 지수}}$로 구할 수 있다.

다만, 과세행정상 징세비의 추가발생을 예상할 수 있으나 전산화된 통계자료를 활용하면 큰 비용의 부담없이 시행가능하리라 본다. 실질과세·공평과세를 위하여는 적은 비용으로 큰 효과가 기대되므로 시행할 가치가 있다고 본다.

2 합리적인 평가율 확보를 위한 과세평가기법의 개선

1) 주택가격비준표의 개선

(1) 비준표작성단위의 부적합

개별공시지가 산정을 위한 토지가격비준표는 하위단위인 읍·면·동의 용도지역별로 비준표가 세분, 작성되어 비교적 적합한 특성별 가격배율이 작성 적용되고 있으나, 주택가격비준표는 상위 단위인 시·군·구 단위로 비준표를 작성함으로써 비준표의 정치성에 다소 문제가 있다. 즉 도시·농촌 통합지역에서는 법정동지역과 읍·면지역간 특성차이를 제대로 반영하지 못함으로써 적합한 가격배율이 제시되지 못하고 있으며, 특히 주택가격(토지)에 가장 큰 영향을 미치는 용도지역의 차이에서 발생하는 가격배율이 적정하게 반영되지 못하고 있다.

(2) 비준표의 다양화·세분화

비준표도 더 많이 작성하는 게 바람직하다. 비준표는 현재 행정단위구역 시·군·구

99) 방경식·장희순, 전게서, 349쪽.

로 나누어 작성하고 있으나, 인근지역이나 동일수급권을 구분하여 작성하거나, 행정구역 단위별로 작성하여 이용할 수도 있다.

비준표는 수가 많을수록 모집단을 더 잘 표현할 수 있어 가격이 정치해 질 수 있다. 그러나 이것은 비용이 많이 들어가는 단점이 있으므로 검토가 필요하다. 그러나, 전술한 바와 같이 현재 평가율 편차가 심하여 불공평과세가 심한 것을 고려한다면, 공평과세를 위하여 비준표를 더 많이 작성해야 한다. 이 경우 모집단의 특성을 더 잘 반영할 수 있기 때문에 가격의 신뢰성이 향상되어 이의신청 수가 줄고 행정력도 감소시킬 수 있는 장점이 있다.

읍·면·동까지 확대하여 작성할 수 없다면, 우선 도농통합 지역만이라도 세분하여 작성하는 것이 바람직하다. 또 이론상으로 보면, 행정단위구역으로 구분해 작성하는 것은 불합리하며 행정편의만 고려한 것으로 이해할 수밖에 없다. 이것은 과거 행정자치부 업무 관행을 답습한 것과도 무관치 않다.

비준표는 용도지역에 따라 구분하여 작성하는 것이 타당하다. 일본도 비교방식을 적용할 때 이용하는 비준표는 용도지역에 따라 작성하고 있다. 행정구역별로 작성하면 구역안의 혼재된 용도를 모두 표현할 수 있는 가격형성요인을 추출하기 어렵다. 가격형성요인은 용도별로 다르기 때문이다. 따라서 용도별로 비준표를 작성하는 것이 용도지역이 순화되어 가격반영도가 더 명료해져 바람직하다. 연차계획을 세워 진행하는 것이 충격을 흡수하면서 정밀도를 높이므로 바람직하며 빠를수록 조세공평성은 그 만큼 확보될 것이다.

2) 주택특성조사항목의 보완

(1) 주택특성조사항목의 가격 반영도 미흡

주택특성조사란 주택관리를 위해 작성한 건축물관리대장, 재산세과세대장 등의 조사항목을 중심으로 가격형성에 영향을 주는 중요한 요인을 추출하여 조사표로 작성한 후 일정한 절차와 기준에 따라 조사하는 것을 말한다. 이것은 감정평가사가 표준주택을 대상으로 조사하는데, 비준표를 작성하는 기초자료가 된다.

따라서 개별 주택가격이 정치하고 납세자간에 불공평이 시정되려면 비준표작성의 근거가 되는 주택의 특성조사 항목이 적정하게 구성되어야 한다. 말하자면 주택거래시 형성되는 시장가격에 영향을 미치는 요인으로 구성되어야 한다.

그러나, 현행 조사내용은 시장가격을 정확히 반영하는 비준표를 만들기 어려운 항목이 더 많다. 조사항목은 토지와 건물부문으로 나뉘어 있는데, 토지부분은 면적, 용도지역, 공적제한, 지형지세, 방위, 도로조건, 유해시설 접근성, 주위환경 등이 있고, 건물부분은 층수, 면적, 용적률, 구조, 지붕, 용도, 층별 특성, 부대설비 등이 있다.

이러한 요인 중 비준표 항목으로 추출된 것이 토지는 11개 항목으로 용도지역, 용도지구, 기타제한, 도시계획시설, 토지용도구분, 고저, 형상, 방위, 도로 접면, 철도등거리, 폐기물 등 거리이며, 건물은 6개 항목으로 건물구조, 지붕구조, 경과연수, 증·개축, 특수부대설비, 옥탑, 지하, 부속건물, 부속용도다.[100]

이런 구성항목으로 시장가격에 영향을 주는 요인을 모두 적정하게 반영하기란 어렵다. 이것을 기초로 작성한 비준표가 정교하지 못하면 개별주택가격의 평가율 분산이 커 불공평 과세가 초래된다. 따라서 그 1차적 원인인 특성조사항목이 불합리하다면 개선이 필요하다.

주택가격에 영향을 주는 요인은 부동산 평가이론상 일반요인으로 자연요인, 사회요인, 경제요인, 행정요인이 있고, 지역요인으로 일조, 온도, 풍향 등을 포함한 14개 요인이 있고, 개별요인으로 지세, 지질, 지반 등 16개 요인이 있으며, 건물의 개별요인으로 면적, 높이, 구조, 재질 등 10개가 있다.[101]

이러한 요인들이 주택에 직접 어떻게 영향을 미치며 영향을 주는 정도가 어도 정도인지 연구한 결과물은 많다. 최근 Xiaolu GAO와 Asami(2002)는 도쿄도 세타야구 단독주택지의 주거환경이 거래가격에 영향을 미치는 정도를 헤도닉 모델로 분석하여 여러 변수가 유의함을 밝혔다. 가격자료는 거래가격을 이용했으며, 변수는 일조, 주변에 노후주택이 있는지 여부, 녹지의 충실도 등이었다. 정량변수로 건물연면적, 부지면적, 신주쿠 역까지 거리, 전철까지 시간거리, 접면 도로 폭, 경과연수, 일조량을, 정성변수로 건물의 질, 공개공지, 도로포장, 공공 녹지 공간, 지역의 비 주거 건물 밀집도 여부, 지역의 녹지상태를 이용하였다.[102]

국내에서도 우경·홍기용(2001)은 1,187개 단독주택, 연립, 아파트의 주택특성을 헤도닉 모형으로 분석하였으며, 정성변수로 부엌형태, 부엌종류, 출입구유형, 정량변수로 주택사용면적, 전철역거리, 1차 진료기관 거리, 오염시설거리, 인구밀도, 사업체수에서 유의한 값을 얻었다.[103]

연구결과 밝혀진 이러한 유효한 변수들은 현재 사용 중인 비준표에 구성되어 있는 변수들과 많은 차이가 있다. 연구자의 주관에 따라 변수선택과 분석방법 등에 차이가 있지만, 주택비준표는 특성조사항목에 제약받으므로 이 조사특성항목에 문제가 있지 않나 생각된다. 단독주택의 가격에 영향을 주는 요인은 자연, 사회, 경제, 법 행정 등 많은 변수가 있다. 그런데, 현재 이용하는 특성조사 항목은 물적 상태와 용도지역, 용도 등 일정한 측면에 이론상 변수를 적정하게 채택하지 못하고 있다.

---

100) 건설교통부·한국부동산연구원(2006), 「2006년 적용 주택가격형성요인에 관한 표준적인 비준표」
101) 방경식·장희순(2004), 전게서, 320~331쪽.
102) Xiao GAO(2006), "Determinant Factors of Housing Price Identified by Hedonic Regression Analysis", *The Japanese Journal Of Real Estate Sciences*, No.75 vol.19 No.4. pp.33~39.
103) 우경·홍기용(2002), "수도권지역 주택가격 결정요인에 관한 연구", 「한국지역개발학회지」, 제14권 제3호.

그 이유는 주택특성조사항목을 공시지가와 거의 유사하게 답습하였고, 건물의 경우에도 대부분의 조사항목이 건축물 대장상에 등재된 내용을 크게 벗어나지 않는 등 행정편의를 우선했기 때문이 아닌가 생각된다. 원래 건물의 공부는 과거 내무부가 행정관리 목적으로 작성한 것이어서, 그러한 체계를 답습한 특성조사항목과, 현행 통합평가시스템을 도입하여 건교부가 시행하는 것은 조화가 안 되며, 충실하게 정돈되지 못한 감이 없지 않다.

시장가격을 종속변수로 건물, 토지 특성을 독립변수로 분석한 결과를 비준표로 작성하고 있는바 현재 조사하는 주택특성항목은 비준표의 정치성에 한계를 드러낼 수밖에 없는 구조적 모순이 있다. 즉, 건축물 대장자료를 통해 얻을 수 있는 건물특성은 대부분 기본적인 물리적 특성과 용도, 구조 등에 한정되어 있어, 시장상황을 반영하는 주택의 가격형성요인을 분석하는 특성요인 항목으로는 절대로 부족하다.

(2) 주택특성조사항목의 개편

비준표가 정교하지 못한 것은 특성조사항목이 비교적 조사가 용이한 공부(公簿)를 중심으로 짜여진 데에도 원인이 있다고 볼 수 있다. 그 근저에는 재산세 평가와 과거 내무부가 조사하던 행태를 크게 벗어나지 못하고 있는 점이 원인으로 자리잡고 있다. 주택가격을 산정하는데 주 항목이 건물구조, 내용년수, 지붕구조, 특수부대설비, 지하, 옥탑, 부속건물, 부속용도 등으로 구성되어 있는데, 이는 개별주택 간의 차이를 인정하고 차별화된 가격을 산정하는데 유효하지만, 일부는 가격과 요인간의 관계가 다른 요인에 비해 인과성(因果性)이 상대적으로 적다.

단독주택은 개별성 및 특수성이 강하고 독특한 여러 가지 가격형성요인을 갖고 있어서, 이러한 공부(公簿)중심의 항목은 개별주택 가격의 특성을 표현하는데 한계가 있다. 가격형성요인은 사회, 경제, 행정 등 복잡한 요인으로 구성되어 있다. 이러한 특성과 동떨어진 항목으로 구성되어 있는 조사표로는 정치한 비준표 작성이 불가능하다.

더욱이 비준표는 표준주택이라는 표본추출로 작성하기 때문에 가격특성을 표현하기 어려운데, 여기에 요인이 적합지 않으므로 부정확성이 가중된 것이다. 비준표는 지역분석 및 동일 가격권을 구분하여 그 안에 있는 표준주택을 다중회귀분석하여 적정평가모형을 개발하고 그것을 기초로 작성하고 있으나, 주택의 특성과 다양성을 다 반영하지 못하는 한계가 있다.

주택의 다양성과 특성을 이해한다면, 이러한 표본보다는 당해지역 일단지 전수평가와 가격형성요인의 분석이 더 유용하나, 제도 운용상 이는 비용·인력·기간 등의 한계가 있다.

따라서, 특성조사항목은 공부를 중심으로 할 것이 아니라 부동산 평가이론에서 논의되는 가격형성요인으로 대체해나가는 것이 바람직하다.

주택특성조사항목의 적정성 여부를 재검토하고, 가격에 영향을 주는 요인을 추가하고, 가격형성요인으로서 분석하기 적정치 않은 요인은 조사항목에서 삭제 혹은 교체하도록 해야 한다. 교체하는 것은 주택의 지역요인과 개별요인으로, 시장가격을 가장 잘 표현할 수 있는 항목이어야 한다.

시장에서 가격이 형성되는 데에는 공부상 항목요인보다는 전철역 거리, 편익시설 접근성, 학교 및 공공시설의 접근성, 위치, 경관, 건물의 내부적 특성인 방의 개수, 면적, 주택의 내부구조, 건축상태, 관리상태, 설비상태 등을 고려해야 하며 내장재, 난방, 전망, 방위 등도 크게 영향을 준다. 주택가격에 영향을 미치는 특성으로 주택의 규모, 층, 경과년수, 세대, 방위, 개방감, 전철역 거리, 도심 거리, 학군 등 여러 요인이 유효한 변수로 연구되었다.[104]

104) 1980년대 후반부터 많은 연구자들에 의해 헤도닉 분석법으로 가격형성요인이 밝혀졌다. 이기홍(1985), 홍명균, 허세림, 곽승준, 김명호, 구본창(1998), 김찬준(1998), 정윤수(2001), 이성호(2001), 신재영(2004) 등은 주거용부동산의 가격형성요인을 규명하였다.

요약 및 결론 06

이 연구는 주택의 과세표준으로 활용되는 개별주택 공시가격인 과세가격이 그 주택의 실질 가치에 상응하는 평가가 이루어 지지 않아 국민 각자의 주택가격인 담세력에 따른 공평과세가 이루어지기 어렵다고 보는 시각에서 출발했다. 즉 "새 제도도입(주택가격공시, 공시가격 현실화)에 따라 주택과세의 세부담이 주택소유자간·지역간에 불공평과세가 되고 있을 것이다"라는 인식이 동기다.

현대사회가 지향하는 것은 복지국가이고 국민복지는 세 부담이 공정하고 평등하게 배분 되었느냐의 여부에 따라 영향을 받는다. 따라서 공평과세의 원칙은 국가의 중요한 조세개념이며, 조세정의를 실현하는 규범이 될 수 있다. 또한 조세정의는 국가가 과세권을 행사하는데 공평과세 실현으로 국민의 정의감정을 훼손하지 않고 납세자의 재산권 보장과 국가의 세수확보라는 조세법 목표를 균형있게 달성하는 것이다.

참여정부는 세수확보·투기억제·공평과세 실현 등을 위한 수단으로 단독주택 가격공시제도를 2005년부터 도입하였다. 전국의 개별주택가격을 매년 결정·공시하여 이 가격을 정부와 지방자치단체의 각종세금의 과세 기준으로 삼고 있다. 이 제도는 주택가격이 높고 낮음에 따라 세부담을 많고 적게 하여 수직 공평성을 달성하려는 의도도 있다고 볼 수 있다.

이 논문은 과연 정부 의도대로 현행 주택과세에 공평과세가 이루어지고 있는지 세부담의 공평성 여부를 실증분석한 것이다. 문제점이 어디에 있는지 찾아내고 그 개선방안을 도출하여 제시함으로써 공평과세 실현에 기여하고자 하는데 연구 목적을 두었다.

분석을 위해 서울의 주택지역을 사례지역으로 선정하여 정상가격 자료와 과세가격 자료를 수집을 하였다.

연구방법은 제도적 접근법과 통계분석법을 이용하였으며, 연구범위는 서울시의 고급, 중급, 저급 주택지역의 단독주택 1,049호(1987년), 1,250호(2005년), 1,249호(2006년)로 하였다.

분석에 이용한 이론 모형은 주택과세의 과세표준에 의한 수직 공평성을 검증하는 전형적인 것으로 비율 모형, 회귀분석 모형, 그리고 스피어맨 순위상관관계 모형이다. 회귀분석 모형은 IAAO 모형, CHENG 모형, KOCHIN & PARKS 모형, 그리고 BELL 모형을 이용하였다.

분석한 결과 시사점은 다음과 같다.

첫째, 분석대상주택 1,250호의 서울시 소재 주택에서 각 지역과 주택간에 유의의한 평가율 차이가 있어 수직 불공평 세부담 현상이 있음이 6개의 이론모형을 통해 검증되었다. 지역간·주택간의 평가율 차이는 현행 주택가격 공시제도에 문제점이 있으며, 제도적 측면과 평가기법상 각각 문제가 있는 것으로 판단된다.

둘째, 실증분석결과 각 분석모형마다 재산가액이 높은 고가 주택의 평가율이, 저가주택의 것보다 오히려 낮은 평가율로, 역진적 세부담을 초래하는 수직 불공평성이 있는 것으로 판단할 수 있다. 재산세, 종합부동산세, 상속세, 증여세, 양도소득세 등 주택관련 조세제도가 세법상 누진세율구조이나 과세평가율의 역진성으로 인하여 본래의 입법취지에 부합되지 않는 불공평 세부담 현상이 초래되고 있으므로 이에 대한 개선책이 요구된다.

셋째, 평균과세 평가율은 1987년 23.2%에서 2005년 주택가격 공시제도의 도입으로 72.6%, 2006년에는 67.7%로써 과세가격의 현실화에 결정적으로 기여한 것으로 평가할 수 있으며, 이에 따라 주택에 대한 과세표준의 증가로 세부담액수도 크게 증가하였음을 추정할 수 있다. 그러나, 각 년도별 주택의 평가율의 표준편차는 1987년 3.7%에서 2005년 14.5%, 2006년 14.9%로 각 주택 간에 편차가 오히려 심해졌기 때문에 각 주택간에 불공평정도는 더욱 심해졌다고 볼 수 있다. 이는 과세평가의 정밀성이 떨어진 결과이며 이에 대한 평가방법의 개선이 필요하다.

이와 같은 분석결과로 볼 때 현행 단독주택의 공시가격제도는 과세평가율 상향조정으로 세금부과에 따른 세수 증대효과는 있으나, 불공평과세 현상으로 조세정의는 훼손되고 있다. 당초 정책 목표의 하나가 공평과세에 있었다면 그 방향과는 다른 결과가 나타나고 있다고 판단된다. 과중한 세부담과 불공평과세에 따른 조세저항도 예상되는바 주택과세에 대한 정부의 신뢰성 확보와 공평과세 실현을 위한 그 대안이 요구된다.

그 실현방안을 제도측면과 평가기법측면으로 나누어 다음과 같이 제시하였다.

제도적 측면으로써, 첫째, 표준주택 수를 늘려야 한다. 현재의 평가제도상 모집단 총 단독주택 약 450만개 중 20만개로써 나머지 430만개를 대량 평가하는 구조인 바 단독주택의 다양한 특성상 그 수를 최소한 23 ~ 27만개 이상으로 늘려야 제도의 효율성을 높힐 수 있다.

둘째, 과세평가업무의 전문성 제고가 필요하다. 평가전문 공무원이 아닌 행정공무원이 순환보직근무제 하에서 고도의 전문성이 요구되는 주택가격을 평가하는 제도로 인한 불공평과세가 발생되고 있으므로 과세평가 업무의 전문화가 요구된다.

셋째, 축적된 주택거래 정보를 과세평가제도에 활용해야 한다. 최근 정부에서 도입한 주택거래 신고제, 부동산거래 신고제, 등기부에 실거래가 기재 의무화제도 등 주택의 거래가격 등에 관한 정보를 건설교통부 등 평가담당기관에서 데이터베이스하여 과세평가에 적극 활용하는 제도적 보완이 있어야 한다.

넷째, 개별주택공시가격을 주택관련 세법에 적용시 시차가격보정해야 한다. 현행제도상 매년 1월 1일을 공시기준일로 하고 있어 실제과세기준일과 시차로 인하여 가격보정이 이루어지지 않아 그대로 사용할 경우 그 주택가격의 시차에 대한 증감액의 반영없이 잘못된 주택가격으로 과세되어 실질과세·공평과세를 저해하므로, 주택가격 상승률 등의 지수를 활용하여 시차보정하여 과세에 적용하도록 주택관련 세법 등을 보완해야 한다.

다음으로 평가기법 측면으로써, 첫째, 제도상 이용되고 있는 주택가격 비준표가 다양화·세분화 되지 못함으로써 각 개별주택의 특성에 맞는 적정가격을 산정하기에 부적합하므로 비준표를 단순한 시·군·구 단위에서 읍·면·동으로 좀 더 세분화하고 용도지역별로 다양화 하여야 한다.

둘째, 주택특성항목의 보완이 필요하다. 현재는 건축물관리대장, 재산세과세대장등 공부상에 나타나는 조사항목에 의한 주택특성항목을 주요변수로 비준표 작성시 반영하고 있으나 정상가격을 제대로 반영하기 위해서는 현행의 주택특성항목을 부동산 평가이론상 논의되는 항목으로 대체하여 주택가격 형성요인의 다변성을 최대한 반영해야 한다.

주택가격 공시제도와 주택과세정책은 재검토 되어야 한다. 위의 제안은 공평과세 실현방안으로써 주택 과세가격이 적정가격으로 평가되어 주택공평과세 실현에 기여하고 그 결과 국민의 신뢰성 확보와 납세의식 제고에도 도움이 될 것이다.

이 논문이 공평과세 실현을 위한 제도운영의 주체인 정부정책에 참고가 되길 바란다. 한편, 주택 등 부동산 세금에 대한 공평과세 연구 또는 부동산 과세평가에 관한 연구자에게 도움이 될 수 있을 것으로 기대한다. 다만, 이 연구는 범위를 서울지역의 단독주택을 분석대상으로 국한한 점과 수직 공평과 함께 수평 공평을 함께 검토하지 못한 한계가 있다.

앞으로 주택세금에 대한 국민적 관심과 공평과세 요구의 증대가 예상되는 바, 실질적인 공평과세 연구를 위하여 과세가격, 세율, 과세표준적용비율, 탄력세율 등을 종합적으로 한 세부담의 공평성을 검토하고 다른 소득이나 재산과의 형평성도 감안한 심도있는 연구가 필요하다.

참 고 문 헌

I. 국내문헌

1. 단행본

건설교통부, 「2007년 공동주택가격 조사·산정 업무요령」, 2006

________, 「2006년도 적용 주택가격 비준표」, 2006

________, 「2005년도 적용 주택가격 비준표」, 2005

________, 「2007년도 적용 개별주택가격 조사·산정 업무지침」, 2006

________, 「2006년도 적용 개별주택가격 조사·산정 업무지침」, 2005

________, 「2005년도 적용 개별주택가격 조사·산정 업무지침」, 2004

________·한국감정평가협회, 「2007년 표준주택공시가격 조사·평가 업무요령」, 2006

________, 「2006년 표준주택가격 조사·평가 업무요령」, 2005

________, 「2005년 표준주택공시가격 조사·평가 업무요령」, 2004

경응수, 「부동산 영한사전」, 부연사, 2005

김성수, 「개별 행정법」, 법문사, 2001

김영진, 「신부동산 평가론」, 경영문화원, 1980

_____, 「부동산 평가론」, 건설연구사, 1974

김태훈, 「부동산학사전」, 부연사, 2003

노용호·박정화·백일현 공저, 「감정평가론」, 부연사, 2003

민태욱, 「조세법」, 부연사, 2005

문영기·이우진, 「부동산세법」, 부연사, 2006

삼일회계법인, 「조세법전」, 삼일인포마인, 2006

서울특별시, 「2005년 개별주택가격 공시업무 편람」, 2005

이우진, 「부동산 세제 실무」, 삼일인포마인, 2006

이준구, 「재정학」, 다산출판사, 2002

이창희, 「세법의 헌법적 기초에 관한 시론」, 세경사, 1998

이필우·유경문, 「조세론」, 법문사, 2003

이학식·임지훈, 「SPSS 12.0 매뉴얼」, 법문사, 2005

방경식 역, 「요설 부동산감정평가기준」, 부연사, 1992

_____·장희순, 「부동산학개론」, 부연사, 2004

_____·장희순 역, 「해설 부동산감정평가기준」, 부연사, 2006

배득종, 「신재무행정 좋은 행정을 찾아서」, 박영사, 1999

신정웅 외, 「최신감정평가론」, 부연사, 2002

정정길, 「재정학의 새로운 이해」, 대명출판사, 2000

한국감정평가협회, 「부동산용어대사전」, 부연사, 2006

____________, 「2007년 표준주택 평가를 위한 주택신축단가표」, 2006

____________, 「2006년 표준주택 평가를 위한 주택신축단가표」, 2005

한국세무사회, 「개별공시지가 및 개별주택가격 산정방법」, 2006

2. 연구보고서

건설교통부, 「토지 및 건물의 적정가격 평가와 공시에 관한 연구」, 2005

________ · 한국감정평가협회 · 한국부동산연구원, 「2005년 적용 주택가격비준표 작성표」, 2005

________ · 한국부동산연구원, 「2006년도 적용 주택가격형성요인에 관한 표준적인 비교표(주택가격비준표) I권」, 2006

________ · 한국부동산연구원, 「2005년도 적용 주택가격형성요인에 관한 표준적인 비교표(주택가격비준표) I권」, 2005

________ · 한국부동산연구원, 「2006년 적용 주택가격비준표 작성연구」, 2006

노명훈 · 장근호, 「한국조세연구원정책보고서 99-09호」, 1992

민태욱, 「부동산 조세의 현황과 개선방향」, 연합학술대회, 한국조세연구포럼, 2005

이종규 · 변창흠, 「지방세 건물과표 개선 연구」, 서울 시정개발연구원, 2000

한국감정평가협회, 「표준주택 배분기준 및 방법에 관한 연구」, 2005

______________, 「부동산공시가격 상승에 따른 조세부담의 변화」, 2006

______________, 「주택가격 공시제도 도입의 파급효과 분석」, 2005

황성규, 「보유세제 개편과 주택가격 공시제도 도입」, 한국감정원, 2005

3. 학위논문

김재홍, 조세평등주의에 관한 연구, 연세대학교 대학원 석사학위논문, 2002

류지호, 주택가격공시제도에 관한 연구, 건국대학교 부동산대학원 석사학위논문, 2005

박현석, 주택가격공시제도의 문제점 및 개선방안에 관한 연구, 한양대학교 행정대학원 석사학위논문, 2006

방경식, 지방세 행정에 있어 토지 과세평가 방법에 관한 연구, 건국대학교 대학원 박사학위논문, 1987

송관종, 재산세의 개선방안에 관한 연구, 경성대학교 박사학위 논문, 1995

송태영, 공동주택 과세표준의 개선방안에 관한 연구, 강원대학교 대학원 박사학위논문, 2004

이창남, 건물과표의 합리적 개선방안에 관한 연구, 서울시립대학교 세무대학원 석사학위논문, 2004

임정렬, 자영업자의 과표양성화 방안에 관한 연구, 창원대학교 경영대학원 석사학위논문, 2004

전동흔, 재산세부담의 불형평 분석 및 개선방법에 관한 연구, 서울시립대학교 세무대학원 박사학위논문, 2005

4. 학술지 논문

김성수, "초과소유부담금, 개발부담금, 개발부담금, 토지초과이득세의 법적 문제점", 「사법행정」, 1991

김일규, "개별공시지가 산정공무원의 전문성 제고방안", 「감정평가」 5 · 6월호, 한국감정평가협회, 2004

나성길, "입법원칙으로서의 조세평등주의", 「세무학연구」 제14호, 1999

노영훈, "부동산관련 지방세 세수추계의 현황과 과제", 「계간세무사」, 한국세무사회, 2005

민웅기, "공시지가에 영향을 미치는 토지특성에 관한 연구", 「주거환경」 제4권 제1호, 한국주거환경학회, 2006

민태욱, "조세법상 부동산의 평가원칙과 조세주의", 「토지공법연구」, 제11집, 한국토지공법학회, 2003

______, "부동산 정책으로서의 조세", 「부동산학 연구 제10집 1호」, 2004

박성규, "토지과표의 수직적 형평성에 관한 연구", 「감정평가연구」 제15집, 한국부동산연구원, 2005

박재순, "주택가격 공시제의 도입에 대한 회고와 평가", 「감정평가」 1·2월호, 한국감정평가협회, 2006

박춘래, "소득세 수평적 공평성 분석", 「세무학연구」 제14호, 한국세무회계학회, 1998

양기철, "적정가격의 개념정립 및 주택가격 공시제도의 개선방안에 관한 소고", 「감정평가」 7~8월호, 한국감정평가협회, 2006

양승철·이성원, "주택가격 공시제도 시행에 따른 적정 표본수 산정에 관한 연구 : 단독주택을 중심으로", 「감정평가연구」 제15집 1호, 한국부동산연구원, 2005

우 경·홍기용, "수도권지역 주택가격 결정요인에 관한 연구", 「한국지역개발학회지」, 제14권 제3호, 2002

이우진·방경식, "주택자산 과세평가와 부과의 공평성 실증분석", 「감정평가학논집」, 통권 제4호, 한국감정평가학회, 2005

이우진·방경식, "단독주택 과세의 수직 공평성 실증분석 및 불공평성 완화방안", 「감정평가연구」 제16집 제1호, 한국부동산연구원, 2006

이우진·방경식, "단독주택 과세의 수직 공평성 실증분석", 「주거환경」 제4권 제1호(통권 제5호), (사)한국주거환경학회, 2006

이우진·방경식, "단독주택 공시가격 평가의 문제점 및 개선방안", 「감정평가학 논집」 제5권 제1호, (사)한국감정평가학회, 2006

이필우, "조세부담과 과세의 한계", 「한국조세연구」, 한국조세학회, 1985

이창희, "세법의 헌법적 기초에 관한 시론", 「조세법연구(4)」, 세경사, 1998

조덕현, "개별주택가격 조사·산정방식의 문제점과 개선방안", 「지방세연구」 통권 제133호, 한국지방세연구회, 2005

5. 인터넷 홈페이지

강남구청(www.gangnam.go.kr)

강북구청(www.gangbuk.seoul.kr)

광진구청(www.gwangjin.go.kr)

건설교통부(www.moct.go.kr)

대법원(www.scourt.go.kr)

Ⅱ. 외국문헌

中里 實(1994), "經濟的手法の法的統制に關するメモ(上)", ジコリスト, No.1042

財團法人資産評價システム研究センター(2005. 3), 家屋評價に関する調査研究, －広域的比準評価に関する調査研究 : 改築家屋の評価方法に 関する調査研究－ 調査研究報告書

法人資産評價システム研究センター(1996. 3), 家屋評価に関する調査研究－家屋の比準評価に関する調査研究－, 調査研究報告書

Department of Lands(2005. 3), *Valuation Services*, New South Wales, AU

Department of Natural Resources and Environment(2001. 11), *Property Valuations for the State Government of Victoria* : a statement of guidelines for valuation practices, Valuer General Victoria, Land Victoria

Department of Sustainablity and Environment(2005), *Valuing Victoria*, Veluer－General Victoria

Depatment of Sustainablity and Environment(2004), *Valuer－Genera Victoria*, Trainee Valuer Scheme

GAO Xiao(2006), "Determinant Factors of Housing Price Identified by Hedonic Regression Analysis," *THE JAPANESE JOURNAL OF REAL ESTATE SCIENCES*, No.75 vol. 19 No. 4.

Gloudemans, Robert J.(1999), *Mass Appraisal of Real Property*, Chicago IL : International Association of Assessin Officers

Heinrich Friajf(1966), "Verfassungsrechtlich Grenzen der Wirtschaftslenkung und Socialgestaltung Steuern", S.10.

International Association of Assessing Officers(2004. 8), *Standards on Assessment Administration*, Chicago, IL.

International Association of Assessing Officers(1978), *Improving Real Property Assessment* : A Reference Manual, Chicago, IL.

John Miller(2006. 6), *Presentation to Korean SONSULATE－GENERAL*, New South Wales Department of Lands, New South Wales, AU

Jack Dunham(2006. 6. 23), *Property Valuations for Government Purposes*, Korean Delegation, Valuer General Victoria, Land Victoria

Land Information(2003. 6), *Rating Valuation Rules*, ver 3.1, NEWZELAND

Land Information(2002. 8), *Rating Valuation Rules*, ver 3.0, NEWZELAND

Mass Valuation and Taxation(2006. 6), *Korea Study Delegation*, NEWZELAND

Miller, George. H. and Gilbeau, Kenneth W.(1980), *Residential Real Estat Appraisal*, Englewood Cliffs, N. J. : Prentice Hall

http://www.fudousan－kanteishi.or.jp/(Japanese Association of Real Estate Appraisal)

□ 저자소개

■ 지교수도 문영기

- 건국대 및 동 행정대학원 부동산학과 졸업
- 일본 고베대 대학원 박사과정 수료(학술박사)
- 강원대학교 사회과학대학장
- 강원대학교 정보과학대학원장
- (사)한국주거환경학회 회장
- 국토해양부 중앙도시계획위원회 위원
- 행정안전부 재정정책자문회의 위원
- 강원대학교 사회과학대학 부동산학과 교수

■ 윤순기

- 하나은행 충청영업추진부 부장
- 목원대학교 대학원 강사
- 대전·충남금융단 간사

■ 김옥연

- 강원대학교 부동산학과 강사
- 한국주거환경학회 이사
- 한국감정평가학회 정회원

■ 이인화

- 도원건축사사무소 대표(건축사)
- 홍익대학교 건축공학과 강사 / SH공사 시공평가위원
- 서울특별 강서구·중랑구 도시계획위원회 위원

■ 박용수

- 정민감정평가사 사무소 소장
- 국제부동산정책학회 부회장
- 한국감정평가협회 이사·감사·부회장 역임

■ 이우진

- 이우진 세무·회계사무소 대표세무사
- 건국대학교 부동산대학원 겸임교수
- 한국주거환경학회 감사 / 한국감정평가학회 정회원

부동산 자산관리

2011년 10월 15일 인 쇄
2011년 10월 20일 발 행
지도교수 문영기
저 자 윤순기, 김옥연, 이인화, 박용수, 이우진
발행처 도서출판 범론사
주 소 서울시 영등포구 신길동 65-80
전 화 (02) 847-3507
전 송 (02) 845-9079
등 록 1979년 4월 3일 제1-181호

ISBN 978-89-5557-300-8

정가 25,000원